नाच्यौ बहुत गोपाल

अमृतलाल नागर

राजपाल

₹ 650
ISBN : 9788170280057

NACHYO BAHUT GOPAL (Novel) by Amritlal Nagar
मुद्रक : जी.एस. ऑफसेट, दिल्ली

राजपाल एण्ड सन्ज़
1590, मदरसा रोड, कश्मीरी गेट, दिल्ली–110006
फोन : 011–23869812, 23865483, 23867791
e-mail : sales@rajpalpublishing.com
www.rajpalpublishing.com
www.facebook.com/rajpalandsons

सितम्बर सन् '14 की 'सरस्वती' में
अपने वर्ग की विपदा बखानने वाले प्रथम कवि
पटना के श्री हीरा डोम
और

सरस्वती सम्पादक
आचार्य महावीर प्रसाद द्विवेदी
के प्रति श्रद्धाञ्जलियों सहित

यह पुस्तक अपने श्रद्धेय पाठक
लोकनायक श्री जयप्रकाश नारायण
के कर कमलों में उनके
अमृत वर्ष पर अमृत भेंट!

निवेदन

यह उपन्यास पूरा हुआ। ऐसा लगता है कि जैसे एक सपना देखा और आंख खुल गई। ढाई-तीन वर्ष जिस समस्या और उसके निमित्त चरित्रों की तलाश में भटका, जगह-जगह इण्टरव्यू लेते हुए जिन मनोधाराओं में बहा, जिस चिन्तन-प्रक्रिया के सहारे मुझे समवयस्क और समानधर्मा लेखक-पत्रकार श्री अंशुधर शर्मा और विशेष रूप से श्रीमती निर्गुनियां मिलीं—वह सारी मनोलीला उपन्यास के अन्तिम वाक्य के साथ ही सिमट गई। इस समय मन एक जगह हल्का और एक जगह भारी भी लग रहा है।

इस उपन्यास को लिखने की प्रेरणा मुझे एक घटना से मिली, जिसकी चर्चा मैं सन् '75 की विजयादशमी के अवसर पर प्रकाशित 'धर्मयुग' में कर चुका हूं। मैंने सुना कि एक धनी वृद्ध ब्राह्मण व्यापारी की तरुणी भार्या एक मेहतर युवक के साथ भागी थी। अपने साथ वह काफी गहने और रुपये भी चूंकि ले गई थी, इसीलिये दो दिनों के बाद ही अपने प्रेमी सहित पकड़ी गई। वास्तविक जीवन की इस पात्री ने पकड़े जाने के बाद अपने भविष्य को किस रूप में भोगा यह जानने का साधन तो मेरे पास न था, पर कल्पना में समस्या ने एक और ही रूप धारण कर लिया। विभिन्न मेहतर बस्तियों में स्त्री-पुरुषों से भेंट करके उनके रीति-रिवाज, किंवदंतियों के रूप में प्रचलित उनके इतिहास की परम्पराएं और उनके दुःख-सुख के हाल-चाल जानने में मुझे कुछ कठिनाइयों का सामना भी करना पड़ा। लोग प्रायः संकोचवश अपना सत्य पूरी तरह से मेरे सामने उद्घाटित नहीं करते थे। मैंने पत्रकारों की तरह धीरे-धीरे करके कुछ जानकारियां तो अवश्य बटोर लीं किन्तु मात्र उन्हीं से मेरे उपन्यासकार को सन्तोष न मिला। ऐसे कुछ परिचितों के मकान भी खोजे जहां बैठकर मैं उनके पिछवाड़े की भंगी बस्तियों में होने वाले क्रिया-कलाप और उनकी मुक्त बातें किसी हद तक देख-सुन सकता था। और भी कुछ जोड़-जुगाड़ करके उनके अन्तरंग जीवन की थाह पाने का प्रयत्न किया। काम करते हुए क्रमशः मुझे यह अनुभव होने लगा कि भंगी कोई जाति नहीं है। और यदि है भी तो केवल गुलामों की जाति! जिन सनातन श्वपच चाण्डालों से आज हम साधारणतया भंगी वर्ग को जोड़ लेते हैं, वह मुझे भ्रामक लगा। महामहोपाध्याय डा० पांडुरंग वामन काणे द्वारा लिखित 'धर्मशास्त्र का इतिहास' में अस्पृश्यता के सम्बन्ध में दी हुई जानकारी से यह अंदाज मिला कि : "स्मृतियों में वर्णित अन्त्यजों के नाम आरम्भिक वैदिक साहित्य में भी आए हैं। ऋग्वेद (8/5/38) में चर्मन्न (खाल या चाम शोधने वाले) एवं वाजसनेई संहिता में चाण्डाल एवं पौल्कस नाम आए हैं। बप या बप्ता (नाई) शब्द ऋग्वेद में आ चुका है। इसी प्रकार वाजसनेई संहिता एवं तैत्तिरीय ब्राह्मण में बिदलकार या बिडलकार (स्मृतियों में वर्णित बरुड) शब्द आया है। वाजसनेयी

संहिता का वासस्पल्पूली (धोबिन) स्मृतियों के रजक शब्द का ही द्योतक है। केवल इतना-भर ही कहा जा सकता है कि पौल्कस का सम्बन्ध बीभत्सा (वाजसनेयी संहिता 30/17) से एवं चाण्डाल का वायु (पुरुषमेध) से था और पौल्कस इस ढंग से रहते थे कि उनसे घृणा उत्पन्न होती थी तथा चाण्डाल वायु (सम्भवतः श्मशान के खुले मैदान) में रहते थे। छान्दोग्योपनिषद् (5/10/7) में चाण्डाल की चर्चा है और वह तीन उच्च वर्णों की अपेक्षा सापाजिक स्थिति में अति निम्न था, ऐसा भान होता है। सम्भवतः चाण्डाल छांदोग्य के काल में शूद्र जाति की निम्नतम शाखाओं में परिगणित था। वह कुत्ते और सुअर के सदृश कहा गया है। शतपथ ब्राह्मण (12/4/1/4) में यज्ञ के सम्बन्ध में तीन पशु अर्थात् कुत्ते, सुअर एवं भेड़ अपवित्र माने गए हैं। यहां पर उसी सुअर की ओर संकेत है, जो गांव का मल आदि खाता है, क्योंकि मनु (3/270) एवं याज्ञवल्क्य (1/259) की स्मृतियों में हमें इस बात का पता चलता है कि श्राद्ध में सुअर का मांस पितर लोग बड़े चाव से खाते हैं। अतः उपनिषद वाले चाण्डाल को हम अस्पृश्य नहीं मान सकते। कुछ कट्टर हिन्दू वैदिक काल में भी चाण्डाल को अस्पृश्य ठहराते हैं और बृहदारण्यकोपनिषद् (1/3) की कथा का हवाला देते हैं। किन्तु इस गाथा से यह नहीं स्पष्ट किया जा सकता कि चाण्डाल अस्पृश्य थे। म्लेच्छों की भांति वे "दिशाम् अन्तः" नहीं थे, अर्थात् आर्य जाति की भूमि से बाहर नहीं थे।"

डा० आम्बेडकर का मत है कि आमतौर से ब्राह्मण संस्कृति के पोषक हिन्दू विद्वानों ने अपवित्रों और अछूतों को एक ही वर्ग में सम्मिलित करके बखाना है जो उनके दृष्टिकोण से गलत है। वे अपवित्रों और अछूतों में भेद करते हैं। उनका कहना है कि अपवित्रों का वर्ग धर्मसूत्रों की रचना करते समय विचारणीय माना गया था। प्रतिलोम सम्बन्धों से उत्पन्न सन्तानें अपवित्र थीं, अस्पृश्य नहीं। अछूतों की समस्या डाक्टर साहब के विचार से चार सौ ईसवी के बाद आरम्भ हुई। बड़े-बड़े कबीलों के छोटे-छोटे टुकड़े अक्सर कटकर बिखर जाते थे, उन्हें अछूत ठहराया जाता था। जिस प्रकार अछूतों का कोई जातिगत भेद नहीं है उस प्रकार उनका कोई व्यवसायगत भेद भी नहीं है।

आदिम मनुष्य की सभ्यता में कुछ बातों का ध्यान छूने-न-छूने की दृष्टि से विकसित हुआ था। माना जाता है कि जन्म के समय, लड़कियों के मासिक धर्म आरम्भ होने के समय तथा मैथुन और मृत्यु के मौकों पर आदिम मनुष्य अस्पृश्यता का अनुभव करते थे। जच्चाघर में जच्चा और बच्चा दोनों ही अपवित्र माने जाते थे। स्त्रियों के मासिक धर्म आरम्भ होने पर उन्हें लोगों की नज़रों से दूर एकान्त और एक वस्त्र में ही रखा जाता था, उन्हें चीज़ों अथवा मनुष्यों को स्पर्श करने की मनाही होती थी। भोजन भी एक विशेष प्रकार का करना पड़ता था। करीब-करीब सारी दुनिया की आदिम सभ्यता में किसी-न-किसी हद तक अवश्य ही प्रतिबन्ध रहे थे। किन्तु डाक्टर आम्बेडकर के अनुसार अन्य देशों में तो केवल व्यक्ति ही कारणवश अछूत माने गए, लेकिन हिन्दुओं ने पूरी-की-पूरी जातियों को ही अछूत बना डाला और वह भी पीढ़ी-दर-पीढ़ी, अनन्तकाल के लिये!

स्टेनले राइस ने अपनी पुस्तक 'हिन्दू कस्टम्स एण्ड देयर ओरिजन्स' में यह भी लिखा है कि अछूत मानी जाने वाली जातियों में प्रायः वे जातियां भी हैं, जो विजेताओं से हारीं और अपमानित हुईं तथा जिनसे विजेताओं ने अपने मनमाने काम करवाए थे। संयोगवश लखनऊ के उत्साही समाजसेवी श्री अच्छेलाल वाल्मीकि तथा हरिजन सेवक संघ, दिल्ली, के पण्डित चिन्तामणि वाल्मीकि, एम० ए० की बातों से भी मुझे स्टेनले राइस के कथन का सत्याभास मिला। पण्डित चिन्तामणि वाल्मीकि (राउत मेहतर) ने मुझे एक पुस्तक 'पतित प्रभाकर' अर्थात् 'मेहतर जाति का इतिहास' पढ़ने को दी। यह पुस्तक गाजीपुर के श्री देवदत्त शर्मा चतुर्वेदी ने सन् 1925 में लिखी थी और इसे चिन्तामणिजी के पितामह श्रीमान् वंशीराम राउत (मेहतर), मिलमिल तालाब, गाजीपुर, ने 1931 में अपने खर्च से प्रकाशित करवाया था। इस छोटी-सी पुस्तक में 'भंगी', 'मेहतर', 'हलालखोर', 'चूहड़' आदि नामों से जाने गए लोगों की किस्में दी गई हैं, जो इस प्रकार हैं (पृ० 22-23) :

नाम जाति भंगी	वैस, वैसवार, बीर गूजर, (बग्गूजर) भदौरिया, बिसेन, सोब, बुन्देलिया, चन्देल, चौहान, नादों, यदुबंशी, कछवाहा, किनवार-ठाकुर, बैस, भोजपुरी राउत, गाजीपुरी राउत, गेहलौता (ट्राइब एण्ड कास्ट आफ बनारस)
मेहतर भंगी हलाल खरिया चूहड़	गाजीपुरी राउत, दिनापुरी राउत, टांक (तक्षक), गेहलोत, चन्देल, टिपणी। इन जातियों के जो यह सब भेद हैं, वह सबके सब क्षत्री जाति के ही भेद या किस्म हैं। (देखिए ट्राइब एण्ड कास्ट आफ बनारस, छापा सन् 1872 ई०)
राजपूत	(8) गेहलोत (7) कछवाहा (14) चौहान (16) भदौरिया (26) किनवार (27) चन्देल (29) सकरवार (31) वैस (39) विसेन (53) यदुवंशी (99) बुन्देला (48) बड़गूजर पन्ना (222) पन्ना (235) दजोहा या जदुवंशी गूजर पन्ना (248) राउत

जब भंगी या मेहतर जाति का भेद राजपूतों के जाति-भेद या किस्म से बिल्कुल मिलता है तो अब इनके क्षत्रिय होने में क्या सन्देह है! (लेखक महादेव सिंह चन्देल, बनारस।)

नारदीय संहिता में बखाने गए दासों के पन्द्रह कर्मों में एक मल-मूत्र उठाने वाले दास भी बतलाए गए हैं। मेरा अनुमान है कि यह दास आमतौर से 'वी० आई० पी०' लोगों के यहां ही रहते होंगे। शहरों में संडासों का चलन बहुत पुराना है। इन संडासों में साल-छह महीने के बाद नमक डाल दिया जाता था। गांवों में आवश्यकता ही न थी। 'झाड़ा', 'पोखरा', 'बहरी अलंग' आदि प्रचलित शब्द हमारी प्राकृतिक आवश्यकता की पूर्ति की जगहों का इशारा करते हैं। एक 'बम्पुलिस' शब्द ने मेरे लिये तनिक समस्या खड़ी की। यह शब्द जहां तक मेरी जानकारी है, हिन्दीभाषी क्षेत्र में सर्वत्र सार्वजनिक शौचालय के अर्थ में प्रयुक्त होता है, किन्तु यह शब्द बना क्योंकर? आचार्य हजारीप्रसाद द्विवेदी ने 'बम्पुलिस' शब्द का शुद्ध रूप 'ब्रह्म पुरीष'

बतलाया। उनका कहना था कि बनारस में यज्ञकर्ता ब्राह्मणों के लिये ऐसे सार्वजनिक शौचालय बनाए जाते थे। मन में यह शंका उपजी कि हमारे यहां ब्रह्म शब्द बिगड़कर 'बम' नहीं बनता बल्कि 'बरम' बनता है—जैसे 'बरमराकस', 'बरमहत्या' इत्यादि। तब क्या पुरीष की गन्ध से बरम का रकार भाग गया? हरिजन-सवर्ण संघर्ष की लपेट में आकर मेरठ के आस-पास का एक स्थान 'बमनोली' भी अखबारों में चमका। मैंने मेरठ विश्वविद्यालय के हिन्दी विभागाध्यक्ष डा० रामेश्वर-दयालुजी को परेशान किया। गांव का नाम 'बामनोली' है किन्तु डा० अग्रवाल का कहना था कि बम्पुलिस शब्द बहुत पुराना नहीं लगता। हमने बन्धुवर डा० रामविलासजी शर्मा से भी इस शक की जासूसी जांच करवाई। शर्माजी ने बम्पुलिस शब्द का निकास अंग्रेज़ी के शब्द 'बैम्बू पोल्स' से बतलाया। बांस के ढांचे पर टट्टियां मढ़वाकर अंग्रेज़ों ने कुम्भ के मेले में पहली बार 'बैम्बू पोल्स' बनवाए थे। टट्टियों की आड़ देकर ऐसे शौचालय शायद पहले भी मेलों के मौकों पर बनते होंगे, इसीलिये 'टट्टी' शब्द शौचालय के अर्थ में प्रयुक्त होता है।

प्रियवर रामविलासजी ने सितम्बर, सन् 1914 ई० की 'सरस्वती' से पटना के श्रीयुत हीरा डोम की कविता 'अछूत की शिकायत' के प्रति मेरा ध्यान आकर्षित किया। श्री नर्मदेश्वर चतुर्वेदी ने बलिया के कवि एडवोकेट श्री रामसिंहासन सहाय मधुर की सन् 1926-28 में लिखी हुई दो कविताएं 'डोम और डोमिन' पढ़ने के लिये दीं। महात्मा गांधी जब हरिजन आन्दोलन के लिये देशव्यापी दौरा करते हुए बक्सर पधारे थे तब धर्मान्ध लोगों की भीड़ ने उनके ऊपर ढेलों से प्रहार किया था। मधुरजी ने ये कविताएं उसी समय लिखी थीं। सन् 1927-28 ई० के मासिक 'चांद' की फाइल और लगभग उसी काल की 'माधुरी' तथा 'त्यागभूमि' की फाइलों से भी मैंने बड़ी सहायता पाई। इन सबके प्रति हृदय से आभारी हूं। मेहतर वर्ग के स्त्री-पुरुषों से इण्टरव्यू लेने के काम में श्री अच्छेलाल वाल्मीकि, पण्डित चिन्तामणि वाल्मीकि, आयुष्मान् अब्दुल खालिक, श्री कल्लू और श्री सुन्दरलाल ने मेरी सहायता की। इनके प्रति भी कृतज्ञ हूं। बन्धुवर श्री ज्ञानचन्दजी जैन ने टंकित पाण्डुलिपि में आवश्यक सुधार करने और मेरे लिये पुस्तकालयों से इच्छित साहित्य लाने में बड़ी सहायता की है। उन्हें धन्यवाद देना मेरे लिये कठिन है। इस पुस्तक की पाण्डुलिपि चि० अशोक ऋषिराज और चि० राजेन्द्रप्रसाद वर्मा को बोलकर लिखाई है। इन दोनों युवकों को भी अपने आशीर्वाद देता हूं।

—अमृतलाल नागर

कार्तिक पूर्णिमा : गुरुनानक जयंती
दिनांक : 25-11-77
चौक, लखनऊ

1

ऊंचे टीले पर बने मन्दिर के चबूतरे से देखा तो सारी बस्ती मुझे अपनी वर्णमाला के 'द' अक्षर जैसी ही लगी। शिरोरेखा की तरह सामने वाली गली के दाहिनी ओर से मैंने प्रवेश किया था। 'द' की कण्ठरेखा वाली गली सुलेख में लिखे अक्षर की तरह ठीक शिरोरेखा के बीच में न होकर उसके बायें सिरे पर है। वहां से करीब-करीब 'द' के घुमावदार पेट की तरह ही नगर महापालिका की ओर से बनवाई हुई कालोनी है, सामने मैदान है। और यह टीला जिस पर मैं इस समय खड़ा हूं वह यों समझिये कि 'द' अक्षर की घुण्डी जैसा ही है। इसके बाद टीले की ढलान पर एक छोटा-सा मकान और उसके साथ ही बाड़े से घिरी हुई शाक-सब्ज़ियों की एक खासी लम्बी पट्टी उस सारी भंगी बस्ती को 'द' की शक्ल दे देती है। 'द' माने दमन। प्रकृति ने मानो इस बस्ती के कपाल पर ही 'दमन' शब्द लिख दिया है।

अपने घर के पिछवाड़े बसी हुई भंगी बस्ती को यों तो मैं बचपन से ही देखता चला आ रहा हूं, परन्तु सच पूछा जाए तो अभी कुछ ही महीनों पहले मैंने एक विचार के रूप में उसके दर्शन किए थे। अपने अध्ययन कक्ष की खिड़की से खड़े-खड़े सहसा इस बात पर ध्यान गया कि अपने सारे पास-पड़ोस से सुपरिचित और व्यावहारिक रूप से सुसम्बन्धित होते हुए भी मैं अपने इन पड़ोसियों के सम्बन्ध में कुछ भी नहीं जानता। बस दो-चार-छह लोगों के नाम भर ही जानता हूं। कभी-कभार उनकी बातें या लड़ाई-झगड़ों के दृश्य देखे हैं, जवानी में दो-एक नई ब्याहुली भंगिनों के सलोने चेहरे भी जब-तब दिखलाई पड़ जाने पर मेरे मन में रस का स्पर्श दे जाते थे। उनमें एक चेहरा जो जवानी में जैन रामायण की चन्द्रनखा जैसा सलोना लगता था अब बुढ़ापे में वाल्मीकि-तुलसी रामायण की शूर्पनखा-सा बदसूरत हो गया है। खैर, तो इसी बस्ती के बहाने मैंने शहर की भंगी बस्तियों में इण्टरव्यू करने का प्रोग्राम बनाया। अब तक जिस वर्ग को मैंने केवल अपनी बौद्धिक सहानुभूति-भर ही दी थी उसे पहली बार निकट से पहचानने की उत्कट इच्छा जागी। इण्टरव्यू का काम आरम्भ करने के प्रायः एक सप्ताह के भीतर ही मुझे अनुभव हुआ कि संस्कृति को केवल आभिजात्य दृष्टि से देखना खाड़ी में समुद्र को देखने के समान ही है। खाड़ी में जन-संस्कृति के महासागर का अगाध-असीम सौन्दर्य भला क्योंकर दिखलाई दे सकता है!

मैं दो दिनों से इस भंगी टोले में आ रहा हूं। यों तो बड़े-बूढ़ों, जवानों से इण्टरव्यू लेने के काम मैं कल ही पूरे कर चुका था, मगर आज एक लालच और एक बहाना

लेकर फिर आया हूं। बहाना है बस्ती के फोटो खींचना और लालच है उन निर्गुनियां दादी-चाची से मिलना जिन्होंने कल मुझसे मिलने से इनकार कर दिया था।

श्रीमती निर्गुनियां के सम्बन्ध में मैंने कई बस्तियों में सुना था। यह तो आमतौर से सुना कि शहर के मेहतर समाज में शिक्षा-प्रसार करने का काम सबसे पहले उन्होंने ही किया था। उनका पति मोहना डाकू लगभग चालीस वर्ष पहले बहुत मशहूर होकर पुलिस के हाथों गोली का शिकार हुआ था। श्रीमती निर्गुनियां ने उसके बाद संकटों के बड़े-बड़े आंधी-तूफान झेलकर अपने बेटे-बेटी को पढ़ाया। शहर के मेहतरों में शिक्षा की लगन जगाई, धन्धों और बाजे बजाने का काम अधिकाधिक फैलाने और उन्हें स्वावलम्बी बनाने के लिये उन्होंने कुछ वर्षों तक खूब ही लगन से काम किया था। अब कुछ बरसों से इन सब कामों से वे अलग हैं। कुछ साग-सब्ज़ी उगाती-बेचती हैं, कुछ ब्याज-बट्टा भी फैला हुआ है। बेटी और बेटा दोनों ही ऊंचे ओहदे पर हैं, अच्छे वेतन पाते हैं। मां को बहुत मानते हैं, उनकी सुख-सुविधाओं के लिये कुछ-न-कुछ करते ही रहते हैं। लोग कहते हैं कि रामजी की दया से जैसे उनके दिन फिरे वैसे सबके फिरें। टीले की ढलान पर बना हुआ छोटा-सा मकान उन्हीं का है। सब्ज़ी वाली पट्टी भी उन्हीं की मिल्कियत में शामिल है। शाम को भीतर से घर बन्द करके पीती हैं और अकेले में कुछ बड़बड़ाया करती हैं। पीती हैं तब उस समय कोई उन्हें पुकारे तो भद्दी-भद्दी गालियां बकती हैं।

मैंने उन्हें कल गालियां बकते हुए एक झलक देखा भी था। सिर पर ओढ़नी नहीं थी, हाथ बढ़ा-बढ़ाकर किसी को गालियां दे रही थीं। मुझे देखते ही अन्दर चली गईं।

इससे पहले हरिजन मांटेसरी स्कूल के सर्वेसर्वा अध्यापक श्यामलाल, जिनके घर पर बैठकर मैंने सबके इण्टरव्यू लिये थे, मेरे आग्रह पर श्रीमती निर्गुनियां से स्वयं यह कहने गये थे कि अगर वे नहीं आ सकतीं तो मैं ही उनके यहां आ जाऊंगा। लेकिन निर्गुनियांजी ने इससे भी इनकार कर दिया। मुझे बुरा तो लगा था, मगर सच पूछा जाए तो इसी इनकार ने मेरे इसरार को बढ़ा दिया। मैंने सोचा कि दलित वर्ग की इस प्रतिष्ठित महिला को 'वी० आई० पी०'-व्यवहार से प्रसन्न करूंगा। इसीलिये आज फोटोग्राफर ही नहीं, थैले में एक व्हिस्की की बोतल और कुछ फल-मिठाई भी उनके वास्ते छिपाकर लाया था। डाकू की पत्नी, आन्दोलनकारिणी और संघर्षयुक्त जीवन बिताने वाली दो शिक्षित सन्तानों की मां के अनुभव प्राप्त करने के लिये मैं विशेष रूप से अधिक लालायित था।

टीले से बस्ती के विहंगम दृश्य की छवि खिंचवाकर मैंने फोटोग्राफर को तो विदा किया और अध्यापक श्यामलाल से कहा : "आज मैं श्रीमती निर्गुनियां से मिलकर ही जाऊंगा, यह मैंने तय कर लिया है।"

श्यामलाल दबसट में पड़ गए, मैंने कहा : "आप केवल यह पता लगा लें कि वह घर पर हैं या नहीं–"

"होंगी तो वह घर ही में। इस समय कहीं नहीं जातीं।"

"तब आप अपनी इस दर्शक सेना को लेकर जाइए। मैं वहीं जाता हूं।"

"मैं आपके साथ चलूंगा, सर। कहीं उन्होंने आपका अपमान कर दिया तो मुझे बुरा लगेगा। वैसे चाची ऐसी हैं तो नहीं।"

"छोड़िए इन बातों को। मैं बहुतों से मिल चुका हूं, कड़वे-मीठे अनुभव तो होते ही रहते हैं। मुझे अभ्यास है।"

झोला लिये टीले की ढाल की तरफ चल पड़ा। श्रीमती निर्गुनियां का मकान छोटा मगर पुख्ता था। बरामदे में पहुंचकर मैंने दरवाज़े की कुण्डी खटखटाई।

"कौन है?"

मैं सोचने लगा कि जवाब दूं या न दूं! शायद मेरी आवाज़ सुनकर ही सन्नाटा खींच जाएं। मगर मैंने फिर कुण्डी खटखटाई।

"अरे कौन है हरामज़ादा, पूछती हूं तो बतलाता भी नहीं है!"

"मैं आपसे मिलने आया हूं निर्गुनियांजी! दरवाज़ा खोलिए!"

मौन। मैं कठोर-से-कठोर बात सुनने के लिये तैयार था। इनकार करेगी तो चला जाऊंगा। लेकिन कुण्डी खुल गई। एक भरे-चिकने बदन की सुन्दर से अधिक आकर्षक, तेजस्विनी बुढ़िया ओढ़नी-लहंगे के लिबास में मेरे सामने खड़ी थी। चेहरे पर ज़माने की कड़ी मार से बनी कुछ रेखाएं अवश्य थीं, पर झुर्रियां अभी तक नहीं पड़ी थीं। आंखों में चुम्बक था जिसने मुझे भी खींचा। आवाज़ भी शिष्ट और मधुर थी :

"आइये बाबूजी! बड़े भाग जो इस अभागिन के घर आपकी चरनधूल पड़ी।"

मैं कमरे में आगे बढ़ गया। उन्होंने दरवाज़ा बन्द करके कुण्डी चढ़ाई। कमरे में अंधेरा हो गया, मगर दूसरे ही क्षण रॉड की रोशनी आंखें मिचमिचाती-सी जाग उठी। कमरा सुरुचिपूर्ण ढंग से सजा था। लकड़ी के सस्ते-भद्दे सोफासेट मैंने इस बस्ती के और भी पांच-छह घरों में देखे हैं। कई भंगी बस्तियों में देखे हैं। टेबिल फैन, सीलिंग फैन, ट्रांजिस्टर-रेडियो भी कुछ जगहों पर देखे हैं, परन्तु यहां अपेक्षाकृत कुछ अधिक कीमती फर्नीचर था। सोफों पर फोम की गद्दियां थीं। शीशेदार अलमारी में चाय के प्यालों के दो सेट, कुछ गुड्डे-गुड़ियां और दो-चार खिलौने सजे थे। दीवार पर केवल एक ही बड़ा-सा फोटोग्राफ था। किसी मृत युवक का चेहरा। अनुमान किया, यही कुख्यात मोहना डाकू होगा। पूछ लिया, श्रीमती निर्गुनियां ने सकार भी लिया। मैं सोफे पर बैठा, फिर झोले से फल-मिठाई और ब्लैकनाइट व्हिस्की की बोतल निकालकर मेज़ पर रखी।

"यह सब किसलिए?"

"आपके लिये तुच्छ उपहार।"

"क्यों?"

"मैंने कल सब बच्चों को टॉफियां बांटी थीं।"

"तो क्या मैं बच्ची हूं, बाबूजी?"

"आपने मिलने से इनकार किया तो मैंने सोचा कि इस ज़िद्दी बूढ़ी-बच्ची को मनाना पड़ेगा।"

बात मुंह से निकल ही गई, वरना कहना नहीं चाहता था। कहकर भय भी

लगा कि वह बुरा न मान जाएं। मगर वह मुस्कराईं, कहा : ''तो मेरी बदनामी हुजूर तक पहुंच चुकी है! खैर, इसे रखिए। आप अगर शौक करते हों तो लाऊं भीतर से!''

''मैं कभी-कभी पीता जरूर हूं लेकिन काम के समय कभी नहीं।''

''मेहतरों से बातें पूछना आपका काम है?''

''जी हां, इस समय तो यही है।''

''क्या सरकारी काम है?''

''नहीं अपना। सामाजिक।''

''इससे क्या होगा?''

''यह काम मैं अपना ज्ञान बढ़ाने के लिये कर रहा हूं।''

''हां! एक बात बतलाइएगा बाबूजी, आप मन से कितने मेहतर बन चुके हैं अब तक?''

प्रश्न का मर्म पहचानकर भी मैं उसे टाल गया और अभिनय-भरी हंसी हंसकर चतुराई से कहा : ''किसी का मल-मूत्र साफ कर सकता हूं। टोकरा उठाकर चल नहीं सकता।''

श्रीमती निर्गुनियां सामने सोफे पर टांग पर टांग चढ़ाये बैठी बिल्कुल मास्टराना अन्दाज़ में सवाल पर सवाल कर रही थीं। बात कहते हुए मेरी दृष्टि उनकी नज़रों पर सधी थी। ठहरी-सी नीली पुतलियां, जिनमें हिप्नोटाइज करने की ताकत है, मेरी दृष्टि का निशाना थीं। नीले, भूरे या सुनहरे रंग की पुतलियां हिन्दुस्तान में कम ही लोगों की होती हैं। ये नीली आंखें खींचती और दुरदुराती एक साथ हैं। यही इनका आकर्षण है। खैर, मेरे अनुमान से इनकी आयु अब पैंसठ-सत्तर की लपेट में होगी। जवानी में बहुतों को अपनी तरफ खींचा होगा। श्रीमती निर्गुनियां भी लगातार मेरी ओर ही देख रही थीं। हम दोनों ही शायद एक दूसरे को पहचानने की कोशिश कर रहे थे। सहसा मुझसे पूछा : ''मेरे हाथ का बनाया खाना खा लेंगे?''

''आसान सवाल है।''

''मेरे साथ एक थाली में खा लेंगे?''

''अगर आवश्यकता पड़ी तो निःसंकोच।''

''जैसे समाज की लेडियों के साथ कभी पार्टियों में पीते होंगे वैसे मेरे साथ भी पी सकेंगे?''

''क्यों नहीं!''

''एक गिलास में?''

''वह उम्र अब बीत गई।''

श्रीमती निर्गुनियां कुइन विक्टोरिया की तरह हल्के से हंसीं, फिर कहा, ''मैंने सोचा, शायद हुजूर ने मेहतरानियों से इश्क लड़ाने के लिये ही इस काम का लबादा ओढ़ा हो।''

मैं खुलकर हंस पड़ा, कहा, ''अब इस उम्र में तो खैर क्या उतरूंगा इस पानी में, वैसे जवानी में भी इस दिशा में कायर ही रहा।''

''या छूआछूत के डर से कायर बने! वैसे बड़े-बड़े त्रिपुण्डधारी पण्डितों को भी

मैंने अछूत इस्तिरियों के पीछे-पीछे कुत्ते की तरह घूमते बहुत देखा है। लुक-छिपकर मुंह काला करने के बाद फिर उजागर में मूंछों पर ताव देके 'हटो-बचो' चिल्लाना शुरू कर देते हैं। हः हः हः! एक बार छूत-अछूत यों ही गड्ड-मड्ड देख के मेरे मन में यह सवाल उठा कि इन दोनों में इस दम कौन ब्राह्मण है और कौन मेहतर?''

''आपने एकदम दार्शनिक सवाल ही उठा दिया। यह जीव जो आज हमारी काया में ब्राह्मण बनकर बैठा है पिछले जन्मों में कीट-पतंग, चाण्डाल, वैश्य, म्लेच्छ, जाने क्या रहा होगा। इसलिये जीव को ब्राह्मण नहीं कहा जा सकता। काया भी ब्राह्मण नहीं कहला सकती। सबकी एक जैसी होती है। रंग या वर्ण भी नहीं। 'करिया ब्राह्मण गोर चमार' भी होता है। कहावत मशहूर है। खैर, यह तो पुराने सामाजिक वर्गीकरण के जंजाल हैं। अब आज्ञा हो तो कुछ सवाल करूं?''

मेरे प्रश्न को नज़रअन्दाज करके उन्होंने पूछा, ''आपका घर कहां है?''

मैंने ठिकाना बतला दिया, वह बोलीं, ''किसी दिन आपके घर आऊंगी, तभी सवाल-जवाब की बात भी होंगी। खैर, आपकी कुछ खातिर तो करूं, बाबू साहब।''

वह उठीं। मैंने कहा, ''आपने मुझे अपने दरवाज़े से दुतकारा नहीं, घर में बुलाकर बिठलाया, यही बहुत बड़ा सत्कार किया।''

''आपने सचमुच ही मुझे लजा दिया, बाबू साहब। असल में कल इसलिये इनकार किया था कि सबके सामने आपसे बातें नहीं कर सकती थी। और आप उस बखत यहां आते तो भी भीड़भाड़ आती।''

''ठीक कहा। मगर मैं आज यहां न आता तो?''

''तो इससे मेरा क्या नुकसान होता? पुराने पण्डित लोग कहा करते थे कि कथा उसे ही सुनाइए जो दिल से सुने। ठहरिए, मैं अभी चाय बनाकर लाती हूं।''

''सुनिए निर्गुनियांजी, दरअसल मुझे इस बन्द कमरे में घुटन में बैठना अच्छा नहीं लग रहा। चाय-वाय फिर...''

''आपने मुझे फिर शर्मिन्दा कर दिया बाबूजी। दरअसल मैं नहीं चाहती थी कि लड़के झांक-झूंक करें, हमारी बातों में विघन पड़े। खैर, आप भीतर आइए। खुले हवादार कमरे में बैठिए, चाय तो पीनी ही पड़ेगी।''

अन्दर एक दालान, उसमें रसोई। दालान के आगे आंगन और बायें हाथ एक कमरा, जिसमें सब्ज़ी के खेत की तरफ दो खिड़कियां थीं। यह कमरा शायद शयनकक्ष था। पलंग के नाम पर एक तख्त, उस पर चटाई, तकिया। पलंग के पास ही एक छोटी आरामकुर्सी और मेज़—संसार के आठवें आश्चर्य की तरह मेहतरानी के घर में एक फ्रिज भी थी। अपने घर में फ्रिज के अभाव से कचोट हुई। खैर, इस कमरे में भी एक ही तस्वीर थी। पति-पत्नी दोनों थे, निर्गुनियां कुर्सी पर बैठी थीं, मोहना सूट पहने हुए पास खड़ा था। मुझे लगा कि पति-पत्नी की उम्र में लगभग आठ-दस बरसों का अन्तर होगा—मोहना से निर्गुनियां बड़ी जंचीं। चेहरा सुन्दर मगर अवसादयुक्त। मोहना सिकन्दर महान् की तरह तनकर खड़ा था। चेहरे पर शान थी, सुन्दर भी था।

बैण्ड बजाने के धन्धे ने मेहतर वर्ग में कुछ लोगों को थोड़ी-बहुत सम्पन्नता

अवश्य प्रदान कर दी है, मगर शहर के किसी अन्य मेहतर के यहां कहीं भी मैंने इतनी सम्पन्नता नहीं देखी। कमरे से मैं किचन में स्टोव की आवाज़ सुन रहा था और सामने से न दिखलाई पड़ने वाली इस मेहतरानी की व्यस्तता का अनुमान भी कर रहा था। दिमाग में 'मेहतरानी' शब्द के गूंज उठने के कारण मैं श्रीमती निर्गुनियां को कमर पर टोकरा साधे गली में चलते हुए देखने की कल्पना कर उठा। इस 'पोज़' के लिये यह 'पर्सनाल्टी' ज़रा ज़्यादा भव्य है। ...मगर आज भव्य लगती है, सुख-चैन जो नसीब है, जवानी के दिनों में जब पति डाकू हुआ होगा, जब बच्चों को पालने के लिये मेहनत करती होगी... सूरत से बदचलन नहीं लगती। बस्ती में इस स्त्री के प्रति जो आदर भाव है, वह भी इस बात की गवाही देता है। जवानी में कामुक भेड़ियों से अपने आपको बचाने कि लिये इस स्त्री को कितना संघर्ष करना पड़ा होगा!

मुझे अपने बचपन की वह दुनिया याद आने लगी जिसमें महरी, मालिन, मेहतरानियां और सलोने किशोर कामुकों के कुदरती शिकार हुआ करते थे। मानव की चेतना अंधेरे के कैसे-कैसे दुर्भेद्य गढ़ों को ध्वस्त करके ज्योति के पथ पर बढ़ती है।

श्रीमती निर्गुनियां ट्रे में चाय और फल सजाकर लाईं। फिर अल्मारी से 'गोल्डेन ओक' की एक सीलबन्द बोतल निकाली और कहा, "नरसों लड़के के घर से लौटते हुए ये खरीद लाई थी। बेटा-बेटी दोनों ही मेरी देसी महुआ पीने को बुरा मानते हैं। रख लेती हूं लाके, मगर पीती अपनी देसी ही हूं। आदत की बात है। वैसे मेरे मरद ने मुझे अस्ली विलायती भिस्की बहुत पिलाई थी बाबूजी!" कहते हुए श्रीमती निर्गुनियां के बूढ़े चेहरे पर सुहाग निखर आया। गईं, अल्मारी से गिलास निकाले।

मैंने कहा, "चाय पिलाते-पिलाते आप एकाएक यह क्या पिलाने लगीं?"

अल्मारी से गिलास उठाकर मेरी बात की प्रतिक्रिया में मुंह घुमाकर चंचल कनखी से मुझे देखा और कहा, "क्लबों में लेडियों की सोहबत में पी होगी, शायद तवायफों के कोठों में भी पी हो—तो मेहतरानी क्या तवायफों से भी गई-बीती होती है बाबूजी?"

बात से नाहक झेंप चढ़ी। मन झुंझलाया। मैंने कहा, "मैं आपसे पहले ही निवेदन कर चुका, इस समय..."

"तब, हुजूर, बेअदबी माफ करिएगा, आपका तोहफा मैं भी कबूल नहीं करूंगी।"

यह अकड़ मुझे अच्छी नहीं लगी। भले न स्वीकार करे। मैंने कहा, "मैं आपकी भावना का आदर करता हूं, पर अपने सिद्धान्त से भी मजबूर हूं। काम के समय नशा नहीं करता। दूसरे, यहां से पीके निकलना मेरे लिये उचित नहीं होगा।"

निर्गुनियां हंसती हुई लौट आईं। प्यालों में चाय ओजते हुए मीठे गुमानी लहजे में कहा, "आपको अपने काम से सच्चा प्यार नहीं, वरना प्यार और आबरू! दिन में रात! कैसी बातें करते हैं बाबू साहब!"

"प्यार मुझे अपने काम से है निर्गुनियांजी, उसमें मेरी आबरू कभी आड़े नहीं

आती।''

''खैर, मैं तो पियूंगी। दुनिया के सारे काम मैं दिन काटने के बहाने करती हूं। मेरा असली काम तो है, मेरा शाम का नशा। तब मेरा मरद भी मेरे सीने के भीतर से निकलकर मेरे पास बैठ जाता है। हम दोनों पीते हैं, खाते हैं, लिपट के सो रहते हैं।''

''तुम मेरे पास होते हो गोया, जब कोई दूसरा नहीं होता।''—मेरे मुंह से बेसाख्ता यह शेर निकल पड़ा।

सुनकर बुढ़िया की आंखें भर आईं। एकाएक मेरी ओर देखकर झेंप गई। उंगली से दोनों आंखों के आंसू झटककर कहा, ''आप तो कुछ खा ही नहीं रहे हैं बाबूजी!''

मैं सोच रहा था कि आंसू भी कभी-कभी कितने सुन्दर लगते हैं! मुझे एक पुराने वैदिक मन्त्र का भावार्थ याद आया कि उषा के पीछे सूर्य यों ही लगा रहता है जैसे कामिनी के पीछे कामी पुरुष। याद के पीछे आंसू भी ऐसे ही लगे हैं।

चलते समय मैंने अपनी लाई हुई भेंटों को स्वीकार कर लेने के लिये फिर आग्रह किया।

श्रीमती निर्गुनियां ने फल-मिठाई लेकर बोतल मेरे झोले में रख दी, कहा, ''बड़े आदमियों का हुकुम टालने की ताब मुझमें नहीं है। आपकी यह चीज़ें रख लूंगी, पर इसे ले जाइए।''

मैंने पूछा, ''क्यों?''

''बोतल लाके देने वाला चला गया बाबूजी। बेटा ले आता है कभी-कभी, मगर वह बात और है।''

उनका मन समझकर मैंने फिर आग्रह न किया। चला आया।

2

घर लौटते समय मूड उम्दा था। रिक्शे पर आते हुए तीखी सर्द हवा के झोंके खा-खाकर मुझे लगा कि सर्दी उम्दा है। पास में रखे हुए झोले पर अपने आप ही हाथ चला गया। व्हिस्की की बोतल सर्दी के उपचार के लिये उम्दा दवा महसूस हुई। शराब मेरी लत नहीं है, गाहेबगाहे का शौक ज़रूर है। महीने-दो-महीने में कभी मौज आने पर किसी बार में जाकर एक-दो पेग या किसी पार्टी वगैरह में मुफ्त की मिल जाती है तो कभी-कभी एक-आधा पेग और अधिक ले लेता हूं। लेकिन बोतल को छूते ही याद आया कि यह बोतल त्यक्ता, तिरस्कृता है। इण्टरव्यू की लालच में मेरा पत्रकार मन एक मेहतरानी को महत्तररानी मानकर महत्तर मदिरा ले गया था। लेकिन उस मेहतरानी ने मेरे सामने महत्तम पेश करके मेरे महत्तर को लघुतर बना दिया। वाह-वाह, क्या अकड़ थी उसमें, किस शान से कहा था कि शराब केवल अपने मरद की लाई हुई ही पी थी।

मैंने सोचा कि उस सती के प्रति आदर भावना के कारण ही इस बोतल का

इस्तेमाल करना चाहिए। (यानी बहाना भी शानदार ही सोचा) बोतल उम्दा है, सर्दी भी उम्दा है। और मेरा मूड भी शानदार है। ज़िन्दगी में शायद पहली या दूसरी बोतल मैंने खरीदी होगी। चील के घोंसले में उसके बच्चों की बदौलत कभी इतना मांस ही न बचा कि स्वयं चील भी छकके खा सके। गली के नुक्कड़ पर ठण्डाई, शर्बत वाले की दुकान से सोडे की एक बोतल भी लेकर झोले में डाल ली थी।

दरवाज़े की कुण्डी खोलने के लिये संयोग से मेरी पत्नी ही आईं। उन्हें देखते ही मैंने झोला कुछ इस तरह से उठाया कि बोतलें खनकीं। उन्होंने पूछा—"इसमें क्या है?"

"तुम्हारी सौत।"

"मरी रांड की।" उनकी नाक चढ़ी तो मुझे मज़ा आ गया। मेरे हंसने पर वह और चहकीं, कहा : "हंसते हो ऊपर से! तुम्हें खिलाने के लिये ही तो बैठी हूं अब तक। और घण्टे-दो-घण्टे तपस्या करनी पड़ेगी निगोड़ी।" मेरी पत्नी ने दरवाज़े का कुण्डा बन्द करते हुए अनख कर कहा। मुझे दया आ गई, उनके कन्धे पर अपना बायां हाथ रखकर मैंने कहा—"इस समय विचारों का स्वाद आ गया है रानी। बस कमरे में मेरा खाना लाके रख दो और आराम से लिहाफ में मुंह लपेटकर सो जाओ।"

मेरी पत्नी का क्रोध कुछ-कुछ शमित हुआ, पर आवाज़ रौबीली ही बनी रही। कहा—"अभी टेलीविज़न वाले कमरे में बैठ जाओ। वहां कोई नहीं है। मैं अभी आती हूं।"

जब से घर में टेलीविज़न आया है मेरी पत्नी ड्राइंगरूम को टेलीविज़न वाला कमरा कहने लगी हैं। उनकी इस आदत का रस लेते हुए मैंने कहा : "इस समय तो सन्नाटे में बैठकर अन्तर्दर्शन करने की चाह है। तुम्हारा दूरदर्शन कौन करे! खाना मेरे दफ्तर वाले कमरे में ही ले आओ।"

किताबों की अलमारियों और पत्र-पत्रिकाओं की फाइलों से करीब-करीब गंजा हुआ यह छोटा-सा कमरा ही मेरी दुनिया है। इस कमरे में आते ही ज़िन्दगी की थकन, सारी दुश्चिन्ताएं, सारा अवसाद, अगरबत्ती के धुएं-सा उड़ जाता है। मन चाहे कितना भी ऊबड़-खाबड़ क्यों न हो, थोड़ी ही देर में व्यवस्थित हो जाता है।

स्वामी विवेकानन्द ने ठीक ही कहा है कि 'एक ऐसी जगह बना लो, जहां केवल ईश्वर का ही चिन्तन करो, अन्य विचारों को अपने पास तक न फटकने दो, कुछ ही दिनों में उस स्थान पर पहुंचते ही तुम्हारी विचार-तरंगें केवल एक ही दिशा की ओर बढ़ने और फैलने लगेंगी।'

सर्दी होते हुए भी मैंने पिछवाड़े की खिड़की खोल ली। मेरे पिछवाड़े एक भंगी टोला है। दरअसल इसी भंगी टोले ने ही मुझे भंगियों से इण्टरव्यू करने की प्रेरणा दी थी। आजकल 'दिल के आईने में तस्वीरे-यार' की तरह इस बस्ती को बार-बार देखना मुझे सुहाता है।

नीचे झांककर देखा, प्रायः सन्नाटा था। केवल दो-चार मर्दानी-ज़नानी आवाज़ें कभी ऊंची कभी नीची सुनाई पड़ जाती थीं। अपने 'ठाकुरजी' के दर्शन करने के बाद मैंने गिलास में एक पेग के लगभग डाली। फिर सोडे की बोतल खोलने जा

ही रहा था कि नीचे की आवाज़ें तेज़ होकर मेरे कानों में आने लगीं। एक स्त्री कह रही थी...

"मैं हरगिज़-हरगिज़ नहीं जाऊंगी इस कमीने के साथ, कोई धौंस है? वाह!"

दूसरा पुरुष गरजा : "जाना तो तुझे पड़ेगा ही हरामज़ादी। चाहे हंस के जा, चाहे रो के जा। मेरे पास पन्द्रह सौ रुपये नहीं हैं कि जमादार और दरोगा और चीप साहब को चटाकर अपने लिये काम पा सकूं।"

"तो काम पाने के लिये अपनी औरत की इज़्ज़त लुटायेगा हरामज़ादे, तुझे शरम नहीं आती हैगी?"

"मजलूम और गरजमन्द आदमी सब कुछ कर सकता है। और तेरी इज़्ज़त है ही कहां? कुतिया, रंडी और गरीब की जोरू की भला क्या इज़्ज़त होतीं है? मेरा जी न दुखाओ, कहे देता हूं, नहीं तो भगवान कसम ऐसा ऊब गया हूं जिनगी से कि तुझे मारकर आप फांसी पर चढ़ जाऊंगा।"

दूसरी स्त्री का स्वर आया : "तुम तो बेकार पीछे पड़े होगे। अरे यह हाकिम लोग बड़े मुर्दार होते हैंगे। हरामज़ादे इज़्ज़त की इज़्ज़त लूटेंगे और पैसे भी पूरे नहीं देंगे। भला बताओ, एवजी की नौकरी के लिये पन्द्रह सौ रुपये मांग रहे हैंगे। ऊपर से शर्त यह भी है कि औरत के हाथ भेजें। यह कोई भलमनसाहत हैगी! महीने भर बाद फिर वही चरखा। अपनी औरत को कुतिया बनाओ और ऊपर से हज़ार, पांच सौ फिर चटाओ तो नौकरी पक्की। अंधेरखाता है!"

पुरुष ने कुछ कहा, पर सुनाई नहीं दिया। पत्नी का स्वर फिर ऊंचा उठा, "आजकल औरत का राज हैगा। अब कोई भी औरत ऐसी गई-बीती नहीं रही हैगी कि अपनी आबरू ज़बरदस्ती लुटाए।"

मेरी पत्नी गरमागरम पकौड़ियां लेकर आ गईं। मेज़ पर रखते हुए कहा—"अरे अभी तुमने शुरू भी नहीं किया है?"

"ठहरो, ज़रा नीचे की बातें सुन लेने दो।"

मेरी पत्नी रुक गईं, मेरे हाथ से सोडे की बोतल लेकर उन्होंने खिड़की की सिटकनी के किनारे से दबाकर उसका ढक्कन खोला और मेरे गिलास में सोडा उडेलने लगीं, फिर कहा : "ये खिड़की बन्द क्यों नहीं कर देते! इतनी तीखी हवा आ रही है। तुम्हें गर्मी लगती है क्या?" कान्ता ने आगे बढ़कर खिड़की बन्द कर दी।

"अरे नीचे से गर्मागर्म बातें आ रही थीं, जीवन के नये-नये भेद खुल रहे थे। ...और यह तुमने क्या किया? पकौड़ियां बना लाईं? मैंने कहा था कि..."

"अरे हां, हां। मर जाऊंगी तो याद करोगे।"

मरने की बात मुझे अच्छी न लगी, कुछ झुंझलाहट भी आई, बोला : "मैं इस समय नये जीवन की कल्पनाओं से भर रहा हूं और तुम मरने की बातें कर रही हो। अरे, जब मरना होगा मर जाएंगे। हम दोनों में से जो अधिक जीवित रहेगा वह दूसरे को याद करने के लिये मजबूर होगा। बहरहाल झटपट मेरा खाना ले आओ। और फिर लिहाफ तानकर सो जाओ। लो, तुम्हारे स्वास्थ्य के लिये यह जाम उठाता हूं।"

कान्ता आरामकुर्सी पर जाकर बैठ गईं। हम दोनों के बीच में कुछ पल का सन्नाटा गुज़रा, फिर वे बोलीं—"चार बरसों से सोच रही हूं कि तुम्हारे कमरे में बिजली का हीटर लगवा दूं, पैसे ही नहीं बच पाते निगोड़े।"

"अरे, माई डियर, हज़ार-बारह सौ की हीटर की क्या बात करती हो! आज जिस मेहतरानी से मिलकर मैं आ रहा हूं उसकी हैसियत में फ्रिज की गर्मी है।"

"मेहतरानी के यहां!" कान्ता ने आश्चर्य से पूछा।

"जनाब! और वह शाक-सब्ज़ी की खेती भी करती है। मैं समझता हूं कि चालीस-पचास रुपये रोज़ की आमदनी होगी उसकी।"

"चालीस-पचास रुपये रोज़! हमारे ये नीचे वाले मेहतर तो बिचारे दरिद्र ही हैं।"

चुस्की लेकर मैंने कहा : "यहां भी सब एकदम दरिद्र ही नहीं हैं देवीजी, यहां भी मैंने देखा है दो-तीन घरों की हालत काफी अच्छी है। बैण्ड-बाजे की कमाई से इन लोगों को अच्छी आमदनी हो जाती है।"

"यही तो मैं भी कहती हूं, लक्ष्मी मैया आजकल शूद्रों पर ही कृपालु हैं।"

"मैं पूछता हूं, क्यों न हों? सदियों हमने गरीबों को गरीब से गरीबतर बना रहने के लिये मजबूर किया है। क्या ईश्वर इनका नहीं है?"

"ये मैं कब कहती हूं? ईश्वर तो सबका है परन्तु इज़्ज़त-आबरू सिर्फ ऊंचे लोगों के ही पल्ले पड़ी है। इनके यहां चार आदमी होंगे तो चारों काम करेंगे।"

"कान्ताजी, जिस आबरूदारी का आप बखान कर रही हैं वह भी पराजित जातियों को मुंह चिढ़ाने के लिये ही ईजाद हुई थी। हम आबरूदार हैं, खुद काम नहीं करते, बल्कि अपनी ही तरह के दूसरे लोगों पर आतंक जमाकर उनसे करवाते हैं। लेकिन आबरूदारों की संस्कृति ने जीवन के जो मापदण्ड बनाये, वह अब इन शूद्रों के जीवन को उन्नत कर रहे हैं। आप जानती हैं, नीचे अभी किस बात का झगड़ा हो रहा था? एक पति, मेरा खयाल है शायद वह मजीद ही होगा, अपनी घरवाली को फटकार रहा था कि तू दरोगा के साथ दो-चार रातें क्यों नहीं बिता लेती कि जिससे मेरी नौकरी लगने में आसानी हो, पैसे कम खर्च करने पड़ें।"

"क्या कहा? औरत भी दो, और पैसे भी, तब नौकरी मिलेगी?"

"जी हां देवीजी, यही मैं सुन रहा था। वह कह रहा था कि एवजी की नौकरी पाने के लिये पन्द्रह सौ कहां से लाऊं? तू दरोगा के साथ मेलजोल बढ़ा ले तो मेरे चार-पांच सौ रुपये कम हो जाएंगे।"

"एवजी की नौकरी और तब भी उसके पाने के लिये पन्द्रह सौ रुपये रिश्वत? अंधेर है महराज।"

"वह एवजी की नौकरी भी केवल एक महीने है। सोचो, यह हमारे तथाकथित उच्चवर्ग के चुटकुल्ले हाकिम इन कठोर कमाई वालों का रुपिया किस तरह से लूटते हैं। इमरजेंसी चल रही है और तब भी इनकी चेतना बाबा आदम के जमाने की ही है। मैं यह सहन नहीं करूंगा। कान्ता, मैं कल ही पता लगाकर इसके लिये अवश्य ही न्याय मांगूंगा।"

"अरे ज़्यादा इन्सानियत की चकल्लस में न पड़ो, आजकल इमरजेंसी में मुंह से सच निकालना भी पाप है।"

"छिः, कैसी गलत धारणा है तुम लोगों की! मैं ठीक इसका उल्टा समझता हूं। संघर्ष के घिसे-पिटे बीमार तरीके बदलकर उसे स्वस्थ दिशा प्रदान करना ही इमरजेंसी का उद्देश्य हो सकता है।"

"देखो जी, मैं तुम्हारा मूड तो खराब नहीं करूंगी और हाथ जोड़कर कहती हूं कि तुम इस न्याय की चकल्लस में न पड़ो। सच्ची कहती हूं, आजकल सच बोलने का ज़माना नहीं है।"

"जब ज़माना नहीं है तो तुम क्यों सच बोल रही हो?"

कान्ता चुप रहीं। मेरा गिलास तीन-चौथाई खाली हो गया था। वे कुछ देर बाद यकायक बोलीं–

"एक बात पूछूं?"

"बिल्कुल पूछिये।"

"पीते तो खैर तुम सदा से हो..."

"रोज़ पीता नहीं, पी लेता हूं गाहे, गाहे।"

"अरे मैं दूसरी बात कह रही हूं।"

"कहो।"

"मैं कह रही थी कि कभी-कभार पीकर आना तो तुम्हारी पुरानी आदत है। मगर यह बुढ़ापे में बोतल घर में लाकर पीने का शौक क्यों लगाया?"

मैं हंस पड़ा। कहा–"भई, इसे अपने वास्ते लाया नहीं था। जिसके वास्ते लाया था उसने उसे अस्वीकार कर दिया। इसीलिये मैंने सोचा कि इसका उपभोग कम-से-कम मैं तो कर ही लूं। गांठ के पचपन रुपये लगे हैं।"

"किसके लिये खरीदी थी?"

"श्रीमती निर्गुनियां मेहतरानी के लिये।"

"क्या बोतल लेकर उससे इश्क लड़ाने गए थे शर्माजी?"

"इश्क तो तुमसे ही किया और भर पाया। अब अगले जनम में अखण्ड ब्रह्मचारी बनूंगा। मैं तो उसे रिश्वत देकर प्रसन्न करना चाहता था। शुद्ध बिज़नेस माई डियर।"

"आपका बिज़नेस सफल नहीं हुआ?"

"हो गया, पर उसने रिश्वत नहीं ली।"

"अचरज है, इतनी कीमती शराब मेहतरानी ने नहीं ली, पिछवाड़े तो देखती हूं कि ताड़ी, ठर्रे के लिये रोज़ सरफुटव्वल होती है।"

"देवीजी, श्रीमती निर्गुनियां ने इससे भी अधिक कीमत वाली शराब की बोतल निकालकर मेरे सामने रख दी थी।"

"तब तो नसीबेवर होगी। किसी रंगीली तबीयत के नवाब या सेठिए से उसका रिश्ता होगा।"

"उसने मेरी यह बोतल की भेंट यह कहके अस्वीकार की थी कि शराब मैंने

एक ही पुरुष की लाई हुई पी है। और वह लाने वाला भी मर चुका। हां, कभी-कभी अपने बेटी-बेटे की भेंट वह अवश्य स्वीकार कर लेती है।''

''उसके बेटे-बेटी भी खूब कमाते होंगे?''

''बेटी ईसाई हो चुकी है और एक कालेज की प्रिंसिपल है। हज़ार-बारह सौ रुपये महीना कमाती है। बेटा भारत सरकार के प्रेस इन्फार्मेशन ब्यूरो का अधिकारी है। और मेरे खयाल में उसकी भी नौ सौ या हज़ार रुपये की आय होगी। दबंग औरत है। उसने अपनी तपस्या से अपना और अपने बच्चों का भविष्य सुन्दर बना लिया है। अपना मकान है, बिजली, पंखा, सोफा, फ्रिज, चार-पांच बीघे ज़मीन—क्या नहीं है उसके पास! मेहतर समाज की टाटा बिरला हो रही है।''

''तब मैं तुम्हारी बात नहीं मानती। जवानी में उसने अवश्य किसी पैसे वाले की जमा मारी होगी। इन छोटी जाति वालों को इस काम का कोई विचार विवेक तो होता नहीं।''

''देवीजी, मैं आपकी बात काटता हूं। मैं समझता हूं, हम लोग जिन्हें छोटी जाति वाले कहते हैं उनके सम्बन्ध में हमारी कुछ धारणाएं बड़े गलत तरीके से बंध गई हैं। एक तो हम समझते हैं कि यह तथाकथित नीच जातियां नितान्त चरित्र-शून्य होती हैं। और दूसरे हमारी धारणा यह बंधती है कि इन्हें केवल हमारी सहानुभूति तथा दया ही चाहिए। मैं समझता हूं, यह दोनों बातें गलत हैं। यह हमसे केवल न्याय चाहते हैं। श्रीमती निर्गुनियां से यदि मैं खुद न मिला होता और उनके बारे में मुझे केवल सुनने को ही मिला होता तो शायद मैं भी विश्वास न कर पाता। मैं उसकी प्रशंसा कई भंगी बस्तियों में सुन चुका था। लोग-बाग आदर से उसका नाम लेते हैं। यहां के मेहतर समाज में यही शिक्षा की ज्योति जगाने वाली थी। इसने न केवल अपनी सन्तानों को पढ़ाया, बल्कि दूसरे भंगी बच्चों को पढ़ा-लिखाकर मेहतर जाति में एक नये युग का प्रवेश कराया। तुम देखोगी तो यह कह नहीं सकोगी कि यह मेहतरानी है, तेजस्विनी, रूपवती महिला जिसके चेहरे पर आभिजात्यता का नूर बरसता है। मैं तो दंग रह गया।''

''हां! मेहतरानियों में अक्सर काफी सुन्दर औरतें भी मिल जाती हैं। किसी विलासी बाम्हन-ठाकुर की अवैध सन्तान होगी। तुम्हारा खाना ले आऊं, तुम्हें खिला लूं तो जाके सोऊं भाई।'' कहते हुए जम्हाई लेतीं, वे कुर्सी से उठा खड़ी हुईं। और अपनी अलसाहट दूर करने के लिये एक अंगड़ाई ली, उनकी अकड़न से, शरीर से लिपटा हुआ शाल ढीला पड़ा। सर्दी लगी तो उसे फिर लपेटती हुई सू-सू करती बोलीं—''अबकी कुछ करूंगी। तुम्हारे इस कमरे के लिये हीटर ज़रूर लाऊंगी। फ्रिज बाद में देखा जाएगा।'' कहते हुए वे चली गईं।

मैंने गिलास में दूसरा पेग डाला। और सोडा मिलाकर जल्दी-जल्दी चुस्कियां लेने लगा। नशा उम्दा चढ़ रहा था। मैं उस नशे की तेज़ी में सोच रहा था कि पिछवाड़े के मजीद से कल ही सारी बातें मालूम करके, मैं इसके लिये न्याय अवश्य मांगूंगा। इस स्त्री का तेज बल-पशुता से नष्ट नहीं होना चाहिए।

3

बहुत तड़के ही मेरी आंख खुल गई। खाली पड़े-पड़े क्या करूं इसलिये सोचा–सर्दी को हराकर आत्मविश्वास पाना चाहिए। निपट-निपटा कर, नल के ठण्डे पानी से नहाया। अजीब सनकें हैं मेरी, किसी से हारना नहीं चाहता। स्वयं अपने से भी नहीं, इसलिये कभी-कभी बगैर सोचे-समझे भी कुछ कर जाया करता हूं।

सुबह करीब छह-पौने सात बजे ही मैं पिछवाड़े की भंगी बस्ती में मजीद के यहां पहुंच गया। वह अपने घर के दरवाज़े पर बैठा चाय पी रहा था। एकाएक मुझे देखकर खड़ा हो गया। मैंने पूछा—"मजीद, मैंने सुना है, तुम्हारी नौकरी छूट गई?"

"जी हां सरकार।"

"क्यों?"

मजीद हाथ जोड़कर अपनी गर्दन को फरमाबरदारी के जोश में ज़ोर से हिलाता हुआ—"वह बात यह हुई हजूर कि मजबूरी में आकर मुझे अपनी नौकरी बेच देनी पड़ी।"

"नौकरी बेच दी! इसके क्या माने?"

"वो सरकार बात यह है कि हम लोगों के बीच में काम का अडर कुछ और किसम का होता है। यों समझिए सरकार कि हमको पैसों की ज़रूरत हुई, हमने अपने किसी यार-दोस्त-रिश्तेदार से कुछ पैसा उधार ले लिया, फिर जब चुका न पाए और उसके यहां कोई लड़का नौकरी लायक तैयार हो गया तो सरकार वह हमें जोर देगा या जमादार को कुछ चटा-पटा कर उससे कहलवा देगा कि मजीद, तुम्हारी नौकरी हम इसके नाम चढ़ाए देते हैं। सो चढ़ा दी गई सरकार। यह ज़रूर है कि हमारा कर्जा उसने पूरा छोड़ दिया या थोड़ा-बहुत माफ कर दिया। कभी-कभी मजबूरी में इन्सान क्या नहीं करता! महर्श बालमीकी महाराज की जैन्ती का दिन था। उसके लिये हमाये एक साथी और हमने बिरादरी से चन्दा जमा किया था। वह रकम हमाये साथी के पास जमा थी। महाजन का कारिन्दा साला, उसकी गर्दन दबाके ज़बरदस्ती वह रकम निकाल ले गया। अब क्या करते हुजूर, इज़्ज़त का सवाल था। हमाये पास कुछ सौ-पचास थे। सौ रुपये अपने चचेरे भाई नरायन से उधार लिये, सो इस तरह से सरकार मेरा वही गुलफाम वाला हाल हुआ कि—मारा गया गुलफाम, श्याम से कहना माफ कसूर करें।"

"नरायन तुम्हारा चचेरा भाई कैसे हुआ? वह तो हिन्दू है?"

"हमाये लोगों में हिन्दू-मुसलमान कुछ नहीं होता सरकार। हमारे बाप मुसलमानी हल्के में रहते थे। बाप क्या दादा भी वहीं रहे, सो सब मुसलमानी चाल-चलन अख्तियार कर लिये थे। अब तो आप यह समझें कि हमारे समाज में कुछ नई हलचल भी मच गई है। लेकिन पहले तो सरकार मेहतरों और ज़मीन पर रेंगने वाले कीड़े-मकोड़ों में कोई भेद नहीं था। सो मुसलमानी राज में डर के मारे हम लोगों ने ऊपर से वही मजहब अपना लिया था। बाकी तीज-त्योहार रस्में जो घर में थीं वह हिन्दुआनी थीं—"

"तुम लोगों के यहां शादी कैसे होती है? निकाह होता है या भांवरें घुमाई जाती हैं?"

"निकाह नहीं होता हैगा हुजूर, भौंरियां ही घुमाई जाती हैं।"

"पण्डित आता है?"

"जी हां। पर वो लगन-भर ही बांचता है। ब्याह नहीं कराता।"

"तब भांवरें कौन फिरवाता है?"

"बस योंही फिरवा दिए जाते हैं, गांवों में कहीं-कहीं नाई भी फेरे फिरवाते हैंगे।"

"खैर, लेकिन यह बतलाओ मजीद, कि तुम इतने उम्दा आदमी होकर भी अपनी बीवी को गलत काम में ढकेलते हो?"

मजीद सिर झुकाकर खड़ा हो गया। मैं कहता रहा, "कल रात ऊपर से जब मैंने तुम्हारी बातें सुनीं..."

मजीद मेरे पांवों के पास हाथ जोड़कर झुक गया और बोला, "कसूरवार हूं, हुजूर। वो रात वाला मजीद सवेरे ही रोज मर जाता है, हुजूर। नशे में जाने क्या-क्या वाही-तबाही सोच और बोल जाता हूं।"

मजीद कुछ देर हाथ जोड़े बैठा रहा, उसकी गर्दन और हाथ कांप रहे थे। बात ने जैसे उसके अन्तरिम को झकझोरकर उसके स्नायुमण्डल को कंपा दिया था। थोड़ी देर वह अन्तर्ग्लानिवश चुप बैठा रहा, फिर दोनों हाथों के तनाव का सहारा लेकर उठा और बोला, "मैं तो खैर शराब के गुनाह का गुनहगार हूं ही सरकार, मगर मेरी बीवी हरामज़ादी भी कुछ कम नहीं हैगी। अल्ला को मुंह दिखाना है, सच कहूंगा बुरी औरत नहीं हैगी। बाकी एकदम दूध की धोई भी नहीं हैगी। चाहे तो बिला उज्र मेरा काम करवा सकती है। मगर वह चाहती ही नहीं कि मैं नौकरी पाऊं। उसके ताबे में बना रहूं, उसकी सुनानियां सुनता रहूं। अपने नशे की तलब में उसके सामने हाथ फैलाए भिखारी बना खड़ा रहूं। सो मजीद के लिये नामुमकिन है सरकार। पेटी-वेटी, बैण्ड-वैण्ड बजाकर अपना नशा-पत्ती चौकस करके भी मैंने हज़ार रुपये बचाए हैं। हुजूर, आपसे झूठ नहीं बोलूंगा। नौकरी खाली इसलिये चाहता हूं कि दिन बेकार जाता है। खाली बैठता हूं तो पीने की सूझती है, नौकरी पा जाऊंगा तो सरकार दो बच्चे पालने में मेरा और उसका हिस्सा बराबर-बराबर का रहेगा, नाक तो नीची नहीं होगी सरकार।"

"तुम कहो तो मैं आज ही नगर प्रशासक से समय लेकर उनसे तुम्हारी भेंट करवा सकता हूं।"

मजीद हाथ जोड़कर बोला, "सलामतियां रहें हुजूर की। बड़ा दिल पाया है, बड़ा रुतवा पाया हैगा आपने, गरीबों के भगवान हैं आप, लेकिन अगर हुजूर को तकलीफ देने से मेरा कोई फैदा होता तो यह भीख भी मांग लेता। मगर सरकार अभी पन्दरह दिन पहले ही एक किस्सा हो चुका हैगा। हमारे कई लोग डिपोटीशन लेकर उप्परशासक के पास गए थे, उनसे सब कहा कि सरकार महीना भर की एवजी की नौकरी और उसे देने के लिये भी ये जमादार, दरोगा और चीपसाहब मिलकर हमसे

हज़ार-बारह सौ लूट लेते हैं। यह भला कहां का इन्साफ हैगा? खैर, जिसके लिये डिपोटीशन बनाया था उसको नौकरी तो उसी समय मिल गई। और पक्की मिल गई, मगर डांड़ के पैसे उसको बाद में भरने पड़ेंगे। हुकुम परशासक, उप्परशासक भले लगा दें पर अमलदारी तो जमादार, दरोगा की ही हैगी। पानी में रहकर मगर से बैर कब तक करेंगे हुजूर!"

मैं भला इस बात का क्या जवाब देता! चलने लगा तो मजीद हाथ जोड़ कर बोला, "हो सके तो सरकार पांच का पत्ता देते जाइए, सुबह-सुबह मेरा दिन गुलज़ार हो जाएगा। बाकी हम मेहतर लोग तो चौरासी लाख जोनियों में नाचने के लिये तो पैदा ही हुए हैं। कहां तक हमारी फिकर करिएगा! अल्ला आपका चोला सलामत रखे।"

मैंने घर पहुंचकर उसे रुपये भिजवा दिए। मन भावस्तब्ध, करुणास्तब्ध, गूंगा हो गया था, सोचने की इच्छा ही न रही। सामन्ती और बर्बर युगों की तरह आज के लोकतन्त्र के इस युग में भी मनुष्य कहीं-न-कहीं उतना ही विवश और पराजित है। कितना बुरा लगता है यह सोच-सोचकर।

शाम का समय था, अभी साढ़े चार भी नहीं बजे थे। मगर महावट की बदली घिरी हुई थी। इसलिये अंधेरा घना था। मैं चाय वगैरह पीकर एकदम छुट्टी के मूड में बैठा हुआ था। इतवार के दिन शाम से ही मेरा ड्राइंग रूम सिनेमाघर बन जाता है। पास-पड़ोस के बच्चे-औरतें सभी टी० वी० पर फिल्म देखने के लिये आ जाते हैं। इसीलिये इतवार के दिन शाम को मौज में रहता हूं। नौकरानी ने मेरी मौज में विघ्न डाली, "बाबूजी!"

"क्या है?"

"एक कोई बुढ़िया-बुढ़िया सी आई हैं, आपसे मिलना चाहती हैं।"

छुट्टी के मूड में मिलना-जुलना बुरा लगता है। मगर बुढ़िया की उम्र का लिहाज करना भी कर्तव्य था। इसलिये बुला लिया।

कमरे के भीतर जो चेहरा झांका तो वह मेरे लिये कल्पनातीत था। श्रीमती निर्गुनियां पधारी थीं। मैं ससंभ्रम उठ खड़ा हुआ। मन में बार-बार हो रहा था कि मैं एक साधारण-सी मेहतरानी के लिये क्यों उठ रहा हूं, फिर भी श्रीमती निर्गुनियां के व्यक्तित्व का तेज कुछ ऐसा ही था कि मैं उन्हें आदर दिए बिना रह न सका। मैंने पूछा—

"आपको मेरा मकान ढूंढ़ने में कोई कष्ट तो नहीं हुआ?"

"आपको तो सभी जानते हैं," कहते हुए उनकी नज़रें कमरे में चारों ओर घूम गईं। कहा, "यह कमरा तो किसी अफसर का लगता है, पण्डित का तो लगता नहीं।"

मैंने पूछा, "पण्डित के कमरे में क्या विशेषता होती है?"

"पोथियां होती हैं, सरस्वतीजी की तस्वीर और लिखने-पढ़ने का सामान होता है। होगा ज़रूर, पर किसी दूसरे कमरे में शायद होगा।"

"आइए, आपको अपने अध्ययन कक्ष में ले चलूं।"

"आप यहां तो शायद यह टी०वी० देख रहे हैं। यह भी एक अच्छा रोग आ गया है हमारे शहर में।"

"टी०वी० देखना तो हमारे लिये मजबूरी का मनोरंजन है। आइए, वहीं बैठें, कुछ बातें भी हो जाएंगी।" मैंने कहा।

"बातें-वातें तो फिर होंगी; अभी तो ऐसे ही आपका घर देखने चली आई थी। इस घर की मालकिन कहां है?"

"घर की मालकिन का घर में कोई एक ठिकाना नहीं होता, निर्गुनियांजी।" मैंने हंसकर कहा।

"हां, सच कहा आपने, घरवाली सारे घर में समाई होती है। मुझे उनके पास ले चलिए।" श्रीमती निर्गुनियां ने बेतकल्लुफी और आदेशपूर्ण ढंग से कहा कि मुझे मन-ही-मन बुरा लगा। मैं ऊंचे वर्ण का प्रतिष्ठित पुरुष और यह नगर की एक मामूली मेहतरानी मेरे घर में आज यदि बेधड़क आ सकती है तो क्या मेरी शराफत का फायदा उठाकर मेरे घर में इतना मुक्त व्यवहार करेगी!—माना कि मैं स्वजिज्ञासावश इन लोगों के इण्टरव्यू ले रहा हूं, मगर इसका अर्थ यह तो नहीं है कि इन लोगों को एकदम अपने सर पर ही चढ़ जाने दूं। कहावत प्रसिद्ध है—मुंह लगाई डोमिनी गावै ताल-बेताल। मन इस शिकायत भरे स्वर में सब कुछ सोचता ही रह गया। जबान ने कुछ न कहा। मैं निर्गुनियां के साथ-साथ भीतर चला गया। देखकर कौन कह सकता है कि यह मेहतरानी है। रेशमी मुर्शिदाबादी साड़ी, कानों में मोती के टॉप्स, गले में सोने की मटरमाला। तेज़ी से सफेदी की ओर बढ़ते हुए सिर के बालों की छटा में निर्गुनियां किसी संभ्रान्त घर की औरत लग रही थीं। उनकी चाल-ढाल में वज़न था। मैं पहले भी कह चुका हूं कि उनके व्यक्तित्व में आभिजात्य परम्परा की एक छाप भी साफ उभरकर सामने आती है। बड़ा अटपटा मालूम होता है, उनके वर्ग और व्यक्तित्व के विरोधाभास को देखकर।

आंगन के पास ठाकुरद्वारे से निकलकर हाथ में पान की डिबिया लिये हुए मेरी पत्नी, शायद इधर ही आ रही थीं। श्रीमती निर्गुनियां ने उन्हें देखा, तो फिर तेज़ी से आगे बढ़कर उनके पास पहुंचीं, और झुककर उनके पैर छू लिये। अपने से बड़ी उम्र वाली एक भद्र महिला को अपने पैर छूते देखकर मेरी पत्नी सकुचा गईं। कहा, "अरे, अरे, यह क्या कर रही हैं आप? आप तो मुझसे बड़ी हैं।"

तब तक मैं पास पहुंच चुका था। परिचय कराने के लिये कुछ कहना ही चाहता था कि निर्गुनियांजी बोल पड़ीं, "बड़ा कोई उमर से नहीं होता, अपने भीतर के तेज से होता है। आप मुझसे बड़ी हैं।"

मेरी अहंता को फिर ठेस लगी। मैं पुरुष, इस घर का कर्ता, सभा-समाजों, बड़े-बड़ों में आदर पाने वाला व्यक्ति इसके घर में स्वयं गया था परन्तु इसने तब भी मेरे बड़प्पन को सकारकर मेरे पैर न छुए। मेरी पत्नी में ऐसी क्या बात है जो उन्हें इस प्रकार सहज आदर दिला देता है? श्रीमती निर्गुनियां तभी बोल पड़ीं, "बहनजी, आपके घर में कहीं ठाकुरबाड़ी भी होगी?"

"ठाकुरबाड़ी?"

"जहां आपके घर के ठाकुरजी विराजमान होते होंगे। है कि नहीं, या आप आर्यसमाजी मत के हैं?"

मैंने कहा, "यह सनातनी हैं, और मेरा कोई धर्म नहीं है।"

"मुझे अपनी ठाकुरबाड़ी में ले चलिए, बहनजी।"

हम दोनों स्तब्ध-से खड़े रह गए। मैं नौजवानी के दिनों से ही बहुत प्रगतिशील विचारों का रहा हूं पर इस सनातनी संस्कार से मेरा कितना अधिक गहरा आग्रहपूर्ण लगाव है, यह मैं आज ही जान सका। शायद किसी मुसलमान को मैं सादर अपने ठाकुरद्वारे में ले जा सकता था, पर एक मेहतरानी! प्रश्न के धमाके से कान्ता स्तब्ध होकर मेरी ओर देखने लगी थीं और मैं निर्णय के सम्बन्ध में स्तब्ध होते हुए भी विचारस्तब्ध नहीं हो पा रहा था बल्कि लड़खड़ा रहा था।

अपनी नीली और श्रद्धा भरी चुम्बकीय आंखों को हम दोनों की ओर घुमाकर निर्गुनियांजी ने चेहरे पर मुस्कराहट बिखेरते हुए पूछा—"क्या न जा सकूंगी वहां?"

"नहीं बहनजी, भगवान सबके हैं। आइए दर्शन कीजिए।"

मैंने देखा श्रीमती निर्गुनियां के चेहरे पर आनन्द की आभा दीप्त हो उठी। कोई भी भाव जब कभी किसी मनुष्य के मुख पर अपनी पूर्णता में झलक उठता है तब उस मनुष्य के मुख पर सहसा अनोखी दिव्यता आ जाती है। आंखों को लगता है कि यह व्यक्तित्व कुछ और ही है। वही होकर भी वही नहीं है। ठक् से गांधी की याद आई। उसके मन, विचारों और भावों में कितना सहज एका था! मैं नौजवानी से इस बुढ़ापे तक बड़ा प्रोग्रेसिव बनता आया, लेकिन मौके पर मात खा गया। गांधी की यह विशेषता किसी को प्रकृति और किसी को यह अभ्यास से मिलती है। बचपन में रटे हुए पहाड़ों को हम आजीवन अपनी स्मृति का एक अंग समझते रहते हैं, लेकिन अक्सर वह पहाड़े हमें याद नहीं रहते हैं। प्रबुद्ध विकसित चिन्तन अपनी पूरी भोली ईमानदारी के साथ कुछ बातें मान तो लेता है लेकिन उन्हें अपने जीवन में करने का उसे अभ्यास नहीं होता। गांधी अपनी कथनी और करनी को एक करने के लिये कसरत करता था।

श्रीमती निर्गुनियां ने अपने हाथ-पैर धोकर हमारे घर के ठाकुरद्वारे में प्रवेश किया। ठाकुरजी से बहुत दूर प्रायः कोठरी की दीवार से सटकर खड़ी हुईं, हाथ जोड़े, आंखें मूंदे। सहसा मेरे और मेरी पत्नी के लिये बम-विस्फोट सा श्रीमती निर्गुनियां का सस्वर श्लोक पाठ आरम्भ हुआ—

"अतुलित बलधामं हेम शैलाभदेहं
दनुजवन कृशानं ज्ञानिनामग्रगणियम्।
सकल गुण निधानं वानरानामधीशं,
रघूपति प्रियभक्तं वातजातं नमामी॥"

मेरे ठाकुरद्वारे में मेरे दादा के द्वारा जयपुर से लाकर प्रतिष्ठित की गई हनुमानजी की एक मूर्ति है। मेरी पत्नी अपनी सासधर्मी परम्परा को निबाहते हुए मंगलवार को नियम से उनका चोला चढ़ाती हैं। यह भी अद्भुत संयोग है कि पलके में विराजमान पीतल की राम-लखन की मूर्तियां आकार में छोटी हैं। मुझे तुरन्त 'राम

ते अधिक राम कर दासा' वाली उक्ति याद आई। श्रीमती निर्गुनियां का स्वर मीठा तो था ही किन्तु मन को छू लेने वाली उस स्वर की करुणा ही थी। हम दोनों पति-पत्नी, श्रीमती निर्गुनियां से प्रभावित ही नहीं बल्कि उनके प्रति श्रद्धापूर्ण भी हो गए थे। ठाकुरद्वारे से बाहर निकलकर निर्गुनियां ने मेरी पत्नी को अपनी बांहों में भर लिया, बोलीं—

"आज आपने मुझे मेरा खोया धन दे दिया। भगवान आपके सुहाग, बाल-बच्चों, दमादों, नाती-पोतों सब परिवार को हरा-भरा सम्पन्न रखे, लम्बी उमरें दे।"

आंखों में आंखें डालकर उनके कहने का ढंग कुछ ऐसा था कि मेरी पत्नी की आंखों में आंसू आ गये। श्रीमती निर्गुनियां मुझे एक अजीब पहेली-सी लगीं।

मेहतरों में अब शिक्षा का प्रसार होने लगा है। किन्तु यह 70-72 वर्ष की बुढ़िया! माना कि अपनी लगन से कामचलाऊ हिन्दी पढ़ना-लिखना सीख गई है, और शिक्षा-प्रसार के लिये भी उसके मन में लगन होगी, पर कोई मेहतरानी पुराने जमाने में इतनी पढ़-लिख जाए कि संस्कृत के श्लोक का शुद्ध उच्चारण करे, यह बात कुछ गले न उतरती थी। मेरी बुद्धि चकरा गई। श्रीमती निर्गुनियां मेरी पत्नी को छोड़कर एक कदम खिसकते हुए बोलीं : "अच्छा अब मैं जाऊंगी। यह तो रास्ते में आपका घर पड़ता था, मैंने सोचा देख ही लूं, सो चली आई। अब फिर कभी आऊंगी।"

मेरी इच्छा हुई कि श्रीमती निर्गुनियां का कुछ स्वागत-सत्कार हो, पत्नी ने भी छूटते ही कहा : "वाह, यह कैसे हो सकता है! चाय पीकर जाइएगा।"

"आपके घर चाय भी पियूंगी और खाना भी खाऊंगी। मांगकर खाऊंगी, पर अब आज नहीं ठहरूंगी। मुझे लगता है कि मैं बीमार पड़ गई हूं। सीधे बेटे के घर जाऊंगी।"

आंगन पार करके हम लोग द्वार की तरफ बढ़े। चलते-चलते द्वारे पर रुककर श्रीमती निर्गुनियां ने दोबारा पहले मेरी पत्नी के पैर छुए और फिर मेरे पैर छूने के लिये भी आगे बढ़ीं, मैं तुरन्त पीछे हट गया।

श्रीमती निर्गुनियां ने कुछ न कहा। दरवाज़ा खुला, उन्होंने हाथ जोड़ और दो सीढ़ियां उतरकर अपने रिक्शे की ओर जाने लगीं। एक बार फिर मुड़कर हमारे घर का द्वार और हम पति-पत्नी को देखते हुए उन्होंने कहा—"ऐसा लगता है कि मैं अपने पिछले जनम के घर में आई थी, अब जा रही हूं।"

इस औरत की आंख के आंसू इसकी आवाज़ ने लिये हैं। तभी इसकी आंखें सदा सूखी रहती हैं। अजब औरत है।

4

श्रीमती निर्गुनियां के विषय में किसी-न-किसी बहाने से हम लोग प्रायः रोज ही बातें कर लिया करते थे। मुझे उनकी रहस्यमयता पहेली-सी लगती थी, किन्तु

मेरी पत्नी का यह स्पष्ट मत था कि यह औरत अवश्य ही किसी भले घर की है। या तो यह खुद ही घर से भागी होगी या भगाई गई होगी। और अब बुढ़ापे में उसी का पछतावा मन में आ रहा होगा।

मुझे अपने पत्नी की यह बात असम्भव तो नहीं लगती थी परन्तु उस पर सहसा विश्वास भी नहीं जम रहा था। हो सकता है कि मोहना डाकू अपनी किसी लूट में इसे भी उड़ा लाया हो...। लेकिन युगल दम्पति का जो चित्र श्रीमती निर्गुनियां के घर देखा था, उससे लगता है कि...। पता नहीं क्या-क्या लगता है। एक मनुष्य अपने जीवन में कितने रहस्य छिपाए हुए होता है। उन रहस्यों के पीछे कुछ-न-कुछ कारण भी छिपे हैं। कौन जाने किसके भीतर क्या सच है और क्या झूठ, लेकिन यह बात तो बिल्कुल सच है कि मैं श्रीमती निर्गुनियां से परिचित होने के बाद आज तक उन्हें भूल नहीं सका। उनके व्यक्तित्व में निश्चय ही एक आकर्षण है। उनके बाहरी जीवन में उदारता और सेवा-भावना के अनेक उदाहरण मिलते हैं। यदि यह बुढ़िया चरित्र की बुरी होती तो इसकी इतनी प्रशंसा सुनने को न मिलती। श्रीमती निर्गुनियां की बस्ती में जाने से पहले दूसरी दो बस्तियों में उनका नाम आदर के साथ सुना था। सभी ने कहा कि नगर के भंगियों में लड़कों की पढ़ाई का चलन सबसे पहले उन्होंने ही चलाया था। वह स्वयं ही पाठशाला चलाती थीं। राष्ट्रीय आन्दोलन में धरने दिए, जेल गईं, यानी उन्होंने जो भी किया सब प्रशंसा के योग्य ही किया। इसीलिये यह बात भरोसे योग्य नहीं कि श्रीमती निर्गुनियां कभी बदचलन रही होंगी। जो हो, निर्गुण रहस्यमय हैं। उनके गुण-लक्षण अभी नहीं खुले।

एक दिन पत्र मिला—

''पण्डितजी,

पालागन।

आप हमारे यहां चाय पीने आइए। कब आइएगा यह टेलीफोन पर बता दीजिएगा।''

पत्र पर निर्गुणमोहन बी०ए० का पद, पता और टेलीफोन नम्बर छपा हुआ था। मैंने तुरन्त ही दूरभाष मिलाया।

सरकारी टेलीफोनों पर पहले चतुर्थ श्रेणी के कर्मचारियों के ही स्वरदर्शन प्राप्त होते हैं।

''साहब बाथरूम में हैं। कौन सिरीमती? अच्छा-अच्छा माताजी को पूछ रहे हैं? क्या नाम बतलाया साहब आपने अपना? अच्छा अभी देता हूं। होल्ड रखिए।''

ऐसा लगा कि टेलीफोन बातों भरे कमरे से चलकर ट्रांजिस्टर की आवाज़ तक पहुंच गया। थोड़ी देर में श्रीमती निर्गुनियांजी की आवाज़ सुनाई पड़ने लगी :

''हां बाबूजी साहब, नमस्ते! आपके घर से आई तब से यहीं हूं। बीमार पड़ गई थी।...नहीं तो, ऐसे ही बुखार आ गया था। बुढ़ापे की काया ठहरी, कुछ-न-कुछ हो ही जाता है। अब तो बिल्कुल चंगी हूं। आप आज आ सकते हैं?...जरूर आइए, मेरे यहां जूठन भी गिराइएगा। बाबूजी, बहनजी को भी साथ लेते आइएगा।''

मैंने इसके लिये मना किया, कहा : "उन्हें लाऊंगा तो शिष्टाचार में ही समय बीत जाएगा। मैं आज आपसे बातें करना चाहता हूं।"

उधर से हल्की-सी हंसी सुनाई दी, कहा : "बातों के लिये कल, खाने के लिये आज। शर्त मंजूर है बाबूजी?"

"खाने के साथ आखिर हम लोग, कुछ-न-कुछ बातें तो करेंगे ही!"

"इसीलिये तो आपसे अरज की है कि बहनजी को भी लेते आइएगा।"

मुझे इस औरत की चालाकी पसन्द न आई। बातों से बचना चाहती है। क्यों? तिरिया चरित्तर? उहुं, ऐसी नहीं। हां, यह सम्भव है कि अपनी नई सामाजिक हैसियत में वह संयोग से मुझ जैसे प्रतिष्ठित पुरुष का परिचय पाकर ऊंचे दरजे का मेलजोल बढ़ाना चाहती है। अपने तात्कालिक काम की बातें जानने-सुनने के बाद फिर मैं कोई बार-बार उससे सम्पर्क करने थोड़े ही जाऊंगा। व्यावहारिक बुद्धि-सम्पन्न निर्गुनियां शायद यह जानती हैं। इसीलिये काम की बातों को लटकाये रखना चाहती हैं। दिमागी कम्प्यूटर ने बिजली के घोड़े पर विचारों को दौड़ा दिया। मन में कुछ निश्चय करने से पूर्व ही हठात् मुंह से निकल पड़ा : "मैं अकेले ही आऊंगा।"

"तब खाने के साथ पीने की बात भी पक्की रही।" मेरा उत्तर सुनने से पहले ही उधर से दूरभाष कट गया। इस स्त्री की माशूक मिज़ाजी, तेजस्विता, वाक्पटुता, इसका एरिस्टोक्रेट अन्दाज़ सिमटकर एक तस्वीर बन गया। और उस तस्वीर में कल्पना ने उसकी कमर पर टोकरा भी रख दिया। पहेली प्रगाढ़ होती गई।

शाम को छह-साढ़े छह बजे मैं श्री निर्गुणमोहन के घर पहुंच गया। शहर की एक नई बनी हुई बस्ती में, जहां सरकारी अधिकारियों के घर ही अधिक बने थे, एक बिल्डिंग की पहली मंज़िल पर उनका निवास था। ड्राइंगरूम माकूल सजा हुआ था। सोफासेट, दो-चार कुर्सियां, कलेन्डर, महात्मा गांधी, इन्दिरा गांधी और प्रादेशिक हरिजन मन्त्री के फोटोग्राफ। ट्रांजिस्टर एवं एक टी०वी० सेट। अनुमान हुआ कि यह टी०वी० सेट श्री निर्गुणमोहन ने इन्स्टॉलमेन्ट में लिया होगा। यह भी सम्भव है कि सरकारी सम्पत्ति घर आ गई हो। मैं एक कुर्सी पर बैठ गया। थोड़ी देर में 28-30 वर्ष की एक सांवली-सी युवती आई। वह सांवली ज़रूर थी पर सलोनी थी और फैशन भी भरपूर था, मुझसे कहा—"माताजी काम से ज़रा देर के वास्ते बाहर गई हुई हैं, आती ही होंगी। मुझसे कह भी गई हैं कि आप आएं तो बिठला लूं।"

मैंने कहा : "चिन्ता नहीं, मैं प्रतीक्षा कर लूंगा।"

उसने फिर कहा : "एन० एम० साहब भी बाथरूम में हैं। हमारा बड़ा सौभाग कि आप हमारे घर आए। मैंने आपके बहुत-से लेख पढ़े हैं।"

"आप श्रीमती निर्गुनियां की पुत्रवधू हैं?"

"जी हां!"

"आपने अपनी शिक्षा-दीक्षा यहां पाई थी?"

"जी नहीं, मैं तो दिल्ली की हूं। पहले मैं दिल्ली पी० आई० बी० में स्टेनो थी। एन० एम० भी वहीं पोस्टेड थे। जब इनके साथ मेरा लव-अफेयर दूर तक चल चुका तो हमने आपस में शादी बना ली। शादी से पहले मामा बोलीं कि एन० एम० को

बप्तिस्मा दिला दो। मगर माताजी ने कहा कि मेरा लड़का ईसाई नहीं बनेगा। नीलम को ही शुद्ध करके हिन्दू बना लो। मेरी मामा ने, भाइयों ने प्रोटेस्ट भी किया, मगर मैंने तो अपनी शुद्धि करा ली। हिन्दू बन गई।''

श्रीमती निर्गुनियां का एक और पहलू मेरे सामने खुला। ईसाई घर की बेटी को शुद्ध करके अपने घर में लाती हैं। पुराने ढंग से सोचो तो नितान्त 'अशुद्ध' वर्ग में यह 'शुद्धि' आन्दोलन क्या अपने आप में मज़ाक नहीं मालूम देता! खैर, पूछा : ''तो आपको ईसाई या हिन्दू धर्म में कुछ अन्तर दिखलाई पड़ा?''

श्रीमती नीलम निर्गुणमोहन खिलखिला कर हंसीं। लेकिन यह हंसी साफ-साफ अभिनय मालूम देती थी, कहा—''आप बुजुर्ग आदमी हैं, धर्म जिस तरह से आप लोगों को टच करता है उस तरह हमारी न्यू जेनरेशन को नहीं करता।''

''फिर क्या महसूस करती हैं आप?''

''मैं? सच बतलाऊं? बुरा तो नहीं मानियेगा? जैसे आज नीली साड़ी पहनी, कल पीली, परसों गुलाबी उसी तरह से कहिये तो धर्म रोज ही बदलती रहूं। धर्म तो उन लोगों का ढकोसला है जो अपने आपको ऊंची जात का मानते हैं। मुझे तो बस गॉड पर फेथ है।''

नीलम की आवाज़ के अन्दाज़ में ऊंची जाति वालों के लिये उसी तरह घृणा और उपेक्षा भरी हुई थी जैसे हमारी ज़बानों से तथाकथित नीची जाति के लोगों के प्रति फूटती है। तभी मिस्टर निर्गुणमोहन ऊनी गाउन व पायजामा पहने आ पहुंचे। युवक गोरा है। अपने पिता के चेहरे पर पड़ा है। चेहरा सख़्त है, लगता है बड़ा अभिमानी और कांइयां टाइप होगा।

''आप '...' मन्त्रीजी को जानते होंगे!''

''जी हां, थोड़ा-बहुत जानता हूं।'' मैंने कहा।

''साहब, हम शेड्यूल्ड कास्ट के लोगों पर बड़ा अत्याचार होता है। मेरी तबीयत होती है कि जैसे डा० अम्बेडकर बौद्ध बन गए वैसे ही मैं भी अपना धर्मत्याग कर दूं। क्रिश्चियन या मोहम्मडेन बन जाऊं। हिन्दू तो जाहिलों का रेलिजन है।''

मैंने देखा कि साहब का दिमाग सातवें आसमान से भी ऊपर है। मैंने कहा—''इमरजेन्सी से पहले एम० एल० ए० और एम० पी० लोग जिस तरह दल-बदलू हुआ करते थे क्या उसी तरह आप धर्म-बदलू बनना चाहते हैं?''

''जी?'' वह चौंका, झेंपा, हड़बड़ाकर बोला : ''मैं तो दरअसल किसी धर्म में विश्वास ही नहीं करता।''

''तब फिर उसका किस्सा ही छोड़िये। मुसलमान या ईसाई बनने से न तो आपका कुछ भला होगा और न उन धर्मों का। जहालत किस धर्म के कर्मकाण्ड में नहीं है?''

श्रीमती नीलम बोलीं—''आप ठीक कहते हैं। देखिए, अगर हम लोग नास्तिक होते तो कोई बात न थी, परन्तु हमें गॉड में फेथ है, रेलिजन में नहीं।''

पति बोले : ''लेकिन 'गॉड' बिना रेलिजस राइट्स किए नहीं मिलता। गॉड से मिलने के लिये हमको आखिर कोई-न-कोई रेलिजन अख़्तियार तो करना ही

पड़ेगा।''

मुझे लगा कि यह धमकियां मेरी सवर्णता को दी जा रही हैं। टेलीफोन टिं-टिं बजने लगा : ''हैलो, निर्गुनमोहन दिस साइड, अच्छा-अच्छा। हामिद? वह ड्राइवर का बच्चा? क्या कहा—दिल्ली के पावरफुल सोर्सेज उसके साथ हैं? हुआ करें, आई केयर ए फिग फार देम। मिनिस्टर साहब ने मुझसे कह दिया है कि बदले का बदला लो। अन्याय से कभी मत दबो। अजी अगर वो मियां भाई है तो हम भी शेड्यूल्ड कास्ट के हैं। मैं किसी से दबने को तैयार नहीं हूं। मैं उस मियन्टे के बच्चे को नई पोस्ट हरगिज़ नहीं लेने दूंगा। पचास अड़ंगे डाल सकता हूं और डालूंगा।... नहीं-नहीं, मेरा तो यह एक्सपीरिएन्स है कि हम लोगों के मामले में ऊंची जाति के मुसलमानों, हिन्दुओं और ईसाइयों तीनों हरामज़ादों की एक ही कांसप्रेसी है। बिल्कुल 'अपार्थिज़्म' फैला रखा है इन लोगों ने। आप फिक्र न करें बाल्मीकी साहब। मैं गुलमुहम्मद साले को अपनी भरसक तो उठने नहीं दूंगा। बिल्कुल-बिल्कुल! कल दफ्तर में आप ज़रा इसके सम्बन्ध में मुझसे बातें कर लीजियेगा।''

मैं बैठे-बैठे बहुत कुछ सीख रहा था। वर्णभेद, वर्गभेद, न जाने कितने भेदाभेद फैले हुए हैं हमारे समाज में। और आए दिन कितनों को जाने कैसे-कैसे नचाते हैं।

एक बात जो मेरे अनुभव में और आ रही है, इन हरिजनों का संघर्ष केवल इस देश के हिन्दुओं से ही नहीं बल्कि मुसलमानों और ईसाइयों से भी है। हिन्दू, मुसलमान, सिख, ईसाई, ऐसी कौन-सी भारतीय जाति है जो अपने आपको मेहतरों से ऊंचा नहीं समझती और जो उन्हें छूने से घिनाती नहीं है। बरसों पहले एक पढ़े-लिखे ईसाई ने मुझे बतलाया था कि जो कुलीन हिन्दू अथवा कुलीन मुसलमान ईसाई बनते हैं वे अकुलीन ईसाइयों से शादी-ब्याह नहीं करते। मुसलमान ईसाई मुख्यतः मुसलमान ईसाइयों से ही शादी-ब्याह करते हैं। एक प्रसिद्ध उर्दू शेर मेरे मन में नाच उठा—'बहुत घबरा के वे यह कहते हैं कि मर जायेंगे। मर के भी चैन न पाया तो किधर जायेंगे।' मैंने धर्म-परिवर्तन करने वालों को प्रायः सुखी नहीं देखा। गीता में शायद सच ही लिखा है कि अपने धर्म में रहकर मौत भी भली है और पराये धर्म का जीवन भयावह है।

पी० आई० बी० अधिकारी श्री निर्गुणमोहन की आयु इस समय शायद चालीस या इकतालीस की होगी। माता और पिता दोनों के नामों को मिला कर इनका नाम पड़ा 'निर्गुण मोहन'। वर्ण भी खुलता गेहुंआ है। नाक-नक्शा भी अच्छा है। जब फोन पर वह बात कर रहा था तब मैंने देखा कि उसके चेहरे पर क्रोध की तमतमाहट बहुत तेज़ी से उभर आती है। चेहरे का कसाव तेज़ हो जाता है। अगर यह कहूं कि उसके चेहरे का कसाव हिंसात्मक हो जाता है तो भी शायद गलत न होगा।

टेलीफोन पटककर रखते हुए श्री निर्गुणमोहन तैश में बोले : ''इस डिमॉक्रेसी में साहब बस पूछिये नहीं, अंधेर मच गया है। काम करने की योग्यता किसी में हो या न हो मगर किसी का चमचा बनना आवश्यक है। उल्लू का पट्ठा साला!'' निर्गुणमोहन के चेहरे का कसाव और सख्त हो गया।

मैंने इस अन्दाज़ में बहुतों को अपने जी की भड़ास निकालते देखा है। जानता

हूं कि यह महाशय अपने मन में चाहते होंगे कि मैं उनसे पूछूं कि 'क्या हुआ साहब?' पर मैं भी यह जानता हूं कि मेरे न पूछने पर वह अपने आप उगलेगा, इसीलिये चुप रहा। निर्गुणमोहन ने अपने गाउन की जेब में हाथ डाला, सिगरेट की डिबिया और माचिस निकाली, एक सिगरेट अपने होठों पर लगाने के बाद उन्हें होश आया कि मुझे भी सिगरेट के लिये पूछना चाहिए था। डिबिया लिये लपककर खड़े हो गए, कहा : ''क्षमा कीजियेगा, मैं भूल ही गया था।''

''धन्यवाद, मैं सिगरेट नहीं पीता।''

निर्गुणमोहन ने अपने स्थान की ओर पीछे खिसकते हुए घर के भीतर की दिशा में मुंह उठाकर तनिक ऊंचे स्वर में कहा—''अरे नीलम, कुछ चाय-वाय लाओ जल्दी से, मुझे जाना भी है।'' फिर मेरी ओर देखकर कहा : ''हमारा बड़ा सौभाग्य है, मैं तो कहता हूं कि मदर की कृपा से आपके चरनकमल इस घर में आए। हमारी मदर भी साहब बड़ी तपस्विनी महिला हैं, उन्होंने मुझे और मेरी सिस्टर को ऐसी लगन से पढ़ाया-लिखाया कि क्या कहूं! आप कभी-कभी भूखी सो जाती थीं, लेकिन हम लोगों को राजकुमारों की तरह से रखा—एक्ज़ैक्टली लाइक ए प्रिंस, मैं आप से सच कहता हूं, शी इज़ ए ग्रेट वुमेन। मैंने अपनी तपस्विनी मां से ही स्वाभिमान प्राप्त किया है और यह एक टके के मोटर ड्राइवर का बच्चा मन्त्री का असर दिखलाकर मुझसे अकड़ना चाहता है। मैं दिखला दूंगा कि मैं भी अपने बाप का बेटा हूं।''

निर्गुणमोहन के चेहरे पर फिर कसाव आया। सिगरेट का एक दमदार कश खींचकर उन्होंने उसकी राख ऐशट्रे में झाड़ी। ज्ञान भी संयोग से ही मिलता है। श्रीमती निर्गुनियां के प्रति मन-ही-मन कृतज्ञता का भाव उठ रहा था, जिनकी कृपा से मुझे यह मानव मन का पाठ मिला। किन्तु ऊपर से मैं पत्थर की मूर्ति बना बैठा रहा। यह जवान अफसर निश्चय ही बहुत बोलने वाला होगा। और उसका अधिकांश समय किसी-न-किसी व्यक्ति रो उलझने में ही जाता होगा। कितना उत्तप्त स्नायुमण्डल रहता होगा बेचारे का! अपनी आग में आप ही जलता रहता है।

निर्गुणमोहन की बात करने की चुल फिर उभरी, ''शर्माजी साहब, आपके प्रदेश के एक मन्त्री का मोटर ड्राइवर है, उसका लड़का मेरे यहां काम करता है। टाइपिस्ट है, कुछ गाता-वाता भी है। मेरी समझ में तो निहायत भद्दा और बेसुरा गाता है, मगर यह कि रेडियो-वेडियो में उसके पौवे बहुत-से हैं। इसलिये उसे चांसेज़ ज़्यादा मिलते रहते हैं। इसीलिये नाम भी थोड़ा-बहुत पा गया है। अब हुआ यह कि जबसे यहां टेलीविज़न सेंटर खुला है न, तो साले की लक ने एक बड़ी दूर की कौड़ी ला दी। जो उस समय हमारे विभाग का सेक्रेटरी था, वो—अब नाम तो नहीं लूंगा आप समझ ही जाएंगे, आज से बीस वर्ष पहले बड़े नामी नेशनल मिनिस्टर थे, उनके साहबज़ादे थे और मेरे टाइपिस्ट का बाप साला सेक्रेटरी के फादर की मोटर भी हांक चुका था। बाप-बेटे दोनों दिल्ली पहुंचे। सेक्रेटरी साहब के रिटायरमेन्ट का आखिरी दिन था। उन्होंने उसकी अप्लीकेशन पर आर्डर्स लिख दिए कि इसकी सर्विसेज़ पी० आई० बी० से टी० वी० ट्रांसफर की जाती हैं। अब वह साहब अकड़ता हुआ आया कि मुझे रिलीव कर दीजिए। मैंने देखा, कि यह साला दो कौड़ी का मोटर ड्राइवर का

लड़का अब टी० वी० स्टार बनेगा। मैंने सोच लिया है कि इसे जाने न दूंगा और उसी पर आज एक महीने से डटा हुआ हूं। मेरे पास भी बड़े-बड़े हथकण्डे हैं साहब। उसने मुझे समझ क्या रक्खा है!"

श्रीमती नीलम का चाय ही ट्रे लेकर कमरे में आना और बाहर के दरवाज़े की घण्टी का बजना एक साथ हुआ। निर्गुणमोहन ने दरवाज़े की तरफ देखा और श्रीमती नीलम निर्गुण ने मेज़ पर चाय-नाश्ते का सामान सजाना शुरू कर दिया। कारीडोर से निर्गुणमोहन की आवाज़ आई : "मम्मी, देखिए आपके इन्तज़ार में कितनी देर से बैठे हैं शर्मा साहब!"

मम्मी यानी श्रीमती निर्गुनियां हाथ में प्लास्टिक का झोला लटकाये कमरे में दाखिल हुईं। मैंने उठकर उनका स्वागत किया। मेरी कल्पना में फिर एक बार कमर पर टोकरा उठाए निर्गुनियां मेहतरानी झलकी, इसलिये कि वह अपनी वेशभूषा तथा व्यक्तित्व से एक इंच भी मेहतरानी नहीं लगती थीं। बाहर अच्छे-अच्छे दुकानदार संभ्रान्त समझकर उन्हें माताजी कह जाते होंगे। मन के इस संकेत ने झिड़क भी दिया। आज ऊंच-नीच का प्रश्न ही कहां रहा? मगर मैं प्रगतिशील आदमी, अपने वर्ण के संस्कार की तहों में गुज़र रहा हूं। मुझे होश आ रहा है कि मैं अब तक अपनी ही मान्यताओं की निष्ठा के प्रति कितना अवज्ञापूर्ण, कितना बेहोश था।

श्रीमती निर्गुनियां बोलीं—"आप ही के लिये बाज़ार गई थी। आज तो आप काम के समय का बहाना करके मेरे यहां से बगैर पिये नहीं निकल सकेंगे। लौटते वक्त गाड़ी भी आपको घर तक छोड़ आएगी। मैंने मोहन से कह दिया है।"

मोहन—बेटे का नाम—एक शब्द मां को सदा उसके बाप की याद दिलाता होगा। मां-बाप के सम्मिलित नामों पर बेटे का नाम रखने वाली निश्चय ही निर्गुनियां होंगी। उन्हें कहां से मिली यह प्रतिभा? मेरी पत्नी ने एक बार बताया था कि उनके मामा या किसी ममेरे भाई को केवल सफाई-मज़दूर वर्ग की स्त्रियों के लिये ही वासना की लपटें उठती थीं। झांसी में, सौ-सवा सौ वर्ष पहले एक विद्वान् शास्त्री एक भंगिन बाला में पद्मिनी के सब गुण-लक्षण देखकर रीझ उठे थे। उन्होंने उसके साथ पाप में डूबने के लिये अपने साथ सारे झांसी नगर को भी डुबो दिया था। महाराज गंगाधर राव को नगर के सभी ब्राह्मण युवकों को पंचगव्य खिलाकर प्रायश्चित कराना पड़ा, नगर की गलियां, सड़कें धोई-लीपी गईं।...निर्गुनियां को भी क्या ऐसा कोई पण्डित-रक्षक मिल गया था?

बोलने में या लिखने में जितने शब्दों का प्रयोग होता है, उससे कितने कम संकेतों में मन की भाषा चलती है! बिजली या शायद उससे भी तीव्र गति से विचारों के संदेश चले जाते हैं। मन की बूझ भी वैसी ही बिजली की कौंध-सी खिलती चली जाती है। श्रीमती निर्गुनियां और उनके आयुष्मान् पुत्र श्री निर्गुणमोहन आमने-सामने थे। मां ने हंसकर कहा—"आज मैंने एक बड़े आदमी का धरम बिगाड़ने का पूरा खड्जन्त्र किया है मोहन। पण्डितजी को मेहतर के घर से खिला-पिला के भेजूंगी।"

मैंने हंसकर कहा : "आपका बेटा पी०आई०बी० अधिकारी है, खाते हुए एक फोटो भी खिंचवाकर छपवा दीजिएगा। आपके षड्यन्त्र से मेरा जातीय गौरव ही

बढ़ेगा।'' कमरे में हंसी बिखर गई।

चाय पीकर श्री निर्गुणमोहन ने तो अपने सरपरस्त मन्त्रीजी की सेवा में जाने के लिये आज्ञा मांगी और श्रीमती नीलम निर्गुणमोहन ने भी अपनी सास को बतलाया कि वह पिक्चर देखने जा रही हैं। 'लौटते हुए ये मुझे साथ ले लेंगे। बेट्टी अन्दर है ही।'

नीलम की बातों से मेरा दिमागी कम्प्यूटर हिसाब लगाने लगा। साढ़े नौ पर शो छूटेगा, पौने दस, दस। दस से पहले गाड़ी मुझे न मिलेगी। अतः उसकी चिन्ता से मन मुक्त कर लिया। बाहर रिक्शे बहुत खड़े देखे थे।

श्रीमती निर्गुनियां मुझे भीतर के कमरे में ले आईं। एक पलंग, एक छोटी आरामकुर्सी, एक छोटा-सा प्लास्टिक मढ़ा हुआ मूढ़ा। दीवाल पर यहां भी निर्गुनियां और मोहन की युगल छवि टंगी थी।

कुर्सी पर मुझे बिठलाकर निर्गुनियां फिर दरवाज़े की ओर लौटीं, पुकारा : ''बेट्टी!''

''आई माताजी!''

माताजी कमरे से निकलकर बाहर चली गईं। लौटीं तो एक छोटी मेज़ उठाकर ले आईं। रखकर पलंग पर बैठते हुए कहा : ''इस घर में बच्चे तो हैं नहीं, छुट्टे-छड़ाक दो प्रानी। नीलू को भी मेरी बड़ी ममता पड़ गई है। दोनों कहते हैं कि यहीं रहा करूं।''

''आपकी सुख-सुविधा की दृष्टि से मैं भी यही उचित मानता हूं।''

''उचित तो है बाबूजी, लेकिन ज़रा यह भी तो सोचिए कि इनकी तो तबादले की नौकरी है। हरीचरन जब यहां के हरिजन मन्त्री हुए तो उनकी सिफारिश से मोहन को यहां का चानस मिल गया। मगर वो भी दूसरी कौम के हरिजन हैंगे। हम लोगों को नीचा मानते हैंगे। क्या जाने कब उनके मिजाज में फरक आ जाए। और फिर सरकारी नौकरियों में तो पल-पल में तोला-माशा चला ही करता है। मैं इनके फेर में कहां-कहां मारी-मारी फिरूंगी! वैसे भी अपना सुतन्त्र रहना ही मुझे ठीक लगता है बाबूजी।''

बेट्टी दरवाज़े पर आकर खड़ी हुई, माताजी के हुक्म की बाट देख रही थी। मेरा अनुमान है कि श्रीमती निर्गुनियां ने एक बार उधर दृष्टिपात भी किया था। हो सकता है कि उन्होंने अपनी बात की बेहोशी में उसे देखकर भी न देखा हो। यह भी हो सकता है कि उन्होंने अपनी एरेस्ट्रोक्रेटिक अदा में बेट्टी को देखकर भी अनदेखा कर दिया हो। बेट्टी आज्ञा देने की वस्तु है ध्यान देने की नहीं। यही तो ऊंच-नीच है। और आज समाज में सदियों से तथाकथित नीचों से भी सबसे नीच जाति की एक स्त्री और उसका परिवार इस स्थिति में है कि किसी को अपने से भी नीचा मान सके। खैर! निर्गुनियांजी ने झोले से ह्विस्की और सोडे की बोतलें निकालकर मेज़ पर रखीं, बातों की कड़ियां अबाध रूप-सी जुड़ती चलीं। वह कहने लगीं : ''इस सुतन्त्रता के लोभ में नसीबे ने मुझे बड़े-बड़े नाच नचाये हैं।''

''माताजी आपने बुलाया है?''

"अरे हां बहना! देख, ये बहुत बड़े बाबू साहब हैं। अखबार में स्याह को सुफैद और सुफैद को स्याह करके दिखला सकते हैं।"

बेट्टी मेरी ओर देखने लगी। बेट्टी और निर्गुनियां की आयु मेरे अनुमान से करीब-करीब समान ही होगी। लेकिन निर्गुनियां की काया अभी तक चिकनी बनी है जबकि बेट्टी झुर्रियों से भर चुकी थी। निर्गुनियां उससे कह रही थीं : "इन्हें खाना उम्दा खिलाना जिससे कि यह तुम्हें बराबर याद रखें, और पहले जरा दो गिलास दे जाओ। और फिर कुछ चखौती के लिये भी लेती आना। और सुनो, इस झोले में पनीर का डिब्बा रखा है। जरा मोटे-मोटे कतले काटके हमारे लिये पनीर के पकौड़े बना देना। दो-चार अपने लिये भी बनाना। बेट्टी! और देख, तेरे लिये भी आधी बोतल छोड़ जाऊंगी, अपने बुड्ढे के साथ बैठके पीना। और सुन, तेरे साहब का कोई मेली-मुलाकाती आए तो यह मत कहना कि उनकी माताजी यहां हैं। मुझे बाबू साहब से ज़रूरी बातें करनी हैं।"

थोड़ी देर में ही हम दोनों हल्के सुरूर में आ चुके थे। मैंने तब तक कुछ हल्की-फुल्की राजनैतिक चर्चाओं में ही उन्हें फंसाये रखा। श्रीमती निर्गुनियां शराब को 'सिप' करने में विश्वास नहीं करतीं, जल्दी-जल्दी घूंट भरती हैं। पांच मिनट में आधा गिलास खाली हो गया। आधा गिलास खाली होने पर मैंने देखा कि निर्गुनियांजी 'हाल' में आ गई हैं। मैंने मौका साधकर प्रश्न किया : "निर्गुनियांजी, ये संस्कृत भाषा आपने कहां से सीखी?"

"भाशा नहीं सीखी मगर, इश्लोक बहुत से याद किये थे।"

"वही तो पूछता हूं—यह मौका आपको कहां से मिला?"

उत्तर में गिलास में बची शराब हलक के नीचे उतर गई। एक बार गिलास मेज़ पर रखकर अपने दोनों हाथों से अपना सिर दबा लिया। दाहिने हाथ की उंगलियों में सिगरेट अब भी फंसी थी। मुझे भय लगा कि कहीं सिगरेट हाथ से गिरकर उनकी साड़ी को झुलसा न दे, इसलिये कुर्सी से उठकर उनकी ओर बढ़ा। सहसा सिर उठाकर श्रीमती निर्गुनियां ने मुझे चौंककर देखा और सिमट गईं। मैंने पूछा—"आपको कुछ कष्ट हुआ, लगता है! क्या बात है?"

अपने सिर से दोनों हाथ हटाकर सिगरेट वाली मुट्ठी को कश खींचने की हरक़त में लेकर बोलीं : "अऽरे, यह तो रोज का धंधा हैगा। जनम साला ऐसे ही बीता हमारा। पहले हठ ठानना, बाद में सिर पर हाथ रख-रखकर पछताना।" यह कहकर वह एक बार हंस पड़ीं। फिर सावधान होकर बैठ गईं, मेरे गिलास की तरफ देखकर कहा : "यह क्या, अभी आपका आधा गिलास भी खाली नहीं हुआ और मैं अपना दूसरा गिलास भरने जा रही हूं!"

"वह भी शायद ऐसे ही पानी के घूंटों की तरह जल्दी-जल्दी हलक के नीचे उतर जाएगा।"

वह हंसी, कहा : "खातिर जमा रखिए, बाबूजी, अभी तक तो अल्लाह ने मुझे एक बोतल में भी कभी बेहोश नहीं किया।" कहकर बोतल संभाली। अपने गिलास में लगभग दो पैग का माल-मसाला ढाल लिया। बोतल लेकर मेरे गिलास की तरफ

बढ़ीं। मैंने उन्हें रोकते हुए कहा : "आप मेरी चिन्ता छोड़िए, मैं तो कभी-कभी पीता हूं और दो पैग से आगे आज तक नहीं बढ़ा। लेकिन निर्गुनियांजी, आप तो मेरे लिये पहेली बनती जा रही हैं। एक तरफ संस्कृत के श्लोक और दूसरी तरफ आपकी ही बहू से सुना कि आपने ही उसे ईसाई से हिन्दू बनाया! फिर अभी-अभी आपके मुंह से अल्लाह शब्द भी सुना–"

अपने गिलास को सोडे से भरते हुए निर्गुनियांजी बोलीं, "इसमें अचरज कैसा बाबूजी, हमाए तो दोनों ही जिजमान हैंगे, हिन्दू-मुसलमान भी, ईसाई भी। हमें भगवान की खैर भी मनानी पड़ती है और अल्लाह की भी। वह फिर आदत में आ जाता है। लेकिन धरम जो अपना है सो है। उसे कोई कैसे बदल सकता है? सुधर्मे निधनम् स्रेयाह परधरमो भयावहा।" कहके एक घूंट और हलक के नीचे उतार दिया। मेरे लिये अचरज बढ़ता ही जाता था। "और यह संस्कृत किस यजमान की कृपा से पाई?"

"किसी जिजमान से नहीं, सीधे देवता के परशाद से पाई थी। अपने जिजमानों से कुछ पाने वाली मजबूर औरतें कोई दूसरी ही होती हैं।"

"मैं समझता हूं।"

"तब फिर आप यह भी समझ ही सकते हैं कि ऐसे स्वार्थी जिजमानों से कभी किसी औरत का भला नहीं होता। ढोंगी पण्डितों से ज्यादा हैसियत तो बढ़ाई थी हमारे नवाबों-बाश्शाहों ने। एक डोमनी को इतना चाहा कि उसे खुलेआम रखा। आप पण्डित बम्हनों से तो आसिक नवाब ही अच्छे थे। जिसे चाहते थे उसे इज़्ज़त से तो रखते थे। बड़ी-बड़ी बेगमों के दरबार में डोमनियों के तायफे रहते थे।"

"लेकिन डोम भी सब मेहतर नहीं होते। मेरा खयाल है कि कुछ वंश कभी दबाकर मेहतर बना लिये गये होंगे। उनके पास गाने-बजाने का जादू था।"

"वह जादू तो सभी मेहतरों के पास है।"

"आपके पास भी है।"

"मैं मेहतर नहीं हूं।"–कहकर श्रीमती निर्गुनियां तुरन्त संभल गईं और धाराप्रवाह में ही आगे की बात जोड़ गईं : "दरअसल अब औरतों को गाने की तालीम हमारे यहां दी ही नहीं जाती। इस गाने-बजाने के फेर में हमारी बिरादरी ने अपनी बहुत-सी औरतें खोईं। अब तो खाली मरद ही यह काम करते हैं। बैण्ड-बाजा, क्लेरनिट, वैलिन, हरमुनियां इन सब बाजों के हमारी कौम में बड़े-बड़े उस्ताद पड़े हैं। गाने वाले भी एक से एक अच्छे हैं। मुझे तो ऐसा लगता है बाबू साहब कि हमारी मेहतरों की कौम वही पुरानी गन्धरब जाती है जिसका बखान पण्डित लोग अपनी कथाओं में किया करते हैं।"

"क्या आप समझती हैं कि मेहतर एक ही कौम के होते हैं?"

"जी?" गिलास हाथ में उठाये वह चौंकीं।

"इस शहर में और भी कुछ अन्य जगहों पर आप लोगों से बातें करने पर मैंने यह अनुभव किया कि मेहतरों में भी कई गोत हैं–बाल्मीकि, धानुक, रावत, लालबैगी, जल्लाद वगैरह-वगैरह।"

"हां, सो तो है।"

"उनके रीति-रिवाज भी अलग-अलग हैं।"

"ये भी सच है।"

"तब फिर एक कौम कैसे हुई?"

एक घूंट भरा, एक कश खींचा, फिर बोलीं—"दुखियारे जीवों की कौम अपने आप ही बन जाती है बाबू साहब।" बात पूरी हुई तो निर्गुनियांजी ने गिलास संभाल लिया। मैं देख रहा था कि यह स्त्री कितनी चतुर है। अपनी जबान की एक बहक को टालने के लिये बात में बात को जोड़कर बहाना भी खूब जानती है। पर मैं अपना घेरा डालने से बाज़ न आया। पूछा : "निर्गुनियांजी, आपने अभी-अभी बतलाया था कि आप मेहतर नहीं हैं। तब आप कौन हैं?"

गिलास की बहुत-सी रंगीन तरलता निर्गुनियांजी के पेट में उतर गई। गिलास मेज़ पर 'खट' से रखकर हथेली से अपना मुंह पोछा। नई सिगरेट सुलगी। मुट्ठी कसकर, तेजी के साथ 'कश' खींचा, फिर बातों के बहाव में धुआं उगलते हुए कहा, "अरे, वह तो ताव में अक्सर ही कह जाया करती हूं, कि मैं पिछले जन्म की बाम्हनी हूं, मेहतरानी नहीं हूं।"

"संस्कृत के श्लोक भी क्या पिछले जनम में ही सीखे थे?"

श्रीमती निर्गुनियां ठहाका मारकर हंस पड़ीं। फिर हाथ में बोतल उठाई और कहा, "शर्माजी साहब, आप अगर अखबार की बजाय वकालत का पेशा करते होते तो नाम के साथ-साथ अब तक करोड़पती भी बन गए होते।...लेकिन होता ही क्यों? करम के भोग जिसको जैसा चाहें वैसा ही नाच नचाते हैं। अच्छा छोड़िये ये बातें, अपना गिलास खाली कीजिए।"

सच तो ये है कि उस समय एक अनोखी स्त्री के सामने बैठने से मेरी चिन्तन प्रक्रिया इतनी प्रगाढ़ हो रही थी कि उस एक पैग ह्विस्की का नशा ही मेरे लिये काफी से ज़्यादा महसूस हो रहा था। लेकिन इस धत्ती पियक्कड़ औरत से इनकार करना भी कठिन था। अन्दाज़ से तीन-चार पैग पी चुकी है और इस समय शर्तिया आधी बोतल समाप्त करके ही उठेगी। फिर भी नशे के झोंक में मन की लहर आई कि अब अधिक न पीकर अपने सिद्धान्तवादी व्यक्तित्व का ही परिचय दूंगा। गिलास को आगे करते हुए उनके हाथ की बोतल झुकाकर मैंने लगभग चौथाई पैग का मसाला अपने गिलास में डाल लिया और कहा, "मैं किसी बुरी नीयत से नहीं कहता निर्गुनियांजी, लेकिन आपके संग बैठकर बातें करने में ही मुझे इतना नशा हो गया है कि अब इस बाहरी दारू को अधिक न सह पाऊंगा। वैसे भी आपका तो अभ्यास है, लेकिन मैं तो नादिर-शादिर ही पीता हूं।"

श्रीमती निर्गुनियां ने अपनी नीली आंखों को एकटक मेरी नज़रों से बांध दिया। शराब ने उस नीलिमा की आब कुछ और ही बढ़ा दी थी। उनकी आंखें सचमुच चुम्बकीय प्रभाव रखती हैं। लगभग दो-तीन पलों तक वे एकटक मुझे देखती रहीं; फिर कहने लगीं—"एक बात कहूं शर्मा साहब, मुझे अपनी इतनी लम्बी जिन्दगानी में आज दूसरा देवता मिला है..."

तुरन्त बात काटकर मैंने अपनी टेक साधी, पूछा—"पहले देवता ने ही शायद आपको संस्कृत सिखाई थी। कब सिखाई थी? क्या वे श्री मोहना के देहान्त के बाद आपको मिले थे?"

श्रीमती निर्गुनियां का सिर झुका हुआ था, एक पल थमकर बोलीं, "नहीं, उन्हें मैंने बचपन में ही पाया था।"

"क्या उन्होंने आपके पालन-पोषण में मदद दी?"

"जी हां।"

"आपको अपने घर रखकर पाला?"

"जी हां।" श्रीमती निर्गुनियां के गिलास में झोंक के साथ लगभग डेढ़-दो पैग ह्विस्की लुढ़क पड़ी। इस उम्र में इतनी अधिक शराब पीने की बान पर मेरी टोकने की इच्छा हुई, पर अपनी बात का तार न टूटने देने का आग्रह मन में अधिक था; पूछा—"आपकी मां उनके यहां काम करती थीं?"

हलक में ह्विस्की उतारकर तनिक धीमी आवाज़ में उन्होंने कहा, "मेरी मां उन देवता की इकलौती बेटी थीं।"

"तब तो वे देवता उस ज़माने में जाति से बाहर कर दिए गए होंगे!"

"उनके ऐसे तपसवी और शुध अचारबिचार वाले पण्डित को भला जात से बाहर कौन निकाल सकता था! (बाहर के दरवाज़े की ओर मुंह घुमाकर ज़ोर से कहा)—"बेट्टी, खाना लगाओ..."

श्रीमती निर्गुनियां की पहेली अब मेरे मन में कुछ खुलती नज़र आ रही थी। अपनी कुर्सी पर तनकर बैठते हुए मैंने कहा, "आपने मुझे जो विश्वास दिया है, निर्गुनियांजी, उसके लिये आपका एहसान कभी नहीं भूलूंगा।"

"कैसा विश्वास?"

"आपने श्री मोहना के प्रेम के कारण ही अपना घर-त्याग किया।"

"हूं...। प्यार बाद में हुआ। पहले तो भूख का सवाल था।"

"क्या आप विधवा थीं?" सोडे की बोतल से थोड़ी-सी तरलता ढालकर श्रीमती निर्गुनियां ने अपने गिलास की पूंजी बढ़ा ली। कहा, "अब ज़्यादा कुछ न पूछिये शर्मा साब, बहुत कुछ जान लिया। ऐसा लगता है कि आज बरसों बाद आपने मेरे पुराने घाव बड़ी बेरहमी से खोल दिए हैं।"

"मेरा यह इरादा तो बिल्कुल नहीं था, निर्गुनियांजी।"

"दरअसल जब से सुना कि आप मेहतरों की जानकारी हासिल कर रहे हैं; तब ही से मैं आपसे मिलना चाह रही थी। जाने क्यों मन में अनजाने ही खिंचाव होने लगते हैं। उसी दिन से मेरे मन में कोई बोल रहा था कि आपसे अपना मन खोले बिना बच न सकूंगी। फिर आपसे मिलने के बाद इसके लिये तो मेरा मन तैयार हो ही गया था।"

"यह आपकी मुझ पर बड़ी कृपा है, निर्गुनियांजी। मुझे भी अनजाने आग्रहवश ही आपसे मिलने की बड़ी तबीयत थी। खैर, छोड़िये इस प्रसंग को। मैं समझता हूं कि इतना भावनान्दोलन ही आज आपके लिये काफी से अधिक है।"

बेट्टी खाना लेकर आई। श्रीमती निर्गुनियां तब तक प्रकृतिस्थ हो चुकी थीं।

भोजन के बाद चलते समय उन्होंने मुझे एक जिल्ददार नोटबुक थमाते हुए कहा, ''एक बार कच्चा-पक्का लिखने की कोशिस मैंने की थी, फिर जब लिखते नहीं बना तो छोड़ दिया। इसे पढ़ जाइएगा, शायद कुछ आपके काम की बात इसमें निकल ही आए।''

रिक्शे में अपने घर आते हुए मेरा मन श्रीमती निर्गुण के जीवन-रहस्य की कल्पनाओं से उमड़-उमड़ा पड़ रहा था। कैसे घर पहुंचूं और कैसे झटपट यह नोटबुक पढ़ने बैठूं।

5

[श्रीमती निर्गुनियां द्वारा लिखित इन अध्यायों में मैंने कहीं-कहीं कामा-विरामादि लगाए हैं। कहीं-कहीं उनकी अति अशुद्ध वर्तनी को शुद्ध भी किया है। बाकी सब ज्यों का त्यों है।]

आज सम्मत् इक्तीस की बड़ी धूम है। हम निर्धनों के घर में एक ही तो ठाकुरजी विराजमान होते हैं और सो भी जब से छापे का चलन चला तब से। मेरा कहने का आसै यह है कि गोसाईंजी महाराज की रमायन ही सबसे जीता जागता देवता है। हमारी बिरादरी की बड़ी बूढ़ियों में अब भी कई ऐसी हैं जो ऊंच जात वालों के डर से छिपाकर रमायन की पोथी रखती हैं। उसी से सारे रोग सोग दूर करती हैं। खैर, तो इसी रमायन के बहाने आज चारों ओर सम्मत् इक्तीस का महातम इतना बढ़ गया है। आज बसंत पंचमी है। आज मुझे भी पूरे इक्तीस बसंत हो गये। अपना इसी काया में एक जनम छोड़कर दूसरे जनम का परवेश हुआ था। करम की कहानी कैसी अजब है, मानुस को घड़ी में राई से पर्वत बना देती है, और पर्वत को राई; राई भी साबुत नहीं, पिसी हुई धूल-धूल राई।

आज अकेलेपन में जाने क्यों अपने जी की घुटन कागज पर उंडेल देने के लिये मचल उठी है। यह मेरी आयु का 69वां साल चल रहा है। सारी जिन्दगी तो झूठ-सच के पलस्तरों से मढ़ी हुई है, सुन्दर महक और धधकती दुर्गन्ध मेरे मन कलेजे में मुझे साथ-साथ भर रही है। मैं अब कागज कलम का सहारा लिये बिना नहीं रह सकती। सम्मत् 31 में श्री गोसाईंजी महाराज ने भी अपने जी की घुटन श्री सियारामजी के श्री चरणों में अर्पित करने के लिये कागज कलम का सहारा ही लिया था। मैं भी क्यों न लूं? श्री गोसाईंजी महाराज ने जिस रूप में रामजी के दर्शन किए थे उसके ठीक उल्टे काम करके मैंने भी अपने ढंग से रामजी के दर्शन पाये हैं। मैं इस समय शराब के नशे में यह बात पूरे सौ नये पैसे भर कांटे-तोल सही कह रही हूं।...लेकिन जो कहना चाहती हूं वह...आखिर शुरू कैसे करूं?...

सम्मत् 62 में मेरा जन्म हुआ था। मेरे बाप एक हमारे ही बड़े सजाती रहीस, गल्ले अनाज के बड़े दलाल और बड़े महाजन के बड़े ही भरोसे के गुमाश्ते थे। मेरी

माता एक बड़े पण्डित की इकलौती बेटी थीं। माता के संस्कार ऊंचे और पिता के नीच थे। मैंने अपने बचपन में अपनी नानी व उसके पासपड़ोस वालियों से सुना और बाद में अपनी आंखों से भी देखा और भोगा कि मेरे पिता, मालिक के बेटे की पतनी, घर की मालकिन के बदनाम रखैल थे। मैंने जब तक यह देखा-जाना नहीं था, बस सुना भर था; तब तक मेरे मन में बूढ़ियों की वह बात एक अजब पहेली-सी बनी रही थी। उमर के बारह बरसों तक बनी रही।...पर वे बारह साल क्या थे! जीवन की बहार थे। ऐसे दिन फिर कभी नहीं आए। गया हुआ कल कभी लौटकर आया है? वह तो ऐसे ही आता है जैसा तुलसीदासजी के सिरी राम आते थे। जैसे मेरा मोहना आता है। उनकी माला में आता था, मेरी शराब में आता है।...हाय कितना बड़ा अन्तर है!

आज बसंत पंचमी है। मेरे परम पुज्य नाना के घर में शारदीया उत्सौ की तरह मनाई जाती थी। बस्ती के चार गांवों के पचीस-पचीस वेदपाठी कथावाचक पण्डित आया करते थे। दिन-भर बेदपाठ और कथा-बार्ताओं की धूम मची रहती थी। मेला मेरे नाना के खर्चे से होता था, पर सच पूछो तो उस छोटी-सी बस्ती में वह, त्योहार का दिन हो जाता था। हमारे नाना के घर के आगे ऐसा लम्बा और छायादार मैदान था कि उसमें मजे से ढाई-तीन हजार आदमी बैठ जाएं। बस्ती में तो कुल जमा पांच-छै सौ घर ही थे। मेरे नाना बहुत बड़े कथाबाचक थे। थे तो वे बहुत बड़े ब्याकर्णाचार, और भी जाने कोई शास्त्री वास्त्री भी थे, पर पेट के लिये कथाबाचक बन गए थे। उन्होंने कण्ठ बहुत सुरीला पाया था। हरमुनिये का बाजा नया नया ही चला था सो बजाते भी बहुत अच्छा थे। श्री गोसाईंजी की रामायन, भागवत, शिवपुरान, गरुड़ पुरान सब बांचते थे। और उनके समझाने का ढंग तो ऐसा अच्छा था कि बच्चे तक उनके जादू से बंध जाते थे। कथा में चढ़त, दक्षणा की कोई कमी न थी। लेकिन हमारे नाना के चूंकि मेरी सुरगबासी माता के इलावे कोई और सन्तान नहीं हुई सो जैसे भगवान उन्हें खुले हाथ देता था वैसे ही खुले हाथ दानपुन्न भी करते थे। गिरस्थी में रहते हुए भी उन्हें पूरा जोगी ही समझो। रात में तीन बजे उठकर घर से एक कोस दूर गंगाजी नहाने पैदल जाया करते थे। जाड़ा, गर्मी, बरसात—कभी उनका यह नेम नहीं टूटा। तांबे का एक कलसा जो वह खुद अपने कंधे पर ढोकर लाते थे, वही जल उनके 24 घण्टे काम आता था। मेरे होश में तो उन्होंने गंगाजल के इलावे और कोई जल कभी पिया नहीं।

हां, तो सुनते हैं कि मेरे बाप ने मेरी मां को कभी सुख नहीं दिया। जब तक मेरे दादा रहे तब तक ससुरजी और पती के लिये रोटियां सेकना, झिड़कियां सुनना और कभी-कभी पती के हाथ की बिरथा मारें भी खाना, बस यही मेरी मां का जीवन रह गया था। मेरे पिता के घर के संस्कार बिगड़े हुए थे। उनके ससुर यानी मेरे दादा खुले आम हुक्का पीते थे। सात-साढ़े सात तक सोकर उठें, चौबीसों घण्टे मां-बहिन की गालियां देना उनके लिये आम बात थी। वह भी तो उसी घर के पुराने नौकर थे। यह तो न जाने अपने कितने जन्मों के पापों के पराशचित करने की खातिर मुझे भगवान को यह जनम देना था; इसलिये मैं पैदा हो गई। नहीं तो, न सेठानीजी

का 'काम' ही उन्हें छोड़े और न सेठजी का काम ही, काम शबद के दोनों अरथ समझें! जो भी हो, मैंने अपना होश नाना के घर में ही संभाला। बाप दादा के घर की मुझे कुछ भी याद नहीं है। सुनते हैं मेरी मां को तपेदिक हो गई थी। नाना जाकर उन्हें और मुझे लिवा लाये थे। फिर वह मर गईं। उनके मरने का मुझे कुछ-कुछ होश है। खूब रोना, चिल्लाना मचा था। उसके बाद तो बस नाना और अपनी जिज्जी यानी नानी का ही ध्यान है। साल-छै महीने में कभी-कभी मेरे बाप भी मेरे लिये फल मिठाई लेके, कभी साड़ी-वाड़ी भी लेकर आया करते थे। सवेरे आते और दोपहर में भोजन करके शाम को लौट जाया करते थे।

अपने बचपन में मैंने बस एक ही बार बड़ी विचित्र सजा पाई थी। एक बड़े शहर के पास एक छोटी सी बजरिया वाली बस्ती में हमारा घर था। नाम था बेगम का पड़ाव। गिनती की बीस-बाइस छोटी-बड़ी दुकानें—दो सराफे की, एकाध-दो कपड़े की, एक जनरल इस्टोर, असारी-पसारी, दर्जी, यही सबकी दुकानें थीं। बुध के दिन पैंठ लगती थी। अब अपनी समझ से यों समझती हूं कि हमारी बस्ती में कोई बेगम एक बड़ी जागरत और प्रसिध देबीजी की मन्नत मानने आई थीं। उसके पूरी हो जाने पर उन्होंने उसी की यादगार में इस बस्ती, बाजार की नींव डलवाई थी। खैर, इस बस्ती में संजोग से मुझे अपनी उमर का कोई बच्चा ही खेलने को नहीं मिला। एक दिन भरी दोपहरी में जाने किस मन की लहर में घर के पिछवाड़े के दरवाज़े से निकलकर मैं बस्ती में चली गई। अपना साथी ढूंढने की तलाश थी। अजीब झख थी। लू धूप अंधड़ बगूले सहते बड़ी दूर एक गांव में भटककर पहुंच गई। भूखी-प्यासी एक पेड़ के नीचे बैठकर रोने लगी। अपना रोना मुझे याद है। सचमुच न देखी हुई मां की बड़ी याद आई थी मुझे। मैं क्यों चली आई, अब क्या होगा, कैसे जाऊंगी! भूख भी बड़ी तेज लगी थी। यह सब सोचते-सोचते मुझे बस रोना ही रोना चलता चला आ रहा था। एक बिचारी जवान औरत, बड़ी अच्छी-सी खुबसूरत भी। वह उधर आई। अपनी बकरी पकड़ने के लिये पेड़ों के झुरमुट में ढूंढ़ने आई तो उसने मुझे रोते देखकर अपने कलेजे से चिपटा लिया। वही मुझे अपने घर ले गई। मुझे खिलाया-पिलाया। गरम पानी में नमक डालकर मेरे सूजे हुए पैरों को सहलाया। मेरे नानाजी का नाम उसने सुन रखा था। आदमी से मेरे घर में यह कहलवा दिया कि चिन्ता न करें। बच्ची के पैर बहुत सूज गये हैं। कल जमींदार की बहली में भिजवा दी जाएगी। रात भर मैं उसके यहां रही और बड़े प्यार और खातिर भरी एक रात बिताकर मैं अपने घर चली आई।

घर के दरवज्जे पर उतरते ही मैंने अपने नाना को द्वारे पर आते देखा। उन्होंने मुझे दरवाज़े पर ही खड़े रहने को कहा। बहली वालों को अपनी टेंट से पांच रुपै निकालकर इनाम दिए और फिर एक गगरी पानी लाकर मेरे सिर पर उंडेल दिया। यों भौंचक्की सी भीगी हुई मैं घर में आई। नानाजी ने मुझसे पूछा, वहां कुछ खाया पिया भी था? मैंने सहजभाव से सकार दिया। उसका दण्ड भी भोगना पड़ा—मुझे घी पिलाकर कै उल्टी कराई गई। शायद पंचगब्ब भी खिलाया गया था। नाना ने मुझसे कुछ न कहा। बस हंस हंसकर यही शुद्धीकरन के डण्ड दिए। मेरी नानी ने दो चार

झापड़ मारे और कहा कि पतुरिया के हाथ का छुआ हुआ खाना भी नहीं चाहिए। मुझे क्या पता था कि मुझ भूली-भटकी को सहारा देने वाली एक पतुरिया थी। मुझे यह भी भला कहां मालूम था कि पतुरिया नाम की चीज होती क्या है? जैसे अपने पिता के साथ 'रखैल' वैसे ही उस इस्त्री के लिये 'पतुरिया' शबद सुनकर मेरे मन में पहेली बन गई। छुवाछूत का पहला भेद भी तभी मेरे सामने प्रगट हुआ। पतुरिया को नहीं छूना चाहिए था। तब मुझे नहीं मालूम था कि एक दिन मुझे अपने ही कर्मों से एक ऐसे समाज में मिलना पड़ेगा जिसे छूना पतुरिया को छूने से भी अधिक पाप होगा।

6

मेरी जनमपत्री में सुख के ग्रह नछत्रों का बसंत बीत गया। एक दिन हमारी जिज्जी नाना के लिये रोटी सेंकते-सेंकते ही लुढ़क गयीं। फिर न उठीं। शहर से खबर पाकर जब मेरे बाबू आए तो नाना ने उनसे कहा कि 'निर्गुन का इन्तजाम अब तुम्हीं करो, हमारे दिन भी अब पूरे हो चुके हैं। तुम्हारी सास हमसे बहुत दिनों तक कभी अलग नहीं रही अब भी नहीं रह पावेगी।' मैं सामने ही खड़ी थी। कुछ समझी, कुछ न समझ पाई, पर यह मुझे याद है कि उस रात मुझे बुरे-बुरे सपने आते रहे। सपने में कहीं बड़े-बड़े बेढब पहाड़ आते, मैं उनमें भटक जाती। कहीं अजगर मुझे लीलने आता और डर के मारे मेरी घिग्घी बंध जाती। चीखना चाहती पर मुंह से बोल ही नहीं निकलता था। ऐसे ही कुछ सपने देख रही थी जिनकी अब मुझे ठीक-ठीक याद नहीं है। पर इतना जरूर याद है कि सवेरे जब उठी तो नाना सो रहे थे। मैंने उन्हें कभी इतनी देर तक सोते हुए देखा ही नहीं था। मैं घबराई। मेरे मन में कोई जोर-जोर से कह रहा था कि तेरे नाना गए। घर में और भी कुछ नाते रिश्तेदार आ गए थे। मैंने अपने बाबू को जगाया। उनसे रोकर कहा कि नाना अभी तक सो रहे हैं उन्हें जगा दीजिए। वह कभी इतनी देर तलक सोते नहीं हैं। जागेंगे तो मुझ पर ही गुस्सायेंगे। मुझे याद है कि मुंहअंधेरे ही अचानक जगा दिए जाने से मेरे बाबू मुझ पर झुंझलाये थे, पर मैंने भी जिद करके रो-रोकर उन्हें उठा ही दिया। पास में हमारी जिज्जी के छोटे भइया भी सो रहे थे। वह भी जाग पड़े। थोड़ी देर में पता लग गया कि मेरे नाना उस रात में किसी समै सदा के लिये ही सो गये थे। फिर नये सिरे से घर में हाहाकार मच गया।

मेरे नाना को सब लोग ब्यासजी कहते थे। घण्टे-दो घण्टे में दूर-दूर तक खबर फैल गई कि ब्यासजी मर गए। देखते-ही-देखते भीड़ की भीड़ आने लगी। सवेरे घर में नाना को कम-से-कम मरे हुए ही सही पर देख तो रही थी फिर भीड़ उन्हें ले गई। और रात में मेरे नाना उस घर में कहीं दिखाई भी नहीं पड़ते थे। मानो वे मेरी जिज्जी को सुहागवती बनाने के लिये ही जिन्दा थे। और उनके जाते ही वह उन्हीं के पास चले गए। जिज्जी के मरने के बाद जो थाली में तोड़ा हुआ कौर उन्होंने छोड़ा तो

उसी के साथ उनका अन्न जल भी छूट गया था। जब खिलाने वाली ही खिलाते खिलाते चली गई तब खाने वाला गम के इलावे और भला खा ही क्या सकता है! श्रीसीता महारानी जब धरती में समा गईं तो भगवान होकर भी रामजी से दुनिया का काम न संभाला गया, आप भी सरजू नदी में जाकर अन्तर्धान हो गए।

कैसी-कैसी कथाएं मैंने अपने नाना से सुनी थीं। जैसा उपदेश करते थे वैसा ही अपने जीवन में निभाते भी थे। मेरी जिज्जी और नाना में कितना प्यार था, यह अब मुझे याद में आता है। मैंने एक बार नहीं अनगिनत बार देखा था कि किसी चीज की जरूरत मेरे नाना के मन में पैदा हो और मेरी जिज्जी उसे वैसे ही बिना कहे पूरा करने के लिये उठ पड़ती थीं। मेरे नाना उस जमाने में भी इस मामले में बड़े अनोखे थे कि अपनी पतनी यानी मेरी जिज्जी को प्रज्ञा नाम ले के पुकारते थे। तब किसी भी घर में कोई मरद अपनी औरत का नाम लेकर नहीं पुकारता था। वैसे मेरी जिज्जी का यह नाम था भी नहीं। उनकी एक बूढ़ी हमजोली हमारी बर्फी नानी जब आतीं तब हमारी जिज्जी को गंगा नाम से पुकारा करती थीं। मैंने जिज्जी से पूछा था तो उन्होंने बतलाया कि उनके मां बाप ने उनका यही नाम रखा था। प्रज्ञा नाम नाना ने ही रखा था। कैसे अच्छे-अच्छे नाम रखे थे मेरे नाना ने—प्रज्ञा, अदिति, निर्गुण...पर हाय री मैं अभागन, ऐसे पुज्य महातमा के दिए नाम जैसी मैं बन न सकी। अपने कर्मों से निर्गुण के बजाय दुर्गुण बन गई। करम की चक्की कैसे पीसती है यह मैंने अपनी इत्ती बड़ी उमर में देख लिया भोग लिया। मेरी घुट्टी में पड़े जिज्जी और नाना के संस्कार तो पड़कर भी न पड़े पर बाद में भोगे हुए नरक की भूख ऐसी जागी कि मैं खुद अपने आपको ही लील बैठी।

मेरे पिता नाना नानी की किरिया करके सारी जमा जथा के साथ मुझे लेकर, घर बेंचकर शहर चले आए। जिस घर में लाके पहले मुझे उतारा वह छोटा सा था। उस घर में अंधेरा बहुत था। फिर वह मुझे एक बड़ी भारी हवेली में ले गए। तिमंजिले पर एक बड़े सजे सजाये कमरे में मैंने जिस स्त्री को बैठे हुए पाया उसे देखते ही मेरा मन बोल उठा था...यही वह मालकिन है जिसके कि रखैल (?) मेरे पिता हैं। यह रखैल शब्द बड़ी जोर से पहेली के ज्वालामुखी-सा मेरे मन में भड़क उठा।

7

बड़ा भारी घर। बड़ा भारी फाटक। अन्दर सामने ही एक बड़ा भारी कच्चा आंगन जिसमें दो तीन बग्घियां खड़ी थीं। घुड़साल और कुछ नौकरों चाकरों की कोठरियां। एक ओर गौशाला भी बनी हुई थी। एक मोटर भी थी। भीतर चहल पहल मची हुई थी। मैंने बाबू से पूछा—"बाबू, यह किसका घर है?"

बाबू ने बड़े रोब से कहा—"और किसका होगा, हमारे मालिक रायसाहब पण्डित बटुक परसाद की कोठी है।" बाबू मुझे आंगन में बने पिछवाड़े के दरवज्जे से ले गए। एक मंजिला चढ़े, फिर दो मंजिल चढ़े, फिर तीसरे मंजिले पर जाकर

बड़ी सी छत पार करके एक बड़े से कमरे में पहुंचे। ऐसी सजावट मैंने पहले कभी नहीं देखी थी। सफेद काले संगमरवल के पत्थर जमे थे। दीवालों पर बड़े-बड़े सुनहरी काम के बेल-बूटे, चौखटों में जड़े हुए दर्पण लगे थे। मैं तो दर्पणों में बार-बार अपनी सूरत देख-देखकर ही सहम गई। कमरे में एक तरफ पलंग बिछा था। उस पे गद्दे तोसक लगे थे। उसके दोनों ओर दो-दो मखमल जड़ी फैनसूफी कुर्सियां रखी थीं। बीच में संगमरवल की गोल मेज थी। बाबू ने मुझे एक कुर्सी पर बिठला दिया और आप भीतर वाले कमरे में चले गए। थोड़ी देर में भीतर से किसी औरत की तीखी आवाज आई। वह बात मुझे आज तक याद है।–"पाप तुम करो और ढोऊं मैं। मुझसे क्या मतलब, तुम्हारी लड़की है, तुम जानो। यहां क्यों लाये?"

फिर बाबू की आवाज आई, वे बोले–"कहां ले जाएं। मेरे घर में तो कोई है नहीं। आठौं पहर का नौकर। तुम्हारे सिवा इस अनाथ बच्ची को और भला किसके पास ले जाएं! अब तुम्हारी मर्जी हो इसे रखो, नहीं तो हाथ पकड़कर ले जाओ और गली में धक्का दे के बाहर निकाल दो। बस छुट्टी पा जावो। मरे रांड की मेरा पिण्ड छूटे।"

बातें सुनके मैं धक्क रह गई। उधर से फिर कोई आवाज न आई। थोड़ी देर में एक गोरी चिट्टी गदबदे बदन की औरत कमरे में आई। उसका चेहरा तो कुछ खुबसूरत न था, बस रंग ही रंग गोरा कह लो। हां, चेहरे से बड़ा रौब जरूर टपकता था। मेरे बाबू उसके पीछे-पीछे आए। मैं उठ खड़ी हुई थी। बाबू ने मुझसे कहा–"पैर छुओ अम्मां के।" पैर छूने के लिये झुकी तो बाबूजी बोले–"सौंप दी तुझे, अब जी चाहे तो मार डालो ले जाकर।"

उस औरत ने, जिसे अब से मुझे अम्मां कहना था, दोनों बांहें पकड़कर मुझे उठा लिया। फिर मेरा चेहरा उठाकर मुझे देखते हुए मुस्कराई, कहा–"यह सलोनी सूरत भला मार डालने के लिये है? अरे, इसे देखकर तो न जाने कितने दिलदार जिया करेंगे!" कहते हुए मुझे छाती से चिपका लिया। और मुझे लिये-लिये दो कदम पीछे पलंग पर बैठ गई। फिर मेरा मुंह उठाया, चूमा, फिर मेरे शरीर पर उस अम्मां के ऐसे अटपटे हाथ फिरे कि जिससे मुझे, क्या कहूं, होस में पहली बार मानुस गन्ध का अनुभौ हुआ। मैं भीतर ही भीतर सहम गई। ऊपर से लेकर नीचे तक मेरी काया को जगह-जगह कसी मुट्ठियों से बांध कर उसने मुझे जिस सनसनाहट से भर दिया था, वह आज इस समै लिखते हुए भी मन में भरी हुई है। वही सनसनाहट मेरे जीवन का पाप बन गई। उसने मुझे सताया, रिझाया; फिर भूखे रखकर रुलाया, और रोते-रोते ही एक दिन अचानक जब मुझे होश आया तो मैंने देखा कि मैं बांमनी से मेहतरानी बन चुकी हूं। बीच में जो कुछ हुआ वह जैसे मैंने बेहोसी में किया था।

अम्मां के घर रहते-रहते धीरे-धीरे मुझे रायसाहब पण्डित बटुक परसाद की उस महल जैसी बहुत भारी कोठी का सारा इतहास समझ में आ गया। रायसाहब यानी बड़े सरकार का कारबार बहुत भारी था। बड़ा लड़का यानी छोटे सरकार की उमर 28-30 के लगभग। उनके आगे दो बच्चे थे। पहले मंजल के आधे हिस्से में छोटे सरकार, उनकी घरवाली और दो बच्चे रहते थे। और आधे हिस्से में बड़े सरकार का

बैठकखाना और आरामगाह थी।

अरे, क्या सजावट थी बैठकखाने की, पक्का संगमरवल का बना हुआ कमरा था। झाड़फानूस और शीशों की ऐसी जगमग-जगमग थी कि बस आंखें चौंधियाकर ही रह जाती थीं। बिलायत की बनी छोटी-छोटी संगमरवल की बनी नंगी मूर्तियां। बिलायत की ही गद्दीदार कुर्सियां, बिलायत के ही पर्दे। वहां जो कुछ था सब कुछ बिलायती ही था।

बड़े सरकार मुस्किल से दिन भर में दो-ढाई घण्टे वहां आकर बिताते थे। एक दिन पहले खण्ड में अपनी बड़ी बहू के यहां, और दूसरे दिन दूसरे खण्ड में मंझली बहू के यहां नियम से जीमते थे। फिर घण्टे भर अपने आरामगाह में हुक्का गुड़गुड़ाते, पैर दबवाते हुए एक झपकी लेते थे, फिर अपनी कम्पनी में चले जाते थे। कम्पनी का नाम था—'रायसाहब पण्डित बटुकप्रसाद एण्ड सन्स'। उस कम्पनी में कई कम्पनियां थीं। एक तो उनके गल्ले के पुश्तैनी काम वाली 'गजाधर दीन भैरों प्रसाद' फरम। उसमें आढ़त का काम और ब्याज-बट्टे का काम होता था। एक दूसरी कम्पनी थी 'सती परसाद एण्ड ब्रादर्स'। वह कम्पनी 'ट्रेडर एण्ड मैनफेक्चर', (मैन्युफैक्चरर) थी। उस कम्पनी में दो दवाओं की दुकानें और एक बड़ा भारी जनरल इस्टोर था। एक कम्पनी थी जिसका नाम 'बृजरानी देवी एण्ड सन्स' था। यह हमारी अम्मां की कम्पनी थी। इसमें उनकी साग-सब्जियों और आम के बड़े-बड़े बगीचों की खेती का हिसाब और उस आमदनी के धन से फैले हुए ब्याज-बट्टे का कारबार चलता था। यह छोटे सरकार के सुझाव से ही इतने सारे कारबार फैले और उन सबको मिलाकर एक बड़ी पिराइबेट लिमटेड कम्पनी रायसाहब पण्डित बटुकप्रसाद एण्ड सन्स के नाम से बन गई। कम्पनी की अपनी बिल्डिंग फिरंगी बाज़ार में थी। नीचे अंगरेजों के नाम किराये पर उठी हुई दुकानें थीं और ऊपर कम्पनी का दफ्तर था। हर कम्पनी के अपने-अपने बाबू अपने चपरासी। छोटे सरकार यानी पण्डित सती प्रसाद ने अपना सारा रहन-सहन अंग्रेजी ढंग का कर दिया था, उनसे बस एक ही गलती हुई। जब अंग्रेजी ढंग से कारबार फैलाने लगे, अपने पिता के लिये अंग्रेजी ढंग का दफ्तर बनवाया तो उनके लिये एक अंग्रेजी मेम को प्रावेट सिकेटरी बनाकर नौकर रख लिया। कुछ दिनों बाद वही मेम साहब उनकी दूसरी अम्मां बन गयीं।

सती प्रसाद के छोट भाई माताप्रसाद अभी साल-भर पहले ही इण्ट्रेंस पास करके ही कामकाज संभालने लगे थे। उनकी बहू भी छटा-सातवां दर्जा कुछ पास करके आई थी और यहां भी एक असली मेम ही उन्हें पढ़ाने आती थी। माताप्रसाद यानी मंझले सरकार ने छोटे-मोटे सभी अंग्रेज अफसरों को अपना दोस्त बना लिया था। हमारे घर में बड़े सरकार के सूने बैठकखाने में जब तब साहब-मेमों की हंसी-किलकारियां सुनाई पड़ जाती थीं। उनकी पाटियां कर-करके पहली लड़ाई के दिनों में दोनों भाइयों ने मिलकर बड़ा कारबार फैलाया। गल्ले की सप्लाई, फौजियों की भर्ती करवाने के काम में मदद, फौज की वर्दियां सिलवाने का ठेका भी लिये हुए थे। इस तरह के बहुत से काम फैले। छोटे-मोटे अंग्रेज अफसर मंझले सरकार कि हिस्से में थे और बड़े साहबों के यहां डालियां ले जाने, सलामे झुकाने का काम बड़े सरकार व छोटे

सरकार के हिस्से में था। हमारे इन तीनों सरकारों ने मिलकर मानो पूरी अंग्रेज सरकार को अपने वश में कर रखा था। मैंने अपने जीवन में इत्ते-सारे अंग्रेज इत्ती सारी मेमें वहीं आकर देखी थीं। दो-चार बार बड़े कौतूहल से मैं भी नौकरों की खुशामद करके पर्दे के पीछे से उनका जोड़े में लिपटकर नाचना-गाना देख आई थी। शुरू में कुछ दिनों तक मुझे बड़ा अजब-अजब लगा। मेरा मन बहुत-सी पहेलियों का जंगल बन गया। फिर धीरे-धीरे जैसे-जैसे पहेलियां सुलझती गईं वैसे-वैसे ही उस घर में मेरा जीवन भी उलझता गया।

शुरू-शुरू में मैं बहुत ही घबराई। मेरी सदा की आदत थी सुबह चार बजे उठने की। पहले दिन आंख खुली तो देखा पूरा घर नाक बना रहा था। हमारे नाना तो मेरे जागने से घण्टा भर पहले ही गंगास्नान के लिये जा चुके होते थे। और जिज्जी लगभग आधे घर की झाड़ू-बुहारू निपटा चुकी होती थीं। मगर यहां तो हाल ही अजब था, रात में बारह-साढ़े बारह बजे खाना नसीब होता, फिर एक बजे अम्मां के पांव दबाती। फिर वे मुझे घसीटकर चिपका लेतीं और सो जातीं। उनके साथ सोना मेरी अनबूझी पहेलियों का अता-पता बन रहा था, ज्यादे क्या कहूं। शरम आती है। सच्ची पूछो तो इसी अम्मां से मुझे यह नया जनम मिला। उसका पाप ही मेरी इस जनम की तपिश्या बन गई।

चार-छह दिनों में मुझे कभी-कभी अलग भी सोना पड़ता था। तभी रही सही पहेलियां भी सुझल गईं। मैंने तब समझा कि हमारे घर का गुरखा नौकर क्यों इतना चिकना-चुपड़ा बना रहता है। धीरे-धीरे पूरे घर की कथा ही मेरी आंखों के सामने सनीमा की सीनरी-सी आ गई। मंझले बबुआ और मंझली बहू दोनों ही के बारे में बहुत-सी बातें पता लगीं। उन दोनों का खेल अंग्रेजी था। कोई बाल-बच्चा भी नहीं था। घर भर में बड़े बेटे याने छोटे सरकार और छोटी सरकार ही सबसे साफ-सुतरा जीवन बिताते थे। दोनों को बस एक-दूसरे से ही लगाव था। घर में सजावट तो थी पर रहन-सहन सादा ही था। छोटी सरकार एक-एक पैसे को दांत से पकड़ती थीं। इसीलिये उनकी और रानी-सरकार यानी हमारी अम्मां की नहीं बनती थी। छोटी सरकार का सच्चा शील सुभाव भी हमारी अम्मां को पसन्द नहीं आता था। यों तो अपनी मंझली बहू से भी उन्हें कोई लगाव नहीं था पर यह कह सकती हूं कि अगर उनकी थोड़ी-बहुत बनती थी तो अपनी मंझली बहूरानी से ही। अब रहे सबसे छोटे बबुआ, वह मुझसे दो बरस बड़े थे। मुझे देखकर उनके बड़े पंख फूटते थे। मुझे उनसे जिस बात का डर था एक दिन वही हो गया।

जब से मैं आई, अम्मां के ठाकुरजी की पूजा का काम मैंने ही संभाल लिया था। अम्मां उस दिन बहुत तड़के ही खड़गबहादुर को लेकर फिटन पर अपने खेत देखने चली गईं। मैं पूजा कर रही थी। बबुआ सरकार सब मौका महल देखकर ही आए। ठाकुरजी की सेवा करते समय, ठाकुरजी की गवाही में मेरी सारी अनबूझी पहेलियां सुलझ गईं।

दो-तीन महीने लगातार जिस हवा में सांस ले चुकी थी उसी में एकाएक बह जाना मुझे कुछ अजब तो नहीं लगा पर ठाकुरजी के साथ अपने नाना के घर के जो

लगाव थे वह मुझे भीतर-ही-भीतर धक्के मारने लगे। कुछ कह नहीं पाती अपनी उस समय की हालत।

लेकिन अब अपनी पोढ़ी बुद्धी से सोचकर यह जरूर कह सकती हूं कि अकेले बबुआ सरकार ही मेरे साथ ज़बरदस्ती करने के कसूरवार नहीं ठहराये जा सकते, कहीं पर मेरा नादान मन भी ललचा हुआ था। अम्मां के घर में जो कुछ देखा था उसने मेरा मन ऐसा ज्वालामुखी-सा बना दिया था जो ऊपर से तब तक मुंह बन्द होकर भी भीतर-ही-भीतर सुलग रहा था। हमारे नाना कहा करते थे कि किसी आदमी को राम न करे कुअन्न खाना पड़े, मती भिरष्ट हो जाती है। अम्मां के घर में नाना के घर वाले कौन-से संस्कार थे जो मुझे बचाते! नौकर, चाकर, मालिक, मालकिन, उनके बच्चे, सारा आंवां का आंवां ही एक तरह से पक रहा था। मैं भला उन आंचों का पकाव क्यों न पाती! बबुआजी ने मुझे जब क्वांरी से नारी बना दिया तो मुझे अपनी चोटी, कंघी आदि श्रृंगार में भी रस आने लगा। बबुआ से मेरे सम्बन्ध की बात छिपी न रह सकी, कम-से-कम गुरखे नौकर खड़गबहादुर से तो नहीं। एक दिन वह शायद मौका ही साध रहा था, मैं बबुआ के कमरे से निकली कि खड़गबहादुर मेरा हाथ पकड़कर घसीट ले गया।

खड़गबहादुर ढीठ था। वह शायद यह समझता था कि रानी सरकार यानी अम्मां उसके बिना रह नहीं सकतीं। वह दो-एक बार मानो उनको चिढ़ाने या धमकाने के लिये ही उनके सामने मेरे साथ छेड़खानी कर बैठा। अम्मां ने एकान्त में मुझसे पूछा। मैंने सब कुछ बता दिया। अम्मां ने नौकर भेजकर अपने एक दोस्त और रिस्तेदार मसुरियादीन महराज को बुलवाया। थोड़ी देर खातिरदारी हुई। बीच-बीच में कुछ ऐसी बातें भी हुईं जिनसे मुझे दोनों के पुराने आपसी सम्बन्धों की झलक भी मिली। यही मसुरिया महराज मेरी किस्मत में बाद में किस तरह से आने वाले थे यह आगे बयान करूंगी। अभी तो बस इतना ही कहना है कि उन दोनों की कानों-कानों में ही कुछ बातें हुईं। दूसरे ही दिन खड़गबहादुर को मसुरियादीन महराज की दुकान पर भेजा गया। और फिर वहीं से खबर आई कि खड़गबहादुर को मसुरियादीन महराज की सूनी दुकान पर एक पुलिस के सिपाही ने दुकान के गल्ले के नोटों क़ी गड्डी निकालते रंगे हाथों पकड़ लिया, मारा-पीटा गया और अब जेलखाने है। मैं समझती हूं कि यह सब सधा-बंधा खेल था। बड़े घर की रसीली खिलाड़िन ने अपने खिलौने को जब हाथ से बेहाथ होते देखा तो उसे पैरों से कीड़े की तरह से दबा डाला।

अम्मां बड़ी चण्ट थीं। बड़ी घाघ। कुएं की थाह थी पर उनके पेट की थाह नहीं। अम्मां ने अब मुझे अपना गेंद बना लिया था। उन्होंने मुझे पूरी तरह अपने भेदों में शामिल कर लिया। अब उनके पास सोते समय मेरे या उनके बीच में किसी प्रकार की लाज या संकोच की गुंजाइश नहीं रह गई थी। अम्मां ने एक दिन बड़े प्यार से कहा : "मैं तुझे मास्टर रखकर अंग्रेजी पढ़वाऊंगी। तेरा ऐसी जगह ब्याह करवा दूंगी कि ऐश करेगी। तू अब बबुआ से कभी न मिलना। मैं तुझे अच्छी जगह ब्याहूंगी। लड़का मेरी नजर में है।" लड़का सचमुच उनकी नजरों में था पर मेरे लिये नहीं, अपने लिये।

मैंने किसी लेख में कभी पढ़ा था कि औरत की काम-अगनी मरद से आठ गुनी ज्यादे होती है। अम्मां मरद के बिना रह नहीं सकती थीं। हमारी हवेली की बगल वाली गली में बसन्तलाल मास्टर रहता था। गबरू जवान, पढ़ने में सदा नाम कमाया। हाल ही में बी०ए० पास करके एक इस्कूल में मास्टरी करता था। खड़गबहादुर के अभाव में अम्मां की काम-अगन ने बसन्तलाल मास्टर को अपना अहार बनाने के लिये चुना। बसन्तलाल मुझे पढ़ाने के लिये घर में बुलाए गए। खातिर हुई—बातचीत हुई। तीस रुपये महीने पर वह मास्टर रख लिये गए। अम्मां ने पहले दिन रात ही में मेरे कान भर दिए कि इन पर डोरे डाल।

बसन्तलाल मास्टर देखने में सुहाने थे। गोरे-चिट्टे, सुहाने नाक-नक्शे वाले, बदन कसरत से कसा, और ढला हुआ। फुटबाल के खिलाड़ी, एक रहीस साथी की घुड़सवारी की शिक्षा देखते-देखते आप भी उसकी सोहबत में घुड़सवारी सीख गए। महल्ले में छोटे-बड़े सभी के मनचढ़े, अम्मां की नजरों चढ़े। ऐसे सुन्दर जवान से पढ़ने को भला किसका जी न होता, फिर अम्मां की सीख ने चाहनाओं के सोते मेरे दिल में फोड़ दिए थे। अम्मां की सोहबत में तबीयतदार तो मैं हो ही चली थी, अब उनकी सिखावन से खिलाड़िन भी हो चली। बसन्तलाल पढ़ाते बहुत अच्छा थे। और इधर मैंने भी उन्हें पढ़ाना शुरू कर दिया था। नतीजा मनचाहा निकलना था और निकला। कुछ दिनों बाद अम्मां ने उन्हें धमकी दी और उनसे अपना काम बनाने लगीं। जब मैंने यह देखा तो मेरी डाह जागी। मैंने उस डाह में बबुआ को फिर से उकसावा दे दिया। बसन्तलाल मास्टर पढ़ाते समय मुझे चाव और चाह से देखते, परन्तु मैंने उनसे आंख मिलाना ही छोड़ दिया। बातचीत भी रूखी-रूखी : मास्टर चेली जैसी। मास्टर की काया पर नया कीमती बिलायती कपड़े का सूट चढ़ गया। हाथ में सोने की घड़ी भी दिखने लगी। लेकिन यह सब होते हुए भी मेरी बेरुखी से उनका खिंचाव मेरी तरफ ज्यादे होने लगा।

अम्मां के मन में मेरे लिये दोहरा गुस्सा भड़का। एक तो बबुआ फिर से मेरे बस में हो चले थे, दूसरे इतना लेने-देने के बाद भी अम्मां के जवान प्रेमी बसन्त बाबू उनसे नहीं मुझसे प्रेम करते थे। मैंने बबुआ के कान भर दिए थे कि अम्मां अब जो कहें तो डांट देना और उनके सामने ही मेरा हाथ पकड़कर अपने कमरे में ले जाना। अपना पक्ष पोढ़ा करने के लिये अम्मां से मैंने पहले ही कह दिया था कि बबुआजी मेरे बस के नहीं हैं और मैं उनके आगे बेबस हूं। मैं नहीं जानती थी कि मेरी ही चाल मेरे ही ऊपर गाज बनकर गिरेगी। गाज दो तरह से गिरी। मेरा गरभ रह गया। और घर में सब जान गए थे। यहां तक कि मेरे बाबू भी जान गए थे कि बबुआ मेरे ऊपर अपना हक रखते हैं। मेरा गरभ अम्मां की गहरी चिन्ता बना। अम्मां की दूसरी चिन्ता यह थी कि उनकी सन्तानों में तीसरा, मेरा 'पट्टे मिट्ठू', उन्हें अब मुंह पर छिनाल कहने लगा था। दो-चार बार तो वह अम्मां के कमरे से ही मुझे घसीटकर ले गया। इस ढिठाई के लिये मैंने ही उसे शुरू में उकसाया था। और अब अपने गरभ की बात कहकर अपने ब्याह के लिये उकसाने लगी थी।

लेकिन मेरी सारी चालें बालू के किले की तहर धूल-धूल हो गईं। मेरा पेट

गिरवाया गया। और एक दिन अचानक ही सुना कि आज मेरा ब्याह होगा। उसी रात अम्मां के पुराने मित्र मसुरियादीन महराज के साथ मेरे फेरे फिरवा दिए गए। मेरे पिता भी वहां मौजूद थे। उस समै मेरी आयु का सोलहवां साल था और मेरे आर्यपुत्र मेरे पिता से भी छह-सात साल बड़े थे। जब बिदा होने लगी तो अम्मां मुझसे मिली तक नहीं थीं।...

एक झटके के साथ कहानी रुक गई। परिस्थितियां मनुष्य को कहां-से-कहां घसीट ले जाती हैं! क्यों? सात्विक विचारों और आचरण वाले नाना-नानी के संस्कार बेचारी निर्गुण के जीवन में विकास न पा सके? झटके के साथ विपरीत संस्कारों के जाल ने उसे क्यों जकड़ लिया? क्या विधि का विधान था? विधान तो सबके लिये समान होता है। तब क्या निर्गुण के पूर्व जन्म या जन्मों के फल का यह परिणाम था? लेकिन आज की विकासवादी विचारधारा ज्ञान जगत् से परे किसी परब्रह्म की सत्ता को श्रद्धालु भगवद्भक्तों की तरह स्वीकार नहीं करती। खैर, होगा। इस समय तो मन बुद्धि के घेरे से परे जाकर अपनी ही अस्तित्व माया की पीड़ा में घुट रहा है।

मैं, मेरी पत्नी, कोई भी ब्राह्मण, क्षत्रिय, वैश्य, शूद्र या शेख, सैयद, मुगल पठान—अपने को सवर्ण और कुलीन मानने वाले किसी भी व्यक्ति, को बलात् असवर्ण और अस्पृश्य घोषित कर दिया जाए, उसे सत्ताधारी सवर्णों के मल का टोकरा कमर या सिर पर उठाकर चलने के लिये मजबूर किया जाए, उसका अस्तित्व-बोध ही बदल दिया जाए तो उसकी मनोदशा कैसी होगी! निर्गुण ब्राह्मणी जब परिस्थितिवश निर्गुनियां जमादारिन बनी होगी तब उस पर क्या कुछ न बीता होगा, इसकी कल्पना करना भी मेरे लिये असह्य है।

सारी रात करवटें बदलते ही बीती। रह-रहकर नींद उचट जाती थी। दो-एक बार ऐसा भी लगा कि मेरे नीचे की धरती खिसक रही है और मैं अपनी अस्तित्व-रक्षा के भय से चिहुंक कर जाग पड़ा हूं। अस्ति से नास्ति का भय, एक से दूसरे में गुज़रने की प्रक्रिया क्या आसान होती है? श्रीमती निर्गुनियां पर्वत से धूल बनीं, लेकिन धूल का भी तो एक अस्तित्व होता है।

मैं उनसे मिलने के लिये व्यग्र हो उठा। दूसरे दिन सवेरे श्री निर्गुणमोहन के यहां फोन किया। पता लगा कि अभी थोड़ी देर पहले वे अपने घर जा चुकी हैं। श्रीमती मोहन ने पूछने पर यह भी बतलाया कि वे रिक्शे से गई हैं। गाड़ी साहब के साथ दौरे पर गई है।

8

जिस समय मेरा रिक्शा पहुंचा उस समय श्रीमती निर्गुनियां अपने रिक्शेवाले को देने के लिये हथेली में रेज़गारी फैलाकर गिन रही थीं। मेरे रिक्शे की आहट पाकर मुझे देखा। प्रसन्न होकर कहा : "आ गए आप? मैं जानती थी।"

मैंने भी अपने रिक्शेवाले का पारिश्रमिक चुकता किया। उनका झोला बहुत भारी था। मैंने आगे बढ़कर उसे रिक्शे से उठा लिया। वह कुछ न बोलीं। बरामदे में साथ-साथ चढ़े। निर्गुनियांजी ने फिर कहा : "मैं कल ही जान गई थी कि आप आए बिना न मानेंगे। इसीलिये आ गई।"

ताला खोला। भीतर डाक से आया एक लिफाफा पड़ा था। उठाकर लिखत पहचानी। चेहरा और भी खिल उठा, कहा : "मेरी शकुन की चिट्ठी है। मेरी बेटी।" कहते-कहते उत्साह आ गया। आगे बढ़कर भीतर के द्वार की सिटकनी खोली, फिर मुझसे कहा : "रसोई वाले कमरे में थैला रख दीजिए। मैं दरवज्जे बन्द करके आई।"

भीतर के कमरे में खेत की तरफ वाली खिड़कियों से धूप खूब आ रही थी। मुझे आराम से बिठलाकर बाहर गईं और जल्द ही एक बन्द कटोरदान और प्लेट-चम्मच लेकर आईं, कटोरदान का ढक्कन हटाते हुए कहने लगीं : "अनाज मण्डी में एक जगह निमिश वाला बैठा दिखलाई दिया। मैंने रिक्शा रुकवा के चखा, अच्छा लगा, सोचा आपके वास्ते भी यही सर्दी का तोफा मुनासिब रहेगा।"

"एक बात बतलाइए, आप इतनी अच्छी उर्दू कैसे बोल लेती हैं?"

मेरी ओर प्लेट बढ़ाते हुए निर्गुनियांजी हंसीं : "मेहतरों के तो सभी जिजमान हैं बाबूजी। मेरे बुरे बखत में जिस भलेमानुस ने मेरे सिर पे हाथ रखा उनकी जिजमानी मुसलमानी इलाके में थी। मगर यों भी बाबूजी, आप आमतौर से देखेंगे कि यहां के मेहतर-मेहतरानियां साफ और सलीकेदार जबान बोलती हैं।"

"आप मुझे अब बाबूजी कहना छोड़ें। मैं लज्जित हो जाता हूं।"

"तब क्या कहकर पुकारूं?"

"अंशु—पूरा नाम लेना चाहें तो अंशुधर कहें।"

"पण्डितजी, राजा, ब्राह्मण और देउता का नाम मुख से लेना पाप है।"

"इस तरह के ज्ञान भरे उत्तर आपसे सुनकर अब मैं चौंक नहीं सकता। नाम नहीं लेना चाहतीं तो शर्मा कहिए।"

"एक बेशर्म औरत से बार-बार शर्मा-शर्मा सुनकर आप ही शर्मा जाइएगा।" बात के साथ लहक-लहक पड़ने वाले उनके हंसी के झोंकों ने मेरे मन में महाकवि घनानन्द की एक पंक्ति जगा दी—"लहकि-लहकि आवै ज्यौं-ज्यौं पुरवाई पौन, दहकि-दहकि त्यौं-त्यौं तन तांवरे तचै।" हंसी की हरियाली में झांकती उनकी आंखों में वेदना की लपटें मुझसे छिपी न रह सकीं। मौका साधने वाले निर्मम पत्रकार की तरह मेरे मुंह से प्रश्न छूट पड़ा : "निर्गुनियांजी, आपके पहले जीवन का कोई परिचित यदि अचानक इस समय आपके सामने आ जाए तो?"

पलभर के लिये हंसी गुल हो गई, फिर तुरन्त ही संभलकर कहा : "तब के बूढ़े-बूढ़ियों में से अब एक भी न बचा होगा।"

"मान लीजिए वह, जिन्हें आपने बार-बार आर्यपुत्र लिखा है।"

"वह तो मेरे मोहना के हाथों कभी का नरकबासी हो चुका।" उनकी हंसी कहते हुए फिर लौट आई, लेकिन कठोर होकर।

"खैर, वह न सही तो आपकी तथाकथित अम्मां का छोटा बेटा या वह

मास्टर।''

बण्डल से बीड़ी निकालते हुए उपेक्षा से बोलीं : ''अरे जब उतर गई लोई तो क्या करेगा कोई! उन हरामियों ने ही तो मेरी काया को मैले का टोकरा बनाया था।''

''बबुआ सरकार को तो आप किसी हद तक दोष दे भी सकती हैं पर बसन्तलाल मास्टर या अन्य जो लोग आपके जीवन को बदल देने वाले, यहां तक कि स्व० मोहना डाकू भी आप ही के द्वारा मैले हुए होंगे। उन्हें आप दोष नहीं दे सकतीं।''

निर्गुनियांजी अपने चटाई पड़े तख्त पर बैठी थीं। एकाएक उठीं, दो डग आगे बढ़ीं, फिर ठिठककर खड़ी हो गईं, बायां पैर दो-एक बार आगे बढ़ने को मचला लेकिन फिर सिमट आया, लौटकर फिर तख्त पर बैठीं, टेबिल पर पड़े बीड़ी के बण्डल से एक बीड़ी निकालते हुए बोलीं : ''आपकी बात सुनकर एकाएक मुझे इतनी शरम आई कि या तो धरती फटे और मैं समा जाऊं या फिर ठर्रा पीकर आपके हमलों का सामना करूं।—''

उतावली में उनकी बात काटकर हाथ जोड़ते हुए मैंने कहा : ''निर्गुनियांजी, मैं आपसे क्षमा चाहता हूं। मेरी ऐसी—''

''आप संतोश रखें, मैंने इस नीयत से बात कही ही नहीं थी। मैं तो बस अपनी वो हालत बतला रही थी जो इस समै मुझ पर गुजरी है। खैर होगा, बात यहां से चली थी कि बबुआ या और कोई मुझे इस अवस्था में देख ले?—अरे देखे तो देख ले। बसन्तू मास्टर तो बाद में मिला भी था। वो कहानी आपको फिर सुनाऊंगी। इस समै तो यह कहना चाहती हूं कि आपको अपनी कहानी जब मैंने पढ़ने को दी थी, तभी उस घुटन, झेंप और मन के तमाम पापों से उबर चुकी थी। अब तो किसी हद तक यह ज़रूर चाहती हूं कि जिस समाज में हूं उसी में बनी रहूं, बाह्ममी बनने की तनिक चाह नहीं।''

मैं फिर रूखे सवाल करता हूं—''मेरे नाम के साथ शर्मा सुनकर ही क्या आपके भीतर का सत्य, आपका ब्राह्मणपन मेरी ओर नहीं खिंचा था? मेरे घर जाकर मेरे ठाकुरद्वारे में प्रवेश करने की मांग करना और श्लोकपाठ करना क्या आपके अपने छिपे हुए ब्राह्मण को उजागर करने की ललक से प्रेरित कार्य नहीं थे?'' सुनकर निर्गुनियांजी चुप हो गईं। उनके चेहरे के मसिल एकाएक फड़कने लगे। मुझे लगा, जैसे मेरे प्रश्न-वाणों से अपना बचाव करने के लिये वे किसी आड़ की तलाश में व्यग्र हो उठी हों। मुझे अपने ही ऊपर क्रोध आया कि इतने सख्त प्रश्न एकाएक क्यों कर दिए! लेकिन वैसे ही वे सावधान हो गईं। चेहरा उठाकर मेरी आंखों-से-आंखें मिलाकर उन्होंने कहा : ''आपकी बात बिल्कुल सच है। और किसी के सामने तो शायद मैं सच को न सकारती, पर आपसे झूठ नहीं बोलूंगी।''

उत्तर से मेरा हौसला बढ़ा, फिर कठोर वार करने को जी चाहा। इस समय सोचता हूं कि मेरी उस क्षण की मनोवृत्ति को लेकर अगर कोई मनोवैज्ञानिक मुझसे ही झटकेदार प्रश्न कर देता तो शायद मेरी अहंता भी निर्गुनियांजी की तरह बचाव के लिये तत्काल आकुल-व्याकुल हो उठती। मनुष्य के अहम् को सबसे पहले अपना

बचाव करने की ही चिन्ता पड़ती है, फिर भी उस समय तो मैंने प्रश्न का ढेला उनके मुंह पर तान ही मारा, पूछा : "यहां एक प्रश्न मेरे मन में और भी उठता है निर्गुनियांजी कि श्रीमती मोहन बन जाने के बाद जब आप अपने नये जीवन का कर्तव्यभार ढोते हुए गलियों-गलियों डोलती होंगी तब–"

"मैं आपकी बात समझ गई। हां और घरों के बजाय बरहमनों के घर कमाने में पहले मुझे बड़ी शरम लगती थी। लेकिन सच ही कहती हूं, बाबूजी, कि उनमें से कभी किसी के सामने अपनी पुरानी जात बताने की ललक मेरे मन में नहीं आई।"

"फिर मेरे सामने ही एकाएक आपका मन इस तरह ब्राह्मण बनने कि लिये एकाएक क्यों मचल उठा?"

"इसका जवाब आसान है...मगर ठहरिये बाबूजी, अब तो बेशरम बनूंगी, ज़रा अपना ठर्रा निकाल लूं तब बातें हों।" श्रीमती निर्गुनियां उठकर अल्मारी के पास गईं। अल्मारी का पल्ला खोला तो मैंने देखा कि कई बोतलें थीं। ऊपर के खाने में विलायती, नीचे के खाने में देशी। उनका हाथ ऊपर-नीचे नाचा, फिर अल्मारी का दूसरा पल्ला खोला। ऊपर रखी एक पुरानी अधभरी बोतल उठा ली। पुरानी स्कॉच। अल्मारी के पल्ले बन्द किए, बोलत तख्त पर ला रखी। फिर गिलास, फिर पानी, फिर मुझसे कहा : "चालिस साल पुरानी है यह बोतल। मेरी लड़की शकुन्तला की पहली सालगिरह पड़ी थी। उन दिनों मेरे मोहन पर सरकार ने इनाम छपाया था। ...ऐसा जीवट वाला था मेरे बच्चों का बाप कि पुलिस की आंखों में धूल झोंककर घर आया–झाड़ू, पंजा, टोकरा, सब पुराना रूप धरे और टोकरा गन्दा नहीं, उसमें व्हिस्की की दो बोतलें, मेरे लिये मिठाई, बच्ची कि लिये खिलौने।...इस बोतल की व्हिस्की मैंने बरसों में शैद दो-एक बार पी होगी बाबूजी। उस रात उन्हीं के साथ जो पी सो ही पी थी।" श्रीमती निर्गुनियां उस बोतल पर हाथ रखे हुए इस तरह भावमग्न बैठी थीं मानो मोहन के हाथ पर ही उनका हाथ रखा हो। मैंने उनके काव्य-से सुन्दर क्षण पर अपने प्रश्न का ढेला तान मारा, कहा : "यानी इस बोतल की शराब आप तभी पीती हैं जब कि कोई प्रश्न या परिस्थिति आपकी अन्तरात्मा को ज़ोरदार झटका देती है?"

"–जी? जी हां।... ऐसा प्रशन आपने मुझसे इस बखत पूछा था कि सुनते ही पहले तो मेरा जी सीधे पाताल में ही धसक गया! एक बात बतलाइए बाबूजी, आप पियेंगे?"

"जी नहीं। एक तो मैं शराब कम ही पीता हूं, दूसरे सुबह तो मैंने आज तक नहीं पी। खैर, आप अपनी ही बात फिर से उठा लें। पहले-पहल आप मेहतरानी बनकर जब किसी बाम्हन के घर कमाने गई होंगी तो–?" अपने गिलास में आधे पेग के लगभग डालती हुई वे बोलीं : "तो कुछ नहीं। पहली बार तो लगा कि अपनी गर्दन ही काट डालूं। बिरहमन होके बिरहमन का ही मैला कमाना पड़ेगा। पर बाबूजी, आपको मज़ाक की बात बताऊं, कबीर साहब की एक साखी नाना के घर किताब में पढ़ी थी, याद आ गई मुझे कि 'सीस काट भुईं मां धरे, ता पर राखे पांव।'

मैंने उसी बखत अपना सीस काटकर उस पर अपना पांव रख लिया। मैंने सोचा, मैं ब्राह्मन चमार में भेद क्यों करूं, मेरे सभी तो जिजमान हैं। फिर उसके बाद से आज तलक मेरे ध्यान में भी यह बात नहीं आई थी। यह तो आप ही के सामने एकाएक जाने मुझे क्या हो गया।'' गिलास में थोड़ा-सा पानी डाला। आंखें अदृश्य में टकटकी बांधे कहीं बहुत दूर देख रही थीं। मैंने सिगरेट सुलगाते हुए फिर पूछा : ''लेकिन मेरे सामने ही क्यों निर्गुनियांजी? मैं तो औसत हिन्दुस्तानी की तरह लगता हूं। मेरा तो ब्राह्मणों की तरह तिलक त्रिपुण्ड छाप-स्टाइल भी नहीं है!''

श्रीमती निर्गुनियां उस समय 'मोहन मुग्धा' बनी हुई शराब के गिलास को मुंह से लगाए हुए थीं। एक छोटा-सा घूंट भरा, गिलास रख दिया और फिर कुछ क्षणों तक चुप बैठीं, फिर कहा, ''आपके ब्राम्हन होने की बात तो दूसरे नम्बर पर आई थी। बाबूजी, पहले तो इस बात ने असर किया था कि आप इन्टरवू में मेहतर-मेहतरानियों के रिवाज पूछते हैं। हमारी जात-बिरादरी के सारे रीत-रिवाज जानने के लिये आये हैं। बस यही सवाल मेरे मन में अटक गया। एक तो मेहतरों में ही अलग-अलग बिरादरियां हैं। दूसरे क्या है मेरी जात-बिरादरी? किसके रीत-रिवाज बताऊं? जनम की बिरादरी के या करम की बिरादरी के? फिर जो आप मेरे दो बार इनकार कर देने के बावजूद भी मेरे घर न आये होते तो बात खतम हो जाती। मैं तो आपकी शराफत पर निसार हो गई। आपके साथ एक बार जब अपनापन जाग पड़ा तो मेरे भीतर का मरा हुआ ब्राह्मन भी जाग पड़ा। जी की घुटन जिसने अकेले में मुझसे कागज पर लिखवाना शुरू किया था वही किसी इन्सान के आगे भी परघट होना चाहती थी। बाबूजी, मेरे हाथ में ये जो गिलास है ना, कसम खुदा की यह मेरे लिये गंगाजल जैसा ही पवित्तर है। मैं झूठ नहीं बोलूंगी, आपके मुंह पर कहना पड़ता है कि आप जैसा इन्सान मैंने बहुत कम देखा है। बस यही बात है कि मेरा पहाड़ के बोझे से दबा हुआ मन बरसों बाद आपके आगे हल्का होकर बह चला।''

स्वर का स्पर्श, बात का स्पर्श, उस तपे हुए मार खाये व्यक्तित्व का मनोस्पर्श—मेरा मन छूने के लिये एक अछूत नारी के मन ने पूरा वातावरण प्रस्तुत कर दिया था। मैं उनके सत्य से प्रभावित श्रद्धावनत होकर उनके मौन में सहयोगी बना। वे पी रही थीं और यह घूंट पहले से कुछ बड़ा था। उनके चेहरे से लगा कि उनके लिये परम सन्तोषदायक था।

दो-चार पल चुप्पे बीते, फिर बात को नया रुख देते हुए मैंने पूछा : ''निर्गुनियांजी, आपकी आत्मकथा के इतने पृष्ठ पढ़ लेने के बाद मेरी प्यास अचानक बेहद भड़क चुकी है। मुझे आगे की फाइल दीजिए।''

वे मुस्कराईं, अपनी चुम्बकीय आंखों की टकटकी बांधकर मुझे देखा, कहा : ''लिखा तो मैंने ढेर सारा है बाबूजी, पर टुकड़ों-टुकड़ों में ही लिखा है। जब जैसा मन हुआ, जो बात जोरों से याद आई, लिख दी।''

''ओह! आपने तो मुझे भरे रेगिस्तान में लाकर प्यासा छोड़ दिया। आप अपनी आत्मकथा पूरी क्यों नहीं लिख डालतीं?''

''इत्ता सब लिख जाने के बाद जाने हौसला क्यों चुक गया, मैं कह नहीं

सकती। इधर दो बरसों से लिखने के लिये कुछ मन ही नहीं चलता।''

मेरे मन में विचार-विद्युत् लहराई, कहा : ''आपने शायद अपने उन्हीं अनुभवों को लिखा होगा जो आपकी याद में किसी-न-किसी तरह कचोट बनकर आए होंगे।''

''पता नहीं बाबूजी, उस समय जाने कौन-सा ऐसा जनून चढ़ता था जो मुझसे लिखवा लेता था। अब वह दौर नहीं आता सो नहीं आता।''

''अच्छा एक बात बतलाइए, जब आप अपने आर्यपुत्र यानी मसुरियादीन महाराज के घर में रहने के लिये गईं तो आपके जी पर क्या गुजरी?''

''ह...ह, यह भी कोई पूछने जैसी बात है बाबूजी? क्या आपके जीवन में कोई ऐसे मौके नहीं आए कि जब आपके जी में औरत की सोहबत की कुदरती भूख जागी हो और बदकिस्मती से वह मौका आपको न मिला हो। उसी से हज़ार गुना मेरा दुःख समझ लीजिए।''

''मैं आपकी बात समझ गया, और मैं समझता हूं कि आपकी मजबूरियों में वह भूख शायद बिलबिला-बिलबिला कर बावली हो उठी होगी।''

''मजबूरियां-सी मजबूरियां थीं बाबूजी? बस यों समझ लीजिए कि उस साले हरामी के पिल्ले, मेरे आर्यपुत्र ने चार मंज़िल की पक्की संगीन हवेली बनवाई थी। उसके एक-एक द्वारे पे ताले जड़ जाता था साला। माफ कीजिएगा बाबूजी, आपके सामने गालियां निकल गईं, मगर मैं दूंगी। साले ने गली की तरफ के जितने भी खिड़की, दरवज्जे थे, सब में ताले ठोक रखे थे। ऊपर की सीढ़ियों पर भी मजबूत ताला जड़ दिया था, जिससे मैं छत से फांदकर किसी यार से आंखें न लड़ा सकूं या छत से फांदकर अपनी जान न दे दूं। अरे, बाबूजी, नसीब ने अजब-अजब तरह से कोड़े लगाए हैंगे मुझे। मुझे एक जनम में दो जनम पाने थे, इसीलिये शायद ऐसे बानक पर बानक बनते ही चले गये।''

''आप भाग्य को मानती हैं निर्गुनियांजी?''

''क्या कहूं बाबूजी, मानती हूं कि नहीं मानती। शैद दोनों ही बातें हैंगी। कुछ तो इन्सान अपने हाथों से अपना भाग बनाता हैगा। और कुछ 'कोई और' बनाता हैगा। अब भला बतलाइये, जब नन्हीं-सी थी तब मेरी मां मर गई। यह मैंने किया? बारा बरस तक नाना-नानी के यहां धार्मिक अच्छे-अच्छे संस्कार पाये। ब्राम्हन-पण्डिताइन की तरह से रही और फिर उस कुतिया की पिल्ली अम्मां जैसी रंडी और अपने बाप जैसे भड़ुए के साथ आके रहना पड़ा। यह सब क्या मैंने अपनी तबियत से मंजूर किया था? किस्मत ही ने मेरी तबियत को ढाला और जैसा-जैसा ढाल दिया वैसा-वैसा अपने-आपसे करने लगी। भगवान न करे मेरा ऐसा दुःख किसी को किसी जनम में मिले।''

उस दिन सच पूछिए तो श्रीमती निर्गुणदेवी को पहली बार पहचाना। आंचों तपकर ही सोना निखार पाता है। इस बात की सचाई को मैंने उस दिन पहली बार परखा। उन्होंने आग्रह से खाना बनाया, खिलाया और बहुत-सी बातें बतलाईं। शाम को चलते समय मैंने फिर आग्रह किया कि आप अपनी कथा सिलसिलेबार लिख डालिये।

"अब मैं तो न लिख पाऊंगी। हां, यह बात दूसरी है कि आप लिखें, मैं आपबीती आपको बता दूं।"

यह भी खूब रही, गया था नमाज़ छुड़ाने और रोज़े गले मढ़े। मैंने भी मानो विधि का विधान मानकर ही यह काम स्वीकार किया। मगर दूसरे के जी में जी डालकर देखना क्या कोई सरल बात है...फिर भी श्रीमती निर्गुणदेवी उर्फ निर्गुनियां बीबी अब बहुत कुछ समझ में आने लगी हैं। मेरा खयाल है कि मैं उनकी जन्मपत्री बदल देने वाले कुग्रह को पहचान गया हूं। मेरी कल्पना शक्ति उसी दिशा में केन्द्रित हो गई। घर आकर उसी रात लिखना आरम्भ कर दिया।

9

"वह प्रेम दो हमें प्रभु जिससे कि तुम्हें पायें..." गली में भजन की किताब बेचने वाले गा रहे थे। तालों जड़ी खिड़कियों वाले घुटन भरे सूने कमरे में परों के मुलायम गद्दे पर लेटी हुई निर्गुन रेत पर पड़ी मछली-सी तड़फड़ा उठी : "क्या होगा तुम्हें पाकर? मेरे तन-मन में लगी आग को मरद का प्यार ही बुझा सकता है, तुम्हारा नहीं, नहीं, नहीं।"

बाहर का आता हुआ गीत का शोर भीतर की घुटन में विस्फोट बनकर प्रलाप के स्वरों में फूटा। निर्गुन को अपना स्वर स्वयं ही चौका गया। लेकिन इस समय दीवानापन उबला-उबला पड़ रहा था।

"जब जब हमें दबायें ये भोग वासनाएं..." गाने वालों में एक की आवाज़ बड़ी ही सुरीली, मन को खींचने वाली थी। इस सुरीले खिंचाव ने निर्गुन को और भी अधिक दीवाना बना दिया, मानो कलेजा चीरती हो, वैसे ही कुरती के बटन खींचकर उसने अपनी छाती खोल दी और कमरे की धन्नियों में अलख को लखकर सुनाने लगी : "आजा रे गोपियों के चीर खींचने वाले, मेरा चीर खींच खींच! मेरे जी की तपन बुझा जा मेरे प्यारे।" बावली निर्गुन ने मचल कर अपने शरीर को उघाड़ डाला, गोया अपना दर्द दिखला रही हो। उसकी बांहों ने पूरी शक्ति लगाकर तकिये को अपने सीने से कसकर दबोच लिया। उत्तेजना के अतिरेक से मन की घुटन हांफ उठी। गाने वाली आवाज़ें गली में दूर जा चुकी थीं। अंधे-बावले जोश की बेहोशी हांफ-हांफकर हटने को मजबूर हुई, यथार्थ का होश फिर हावी होने लगा। सीने से चिपका तकिया हटाकर वह उठ बैठी, आंखों की पुतलियां बेजान यन्त्र-सी अपने चारों ओर डोल गईं, अपने खुले शरीर से नफरत करती हुई, साड़ी नीची की और हारे हुए योद्धा की तरह उसकी गर्दन भी नीची हो गई। इस कुण्ठा-कसाई के हाथों पल-पल लम्बी मौत मरने के लिये निर्गुन ने मानो गाय की तरह फिर से अपने आपको तैयार कर लिया।

पिछले एक साल और आठ महीनों से सौ० निर्गुणदेवी का बस यही जीवन क्रम है—सवेरे नौ बजे से रात के आठ बजे तक कोठे-कोठे तालों जड़ी चौमंज़िला

छोटी हवेली में यों ही पिंजरे की मैना की तरह मरना, रात को इसी कमरे में इसी पलंग पर 75 वर्ष के बूढ़े आर्यपुत्र की जवान लिप्साओं की आंचों में भुन-भुन कर मरना। मौत से छिन भर की भी छुट्टी नहीं मिलती, पर मौत नहीं आती।

गल्ले के नामी आढ़तिये, पहले महायुद्ध की कमाई से लखपती बने मसुरियादीन महाराज के पास ठाकुरजी की दया से लक्ष्मी और सब विधि तो टिकीं पर पांच ब्याह करके भी न गृहलक्ष्मी ही टिकीं और न कुलदीपक से ही उनके घर में उजाला हुआ था।

लखपती लफंगे के मन में एक कसक यहां भी बड़ी भारी थी, कि जनम से कन्हैयाजी की तरह हर जाति-वर्ण की गोपियों से रमने के बाद, पराई औरत के धन से ही धंधा आरम्भ करके अपनी किस्मत का सितारा बुलन्द करने के बाद सिर और मूंछों पर खिजाब पोत और बड़े तनकर चलने के बाद भी, पैसे खर्च करके भी मसुरिया महाराज अब किसी जवान औरत को फंसाने लायक नहीं रहे थे। लेकिन मनबहलाव के लिये एक मैना तो अवश्य चाहिए। संयोग से एक पुरानी आश्ना, सेठ-पण्डित बटुक-प्रसाद की सेठानी, के घर में पलने वाली उन्हीं के मुनीम और अपनी बिरादरी की एक मातहीना बीस वर्षीया पुत्री निर्गुणदेवी को ब्याह लाए और इस तालों जड़ी चौमंज़िली हवेली के पिंजरे में बन्द कर दिया। वही मैना पिंजरे में फड़फड़ा रही है।

गली में कोई किसी से नाराज हो रहा था, उत्तर में उसे मां की गाली दी गई, प्रत्युत्तर में दूसरे ने भी वही गाली दी। गाली के शब्द-संकेत ने अपनी काया के निष्फल यथार्थ का ध्यान दिलाकर निर्गुन को चिढ़ाया। 75 वर्षीय 'गोपीपीन पयोधर मर्दन चंचल कर युगशाली' दुर्बल आर्यपुत्र का नकली दांतों और चश्मे मढ़ा गोरा तिकोना कुरूप चेहरा निर्गुन के मन की आंखों के सामने छलावे में प्रत्यक्ष झलकता-सा हुआ दिखलाई दिया। छूटते ही गली की वह गाली उस बन्द कमरे में निर्गुन के स्वर में भी गूंज उठी। सभ्यों के लिए निषिद्ध शब्द मुंह से सहसा निकलकर स्वयं निर्गुन को तेज सनसनाहट से भर गया। मन की लाज-लोई उतर जाने से सूने बन्द घर में विद्रोह की ज्वाला और भड़की, फिर खुली गाली दी। वह गाली बार-बार देती ही चली गई। हिंसा की लपटों पर लपटें मन में भड़कती ही चली गईं। गालियां देते-देते थक गई। हांफ उठी। गालियों की भड़ास भी कलेजे के ज़ख्म का मरहम न बनी। गला सूख गया पर उठकर पानी पीने लायक भी दम बाकी न बचा था। फिर निढाल होकर कटे पेड़ सी गिर पड़ी। सब सूना हो गया। निर्गुन को अपने स्वर्गीय नानाजी का तपोपूत सौम्य चेहरा बार-बार झलकता दिखलाई दिया। विद्रोह के उन्मत्त गजराज पर अंकुश पड़ने से वह और भी बौखला उठा। मन के घटाटोप गहरे धुएं ने क्रोध से लाल आंखों में भरकर उन्हें अपनी तीखी चुभन से मूंदना चाहा। इस धुएं से बेहोश भीतर वाली सांस भीतर ही रह गई और बाहर वाली सांस बेहोश होने-होने को हुई, पर हो न सकी। छटपटा कर दोनों सांसें सरजू और बूढ़ी सरजू की धाराओं के समान घुट-उफन कर फिर साथ बहने के बिन्दु पर आ गईं। उन्माद भरी बेहोशी निर्गुन को छाती से ऊपर न डुबा सकी। तर्कतीर्थ, व्याकरणाचार्य और पेटभरू विद्यावश चमत्कारी कथावाचक पण्डित शुक देवजी की दोहती के संस्कार इतने प्रबल हैं कि

उसे चैन से बेहोश भी नहीं होने देते।

निर्गुन फिर अपने से ही खीझकर निढाल हो गई : भाड़ में जाएं ऐसे निगोड़े संस्कार जो जीव को घड़ी-भर बेहोश भी नहीं होने देते। अपने प्रति इतनी सहानुभूति उमड़ने पर भी उसके आंसू न उमड़े। वह फिर कुंठा-कसाई की छुरी से हलाल होने के लिये तकिये में मुंह गड़ाकर लेट गई।

"बहू जीऽ, पखाना धुलवा जाइयेऽऽ।"

निर्गुन उठने को मजबूर हुई। पति के दुकान जाने के बाद सारे दिन में यही एक काम आता है। मेहतरानी आवाज़ देती है। वह पखाने में दो बाल्टी पानी डालती है, मेहतरानी पखाना धोकर झाड़ू कोने में खड़ी करके पखाने वाली दहलीज की मोरी में मिट्टी से रगड़कर कोहनियों तक अपने हाथ, पैर और मुंह धोती है, फिर वहीं पसरट्टा मार बैठ जाती है। निर्गुन उसके पानी-पिलाव के वास्ते कुछ खाना लाती है। फिर दोनों जनी घण्टे-आध घण्टे बतियाती हैं। निर्गुन के लिए मेहतरानी ही दुनिया से सम्बन्ध जोड़ने वाली एकमात्र कड़ी है। वही उसकी सहेली है। आज भी टूटी निढाल काया में 'सहेली' के स्वरानन्द का जोश भरकर निर्गुन नीचे वाले खण्ड की ओर दौड़ी।

पखाना-धुलाई का दैनिक कार्यक्रम सम्पन्न हुआ। मेहतरानी भी हाथ-पैर धोके अपने ठीहे पर बैठ गई। निर्गुन फिर ऊपर आई और एक सकोरे में खीर भरकर नीचे ले गई। खीर का सकोरा धरती पर रखते ही मेहतरानी की आंखों में चमक आ गई, बांछें खिल गईं और दोनों हथेलियां जुड़कर परांवठे लेने के लिये आगे बढ़ गईं। खाना देकर निर्गुन भी सामने ही चबूतरी पर बैठ गई, फिर उठी, कहा—"ठहरो, पानी ले आऊं तो बैठूं।" हथेली में परांवठे रखे, टांगें चौड़ाकर बैठी हुई मेहतरानी ने 'लोनचा' चाटकर मुंह को चटखारेदार बनाकर उड़द की पिट्ठी भरी परांवठी का पहला कौर जल्दी-जल्दी होठ सिकोड़ते हुए तोड़ा।

एक बगल में सुराही, हाथ में सकोरे से ढका खीर का लोटा और दूसरी बांह के सहारे पानों की छबड़िया में रखा पानदान लिये निर्गुन आई। इस समय उसके चेहरे पर आनन्द की हल्की आभा थी, काया में कुछ-कुछ उछाह था। आंगन के चारों ओर बनी चबूतरी के पास आकर दाहिने हाथ का लोटा बायें हाथ को थमाया और सुराही को संभालकर पकड़ा। उसे तनिक उल्टाकर थोड़ी-सी चबूतरी पानी से शुद्ध की, फिर सुराही रखी, फिर लोटा और पानदान, फिर गीले के पास ही सूखी जगह में बैठ गई और हंसकर मेहतरानी से कहा—"हां, नारदमुनीजी, अब सुनाओ दुनियां के हालचाल।"

'नारदमुनीजी' खीर सुड़क रही थीं, स्वाद रस में 'रसो वै सः' हो रही थीं, बोलीं—"वाह, खूब औटाई है, एक सकोरा और भी लेंगे बहूजी।"

"अरे दो-तीन लेना भाई। ये देखो, लोटा भरके लाई हैं हम तुम्हारे वास्ते।"

"भगवान बनाए रखे तुम्हें, हंसी-खुशी के मौके आएं।"

एक ठण्डी सांस ढीलकर पान की छबड़ी उठाकर अपनी गोद में रखते हुए बोली : "आ चुके।"

''आएंगे। आएंगे क्यों नहीं!'' कहकर सकोरे की सारी खीर सुड़की और उसे आगे बढ़ाकर रखते हुए कहा—''लाओ और दो। अरे मैं तो तुमसे कई बार कह चुकी रानी, जो तुम्हाए खसम ने किया वही तुम भी करो। रामू लाला की—''

पान की छबड़ी गोदी से उतारी, लोटे की खीर सकोरे में भरी फिर तनिक ऊंचे हाथों सकोरे से सकोरे में डालते हुए पूछा—''कौन रामू?''

''वो क्या पीछे की गली में रहते हैं। उनके यहां की पूरी-मिठाइयां तो ऐसी मशहूर हैं कि कुतवाली तक में साहबों-मेमों के लिये मंगाई जाती हैं। मियां भी लौण्डेबाज और बीबी भी। दो-चार छतें फांद के लड़के आते हैं, पहाड़ी नौकर गुसलखाने में मालिश करता है और मुनीम कोठरी में हिसाब समझाने आता है। मियां ने दुकान में ही पीछे के कमरे में अपना रंगमहल बना रखा है। तू डाल-डाल मैं पात-पात। तुम्हाई तरह ही अकेले घर की रानी हैगी। दिन-भर गुलछर्रे उड़ते हैंगे उसके यहां, औ एक तुम हो कि—''

''छत के जीने वाले दरवज्जे से लगाय के ड्योढ़ी तक पर खिड़की-खिड़की कोठे-कोठे पर येऽ मोटे-मोटे ताले जड़ के जाते हैंगे हमारे बुढ़ऊ।'' निर्गुन के स्वर में प्रतिपल पनपने वाला पुराना विद्रोह नया होकर बोला, उसकी आंखें छलछला उठीं।

मेहतरानी ने नज़रें उठाकर उन भरी आंखों को देखा, कहा—''नम्बरी हरामी है ये मसुरिया महराज। जिन रस्तों से आप पराई बहू-बेटियों को फंसाता रहा वो रास्ते तुम्हाई खातिर खुले छोड़ जाएगा भला! कहने को बामन है निगोड़ा, चन्दन लगाता हैगा पर सातों कौमों की औरतों का धरम बिगाड़ा है इसने। मैं तो बरसों से जानती हूं तुम्हाए भतार को।''

सुनकर निर्गुन के मन में भतार के लिये तीव्र घृणा, ईर्ष्या और अपने प्रति गहरी सहानुभूति एक साथ जागी। ठण्डी-गरम अनुभूतियों से मन चिड़चिड़ाया, पान लपेटते हुए पूछा—''तो तुम भी बनी होगी हमाई सौत, है ना?''

मेहतरानी की कत्थे-रंगी बत्तीसी खिली, खीर की चुस्की ली, कहा—''हां, एक मर्तबा हाथ पकड़ के घसीटा जरूर था पर...''

कौतूहल भरी आंखों की टकटकी लगाकर निर्गुन उसे देखने लगी, मेहतरानी फिर हंसी, बोली—''तुम तो हाथ-पैर धुलाके हमें अन्दर बैठाती हो, वो तो पखाने में ही घुसके मुझे दबोचने लगे थे। और उस जमाने में तो घर में उनकी मां, बड़ी जिज्जी, और दुसरी वाली जुरुआ तीन-तीन औरतें थीं। मैं...''

''फिर?''

''फिर क्या, मैंने कहा, चिल्ला पड़ूंगी। मैं तो नीचों में भी नीची कौम की ठहरी, पर तुम्हारी जगहंसाई हो जाएगी। तब जाके छोड़ा। अरे, ये हमीं थीं जो बच गईं, इस हरामी ने हमाई कौम की भी दो-दो क्वांरियों का धरम बिगाड़ा था।''

मेहतरानी की शुद्ध-चरित्रता से निर्गुन को कुछ-कुछ ईर्ष्या हुई, पूछा—''तो क्या तुम किसी से नहीं बिगड़ीं?''

मेहतरानी खिलखिलाकर हंस पड़ी, कहा—''कैसी भोली हो तुम! बनना बिगड़ना तो ऊंची कौमों में होता है। हमारा क्या, हम तो बिगड़ी तकदीर ही ले के

दुनियां में आए हैंगी रानी। लाओ खीर हो तो थोड़ी-सी और दो।"

बड़े आग्रह और नखरे से अपने रंगीन अनुभवों को सुनाकर पान-तमाखू खाकर, निर्गुन की मजबूरी की सहेली बिदा हुई। हर रोज मेहतरानी के जाने पर निर्गुन उदास होती है, आज और भी अधिक हुई, क्योंकि वह आठ दिनों की छुट्टी ले के अपने देवर के घर जा रही है। लड़के को मामा के यहां से बुला लिया है, वही कल से एवजी पर आएगा।

'लड़का आएगा'—यह एक वाक्य मृगतृष्णा बनकर निर्गुन के मन को प्यासे हिरन की तरह कल्पनाओं के रेगिस्तान में कुलांचें भरवाने लगा। 'पुरुष' शब्द या आकृति का स्मरण मात्र ही उसे वह तीव्र अनुभूति प्रदान करता था जो महाप्रभु श्री कृष्ण चैतन्य और भगवती मीरा को श्याम नाम से होती थी। अन्तर केवल इतना ही था कि उसका मन कृष्णमय नहीं पुरुषमय हो गया था। छोटे बहाने से बहलने वाली भूखी युवती के मन में भोगे हुए अनेक क्षणों का सुखद स्वाद कण-कण में घुल-घुलकर क्रमशः उसकी काया में अकड़न भरने लगा। उसे असुख ही असुख था। मनचाहे सुख की कल्पनाएं ही जीने का एकमात्र बहाना बन गई थीं। कभी-कभी उसे गहरी ऊब से भी भर देतीं। पर अब उसे छलावा नहीं यथार्थ चाहिए...यह यथार्थ तो कदाचित् चिता की सेज पर ही पायेगी। गहरी निराशा में पलंग की पाटी पर उसने अपना सिर दे-दे मारा; फिर खूब रोई। सिर पर मार से खून चमक आया था। किन्तु उसे उसका भान तक उस समय न हुआ। थोड़ी देर में कपाल का खून झलकता छिला हुआ हिस्सा चिरपराने लगा। वह पीड़ा और चिरपिराहट ही आंसुओं के अगम महासागर में डूबते मन के लिये तिनके-सा सहारा बनी। घण्टे-दो घण्टे में सुबक-सुबका के मन फिर बहल गया। 'जैसे उड़ि जहाज कौ पंछी पुनि जहाज पै आवै।' कुछ भी हो, जब तक सांसों का हिसाब बाकी है तब तक जैसे भी हो जीना ही पड़ेगा। कर्म के भोग भोगने ही पड़ेंगे।...हाय, नाना कैसी अच्छी कथा बांचते थे! कैसे भजन गाते थे! सारी खिलकत उनके सुरीले कण्ठ और सुन्दर प्रवचनों से मुग्ध हो जाती थी। जब तक नानी के घर रही कितना अच्छा जीवन था उसका।... किन्तु न नाना रहे न नानी। ननिहाल के स्वर्ग से वह बटुक महाराज की नरभूखी भेड़ियन की मांद में फेंक दी गई। निर्गुन का भाग ही ऐसा खोटा था कि जिसे अमृत का कटोरा बनाकर पीना चाहा था वह हाथों में आते ही कालकूट विष बन गया।

रात। अंधेरा हो गया। कई बार जी कुनमुनाया कि अर्गन लैम्प जला दे, पर फिर लेटी ही रही। अंधेरे में निर्गुन अपने आपको छिपाये बैठी थी। उसके लिये बीता हुआ कल, आज और आने वाला कल—त्रिकाल ही घटाटोप अंधेरे से भरा हुआ था। उसके आगे यह अंधेरा भी कोई अंधेरा है! पड़ी रही। कमरे की घड़ी जाने कितनी बार कितने टन-टन बजा गई, उसे होश नहीं। नीचे जब बूढ़े आर्यपुत्र की आवाज़ आई—"अरे कहां हौ? बड़ा अंधेरा कर राख्यो है आज। का बात है?"

सुनकर अनख कर उठी। बाहर अनुमान से लालटेनों तक पहुंची, पास ही रखी दियासलाई भी टटोलकर उठा ली और लालटेन प्रकाश देने लगी। तब तक आर्यपुत्र फिर ललकारे—"अरे सुन्यौ कि नाहीं..."

निर्गुन झल्ला पड़ी, चिल्लाकर कहा—"अरे आय तो रहे हैं, हाय-हाय क्यों मचा रहे हो।" नीचे से आश्वस्त होकर बूढ़े आर्यपुत्र खांसने और मुरारी से बातें करने लगे। निर्गुन के अंग-अंग में अंगारे दहक उठे। आर्यपुत्र की उपस्थिति उसे यों ही सुलगा देती है। वह लालटेनें लिये नीचे आई। तिकोने चेहरे की छोटी नाक पर चढ़े चश्मे के शीशों से आर्यपुत्र की बिज्जू जैसी आंखें चमकती देखकर उसका मन उपेक्षा से भर गया।

"आज उदास बहुत लगती हौ, का बात है? तबियत-उबियत तो सब ठीक है?" मुरारी दोनों लालटेनें लेकर दरवाज़े बन्द करने, ताला-बेलन लगाने चला गया। कोने में पति-पत्नी खड़े थे। अंधेरे में पत्नी का हाथ टटोलने के बहाने बूढ़े आर्यपुत्र की जवानी लहराई। पत्नी ने इतनी ज़ोर से आर्यपुत्र का हाथ पकड़कर झटक दिया कि वे अपना कंधा सहलाने लगे।

"बहुत नाराज़ लगती हौ? का भवा? हमसे का खता हुई गई?" निर्गुन पति से न बोली, लेकिन दहलीज के भीतर दोनों लालटेनें लिये आते हुए मुरारी को देखकर ज़ोर से कहा—"एक लालटेन हमें दै जाओ मुरारी। जलाना है तो यहां का लम्प जला लो।" मुरारी जितनी देर में आए-आए उतनी देर में आगे बढ़कर निर्गुन ने उसके हाथ से लालटेन झटक ली और तेजी से धप-धप करती ऊपर की सीढ़ियां चढ़ गई। ऊपर आकर कमरे और दालान के अर्गन लैम्प जला दिए। लालटेन दालान में ही रख दी और पलंग पर जाकर लेट गई; दीवार की ओर करवट लेते हुए उसने धोती के पल्ले से अपना मुंह ढक लिया। आर्यपुत्र ऊपर आए। रसोईघर में अंधेरा देखा, समझ गए कि आज खाना नहीं मिलेगा। दबे पांवों से कमरे में आए, छड़ी टांगी, ऊनी कोट टांगा, लेकिन कनटोप उतार एक बार खोपड़ी खुजाकर फिर खोपड़ी से ही चिपका लिया। फिर अपने नकली दांतों की ढीली बत्तीसी को कटकटाकर अपनी जगह पर जमाया और नाक सुरसुराते हुए पलंग के पास आकर खड़े हो गए : "बड़ा जाड़ है आज। अरे मुरारी, तनुक गुड़सिया दहकाय लाओ तौ। औ देखौ, ऊ रबड़ी का कुल्हड़ तो दै जाओ जल्दी से।" नौकर को चिल्लाकर आवाज़ देने से मन में थोड़ा पौरुष आया। जनेऊ में लटके गुच्छे की बड़ी ताली से अपनी जांघ खुजलाकर वे नाक सुरसुराते हुए पलंग पर बैठ गए। और जनेऊ से तालियों का भारी गुच्छा खोलकर तकिये के नीचे रखने के वास्ते इस तरह से झुके कि निर्गुन के कंधों पर उनकी छाती का बोझ पड़ा। एक हाथ से मुंह पर ढका आंचल हटाने का प्रयत्न करते हुए उन्होंने पूछा : "आज खाना नाहीं बनायो का?"

"हमारा जी ठीक नहीं है, हमसे न बोलो।"

"अब यू तो तुम बचपना कर रही हौ रानी। बिना बोले काम कैसे चलिहै! कुछ जादा खराब होय तो हम अबहीं सोलह रुपैया वाला डाक्टर बुलवाई!"

मुंह फेरे हुए ही निर्गुन का मुंहतोड़ उत्तर आया : "अपना इलाज कराओ डाक्टर से।"

मसुरियादीन सीधे तनकर बैठ गए। दो-एक बार खंखारा। इतने में ही मुरारी एक हाथ में लालटेन और दूसरे में कटोरा भरके रबड़ी और दो चम्मच लाया और

कहा : "आज तौ खाना-वाना कुछौ बना नाहीं है, आप का खइयो महाराज?"

"अरे हम कुछ न खाब। हमार दूध धरा होई, लै आओ तौ दवा खाय लें।" हाथ में रबड़ी का कटोरा लेकर प्रसन्न-खुशामदी मुद्रा में आर्यपुत्र फिर अपनी सौभाग्यवती के कंधों पर झुके, कहा : "रामू के यहां की हैगी। हम आय रहे थे तो आपय बोला, 'महाराज लै जाओ, महाराजिन खइहैं तो याद करिहैं।' "

पति का स्पर्श निर्गुन के क्रोध को भड़का गया। सिंहनी-सी पलटकर रबड़ी के कटोरे पर ऐसा झटका मारा कि वह कमरे में दूर जा गिरा। आर्यपुत्र भी झटका खाकर कुछ सहम गए। वह चीख पड़ी : "जाओ, खिलाओ जाकर बटुक महाराज वाली चहेती को। अपनी सारी चहेतियों को, जिनके पीछे तुमने अपना धरम, जवानी सब कुछ मिटा दी। हट जाओऽ...हट जाओ मेरी आंखों के सामने से...जाओऽ जाओऽऽ हट जाऽऽओऽऽऽ।" फिर घुटा रुदन, बेहोशी।

एक साल आठ महीने के वैवाहिक जीवन में पहली बार निर्गुन को ऐसा ज़बरदस्त दौरा पड़ा। उसकी दंत्ती भिंच गई। हाथ-पैर अकड़ गए। मसुरियादीन की चिन्ता का पारावार न था। चार घरों में आवाज़ गई होगी। कल सब पूछेंगे। मलकिन का ज़ोर-ज़ोर से चिल्लाना सुनकर मुरारी भी कमरे में आ चुका था। पलंग से उतरकर खड़े हुए मसुरियादीन कभी नौकर की सूरत देखते कभी मलकिन की, और कभी घबराहट में ढीली बत्तीसी को जमाने के लिये अपने नकली दांत किटकिटाने लगते।

मुरारी बोला : "ई तौ, महराज, रामलखन की बिटिया जैसा हाल हुइ रहा हैगा। पगलाय जइहैं मलकिन। राम-राम!...मुला कुछ कहि लेओ, बुढ़ापे मां यू मुसीबत मोल लैके नीक नाहीं कीन्ह्यौ।"

"बकबक न करौ, बहुत हुइगा।" मसुरियादीन अपनी वृद्धावस्था की अशक्तता को भुलाने के लिये चालीस वर्ष पहले की घटना याद कर रहे थे जब पुराने किराये के घर में रहते थे और पड़ोसी बुढ़ऊ सुखदेव के घर की छत पर चढ़कर एक दिन उसकी जवान घरवाली का ऐसा ही हिस्टीरिया का दौरा ठीक किया था। लछमिनिया को फिर कभी ऐसे दौरे नहीं पड़े थे। बात के ध्यान से मसुरिया महाराज को आनन्द मिला। भूतकाल में जाकर उन्होंने वर्तमान से मुंह फिरा लिया।

निर्गुन बेहोशी में घुट-घुट कर रो रही थी।

10

तीसरे दर्जे में भीड़ थी तो अवश्य पर उतनी नहीं थी जितना कि धुआं भरा था। सरदी की ठिठुरन भरी हवा से बचने के लिये यात्रियों ने खिड़कियों पर चूंकि शीशे चढ़ा रखे थे इसलिये बीड़ियों, चिलमों और पैसे की दस वाली तोता छाप सिगरेटों के दमघोंटू कड़वे धुएं के बगूले उठ-उठकर कम्पार्टमेन्ट के भीतर इस तरह से भर चुके थे मानो किसी का भूत झाड़ने के लिये कोठरी में मिचौंना धुआं भरा गया हो। संडास के पास वाली बिचली सीट पर लम्बा घूंघट काढ़े निर्गुन सीट पर घुटने उठाए

दीवार की टेक लिये बैठी थी और उसके घुटनों को दोनों हाथों से बांधे अपना सिर टिकाए खुलते गेहुंए रंग और कसरती बदन का सुन्दर सलोने मुखड़े वाला एक जवान पट्ठा सो रहा था। संडास के दूसरी ओर भसम रमाए, सिर पर डबल हांडियों जैसी जटा का बोझ उठाए एक खिचड़ी दाढ़ी वाले तोंदियल बाबाजी सीट पर दोनों टांगें फैलाए, आंखें मूंदे दीवार से टिके बैठे थे। एक चेला फर्श पर घुटनों के बल बैठा बाबा की टांगें दबाने से अधिक उन पर सितार बजाने के-से हाथ दौड़ा रहा था। दूसरा चेला सीट का टेका लगाए ढीली पालथी बांधे बैठा हथेली में गांजे पर पास रखी गुलाबजल की बोतल से एकाध बूंद कभी-कभी चुआकर मल रहा था और बीच-बीच में तोप की तरह गरजकर कहता : "चेऽत! सिरी-सदगुरु की किरपा—सीऽत्ताराम!" तुरन्त ही गुरुचरणसेवी दूसरा शिष्य भी चहक उठता : "सीऽत्ताराम सीऽत्ताराम! रघुनाथ भोलानाथ, गुरूनाथ चिलमधारी, तुम्हारी जय हो। सीऽत्ताराम।" गुरु की टांगों पर सितार बजाने के बजाय अब चेले के चिलम जोश का दबाव बढ़ने लगा।

"अरे चुप्पे बैठ दहिजरऊ! तोरी महतारी कऽ—"

"देखौ, हम्मैं गारी देहौ तो नीक न होई," एक नारी स्वर कर्कशाया।

"तुमते कौन ब्यातल है? हम अपने लरिका का कह रहे हैं," मुहरे पति और कर्कशा पत्नी का वाकयुद्ध तनिक और आगे बढ़ा तो आसपास के मुसाफिरों के ठहाके गूंज उठे। कुछ देर बाद फिर सन्नाटा—यानी थोड़ी-बहुत बातों की गूंज, खांसी, खुर्रे, बीड़ी-चिलम का धुआं, बस!

निर्गुन गहरी घुटन में गुमसुम बैठी रही। ऊनी साड़ी और दुशाले के दोहरे घूंघट में जब धुएं की घुटन भर जाती और खांसी के धस्के लगते तब चुटकी से घूंघट का पल्ला हल्के-हल्के हिला लेती थी। संडास आने-जाने वाले लोग प्रायः उसका दरवाज़ा खुला ही छोड़ जाते थे। बड़ी बेबसी थी, बड़ी घुटन! मन एकदम गुमसुम! पिछले छह दिनों के भीतर उसकी दुनिया कितनी तेजी से बदली...

मेहतरानी छुट्टी पर गई, एवजी में उसका बेटा आने लगा।

पहले दिन—"बहूजी, पानी डाल जाइए!" आवाज़ सुरीली पर कड़कदार थी। पानी डालने गई। कड़ियल जवान देखा, बड़ी-बड़ी आंखें, गेहुंआ रंग, नाक और मुंह पर कपड़ा लिपटा हुआ।

"पखाना धोके भीतर आ जाना। तुम्हारी मां को रोज़ खाना देती हूं, तुम्हें भी दूंगी।"

युवक धुलाई करके बाहर जाने लगा। निर्गुन ने उतावली में आवाज़ दी : "सुनो!" लड़का रुका—आंखों में बड़ा भारी प्रश्न!

निर्गुन ने आग्रह भरी प्यासी आंखों से उसकी ओर देखा, कहा : "खाना खाकर जाना।"

"अब खाना तो बहूजी—"

"तुम्हाई मां तो मांगकर खाती है। यहां आओ, आ जाओ!" युवक बिना किसी तरह की उज्रदारी किए हुए भीतर आ गया।—"हाथ धो लो।" युवक ने हाथ-पैर धोए, मुंह से पट्टी हटाई, मुंह धोया। चेहरे से पट्टी हटाते ही उसका सलोनापन नरभूखी

निर्गुन की छाती में डंक मार गया।—हाय कैसा कटीला नाक-नक्शा हैगा। यह मेहतर की जात और ऐसी सुन्दरताई! उमर अपने से कम जंची; उन्नीस-बीस बरस की होगी। (हाय प्यारे!)

आंखों से आंखें मिलीं, युवक चौंका। निर्गुन ने प्यार से कहा : "बैठ जाओ, मैं खाना लेकर आती हूं।"

उत्साह में भरी-भरी निर्गुन ऊपर की सीढ़ियों की ओर दौड़ी और थोड़ी ही देर में पत्तल संजोकर ले आई।

"अरे बहूजी, यह तो पेटभराऊ मामला है। इत्ता खाके फिर काम थोड़े ही होगा हमसे।"

"जादा कहां है! थोड़ेई सा तो है; खाओ।"

अपनी खातिरदारी से उभ-चुभ होकर युवक विनत भाव से सिर झुकाकर खाने लगा। निर्गुन खड़ी-खड़ी उसका रूप-रस पीती रही। कभी छोटे बबुआ, कभी मंझले बाबू, बसन्तू मास्टर।...मगर छोटे बबुआ इस नए चेहरे के आगे मिट्टी के माधो लगते हैं। बसन्तू मास्टर से भी जादा कड़ियल है। आठ-दस दिन तर माल खाए-पिए तो लाखों में एक निकले।

खाते-खाते मेहतर युवक की नज़रें उठीं, निर्गुन की नज़रों से टकराईं। निर्गुन का कलेजा बिंध गया; "नाम क्या है तुम्हारा?"

"मोहनसिंह, वैसे तो सब लोग 'मोहना, मोहना' कहके पुकारते हैं।"

"मैं भी तुम्हें मोहना कहके ही पुकारूं?"

"पुकारिए, सभी पुकारते हैं।"

"मगर मैं पुकारूं तो तुम्हें क्या अच्छा लगेगा?"

मोहनसिंह की आंखें फिर ऊपर उठीं, चार आंखों में पल भर के लिये टकटकी बंध गई। मोहन को ऐसा लगा जैसे निर्गुन की आंखें उसकी आंखों में दौलत उंडेल रही हों। स्वभाव की ढिठाई उभरी, कहा : "आप हमें ऐसे क्यों देख रही हैं?"

निर्गुन सकपका गई, झेंपकर नज़रें झुका लीं, कहा : "कुछ भी तो नहीं... तुम बड़े सुन्दर लगते हो।"

मोहन कुछ न बोला। चुपचाप खाया-पिया, हाथ धोए, बोला : "अब चलूं?"

"तुम्हाई मां कितने दिन नहीं आएगी?"

"हमाये चच्चा के यहां मैरिज है, हम तो यहां छुट्टी पे आए थे। छावनी में बबर्ची का काम करते हैं। अंग्रेजों के साथ बैण्ड बाजा भी सीखते हैं। ये तो फुफ्फी की वजा से हम रुक गए और उनकी एवजी का काम भी कर रहे हैं। बाकी हम अब ये काम नहीं करते, खाली अंग्रेजों के यहां करते हैं।"

"मगर जमादारिन तो कहती थी कि तुम उसके बेटे हो?"

"जी हां, पर मेरा मां तो मेरी माईं है। उसी ने पाला है मुझे। अपनी मदर को ही फुफ्फी कहता हूं।"

"कल आओगे?"

"जी हां, क्यों नहीं!"

"लो ये रख लो।"

"यह क्या? रुपये किसलिये?"

"अरे रबड़ी-मलाई खाना, पान-सिगरेट पीना, ये लो!"

मोहन ने संकोच से हाथ बढ़ाया, आंखें आंखों में डूब गईं। फिर मुस्करा दिया।

उस दिन बाकी दोपहर भर उसी जवान के मुखकमल पर भौंरी-सी डोलती रही। रेत पर पड़ी मछली-सी मचलती रही। रात भर बूढ़े 'आर्यपुत्र' की जवान चुलबुलाहटों से लड़ती रही, दो बार तो कसकर झिड़क भी दिया।

दूसरे दिन रसोईघर में पहुंचते ही शुरू होने वाले दिन के लिये मनोकामनाएं उमग उठीं। उड़द-चने की दाल, आलू-मटर की तरकारी, बैंगन का भुरता, सब कुछ रच-पच के बनाया। रोटियां केवल आर्यपुत्र के लिये ही सेंकनी थीं सो वह भी ठेककर रख दीं। नौ-साढ़े नौ बजे खा-पीके आर्यपुत्र मुरारी नौकर को लेकर दुकान चले गए तो ताले-कुंजियों जड़ी कैदखाने-सी हवेली में पहली बार स्वतन्त्रता का अनुभव किया। गुनगुनाती हुई रसोईघर में घुस गई। कचौड़ी बनाएगी, पूड़ियां उतारेगी, प्रेम से खिलाएगी अपने साजन...दुत् मेहतर है! जाति की स्मृति जागने से मन का गुलाब मुरझाने लगा। हाथ धीमे अवश्य हुए पर फिर भी चलते रहे। ऊपर से मन का सोचना बन्द हो गया किन्तु भीतर का हठ ठेल-ठेलकर उससे रसोई बनवाता रहा। सवेरे मुरारी से दो सेर गाजरें मंगवाईं थीं। उनमें से आधा सेर के लगभग कस लीं। उनका हलुआ बना। अब क्या करें...क्या करें!...चटनी बनाओ।

चटनी भी बन गई। सब हो गया। अब जाने क्या टेम हुआ होगा? दौड़ी-दौड़ी कमरे में गई। 'हाय, अभी ग्यारा ही बजा है निगोड़ा। उंह, लोग नाहक ही कहते हैं कि सर्दी के दिन छोटे होते हैं। अंगड़ाई ली, बांहें फैलीं, फिर सिर के ऊपर उठीं, उंगलियों में उंगलियां मचलकर कस गईं। बांहें कामदेव का धनुष बन गईं। मन ने संकेत फेंका—टट्टी लगी है। मुस्कराई। मन की सहज आज्ञाकारिणी बनकर नीचे उतरी, निर्वसना हुई, नीचे की मंज़िल में अधिक सीलन होने के बावजूद उसे सर्दी नहीं लगी। 'वो आ जाए तो? यों ही देख ले तो? एंह—भाड़ में गई ऐसी बम्हनई। वो भी बाम्हनी ही है जिसने जवानी भर मेरे बाप को चूसा और बुढ़ापे में भी हवस नहीं बुझी तो मेरे नाम से बसन्तू बाबू को मास्टर बनाया। उनकी तबियत मुझ पर आ गई तो मेरी रिसवत देके अपना क़ाम चलाने लगी। फिर पेट गिराने की नौबत आई तो डर के मारे अपने पुराने यार, इस बूढ़े बन्दर को ब्याह दिया।...यह सब लोग क्या ब्राह्मण कहलाने लायक हैं? ब्राह्मण थे मेरे नाना-नानी।...' उनके स्मरण मात्र से ही मन की उद्दण्डता दब गई। कुछ समय तक मन संयत रहा, परन्तु 'उसकी' आहट पाते ही संयम के सींखचे आनन-फानन टूट गए। मोहना के आवाज़ देने से पहले ही वह बाल्टी लिये खड़ी थी। वह अपना काम करके जाने लगा।

"आओ, हाथ-पैर धो लो। खाना नहीं खाओगे?"

"नहीं बहूजी, सब काम निबटा के नहाने के बाद ही खाने का मन होता हैगा।" झाड़ू कोने में रखके मोहना बाहर जाने लगा।

"सुनो! सुनो तो सही। वो बाहर वाले दरवज्जे उड़का दो।" सुनकर मोहना

उसे घूरकर देखने लगा। नाक-मुंह पर पट्टी बंधे चेहरे की बड़ी-बड़ी आंखें निर्गुन के कलेजे में बर्छियों-सी चुभीं, गिड़गिड़ाकर बोली : ''ज़रा-सा गाजर का हलुआ खाय जाओ। हमने तुम्हारे लिये बड़े प्यार से बनाया हैगा।'' मोहना बाहर के दरवाज़े भेड़के भीतर की दहलीज में आ खड़ा हुआ, मुंह से पट्टी हटाई। उसकी आंखें प्रश्नचिह्न बनीं और निर्गुन की आंखें रसभरी कोठरियां।

'हाय कित्ता खपसूरत है!' सोचकर जादू की मारी ने उसकी आंखों की झील में डूबकर कहा : ''लो बैठो। हम अभी आती हैं।'' कहकर ऊपर चली गई।

निर्गुन जब हलुवा लेकर उतरी तो मोहना जा चुका था। सारा दिन, सारी रात रोते ही बीती, न खाया न पिया। रात में जब बूढ़े आर्यपुत्र ने उसकी देह पर ऐंडा-बैंडा हाथ फिराया तो उसे लगा कि मानो कोई अछूत उसे छू रहा है। घृणा में भरकर वह ज़ोर से चिल्ला पड़ी और फिर ऐसी फूट-फूटकर रोई कि मसुरियादीन भी सहम उठे।

तीसरे दिन पलंग से उठने तक की इच्छा न हुई। मन दहक-दहक अपने आप ही को जला रहा था। मुरारी आया—''बहूजी, खाना नहीं बनाइएगा?''

''मैं कुछ नहीं बनाऊंगी। भाग जाओ यहां से।''

बाद में मुरारी ने चूल्हा सुलगाया। महाराज ने जस-तस चार लिट्टे सेंके। मुरारी से ढेर सारी फल-मिठाइयां मंगवाईं और जब दुकान जाने लगे तो कमरे के दरवाज़े से ही बोले : ''अब हम दुकान जाय रहे हैं। अपना ध्यान रखना। और जब तुम्हारा जी चाहे फल-उल मिठाई-सिठाई खाय लेना। भूखी न रहना, तुम्हें हमारी कसम। समझीं!''

''सीत्ताराऽऽम। सीत्ताराऽऽम...सिरी सदगुर की किरपा।'' घुटने पर सिर टिकाए मोहना ने एक बार चौंककर देखा, फिर बांहों को और भी कसकर उंगली की छेड़ से गुदगुदाकर सिर टिका लिया।

निर्गुन के लिये वह छेड़ नई प्रेरणा बन गई। ऐसे ही तो निर्गुन ने भी मोहना को छेड़ा था। अचानक उदासी आई। उसके लम्बे घूंघट के भीतर वर्तमान क्षण उस मसानी बैराग-सी उदासी के साथ ही लोप हो चले। मोहना का मादक स्पर्श! कुछ दिनों के चित्र जीवन्त होकर उभर आए...

मोहना आया। चुपचाप कमाकर, पानी के लिये गुहार लगाए बिना ही झटपट निकल भागना चाहता था कि भीतर के दरवाज़े से लगी खड़ी हुई निर्गुन ने झिरी से झांककर एक पल्ला खोल दिया। मोहना ठिठककर सामने के सम्मोहन से बंध गया। निर्गुन ऐसे ही खड़ी थी जैसे प्रकृति ने वर्षों पहले उसे धरती पर भेजा था। मोहना का एक हाथ पकड़कर अपनी ओर खींचते हुए उसने धीरे से कहा : ''बाहर के दरवज्जे बन्द कर दो।'' जादू के ज़ोर से हरकत करने वाले गुड्डे की तरह ही मोहना के हाथ लोहे का कमाने वाला पंजा पटककर दरवाज़े बन्द करने लगे। बाहर की दुनिया से आरक्षित होते ही निर्गुन ने भीतर के दरवाज़े से दूसरा पल्ला भी खोल दिया और भीतर घुसकर मोहना से कसकर चिपट गई। नौजवान पुरुषकाया के नैसर्गिक प्रलोभन को अपना अस्तित्वबोध करते हुए देर न लगी।

आज निर्गुन ने अपनी इच्छापूर्ति के लिये हर तैयारी पहले से ही कर रखी थी। ऊपर की छूत-छात का बन्धन ही न रहे इसलिये भोजन की सामग्री, पानी की सुराही, कुल्हड़, गिलास, चादर, गद्दा, तकिया, चारपाई, जिस-जिस बर्तन या वस्त्र को स्थायी रूप से अछूत बनाना उपयोगी समझा वह सब पहले ही नीचे लाकर रख लिया था। जी की तपन बुझाकर वह हल्की हुई और ऐसी हल्काई कि अपने मोहन पर रीझ-रीझ उठी। मोहना उसे छू रहा है, उसका गद्दा-चारपाई छू रहा है। अदबदाकर वह उसके गिलास से ही पानी पी रहा है। नल की टोंटी भी उसका स्पर्श पाती है। लेकिन निर्गुन को कुछ भी अपवित्र नहीं लग रहा। इस स्पर्श में जीवन है, गति है, स्वच्छन्दता है। मोहन के स्पर्श में मादकता, तृप्ति और आनन्द है—उसे यह कारागार-सा गृह मोहन के सान्निध्य में स्वर्ग से भी सुन्दर लग रहा है। अस्पृश्यता का सांस्कारिक पाप मोहन बनकर पुण्य बन गया है। वह हाथ धोकर थाली परोसने चली, लेकिन मोहन ने कहा : "घण्टे भर में नहा-धोकर आता हूं तब खाऊंगा।" तृप्त नारी नई तृप्ति के सुखद विरह में समय बिताती रही। दूसरा मिलन अधिक प्रगाढ़ हुआ। मोहन ने अपने हाथ से उसके मुंह में कौर दिया। संस्कार-संकोच टूटने पर मजबूर होते ही गए। चलते समय मोहना को सौ क़ा नोट दिया कि खाना-खर्चना।

दो दिनों के संग-साथ में ही दोनों को जाने क्या हो गया कि अलग होते ही न बनता था। दूसरे दिन से मोहना अपने सारे काम-काज से निपट और नहा-धोकर जब दोबारा आया तो एक बढ़िया हार भी बनवा लाया था। एक दोने में बढ़िया पान और सिगरेट की डिबिया भी लाया था। उसने बड़े चाव से निर्गुन के गले में फूलों की माला डाल दी। गद्गद् हृदय से भरी उमंगों में उसने अपने गले से वह माला निकालकर अपने हाथों से मोहना के गले में डाल दी और चिपटकर बोली : "अब हमारा तुम्हारा गन्धरब विवाह हो गया।" मोहन उसका चुम्बन लेकर बोला : "ब्याह साला क्या चीज़ है? मैं तुम्हें अब जनम भर नहीं छोड़ूंगा।"

"और किसी दिन बुढ़ऊ ने पकड़ लिया तो?"

"उस साले का गला दबोचते मुझे क्या देर लगेगी! फिर तुम्हें लेके भाग जाऊंगा।"

"तुम अभी ही मुझे इस नरक से क्यों नहीं निकाल ले चलते?" उसने मोहन को समझाया : "मेरे पास रुपिया है। किसी दूर शहर में चले चलो। कहीं पान-बीड़ी या बिसातखाने की दुकान खोलकर बैठ जाना। कौन तुम्हें पहचानेगा! बाम्हनी का साथ किया फिर बाम्हन तो बन ही गए।"

"मैं क्यों बाह्मन बना! तुम्हीं मेहतरानी बनी हो," मोहन ने मीठे ढंग से झिड़ककर कहा। निर्गुन कटकर रह गई। पुरुष के क्रोध को स्पर्श से रिझाते हुए मुस्कराके बोली : "अरे वो एक ही बात है। पर क्या अच्छी तरह से रहना तुम्हें अच्छा नहीं लगेगा? भले आदमी की तरह रहेंगे तो हमारी ज़िन्दगी नहीं बन जाएगी! इस कड़ी मेहनत से तो बचोगे।"

"ये तो अम्मां की एवजी में दो-चार घर कमा रहा हूं। ये काम करता भी हूं तो खालिस अंग्रेजों के यहां। वैसे मैं बावर्ची हूं, अंग्रेज का बावर्ची। दो बरस में बैण्ड

मास्टर बनके अपनी कम्पनी खोलूंगा। मैं तमोली-बिसाती क्यों बनूं? जिस काम के लिये दिन-रात एक करके कप्तान साहब का दिल जीता है उसे क्यों छोड़ूं?'' मोहन ने अकड़कर कहा। निर्गुन ने मर्द को पहचाना। चलते समय सौ का नोट दिया : ''अपना कोट-पतलून सिलवा लो। हम भी तो देखें कि अंग्रेज मरद कैसे लगते हैं।'' निर्गुन ने मर्द को रिझाया।

नामर्द आर्यपुत्र की हसरत भरी छेड़खानियों को भी अब दिन की तृप्ति से वह उदारतावश सह लेती है। उसके भीतर एक हिंसक आह्लाद भी जागता है कि जिन 'महाराज' ने सातों जात में अपना मदन-चक्रवर्तीत्व स्थापित करके भी अपनी जाति ऊंची रखी थी, उसी की धर्मसंगिनी, सात फेरों की परिणीता पत्नी अब तन-मन और धन से मोहना मेहतर की रतिसंगिनी हो चुकी है।

पांचवें दिन मोहना ने पानी डालने के लिये आवाज़ दी। वह तो पहले ही से इंतजार में थी। दोनों बुलबुल चहके। घण्टे भर बाद आने का वादा हुआ। इंतजार की बेकली और वस्ले-यार की चुलबुलाहटें साथ-साथ उससे करवटें बदलवाती रहीं। मोहना आया, लेकिन यह खबर भी लाया कि अब उसकी फुफ्फी यानी मां आ गई है और वह परसों अपने घर यानी मामा-माईं के यहां चला जाएगा। सुनते ही निर्गुन उससे लिपटकर ऐसी हिचकियां बांधकर रोई कि मोहन भी रो पड़ा। उस दिन कायाधर्म का पालन हुआ। 'गुड्ड-गुड़िया' ने खाया-खिलाया। कुछ मीठी-मीठी बातें भी हुईं, पर मन दोनों के भारी रहे।

छठे दिन निर्गुन अपने जोड़े हुए 8000 रुपये, सोने के पांच गुट्टे, साठ गिन्नियां और ब्याह के समय बाप से पाए हुए गहने, चार-छह साड़ी-जंपरों के साथ, पोटली में बांधकर शाम के समय, मसुरियादीन के घर लौटने से पहले, पीछे के दरवाज़े से भाग खड़ी हुई।...

कोई स्टेशन आया। कम्पार्टमेन्ट में नये मुसाफिरों की भर्ती हुई। नया हुल्लड़ बढ़ा, दोनों चेलों ने सीत्ताराऽम की गुहार गरमाई, चिलम का धुआं फैला, मोहन ने उसके जकड़े घुटने छोड़कर अंगड़ाई ली। घूंघट उठाके झांका, दोनों मुस्कराए : ''पानी-वानी तो न पियोगी?''

''नहीं, कहां का टिकट लिया है?''

''मामा के घर चल रहे हैं।'' सुनकर निर्गुन धक्क रह गई। पहली रात घर से भागकर जब अपनी पुरानी सहेली, मोहन की मां के घर गई थी तब उसे बड़ा अपमान सहना पड़ा था। मोहन की मां ने उसे खूब फटकारा, लड़के से कहा : ''इसे कहीं अलग ले जाके रखो। मेरे घर में रंडियों के लिये जगह नहीं है। आज बाह्मन छोड़ मेहतर पकड़ा है, कल तुम्हें छोड़कर किसी और की चाट में भाग जाएगी।'' सुनकर निर्गुन काठ हो गई थी।

''इसका बूढ़ा पुलिस में रपट कर दे तो सबसे पहले हमारे ही ऊपर सक सुभा जाएगा। एक छिनाल के पीछे हम सरीफ आदमियों की इज़्ज़त क्यों जाए? ऐ तुम तो अपने मामू के यां रहते हो, यहां तुम्हारे तीन और भाई-बहन रहते हैं। मैं उनके और अपने झोंटे पुलिस से नुचवाने को तैयार नहीं हूं।''

उस रात वे एक होटल में रहे थे। वह मोहन से लिपटकर फूट-फूटकर रोई थी। कांटों जैसी दुनिया में एक अकेले मोहन के प्यार का गुलाब ही उसके लिये महक रहा था। वही अब उसका एकमात्र सहारा था। उसे वह अब किसी भी कीमत में अपने हाथ से जाने नहीं देगी, चाहे जो हो जाए।

सुबह मोहना उसे होटल में छोड़कर अपने घर गया। पता लगा कि पुलिस नहीं आई और अम्मां जिजमानी पर गईं हैं। लौटके आएं तो हाल बताएंगी। दोपहर तक वह अपने घर ही में रहा। अम्मां आईं, सुना महल्ले में निर्गुन के भाग जाने का बड़ा हल्ला है। सभी मसुरिया महाराज को ही कोसते हैं, मोहना का नाम उसके साथ नहीं जोड़ा जा रहा है, यह जानकर तसल्ली हुई। मां ने फिर समझाया : "गले से यह फांसी का फंदा निकालकर फेंक दे। पचासों दलाल फिरते हैं। उनके या किसी रंडी के हाथ पांच-सात सौ रुपये में बेच डाल और भूल जा।" पर मोहना इसके लिये राजी नहीं था। निर्गुन उसके जीवन में पहली स्त्री आई थी। वह पहली बार पुरुष बना और एक उच्चकुल की स्त्री ने उसे पुरुष बनाया, वह उसे छोड़ नहीं सकेगा। लेकिन वह अपनी बिरादरी भी न छोड़ेगा। किसी समय ऊंची जाति वालों में जो भेद खुल गया तो जूते पड़ेंगे। अपनी जाति-बिरादरी में रहूंगा तो इज़्ज़त से रहूंगा। इसके पास ढेर सारे रुपये हैं। छावनी से बैण्ड बाजा खरीदूंगा तो अपना नया धन्धा चलेगा।

मोहना ने तय कर लिया कि वह निर्गुन को अपने मामा-मामी के घर ही ले जाएगा। आगे मामा-मामी ने भी अम्मां की तरह ही अगर उसे घर में न रखा तो फिर और आगे देखा जाएगा। मन में सब ठीक-ठाक करके मोहन होटल में आया। खाया-पिया। एक रात और अगला आधा दिन उसी होटल में बिताया। शाम को विलायती शराब लाया। निर्गुन ने उसकी कड़वी गन्ध बरदाश्त की, पर पीने से साफ इनकार कर दिया। और अब यह जानकर कि वह मोहन के साथ मेहतरानी बनकर जा रही है वह एकदम से निर्जीव-सी हो गई। जाने उसके भाग्य में कौन-कौन से अपमान बदे हैं, राम!

कम्पार्टमेन्ट में कोई यात्री लहककर गा उठा :

मैंने लाखों के बोल सहे सितमगर तेरे लिये।...

11

स्टेशन से दोनों पैदल ही घर की ओर चले। सर्दी कसकर पड़ रही थी। थोड़ी ही दूर चलकर निर्गुन थक गई। पूछा : "कितनी दूर है अभी?"

"है एक-पौन मील, गोदी में उठा लूं?"

एक क्षण चुप रही, फिर कहा : "बड़ा सन्नाटा है यहां। जोखिम साथ में है, जी घबराता है।"

"डरने की कोई बात नहीं मेरी जान। ये शरीफों का शहर है।"

कुत्ते दूर-दूर भौंक रहे थे। निर्गुन के मन में बड़ा भयावनापन-सा मालूम पड़

रहा था। गठरी का बोझ यों अधिकतर तो कागजों का ही था पर चांदी के रुपये भी लगभग तीन हज़ार थे। गहने-साड़ियों का बोझ भी था। निर्गुन को भारी लग रहा था। मोहन के हाथ में एक ट्रंक था जिसमें उसके और उसके मामा-मामी के लिये नये खरीदे हुए कपड़े भरे थे। मोहन के लिये एक और गठरी का बोझ संभाल लेना तनिक भी कठिन न होता, बल्कि उसने ट्रेन से उतरते समय कहा भी था, लेकिन जिसे तन सौंपकर अपनाया था उसे भी अपना मन और धन देने में निर्गुन को अभी हज़ार शंकाएं थीं। आदत और सन्नाटे ने उमगा दिया, मोहना ने तान छेड़ी—

मुझे लैला तेरी अदाओं ने मारा।...

निर्गुन थक गई। एक हाथ में उसकी बांह थामकर उसने कहा : "सुनो, टेसन अभी भी पास है; इत्ता फिर भी चल लूंगी। वहीं सो रहेंगे।"

"अमां महराजिन, तुम्हें कुछ अक्किल भी है? इसी बखत घर पहुंच जाओगी तो किसी को कानों-कान खबर न लगेगी।"

निर्गुन को अपने लिये महराजिन सम्बोधन सुनकर तीखी चुभन अनुभव हुई। फिर भी अपना आग्रह न छोड़ा, बोली : "मैं तुमसे एक बार फिर कहती हूं, बचपना न करो, किसी दूर जगह चलकर रहेंगे तो बड़ा सुख पाएंगे।" इसी समय सड़क की एक पुलिया आ गई थी। मोहना ने सड़क पर सन्दूक रखते हुए पुलिया पर बैठकर कहा : "आओ, बैठ जाओ। बहुत थक गई हो न? थोड़ी देर सुस्ता लो। हम अपने जी की बात सुना लें, तुम अपने जी की कह लो। तब आगे की आगे देखी जाएगी।" कहकर मोहन ने अपने नये कोट की जेब से कैंची सिगरेट और दियासलाई की डिबिया निकाली।

गठरी अपनी गोद में लेकर निर्गुन मन मारे बैठ गई। सिगरेट सुलगाई और इतमीनान भरा लम्बा कश खींच मोहना बोला : "सुनो, पहले हम अपने मन का डर बताय दें, तुम हमसे कहती हो कि कहीं चलके मौज से रहौ। हम बिल्कुल मन से तैयार हैं, इज़्ज़त-आबरू से बाबू बनकर रहना भला किसे अच्छा नहीं लगता, पर सारा सवाल तो आबरू का ही है।"

"कैसा सवाल?" अंधेरे में भवों की कमानों का चढ़ना तो निर्गुन न दिखला सकी पर आवाज़ का अन्दाज़ वही था।

"सुनो! दो-ढाई बरस पहले की बात है, हम भी छावनी में बैण्ड कप्तान से बाजा सीखने जाने लगे। उसने हमारे कई जात-भाइयों को क्रिस्चेन बनाया था। हमसे भी कहा। हम भी अंग्रेज मास्टर की सोहबत में पड़के क्रिस्चेन हो जाने वाले थे। घर-बार छोड़के जाने के लिये हम तैयार थे, क्योंकि हम दोनों मालिक-नौकर में बड़ा प्रेम-भाओ हैगा, पर हमाये माूमू ने कहा कि देखो मोहना, आदमी की इज़्ज़त-आबरू अपनी बिरादरी में ही बनती हैगी। पराई बिरादरी में सामिल होने में कोई इज़्ज़त नहीं रहती है। वो बोले कि हम तो देख चुके हैं। उनका एक बचपन का जानी-जिगरी साथी रहा, कल्लू। बताते रहे कि एक बार साला गली में किसी ऊंच जात वाले को छू गया सो ऐसा मारा गया—ऐसा मारा गया कि पन्द्रह दिनों तक खटिया से लगा रहा। उन दिनों काले पादरी हमाये लोगों में बहुत घूमते थे। एक ने उसे फुसला लिया

तो क्रिस्चेन बन गया। मामू बताते थे कि क्रिस्चेन बन करके भी रहा ससरा भंगी का भंगी ही। तबसे मेरी आंखें खुल गईं। मामू की बात ऐसी लग गई उस दिन से कि तुम्हारे इश्क में इतना डूबके भी मैं उसे भूल नहीं सकता।''

बचपन में नाना से सुना था, गीता में भी यही लिखा है कि स्वधर्म में मौत भी भली लगती है, लेकिन पराया धर्म भयावना होता है। तमाचा खाने का-सा अनुभव हुआ। यदि यह अपना धर्म छोड़ने के लिये राजी नहीं तो मैं ही क्यों छोड़ं...! पर मेरा धर्म अब रहा ही कहां? बात का ध्यान आते ही निर्गुन का कलेजा भीतर से चाक-चाक हो गया। मोहन को अपना शरीर अर्पित करने के बाद ही से उसका मन एक से दो हो गया था। एक मन की बड़ी साधों भरी तुष्टि के मादक अवसर पर दूसरा मन, जो पिछले दो-चार दिनों से अब तक उबरना चाहकर भी उबर नहीं पा रहा था, इस समय सहसा उजागर हो गया। निर्गुन का वह दूसरा बेहोश मन कितना टूट चुका है! बैठे-बैठे निर्गुन का मन पश्चात्ताप की घुटन से भर-भर गया। कल तक वह ईश्वर को दोषी ठहराती थी, सारे जहान को दोष देती थी। कल तक वह सत्य था, लेकिन आज उसका समूचा अस्तित्व ही झूठा हो चुका था। वह स्पष्ट रूप से स्वयं अपनी ही नज़रों में गिर चुकी थी। चार दिनों के बाद पहली बार उसके मन ने अपने ही सामने यह कहा : 'हाय! यह मैंने क्या कर डाला?'

मोहना को कुछ देर बाद शायद यह लगा कि उसका उत्तर कठोर था, उसकी प्रियतमा के दिल को ठेस लगी होगी। मुंह में सिगरेट लगाए, अपनी बांह में लपेटकर निर्गुन को पास खिसका, अपनी सिगरेट मुंह से धरती पर गिराकर उसका मुंह अपनी ओर घुमाया। फिर बेताबी से लिपटाकर बोसे लेने लगा।

कुछ दिनों पहले जिनके लिये तरस रही थी वही चुम्बन-आलिंगन उसे परम त्रासदायक लगे। जिस तरह धरती पर गिरी हुई सिगरेट की आग हवा के झोकों के छूने से रह-रहकर चमक उठती थी, वैसे ही चार दिन पहले इसी काया में मर जाने वाला निर्गुणदेवी का एक जन्म भूत बनकर बड़े अरमानों भरे इस आलिंगन-चुम्बनों के खिले वसंत को जेठ की लू और तपन-सा झुलसा रहा था। लेकिन वह विवश थी। जब उसने मजबूरी में इन्हीं होठों को पसन्द किया तो जनम भर इन्हीं के द्वारा चूमी जाएगी। अब वह स्वधर्म छोड़ चुकी है। और परधर्म के डरावनेपन में प्रवेश करने के लिये बाध्य है। वह मुर्दे-सी उसकी बांह में बंधी रही। क्रमशः उत्तेजित होकर मोहना ने उसका गाल काट लिया। पाशविक उत्तेजना से उसका एक वक्ष भी इतना कसके दबाया कि निर्गुन कराह उठी और अपने को छुड़ाने का प्रयास करने लगी। मोहन बोला : ''चलो घर चलें। मैं तुम्हारी टांगें दबा दूंगा मेरी प्यारी। अपने मामा और माईं को मैं जानता हूं। माईं जरूर कुछ तुन्न-फुन्न करेंगी मगर दोनों मुझे इतना चाहते हैं कि थोड़ी देर बाद तुम्हें अपनी पलकों पर ही बिठा लेंगे।''

सहसा निर्गुन ने पूछा : ''तुम मुझसे उनके पैर छूने को तो न कहोगे?''

सुनकर मोहन ताव खा गया, बोला : ''मेरे मामू लाख ऊंची जात वाले सालों से कई लाख गुना जादा अच्छे हैं। मेरी जुरुआ बनके चलोगी और मेरे ही बुजुर्गों के आगे मत्था नहीं टेकोगी। तो जाओ...(गन्दी गाली) जहां तुम्हारा सींग समाए चली

जाओ। तुमसे आश्नाई की है, अपना धरम-ईमान नहीं बेचा।'' कह कर मोहन तैश में उठ खड़ा हुआ और अपना सन्दूक उठाकर जाने के लिये कदम बढ़ाया।

निर्गुन ने गिड़गिड़ा के उसकी बांह पकड़ी, उठने लगी तो गठरी के बोझ और मन की घबराहट ने उसे और भी झुका दिया। हड़बड़ाकर बांह छोड़ उसकी टांग को ही पकड़ लिया : ''मैं तुम्हारे पैर छूती हूं। तुम्हारी हा-हा खाती हूं, जो कहोगे वही करूंगी।''

मोहन भी नरम पड़ गया, उसके सिर पर हाथ फेरते हुए बोला : ''जब मेहतर से इश्क किया है रानी तो मेहतरानी बनना भी सीखो, तभी मेरा-तुम्हारा निबाह हो सकेगा।''

''तुम जो कहोगे वही करूंगी, अब तो तुम्हारी ही बांह गही है। लो मुझे सहारा दो, मुझसे उठा नहीं जा रहा, तुम्हारी कसम।'' नारी ने नखरे की महक से नर का मन मोहने का प्रयत्न किया। सन्दूक फिर जमीन पर आ गया। दोनों हाथ निर्गुन को उठाने लगे, निर्गुन उठी, गठरी ज़मीन पर ही छोड़कर और मोहन को चिपटाकर स्वयं ही उसका चुम्बन ले मन के सारे अवसाद को ठेल कर अपनी दीनता की गिड़गिड़ाहट और मन की इठलाहट को एक साथ साधकर बोली : ''मैं तो तुम्हारे ही प्यार में सब कुछ छोड़ आई। अब मुझे छोड़ जाओगे तो मैं भला कहां जाऊंगी, बोलो?'' मोहन भी प्यार से उसे लिपटाते हुए बोला : ''तुम्हें जीते जी नहीं छोड़ूंगा, जानी।''

नाले के पास ऊंचे टीलेनुमा मैदान में कच्ची मिट्टी के घरों का टोला था। लालटेन के खम्भे के पास सुअरों का झुण्ड एक-दूसरे से बदन सटाए बैठा था। नीम के पेड़ के नीचे सिमटे हुए कुत्ते और सुअर आने वाली पदचापों से सजग होकर भौंकने घुरघुराने लगे। ''धत्-धत्! क्यों बे साले मोतिये, इत्ते दिनों में ही मुझे भूल गया, हैं?'' कुत्ता भी शायद पहचान गया था। दुम हिलाकर छोटी सी 'बख' करके लौट गया।

कच्ची मिट्टी के घरों की कतार में आखिरी मकान निर्गुन की नई 'ससुराल' था। मोहन ने कुण्डी खटखटाई, मामी को आवाज़ लगाई, मामू की खांसी सुनी, कुण्डी खुली। मोहन ने मामू के पैर छुए, देखा-देखी निर्गुन ने भी पैर छुए। पैर छूते हुए उसके जन्मजात संस्कार कट-कट गए। लेकिन उसका मन अब कुछ-कुछ पोढ़ा हो चुका था। अब तो वह मोहन की है, वह जैसा नचाएगा यह नाचेगी।

''ये कौन हैगी बचुआ?''

''भीतर चलो, सब बताते हैं,'' कहकर मोहना दरवाज़े की कुण्डी बन्द करने लगा। भीतर से माईं की आवाज़ आई : ''मोहना आया है क्या?''

''हां माईं, आता हूं।''

कोठरी में माईं चारपाई पर बैठी हुई थीं। मामू ने आले में जलती हुई कुप्पी से दूसरी कुप्पी जलाई और उसे लेकर चारपाई के पास ही आए। निर्गुन ने अपनी ममियां सार के पैर छुए। ''ये कौन हैगी रे?'' मोहन चुप।

''बताता क्यों नहीं?''

"समझ लो तुम्हाई बहू हैगी।"

"बहू?" माईं आश्चर्य में तनिक ज़ोर से बोल उठीं।

"धीरे बोलो माईं, धीरे, सब बताता हूं। अपने बूढ़े मरद की छठहीं-सतहीं औरत हैगी बिचारी। वह साला हरामी इसे मारे और दुःख दे। बिचारी जान बचाने खातिर घर से निकल आई सो सरन में आ पड़ी। फिर क्या करता माईं? मैंने सोचा ले चलूं, माईं हमारी निभा लेंगी।"

लम्बी छरहरे बदन की कोयले से भी अधिक काली, आगे के ऊपरी दो दांत टूटे हुए, लाल आंखों वाली माईं चारपाई से उठीं। बहू का घूंघट उघाड़ कर उसका सिर नंगा कर दिया। फिर धरती पर रखी ढिबरी उठाकर उसके चेहरे पर रोशनी की, दूसरे हाथ के झटके से उसकी झुकी ठोड़ी उठाई, थोड़ी देर मुंह देखा। गेहुंए-सांवले धूपछांही रंग की सलोनी सुन्दरताई ने कलेजे में चरस का लप्पा-सा उठा दिया। बहू के कपाल पर हथेली से धक्का मारकर माईं बोलीं : "अरे यह हरजाई है। इसके चेहरे पर लिखा है कि सत्तर खसम करके तेरे पास आई हैगी ये रंडी।"

चारपाई पर बैठे हुए मामू ने पूछा : "किस जात की लुगाई है?"

"सबसे ऊंची जात की।"

"बाम्हन?" मामा-मामी ने एक साथ प्रायः एक ही स्वर में चौंककर कहा। मोहन ने एक हाथ से मामा का घुटना और दूसरे हाथ से मामी के पांव का पंजा छूते हुए कहा : "अब चाहे जैसी होय, मैं इस औरत को छोड़ नहीं सकता मामू। इसका निभाव तुम्हें करना ही होगा।"

"अरे, पर कल को पुलिस-उलिस आए तो?"

"वह कुछ नहीं होगा मामू, इसका मरद साला आप ही नम्बरी हरामी है। पुलिस-उलिस में रपट नहीं लिखाई। महल्ले में भी किसी को पता नहीं कि कहां और किसके साथ भागी है। मैं सब पता लगाके, ठोक-बजाके ही इसे अपने साथ लाया हूं।"

माईं गरजकर बोलीं : "चाहे कुछ भी हो, मैं नहीं रखूंगी निगोड़ी, रंडी छिनाल को अपने घर में। जहां इसका सींग समाय, जाए। चली जाए।"

'हे राम! अब क्या दिखलाओगे आगे?' निर्गुन का मन सिसका।

"तब तो मैं भी घर छोड़कर चला जाऊंगा। हम दोनों क्रिस्चेन हो जाएंगे।" मोहन के स्वर ने खड़ा खेल फरक्काबादी दिखलाया।

माईं खीज गईं। कहा : "तुझे इसीलिये पाल-पोसकर इत्ता बड़ा किया था रे हरामी, हरजाई की औलाद!" अपनी बहिन के लिये, नई बहू के सामने मामू को पत्नी की यह बात बुरी लगी। झिड़ककर कहा : "क्या बक-बक करती है, चुप रह!"

मामी भी नहले पर दहला बनीं : "हां-हां, तुम्हारी लाडली बहिन हरजाई नहीं तो और कौन हैगी? जद्दू ठाकुर से पेट ले करके आई। इसके जनमते ही कहा कि मार डालो हरामी को।"

'पत्नी' के सामने अपने जन्म की हीनता का पुराना परिचय फिर से पाकर मोहना को लज्जाजनित क्रोध आया। झटके से पत्नी के सिर पर पल्ला उढ़ा, तैश

में बोला : "देखो माईं, मैं कैसा हूं, मेरी अम्मां कैसी है या मेरी औरत कैसी है, यह सब सुनने को मैं तैयार नहीं हूं, सफा कहे देता हूं। तुम इसे नहीं रखोगी तो मैं इसे लेके अलग घर बसाऊंगा। मैं इसे छोड़ नहीं सकता। क्रिस्चेन बन जाऊंगा," मोहन ने बड़े आत्मविश्वास के साथ कहा।

पल्टन के गोरे बैण्ड कप्तान से मोहना का जैसा लगाव है उसे लेकर बड़ी-बड़ी बातें फैली हैं। तीन बरस पहले जब बैण्ड कप्तान के साथ उसके सम्बन्ध की बदनामी उड़ी थी तब भी मामी ने दो-तीन बार तरह-तरह से उसके जन्म-वृत्तान्त को घिनौनी गाली बनाकर खोला था। मोहन ने तब भी मामा-मामी को यह धमकी दी थी कि 'मैं बाजा बजाना सीख रहा हूं। मास्टर का साथ नहीं छोड़ंगा, क्रिस्चेन बन जाऊंगा।' मोहन जानता है कि सारे ऐब होते हुए भी वह इस निस्सन्तान दम्पति की ममता का इकलौता केन्द्र है। दोनों ही उसे प्यार करते हैं।

मामा बोले : "खैर, अब जो हो गया सो हो गया। बक-बक मत करो, जब बहू बनकर आई है तब बहू बनकर ही रहेगी। कह देना, इसका भतार पल्टन का मेहतर था, मर गया तो मोहना के मां-बाप ने घरबैठौआ कर दिया है। सवेरे पंचायत के लिये कह दूंगा।"

निर्गुन भला-बुरा सब कुछ सुनती रही गुमसुम। मोहन ने अपने हठ से उसकी रक्षा की, इसलिये उसके प्रति प्यार जागा। मरुभूमि में कहीं जरा-सी हरियाली उग आती है तो मन हरा हो जाता है।

माईं बड़बड़ाती ही रही। अपने नये कपड़े देखकर भी उसे सन्तोष न आया। लड़का-बहू बगल वाली कोठरी में चले गए। छोटी-सी कोठरी, एक ओर कोने में, एक के ऊपर एक, चार मटके धरे थे। गुबराया हुआ फर्श, वह भी जगह-जगह से उखड़ा हुआ। सुअर के दो बड़े-बड़े बच्चे एक कोने में सरदी से दुबके हुए पड़े थे। ढिबरी लेकर पति-पत्नी दोनों जब अपने सुहागकक्ष में पहुंचे तो मोहन को पहली बार झेंप लगी। वह बोला : "होटल वाला कमरा अच्छा था। मेज, कुर्सी, ऐना, पलंग, सारा साहबी ठाठ था।" मन के उबाल में कह तो गया, फिर अपनी ही नज़रों में अपराधी बन गया। अभी थोड़ी देर पहले पुलिया पर बैठकर वह अपनी आबरू का जो बड़प्पन छांट आया था वह उसे डंक मारने लगा। स्वयं अपने से बचाव के लिये मानो उसने कहा : "लो यह ढिबरी पकड़ो, मैं खाट ले आऊं।"

निर्गुन ने धरती पर अपनी गठरी रखी और ढिबरी ले ली। नज़र अपनी गठरी पर ही रही। मन में एक ही गूंगी चिन्ता थी कि इन पराये लोगों के घर में अपनी सम्पदा कैसे संभाले। चेहरे के पास रोशनी आने पर मोहना ने देखा कि निर्गुन के मुख पर गहरी उदासी है। वह उसे जीती-जागती औरत के बजाय, दोनों हाथ कटी उस औरत-सी लगी जो छावनी बाज़ार के चौराहे पर खड़ी है। 'नाहक इसे भगा लाया' वाली अपराध भावना भी मोहन की नज़रें झुका रही थी। नज़रें उधर से कतराईं तो कोने में दुबके सुअरों पर पड़ीं, सारा क्रोध उनको बहाना बनाकर उबल पड़ा। कस-कसकर दोनों को दो लातें दीं। सुअर के बच्चे अपनी खांसी जैसी आवाज़ में चीखते भागे। उनको बाहर निकालकर मोहन स्वयं भी खाट लेने के लिये बाहर निकला।

निर्गुन का मन भय से पत्थर हो रहा था—प्रश्नहीन, शब्दहीन, स्तब्ध कर देने वाला भयभरा 'शून्य'—महाशून्य!

खाट आ गई, उस पर फटी-उधड़ी मैली-चीकट गुदड़िया पड़ गई। बिछाने के बाद भीतर से कोठरी की कुण्डी चढ़ाकर मोहन निर्गुन के पास आया। निर्गुन वैसी ही गुमसुम उदास खड़ी थी। मोहन ने उसके हाथ से ढिबरी लेकर आले में रख दी, फिर दोनों हाथों से उसे आलिंगन में बांधकर अपने चुम्बनों से उसके भीतर प्राण-प्रतिष्ठा करने के असफल प्रयत्नों के बाद उसने उदास स्वर में कहा : "तुम तो राजा के घर में रहने लायक हो, कहां आ फंसी मेरे साथ!... खुदा मुझे मौत दे तो तुम्हें कम-से-कम छुटकारा तो मिले यहां से।" आत्मग्लानि भरे वाक्य ने वह प्रेरणा जगा दी जो मोहन के चुम्बन नहीं जगा पाए थे। दोनों हाथों से प्रिय की पीठ कसकर उसके कंधे पर अपना सिर टिकाकर बोली : "ना-ना, अब तो तुम्हीं हो मेरे।" बांहों की कसन बढ़ गई। थोड़ी देर बाद आलिंगन-मुक्त होते हुए मोहन ने कहा : "भूख लगी है, लाओ खाने को दो जो भी है तुम्हारे पास।"

अपनी गठरी में वह थोड़ी-सी पूड़ियां और मिठाई बांध लाई थी, दोनों खाने बैठे। निर्गुन की उदासी दूर करने के लिए मोहना मानो इस समय कृतसंकल्प था। उसे मना-मना के अपने हाथ से खिलाने लगा और स्वयं भी उसके हाथ से खाने का आग्रह किया। खाना खाकर दोनों उस सकड़ी-सी खाट की दुनिया में सिमटकर बस गए। अपने सुख का क्षण साधने के लिये मोहना ने उससे कहा : "देखो, दो-चार दिन यहां का ढंग-ढर्रा समझ लो। अगर माईं मामू से तुम्हारा निभाव ठीक-ठीक हो गया तब तो कोई बात नहीं ना, और मान लो कि न हुआ तो मैं तुम्हारे लिये छावनी बाज़ार में क्वाटर ले लूंगा। वहां हमारी बिरादरी के बहुत-से लोग, जो क्रिस्चेन हो गए हैं, अपने दीन-धरम वाले भी रहते हैं। जैक्सन साहब, जो हमारे उस्ताद और मालिक हैं—बड़े भले हैं बेचारे, और मुझे तो ऐसा मानते हैं कि क्या कहूं—कल ही मैं उन्हीं से कहूंगा कि साहब मेरी बीवी को आराम चाहिए, तो वह जरूर तुम्हारे लिये फस किलास अरेंजमिन्ट कर देंगे।"

यों थोड़ी-सी डींगें हांकीं, अपना बड़प्पन दिखाया, उस बड़प्पन में वह अपने जन्म के उस दोष को भी बखान गया, बोला : "मेहतरानी के पेट से पैदा हुआ हूं तो क्या? हूं तो असल ठाकुर की औलाद। इसीलिये ऊंची सोहबत पसन्द करता हूं। मगर भई क्या कहूं, माईं-मामू के लिये भी मेरा कोई फरज हैगा कि नहीं! आखिर उन्होंने पाला है मुझे!"

भोली निर्गुन दुःख में सुख मानती रही। इस सुख को चिरस्थायी करने के लिये उसका भोला मन बिना किसी के सिखाये ही वेश्या की तरह चतुर हो गया। वह अपनी जीवनलता को चढ़ाने के लिये पुरुषरूपी वृक्ष से लिपटती ही चली गई। कायिक, मानसिक तृप्ति, आनन्द और स्फूर्तिदायी क्षणों में मोहन के लिये अनेक सुख सिमटे थे—वह एक सुन्दरी को भोग रहा है। वह एक ऐसे ऊंचे कुल की स्त्री को भोग रहा है जिसे उसके समान हीनकुलजन्मा व्यक्ति पाने की कल्पना भी नहीं कर सकते। उसका गर्व भरा आनन्द तृप्ति के चरम बिन्दु पर पहुंच गया है।

निश्चिन्त होकर सोने से पहले निर्गुन ने अपनी सद्यःअर्जित 'कमाई' को ब्याज पर चढ़ाना चाहा। उसके गाल पर हाथ फेरते हुए बोली : "कल अपने साहब से क्वाटर की बात कहना न भूलना।" मोहन ने कुछ-कुछ रुखाई से कहा : "हां-हां, पर तुम भी यह न भूलना कि हम अपने माईं-मामू के जीते-जी उनसे बिगाड़ नहीं करेंगे। तुम्हें उनकी भरपूर खिजमत बजानी ही होगी। सवेरे पांच बजे माईं जाग पड़ती हैं। अब तक मामू ही उनका हुक्का-चिलम संजोते हैं, कल से तुम्हें यह ड्यूटी संभालनी होगी।"

निर्गुन घबरा गई, कहा : "मैं हुक्का भरना नहीं जानती। हमारे ब्राह्मणों में तो कोई पीता नहीं।"

"अरी, छोड़ बम्हनों की बात। अब तो तू मेहतर है। हुक्का भरना पड़ेगा। मामू को देख-देख सीख लेना।" कहकर मोहना ने करवट ले ली।

नारी मन को ठेस लगी। इतना सब कुछ करने के बाद भी कुत्ते की दुम टेढ़ी की टेढ़ी ही रही। मरद की जात निगोड़ी। कैसे बीतेगी सारी ज़िन्दगी? यहां तो यह कुटांट सूपनखा मुझे मार-मार के भंगिन ही बना देगी। बाहर कहीं रहूं तो किसी और को तलाशूं। हे रामजी, मुझसे बड़ी गलती हुई। ऊंचे कुल की हो के कमीनों का हुक्का भरूं? उनके बोल-कुबोल सहूं? बहुत-सी निगोड़ियां पाप करती हैं और गुलछर्रे उड़ाती हैं। और एक मैं हूं जो यह दिन देखना पड़ रहा है। हे राम!...सारी रात बबुआ, मंझले राजा और भेड़िये खड़गबहादुर, बसन्तू मास्टर और मोहना मेहतर की भोग्या, मसुरियादीन की सौभाग्यवती निर्गुणदेवी अपने लिये किसी ऐसे पुरुष की कामना करती रही जो उसे इस हीनता से उबार ले।...उसके मन में एक नया भय भी तत्काल उदय हुआ—कहीं वह सूपनखा मुझसे भी घर-घर की गन्दगी न उठवाये! कल्पना मात्र से ही उसे उबकाइयों पर उबकाइयां आने लगीं। बड़ी मुश्किल से अपने को रोका। मन में यह दृढ़ निश्चय भी किया कि यह काम न करूंगी। परन्तु इस निश्चय की नींव अनिश्चय रूपी बालू की दीवार पर बनी थी, बराबर खिसकती ही रही। सारी रात नींद नहीं आई; बस राम ही बार-बार याद आते रहे।

सुबह मामू की खांसी सुनाई दी तो चटपट बाहर निकल आई। मामू के पैर छुए, मामू ने तुरन्त पैर हटा लिये, कहा : "दूध-पूत सुहागिन जीती रहौ।" घूंघट काढ़े निर्गुन सोचती रही, ससुर से बोलूं या न बोलूं! इनके यहां बहुएं बोलती हैं कि नहीं! पर बोले बिना काम न चलेगा। बड़े मीठे ढंग से कहा : "मामाजी, मुझे हुक्का भरना सिखा दीजिए, बस एक बार।"

"नईं-नईं, हम अपना काम आपई करेंगे भाई। तुम कुछ भी हौगी पर बाम्हनी हौगी।"

"मैं अपनी जात छोड़ आई मामाजी, अब तो आपकी दासी हूं।"

मामू हाथ में नारियल का हुक्का लिये कुछ देर तक गुमसुम रहे : "सचमुच तुमने बड़ी गलती की बहू।"

"हुक्का भरना सिखा दीजिए। लाइए मुझे दीजिए।"

एक क्षण ठिठककर हुक्का बढ़ाते हुए मामू ने निःश्वास छोड़कर कहा : "ठीक

ही है, लो सीखो—गुड़गुड़ी में पानी की आवाज़ कब ठीक हुई, चिलम कैसे सजाई जाती है, यह शिक्षा 'ससुर' से ग्रहण करके हुक्का लेकर 'सास' की सेवा में पहुंची। सासजी खटिया पर बैठी-बैठी खांस रही थीं। बहू को देखा तो चट से लेट गईं। पैर फैला लिये। निर्गुन हुक्का लिये सामने आई, खड़ी रही। सासजी पड़ी-पड़ी खांसती रहीं, फिर रौब से कहा : "चिलम उतार के कोने में धर दे। पैर दबा मेरे।" आज्ञाकारिणी बहू की तरह निर्गुन सास की पद-सेवा करने लगी। बचपन में नानी के पैर दाबे थे। एक बार आर्यपुत्र के भी दाबे थे और एक बार उन मालकिन महाराजिन के पैर भी दबाये थे जो उसके पिता, पति और भी जाने कितनों की अंकशायिनी बनी थी। वहां तक भी गनीमत थी। किन्तु यह पद-सेवा?... एक ही जन्म में उसके कितने जन्म हो चुके अब तक?...विचारधारा में सास के प्रश्न से झटका लगा। वह पूछ रही थी : "बुड्ढे के यहां से कुछ माल-मता भी लाई है कि नहीं?"

सुनकर निर्गुन को सांप सूंघ गया। उत्तर न पाकर सास ने अपनी दूसरी टांग उछालकर पायताने से लगे निर्गुन के मुख पर मारनी चाही, पर निर्गुन उस वार को गर्दन पीछे करके झेल गई। हड़बड़ाकर कहा : "थोड़े-से गहने हैं, तीन-चार सौ रुपये भी होंगे।" सास के क्रोध-भरे कलेजे को सोने-चांदी की खबर से तरावट मिली। पूछा : "खसम तेरा पैसे वाला होगा! तभी तो सात-सात औरतें ब्याहीं! काहे का काम होता है तेरे यहां?"

"अनाज-गल्ले का।"

"मां-बाप तेरे क्या करते हैं?"

"मर गये।"

"बाप भी, मां भी, दोनों?"

"जी हां।"

निर्गुन के लेखे उसके जीते-जागते बाप भी मरे समान ही थे।

"ले, यह दूसरा पैर दबा।" निर्गुन सास का दूसरा पैर भी दबाने लगी। थोड़ी देर दोनों ओर मौन रहा। एकाएक माईं ने पूछा : "मेरे लड़के को फंसाने से पहले तूने कितने खसम और किये, बोल!" निर्गुन चुप रही। इस बार बुढ़िया ताव में बैठ गई और बहू के दोनों हाथ अपने हाथों से पकड़कर उन्हें झिंझोर कर किटकिटाते हुए स्वर में पूछा : "तुझे मेरी ही इज़्ज़त पर डाका डालने को सूझा था, रंडी, छिनाल कहीं की! तेरी जवानी में आग लग जाए। कलमुंही लेके भी आई तो चार-पांच सौ रुपल्लियां! हरामज़ादी।" कहते-कहते माईं आवेश में आ गईं। पैर खटिया से नीचे उतार झपटकर दोनों हाथों से उसकी गर्दन दबोच ली : "आखिर मेरा लड़का ही तुझे फंसाने को मिला है!" कहकर माईं ने निर्गुन को ज़ोर से धक्का दिया। वह फर्श पर लुढ़क पड़ी। सास दनदनाते हुए उठ खड़ी हुई। बहू की कमर पर लात मारकर कहा : "जा, चिलम भरके ला! तेरे...में कीड़े पड़ें। तेरे रोंयें-रोंयें को बिच्छू काटें। तेरी सात पीढ़ियां नरक में पड़ें। तेरी मां, तेरी दादी..." बड़बड़ाहट में सैकड़ों बातें कह गई।

बहू के आंसू सूख गए थे। घबराहट भी पत्थर हो चुकी थी। लात खाकर उठी और सास के लिये नई चिलम सजाने चली गई।

सात-साढ़े सात बजे बासी रोटियों से पानी-पिलाव करके माईं ने अपना टोकरा और झाड़-पंजा संभाला, बहू से कहा : "खाना-वाना सब पका के रखना, तुम्हारे मामू जल्दी खाते हैंगे। और मेरा मोहना भी नौकरी पर जल्दी ही जाता है। औ सुन, कल शाम भैलुआ के यां सुअर मारा गया था। रसोइयां में बायें हाथ छींके पर रखा है, समझी! अच्छी तरह से पकाना। औ' मामू तुम्हाए भगत हैंगे। कहीं उनके आगे मत परोसना। रोटियां और आलू का सुरवा बना लेना।"

सुअर का मांस! उसे पकाने की बात...क्या-क्या करना होगा राम! कैसे कर पाऊंगी राम! क्या सोचा था और क्या हो गया राम! बस राम ही राम याद आते रहे।

सास चली गई। ससुरजी भी अपना हुक्का लेकर द्वारे पर चले गए। बहूजी के मन में बड़ी रुवाई छूट रही थी, पर आंसू नहीं निकल पा रहे थे।

पतिदेव नौ बजे जागे। निर्गुन अपने नये जनम के नये घर में सुबह के देह-धर्मों की हाजत दबाये, डर से सूखी काठ बनी, रसुइयां में चूल्हा जला रही थी। छींके पर पत्तल में रखी 'निखिद्ध वस्तु' को एक नज़र उठाकर देखा और देखते ही सिहर गई। चूल्हे की लकड़ियां ही नहीं उसके संस्कार भी रोम-रोम में उसी तरह से सुलग रहे थे। उसका कलेजा बैठा जा रहा था। सर चकरा रहा था। भरे जाड़े में भी उसके माथे पर पसीने की बूंदें चुचुआ आई थीं। कोठरी से पति की आवाज़ आई : "कहां हो!" आवाज़ सुनकर जान में जान आई, पर उस क्षणिक मानसिक स्फूर्ति ने भी शरीर को फुर्ती न दी। सारी काया जैसे अकड़ गई थी। उठने में श्रम हुआ। लड़खड़ाते डग कोठरी में आए। पति तब तक अपनी सिगरेट सुलगा चुका था। पत्नी चारपाई के पास खड़ी-खड़ी पति को कुछ-कुछ खोई हुई बेचैन और सहारे की आस लिये देखती रही। पति देखकर उस सर्व सत्तामान व्यक्ति की भांति मुस्कराया जो अपने भाल के नक्षत्र पर रीझ भी उठा हो! मुट्ठी बांधकर सिगरेट का कश खींचा, पत्नी के चेहरे का निशाना बांधकर धुएं का तीर छोड़ा। वह तब भी गुमसुम खड़ी रही। मुस्कराकर लात उठाकर उसके वरांग का स्पर्श करके पूछा : "कहो जानेमन, कैसी हो?"

भीतर का दुःख-भय पिघल गया; वह टूटकर पति की छाती पर गिर पड़ी। धरातल पाकर आंसू हुदक-हुदककर फूट पड़े। छाती पर लदी हुई भोग्या का दुःख युवा पति के विजेता हृदय में कामोद्दीपन जगाने लगा। शरीर के मर्मस्थानों को दबाते हुए उसे अपनी छाती से बगल में लिटाकर उसके गीले गालों का चुम्बन लेते हुए पूछा : "क्या बात है? माईं ने कुछ कह दिया क्या?"

बड़ी मुश्किल से सिसक-सिसककर निर्गुन बोली : "माईं ने मांस पकाने को कहा है। मैंने आज तक उसे छुआ भी नहीं..."

तकिये के ऊपर हथेली के बल सिर टिकाये हुए मोहना ने उसकी मुंदी आंखों से नाक पर गिरती आंसू की बूंदें देखीं। एक शानदार गहरा कश खींचा, दम भर गले में धुआं घोटा और फिर कोहनी गिराकर अपना मुंह उसके मुंह के पास ले आया। नाक से नाक में धुआं छोड़ा, उसने मुंह घुमाया। आनन्दावेश में हाथ बढ़ाकर उसका

मुंह अपने मुंह के पास लाया, चूमा और उसका गाल इतनी ज़ोर से काटा कि वह सीत्कार कर उठी। हाथ से उसका मुंह हटाना चाहा, मोहना घृणा-भरी पाशविक हंसी हंसकर बोला : "मेहतर को भी तुमने पहले कभी नहीं छुआ था। फिर कैसे अपने जोबन की दुकान खोलकर मुझे फंसाने के लिये तुमने अपने मन को राजी किया था, बोलो?" कहते हुए उसने सिगरेट का जलता हुआ सिरा उसके गाल से तनिक-सा छुआ दिया। निर्गुन के गाल पर मोहना के दांतों के निशानों के बीच में हल्का-सा जलन का दाग पड़ गया, लेकिन इस बार वह काठ-सी पड़ी रही। उसकी अपराध-चेतना इतनी प्रबल थी कि मोहना जलती सिगरेट का सिरा यदि रखे ही रहता तब भी वह मुंह से कराह न निकालती।

कुछ देर तक पशुवत् प्यार भरी अठखेलियां कर चुकने के बाद मोहना उठा और निर्गुन को रसोईघर में ले जाकर हंडिया गोश्त पकाने की विधि बतलाने लगा। आध घण्टे पहले की संस्कार पीड़ा से पीड़ित नारी पति के मुख से अपने जीवन का सत्य सुनकर मानो पत्थर हो आई थी। मांस छूने-धोने में अब उसके हाथ स्वयं अपने ही से पराये बनकर पति के आदेश पर यन्त्रवत् सारा कार्य कर रहे थे।

सब सुना, सब सहा, सब किया, पर उस दिन उससे खाया नहीं गया। वह शौच भी नहीं गई, नहाया तक नहीं गया। मोहना और उसके मामा बाहर चले गए। निर्गुन ने घर के दरवाज़े बन्द किए और अपनी कोठरी में आकर कच्चे फर्श को खोदना शुरू किया। पोटली में से दो-चार हल्के-हल्के गहने और 50 रुपये वाले दस नोट निकालकर बाहर रखे, बाकी पैसा ज़मीन में गाड़ा, मिट्टी भरी। फर्श को लीपने के लिये कुछ न मिला तो हाथ से मिट्टी दबाकर एक फटी-सी टाट की बोरी बिछाकर उस पर पति का लाया हुआ सन्दूक रख दिया। वे गहने और रुपये उसने अपनी सूपनखा जैसी ममियां सास की सम्भावित लूट के लिये निकालकर बाहर रख लिये। 'बहुत कहेगी तो यही दिखला दूंगी। ले भी जाए निगोड़ी तो बहुत नुक्सान न होगा! ...हाय मैंने यह क्या किया? मुझसे बड़ी गलती हुई।' अपनी गलती का ध्यान आते ही मन के पछतावे ने फिर पिघलना शुरू कर दिया। मोहना खाना खाकर छावनी में अपने मालिक जैक्सन साहब से मिलने चला गया और ससुर मामू सुपच बाबा की मड़ैया में। निर्गुन घर के भीतर की कुण्डी लगाकर लेटी रही।

दोपहर में सास आई। धुला हुआ टोकरा-पंजा एक कोने में रखा, फिर खटिया पर बैठकर अपनी टांगें सहलाते हुए पूछा : "खाना पकाया?"

"जी!"

"वो दोनों खा चुके?"

"हां।"

"मैं भी ज़रा सुस्ता लूं तो खाऊंगी।" माई चारपाई पर लेट गई। फिर बोलीं : "आज अभी जाके सब मुहल्लेवालियों को तेरी काली करतूतें बतानी पड़ेंगी और उनका मुंह बन्द करने के लिये कुछ खिलाना-पिलाना भी पड़ेगा। ये कहां की आफत आई रांड! छिनाल कहीं की। ला देखूं तो सही क्या-क्या लाई है अपने साथ?" निर्गुन चुपचाप खड़ी रही। माई फिर गरजीं : "अरी बहरी है क्या? सुनती नहीं? तेरी मां

...में कीड़ पड़ें। अबकी जो नहीं सुना निगोड़ी तो उठके चट्टियों-ई-चट्टियों मारूंगी तुझे, सारा छिनालपन भूल जाएगी रंडी।"

निर्गुन चुपचाप अपनी कोठरी में गई और एक पोटली लाकर माईं की चारपाई पर रख दी। और फिर अपनी कोठरी में जाकर लेट रही।

दोपहर हुई, शाम ढली। माईं थोड़ी देर बाद उठकर रसोइयां में खटर-पटर करती सुनाई दीं। फिर बाहर ही से आवाज़ आई : "मैं ठेकी पे जा रही हूं, सुना? उन दोनों के लिये रोटियां पका के रख दे। और भीतर के दरवज्जे बन्द करके बैठ; सुना? सुन लिया कि नहीं!"

बहू कोठरी के बाहर दासी-सी खड़ी हो गई। एक झलक सास को देखा, घृणा से मन भर गया। ऊपर से संयत स्वर में बोली : "जी सुन लिया।" निर्गुन का मन भी उसे कुछ सुना रहा था। यहां से भाग...भाग...भाग! लेकिन...कहां भागूं, कैसे भागूं?

रोटियों के लिये आटा गूंथती रही। कल्पनाएं आती रहीं। पुराने बहुत-से किस्से सुने थे कि बाम्हन-ठाकुरों की बहुत-सी लड़कियां भागकर रंडियों के जाल में फंस गईं। मैं भी यहां से भागकर किसी तरह किसी रंडी के यहां पहुंच जाऊं। जी चाहे मुझे कोई मुसलमान बना ले, ईसाई बना ले, चाहे कैसे रहूंगी, पर इस मेहतरपने के नरक से तो उबर जाऊंगी।

एक मन नाचता रहा, दूसरे मन की महफिल सूनी पड़ी रही।

12

श्रीमती निर्गुनियां लगभग दो घण्टे तक मेरे लिखे हुए अपने जीवन प्रसंगों को सुनती रहीं, फिर कहा : "आपने तो मेरी तस्वीर ही खींचकर रख दी। बहुत अच्छा लिखा है।"

"मुझे लगता है कि आपकी बतलाई हुई बातों में से शायद मुझसे कुछ छूट गई हैं। उनकी ओर ध्यान दिलाएं।"

"अरे बाबूजी, हम अपने जीवन में बहुत कुछ करते हैं पर सब कुछ तो याद नहीं रहता न हमें! बस खास-खास बातों पर ही हमारी नज़र टिकी रहती है। आपने सब कुछ तो लिख दिया है। हांऽ, ये जो आपने मसुरियादीन के जेलखाने जैसे घर में मुझसे कपड़े-वपड़े फड़वाये, यह ठीक नहीं है। 'फिट' मुझे जरूर पड़ते थे, पर मैं सदा से जी की कड़ियल थी।" कहकर श्रीमती निर्गुनियां उठीं, खिड़की से खेत में काम करते हुए अपने नौकरों को देखा, फिर मुझे देखकर कहा : "अरे ओ कमीने की औलादों, बैठे-बैठे हुक्का पी रहे होगे! और ये काम कौन करेगा, तुम्हारा बाप? मैं बताए देती हूं, आज जो ये आलू की खुदाई पूरी न हुई तो न चना-चबैना दूंगी न खाना। मरना सालों भूखों।"

खिड़की से पलटते हुए मुझसे कहा : "आप लोगों ने सबने समाजबाद-समाजबाद

कह करके इन मजूरों का दिमाक खराब कर दिया है। मैं तो कहती हूं इस समाजबाद से देस हमारा एकदम चौपट हो गया है। काम-काज करते नहीं, पैसा लाओ, खाना लाओ। आप ये समझ लीजिए बाबूजी कि उन दिनों मेरा नन्हा गोदी में था और शकुन्तला डेढ़ बरस की। इनके मरने से जो मुसीबत पड़ी तो मैं सवेरे छह-साढ़े छह बजे से गलियां साफ करने निकल पड़ती थी और नौ तक गलियों की झाड़ू का काम करके पच्चिस घर कमाती थी। औ हमें उस जमाने में मिलता क्या था—किसी घर से दुअन्नी, किसी घर से चवन्नी, बस। तिस पर भी दरोगा जमादार जूतों, गालियों से बात करें हमसे, औ अब? अब तो काम के नाम पे ठेंगा दिखाते हैंगे मुरहे। औ महंगाई-भत्ता लाओ, तनखा बढ़ाओ। यूनियन करके कमाई का रेट भी बढ़वाओ। हिन्दुस्तान की सातों कौमों में निमकहरामी बढ़ गई हैगी निगोड़ी।''

मैंने कहा : ''आपने देश की बढ़ती हुई हरामखोरी तो देखी मगर यह नहीं बखाना कि तब से आज तक आपकी, मेरा मतलब है मेहतर समाज की सामाजिक हैसियत कितनी बदल चुकी है?''

''आपने अपनी बात में मुझे और मेहतर जात को अलग-अलग क्यों कर दिया बाबूजी! अब तो मैं मेहतर ही हूं और आप लोगों की जात से अपनी जात को ऊंचा समझती हूं।''

निर्गुनियांजी के जातीय स्वाभिमान के चढ़े तेवर देखकर मेरी भी वह 'बहसिया' प्रवृत्ति जागी जो वकीलों और पत्रकारों की अपनी विशेषता होती है; मैंने पूछा : ''आपने पिछली बार मुझे बतलाया था और मैंने उस बात को लिखा भी है, जब आपकी ममियां सास ने आपको सुअर का मांस पकाने के लिये कहा था...''

बीड़ी का कश खींचने के लिये उठा हुआ उनका हाथ जहां का तहां ठहर गया। मेरी ओर एक बार अपनी पैनी और शोख चुम्बक नज़रों से देखा, फिर खिल-खिलाकर हंस पड़ीं, बोलीं : ''आप तो बड़े-बड़े वकीलों के भी कान काटते हैंगे बाबूजी। यह सच है कि तब मैं ब्राह्मणी थी, मांस-मछली की बात तो दूर मैंने अपने हाथ से प्याज-लहसुन तक भी नहीं छुआ था।''

''फिर आपने अपनी ममियां सास का आज्ञापालन किया कि नहीं?''

''कैसे करती बाबूजी, बैठी-बैठी रोती रही। वह तो कहो खुदा मेहरबान था। इनके आगे रोई तो पूछा क्या बात है? मैंने बतलाया कि मेरे बाप-दादों की सात पुश्तों ने कभी यह निखिद्द चीज़ हाथ से नहीं छुई तो मैं कैसे छुऊंगी। ये छूटते ही बोले—तुम्हारे बाप-दादों की सात पुश्तों की औरतों में कोई मेहतर के साथ घर छोड़कर भी नहीं भागी होगी, फिर तुम क्यों भाग के आईं मेरे साथ? सच ही कहती हूं, बाबूजी, मैं कट के रह गई थी। उस बखत कुछ जवाब न सूझा तो उनकी छाती में मुंह छिपाकर फूट-फूटकर रोने लगी थी। उन्होंने ही पकाया।''

''माफ कीजिए, ये आलिंगन प्यार का था या बेबसी का?''

''बेबसी तो थी ही, मेरा ये मरदुआ ही मेरी बेबसी में मुझे मिला था, लेकिन चाह नहीं थी यह कैसे कहूं! प्यार करना कोई आसान काम नहीं है बाबूजी! प्रेम में पूरी तपिश्या होती है। बाकी ये ज़रूर है कि प्रेम के जोस में तपिश्या की परेशानियां

कभी महसूस नहीं होतीं।''

अनुभवी स्त्री की इस बात ने मन को दर्शन वाले कोठे पर पहुंचा दिया। श्रीमती निर्गुणदेवी मुझे उस समय बहुत सुन्दर लग रही थीं। वह सुन्दरता जो कंचनजंघा की बर्फीली चोटियों पर सूर्योदय के समय और कन्याकुमारी के तट पर सूर्यास्त के समय ही देखने को मिलती है–। वह सौन्दर्य जो न कुछ मांगता है न देता है, केवल मन भर देता है। यह अजीब अनुभव था कि ठर्रा और बीड़ी पीने वाली, आवेश में आने पर अश्लील-से-अश्लील गालियां मुंह से निःसंकोच निकालने वाली यह औरत मुझे बड़ी पवित्र लगती थी। यहां अपने जी की बात कहूं कि श्रीमती निर्गुनियां के प्रति यह पवित्र भावना मेरे मन में कभी-कभी विद्रोह भी भरने लगती थी। एक स्त्री, जिसने सेक्स की भूख के लिये अपने आपको इतना नीचे गिरा दिया हो, जिसकी भूख के तौर-तरीके भी सभ्यता के मानदण्डों से बहुत नीचे गिरे हुए हों, उसके प्रति यह आदर और पवित्रता की भावना प्रतिष्ठित करना अच्छा नहीं लगता था। पर क्या करूं, स्वयं अपने ही मन से यह आदर देने को मैं मजबूर था। सारी दुश्चरित्रता में भी कैसा ऊंचा चरित्र था! बिल्कुल शराब की तरह हलक से नीचे जाकर सर पर चढ़ने वाली...

''उन्होंने ही पकाया, मगर मेरी घिन भी छुड़ा दी। पहले छूने में भी उबकाइयां आती थीं। अब उनके तानों ने छूना-पकाना क्या, चटखारे ले-लेकर खाना भी सिखा दिया बाबूजी।''

''खैर, यह तो होता ही है। अब आप मुझे यह बताइए कि आपके पति, मोहना से मोहना डाकू कैसे बने?'' मैंने प्रश्न किया। वे फिर सुनाने लगीं। देर तक सुनाती रहीं।

दोपहर को खाने के समय तक मैं घर लौट आया। उस दिन की सुनी हुई बातें मन के दृश्यपट पर रास्ते भर सजीव चित्रों-सी उभरती हुई चली आईं। उन चित्रों में एक ही चित्र यथार्थ था–श्रीमती निर्गुनियां का, बाकी सारे चेहरे काल्पनिक ही उभरते थे। मैंने अपनी लेखनशाला की पिछवाड़े वाली मेहतर बस्ती के अनेक चेहरे श्रीमती निर्गुनियां की जीवन कथा के प्रसंगों में तरह-तरह से जोड़ लिये। ताड़-सी लम्बी और तवे-सी काली झुर्रियों भरी देह वाली खैरातन मेहतरानी मेरी कल्पना में निर्गुनियां की कर्कशा ममियां सास बनकर आ रही थी। उसके ममियां ससुर के रूप में भी मेहतर बस्ती का ही एक चेहरा मेरे मन को रमा रहा था। उसी शाम, कहीं बाहर न जाकर, मैं श्रीमती निर्गुनियां की आगे की जीवन कथा लिखने बैठ गया।

13

महल्ले-भर में कनफुस्कियां होने लगीं कि मोहना किसी औरत को भगा लाया है। औरत बड़ी सुन्दर है।

अभी तक महल्ले में किसी ने उसे देखा नहीं था, इसलिये सबके मनों में

कौतूहल उमड़ रहा था। अपनी छुट्टी खत्म होने पर मोहन अब फिर से अपनी नौकरी पर जाने लगा है, सो वह तो सवेरे साढ़े छह बजे ही चला गया। मामू और माईं भी बासी रोटियों का कलेवा करके और लोटे-लोटे-भर चाय पीकर अपने-अपने काम पर चले गए थे। मामू तो अब अपने पेशे का काम छोड़ चुके। दिन-भर इधर-उधर अपने जान-पहचान की बस्तियों में डोला करते हैं। कुछ डलियों, चटाइयों और कुर्सी-बिनाई के काम की दलाली भी करते हैं और ज्यादातर सुपच बाबा की मड़ैया में बैठकर दीन-धरम की ही चर्चा किया करते हैं। जब से सुपच बाबा का संग हुआ है तब से मांस-मछली खाना और दारू पीना भी छोड़ दिया है। खाली हुक्का-बीड़ी भर पीते हैं। और माईं की जबान तो हरदम चटखारे ही लिया करती है। महुआ, ताड़ी, गोश्त सभी कुछ खाती-पीती है। उन्हीं की सेवा की चिन्ताओं में सारा दिन जाता है। अभी घर में आये चार दिन हो गए, माईं सवेरे जाते समय दरवाज़े पर ताला जड़ जाती हैं। वह तभी खुलता है जब वह दोपहर में घर लौटती हैं।

निर्गुनियां बन्द घर में पास-पड़ोस की आवाज़ें सुना करती है।—'मोहना किसी ईसाई औरत को भगा लाया है।...बड़ी खबसूरत है।' ऐसी तरह-तरह की बातें उसके कानों में पड़ती रहती हैं। और वह चुप। उसका मन भी अब कुछ नहीं बोलता है। बस दिन में खाना पकाओ और भूखी बैठी रहो। एक जेलखाना आर्यपुत्र के घर में था, दूसरा यह मिला। खजूर से गिरी तो बबूल के पेड़ में आ अटकी। और अब रोम-रोम में आठों पहर कांटे ही कांटे चुभा करते हैं। वह सिसकारी तक नहीं ले पाती। रात में मोहना आता है। अपने साहब के यहां से अपनी पकाई हुई कोई-न-कोई चीज़ लेके आता है। मालिक का असली विलायती माल पीता है, बीवी को भी पिलाता है।

निर्गुनियां ने मांस, मछली, शराब, सिगरेट सब कुछ यन्त्रवत् अंगीकार कर लिया। उसका अपना कोई विवेक नहीं, कोई स्वाद नहीं, कोई इच्छा नहीं। जो पति कहे वो सुनो और करो। एक मामू ही बेचारा बहू-बहू कह-कहकर जब-तब प्यार के दो शब्द बोल लेता है। और कोई सहारा नहीं।

दिन में सास की प्रतीक्षा करते-करते उसे झपकी आ गई। माईं ने आकर कुण्डी खटखटाई होगी, सो सुना नहीं। दो-तीन बार कुण्डी खड़कने और बहू-बहू की गुहार से भड़भड़ाकर आंखें खुलीं तो घबराकर उठी। डर के मारे पैरों में दम नहीं रहा, सो उठते-उठते लड़खड़ा के गिर पड़ी, तब तक कुण्डी खटकने का शोर और ज़ोर पकड़ चुका था। निर्गुनियां किसी तरह उठकर दरवाज़े पर गई, द्वार खोला। माईं की लाल डोरे वाली आंखों में एकदम सुलगते अंगारे ही चमक रहे थे।

"तुझे सांप सूंघ गया था निगोड़ी? सूंघ जाए तो छुट्टी पा जाऊं। रात-भर मेरे दो दांत के बच्चे को सता-सता के अपनी हविसें पूरी करती है छिनाल, औ दिन में सोती हैगी!"'...फिर उनके मुख से ऐसी फुलझड़ियां छूट चलीं जिन्हें सवर्णों की सभ्यता में अश्लील माना जाता है। निर्गुन दो-तीन दिनों में अपने लिये ऐसे शब्द सुनने की अभ्यस्त हो चुकी थी। माईं ने घर में घुसकर अपना टोकरा और झाड़-पंजा एक ओर रखा, फिर अपने हाथ-पैर धुलाने का आदेश दिया, फिर अपनी कुठरिया

में आईं। खटिया पर बैठीं। फिर चिलम भरवाई और हुक्के के आनन्द के साथ-ही साथ अपनी बहू के प्रति लगातार गन्दी गालियां सुनाने का सुख लेने लगीं। गालियां खाते समय निर्गुनियां को सास के सामने ही सिर झुकाए खड़ा रहना पड़ा। दो दिन पहले ऐसे ही जब वह गालियां दे रही थी और वो चली गई तो निर्गुनियां ने दण्डस्वरूप माईं के लात-घूंसे खाए थे। बीते कल में केवल गालियां ही खाईं। आज भी खड़ी-खड़ी अपने मां-बाप और सात पुश्तों के लिये भद्दी-से-भद्दी बातें सुनती रही। उसकी टांगें एकदम काठ हो गई थीं।

हुक्का पीके माईं उठीं, बाहर जाते हुए कहा : "अभी आती हूं, खाना गरम रहे।" जाते समय बाहर से फिर कुण्डा बन्द हुआ और ताला जड़ गया। माईं महल्ले में अपनी बहू की पंचायत करने गई थीं। बहू की कहानी यह फैली कि इसका मरद जन्ट साहब की कोठी पर नौकर था सो हैजे से मर गया। पछांह में कहीं की औरत है। न आगे नाथ न पीछे पगहा। मोहन का बाप बगल की कोठी में कलट्टर साहब के यहां काम करता है सो उसी को बुला के साहब ने सौंप दी। तब तलग मोहन वहां पहुंच गया, तो इन लोगों ने सोचा कि लाओ इसी के साथ इसकी गांठ जोड़ दें, सो बिरादरी को खिला-पिला के पियरी उढ़ा दी। माईं यहां भी अब बिरादरी की दावत करेंगी। इसी की सलाह-सूत में पास पड़ोस की बुढ़ियों के साथ माईं ने घड़ी-दो-घड़ी का समय और बिता दिया। फिर घर आईं; फिर चुक्कड़ पीने बैठीं, फिर खाना खाया। तब तक मामू घर आ गए थे। उन्होंने ही खाना खाकर अपने साथ माईं के लिये भी हुक्का तैयार किया। मामू तो बाहर दहलीज में सौंने चले गये। लेकिन माईं ने निर्गुनियां को फिर अपनी चरण-सेवा करते हुए गालियां खाने के लिये बुला लिया। रात के साढ़े दस बजे मोहना के लौटने तक निर्गुनियां गालियां खाती रही, सास के पैर दबाती रही।

माईं चूंकि रोज़ ही निर्गुनियां को बन्द करके जाती थीं, कदाचित् इसीलिये अफवाहों का मलवा उठ-उठकर टीला बनने लगा। लड़की लड़के से उम्र में बड़ी है। ज़रूर ही भगा के लाया होगा। इसकी जांच-पड़ताल करनी चाहिए। मोहन के मामा चौधरी हैं तो क्या उनके घर का अन्याव नज़रन्दाज़ कर दिया जाएगा।

मामू ने सुपच बाबा के यहां भी ऐसी अफवाहें सुनीं। उन्होंने ही यह सलाह दी कि घर-बैठाने की रस्म जल्द-से-जल्द कर देनी चाहिए, नहीं तो बिरादरी में दस तरह की सच्ची-झूठी बातें फैलने लगेंगी, जिसका परिणाम किसी भी हालत में शुभ नहीं होगा। लेकिन माईं धेला भी खर्च करने को तैयार न थीं। वह समझती थीं कि इस कुलटा स्त्री के ऊपर पैसे खर्च करने की ज़रूरत ही नहीं, बल्कि जो पांच-छह सौ रुपया उसके पास से निकला है वह सब जोड़ के रखूंगी। आगे किसी वक्त इस रांड का मुंह काला करके अपने मोहन का ब्याह रचाऊंगी। अपनी नई बहू के लिये गहने-कपड़े लाऊंगी। माईं बराबर यही कहती रहीं कि एक बार जब मोहन के मां-बाप पैसा खर्च कर चुके हैं तब दुबारा क्यों किया जाए। उनका दूसरा तर्क, जो बस्ती की बड़ी-बूढ़ियों में प्रचारित हुआ, यह था कि सारा मालमता मोहन की मां ने अपने पास रख लिया, फिर माईं बेचारी खर्च के लिये कहां से लाए! माईं की निन्दाओं के

बहाने मोहन की मां की चरित्रहीनता और मोहन के जन्म की कहानी बरसों के बाद एक बार फिर से कलंक कालिमा बनकर फैलने लगी।

जवान कुआंरी लड़कियां या वे नई बहुएं जो अभी जिजमानी के काम पर नहीं भेजी जातीं, दिन-भर पड़ोस के घर में अपनी पंचायतें जोड़ती हैं और जिस नई अपरिचित हमजोली को अभी तक अपनी परिचित नहीं बना पाई हैं उसके खिलाफ इतने ज़ोर-ज़ोर से बातें किया करती हैं कि उसे भी सुनाई पड़ती रहें। निर्गुन ने अपने बा़रे में सुना कि वह छावनी में पतुरिया थी। वहां इसकी वजह से गोलियां चलीं सो इसका मरद मारा गया। मोहना की मां चूंकि स्वयं चरित्रहीन स्त्री है इसलिये चरित्रहीना को अपने साथ ले आई। उसके पास जो कुछ माल-मता था सो आप खा गई। मोहन खुद अवैध सन्तान है। कुख्यात है। छावनी के बैण्ड-मास्टर द्वारा बुरे काम के लिये नौकर रखा गया है—आदि तरह-तरह की बातें मानो निर्गुनियां को सुनाने के लिये ही ज़ोर-ज़ोर से सुनाई जातीं। निर्गुनियां दिन-भर सुनती, ऊबा करती, घुटा करती, लेकिन फिर जब सास आती तो उसके और उसकी सात पीढ़ियों के लिये बुरी-से-बुरी गालियों का नया दौर चलता। नई ससुराल की इन चार दिनों की रातों में ममियां सास के पैर दबाते हुए उनके पैरों के क्रोध-भरे हल्के-हल्के धक्के तो रोज़ खाये हैं लेकिन सौभाग्य से लातें अभी तक नहीं खाईं। फिर भी अपने इस नित्य प्रति के अपमान से वह काठ हो चुकी थी। आज चार दिन हो गए इस नई ससुराल में आए हुए, न भर नींद सोई है, न भर पेट खाया है। पति रात में अपनी नौकरी से कुछ खाने का सामान छिपाकर लाता है। व्हिस्की, कैंची सिगरेट की डिबिया लाता है। साथ खिलाता है, पिलाता है, लेकिन यह खाना-पीना निर्गुनियां को पिछले दो दिनों में विष जैसा ही लगा है। प्रतिक्षण उसकी कल्पना में यही आता रहा है कि वह एकदम निर्लज्जा होकर भरे चौराहे पर बैठी है। दुनिया उस पर हंस रही है, थूक रही है और उसके साथ-ही-साथ अपने मनोरंजन के लिये अपना खिलौना भी बनाये हुए है। इन दो दिनों में उसे मोहन भी अपनी भारी विवशता लगा है। वह पिछले तीन दिनों से गहरी घुटन और गहरे तनावों-भरा समय गुज़ार रही है। उसे कुछ भी समझ में नहीं आ रहा कि क्या करे। एक बार बिना समझ जो कुछ किया उसने उसे यहां तक पहुंचा दिया। अब कहां जाएगी, जब इतनी हद तक गिरकर वह जी रही है। कल जिसको अपना सुख-साधन मान के पाला था आज वह दास ही उसका स्वामी बनकर उसे अपने सुख का साधन बनाए हुए है। मोहन प्यार करते-करते उसे रोज़ अवश्य ही कहीं-न-कहीं ज़ोर से काटता है। जलती सिगरेट से उसके शरीर के किसी-न-किसी भाग को दागता है। यह उसके आनन्द की पराकाष्ठा है। दूसरे को पीड़ा देकर स्वयं आनन्द पाने में जिसे सुख मिलता हो उस पुरुष को भला कैसे प्यार करे! प्यार तो बराबरी में होता है। उसकी और मोहना की क्या बराबरी? वह मेहतर, वह ब्राह्मणी। परम्परागत मान्यताओं के अनुसार वह नीचतम, वह ऊंचतम। पर अब तो पासा पलट चुका है। समाज के उच्चतम तीन वर्णों की पूजनीया श्रीमती निर्गुण देवी इस समय अपने भाग्य और अपने ही मन से एक हीनजन्मा, हीनकर्मा व्यक्ति की वेश्या है। वह उसे पिलाता है वह पीती है। वह उसे हंसाता है वह हंसती है।

वह उसे जलाता है, फिर भी हंसती है। जो कभी सपने में भी नहीं खा सकती थी वह खाद्य-कुखाद्य सब कुछ अब उसके हलक से सहज भाव से नीचे उतर जाता है। परन्तु इतने ही क्रान्तिकारी परिवर्तन क्या उसके मन के भी हुए हैं? उसका अपना कोई मन ही नहीं रहा, वह केवल यन्त्रवत् है—काश कि वह सचमुच ही यन्त्र होती।

चार दिन मशीन जैसे चलाई गई वैसे चली, किन्तु अब मशीन मशीन नहीं रह सकती। क्योंकि उसके पास एक अपना दिमाग भी है। और वह दिमाग अब चुप होकर बैठ नहीं सकता। वह इस घुटन से अपने-आपको उबारेगी।

रात में मोहन के आने पर निर्गुन ने उसके कान भरे। पड़ोस में औरतें बैठ के आपस में क्या-क्या कहती-सुनती हैं, वह सब कुछ कहा। माईं की कटूक्तियों का ब्यौरा भी कानों में भरा। माईं अगर उसे आस-पास वालियों से मिलने-जुलने दें तो वह अभी पटाक से सबके मुंह बन्द कर दे, लेकिन अपने ही घर में अपना ही कोई बड़ा-बुजुर्ग अगर बदनामी फैलाता है तो भला उसका क्या इलाज किया जाए ...“अरे जब माईं आधे दिन में दस बार मेरे मुंह पर यह सुनाती हैं कि तेरा खसम दोगली औलाद है, ठाकुर की औलाद है तो बाहर भी सब तरफ यही बदनामी फैलाती होंगी। कुछ भी हो, तुम्हारी मां आखिर उसकी सगी नन्द हैं। और कुछ भी कह लो, मेरा उनसे प्रेमभाव है। वही अकेली तो थीं बिचारी जिनसे मैं हंस-बोल के उस जेलखाने में अपने दिन गुज़ारती थी। भले ही उन्होंने मुझे अपने घर में न रखा हो पर अब तो वह मेरी सास हो गई हैं। मैं भला कहां तक अपने आदमी और सास की बदनामियां सुनूं और सहूं! अरे मैं बुरी-से-बुरी सही, पर अब तो तुम्हारी हूं। जब वही तुम्हें और तुम्हारी मां को यों बदनाम करती फिरेंगी तो दूसरे लोग दस हाथ बढ़कर तुम्हारी बदनामी करेंगे। उनका क्या जाता है?”

“लेकिन मैं इस मामले में क्या कर सकता हूं भला?”

“देखो बदनाम और बुरे होके जो हम रहेंगे तो चैन नहीं मिलेगा। तुम अपनी माईं से साफ-साफ कह दो। मैंने तुमसे प्यार ज़रूर किया है, लेकिन अपनी इज़्ज़त नहीं बेची। मेरा जोड़ा-बटोरा पांच-छह सौ रुपिया था वह भी वह ले गईं। मैंने कुछ नहीं कहा। सोचा, बड़ी हैं ले जाएं। मगर वह तुम्हारी या तुम्हारी मां की इस तरह से बदनामी करें तो भाई यह तो मैं नहीं सह सकूंगी।”

“न सह पाने पर क्या करोगी?”

“मैं अपनी जान दे दूंगी।”

“कैसे?”

मोहना के प्रश्न ने निर्गुनियां के तन-मन में आग लगा दी। क्रोध में बोली : “फांसी लगाकर।”

मोहन बिजली की तरह उछलकर बैठ गया। बोला : “मैं कागज़-पेंसिल देता हूं। तुम्हें यह लिखकर देना होगा कि मैं अपनी मर्जी से फांसी लगा रही हूं। इसमें और किसी का कसूर नहीं है।” कहकर नशे की झोंक में वह खटिया से उठा और अपनी कोट की जेब से एक पेंसिल निकाली और सिगरेट की एक खाली डिबिया को फाड़कर उसके पीछे वाली खाली जगह पर कहा, लिखो। निर्गुन एकदम से घबरा

गई। उसने कहा : "क्या लिखूं?"

"यही कि तुम अपनी मर्जी से फांसी लगा रही हो।"

"जब लगाऊंगी तब लिख दूंगी।"

"नहीं, फांसी तो तुम्हें आज ही लगानी पड़ेगी। तुम क्या लगाओगी, मैं अपने हाथ से तुम्हारे गले में फांसी का फंदा डालूंगा। लेकिन चूंकि खुद फांसी पर चढ़ना नहीं चाहता इसलिये तुमसे यह बयान ज़रूर लिखवाऊंगा। लिख साली।"

निर्गुन की आंखों में आंसू आ गए। उसे दबा-दबाकर उसके शरीर को सता-सताकर मोहना ने ज़बरदस्ती कागज़ लिखवाया। फिर खटिया पे चढ़कर धन्नी में उसकी एक साड़ी को फन्दा बांधकर लटकाया। फिर कहा—आखिरी बार तेरा सुख भोगूंगा और फिर अपने ही हाथों से तुझे फांसी पर चढ़ा दूंगा। (अगली पंक्तियां श्रीमती निर्गुनियां की नोट बुक से उद्धृत)...'क्या-क्या कहूं, कितनी खुशामदें कराके अपने पैरों पे गिराके अपने आगे मेरी नाक रगड़वा-रगड़वा के उस जालिम ने मेरी जान बकशी थी। यह सच है कि बाद में मुझको अपने मोहना से बहुत प्यार हुआ, उसको भी मुझसे बहुत प्यार हुआ पर निगोड़ा शुरू ही से था बड़ा जालिम। उस ज़माने में एक गाना बहुत चलता था। अब मुझे ठीक तरहों से तो याद नहीं, पर कुछ ऐसा ही था कि—'भोली-भाली सूरत वाले होते हैं जल्लाद भी।'

"मोहना ऐसा ही था। उसके बाद में डाकू बन जाने का मुझे कुछ अचरज नहीं हुआ। खैर, जो भी हो, तन-मन की उस टूटन-थकन और अपमानों से भरी वह घिनौनी रात के बीत जाने पर मेरे लिये एक सबसे घिनौना दिन उगा। जब मोहना और मामू चले गए तब माईं घर में ही टट्टी गईं और मुझसे कहा, 'इसे उठाकर बाहर नाली में फेंक आ।' मैंने कहा, यह मुझसे न होगा। उस दिन मुझपे कैसी-कैसी मारें पड़ी हैं। कलम से क्या लिखूं! माईं ने रात में हम दोनों की बातें सुन ली थीं और सवेरे उसका ही उन्होंने जो दण्ड मुझे दिया वह मेरी तब तक की ज़िन्दगी की सबसे बड़ी सजा थी। तब तक मैंने कहावत में सुना ही था कि 'मार-मार के भंगी बनाया जाता है।' मैं सचमुच ही मार-मार के भंगिन बनाई गई थी।"

14

श्रीमती निर्गुनियां के कागज़ों में कहीं-कहीं ऐसे पन्ने ज़रूर थे जो उनके जीवन के विभिन्न कथा-प्रसंगों की थोड़ी-थोड़ी झलक दे जाते थे। मैंने उनके लिखे एक छोटे-से अंश का इस्तेमाल किया। इच्छा होती थी कि उसके आगे का विवरण भी मिल जाता, किन्तु वह शायद उन्होंने नहीं लिखा था। और मेरे लिये आगे की कल्पना करना बहुत ही कठिन था। मैंने अपने बचपन में मारें अवश्य खाई हैं—पिता की, मां की, अध्यापकों की, किन्तु इस तरह कभी नहीं पिटा कि पिटते-पिटते हारकर मारने वाले की मर्ज़ी मान लूं। श्रीमती निर्गुनियां के लिखे हुए वाक्यों को आधार मानकर मैंने तरह-तरह से कल्पनाएं कीं, पर मन को सन्तोष न हुआ। सोचा, उनसे

मिलकर और बातें करके ही आगे का प्रसंग लिखना ठीक होगा।...सच कहूं, मैं उस भयावने दृश्य की कल्पना करने से भी सहम रहा था। सैकड़ों बरस पुरानी दासता के दिन याद आने लगे जबकि लुटेरे केवल धन-दौलत ही नहीं, स्त्री-पुरुषों को भी लूट लिया करते थे। मुझे इस समय ढाई-पौने तीन हज़ार बरस पहले की राजकुमारी चन्दना की कथा याद आ रही है। बड़े नाज़ों से पली राजकुमारी डाकुओं के हाथों में पड़ गई। जिसकी ओर कभी कोई आंख उठाकर देखने की हिम्मत नहीं कर सकता था वही बाज़ार में खरीदे-बेचे जाने योग्य माल बनाकर खड़ी की गई थी। एक सेठ उसे खरीदता है, अपने घर लाता है। सेठानी उसके रूप से ईर्ष्या करती है और उस पर तरह-तरह के अत्याचार करती है। मैं कल्पना करता हूं कि उस नाज़ों-पली राजकुमारी को एक ही जन्म में स्वामिनी से दासी बनने में क्या अनुभव हुआ होगा। मैंने बचपन में अपने नाना के गांव में भी एक पुराना किस्सा सुना था कि वहां के किसी पुराने समय के कोई एक राजा साहब बड़े प्रजावत्सल, निर्भीक और साहसी थे। उन्होंने कभी तत्कालीन विधर्मी बादशाह की गुलामी स्वीकार नहीं की। उन्होंने कभी बादशाह को अपने इलाके में कर वसूल नहीं करने दिया। छापेमारी के युद्ध में राजा साहब ऐसे कुशल थे कि बादशाह की बड़ी-बड़ी सेनाओं को भी चकमें दे देते थे। लेकिन एक बार षड्यन्त्र में फंसाकर वे पकड़ ही लिये गए। राजा साहब को सार्वजनिक स्थान में बैठाया गया और प्राचीन काल के राज्याभिषेक का सारा स्वांग किया गया। सात नदियों के पवित्र जल से राजा को स्नान कराया जाता था, इसलिये शाही अमलों ने सात मेहतरों को खड़ाकर राजा साहब के सिर पर पेशाब करवाया, उनके सिर पर मल का टोकरा उल्टाया गया। ऐसे ही तरह-तरह के सार्वजनिक अपमान करके राजा साहब की मान-मर्यादा को धूल में मिलाया गया था। और उसके बाद वे समाज के अधमातिअधम व्यक्ति बनाकर जीने के लिये छोड़ दिए गए थे। एक महल्ले में मेहतरों से भेंट करते हुए एक व्यक्ति ने कहा था—"बाबूजी हमारे एक बुजुरुग ने हमें बतलाया था कि हम लोग भी कोई सदा के मेहतर नहीं थे, छत्री थे। गोरी, गजनी के बाश्शाः से लड़ाई में हार गए। वह हमें पकड़ के ले गया। हमारी औरतें हमसे छीन लीं। उनका धरम बदल दिया। हमसे भी कहा कि अपना दीन-धरम छोड़कर हमारे मजहब में आ जाओ। हमने कहा कि हम अपना धरम हरगिज-हरगिज नहीं छोड़ेंगे। बाश्शाः ने गुस्से होके कहा कि नईं छोड़ोगे तो तुम्हें हमारा मल-मूत्र उठाना पड़ेगा। हमने ये काम मंजूर किया, पर अपना धरम नहीं छोड़ा।"...सोचता हूं कि आसानी से इन मेहतरों के पुरखों ने अपना यह नया कर्म नहीं अपनाया होगा। एक मेहतर नवयुवक ने एक बार इण्टरव्यू के समय बहुत उत्तेजित होकर कहा था कि बड़े लोग गन्दगी करें, सभी करते हैं, लेकिन हम ऐसे कमनसीब नालायक पैदा हुए हैं कि हमें अपनी गन्दगी भी साफ करनी पड़ती है, दूसरों की भी। भला ये कहां का न्याय है?

हां, यह न्याय कदापि नहीं हो सकता। उच्च भारतीय संस्कृति का नारा है कि अपनी इन्द्रियों के वश में भी न रहो। अपने स्वामी आप बनो और यहां यह सांस्कृतिक नीचता दिखलाई पड़ रही है कि एक मनुष्य की अहंता ने दूसरे मनुष्य

की अहंता को कुचल-कुचलकर इस हद तक पहुंचा दिया है कि वह उसकी हर उचित-अनुचित आज्ञा को मानने के लिये सिर झुकाकर बाध्य हो। ताज़ी अनुभूति का स्पर्श पाने के लिये मैंने श्रीमती निर्गुनियां से मिलना ही उचित समझा। शाम का वक्त था। मैंने सोचा, घर पर तो होंगी ही, ठर्रे के ठाठ में भी होंगी, मिला जाए। मेरे जाने से उनका मूड शायद बिगड़े...शायद बन भी जाए।...

उनके महल्ले में पहुंचते ही मुझे मास्टर श्यामलाल मिले।

"नमस्ते बाबूजी।"

"नमस्ते भाई; अरे मास्टर साहब! यहां अंधेरा है न। अंधेरे में मैं आपको देख नहीं पाया, माफ कीजिएगा।"

"अरे, बाबूजी, कई बार हम लोगों ने अथारिटीज़ से रिक्वेस्ट की कि एक लाइट यहां भी लगवा दी जाए। मगर हम गरीबों की कौन सुनता है भला?"

"घबराइए नहीं, समय बदलेगा मास्टरजी, और कहिए आपका स्कूल कैसा चल रहा है?"

"स्कूल? हें...हें...हें। क्या कहें, हमारा समाज अब इत्ता पतित हो गया है बाबूजी कि स्कूल चल ही नहीं पाता। हम तो अब एक वकील के यहां मुंशीगीरी करने जाते हैं। क्या करें बाबूजी, बाल-बच्चों का साथ है, पेट को तो किसी-न-किसी तरह से पालना ही पड़ता है।"

"मेरा खयाल है ये मुंशीगीरी का काम तो आप तब भी करते थे जब मैं पहली बार आपसे मिला था।"

"जी हां, साल-भर से कर रहा हूं, मगर बस इसी लालच से कि मेरा स्कूल चलता रहे। पर हमारा समाज इतना पतित है कि लड़के भी पढ़ने नहीं आते। इस माडर्न सोसलिजम की एज में भी हमारे पतित समाज में आत्मउन्नति करने की चेतना ही नहीं आती। मैं आपसे सत्य कहता हूं बाबूजी, मुझे और मेरे बच्चों को जो सूखी नमक-रोटी भी नसीब होती तो मैं और कोई काम न करता, केवल मास्टर बनता।"

"तो क्या आपने अपना स्कूल अब बिल्कुल ही बन्द कर दिया है?"

"बिल्कुल तो बन्द नहीं किया बाबूजी, ये भी बस समझ लीजिए कि निर्गुनयां चाची के हौसले और अपनी ज़िद्द के कारण ही संडे-संडे को दस-पांच लड़के बटोरकर पढ़ा देता हूं। आप क्या निर्गुनियां चाची के यहां आए हैं?"

"हां।"

"चाची आपका बहुत सम्मान करती हैं। हमसे आपकी बड़ी प्रशंसा करती थीं। लेकिन इस समय तो वो एकदम टन्न खोपड़ी में होंगी। हें...हें...हें।"

श्रीमती निर्गुनियां के घर की तरफ बढ़ते हुए मास्टर की बातें भी लगातार मेरे साथ-ही-साथ बढ़ रही थीं। इस शताब्दी से पहले आत्मपतन की चेतना इनमें कभी आती ही नहीं थी और जो अब आई है तो जड़ कुंठा बनकर। संयुक्त राष्ट्र संघ के मंच पर बीसवीं सदी का सभ्य मानव यह नारा लगा रहा है कि मनुष्य-मनुष्य समान हों, कोई किसी का दास न रहे। सबको आत्मविकास के लिये पूरी-पूरी सुविधाएं

सुलभ हों।...बीसवीं सदी की मानव चेतना अब भी दो विरोधी सिरों से उलझी हुई स्थिरता पाने के लिये लड़खड़ा रही है।

मैं जान-बूझकर बरामदे की ओर न जाकर पिछवाड़े खेत के गलियारे से उनके भीतर वाले कमरे की खिड़की के पास पहुंचा। आवाज़ लगाई : "निर्गुनियांजी!" दो आवाज़ें लगाने के बाद वे बोलीं : "कौन बाबूजी?"

"हां, मैं ही हूं, माफ कीजिए, आपको ज़रा कष्ट देने आया हूं।"

"अरे आओ भी मेरे यार, ठैरो खोलती हूं।"

मैं तेज़ी से कदम बढ़ाकर मकान के बरामदे वाले कमरे की ओर पहुंचा। निर्गुनियांजी की आवाज़ ही बतलाती थी कि वे इस समय सातवें आसमान से भी काफी ऊपर उठी हुई हैं। मैंने शायद गलती की जो इस समय उनके पास आया। कुण्डी खुली। श्रीमती निर्गुनियां के मुख से मदिरा की गन्ध का ऐसा तेज़ भभका आया कि एकाएक मेरा जी घबरा उठा। अपने-आपको संभालकर मैंने कहा : "मैं समझता हूं आप आराम ही करें। मैं फिर और किसी समय आ जाऊंगा।"

"आप समझते हैं मैं बौत नशे में हूं?...वो-वो बन्द-बन्द—व-अ-अ-अ-कंडी बन्द कर लीजिए और अन्दर आइए।"

मैं उनके लिये कुछ नमकीन और मिठाई ले गया था। झोले में से निकालकर पुड़ियां खोलीं और मेज़ पर रख दीं। वह फिर से अपने तखत पर बैठकर कुछ-कुछ हांफ रही थीं। मैंने कहा : "मैं जानता हूं, आप इस समय अकेलापन ही पसन्द करती हैं।"

"आप मेरे अकेलेपन में शामिल हैं बाबूजी। आ गए अच्छा ही किया।... आपको देख के इस बखत ऐसा लगा कि मानो मेरे वो ही आ गए।"

'वो' शब्द पहले तो रहस्य-सा लगा, फिर समझ में आ गया। मैंने कहा : "मगर मेरी सूरत तो आपके श्री मोहना से नहीं मिलती?"

"उमिर तो मिलती है बाबू।...खैर। मैं...मैं जाने कहां भटक...भ...भटक गई थी, माफ कीजिएगा।"

"मैं जानता हूं, इस समय आप अपने मोहना से मानस योग करती हैं। आपको ज़ोर से काट लेता था मोहन, सिगरेट से जला देता था। उसके ध्यान में आप इतनी तल्लीन कैसे हो जाती हैं? आपको अत्याचारों के प्रति कभी नफरत नहीं होती?"

"अच्छी बात पूछी आपने। अभी जवाब देती हूं। पहले आपके लिये पीने को..."

"नहीं, निर्गुनियांजी, मैं माफी चाहता हूं।"

"क्यों?"

"मैं बहुत जल्दी-जल्दी पीने का आदी नहीं हूं। आपसे सच कहता हूं, मुझे इसकी तनिक भी इच्छा नहीं है। मैं आपके गिलास में ढाल दूं?"

"मैं अपने आप ले लूंगी।...ये समोसे बड़े अच्छे लाए हैं आप।...ठैरिए, पैले अपने...अपने होश के घोड़े की लगाम कस लूं।...हां, तो नफरत की बात थी बाबूजी। पहले गुस्सा आता था पर अपनी ही करतूतों से। लेकिन जब खुद ही मेहतर की ताबेदार बनकर आई थी तो गुस्सा भला क्या कर सकता था! घुट-घुट के रह जाती

थी। मोहना के बजाय आप मुझे मिले होते..."

मैं चौंका, मगर तुरन्त ही भांप लिया कि शराबी नज़रों में सयानापन भी चमक रहा है।

मैंने कहा : "मैं मिला होता तो आप बाम्हनी की बाम्हनी ही रहतीं।"

"सच है जब तक अपनी बावली गरज में मेहतर का अंग-संग करके भी, उसके जूठ-मीठ, खान-पान में तन से घुलमिल कर भी मैं मन से बाम्हनी रही तभी तक नफरत भी होती थी, लेकिन जिस दिन से मैं मन से मेहतर बन गई उसी दिन से नफरत पूरे-पूरे प्यार में बदल गई। प्यार पहले भी था लेकिन उसमें दो बातें पहले ज्यादा उभरी हुई नज़र आती थीं। एक तो ये कि मोहना से मेरे जिसम की भूख मिटती थी और दूसरे ये कि पराई दीन-दुनिया में वही अकेला मेरा सहारा था।"

"और मन से मेहतरानी बन जाने के बाद?"

"नक्शा बदल गया, मैं पूरी तरह से उसकी बराबरी में आ गई।"

"दरअसल यही बात तो मुझे इसी समय आपके पास खींच लाई है। आपने उस बार बतलाया था कि माईं ने आपको मार-मार के भंगी बनाया था। मैंने वह अध्याय लिखा तो अवश्य किन्तु मेरे मन को सन्तोष न हुआ। इस समय आपकी मन से मेहतरानी बन जाने वाली बात मेरे लिये फिर पहेली-सी बन गई।"

"कैसी पहेली?"

"यही कि आपका मन ब्राह्मण से मेहतर कैसे बना?"

"बतलाया तो था आपको, मार से भूत भाग जाता है। फिर मन के ब्राह्मणपन की भला क्या विसात?"

"माईं की मार ने आपको कैसे भंगिन बनाया?"

निर्गुनियां बड़े ज़ोर से हंस पड़ीं, इतना हंसी कि उनकी आंखों में आंसू आ गए। फिर बोलीं : "ठहरिए।"

बोतल उठाई, गिलास में ढाली, फिर कहा : "पहले जब उस मार का ध्यान करती थी तो सच मानिए मेरे तन का एक-एक रोंया-रोंया खड़ा हो जाता था। साला डर का नशा दो बोतलों के नशे से कम थोड़े ही होता है बाबूजी। अब उस ध्यान से वैसा कुछ नहीं होता। सब सहज हो गया है।" अपने गिलास में ढाली, पानी मिलाते हुए कहा : "मैं पी रही हूं, आप यों ही बैठे हैं। ऐसे में मज़ा नहीं आता बाबूजी, कुछ तो पीजिए।"

मैंने कहा : "निर्गुनियांजी, हर पीने वाला अपने सामने के न पीने वाले व्यक्ति के बारे में यही समझता है कि वह नशे में नहीं है। मगर किसी काम या किसी बात का नशा बहुत तेज़ होता है। सच मानिए, मुझे इस समय किसी भी बाहरी नशे की आवश्यकता नहीं हैं।"

निर्गुनियांजी चुप रहीं। फिर जल्दी-जल्दी एक ही घूंट में गिलास खाली कर दिया। शायद शराब की ज्वाला के कारण ही पल-भर दोनों हाथों से अपना कलेजा थाम के दीवार के सहारे निढाल बैठी रहीं, फिर कहा : "आप नसीबेबर हैं। मुझे किस्मत ने अपने भीतर के नशे की थाह पाने के लिये बाहर के नशे का पाप भी

दे दिया है। खैर, जाने दीजिए। हां, तो आपने पूछा, माईं ने कैसे मेहतरानी बनाया ...उस दिन सवेरे उठी वह हरामज़ादी और जब मरद चले गए तो कुण्डा बन्द किया। आप सामने ही निलज्जता से मोरी पर हगने बैठ गई हरामज़ादी।...फिर झाड़ू-पंजे की ओर इशारा करके मुझसे कहा, इसे कमा, टोकरे में डाल! मेरा सिर चकरा गया ...अब भी चकरा रहा है साला।''

मुझे लगा मेरे प्रश्न ने उनके मन में कहीं भीतर-दर-भीतर कोंचा मार दिया। बहुत दुःख हुआ। मैंने हड़बड़ाकर कहा : ''भूल जाइए इस सवाल को, मैं आपसे क्षमा चाहता हूं।''

''किस बात की? अरे अब मैं पत्थर हो गई हूं बाबूजी, कलेजे को पत्थर बनाये बिना कोई क्या मेहतर बन सकता है? बड़ी तपिश्या का काम होता है मेहतर बनना। हां, तो मैं चुपचाप खड़ी रही। माईं ने मेरे झोंटे खींचते हुए कहा : 'सुना नहीं, बहरी है क्या?' मैंने बिलखकर कहा, 'मैं यह काम नहीं कर सकती।...'

'' 'मेरे बेटे की जिनगानी खराब कर सकती है हरामज़ादी, और यह नहीं कर सकती? अरे तू क्या तेरा बाप भी उठाएगा, चल उठा!' मैं ज़िद पर अड़ गई।''

''फिर?''

''अरे लातों-लातों, घूंसों-घूंसों झोंटे खींच-खींच के मारा साली ने। मगर मैं भी ऐसी पक्की रही बाबूजी, मार खाते-खाते बेहोश हो गई पर अपनी ज़िद न छोड़ी। उस दिन जब होश आया तब वह जा चुकी थी। मगर अपने पाप का पोटला वहीं मोरी पर ही छोड़ गई थी। उस दिन मैंने खाना-वाना कुछ नहीं बनाया बाबूजी। दोपहर बाद आई तो फिर उसने मुझे मेरी कोठरी में बुरी तरह से मारा। मुझे हाथ पकड़कर खींचा, दीवाल से मेरी खोपड़ी टकरा दी। मार खाते-खाते बुरी हालत हो गई बाबूजी, मगर मैं भी न उठी सो न उठी। मामू आए। मैंने माईं को यह कहते हुए सुना कि बहू की तबियत खराब है। पैसे लो और बाहर ही खा आओ। रात में वह आए, मेरी हालत देखी। 'क्या बात है निर्गुन?' उन्होंने मेरे सिर पर हाथ रखते हुए पूछा। दो-एक आग्रह करने पर उनकी जांघ में मुंह छिपाकर रोने लगी। बहुत पूछने पर बतलाया कि माईं ने मारा है।

'' 'ये माईं साली सदा से अपनी ही ज़िद पर अड़ती है। दूसरे की नहीं चलने देती। तू घबरा मत मेरी जान, मैं अभी उस बुढ़िया को धमकाए आता हूं।'

''बड़े तैश में धमकाने गए, पर लगता है खुदी धमक के लौटे, मुझसे कहा : ''माईं का कहना ठीक है। तुम्हें हमारे पुश्तैनी काम की आदत तो डालनी ही होगी। इसके बिना बिरादरी में मुंह कैसे दिखाओगी? जिस घर में आई हो उसके कायदे-कानून से नहीं चलोगी तो बदनामी फैलेगी कि ज़रूर किसी और जात की औरत है, भगा के लाया है।'

'' 'मगर मैं यह काम हरगिज़ नहीं कर सकती।' मोहना हंसा, फिर बोला : 'सुनो निर्गुन, हंस के या रो के करना तो तुम्हें यही काम पड़ेगा। बच के कहां जाओगी मेरी जान! लो उठो, खाना खा लो!' कहकर वह कटोरदान खोलने लगा। मैंने कहा, 'थोड़ा ज़हर ला दो या अपने हाथ से मेरा गला घोंट दो, मैं अब जीना नहीं

चाहती।' जानते हैं बाबूजी, मेरे मोहना ने क्या जवाब दिया? वह बोला कि तू साली मर ही नहीं सकती, तू साली डरपोक है। मरना होता तो दिन-भर में फांसी लगाकर मर चुकी होती। तेरे ही भले के लिये कहता हूं, अपनी ज़िद छोड़ दे। मैंने कहा, 'मैं हरगिज़-हरगिज़ नहीं करूंगी। मैंने तुमसे कहा था कोई और धन्धा कर लो'...''

कहते-कहते वे एकाएक चुप हो गईं। बीड़ी के बण्डल की ओर हाथ बढ़ाया। उनके हाथ लड़खड़ा रहे थे। मैंने उठकर उन्हें बीड़ी का बण्डल देना चाहा तो देखते ही उनके बदन में चुस्ती आ गई। लड़खड़ाते हाथ ने सधकर बण्डल उठाया। वे मुस्कराईं, कहा : ''बहुत पीकर काया से निढाल हो जाती हूं बाबूजी, पर मेरा दिमाग कभी बेहोश होना ही नहीं जानता।''

''तब फिर आपके मन का परिवर्तन कैसे हुआ होगा, ब्राह्मणी से मेहतरानी कैसे बनी होंगी?''

''अपने मोहना की एक बात से। मुझसे बोला; कभी-कभी मैं जब ये सुन लेता हूं कि मैं ठाकुर की औलाद हूं तब मुझे भी नफरत होती है कि दूसरे का मैला क्यों साफ करूं! फिर सोचता हूं कि वो बाम्हन-ठाकुर ऊंची जात के लोग ही साले हरामी हैं जो अपने मजे के लिये अपनी औलादों को इस हैसियत में पहुंचा देते हैं। वह फिर बोला कि तेरा क्या कसूर है! बुड्ढे-नामरद के साथ तू कैसे रह सकती थी भला! लेकिन जब मेहतर का हाथ पकड़ा है तो साथ भी निभा, बन मेहतरानी! या फिर तेरी खातिर मैं यह भी कर सकता हूं कि तुझे टेशन पर छोड़ आऊं और जहां का टिकट कहे वहां का कटा दूं। तू अपनी दुनिया में और मैं अपनी दुनिया में।''

''तो आप मान गईं?''

''अरे इतनी जल्दी थोड़े ही माना जाता है, मेरे भैया। टेशन जाना भी मंजूर नहीं। अनजानी दुनिया में निराधार कहां जाती! यहां एक आधार तो है। पर हठीला मन पहाड़-सा अचल होता हैगा। एक दिन, दो दिन, तीन दिन वो हरामज़ादी वहीं हगती रही। मैं रोज़ मार खाती थी, भूखी रहती थी। भूखी रहने पर भी रोज़ रात में मुझ औरत को अपने मरद को सुख भी देना पड़ता था। जिस सुख के लिये यह दिन देखा था वही सुख तब नरक के दण्ड-सा भोग रही थी। मोहन भी ऐसा निर्दयी कि न खाने को पूछे न पीने को, अपना सुख ले ले और सो जाए। मैं भी रोते-रोते थक गई। मोहना ने सच ही कहा था कि मैं डरपोक हूं, जान नहीं दे सकती।

''मोहना के मामू मेरी बड़ी दया बिचारते थे। दो-एक दिनों में उन्हें मालूम हो ही गया कि उनकी पत्नी मुझे अपनी जात के पेशे में उतारने पे तुली हुई है और उसका भांजा अपनी माईं की बात पर रज़ामन्द है। वह बहुत दुखी हुए। एक दिन पति-पत्नी में खूब कहा-सुनी भी हुई, पर कोई लाभ न हुआ। मोहना भी अपनी माईं का ही पच्छ लेकर बोला था : 'इस मामले में तुम न बोलो मामू, उसने जिसका हाथ पकड़ा है, उसका धरम भी निभाना पड़ेगा। नहीं तो जाए जहां सींग समाय।' मैं अपनी कोठरी में भूखी-प्यासी पड़ी थी। मोहना की यह बात सुनकर मैं टूट गई। सहारा छोड़कर कहां जाती भला! आप ये समझें कि चालीस बरस पहले की बात है। औरत की जात का बाहर निकलना कितना कठिन था, यह तो आप जानते ही हैं। मैंने

सोचा, भाग में जो कुछ लिखा के लाई थी वह तो हो ही गया, मैं जब ब्राह्मण के घर से मेहतर के घर आकर बस गई, सारे करम हो गए तब पूरे सोला आने मेहतरानी क्यों न बन जाऊं! लेकिन बाबूजी मन के सोचने और करने में बड़ा अन्तर पड़ता है। मन की हिचक में बिना खाए-पीए वह मेरा छठा रोज़ था बाबूजी। मैं हर तरह से टूट चुकी थी। सातवें रोज़ मुंह अंधेरे उठी, नाक पर पट्टी कसकर बांधी और पूरे हठ के साथ मेहतरानी बन गई।''

मैं अपने जी की बात कहूं कि मुझे उस समय श्रीमती निर्गुनियां के सामने बैठना भी भारी लग रहा था। सुनते हैं एक बार कामशास्त्र सम्बन्धी प्रश्नों के उत्तर देने के लिये शंकराचार्य ने अपने प्राण अपनी देह से निकालकर एक तुरन्त मरे हुए राजा की देह में प्रतिष्ठित किए थे और उस राजदेह के द्वारा कामजनित अनुभव ग्रहण किए, मगर मैं अपनी कल्पना से भी यह काम नहीं कर सकता। सारी प्रगतिशीलता के बावजूद मेरे आभिजात्य सामंती संस्कार अब तब कायम हैं। गांधीजी स्वयं भंगी बन गए थे, अपने आश्रमवासियों को भी उन्होंने इस सफाई के काम में दीक्षित कर दिया था। लेकिन मैं ऐसा नहीं कर सकता। आधुनिक शिक्षा के लोकतान्त्रिक संस्कार मेरे मन में प्रबल हैं। जिन पढ़ी-लिखी लोकतान्त्रिक बातों के बल-बूते पर मैं अपनी जात-पांत भूल सकता हूं, मेहतरों के साथ खा-पी तक सकता हूं, उसी पढ़े-लिखे पन के कारण मेहतर का काम करने की कल्पना तक से मेरा मन घिना उठता है। मैंने श्रीमती निर्गुनियां को स्वयं भी अपने मन में कायर कहा। वह क्या कुछ दिन और भूखी रहकर अपनी जान नहीं दे सकती थीं?... लेकिन मैं शायद ज़्यादती कर रहा हूं। जान देना इतना आसान नहीं होता है। श्रीमती निर्गुनियां ने जो भी किया वह वैसी ही मजबूरी की स्थिति में पड़कर शायद अट्ठान्नवे प्रतिशत आज भी लोग करते हैं, कर भी रहे हैं बेचारे। सौ में एक-दो की बात सदा न्यारी रहती है, धरती आत्मवीरों से एकदम खाली नहीं। मुझे लगता है कि श्रीमती निर्गुनियां बातों-बातों में उस दिन औसत से अधिक पी गई थीं। उनकी बातें अस्पष्ट होने लगीं और फिर वे विवश होकर अपने तखत पर लुढ़क गईं। मेरे लिये समस्या थी कि उनके घर को खुला छोड़कर कैसे बाहर आऊं। लेकिन तरकीब सूझ गई। बाहर के दरवाज़े की नीचे वाली सिटकिनी सरकाकर मैंने किवाड़ बाहर से घसीटा और वह बन्द हो गया। सर्दी की रात में यों ही जल्दी सन्नाटा हो जाता है। सूनी भंगी कालोनी के स्वामिभक्त कुत्ते मुझ अजनबी को देख-देखकर भौंक रहे थे, मानो मुझसे कह रहे हों, भाग जाओ अजनबी, इतनी जल्दी तुम मानव-मन के जानकार नहीं हो सकते।

15

इन दिनों मोहना का मन बड़ा चिड़चिड़ाहट भरा हो रहा था। जीवन में अचानक एक स्त्री के आ जाने से जहां अजब बहार आ गई थी, वहीं घर में समस्याएं

भी बढ़ गई थीं। और समस्याएं बाहर भी थीं। मोहना जिस बैण्ड मास्टर के यहां काम करता था वहां संयोग से एक नया लड़का आ गया—माशूक हुसैन, किसी नवाब की रखैल रंडी का बेटा था। कुछ दिन पहले ही नवाब के यहां डाका डालकर कुख्यात वहीदा डाकू लूट के माल में शामिल करके उसे भी ले आया था। उन दिनों संयोगवश छावनी के आसपास ही किसी जगह वहीदा छिपा हुआ था। रात के समय दो-एक बार शराब खरीदने के लिये वह माशूक को साथ लेकर कप्तान जैक्सन के परम मित्र रिटायर्ड मेजर जेफरसन की दुकान पर आया था। माशूक की सुन्दरता, वहीदा डाकू के गिरोह के लिये अभिशाप बन गई और उसी ईर्ष्याभिशाप के चक्र में माशूक भी थरथर कांपता था। वहीदा के गिरोह के ही एक व्यक्ति ने माशूक को भागकर गोरे शराब वाले की शरण में जाने की प्रेरणा दी। उसने कहा : "अंगरेज अपनी हुकूमत की ताकत से तुम्हें वहीदा के हाथों से बचा लेगा।" मेजर जेफरसन भी बालक-व्यसनी था किन्तु अपनी पत्नी के कारण वह माशूक को अपने घर में नहीं रख सकता था। इसलिये माशूक कप्तान जैक्सन के संरक्षण में आया। जैक्सन के जीवन में माशूक अभूतपूर्व जोश का ज्वार बनकर आया था। उसकी सुन्दरता, उसका आभिजात्य वर्ग और आठवें दर्जे तक की पढ़ाई का अंग्रेज़ी ज्ञान जैक्सन को आठों पहर दीवाना बनाए रखता था। जैक्सन ने उसे 'ह्वाइट वे लैडला' की दुकान से उम्दा कपड़े दिलवाए। होटल में जब-तब उम्दा खाना खिलाने ले जाता। उसने तुर्त-फुर्त बप्तिस्मा दिलवाकर माशूक को ईसाई भी बनवा लिया। माशूक से कहा कि जब तक उसके मां-बाप के यहां उसकी खबर पहुंचाई जाती है और नवाब साहब उसे लेने के लिये यहां आते हैं तब तक सुरक्षा के लिये उसका ईसाई हो जाना ही अच्छा रहेगा। माशूक का ईसाई नाम डेविड रखा गया। जैक्सन ने उसे यह भी लालच दिया था कि वह उसे लेकर इंग्लैण्ड चला जाएगा। वह उसे खूब पढ़ाएगा। उसे हाई क्लास नौकरी दिलवा देगा। उसके लिये जाने क्या-क्या करिश्मे करके दिखला देगा। जैक्सन के जीवन में नदी की बाढ़ की तरह ही मशूक-प्रेम का सैलाब उमड़ पड़ा था। और इसीलिये 'यंग क्रिश्चियन्स लीग' के लड़कों में दबे विद्रोह की भावना भी क्रमशः बढ़ चली थी।

मोहन जब निर्गुनियां के साथ नये जीवन में प्रवेश करके अपने काम पर लौटा तो माशूक उर्फ डेविड के आतंक से 'यंग क्रिश्चियन्स लीग' में उसे बड़ी-बड़ी थर्राहटें भरी हुई नज़र आईं। दबी आवाज़ों में बहुत कुछ सुना। 'मास्टर' अब किसी काम में ध्यान नहीं देता। वह माशूक को साथ लिये-लिये ही डोलता है। शादियों में बैण्ड की बुकिंग पहले की तरह फरगूसन ही करता है लेकिन पैसों का हिसाब-किताब अब माशूक रखता है और सबकी झूठ-मूठ शिकायतें किया करता है। एक दिन गंगाराम को मास्टर के सामने ही लात भी मार दी थी। परन्तु यह सब सुनकर भी मोहना का मन न हारा। छुट्टी जाने से पहले तक वह अपने स्वामी का विशेष कृपापात्र, विश्वासपात्र था। सेफ की चाबी उसी के पास रहती थी। मोहना जैक्सन मास्टर की बैण्ड कम्पनी को सुचारु रूप से चलाने में बड़ा ही योग्य और नीति-निपुण सहायक सिद्ध हुआ था। टोली में हर कोई उसकी बात मानता था। वही आमतौर से नई धुनों की रिहर्सलें कराता था। उसी ने कई हिन्दोस्तानी तर्जों को

अंग्रेज़ी बैण्ड की धुनों में ढालकर अपने बैण्ड को लोकप्रिय बनाया था। खाना बनाने में भी मोहना ने ऐसी दक्षता प्राप्त कर ली थी कि मास्टर केवल उसी के हाथ का खाना पसन्द करता था।

माशूक उर्फ डेविड लाख प्रयत्न करने पर भी मोहन का प्रभाव समाप्त नहीं कर पाया था। उसने काफी एतराज़ उठाया कि वह मेहतर के हाथ का खाना नहीं खाएगा लेकिन मास्टर को मोहन के हाथ का बना खाना बेहद पसन्द था। अब केवल इतना परिवर्तन अवश्य हो चुका था कि पैसों-टकों का हिसाब-किताब और सेफ की चाबी माशूक उर्फ डेविड ही रखता था। मोहन ने इसमें अपने ढंग से चूना लगाना शुरू कर दिया। चीज़ों के भाव-ताव में घट-बढ़ होने लगी। डेविड के हिसाब में घट-बढ़ होने लगी। कभी साहब की तिजोरी में कम रुपये निकलते कभी ज़्यादा। आखिर में घबराकर जैक्सन साहब ने सेफ की चाबी पहले की तरह ही मोहन के हवाले कर दी। हिसाब-किताब वे माशूक से ही लिखाते रहे। मोहना माशूक से दोतरफा चाल चलता था। मास्टर के सामने तो वह ऐसा व्यवहार करता कि जैसे वह माशूक पर अपनी जान ही छिड़कता है। पहले ही दिन जब साहब ने कहा : "टुम जानटा मोहान, डेविड को वहीडा डाकू पकर ले गया ठा। फेमस वहीडा डाकू? बौट टार्चर किया। पुअर ब्वाय, बट वेरी लवली, इज़िंटिट मोहान?"

"अरे हुजूर, मैं कुरबान जाऊं इस सलोने मुखड़े पर। सूरत से हू-ब-हू मेरे साले लगते हैं।"

"साला क्या होटा हाय?"

"बीवी का भाई हुजूर।"

"ओ! क्या टुम अपना शाडी बनाया?"

"जी हां मास्टर। ऐसा लगता है कि उस्ताद और सागिरद ने एक ही टम में एक ही डाली के दो गुलाब पसन्द किए हैं। बस इनकी मम्मियां अलग-अलग होंगी, पापा एक ही हैं।"

मोहन की मीठी लच्छेदार बातें सुनते, कुछ समझते, कुछ न समझते हुए मास्टर अधिकतर, चाहना-भरी कनखियों से अपने 'लवली ब्वाय' को ही देखते रहे। लेकिन लवली-ब्वाय की त्योरियां चढ़ चुकी थीं। वह बोला : "मेरे वालिद एक नामी-गिरामी नवाब हैं।"

"मेरी बीवी भी नवाबजादी है, हिन्दू धरम की।"

"मगर मैं तो मुसलमान हूं।"

"ऐ मियां साले साहब, ज़रा ईमान पर तो कायम रहिए। अब आप क्रिस्चेन हैं।"

पहले दिन ही से मोहना ने ज़बरदस्ती, माशूक से यह साले-बहनोई का रिश्ता कायम कर लिया। जहां यह सच था कि माशूक उर्फ डेविड, मोहन को उखाड़ न सका वहां यह भी सच था कि मोहन को डेविड की तरफ से कभी चैन नहीं मिला। मास्टर के घर उपजने वाली यह चिड़चिड़ाहट भी उसे निर्गुनियां के प्रति निर्मोही बना देती थी। उसे लगता था कि निर्गुन जब तक माईं की बात मानकर मैल कमाना

नहीं सीखती तब तक वह यही मानेगा कि वह उसकी पत्नी नहीं बनी। वह फिर उसे अपने मन से उतारकर झोंटा पकड़कर घर से बाहर निकाल देगा। मोहना की इसी धमकी से टूटकर ही निर्गुनियां उसकी सहधर्मिणी बनी थी।

भांजे की पण्डिताइन रखैल से अपना मैला उठवाकर माईं को वही सन्तोष हुआ जो दुनिया के सिकन्दरों, तैमूरों ओर चंगेज़खानों को सारी दुनिया को अपने कदमों पर झुकाकर मिला होगा। माईं ने झाड़ू-पंजा, टोकरा उठाया और बड़ी ठसक के साथ अपने जिजमानी के काम पर बाहर निकली।

गली के नुक्कड़ पर ही लड्डन की अम्मां दुलारो नाले की पुलिया पर बैठी अपने आंचल की गांठ खोलकर चुटकी-भर तम्बाकू मुंह में डालने ही जा रही थी कि सामने से मोहना की माईं को आते देखा। चुटकी में दबी हुई तमाखू मुंह के आगे तक आके थम गई। लहक के पुकारा : "ऐहै, सुबरतिया बेगम तो आज बड़ी झूम-झूम के तसरीफ ला रही हैंगी। क्या बात है, सवेरे से ही चढ़ा ली है क्या?"

माईं का मन गर्व से फूल गया। सहेली से मज़ाक करने को जी चाहा। काले-काले डंठल जैसे दांतों वाली मुंह की बारादरी खोलकर दाहिने हाथ की झाड़ू आगे बढ़ाते हुए अपने बैठे गले की-सी कुदरती आवाज़ में खुशी का जोश भरकर कहा : "ऐ तेरी सलोनी सूरत पे रीझकर झूम उठी गुइयां। क्या अदा से बैठी है कि जैसे बुद्धन नवाब की बेगम बैठी हों।"

सच्ची का मज़ाक सुनकर लड्डन की अम्मां दुलारो कुछ झेंपी, तमाखू की चुटकी मुंह में चली गई। कुछ मुखर हुई, गुइयां पास आ गई थी। उसने भी दोनों हाथ बढ़ा-बढ़ा के अपनी सरस बत्तीसी खोलकर कहा : "ऐ मुई, सूप बोले तो बोले पर तू हरजाई खुद बहत्तर छेदवाली चलनी, तू भला क्या बोलेगी! ले थोड़ा-सा दोहरा खायेगी? आज क्या बात है, बड़ी खुस है तू?"

लड्डन की अम्मां दुलारो के पास बैठते हुए माईं ने बात बनाकर कहा : "अरे मेरा मोहनुआं कल छावनी से अंगरेजी दारू ले आया था, बड़ा उम्दा नसा आया री।"

सुपारी-कत्थे की कंकड़ी, टीन की शीशे जड़ी डिबिया खोलकर चूना, फिर पल्ले की दूसरी खूंट की गांठ खोलकर लड्डन की अम्मां ने तमाखू की चुटकी दी और कहा : "निगोड़ी तूने तो मुझे कभी अंगरेजी दारू नहीं पिलाई।"

"क्यों, किसी यार के साथ बैठकर नहीं पी? तेरे नवाब ने...?"

"अरे मरे निगोड़े, ये भला कोई हमसे इश्क करते हैं जो साथ बैठकर पिएं, पिलाएं। और वो नवाब निगोड़ा, अपनी हवसें पूरी करता हैगा। एक मैं ही थोड़ी हूं, सातों जात की हैं। अपने किसी जिगरी दोस्त से शरत लगी कि दोनों में कौन जादा-से-जादा छोटी कौमों की औरतों से सोहबत करता है, सो एक बार पांच का नोट दिखला के मुझे ठग लिया।"

"उंह अपने से क्या? कुछ दे ही जाते हैं हमें, कुछ ले तो जाते नहीं।"

खड़े होते हुए एक अंगड़ाई लेकर हंसते हुए लड्डन की अम्मां दुलारो ने कहा : "हांऽ, टकों के नाम पे दुवन्नी-चवन्नी भले ही दे दें पर अपने खून की औलादें हमें ज़रूर दे जाते हैंगे।" दोनों सहेलियां खिलखिलाकर हंस पड़ीं और दोनों ही अपने

झाड़-पंजे-टोकरे संभालकर आगे बढ़ीं। दुलारो ने फिर बात चलाई : "अरी सुबरतिया, तू मोहना की बहू की मुंह-दिखाई कब कराएगी? मैंने सुना है कि अपने पहले मरद के यहां से दो हज़ार रुपिया..."

"ऐ हज़ार क्यों कहती हो गुइयां, कहो कि दो लाख रुपिया लाई हैगी। इन झूठी-सच्ची उड़ाने वाली हरजाइयों का नास जाए हांऽ।"

"तू तो बेकार गर्माती है सुबरतिया, अरे एक दिन बिरादरी को खिला-पिला दे, चलो छुट्टी हुई। फिर सबके मुंह आप ही बन्द हो जाएंगे।"

माईं तेज पड़ी : "कहां से खिलाऊं? अपनी हड्डियां नुचवाऊं, खून पिलाऊं! मेरे हाथ में तो एक धेला भी नहीं रखा निगोड़ी ने। जो कुछ इसके पास होगा भी सो मोहनवा की मां ने अपने पास रख लिया। सबको खिलाने-पिलाने में कम-से-कम चालीस-पचास तो लग ही जाएंगे। तू ही बता, कहां से इत्ते लाऊं?"

"अपने तेली से ले ले।"

"मरा निगोड़ा। अब उससे मेरा मतलब ही क्या रहा है?"

लड्डन की अम्मां दुलारो अपने भाग्य और सुन्दरता पर मन-ही-मन प्रसन्न हो उठी। चालीस-बयालीस की आयु में अब भी अपने प्रेमियों को आकर्षित करती है। उसकी आमदनी अधिक है। माईं इतनी कुरूपा है कि उसे कोई आंख उठाकर भी नहीं देखता। माईं को इसका भी बहुत क्षोभ है। और इस कारण से भी अपने घर आ पड़ी पतिता के प्रति और अधिक ईर्ष्यालु हो उठी। वह निगोड़ी ऊंची जात की रंडी को अभी और भी सताएगी। एक बार बिरादरी को तो खिलाना-पिलाना पड़ेगा ही। हरामज़ादी की वजह से ही मेरा आधा सैकड़ा निगोड़ा पानी में डूब जाएगा। ...हरामज़ादी की सात पुश्तों से मेहतरानी का मैला उठवा लिया। निगोड़ी के तन-तन में कीड़े पड़ें। किसी बहाने इसे माहुर लाके खिला दूं तो मेरे घर से अर्थी निकल जाए निगोड़ी की।

अपनी जिजमानी की गली में देर से पहुंची। जमादार अपनी रौन्द पर आ चुका था। माईं को देखते ही चिल्लाया : "तुम्हें बड़ी रोटियां लग गई हैं सुबरातन। तुम्हें मैं एक दिन ज़रूर ही बरखास्त कराके रहूंगा।"

"अरे मुंसीजी, जाड़ा कड़ाके का पड़ रहा हैगा। सवेरे उठती हूं तो मेरी कमर दरद के मारे फट-फट जाती है। क्या करूं मुंसीजी! भगवान तुम्हाए बच्चों को बनाए रखे।"

"अच्छा-अच्छा, चलो जल्दी से गली साफ करो। निसपिट्टर साहब आ जाएंगे तो पहले तो खाल ही उधेड़ेंगे हमाई-तुम्हाई और नौकरी लेंगे सो घाते में। पक्के इक्यावन बिसुवे का हैगा हमारा बाम्हन निसपिट्टर।"

"अरे मुंसीजी, पचास क्या सौ-सौ बिसुवे के बाम्हन-ठाकुर देख डाले हैंगे हमने-तुमने। किसकी-किसकी सुनाऊं आपको!"

"अच्छा-अच्छा, होगा, काम शुरू करो अपना। और हमने सुना है, सुबरातन, तुम्हारे भांजे की बीवी आ गई हैगी!"

खोखली हंसी से अपने काले दांतों की बारहदरी खोलकर कहा : "जि-हां

मुंसीजी, अल्ला आपको जीता रखे।''

''ऐ तो उसे मेरे पास ले आओ, मैं उसे काम पे लगा लूंगा।''

''जि-हां मुंसीजी, आप तो रहमदिल हैं, लगा देंगे, पर वो आपका मोहनवा रजामन्द नहीं होता हैगा सरकार।''

जमादार ने हंसकर दूसरी गली की ओर मुड़ते हुए कहा : ''खैर, कब तक बचाके रखोगी। एक-न-एक दिन तो उसे भी इन गलियों की हवाएं आखिर लगेंगी ही।''

जमादार दूसरी गली में चला गया। सुबरातन की बड़बड़ाहट बढ़ गई : ''हरामी का पिल्ला, पराई औरतों के लिये कुत्तों जैसी लार टपकाता डोलता हैगा कमीना।''

उस दिन मोहना की माईं दो जगह उलझी। मक्खन महाराज के यहां पखाना धोने पर झिक-झिक हुई, सुबरातन चिल्लाकर बोली : ''आज ठण्ड बहुत है, बहूजी, हमसे धोवा-धोई का काम न होगा।'' मक्खन महाराज की पत्नी तीखी पड़ी : ''हां, अब तो रानी साहिबा को जाड़ा लगेगा ही। गांधी महात्मा ने इन कमीनों को हम ऊंची जात वालों की खोपड़ियों पर चढ़ा दिया है ना, तभी!''

उसी समय ऊपर के छज्जे से मक्खन महाराज के बड़े लड़के नन्दू ने ठण्डे पानी की बाल्टी सुबरातन के सिर पर उंडेल दी। उसके मुंह से गाली आधी निकली पर आधी मुंह में ही दब गई। भय ने उसकी ज़बान पर अंकुश कर लिया। सर्दी से कांपती, सिर से पैर तक नहाई सुबरातन टोकरा उठाकर वहां से चली तो उस गली से बाहर निकलते ही गालियों का कोष खुल पड़ा : ''अछूत हैं तो क्या हुआ, हम भी इन्सान हैं। हमारा भी राम है, खुदा है;'' आदि मानवीय बातों की दुहाई भी बीच-बीच में देती जाती थी। लेकिन अपने बेहोश क्रोधावेश में वह जो गालियां बड़बड़ा रही थी उससे एक वैश्य युवक को क्रोध आ गया। गली से एक लखौरी की ईंट उठाकर बोला : ''ज़्यादा ज़बान खोली तो इसी ईंट से तेरा सिर फोड़ दूंगा साली।'' देखते ही सुबरातन की ज़बान पर फिर ताला पड़ गया। उस दिन एक गली के सारे घर बिना कमाये ही रह गए। मोहना की माईं मल का टोकरा नाले में बहाकर बस्ती में लौट आई। उस दिन सवर्णों के पाप का सारा दण्ड निर्गुनियां को भुगतना पड़ा। माईं ने उसे इतना मारा, इतना मारा कि बदन में नील पड़ गए। वह बेहोश तक हो गई थी।

रात को आते ही मोहना पहले माईं की कोठरी में यह पूछने गया कि उसकी पत्नी घर के परम्परागत कर्म में दीक्षित हुई या नहीं, पर माईं तब तक नशे में धुत्त खर्राटे भरने लगी थी। मोहना अपनी कोठरी में आने से पहले नाली की ओर गया। माचिस की तीली जलाकर देखा, नाली साफ थी। सन्तुष्ट हुआ। उसे मन-ही-मन यह विश्वास हो गया कि निर्गुनियां अब सम्पूर्ण मन से उसकी हो गई है।

अपनी कोठरी में घुसा तो देखा निर्गुनियां सो रही है। सिर पर हाथ रखा, बदन तप रहा था। निर्गुनियां के ताप ने मोहन के उत्साह को शीतलता प्रदान की। उसके सिरहाने बैठकर उसे हल्के से झिंझोड़कर कहा : ''सो गईं क्या?'' दो-एक बार जगाने पर निर्गुनियां ने आंखें खोलीं, फिर मोहन को देखा और आंखें फेर लीं। कैसे बुखार

चढ़ा, क्या हुआ, आदि बातें होते-होते, सिर में पड़े गुमड़े और नाक-गाल की खरोंचों का कारण पूछने पर निर्गुनियां रोने लगी। बहुत पूछने पर कारण बतलाया। जब मोहना को सारी बातें मालूम हुईं तो उसे पहली बार अपनी माईं पर अपार क्रोध आया और अपनी प्रेयसी निर्गुनियां पर अपार प्रेम उमड़ा। उस दिन उसने निर्गुनियां का सिर दबाया, उसे ब्रान्डी पिलाई, थोड़ा-बहुत खाया, और बिना किसी प्रकार का कष्ट दिए हुए उसे अपने आलिंगन में बांधकर सो गया। आज निर्गुनियां के प्रति पहली बार उसके मन में पत्नीभाव का निर्मल प्रेम उमड़ रहा था। आखिर बड़े घर की औरत है। उसी के प्रेम में पड़कर निर्गुनियां ने अपना सब वैभव त्यागा है। मेहतर का काम तक स्वीकार कर लिया बेचारी ने। फिर भी यह लंका की कंकाला माईं इस फूल जैसी हसीना को इतना दुःख देती है! पति के अंक में सुख से सोती हुई निर्गुनियां का स्पर्श मोहन के मद-रंजित मस्तिष्क में बड़ी तेज़ी से घूम रहा था। उसने निश्चय किया, यदि निर्गुनियां के प्रति अब और अत्याचार होगा तो वह विरोध करेगा।

दूसरे ही दिन मोहना उसके लिये छावनी में मिशन के अस्पताल से कम्पोटर साहब को हालचाल बताकर बुखार की दवाई लाया। उसके लिये झोले में सन्तरे और सेब छिपाकर लाया। दिन में मालिक का काम छोड़कर घर आया और घण्टा-दो घण्टा बीवी के पास बैठा रहा। माईं रोज़ की तरह बाहर का ताला बन्द करके चली गई थी। मोहना ने उसे तोड़ डाला था। जब माईं आई तो ताला टूटा देखकर भड़की। बहू की कोठरी में जाकर पूछा : "ये ताला कैसे टूटा री?" निर्गुन ने बतला दिया।

निर्गुनियां के सिरहाने सेब-सन्तरे रखे थे, देखकर गरजी : "निगोड़ी रंडी को खिलाने को तो फल-मिठाइयां लाएगा और मेरे लिये कभी एक धेले की चीज़ भी नईं लाता हरामज़ादा।" कहकर माईं आगे बढ़ी। निर्गुनियां के हाथ पर हाथ रखा, बोली : "ऐसा बुखार तो नहीं चढ़ा हैगा कि मर जाओगी। उठ, उठ! ये नखरे जब रात में तेरा खसम आ जाए तब करना। उठके चूल्हा जला।"

निर्गुनियां में यह साहस नहीं था कि सास के आदेश की अवज्ञा कर देती। भरे बुखार में कांपती लड़खड़ाती उठी। माईं उसे ऐसे देखती रही कि मानो खा ही जाएगी। वो बड़ी उतावली से खटिया के नीचे, फिर छोटी अल्मारी के भीतर उतावली से कुछ ढूंढ़ने लगी। उसकी इच्छित वस्तु विलायती शराब की बोतल मिल गई। बोतल उठाई, फल उठाए और विजेता की तरह लूट का माल लेकर कमरे से बाहर निकली।

संयोग की बात कि आधे घण्टे बाद मोहना साइकिल पर फिर आ गया। देखा, माईं अपनी कुठरिया में बैठी उसकी बोतल और फलों का सुख ले रही है। भांजे को देखकर अपने काले-काले डंठल जैसे दांत खोल दिए। कहा : "आज तेरे यहां की उठा लाई।" मोहना ने कुछ न कहा। बाहर-ही-बाहर से झांककर अपनी कोठरी की तरफ गया। सामने ही रसोई थी। चूल्हे से लपटें निकल रही थीं और आगे निर्गुनियां ज़मीन पर ही गुड़मुड़ी मारकर पड़ी हुई थी। "अरे तुम यहां कैसे?" पति की बांहों में आकर निर्गुनियां ने आंखें खोलीं और फिर सन्तोष से मूंद लीं। मोहना ने उसे अपने दोनों हाथों से उठाया और अपनी कोठरी में लाकर लिटा दिया। वह उस समय

तैश में भरा हुआ था। सीधा माईं की कोठरी में जाकर खड़ा हो गया और सख़्त आवाज़ में बोला : "तुम क्या अन्धी थीं जो भरे बुखार में उससे खाना पकाने के लिये कहा!"

मोहना की माईं सुबरातन विलायती रम के नशे में मगन मन झूम रही थी। सन्तरे के छिलके सामने पड़े थे। सेब आधा कुतरा हुआ रखा था। भांजे की डांट-डपट सुनकर रम की बादशाही भड़की, बोली : "तू चुप रह। रंडी निगोड़ी नखरा करके पड़ी रहे और मैं भूखी रहूं? उसके..."

अपनी प्रिया के लिये माईं के मुख से गन्दा शब्द निकलते ही मोहन गरज उठा, बोला : "देखो माईं, साफ कहे देता हूं। मैं ये सब कुछ बरदाश नहीं करूंगा। अब जो तुमने उसे फिर रंडी-रंडी कहा तो मुझसे बुरा कोई नहीं होगा। बताये देता हूं माईं।"

"तू मेरे ही घर में, मुझी से अकड़ेगा! निकल जा मेरे घर से, निकल-निकल..."

"ठीक है, मैं जाता हूं। अभी इक्का लाता हूं, अब्भी-अब्भी अपनी औरत के साथ तुम्हाये घर से चला जाऊंगा।" मोहन बड़े तैश में घर से बाहर निकला। मामू गली के नुक्कड़ पर ही मिले। उन्होंने तेज़ी से मोहन को जाते हुए देखा तो आवाज़ दी, पर वो रुका नहीं। मामू घर आए। माईं ने रोना-गाना शुरू किया। माईं की हरजाई ननद तो मोहन को पैदा करके फुरसत पा गई और माईं ने न जाने कितने कष्ट सहकर पाला-पोसा, बड़ा किया। वही मोहन एक छिनाल के फेर में अब उसका घर छोड़कर जा रहा है। इसी दुःख से 'रम-रंजित' माईं का क्रोध 'उस' छिनाल के तन-मन में कीड़े डाल रहा था। मामू ने सब कुछ सुना, पत्नी की खूब डांट-डपट की। थोड़ी देर में मोहना आया। मामू ने बड़ी मुश्किल से खुशामद-दरामद करके, आंखों में आंसू लाकर मोहन को जाने से रोका। बड़ी देर तक चौं-चौं, झौं झौं होती रही। मामू बाज़ार से खाना लाने चले गए। माईं ने अपनी कुठरिया के किवाड़ भीतर से उड़का लिये। मोहन अपनी निर्गुनियां के पास उसे सान्त्वना देने के लिये आ गया। इस समय उसके मन में निर्गुनियां के प्रति अपार प्रेम उमड़ रहा था।

तीन-चार दिनों में ही निर्गुनियां का ज्वर उतर गया। मोहना दिन में दो-दो बार साइकिल से घर आकर देख जाता था। फल, दवाई आदि का ध्यान रखता। जितनी देर घर में रहता केवल निर्गुनियां के ही लाड लड़ाता रहता। माईं से तो उसने बात करना तक छोड़ दिया था। अपनी बीमारी में निर्गुनियां ने मोहना से जैसा प्रेम और आदर पाया वैसा उसे पहले कभी नहीं मिला था। बबुआ, बसन्तू मास्टर, मंझले सभी ने उसे केवल मात्र खिलौना बनाकर खेला था। मोहन ने उसे सुहाग-सन्तोष दिया, वह प्यार दिया जिसे पाकर स्त्री में आत्मविश्वास जागता है।

एक दिन रात में पति-पत्नी अपनी कोठरी बन्द करके खा-पी रहे थे। मोहना एक दिन पहले ही छावनी बाज़ार से एक लैम्प लाया था। टीन की ढिबरी की रोशनी के आगे लैम्प की रोशनी काफी तेज़ लग रही थी। व्हिस्की, कबाब और 'कैंची' सिगरेट के कशों का मुक्त आनन्द लेते हुए भी निर्गुनियां के मन में पत्नी-भाव ही प्रबल था। वह इस समय मन से न पापिनी थी न व्यभिचारिणी। वह अपने प्रिय

की प्रिया थी; मेहतरानी थी। और इस भावना में ही अपार सुख का अनुभव कर रही थी। मोहना बोला : ''कल क्रिसमस है जानेमन।''

''तो?''

''अरे कल छावनी में बड़ा जशन होगा। कल हमाई छावनी में जितनी भी क्रिस्चेन कमूनिटी हमारे स्वीपरों की है वह सब मेरे जिगरी दोस्त सिकन्दर मसी के होटल में जमा होके बड़ा दिन मनाती है।...सुनो डार्लिंग, कल से 'नू इयर डे' तक हम दोनों छावनी में ही रहेंगे। वहीं अपने मास्टर के बंगले में अपना ठिकाना लगाएंगे, ऐश से रहेंगे...''

''ना बाबा, अंग्रेज़ों का कोई ठीक नहीं, मैं वहां नहीं रहूंगी।''

''क्यों, अंग्रेज़ों में क्या खराबी है?''

''अरे एक तो वह ठहरा तुम्हारा मालिक, दूसरे साहबी दिमाक का। भला क्या ठिकाना? मैंने अम्मां के घर में खूब देखा है। नीचे बैठक में गोरे लोग खूब पी-पी करके, एक-दूसरे की औरतों को चिपटाते थे, चूमा-चाटी करते थे। मैं यह हरगिज़ नहीं सह सकती।'' नशे के झोंक में अपनी बांह में निर्गुनियां को दबोचकर मोहना बड़े प्यार से बोला : ''डियर, मैं बेवकूफ नहीं हूं। हमारे मास्टर को औरतों में तनिक भी दिलचस्पी नहीं है। और इधर तो हफ्ते-भर से उनके पास एक नया माशूक आ गया है। साला किसी नवाब की रंडी का लड़का हैगा। वहीदा डाकू उसे पकड़ ले गया था। वहीं से किसी तरह भागा है। जाने कैसे मास्टर के हाथ पड़ गया हरामी। आठ दिन से अपने नखरों से साला सबको पदा रहा हैगा। मैं यों तो उससे नफरत करता हूं, मगर ये पांच-छह दिन हम-तुम वहां रहेंगे, सो उसे और मास्टर दोनों को ही अपने शीशे में ऐसा उतारकर रखूंगा कि बंगले में बस तुम्हारी ही हांजी-हांजी होती रहेगी, देख लेना। कल रात मैं भी सिकन्दर मसी के कलबघर में तुम्हारे साथ डांस करूंगा। माई डियर।''

''सिकन्दर मसी कौन है?'' फिर गिलास उठाकर पति के होंठों से लगा दिया। साथ-ही-साथ प्रेम की गरमी और कुछ नशे में आकर उसने मुंह घुमाकर पति के होंठ चूम लिये। पति मादक दृष्टि से क्षण-भर एकटक उसे देखता रहा, फिर बोला : ''कल सब, मेरे सब साथियों की वाइफें नौकरानियां लगेंगी मेरी नूरजहां के आगे। तुम सचमुच बहुत हसीन हो। आई लौ यू, आई लौ यू।''

''अच्छा हटो-हटो, पहले ये तो बताओ के सिकन्दर मसी कौन है?''

''मेरा जिगरी फ्रेंड है। पहले वह भी हम लोगों के साथ ही मास्टर की बैण्ड कम्पनी में काम करता था। बाद में उसकी शादी-वादी हो गई। वह क्रिस्चेन है। हमाए मास्टर ने उसे बिना ब्याज के पचास रुपये उधार दिए। उससे पान, बीड़ी, सिगरेट की दुकान अपने ही घर में खोल ली, फिर थोड़ा लमलेट सोडावाटर भी रखने लगा। फिर उसकी बीवी मेरी ने कुछ खाने-पीने की चीज़ें बना के बेचनी सुरू कीं। अब छावनी में जित्ते भी गिरास-कट, कोबलर और स्वीपर कमूनिटी के क्रिस्चेन हैं, सब यंग लोग उसी के यहां बैठते-उठते हैं। अपने मकान से ही लगा उसने एक सायबान लगवा रखा है। उसी में सब लोग बैठते-उठते हैं। हंसी-मज़ाक करते हैं।

अब तुम ये जानो, आज ही से वह खूब सजाया जाने लगा है। टीन के ऊपर सामियाना डाल दिया गया है जिससे कि भीतर सरदी कम पहुंचे। चारों ओर से खूब ढका जा रहा है। झंडियां बगैरा लगाई जा रही हैं ढेर सारी। सब तिपइयां-इपइयां किनारे कर दी गई हैं। बीच में दरी का फरस बिछाया जा रहा हैगा। बड़े इन्तिजाम हो रहे हैंगे क्रिसमस के।"

बचे हुए कबाब कटोरदान में फिर से रखते हुए निर्गुनियां ने कहा : "तो हमसे उससे क्या मतलब? हम क्रिस्चेन तो हैं नहीं!"

"अरी क्रिस्चेन न सही, जवान तो हैंगे, उल्लू! मजे में डांस करेंगे, पिएंगे-पिलाएंगे, आज़ादी से खुलेआम अपनी प्यारियों को बगल में दबाए-दबाए घूमेंगे, किस करेंगे। ये साले मौज-मजे भला इन ससरे हिन्दू-मुसलमानों की सुसाइटियों में कहीं आते हैंगे? यह आज़ादी क्रिस्चेनों में है। कोऽच्छ नईं, कल मास्टर मोहन अपनी डियर मैडम को बाइसिकिल पर सिटान कराके सान से यह गो और वह गो, वन-टू-थिरी-फराफर्र।" कहकर झूमता हुआ मोहन उठा और अपनी चारपाई पर जाकर लेट गया। निर्गुनियां ने जूठे बरतन एक ओर सरकाए, फिर कोने में जाके हाथ धोए, कुल्ला किया और मोहन के पास गिलास में पानी लेके आई। अपनी उंगलियां तर करके उसके मुंह पर हाथ फेरा, फिर गिलास में उसकी उंगलियां पकड़कर डुबोईं, फिर पोछा। गिलास का पानी खटिंया के नीचे ही फर्श पर उंडेलकर बोली : "लम्प की बत्ती धीमी कर दूं?"

मोहन एकटक उसे देखता रहा, फिर मुस्कराया, कहा : "बस थोड़ी-थोड़ी सी और पिएं-पिलाएंगे।"

"तुम्हें कहो तो दे दूं, मुझे जादा हो जाती है तो उठते नहीं बनता।"

"तो क्या हुआ, देर से उठना। इस बखत पीने-पिलाने की तबियत है, बहस मत करो। माईं साली से डरने की कोई ज़रूरत नहीं है। जादा तीन-पांच की तो तुझे लेके घर से चला ज़ाऊंगा। किसी साले का दबैल नहीं हूं।"

मोहन की यह नशीली बड़बड़ाहट और पौरुष-भरे निश्चय की उद्घोषणा निर्गुनियां के मन को गुदगुदा रही थी। वह इस नरक से दूर निकलकर अपने इस सलोने, रसीले पाप-प्रतीक को अपने पति के रूप में भजना चाहती है। निर्गुनियां की जाति और वर्ण छूटे, उसका अब तनिक भी गम नहीं। किन्तु सभ्य नागरिकता का रहन-सहन छूटा, ये उसे बहुत-बहुत खल रहा था। अच्छे-अच्छे कपड़े पहनकर मोहन जब बाहर निकलता है तब कौन उसे मेहतर कह सकता है! मैं इसकी तबियत पूरी करूंगी। छावनी जाऊंगी। वह निगोड़ी भंगिन हरामज़ादी भला मेरा क्या बिगाड़ लेगी! उसकी नकेल तो अब मेरे हाथ में है। चार-पांच दिन खूब मौका मिलेगा। इन्हें पूरी तरह हाथ में कर लूंगी। पियूंगी-पिलाऊंगी, जो कहेंगे सो करूंगी। इनका मेहतरपन छुटा के रहूंगी।

पति का मेहतरपन छुटाकर उसे 'आभिजात्य' बनाने की पूरी निष्ठा के साथ निर्गुनियां के अन्तर का सांस्कारिक पत्नीत्व अपनी जीत पाने के लिये वेश्या बन गया। उसने पी, पिलाई और अपने पति को उस दिन बादशाह बनाकर अपने अंक

में जकड़कर सुला लिया।

16

दूसरे दिन निर्गुनियां सवेरे तड़के ही उठ पड़ी। जल्दी से तैयार होके अपनी कंघी-चोटी कर ली। फिर पति को जगाने गई। आज वह अपने पति को रिझाकर निकाल ले चलने पर तुली हुई थी। मोहना कल रात जोश में उसे चार-पांच दिन के लिये छावनी बाज़ार ले चलने की बात जो कह गया था, उसे पूरा होना ही चाहिए। माईं का हुकुम मोहना पर न चले और उसके हुस्न का जादू चल जाए, इस तेवर के साथ उसने अपने सोते पति पर हल्के से लदकर जगाना शुरू किया। बोसे लिये, छेड़ा, गुदगुदाया, जगा लिया। नींद और शराब के खुमार-भरी जवान आंखों ने, हसीन माशूकाना अदाओं ने बांध लिया, सुबह रंगीन हो उठी। ललचाकर छेड़-छाड़कर अपने नखरों से घायल करके फिर खिदमतों का मरहम लगाकर मोहना की वह हालत कर दी कि जित बैठावे तित ही बैठे। चार पिलाई, रात के कबाब गरम करके खिलाए, उसके कपड़े झाड़े, जूतों पर पालिश करके रखी, साइकिल पोंछी, उस दिन उसने मामू को माईं की चिलम भरते देखी पर रोज़ की तरह आग्रह करके वह काम स्वयं नहीं किया। खंभे से टिकी मोहना की साइकिल को झाड़-पोंछकर मामू की ओर से नज़रें कतराकर फिर अपनी कोठरी में चली गई। चलते समय उसने मोहना से वादा लिया कि शाम को उसे अवश्य ही छावनी ले जाएगा। मोहन ने वादा कर लिया। थोड़ी देर बाद जब घर सूना हुआ तब निर्गुनियां ने आज़ादी की सांस ली। आज वह मगन थी कि आज वह इस नरक से जाएगी। आज वह उसी तरह अपने डियर के साथ नाचेगी जैसे बड़े सरकारजी की हवेली में छोटे सरकारजी के मेहमान, मेमें और अंग्रेज़ नाचा करते थे। ऐसी ही मौज में वह आज पहली बार घर के दरवाज़े तक चली गई। उसकी बीमारी के समय जब से मोहना ने ताला तोड़ा तब से माईं ने फिर ताला नहीं लगाया था। दरवज्जे का पल्ला थोड़ा उघाड़कर निर्गुनियां गली में देखने लगी। पड़ोस़ के घर से कूड़ा बटोरकर उसे नाले की तरफ फेंकने जाती हुई चमेली ने निर्गुनियां को देखा तो मुस्कराई, कहा : "इत्ते दिनों से रोज़ सुनते थे कि बड़ी खूबसूरत हो, आज आंखों से देखने को मिला।"

चमेली भी देखने में सुहानी थी। गेहुआं रंग, बड़ी-बड़ी आंखें, पतली नाक, भरे-भरे उभरे ओठ, जिन्हें चूमने को जी चाहता था। मुस्कराई, हंसी तो गालों में गड्ढे पड़े तो निर्गुनियां का मन मोह गया। हंस के बोली : "तुम कौन कम सुन्दर हो, क्या नाम है तुम्हारा?"

"चमेली।"

"तभी इतनी महक भरी है।"

"ठहरो, अभी नाले में कूड़ा फेंक के आती हूं।" चमेली दौड़ती गई और दौड़ती आई। निर्गुनियां की दहलीज में घुसकर ज़मीन पर पसरट्टा मार के बैठ गई और अपने

दोनों हाथ कलेजे पर रखकर अपनी हंफनी दबाते हुए कहा : "हाय कैसा जी कर रहा था तुमसे बातें करने को। हाय, तुम कितनी अच्छी होगी अल्लाकसम!"

निर्गुनियां मुस्कराई, कहा : "मेरा भी जी तुम्हें देखने को बहुत हो रहा था। परसों दिन में जब तुम अपने सैंयाजी की गोदी में लेटी-लेटी गा रही थीं कि, 'सैंया तोरी गोदी में गेंदा बन जाऊंगी'..."

"ऐ चलो-चलो हटो, हमें नई मालूम था कि तुम भी ऐसी मुरही होगी। अभी तलक हमारी हमजोलियों में एक अनारो ही थी।"

"अच्छा, कसम खाओ कि तुम नहीं गा रही थीं परसों!"

"हां गा रही थी तो? तुम्हारा या तुम्हारे मियांजी का उसमें कुछ इजारा हैगा?"

"इसमें भला इजारे की क्या बात है? अरे हम तो भगवान से मनाते हैंगे कि तुम दोनों का यों ही गुजारा होता रहे।"

बाहर से आवाज़ आ रही थी : "भौजी-भौजी, अरे किस यार के घर चली गईऽऽ भौजी!"

चमेली की त्यौरियों में बल पड़े, धीरे से बोली : "गुइयां, किबाड़ उड़का दो जरा। हरामज़ादी निगोड़ी, इन मां-बेटियों हरामज़ादियों ने मेरा जीना ही दूभर कर रखा है। छिनाल कहीं की!"

"क्या तुम्हारी सास भी तुम्हें सताती है?"

"अरे पूछो मत, तुम्हाई सास के कोसने-चिल्लाने की आवाज़ हमारे घर पहुंच जाती है। मगर मेरी सास तो ऐसी है कि मारे भी औ रोने भी न दे। खैर हटाओ, ये तो जिनगानी के पचड़े हैंगे गुइयां, मैं तो इनकी फिकिर ही नहीं करती। ये बताओ कि तुम्हारा नाम क्या है?"

"निर्गुन।" निर्गुनियां के मुंह से बेसाख्ता निकल पड़ा, फिर पछताई।

चमेली बोली : "हमाए आजा भी थे, निर्गुनपंथी भजन गाते थे।"

"मगर तुम तो अल्ला-अल्ला करती हो?"

"अरे जैसा ससुराल का चलन है वैसा ही करने लगी। हमाए मैके में तो हमाए बाप गांधी महातमा के आन्दोलन में पिछली साल जेल भी गए। औ हमाए आजा कहते थे कि हम सनातनी हिन्दू हैंगे। शंकरजी के भगत हैं, हमें रोज़े-निवाज से क्या काम!"

निर्गुनियां नये समाज के (जो अब उसका अपना हो चुका था) दीन-धरम को पहचान रही थी। उसने कहा : "हां, हमारे मैके में भी सब हिन्दू थे, पर यहां आके देखा कि मामू तो रामजी-रामजी करते हैं और माई अल्ला-अल्ला।"

"ऐ बहना, फिर क्या किया जाए, ये तो बिरादरी की चाल ठहरी। हमाए यहां तो दोनों ही रिवाज चलते हैंगे। मेहतर की जात अल्ला की जूठन भी खाती हैगी औ रामजी की भी।"

जूठन खाने वाली बात निर्गुनियां का कलेजा हिला गई। भूखी जवानी के बेहोश जोश में मोहन से जूठ-मीठ कर बैठी सो वहां तो बेझिझक-सी हो गई है पर बाकी सब की जूठ-मीठ करने की कल्पना मात्र से ही उसके कलेजे-दर-कलेजे के सातों

पर्दे एक साथ फरफरा उठे। खाली पेट ज़ोर की उबकाई उठी। एक हाथ से पेट और एक से मुंह दबा लिया। चमेली बोली : "क्या हुआ गुइयां?"

मुंह में भर आए पित्त को दरवाज़ा खोलकर गली में थूका और बोली, "भगवान ने हमको तो सभी की ताबेदारी करने को बनाया हैगा। अब हमारे उनकी छावनी में तो मेहतरों की क्रिस्चेन सुसाइटी भी हैगी।"

"अरे बहिन, हमाए आजा एक बात कहा करते थे, वही हमें अब भी अच्छी लगती है। वह कहते थे कि गुलाम का वही दीन-धरम होता हैगा जो मालिक का दीन-धरम होता है।"

बाहर चमेली की ननद फिर ज़ोर-ज़ोर से अपनी भौजाई की सात पीढ़ियों को सुना रही थी। चमेली उठ खड़ी हुई। "मालकिन बनी हैगी निगोड़ी, खून पीती हैगी। इसके...में कीड़े पड़ें।"

गाली ने मानो चमेली के स्वाभिमान को गति दे दी। दरवाज़ा खोलकर वह भी गरजी : "अरे क्या है, झूठ-मूठ को गरज रही हो!"

मोहन के घर अपनी भावज को देखकर ननद का क्रोध कौतूहल में बदल गया। दौड़ी-दौड़ी आई और अपनी भौजी को नज़रन्दाज़ करके दरवाज़े के दोनों पल्ले खोलकर भीतर देखा। महल्ले में पिछले आठ-दस दिनों से बहुचर्चित लेकिन किसी की भी न देखी हुई मोहना की औरत दिखलाई दी। सुन्दर जवान निर्गुनियां को देखकर ठोड़ी पर उंगली रखकर, आंखें मटकाके कहा : "ऐहै, ये अंधेरे में चांदनी-सी कौन बैठीं हैंगी? हमाए मोहना की बहूजी हैं क्या?"

चमेली पलटकर तड़पी : "मोहना की नहीं तो क्या सुबरातन चच्ची बिहाकर लाईं हैंगी इसे!" तब तक गली-पड़ोस की चार-पांच लड़कियां, बहुएं निर्गुन के दरवाज़े पर आ पहुंचीं। वह तमाशा बन गई। किसी ने कहा : "ये अच्छी तो हैं पर हमाए मोहना भैया से बड़ी लगती हैंगी।"

"तो क्या हुआ, बड़ी बहू बड़े भाग।" डल्ला की बहू गोद में बच्चा लिये कहती हुई जोश में भीतर घुस गई और निर्गुन के लाजों झुके चेहरे को हथेली से ऊंचा उठाकर कहा : "ऐ रानी शरमाती क्यों होऽ? ऐ हम भी तो तुम्हाई जोड़ीदार हैंगी। कोई बड़ी-बूढ़ी थोड़ेई हैं। ऐ जरा मुस्कराओ! मुस्कराओ न!"

निर्गुनियां को लेके ये हंसी-खुशी चलती रही। थोड़ी ही देर में निर्गुनियां अपने नये समाज में नई-पुरानी हो गई। लेकिन इन सबमें चमेली और डल्ला की बहू दुलारी उसे बेहद अच्छी लगीं। खूब मज़ाक करती थीं, हंसती थीं। बरसों बाद, सच पूछो तो जीवन में पहली बार निर्गुनियां को हमजोलियां मिली थीं। आज वह बेहद मगन थी।

कुछ देर बाद मोहना साइकिल पर आया, बोला : "ये लो, माईं-मामू के लिये पूड़ी-साग लाया हूं। ये रम की बोतल भी उन्हीं के लिये है। और मालिक से भी बात पक्की करके आया हूं। वो बड़े खुश हुए। किचिन से मिला कमरा हैगा। उसी में हमाए लिये फस्किलास अरिन्जमिन्ट कर दिया हैगा। अरे जानेमन, ऐसा मालिक भला कहां मिलेगा! फटाक से दस रुपये का पत्ता मेरे हाथ में रखा, कहा कि 'बेल

माइडियर मोहन, एक नई चारपाई ले आओ। चाडर ले आओ, गड्डा हम टुमको डेगा, पिलो डेगा। ब्लांकेट्स डेगा, व्हिस्की डेगा, हनीमून मनाओ, जिटना डिन चाहो रहो।'

"ऐसा मालिक बड़ी मुश्किल से मिलता है। लो देखो हम तुम्हाए लिये मेवा ले के आए हैं। मास्टर साला अपने माशूक के लिये आज पचास रुपये का मेवा लाया है। मैंने सोचा अपनी रानी के लिये मैं भी थोड़ी-सी लेता चलूं।"

बूढ़े आर्यपुत्र ने भी निर्गुनियां को बहुत मेवा खिलाई थी। पर आज की किशमिश, काजू, बादाम, पिस्ता में जो स्वाद था वो पहले कभी नहीं मिला। आध-पौन घण्टा ठहरकर, मोहन शाम को चार बजे आने के लिये कहकर फिर चला गया। निर्गुनियां ने भीतर से दरवाज़े का कुण्डा चढ़ाया और झटपट अपनी कोठरी में जाकर कोने से अपना रुपया खोदने लगी। नोट, रुपये के सिक्के, गिन्नी-गुट्टे, एक ओढ़नी में लपेटकर अपनी कमर से बांधे, गहने छिपा के एक पोटली में रखे। तब तक माईं ने आकर कुण्डा खटखटाया।

बहू का मांग-पटिया से लैस चमचमाता चेहरा देखकर माईं के इत्ते-पित्ते सुलग उठे। बर्छी जैसी पैनी आंखों से देखकर मुंह बनाया : "छिनाल कहीं की!" और बगल से उसे धक्का देती हुई भीतर चली गईं।

निर्गुनियां को गुस्सा तो बहुत आया लेकिन आज उसका गुस्साने को जी नहीं चाहता था। धुला हुआ झाड़-पंजा माईं ने एक ओर रखा और फिर बड़बड़ाना शुरू किया : "जित्ती ऊंची कौमें हैं, उन्हीं में दुनिया-भर की बुराइयां भरी होती हैंगी। पाप की पुटलिया निगोड़ी ऊंची जात की औरतें! इन निगोड़ियों को अल्ला मियां दोजख की आग में जलाएंगे। लोहे के गरम-गरम पुतलों से चिपटा-चिपटा के कहेंगे कि लो हरजाइयो अब अपनी जवानी के हौसले पूरे करो!" निर्गुनियां चुपचाप सुनती रही। कल जब से मोहना ने माईं को फटकारा है तब से वह निर्गुनियां से बोली नहीं, बस यों ही उल्टी-सीधी बक-झक करती हैं।

निर्गुनियां ने थाली में पूड़ी-साग, सोंठ, रायता परोसकर माईं के आगे रखा, पानी का लोटा रख आई, फिर उनकी चिलम संजोने लगी। माईं खाती गईं, कोसती गईं : "मेरे लड़के का घरवा लुटाके रख देगी रंडी। खाना पकाने में बड़े घर की औरत के हाथ टूटते हैंगे निगोड़ी के। बस नखरे पसारकर मेरे बच्चे को ही रिझाना जानती हैगी निगोड़ी। इसके...कीड़े पड़ें।"...अनवरत रूप से गालियों का दौर चलता ही गया। भीतर क्रोध से भड़कते हुए भी निर्गुनियां एक जगह शान्त थी। आज तो उसे यह घर छोड़के चले ही जाना है। अब इस हरामज़ादी से मुझे भला क्या लेना-देना?... लेकिन कहीं यह कमीनी कुटांट चलते-चलते रो-गाकर उन्हें अपने माया-मोह में न फंसा ले निगोड़ी। हे रामजी, ऐसा न हो। हे राम, इसी सूपनखा निगोड़ी की नाक कटे। मैंने चाहे जो भी पाप किया हो, पर इस बखत तो बात मेरी ही रखना। मुझे नरक से निकाल ज़रूर देना, हे रामजी! हे रामजी!! हे रामजी!!!

लगभग चार बजे गली में एकाएक बड़ा तहलका मच उठा। गली में पुलिस आई थी। चमेली का मरद सलामत और उसका पड़ोसी फूला हथकड़ी पहनाकर लाए गए थे। चमेली के घर में पुलिस की गाली-गलौज़ का शोर हुआ। जिस-तिस से

पूछकर माईं खबर लाईं कि बंसीबाग महल्ले में एक लाला के यहां बड़ी भारी चोरी हुई है। उसी का माल निकालने के वास्ते यहां पुलिस ने छापा मारा है। दो चोर शक में गिरफ्तार हैं। तीसरा लड्डन गायब था। थोड़ी देर में लड्डन के घर से गिड़गिड़ाने और चीखने-चिल्लाने की आवाज़ें आने लगीं। लड्डन के मां-बाप से उसका पता-ठिकाना कबुलवाने के लिये पुराना सामन्ती हथकंडा पुलिस के द्वारा प्रयोग में लाया गया। लड्डन के पिता और महल्ले के अन्य पुरुषों के सामने लड्डन के घर की स्त्रियों के साथ खुलेआम बलात्कार किया गया।

इस घटना से महल्ले भर की स्त्रियों के कलेजे दहल उठे थे। औरतें अपने-अपने घरों को बन्द करके बैठ गईं। माईं अपना क्रोध बिसारकर बहू से बोलीं : "भीतर अपनी कुठरिया के दरबज्जे बन्द करके बैठ जा। हाय अल्ला, सबकी इज़्ज़त-आबरू रखना। मेरे मौला, हाय कैसा गजब हो रहा हैगा!"

सास, बहू, बेटी, लड्डन के घर की स्त्रियों में किसी की लाज नहीं बची थी। हयादारों ने अपने-अपने मुंह छिपा लिये और बेशर्म औरतों की शर्म लूटते रहे, लुटते हुए देखते रहे। मोहना उसी समय निर्गुनियां को ले जाने के लिये गली में आया था, सारी गली में सन्नाटा देखा। दो-चार जो कहीं-कहीं खड़े हुए मिले भी वे ऐसे कि मानो किसी घर की गमी में शामिल होने के लिये आए हों। मोहन ने अपने घर का कुण्डा खटखटाया। पहले तो कोई बोला ही नहीं। फिर जब दुबारा खटखटाकर आवाज़ दी कि कुण्डा खोलो तो माईं ने द्वार खोला और घबराकर कहा : "जल्दी से भीतर आ जा जल्दी से..."

माईं के स्वर ने मोहना के दिल में और भी घबराहट भर दी। जल्दी से साइकिल लेकर भीतर आया। माईं ने द्वार बन्द करके कुण्डा लगाया, फिर मोहन को देखकर रो पड़ी : "हाय बेटा, लड्डन के घर तो अल्ला का कहर पड़ा है। इन जालिमों से खुदा समझे। हाय बहुत दिनों बाद ऐसा हंगामा मचा है। मैं कहती हूं तू जैसे ही आया है वैसे ही लौट जा। हमाए पड़ोस का सलामत और आगे वाले घर का फूला पकड़ के आए हैंगे। लड्डन मालमता लेकर भाग गया निगोड़ा। पुलिस उसकी मां-बहिन की आबरू धूल में मिला रही हैगी। हाय अल्ला, दुश्मन के घर भी ऐसी गाज न गिरे। जल्ले-जलाल हू, आई बला को टाल तू! को नहीं जानत है जग में परभू संकटमोचन नाम तिहारो! हाय सबकी आबरू रखो अल्ला मियां!"

मोहन के मन में बातें सुन-सुन के खौलन मचने लगी। पहले अपने पड़ोसियों को गालियां दीं कि चोरी की लत नहीं छोड़ते, फिर पुलिस को गालियां दीं, फिर अपनी कोठरी में गया। सहमी हुई निर्गुनियां उससे चिपट गई : "मुझे यहां से निकाल ले चलो।"

"तुम मत घबराओ, एक तो, हमने किया ही क्या है? दूसरे, मान लो किसी ने तुम्हाए साथ छेड़-छाड़ करने की हिम्मत की तो यकीन मानो दो-चार सालों की जानें ले लूंगा। ठाकुर की औलाद हूं। मारूंगा, मरूंगा और तब तुम्हारी इज़्ज़त पर—" पत्नी ने पति को अपने आलिंगन में और अधिक कस लिया।

"ऐसा न बोलो, भगवान करे तुम्हारा बाल भी बांका न हो। पर मुझे यहां से

निकाल ले चलो। मैं अब इस नरक में न आप टिकूंगी और न तुम्हें ही टिकने दूंगी। किसी ऊंची जात के महल्ले में पुलिस ऐसा अत्याचार करने की हिम्मत नहीं कर सकती।''

''घबराओ मत माई डियर, सब अरिन्जमिन्ट है। मैं तुमको ले चलने के लिये तो आया ही हूं। ज़रा इन जमदूतों को गली से राजी-खुशी चले जाने दो, फिर निकलेंगे।''

थोड़ी देर में मामू भी घर आ गए। मामू भी बहुत उदास थे, कहने लगे : ''चौरासी लाख जोनों में पाप भोगते-भोगते तो भगवान ने हमें ये मानुख जलम दिया। बड़ेऽ भाग मानुख तन पायो। पर हमारे पापों ने उस भाग को भी अभागा बना दिया। तिस पर भी हम ऐसे अगियानी हैं कि पुराने जलम के पापों पर इस नीच जलम के भी पाप बढ़ाते चले जाते हैंगे। अरे रामजी! तुम्हीं हो अधम उधारन!''

''मामू, एक बात कहूं! बुरा न मानिएगा। मैं आपकी बहू को चार-आठ रोज़ के लिये छावनी बाज़ार में ले जाकर रखूंगा। यहां अभी बिल्कुल पड़ोस के आदमी पकड़े गए हैं। दो-चार बार पुलिस अभी और आएगी-जाएगी। अपना मामला कुछ यों ही संगीन है। धोके में भी पकड़े गए तो हवालात में सड़ा डालेंगे हम दोनों को। आप दोनों पर भी तरह-तरह की मुसीबत आ जाएगी।''

पहले माईं बोलीं : ''हमाई समझ में मोहनुआं ठीक कह रहा हैगा। कैसी भी हो, अब है तो आखिर हमाई बहू ही। उसकी इज़्ज़ज ही अब हमाई इज़्ज़त हैगी, तुम इसे ले जाने दो। क्यों रे मोहना, वहां कुछ ठीक इन्तज़ाम रखने का किया?''

''हां-हां, बहुत उम्दा है। हमारा जिगरी दोस्त है सिकन्दर, उसी के घर रहेंगे। वे दो हज़्वेन्ड-वाइफ हैं, हम दो हज़्वेन्ड-वाइफ हो जाएंगे। दो कमरों का क्वार्टर हैगा। मजे में निभ जाएगी। और फिर, कौन सदा के लिये जा रहे हैंगे! चार-छह दिनों में जहां यह हंगामा दबा कि हम फिर लौट के आ जाएंगे।''

मोहन ने अपनी पत्नी को अपने बदनाम मालिक बैण्ड-मास्टर के बंगले में ठहराने की बात गोल कर दी। उसका अंग्रेज़ मालिक अपने दुराचारों के लिये बदनाम था। उसने स्थानीय मेहतर समाज के कितने ही नवयुवकों को बैण्ड सिखाने के लालच में ईसाई बना डाला। मोहन भी बस ईसाई बनते-बनते बच ही गया समझो। मोहन जानता था कि मामू और माईं दोनों ही बैण्ड-मास्टर जैक्सन का नाम सुनते ही भड़केंगे, इसलिये उसने सिकन्दर का नाम ले दिया। संयोग से महल्ले पर जो विपत्ति आई हुई थी वह निर्गुनियां के पूर्व-निश्चय को बल देने के लिये मानो नियति ने ही आयोजित करके भेजी थी। अच्छी साड़ी पहनकर, चोटी-मांग से चकाचक, पैरों में कलकतिया स्लीपर पहने निर्गुनियां झुटपुटे अंधेरे में अपने पति के साथ गली से निकली। लेकिन आज गली सूनी मातम भरी थी। किसी ने उन्हें जाते हुए न देखा। गली से बाहर निकलकर नाले की पुलिया पार करने के बाद एक फुटपाथ के किनारे साइकिल टेककर उसने निर्गुनियां को कैरियर पर बिठलाया। अपने गहने-कपड़ों की पोटली लेकर निर्गुनियां झिझकते हुए साइकिल पर बैठी। गली के मातम का दिन मोहन के लिये उमंगों-भरा सिद्ध हुआ। सन्नाटे की सड़कों से अपनी लैला को

साइकिल पर लेकर उमंगों में उड़ता हुआ मजनू मोहन गाता चला जा रहा था—'मुझे लैला तेरी अदाओं ने मारा...'

17

छावनी बाज़ार शहर से तीन मील दूर है। रस्ते में एकदम सन्नाटा पड़ता है। सड़क पर भी एकदम अंधेरा। सर्दी में दिन ढलते ही रात मानो शाम के कन्धों पर लदकर आती ही नहीं, वह सीधी दौड़कर आती है और पसरती ही चली जाती है। सड़क पर गैस के हंडे भी नहीं जल रहे। न कहीं मानुसान चिरई का पूत। बीच-बीच में कहीं-कहीं कुत्तों की टोलियां दूर या कहीं पास भौंकती सुनाई पड़ जातीं, बस। निर्गुनियां का मन धुकुर-पुकुर करने लगा। उसके साथ आठ-नौ हज़ार की रकम थी। जो कहीं चोर-डाकू घेर लें तो लेने के देने पड़ जाएं। पुलिया पर पहुंचकर मोहना साइकिल से उतर पड़ा, बोला : "मुझे दुनिया में किसी चीज़ से डर नहीं लगता, पर ये साली मोटू काट की पों-पों, भों-भों सुनते ही जान सूखती है।"

निर्गुनियां हंसी, बोली : "मोटर से क्या डरना? मैं तो चलाना भी जानती हूं।"

"अरे सच्ची! खा हमाई कसम।"

"तुम्हाई कसम, मेरे बाबू जहां नौकर हैं न, उनके घर दो मोटरें हैं, दो फिटन और एक लैन्डो गाड़ी थी। हमाई अम्मां, मतलब ये है कि उस घर की मालकिन, अपने खेत देखने जाती थीं तो मोटर पे जाती थीं। हम भी कभी-कभी उनके साथ जाते थे। तब खड़गबहादुर गोरखा मोटर-डिरेवर था। उससे मैंने भी डिराविन सीखी। अम्मां ने भी सीखी। अम्मां न सीख पाईं, मैं सीख गई।" छावनी की तरफ से आती हुई गाड़ी की रोशनी चमकने लगी थी। मोहना ने जल्दी से अपनी साइकिल और निर्गुनियां को पीछे कर लिया! बिल्कुल पुल की दीवार से सटकर खड़े हो गए। नीचे पानी की ओर देखकर निर्गुनियां बोली : "पानी तो थोड़ा ही सा है पर पुल बहुत बड़ा बनाया है।"

"ये टुनटुन है, बरसाती नदी। चौमासे में अक्सर बढ़—"मोटरकार सर्र से गुज़र गई। मोहन सहमकर निर्गुनियां से लिपट गया। निर्गुनियां हंस पड़ी, बोली : "इत्ता डरते हो, फिर तुम खरीदोगे तो कैसे चढ़ोगे?"

मोहन ने उत्तर न दिया। केवल एक हाथ साइकिल के हैन्डिल पर और दूसरा निर्गुनियां के कन्धे पर रखकर आगे बढ़ता हुआ बोला : "अमां मेहतरों की तकदीर में मोटरें नहीं लिखी होती हैं जानेमन।"

"तुम तो बेकार ही अपने-आपको मेहतर समझते हो। दरअसल गेहूं, गेहूं ही कहलायेगा, चाहे बिलायत में बोया जाए चाहे हिन्दुस्तान में। और फिर, मैं तो तुमसे बार-बार कहती हूं कोई धन्धा कर लो। आबरूदारी से रहोगे तो आप ही कल से ठाकुर साहब कहलाओगे।"

मोहना ने निर्गुनियां से कहा : "मेरी जेब से सिगरेट निकाल के सुलगा दो।

तुम्हाई बात सुन के कलेजा बहुत सुलग गया है।''

''क्यों?'' पति के आदेश का पालन करते हुए निर्गुनियां ने नखरे से तुनककर पूछा।

''इसलिये क्योंकि तुम तो बाह्मन बाप और बाह्मन मां के पेट से पैदा हुई हो, तुम्हें क्या मालूम? मेरे बाप साले हरामी की ब्याहता ठकुराइन तो कोई और होगी। उससे जो बच्चे पैदा हुए होंगे वह सब साले ठाकुर ही कहलाते होंगे। और मैं कम-नसीब उसी हरामी की औलाद उस साले की हबिस की शिकार अपनी अम्मां के पेट से पैदा होकर मेहतर कहलाता हूं। मुझे नफरत है इन सब ऊंची कौम वालों से। साले सोहबत के शौक में हमारी औरतों को अकेले में दबोचते हैं। सातों करम करके बाहर से उजले बनते हैं। और फिर उन्हीं से जो बच्चे होते हैं, उन्हें छूते हुए भी घिनाते हैं! मेरा बस चले तो एक दिन छावनी के सारे तोपखाने को इन सरीफ और बड़े आदमी कहलाने वाले जल्लादों की बस्तियों पर लगवाकर इन हिन्दू, मुसलमानों, क्रिस्चेनों को एक साथ धड़ाम-धड़ाम उड़वा दूं। इन साले हरामियों की...''

निर्गुनियां ने सिगरेट अपने होंठों पर सुलगाई। फिर क्रोध में बक-झक करते हुए अपने प्रिय के होंठों को ज़बरदस्ती अपनी ओर मोड़कर चूमा। एक-दो-तीन बार कस-कसकर चूमा। फिर अपने हाथों से ही उसके होंठों पर सिगरेट लगा दी।

दरअसल निकट भूतकाल की ब्राह्मणी निर्गुनियां का हृदय अपने पति के घ्रणामूलक प्रलाप से दहल उठा था। उसे उसके स्वर में हिंसा की खनक सुनाई दी। नर का क्रोध जीतने के लिये नारी वेश्या बन गई। मोहन के होंठों में सिगरेट संभालने लायक होश आ गया तब निर्गुनियां ने इठलाकर कहा : ''अब जल्दी से मुझे छावनी बाज़ार पहुंचाओ, डिरेवर। हमको डेर नईं होना मांगटा।''

प्रिया के अभिनय के जादू में प्रिय का आवेश हवा बनकर उड़ गया। आधे मील की सूनी सड़क पार होते देर न लगी। चौराहे पर लगे गैस के हंडे की रोशनी और उसके आगे टिमटिमाती हुई बस्ती नज़र आने लगी। छावनी बाज़ार का चौराहा आने से पहले ही बाएं हाथ टीले पर रंगीन कागज़ की लालटेनों में मोमबत्तियों की झिलझिलाहट नज़रों को बांध लेती थी। पूरी दीवाली-सी सजी थी। मोहन बोला : ''यही है मेरे यार सिकन्दर का कलबघर। साला, पहिले हमारे साथ ही यंग क्रिस्चेन लीग में काम करता था और अब देखो, अल्ला के फजल से मियां-बीवी ने मिलकर ये रेस्टूरेन्ट मोल लिया तो यारों का कलबघर बन गया और सिकन्दर मरियम को लगभग कुछ नहीं, कुछ नहीं, तो भी दो सौ रुपये की आमदनी हो जाती होगी। सिकन्दर साला किस्मत का सिकन्दर है।''

''अरे मेरे कहे पर चलो तो मैं तुम्हें उससे बड़ा तकदीर का सिकन्दर बनाकर दिखला सकती हूं। सुनो, तुम पहले मुझे अपने दोस्त की बीवी से मिला दो।''

''नहीं, पहले ठहरने की जगह पर ही चलेंगे। हमारे मास्टर तुम्हारा इन्तज़ार कर रहे होंगे। देखना कैसी खातिर होती है तुम्हारी। फिर यहां तो आना ही है रात में।''

बैण्ड-मास्टर कप्तान जैक्सन सचमुच ही मोहन की मैडम की प्रतीक्षा कर रहे

थे। उनका हंसमुख चेहरा, भरा-भरा गठीला सजीला बदन, एल्बर्ट फैशन की डाढ़ी, हंसती हुई नीली आंखें निर्गुनियां को पहली ही झलक में अभयदायिनी लगीं। "वेल, वेल, वेल, टुम बउट आच्चा-आच्चा, ब्यूटीफुल हाय। लवली कपुल। बउट खुश हुआ हाम। गॉड ब्लेस यू। मोहन काम हियार!"

मोहन को बांहों में खींचकर फिर निर्गुनियां से बोला : "टुम टो आच्चा-आच्चा समझडार औरट हाय। अपना ईस बुड्डू हास्बेन्ड को समझाओ। टुम डोनो क्रिस्चेन हो जाओ। हाम टुमको इस यंग क्रिस्चेन लीग का मैनेजर बना के अब होम जाना मांगटा।"

"फिर हमारी बैण्ड कम्पनी का क्या होगा मास्टर?"

"हाम टुमको टीन सौ रुपिया में साब बेच जाएगा। आहमेड का बाप हमको चार सौ डेने मांगटा। लेकिन आई लव यू माई डियर मोहन।"

"लेकिन हुजूर मैं तीन सौ रुपये कहां से..."

"मुझे इनकी तरफ से आपका सौदा मंजूर है मास्टर साहब। आप अभी कहियेगा तो ये अभी सौदा कर लेंगे आपसे।"

निर्गुनियां ने कहा तो मोहन उसका मुंह देखने लगा, फिर बोला : "अभी ऐसी जल्दी नहीं है, मास्टर, दो-एक दिन में तय कर लेंगे। अब तो आपके यहां रहने के लिये आए ही हैं हम लोग। किसी दिन बैठकर आपसे बातें कर लेंगे।"

"ओ! दैट इज़ ए वेरी स्माल मैटर माई डियर ब्वाय। टुम लोग जाल्डी से बैप्टिस्म ले लो। क्रिस्चेन ब्रडर हुड में आ जाओ। नाइन्टीन ट्वन्टी सिक्स का इयर खटम होने से पैले टुम लार्ड जीज़स का गिरोह में आ जाओ। यू सी मैडम मोहन, शिकान्डर मेसी हमारे साठ काम करटा। आमारा चोकरा। क्रिस्चेन! गरीब आडमी। हाम मरियम से उसका शाडी बनाया। रेस्ट्रां खोलने का फिफ्टी रुपीज़ डिया हम। आब देखो, दे आर आर्निंग टू हन्ड्रेड रुपीज़ पर मंथ, मैडम। इन बैण्ड यू शैल आर्न टू थाउज़ेन्ड रुपीज़ एन इयर। दो हाजार, सामझा!"

कमरे में एक पन्द्रह-सोलह वर्ष के लड़के ने प्रवेश किया। बालों की मांग जनाने ढंग से पत्तियोंदार थी। चेहरे पर पाउडर भी कुछ ज़रूरत से ज़्यादा पुता हुआ था। उसके आते ही कप्तान जैक्सन के चेहरे पर रोशनी आ गई। एक बांह से खींचकर अपने से सटाते हुए दूसरे हाथ से रूमाल निकाल के उसके चेहरे के पाउडर को समतल करते हुए मोहन से हंसते हुए कहा : "आब टुम अपना वाइफ का साठ रहो, हाम अपना वाइफ का साठ मेजर जैफर्सन के घर जाना मांगटा। आज डिनर नेई बनेगा। टुम और टुम्हारा वाइफ किचान में मन-माफिक खाना बनाओ।"

कप्तान साहब के साथ खड़े हुए लड़के की त्योरियां चढ़ीं, साहब से कहा : "क्या ये मेहतर और मेहतरानी आपके किचन में खायेंगे?"

कप्तान ने हंसकर कहा : "मोहन टो हमारा बावर्ची हाय।"

"आप मेहतर के हाथ का बनाया खाते हैं?"

"इटना रोज़ से टुम भी खाता माय डियर माशूक।"

"मुझे तो मालूम नहीं था। आज हामिद ने बतलाया कि यह मेहतर है, वह

भी मेहतर है। मैंने उसको सख्त आर्डर दे दिया है कि मेरे कमरों में न आए। और ये मोहना और उसकी मेहतरानी भी नहीं आएगी।''

स्वयं अपने मन से भले ही सैकड़ों बार मान लिया हो पर पराये मुख से जीवन में पहली बार मेहतरानी सम्बोधन सुनकर निर्गुनियां का खोया हुआ ब्रह्मतेज सरकस के शेर की तरह भड़का। बैण्ड-मास्टर के भूतपूर्व अंतरंग मित्र और अब भी अत्यधिक विश्वासपात्र सेवक बावर्ची मोहन का क्षात्र-बीज भी बम्-सा विस्फुटित हो गया। गरजकर बोला : ''अपने पालट का मुंह दबोच लीजे, मास्टर, नहीं तो अल्ला कसम इस रंडी की औलाद को मारते-मारते तिगनी का नाच नचा दूंगा। साला अपने आप को...''

''नो-नो, माई डियर माशूक इज़ ए नबोब्स सन।''

''नहीं सरकार जो रंडी के पेट से जनम ले, वो साला रंडी की औलाद। पता नहीं, सरकार, नवाब का है कि तेली, तमोली, धोबी का है।''

''मैं मेहतर के मुंह से अपनी इन्सल्ट नहीं सुनूंगा, मास्टर। मैं अभी कुएं में कूदकर अपनी जान दे दूंगा। छोड़िए मुझे, मैं जान दे दूंगा, मैं जान दे दूंगा।''

कप्तान जैक्सन अपने दिल की कमज़ोरी को बहला-फुसलाकर ले गया, लेकिन उसने माशूक उर्फ डेविड की यह ज़िद मानने से इनकार कर दिया कि मोहन और उसकी बीवी को इस बंगले में न ठहराए। वे दोनों ईसाई होने आए हैं। माशूक बोला : ''यह मेहतर-मेहतरानी तो साले आपको चकमा दे रहे हैं। मुझे तो आपने कहा, ईसाई बन जाओ, मैं फौरन बन गया। जब आप को दिलोजान से चाहता हूं, आपके मुझ पर एहसानात हैं। मुझे जल्लाद के चंगुल से निकाल के पनाह दी है। आप मेरे मालिक हैं, जो कहेंगे सो करूंगा।''

कप्तान अपने तत्कालीन प्रियतम पात्र की बात सुनकर रीझी हुई दृष्टि से उसे देखते हुए बोले : ''यू आर स्वीट माई डार्लिंग! कम आन, लेट अस गो।''

छावनी आकर क्रिसमस-न्यू इयर मनाने का सारा मज़ा मालिक के उस सस्ते भोग-पात्र की बातों से किरकिरा हो गया था। मोहन बोला : ''जी चाहता है कि इसी दम घर लौट चलें। साला रंडी की औलाद। नखरों में लड़कियों के भी नाक-कान काटता हैगा कमीना।''

''होगा जी, हम लोग तो इस बखत बंगले में अकेले हैं। कैसा अच्छा लग रहा है! हाय, जो कहीं तुम यहां सदा के लिये रहने लगो तो कैसा अच्छा हो!''

निर्गुनियां की इन बातों से मोहन का माशूक-प्रताड़ित मन बहल न पाया। उसके मन में रह-रहकर क्रोध की लपटें उठ रही थीं। निर्गुनियां पास आकर बोली : ''मास्टर ने तो कुछ कहा नहीं, उनकी भलमनसाहत पर जाओ। घर उनका है। मौज से पांच-छह दिन रहेंगे। और इस गन्दे लड़के को...तुम देखते तो चलो, छुरी में शहद लगा-लगाकर इसे न हलाल किया तो मेरा नाम नहीं। चलो, आओ अपना कमरा देखें, कुछ बनाएं-खाएं, बातें करें। तुम्हारी कसम, आज मुझे बहुत अच्छा लग रहा है। यों कहने को तो होटल में भी हम लोग अकेले ही थे, पर घर तो घर है।'' कमरे में एक पलंग पड़ा हुआ था, उस पर गद्दा-तकिया-चादर सब कुछ करीने से सजा हुआ था।

दो कम्बल भी थे। लैम्प जल रहा था। दीवार पर महात्मा जीज़स क्राइस्ट का एक चित्र भी टंगा था। निर्गुनियां इस कमरे में आकर सुख से भर उठी। उससे लिपटकर कहा : "अपने मास्टर से बैण्ड कम्पनी खरीद लो, तीन सौ रुपये तुम्हें दे दूंगी। जमा-जमाया काम में आ जाएगा।"

"पर मैं क्रिस्चेन तो नहीं बनूंगा। मैं जो हूं सो हूं। मामू ठीक कहते हैं, अपना धरम नहीं छोड़ना चाहिए।"

निर्गुनियां मन-ही-मन झेंप गई, बोली : "तो ये कहता ही कौन है तुमसे! अरे दुनिया में रहके सब चालें चली जाती हैं। युधिष्ठिर महाराज ने लड़ाई के समय भगवान के कहने पर झूठ बोला था। पहले बहला-बहलू के खरीदने की कोशिश करेंगे और बात न बनी तो चार दिन कि लिये हो जाएंगे क्रिस्चेन। मास्टर जब बिलायत चले जाएंगे तब फिर आर्या समाज में शुद्ध हो जाएंगे हम लोग। अपना धरम का धरम रहेगा और दौलत पास आ जाएगी सो अलग से। आखिर सदा हम-तुम दो ही थोड़े रहेंगे। हमारे आगे बाल-बच्चे भी होंगे। पैसा तो चाहिए ही।"

मोहन बोला : "बात सोचने लायक है, पर इस हरामी रंडी की औलाद से बदला न लिया मैंने तो समझो कि कुछ काम ही नहीं किया। साला कमीना।"

"अच्छा पहले ये बताओ कि तुम्हारे लिये क्या बना दें! कुछ हल्का-फुल्का पेट में डाल लो। फिर वहां तो पीते-पिलाते खाने में बारा-एक बजे का टैम होगा, मैं जानती हूं। मैंने बड़े सरकार की बरादरी में देखा है।"

"अमां तुम क्यों बनाओगी, अभी दो पैर साइकिल पे मार के सिकन्दर की दुकान से कुछ गरमा-गरम आमलेट-कबाब लिये आते हैं, साले से रम की दो बोतलें पक्की कराऊंगा। सात रुपये उसके हाथ में रख आऊंगा कि मेरे लिये मंगा के रख लें।"

"तो क्या वहां बिकती नहीं है!"

"नहीं, सिकन्दर के यहां बार थोड़े ही है। वह मंगा देता है। बहुत से साले देसी दारू भी लाते हैं। बस वहां हम लोगों ने सिकन्दर मरियम से यह आडर ज़रूर निकलवा लिया है कि कोई साला ताड़ी नहीं पियेगा।"

"जब पलंग पर मास्टर यह बोतल रख गए हैं तो और दूसरी क्यों खरीदते हो?"

"मेरी सरकार, ये है ह्विस्की जानीवाकर रेड लेबल। मेरे मास्टर ने तुम्हारे तुफैल में प्रजेन्ट की है। इसे अकेले हम-तुम ही बैठ के पियेंगे किसी दिन, आज तो रोजा-रम ही चलेगी। किसी साले यार-दोस्त को एक-आध पेग पिलानी पड़ जाए तो जी को कलक न होगी।...अमां पहली बार मैं डियर वैफ के साथ सुसाइटी में जा रहा हूं। दिल बादशाही हो रहा है, मेरे पास मेरे बचाए हुए ढाई सौ रुपये हैं। यहीं किचन में गाड़ रखे हैं मैंने। आज उसमें से बीस रुपये निकाल लेंगे। आज की क्रिसमस पार्टी में मेरा और तुम्हारा ही डंका बजना चाहिए।"

जब तक मोहना सिकन्दर की दुकान से लौटकर न आया तब तक रात-भर के लिये अपनी कमर और गठरी में बंधी सम्पदा को सहेजकर रखने के लिये

निर्गुनियां कमरे में कोई गुप्त स्थान खोजने लगी। उसने कमरे और किचेन के बीच दो टूटी कुर्सियों और कुछ कबाड़ से लदे हुए एक चीड़ के बक्से में सुरक्षित और गोपनीय स्थान ढूंढ़ ही लिया। वह रात में सिकन्दर के कलबघर में नाचेगी। मोहना उसकी कमर पे हाथ रखेगा, तब कमर में लिपटी हुई सम्पदा पर उसका हाथ पड़ेगा, वह पूछेगा, यही सब सोचकर तमाम झंझटों से बचने के लिये उसने यह कार्य करके एक ओर जहां चैन की सांस ली वहीं दूसरी ओर उसका मन कुछ-कुछ ऊंचा भी रहा। जहां मन ऊंचा था वहां फिर निर्गुनियां ने रामजी का सहारा लिया : "रामजी चाहेंगे तो धन राजी-खुशी रह जाएगा।"

सिकन्दर मसीह का टीन वाला 'कलबघर' दुलहिन की तरह जगमगा रहा था। कागज़ की रंगीन कंडीलों में मोमबत्तियों की सजावट थी और सायबान के भीतर चारों तरफ झंडियां-ही-झंडियां लगी हुई थीं। सिकन्दर का भाई न्यूटन बहुत हुनरमन्द है। परसाल उसने बांस की खपाचियों के झाड़-फानूस बनाए थे। इस बार भी उस ढांचे पर रंगीन कागज़ मढ़ के और कागज़ के फूल जहां-तहां लटका के उनकी शोभा बढ़ा दी थी। सायबान भर में छोटे-बड़े पांच झाड़ों में लगभग सौ-सवा सौ मोमबत्तियां जलाई गई थीं। यह मोमबत्तियां भी बिना धेला-कौड़ी खर्चे छावनी के बंगले-बंगले क्वार्टर-क्वार्टर से क्रिसमस के नाम पर मांगकर लाई गई थीं। ईसामसीह के नाम पर गोरे साहब, मेमें और सिपाही सभी 'नेटिवों' के उत्सव में दुवन्नी-चवन्नी-अठन्नी से सहयोग दिया करते थे। रोशनी, झंडी-झालरों के अलावा उस चन्दे की कमाई से बड़ा भारी क्रिसमस केक भी बना करता था। सिकन्दर की बीवी मरियम बावर्ची की बेटी थी, उसका बड़ा भाई छावनी की बेकरी में काम करता था, इसलिये वह खाना बनाने ही में नहीं, बल्कि केक-बिस्कुट आदि बनाने के काम में भी कुशल थी।

सिकन्दर मसीह के कलब में भीड़ अभी बहुत ज़्यादा नहीं थी। मुश्किल से दो ही चार आदमी बाहर के थे, बाकी यंग क्रिश्चियेन लीग के ही चार-पांच लड़कों के साथ न्यूटन मसीह सजावट के काम में लगा हुआ था। मरियम सायबान से लगे अपने घर की तरफ बने हुए किचन-काउन्टर पर खड़ी-खड़ी फ्राई-पैन में किसी ग्राहक के लिये आमलेट बना रही थी। साथ-ही-साथ किसी ग्राहक के आर्डर दोहराने पर उसे झिड़कती हुई कह रही थी, तुम तो एकदम हवा के घोड़े पर सवार होके फरमाइशें करते हो, शेमसन, देखते नहीं, हाथ खाली नहीं है मेरा!"

तभी मोहन और निर्गुनियां पहुंचे—"मेरी, सिकन्दर कहां है साला?"

मरियम ने बगैर सिर उठाए ही उत्तर दिया : "जाने कहां गया है, मैं काम के मारे मरी जा रही हूं। इतनी देर से आज न्यूटन का वाइफ भी नहीं आया। नखरा दिखाती है। काम क्या मैं मुफत में करा लेती हूं उससे!...ममबी साहब, आपका आमेलट तैयार है।...मोहन, ज़रा तुम्हीं हेल्प करो न, प्लेट पकड़ा दो।...ओहो, ये नई कौन आई है भाई! क्यों मोहन, यही है न तुम्हारी मिसिज़?"

प्लेट लेकर ग्राहक की ओर जाते हुए मोहन ने मुस्करा के कहा : "मैंने सोचा, आज इसे भी लेता चलूं, नये शहर में आई है, सबसे जान-पहचान हो जाएगी।"

निर्गुन और मरियम ने एक-दूसरे की आंखों में आंखें डालीं। दोनों के होंठों पे

मुस्कराहट आ गई। मरियम बोली : "ये बताओ कि तुम मेहमान बनकर आई हो या हमारा फ्रेंड बनकर?"

निर्गुन एकाएक समझ न पाई। फिर भी खुले दिल से बोली : "बोलिए, काम बतलाइए।"

"तब इदर आओ, ये देखो, काउन्टर के बगल में डोर है। जल्दी से अन्दर आ जाओ। हम अकेला है बाबा, आज न्यूटन का वाइफ बी नहीं आया।"

रात के आठ-साढ़े आठ बजे तक सिकन्दर मसीह का 'कलबघर' लगभग बीस जवान जोड़ों से भर चुका था। साये-गाउन पहने, पाउडर के पलस्तर चढ़ाए बहुत से जनाने चेहरों के लिये किचन-काउन्टर पर खड़ा आमलेट, कटलेट बनाता हुआ एक नया अपरिचित चेहरा आकर्षण की वस्तु बन गया। वह उपस्थित सभी स्त्रियों में सुन्दर थी। उसकी आंखों में मोहिनी थी। उसकी साड़ी भी कीमती, ऊनी जम्पर, गहने भी कीमती—सब आपस में खुसुर-फुसुर करें कि मोहन की बीवी के पास इतना माल कहां से आया! खास तौर से जनरल साहब के स्वीपर की मुटल्ली बीवी सूसन के मन में तो रह-रह के भूडोल उठते थे।

सूसन एक तो छावनी के सबसे ऊंचे अफसर की मेम की मुंहलगी थी। उसके यारों के मुहब्बतनामे लाने-ले जाने वाली भरोसेदास औरत थी। उसे इनाम-बख्शिसों की आमदनी अच्छी होती थी। छावनी के ईसाई मेहतर समाज में ही नहीं, बल्कि धोबियों और दूसरे तमाम हिन्दुस्तानी नौकर समाज की स्त्रियों में अकेली सूसन ही थी जिसके गले में सोने की ज़ंजीर में सोने का क्रास लटकता था। उसे मोहन की बीवी के जड़ाऊ इयर रिंग, सोने के हार और हाथ की अंगूठियों को देख-देखकर बार-बार खौलन हो रही थी। उसने अपने पति टामस से कहा। टामस पेशे से पादरी न होते हुए भी पादरीनुमा आदमी था। वह दो जवानों को बड़े शान्तिमय जोश के साथ दोनों हाथ फैला-फैलाकर समझा रहा था : "खुदा ने जीज़स क्राइस्ट को इसलिये हमारे बीच में भेजा था कि वह जितना सब पाप, यानी सिन, यानी अजाब, जो कुछ भी हमारे अन्दर की बुराइयां हैं, उनकी सज़ा वे भुगत लें, जिससे कि हमारे कसूर माफ हो सकें। आखिर देखो न, शादीराम, हम लोग तो इन्सान हैं, दो हाथ, दो पैर, एक सिर। एक सिर साला क्या सोच सकेगा? सोचने की बात है। इसलिये हम लोग तो सब पाप करेगा ही, इसलिये खुदा ने कहा कि ऐ मेरे प्यारे बेटे..."

"टामस डियऽर! टाऽऽम, अरे तुम सुनता क्यों नहीं बाबा?"

"सूसन, लॉर्ड का भजन करो, लॉर्ड का गुन गाओ, क्रिसमस के दिन भी तुम हमारा..."

"अरे वह सब तो चलता रहेगा। ऐ डियर, जाके पता लगाओ कि मोहन की वाइफ के पास इतना गहना और कीमती साड़ी कहां से आया?"

टामस के कुछ-कुछ फूले हुए चेहरे पर ऐसा भाव झलका कि मानो सूसन की बातों ने उस पर वही असर किया है जो क्रास पर चढ़े क्राइस्ट के पवित्र शरीर पर कीलों और कांटों की चुभन ने किया था। बड़ी वेदना और बड़ी शान्ति के साथ प्रभु ईसामसीह की तरह रंजित स्वर में टामस साहब बोले : "सूसन डियर, गॉड जानता

है कि हम-तुम इन्सान पाप का पुतला है, 'सोना पाप से आता है', अपने गले के क्रास से पूछो..."

सूसन भड़क उठी : "टाम, तुम पूरा कसाई है। हमारा मेमसाब सच बोलता, कि तुम और साहब मज़हब का छुरी लेकर इन्सान की ज़िन्दगी का मौज मजा हराम करता है। बड़ा सरमन डेता हैगा तुम। मगर मेरा पापा स्वीपर कम्यूनिटी में पहला आदमी था जिसको पादरी बनाया गया था। समझा तुम लोग! हम पादरी की बच्ची है और ये जो हमारे इशक में पन्द्रह बरस पहले क्रिसचेन बना, यह हमको सरमन देता है। अरे, लॉर्ड ने खुद येशु से कहा कि येशु दुनिया तो भेड़ है, पाप करेगी ही, तुम दुनिया में जाओ और सबके पापों का पराश्चित कर आओ। जब खुद येशु हमारे पापों का पराश्चित कर गए हैं तो फिर हमें पाप करने में क्या डर है जी! इस सचाई को ये नामरद भला क्या समझेगा!" कहते हुए उसने अपने पति की तरफ हाथ दिखाया और मालगाड़ी के धकियाए हुए डिब्बे की तरह आगे लुढ़कती हुई चली गई। थोड़ी देर में मैडम सूसन को अपने प्रश्न का उत्तर सिकन्दर मसीह से मिल गया। सिकन्दर ने बतलाया कि मोहन की बीवी चूंकि एक नावाब की औलाद है सो वहां से उसे बहुत से जेवर और गहने मिलते ही रहते हैं। सिकन्दर ने सूसन को यह भी समझा दिया कि यहां तो मोहन की बीवी रुपये में इकन्नी बराबर भी ज़ेवर पहन के नहीं आई है। उसकी मां ने उसे दस-बारह हज़ार रुपये के जेवर दिए हैं। बेचारी सूसन के घमण्ड का ऊंट दस हज़ारी हैसियत वाली मोहना की पत्नीरूपी सुवर्णमेरु के सामने आ गया तो उसने शान के साथ अपनी पराजय स्वीकार भी कर ली। सूसन के प्रचार से थोड़ी ही देर में सभी को यह मालूम हो गया कि मोहन की बीवी बड़े मालदार घर से आई है। मोहन की हैसियत कम-से-कम पन्द्रह-बीच हज़ार की होगी। मोहन बहुत लकी आदमी है। चूंकि प्रभु ईसामसीह सूसन के पापों का अग्रिम प्रायश्चित कर ही चुके थे, इसलिये सूसन ने आकुल-व्याकुल होकर मोहना को ढूंढ़ना शुरू कर दिया, लेकिन मोहना तो उस वक्त अपने दोस्त के कलबघर का वालंटियर-बैरा बना हुआ इधर से उधर प्लेटें लाता-ले जाता हुआ डोल रहा था। सूसन जैसे ही उसे खोजकर, पूछने के लिये आगे बढ़ी, वैसे ही वह फिर से फुर्र हो गया। बेचारी सूसन अपनी मोटी कौतूहल-भरी काया को लेकर कहां-कहां दौड़े? हारकर सोचा के किसी दिन मोहन की बीवी को ही पटाऊंगी।

रात में क्रिसमस केक कटा, गाने हुए, खाना-पीना हुआ। टीन के सायबान तले बांस की खपाचियों के जगमगाते झाड़फानूसों के मुगलई शान-शौकत वाले 'हाल' में प्रभु ईसामसीह की पापमयी भेड़ें देशी ठर्रे से लेकर विलायती रम की बोतलों तक के नशे में उन्मत होकर प्रभु के भजन गा रही थीं। बाद में जवानों ने कुछ 'लवसांग' भी गाए। मोहन ने बैण्ड 'कन्डक्ट किया, तालियां बजीं, फिर दूसरे दौर में मोहन और निर्गुनियां भी नाचे। मोटी सूसन उसके कानों और छाती पर झिलमिलाते सोने को देख-देखकर हाय भरती रही। निर्गुनियां इस समाज में एकदम बेझिझक होकर अपने नये व्यक्तित्व को ढाल रही थी। माईं का मैला उठाने के बाद उसके मन से हर झिझक दूर हो चुकी थी। बस एक ही झिझक उस बहुपुरुष-स्पर्श से कलंकित

नारी के जीवन में नई-नई जागी थी कि वह मोहन के अतिरिक्त अन्य किसी भी पुरुष का स्पर्श तक नहीं सह पाती थी। सबसे मीठी रही, हंसी-बोली, पर किसी पुरुष से हाथ नहीं मिलाया, न मोहन के अलावा अन्य किसी के साथ नाचना ही स्वीकार किया। उस रात मरियम ने उसे और मोहन को ज़बरदस्ती अपने ही घर रोक लिया।

दूसरे दिन सवेरे ही निर्गुन और मोहन जल्दी से उठकर मालिक के बंगले पर चले गए। निर्गुनियां को अपने छिपाए हुए माल की चिन्ता थी और मोहन को भी यह अंदेशा था कि मालिक के नये माशूक ने कोई नया गुल न खिलाया हो। घर पहुंचने पर जाना कि अभी मास्टर मेजर साहब के यहां से लौटे ही नहीं हैं। मास्टर की बैण्ड कम्पनी यानी यंग क्रिस्चियन्स लीग के छह-सात लड़के, जो इसी बंगले में रहते थे, अपने कमरे में सो रहे थे। सभी पर उमंगों भरी रात की क्लांति और पिए हुए नशे का बोझ चढ़ा था। सब कुछ देख-भाल कर मोहन निश्चिन्त होकर अपने कमरे में आया। निर्गुनियां भी इस बीच छिपाई हुई माया सहेजकर अपने कमरे में लौट आई थी और सिरहाने गद्दे तले रुपये और गहने छिपाकर बड़े सन्तोष के साथ चारों खाने चित्त पड़ी हुई कमरे की छत से टकटकी लगाए हल्के-हल्के दांतों से अपने निचले होंठ को दबाती किसी ध्यान में तल्लीन थी। मोहना आया, चार आंखें मिलीं, दो होंठ मुस्कराए, पलंग पर निर्गुनियां के पास बैठकर उसकी बांह उठाकर हाथ फेरते हुए कहा : "मरियम तो तुम्हारी मुरीद हो गई है। सिकन्दर भी बड़ी तारीफ कर रहा था तुम्हारी।"

निर्गुनियां बोली : "तुम्हारे ये दोस्त मुझे भी बहुत पसन्द आए। मरियम तो औरतों में कोहिनूर है कोहिनूर।"

"ऊंहूं, मैं नहीं मानता।"

"क्यों?"

"कोहिनूर तो बस मेरे ही पास है। यों मरियम भी बहुत अच्छी है। मैं उसकी तारीफ करता हूं, लेकिन कोहिनूर तो मेरी ही तकदीर में आया है।"

निर्गुनियां ने गुमान भरे स्वर में कहा : "चलो हटो, कोहिनूर तो मैं तब बनूंगी जब तुम मास्टर से बैण्ड कम्पनी ले लो।"

"ले तो लूं! पहले खर्चा समझ लो, चालीस रुपये बंगले का भाड़ा होगा। दस चौकीदार के, और ये जित्ते पन्द्रह लड़के होंगे हमारे बैण्ड में उन सबको पांच-पांच रुपये बंधे हैं। तो कित्ते हुए, सब मिला के जोड़ो!"

"मैं कहती हूं तुम तीन सौ में बैण्ड लो, ज़्यादा ईसाईपना झाड़े तुम्हारा मालिक तो चार सौ तक दो। आगे महीने-दो महीने के खर्चे लायक चार-पांच सौ रुपये भी मैं तुम्हें दूंगी। इस बखत ब्याह-बरातों के दिन हैं। पुराने साथियों को ही पैसा दे के कमाई कर लो। फिर जब खाली दिन आएंगे, नये लड़कों को काम सिखाना और इन क्रिस्चेनों को धता बताना। चार बरस में भगवान चाहेगा तो मैं तुम्हें हैसियतदार बना दूंगी। तब कहना कोहिनूर मुझे।" करवट के बल कोहनी पर सिर टेककर निर्गुनियां ने बड़ी ठसक के साथ कहा।

थोड़ी ही देर में नवाब की रखैल का लड़का अपनी जागीर यानी कप्तान जैक्सन

के साथ मोटरसाइकिल पर आ गया। वह बीमार-सा नज़र आ रहा था। मास्टर अपनी बांह का सहारा देकर उसे बंगले में लाए। बरामदे में मोहन को देखकर माशूक ने कराहना भी शुरू कर दिया। मास्टर बोला, "मोहन, माशूक को कमरे में ले जाओ। हाम अभी हाजट रफा करके आटा है।"

"नईं-नईं, मुझे मत छुओ। मुझे मत छुओ। डोन्ट टच मी, डोन्ट टच मी यू स्वीपर!"

मोहन ने माशूक का हाथ झटककर कहा : "साले स्वीपर होगा तेरा बाप, मैं तो ठाकुर का बच्चा हूं। चल सीधी तरह से!"

"तुम ठाकुर हो?"

"अबे असली ठाकुर। मेरा बाप दस गांव का जमींदार था।"

"मेरे भी वालिद के चालिस गांव थे।"

"अब?"

"आधे रह गए हैं। बाकी महाजनों को दे दिए।"

"दिए होंगे। ऐसे कह रहा है साला जैसे तेरे बाप हातिमताई हों। बोल चाय पीएगा कि नहीं?"

"हां, अगर तू असल ठाकुर की औलाद है तो पिला दे। और सुन, अपनी औरत को भेजता जा, जरा मेरा बदन दबा दे। रात-भर पिला-पिला के मार डाला इन हरामी अंग्रेज़ों ने। भेज तो दे प्यारे!"

मोहन अंगारे जैसी आंखों से देखता हुआ पलट पड़ा और अपने दोनों हाथों को सड़सी की तरह बनाकर आगे बढ़ता हुआ दांत चबाकर बोला : "साले रंडी की औलाद! पराई औरत से बदन दबवाएगा? मैं तेरा गला दबा दूंगा जो फिर से ये बात निकाली।" क्रोध में अन्धे होकर उसके हाथ गला दबाने के लिये बढ़े। माशूक भय से उसकी ओर स्तब्ध होकर देख रहा था। लेकिन तब तक उसका भय अब मोहन का भय बन गया था। मन ने कहा, 'इसका गला दबाया, तो तेरी सात पुश्तों का गला दब जाएगा।' भय से चेतना आते ही मन का पत्ता पलट गया। मोहन ठहाका मारकर हंस पड़ा : "डर गए माशूक! हः-हः-हः! घबराओ मत, मुझे तुमसे हमदर्दी है। मैं तुम्हारा बदन दबाए देता हूं। मेरी 'वैफ' तुम्हारे लिये चाय बना लाएगी।" फिर पलंग पर बैठते हुए दरवाज़े की ओर मुंह करके आवाज़ लगाई : "अरे सुनती हो! ज़रा यहां आना, इस सामने वाले कमरे में!"

निर्गुनियां आई, पति को अपने मालिक-दुलारे का बदन दबाते देखकर मुस्कराई। मोहन भी एक आंख दबाकर बदन दबाते हुए बोला : "जा, किचन से अपने मुन्ने भैया के लिये एक प्याला चाय तो बना ला डियर।"

निर्गुनियां बोली : "मेरे भाई की अच्छी तरह से सेवा करना।"

लेकिन मज़ाक में बनाया गया निर्गुनियां का यह भाई अपने मन में उन दोनों के खिलाफ, या कहा जाए कि अपने प्रति मास्टर की सहानुभूति और ममत्व जगाने के लिये यह सब नाटक कर रहा था। सबको पल में पग-पग पर तुच्छ सिद्ध करके वह अपना महत्त्व जतलाना चाहता था। मोहना मालिक के कमरे में लौट आने तक

माशूक का बदन बड़े प्यार से दबाता रहा। चाय आई, निर्गुनियां खुद ट्रे में सजा के लाई।

"गुड-मार्निंग साहब।"

"हाल्लो मिसिज मोहन, गुड-मार्निंग। हाऊ आर यू, कैसा है टुम?"

"आई एम वेरी फाइन साहब। टेक टी प्लीज़।"

कप्तान जैक्सन ने आंखें फाड़-फाड़ के निर्गुनियां को देखा, फिर मोहन से बोला : "टुमारा वाइफ इंगलिश बोलने शक्टा। टुम नईं बोलने शक्टा। हू टाट यू इंगलिश मिसिज मोहन?"

"ए टीचर टाट मी इंगलिश, देन आई मैरिड दिस इंगलिशमैन्स सर्वेन्ट।"

कप्तान जैक्सन बड़ी ज़ोर-से हंस पड़ा : "ओ वण्डरफुल, वण्डरफुल! हम बौट खुशी है, मिसिज मोहन, टुम क्रिश्चियन्स लीग बौट आच्चा चलाएगा। आई एम लकी टु फाइन्ड यू।"

माशूक अली कोहनी के बल सिर टेककर बैठा था। मोहन अपने हाथ में चाय का प्याला लेकर उसे पिला रहा था। बैण्ड-मास्टर जोश में अपनी गद्देदार हाफ-ईज़ी चेयर पर तनकर बैठ गया। बोला : "मोहना, हाम टुमारा वाइफ का और टुमारा बी नाम शोच लिया हाय। ये जूलियाना, टुम जैक्सन मोहन।"

सुनते ही माशूक अली की आंखों में कीने की कटार चमक उठी। लेकिन उस वक्त वह कुछ नहीं बोला। चाय के प्याले उठाकर निर्गुनियां ट्रे में रखते हुए बड़े प्यार-भरे भोले अन्दाज़ में बोली : "पापा, ह्वेन यू गोइंग इंग्लैण्ड?"

"ओ, आई होप दैट आई शैल बी लीविंग दिस कन्ट्री बाई द एण्ड आफ नेक्स्ट मन्थ। हाम यहां से लाहौर जाएगा, अपना सिस्टर से गुडबाई बोलेगा, देन बाम्बे, बाम्बे से इंग्लैण्ड जाएगा।"

"पापा आपकी सिस्टर लाहौर में रहती है?"

"यस जूली! हमारा सिस्टर एक हिन्दू बैरिस्टर से शाडी किया है। वह अब इंडियन पण्डिट हाय। हाई क्लास ब्राह्मन।"

सुनकर निर्गुनियां के मन के दिए बुझ गए। मेम ब्राह्मणी और ब्राह्मणी मेहतरानी! छिः, अब मैं जो हूं सो हूं। जो मेरे सामने बैठा है, उसकी सुहागवन्ती हूं। मन के दिए बुझे, जले, फिर अपनी शक्ति पा गए।

18

'यंग क्रिश्चियन्स लीग' के संचालक कप्तान जैक्सन सेना की नौकरी से निकाले गए जवान थे। जैक्सन में यों तो बहुत खूबियां थीं, हंसमुख, विनोदी और उदार था। ज़ोशीला धर्म-प्रचारक था, तेंतीस कोटि देवी-देवताओं से भूषित भारत-भूमि की भटकी हुई भेड़ों को प्रभु येशुमसीह के बाड़े में हांक लाने के लिये अथक प्रयत्न और प्रचार किया करता था, परन्तु जैसे अनेक गुण-सम्पन्न प्याज़ अपनी बदबू के

कारण भगवान के भोग के योग्य नहीं रहा वैसे ही कप्तान जैक्सन भी अपने अतिग्रस्त अप्राकृतिक कामदोष के कारण अंग्रेज़ सभ्य समाज में प्रायः रूखा स्वागत ही पाते थे। यों तो अंग्रेज़ सेना के सभ्य समाज में जैक्सन के समान दुर्व्यसनी अनेक थे और समाज में प्रतिष्ठा भी पाते थे किन्तु जैक्सन का दुर्भाग्य यह हुआ कि वह एक बहुत बड़े सेनाधिकारी के यहां छुट्टियों में इंग्लैण्ड से आए हुए उसके किशोर बालक पर मर मिटा, और इसी अपराध में उसे नौकरी तक से हाथ धोना पड़ा।

जैक्सन नौकरी छूटने के बाद भी छावनी के इलाके में ही रहा, पैंतीस रुपये महीने पर एक बंगला किराये पर ले लिया और छावनी के घसकटों, बावर्चियों, नाई, धोबी, मेहतर, चमारों के समाज में ईसाई धर्म का जोशीला प्रचारक बन गया। जैक्सन अपने जूतों के तलों में हिन्दू देवी-देवताओं के चित्र टंकवाये हुए था और गरीब देशी समाज के सामने अपने जूते खोलकर कहता कि अपने भगवान के दर्शन करो, वो मेरे जूते में रहते हैं। वह मुसलमानों की नमाज का भी बड़ा मज़ाक उड़ाता था। नटिवों की आबादी में जाकर कभी-कभी कपड़े और पैसे भी बांटता था और ज़ोर-ज़ोर से घोषित करता कि–

'माला लक्कर, पोठी बक्कर, गंगा बुरबक पानी।
रामा कृष्ण झूठै बैया, चारो बेड कहानी।'

वह हिन्दू-मुसलमान धर्म-प्रचारकों का मज़ाक उड़ाता, कहता कि वे लोग कोरे उपदेश ही दे सकते हैं। उनका ईश्वर काल्पनिक करुणामय है जबकि हमारे प्रभु साक्षात् करुणामूर्ति हैं। इसलिये हम तुम्हारे बच्चों को ईसाई बनाएंगे, उन्हें खाना-कपड़ा और रहने की जगह भी देंगे, उन्हें बैण्ड बजाना सिखाएंगे। गांधी तो केवल जनता को धोखा देने के लिये ही स्वदेशी-स्वदेशी की रट लगाता था। मगर मैं तुम्हें असली स्वदेशी बैण्ड दूंगा। इस प्रकार अपने जोशीले प्रचार के बल पर उसने लगभग सोलह-सत्रह लड़के जमा कर लिये थे।

अपनी ही जैसी कमज़ोरी में मुब्तिला दो-एक काले-गोरे पादरी, एक रिटायर्ड मेजर, जो एक एंग्लो-इंडियन छोकरी से ब्याह करके छावनी बाज़ार में विलायती शराब-विक्रेता बन गया था, और भी एकाध गोरे या काले प्रभावशाली यार-दोस्त उसके यहां आते रहते। चन्दा जमा करने में कठिनाई न हुई। गांधी-आन्दोलन का प्रभाव कम करने के लिये सरकार मिशनरी गतिविधियों को सहायता दे रही थी। कप्तान जैक्सन ने 'रंगमहल उर्फ बैण्ड स्कूल उर्फ यंग क्रिश्चियन्स लीग' को कुछ ही महीनों में एक अच्छी-खासी चलती दुकान बना दिया। सहालग में उसके बैण्ड की बुकिंग होने लगी। पुलिस मिलिटरी बैण्डों से सस्ती दर, भड़कीली पोशाक, कवायद-डिसिप्लिन फौजी। यंग क्रिश्चियन्स लीग का बैण्ड शादी के जुलूसों की शान बन गया।

अपनी वासनामूलक कमज़ोरी के कारण जैक्सन यद्यपि हिन्दोस्तानियों का जाति-पांति सम्बन्धी भेद-भाव नहीं मानता था, पर ईसाई बन जाने के बावजूद हिन्दू, मुसलमान अपना हिन्दुत्व या मुसलमानत्व पूरी तरह से त्याग नहीं सके थे। धोबी, मेहतर या चमार ईसाइयों से खानपान-व्यवहार करने में 'ऊंचे' ईसाई सकुचाते थे।

इस सांस्कारिक समस्या में उलझते-जूझते हुए, अनुभवों की प्रौढ़ता के साथ बैण्ड-मास्टर कप्तान जैक्सन की यंग क्रिश्चियन्स लीग पिछले आठ वर्षों में अब ईसाई मेहतर-बहुल संस्था ही हो गई है। आर्थिक दृष्टि से बेहद टूटे हुए दो-एक अन्य जातियों के छोकरे भी यों कहने को मास्टर की लीग में अब भी हैं। इसके अतिरिक्त कुछ यह बात भी रही कि डोम-डफाली मेहतरों के लड़के ही संगीत के रस में अधिक पग सके। इसलिये छावनी में काम करने वाले मेहतरों की सन्तानों के अलावा शहरी समाज के कुछ मेहतर किशोर भी मास्टर की क्रिश्चियन्स लीग में शामिल हो गए थे। मोहन भी ऐसे ही संयोगवश—पांच वर्ष पहले लीग में भर्ती हुआ था। अपनी कर्म-कुशलता, कर्तव्यपरायणता और मधुर व्यवहार और सुन्दरता के कारण मोहन, कप्तान जैक्सन का परम प्रिय और परम विश्वासपात्र बन गया। जब लीग में आया था, तब एक बावर्ची यहां खाना पकाने के लिये नौकर था। मोहन ने उससे यह काम भी सीख लिया। और उसके बाद तो मोहन ही बैण्ड-मास्टर का 'पीर, बावर्ची, भिश्ती, खर' सब कुछ बन गया। वह कब का ईसाई भी बन चुका होता, लेकिन लाख विद्रोह करने के बावजूद वह अपने मामा से बंधा है। उन्हीं के कारण वह ईसाई नहीं बना। और वे ही जब-तब सचमुच या झूठमूठ बीमार पड़कर उससे अपनी जिजमानी में मेहतर का काम भी करा लिया करते थे।

27 दिसम्बर की शाम! निर्गुनियां आज बड़े उत्साह से अपने 'पापा' जैक्सन और उनके प्रियतम पात्र के लिये चाय-नाश्ते की प्लेटें लेकर उनके कमरे में गई। हंसते हुए निर्गुनियां ने कहा : "पापा आई मेक दिस इंडियन डिश फार यू।"

"ओ! फार मी! और हमारा डेविड का वास्टे नईं?"

"हमारे डेविड भैया तो नवाबजादे हैं पापा, रोज़ ही खाते होंगे। उनके लिये तो खास तौर से..."

"मास्टर, इस मेहतरानी को कह दीजै कि मुझे आइन्दा भैया न कहे। आई हेट इट।"

डेविड के तेवर देखकर निर्गुनियां के इत्ते-पित्ते भड़क उठे। रोम-रोम से ज्वालायें उठीं, पर अपने ही पाप की हिमशिला से दब भी गईं। क्रोध घुन्ना बन गया। निर्गुन मेहतरानी अवश्य बन गई थी, पर वेश्या की तरह नहीं, पत्नी की तरह।... पर अभी तो क्रोध दबा के पापा के प्याले में चाय ओजते हुए उसने हंसकर कहा : "इफ ही नाट माई ब्रदर, देन व्हाट आई काल हिम नाउ?"

"डोस्ट-डोस्ट।"

डेविड की त्योरियों में यों बल पड़े जैसे उसे यह नाता भी नापसन्द था। मगर मास्टर ने उसे प्यार-भरी नज़रों से देखा, कहा : "नो-नो लवी, जूली आच्चा लरकी हाय। क्रिश्चियन बनेगा। उसको डोस्ट बनाना मांगटा। मोहन पुराना डोस्ट हाय। एफीशियन्ट आडमी। बौट फेथफुल हाय। आइ लाइक हिम, रेस्पेक्ट हिम, लव हिम। अन्डरस्टैंड?"

डेविड यह सुनकर आंखों में चतुराई की चमक लिये सहसा उठा और फुर्ती से

निर्गुनियां के पीछे आकर उसे अपनी बांहों में जकड़ लिया। चौंककर निर्गुनियां ने उसकी तरफ चेहरा घुमाया तो डेविड के होंठ उसी चतुराई से चूमने के लिये झपटे। डेविड के गाल पर तड़ाक से बिजली जैसी हाथ की चोट पड़ी। डेविड सहमकर पीछे हट गया। निर्गुन की आंखों में खून उतर आया था।

दरवाज़े का पर्दा एक हाथ से पकड़े हुए मोहन का क्रोध भी निर्गुन के तमाचे से स्तम्भित होकर खड़ा था, अब बोला : "शाबास डियर, अच्छा किया, अब आ जाओ।" निर्गुन ने पति की आवाज़ सुनी और तेज़ी से उसके पास से होती हुई कमरे के बाहर चली गई। मोहन भी उसके पीछे ही पीछे कमरे में आया। देखते ही निर्गुनियां के तैश-भरे चेहरे की आंखें छलछला उठीं। गुस्से में बोली : "मैं इसी बखत अपने घर जाऊंगी। अब यहां एक पल भी रुकना नहीं चाहती।" मोहन ने उसके दोनों कन्धों पर हाथ रखकर कहा : "घर तो नहीं, फिलहाल सिकन्दर के यहां चलते हैं। मैं मास्टर के लौण्डे से आज का बदला लिये बिना हरगिज़ नहीं जाऊंगा। हम मेहतर हैं तो क्या हुआ? अब अछूत-उद्धार का जमाना है। हम लोगों की फरियाद सुनने के लिये एक गांधी महात्मा आ गया है। सुनो, तुम जो मुझे सौ रुपये देने का वादा करो तो कल मास्टर की क्रिस्चेन लीग में उस रंडी की औलाद के अलावा एक चिरई का पूत भी नज़र नहीं आएगा, ऐसी ज़बरदस्त हड़ताल करा सकता हूं। उसका बिजनिस मेरे हाथ में है। मैं मास्टर की दिल से इज़्ज़त करता हूं, वरना कल ही इन्हें चौपट करके रख देता।...ये बैण्ड का मामला ऐसा है कि बस्ती में रहने वाले दूसरे मेहतरों की भी दिलचस्पी बहुत है। छावनी की 'नानक्रिस्चेन मेहतर सुसाइटी' भी कुछ कम नहीं हैगी। मैं बैण्ड कम्पनी खोल सकता हूं। हम मेहतरों को इसने समझा क्या है? साला रंडी की औलाद!"

रुपयों-बंधी कमर को ठसके से खुजलाकर निर्गुन ने कहा : "बैण्ड के लिये तो पहले से ही कह चुकी हूं। आज खरीदना चाहो आज खरीदो। यहां से बैण्ड वाले लड़कों को छुड़ा लो, और जगह के लिये क्या इसी बंगले का ठेका है? दूसरी जगह किराये पर ले लो। जब मन में कुछ करने की लगन हो और कमर में बूता हो तो फिर सोचते क्यों बैठा जाए?"

कमरे के बाहर मास्टर की आवाज़ आई : "मोहान!"

"आया हुजूर।" कहकर मोहन बाहर की ओर लपका। मास्टर उसे अपने कमरे में ले गया जहां डेविड अपना फूला हुआ मुंह लिये बैठा था। मास्टर ने कहा : "मोहान, टुमारा वाइफ ने डेविड का बौट इन्सल्ट किया हाय।"

"इसने भी किया सर, मेरी आंखों के सामने किया।"

"क्या किया पुअर ब्वॉय, ओनली ट्राइड टु किस हर।"

मोहन क्रोध में बोला : "आप मेरे मालिक हैं, उस्ताद हैं, मैंने आपका नमक खाया है, इज़्ज़त की, प्यार किया है। आपके दिए हुए इस हुनर से सारी उमर नमक-रोटी खाऊंगा। पर किसी नीच आदमी की कमीनी हरकत मैं बरदास नहीं करूंगा।"

"बट डेविड नबोब का लरका हाय।"

मोहन हंस पड़ा, कहा : "नवाब के लड़के को यहां आए पन्द्रह-बीस दिन तो

हो गए मास्टर, आपने खबर भी भिजवाई पर नवाब साहब ने अपने बेटे की सुध अभी तक नहीं ली। साली लौंडियों-रंडियों की औलादों के लिये नवाबों के यहां वकत ही क्या है हुज़ूर! इसकी हैसियत तो हम मेहतरों से भी गई-बीती है।"

डेविड चीख-चीखकर रोने लगा। मास्टर ने झुंझलाकर कहा : "नाऊ स्टाप दिस, लवी। मोहन सच बोलटा। टुम बी खानडानी नहीं हाय। खांडानी होटा टो टुमारा वालिड टुमको ज़रूर बुलाने मांगटा। बट एनी वे यू आर ए लवली ब्याय, आई लव यू। मोहान आई रियली लव हिम।"

मोहन गिड़गिड़ाकर हाथ जोड़कर बोला : "मास्टर, आपके नमक की कसम, मैं दिलोजान से आपकी इज़्ज़त करता हूं। मगर इससे भी कह दीजिए कि इन्सान की इज़्ज़त करना सीखे।"

डेविड ताव खाकर बोला : "इन्सान और मेहतर में फर्क होता है। मेहतर तो कुत्ते-बिल्लियों से भी गए-बीते होते हैं।"

मोहन की आंखों में खून उतर आया। मुट्ठी बांध दांत पीसकर वह आगे बढ़ा ही था कि मास्टर आड़े आ गया, कहा : "इसे माफ कर डो मोहान। टुम जानटा, हाम टुमको, होल मेहटर कम्यूनिटी को बौट-बौट प्यार कारटा। फॉरगिव हिम माई ब्याय। टुम मेहटर का औलाड ये रंडी का औलाड, डोनों बराबर।" मास्टर जैक्सन डेविड को अपनी वासनामूलक सहानुभूति देता हुआ सहलाने लगा। मोहन घूरकर डेविड को क्षण-भर देखता रहा, फिर मास्टर से आंखें मिलीं, झेंप गया, और नज़रें झुकाए हुए बोला : "आज शाम को सिकन्दर ने मुझे खाने पर बुलाया है सर, छुट्टी चाहता हूं।"

"वेरीवेल, हम आज खुड खाना बनाएगा।" मोहन और झेंप गया, दबी आवाज़ में बोला : "नहीं सर, मेरे रहते आपको यह तकलीफ नहीं करनी होगी। अपनी वाइफ को सिकन्दर के यहां छोड़े आता हूं, मैं बाद में जाऊंगा। क्या बनाऊं हुज़ूर?"

बैण्ड-मास्टर जैक्सन ने प्यार से गर्दन झुकाकर डेविड को देखा, मानो उससे पूछना चाहता हो, पर तभी उसकी पलकें मोहन के चेहरे की ओर भी अपने आप ही उठ गईं। डेविड के प्रति क्रोध से तमतमाया उसका चेहरा देखकर मास्टर नरमी से बोला : "हमारा वास्टे टुम जो बी प्यार से बनाएगा, वही हम पसन्ड करेगा।"

मोहन ने मालिक से नज़रें मिलाईं। उसके मन ने महसूस किया कि मोहन के प्रति मास्टर के मन में अब भी गहरा ममत्व है। और उसी ममत्व की झोली फैलाकर वह डेविड के लिये उससे क्षमादान मांग रहा है। मोहन नज़रें कतरा के चला गया।

सिकन्दर के घर जाते हुए मोहना ने निर्गुनियां से कहा : "जान पड़ता है कि यंग क्रिस्चेन लीग से मेरा आबोदाना अब खतम हो गया। मैं अच्छी तरह से जानता हूं, इस हरामी के चक्कर में मास्टर की बैण्ड कम्पनी तबाह हो जाएगी। इसके यहां कोई नईं टिकेगा।"

"कहती तो हूं, तुम पटा लो, मास्टर मजबूर होके फिर बैण्ड भी अपने आप ही बेच देंगे।"

"नई, वो बैण्ड अब हमें तो न मिलेगा जानेमन।"

"जानती हूं, डेविड मास्टर को मना कर देगा। तुम फरगूसन से कहो कि मास्टर से बाजे खरीदने की बात चलाए, बल्कि इस तरह से कहे कि आप निर्गुन के मरद को जिस भाव बेच रहे हों उससे दस-बीस रुपये ज्यादा लेकर ही मुझे बेच दें।"

"तुमने भी अच्छी सलाह दी..."

आंखें तरेरकर निर्गुनियां ने कहा : "तो तुमने मुझको बेवकूफ समझ रखा है। अरे मैं पहले फरगूसन से कागज़ लिखवाऊंगी कि तुम्हारे नाम की बैण्ड कम्पनी के वास्ते तुमसे उसने इतनी रकम पाई है, क्योंकि मास्टर तो बैण्ड का बेंचीनामा फरगूसन के नाम से ही करेंगे।"

सिकन्दर की दुकान वाले टीले पर चढ़ते हुए मोहना ने उसका हाथ अपने हाथ में लेकर प्यार से दबाया और कहा : "हो होशियार। बस यही गलती कर गईं कि मन बहलाने के लिये मुझ जैसे मेहतर का हाथ पकड़ा।"

गलती की अनुभूति से ही मानो निर्गुनियां के कलेजे से एक ठण्डी सांस उभरी, पर साथ-ही-साथ प्यार की गर्मी ने उसे मोहन की बांह से एकदम सटा भी दिया। भाव भरे स्वर में कहा : "सब पिछले जनम का भोग होता है, तुम्हें तो ठाकुर होकर मेहतरानी के पेट से जनम मिला।"

टीले पर चढ़ते-चढ़ते मोहन रुक गया। निर्गुनियां का हाथ दबाकर उसकी आंखों में आंखें डालकर कहा : "कसम खाओ कि तुम किसी भी दबाव में आकर किसी गैर के बच्चे को जनम न दोगी।"

छुटपुटी सांझ के धुंधलके में पति को पैनी नज़रों से देखकर निर्गुन मुस्कराई और कहा : "देखो जी, मैंने गलतियों के पहाड़ पर से छलांग मारी है; अब छोटे-मोटे चबूतरों-चबूतरियों से भला क्यों कूदूंगी? वैसे लो, तुम्हारे भरोसे कि लिये सौगन्द भी खाई—राम की नहीं, श्याम की नहीं, किसी जात-धरम, भगवान की नहीं, मैं सच की कसम खाती हूं। मेरे पेट से पैदा होने वाली औलादों के बाप तुम, सिरफ तुम्हीं होगे। तुम्हारे सिवा कोई न होगा।"

मरियमबाई अपनी दुकान पर थीं। एक कोने में अपने कई आशिकों का हुजूम लिये मार्था घसियारिन भी बैठी थी। उसके यार उसके लिये गांजा मल-मल के सिगरेटें बना रहे थे। मोहन ने उसे देखते ही चिल्लाकर कहा : "हल्लो, मेरी गांजे की कली!"

"हल्लो मोहन जानी, ऐहै, आज तो फुलझड़ी लेके आए हो!"

"फुलझड़ी नहीं, मेरी जान, ये पूरी पटाखा है पटाखा!"

"अरे, आओ-आओ, इधर तो आओ।"

"कह तो दिया पटाखा साथ है। बीवी का पटाखा माशूकों की खोपड़ियां खिला के रख देता है। दोनों को पास नहीं आना चाहिए।"

कोयले जैसी काली मगर सुडौल नाक-नक्शे वाली मार्था, जो विलासी जीवन बिताने के कारण अब कुछ-कुछ फूल गई है, अपने मोती जैसे दांत चमकाकर हाथ हिलाते हुए बोली : "जाओ-जाओ। तुम कबी हमारा आशिक नई था।"

मरियमबाई काउन्टर के पीछे से निर्गुनियां को देखकर मुस्कराईं। निर्गुनियां बोली : "मैंने सोचा मरियमबाई की दुकानदारी में हाथ बटाऊं, सो जल्दी चली आई।"

"अच्छा मरियमबाई, भई मैं तो चला। साहब का खाना बना के खिला के साढ़े आठ-नौ बजे तक आ जाऊंगा। सिकन्दर से कह देना, बोतल की फिकर न करे, मैं साथ लाऊंगा।"

"तुम्हारे मास्टर का सेलर क्या हरदम भरा रहता है, मोहन साहब?"

मोहन हंसा : "मास्टर बहुत चालाक है मरियमबाई। सिविल और मिलेटरी दोनों ही किसिम के हाकिमों की अच्छी मुसाहिबी कर लेता है। क्रिस्चेनों के लिये चन्दे में पैसे और पुराने कपड़े बटोरता है, और अपने लिये बोतलें। फिर, मेजर साहब का 'बार' सलामत रहे। एकाध बोतल तो वहां से भी तिड़ी होती ही रहती है। मस्त आदमी है मास्टर।"

"खैर, तो गुड बाई, साढ़े आठ-नौ बजे तक के लिये।" निर्गुन मरियमबाई के पास पहुंच चुकी थी। उसने पति को बड़ी ही मादक दृष्टि से देखकर विदा दी। मोहन चलते-चलते ठिठककर खड़ा हो गया। निर्गुनियां की नज़रें भी उससे बंधी रहीं। प्यार की तेज़ भंवर में नाचते हुए भी दोनों की गति स्थिर थी। दोनों साथ-ही-साथ गहरे डूब रहे थे। मोहन ने चलते हुए जीवन में पहली बार यह अनुभव किया कि उसके मन में जो अनुभूति हुई है वह किसी देवी-देवता जैसी पवित्र है। उसका मन जैसा सन्तोष-भरा इस समय है, वैसा पहले कभी नहीं था। कलबघर के दरवाज़े तक पहुंचा कि मार्था ने ज़ोर से आवाज़ लगाई : "ए मोहना! सुनो-सुनो, तुमसे एक काम है।" कहते हुए वह कुर्सी से उठी, लड़खड़ाई, दो यारों ने बांहें पकड़कर खड़ा कर दिया और उसे सहारा देकर अपने साथ लाए। उसका बाकी यार-दरबार भी उठ खड़ा हुआ और पीछे-पीछे चला। बाहर आकर मार्था ने अपने यारों की बांह छोड़कर मोहन के हाथ का सहारा लिया और उसे ढकेलकर एक किनारे ले गई और धीरे-से कहा : "एक साहब तुमसे मिलना चाहते हैं मोहन!"

"क्यों, कौन है वो?"

"चुप-चुप, कोई और न सुने! मामूली आदमी नहीं है।" फिर अपने हाथ से मोहन की गर्दन झुकाकर कान में बोली : "वहीदा डाकू का नाम सुना है?"

"हां।"

"उसे पता लग गया है कि उसके लौंडे को तुम्हारे मास्टर ने रख लिया है। वह अपना बदला लेने आया है।"

"तब तो भाई मैं उससे नहीं मिलूंगा।"

"मोहन! तुमने मुझसे कभी लौ तो नहीं किया, पर तुम हमारे फरेन्ड हो। जान प्यारी हो तो वहीदा से मिलने को इनकार न करो। वो तुमसे मिलना चाहता है। मैं तुम्हारे लिये ही तो यहां बैठी थी। उससे मिल लो मेरी जान!"

"तुम उसे जानती हो मार्था?"

"आजकल मेरे ही घर में टिका हुआ है। किसी से कहना मत, तुम्हें हमारी

कसम, जीज़स की कसम।"

मोहन का रोयां-रोयां थरथरा रहा था। कांपते स्वर में धीरे-से कहा : "वह अगर डेविड से अपना बदला ले तो मुझे कोई इतराज नहीं है। मगर जिस मालिक का इतने दिनों मैंने नमक खाया है मार्था, जिस उस्ताद से काम सीखा है, उसकी जान लेने वाले का दलाल हरगिज़ नहीं बनूंगा।--भले ही वो मेरी जान ले ले।" कहते हुए उसकी आंखें भर आईं।"

"ठीक है, मैं कह दूंगी। बाकी, उसके यहां होने की बात किसी को मालूम न हो मोहन। न तो तुम बचोगे न मैं। बड़ा जालिम है।"

"मैं किसी को नहीं बतलाऊंगा। मुझे बतलाने में कोई दिलचस्पी नहीं है और न मेरी उससे कोई दुसमनी ही हैगी। और सुनो, यह भी कह देना कि जो बात मैंने तुमसे अभी-अभी कही हैगी उसे छोड़ के जो कहेंगे, सब करूंगा।"

"तुम्हीं कह लेना ये सब बातें। मेरी तो उसके सामने कुछ बोलने की हिम्मत नहीं होती भैया। जो कहता है सो सुन लेती हूं। जो कहता है, कर देती हूं, बाकी सब गया..." कहकर मार्था ने एक बड़ी फूहड़ मरदानी गाली दी और अपने गांजे के नशे में झूमती हुई अपने यारों की टोली की ओर बढ़ी, दो कदम जाके फिर लौटी, मोहन का हाथ पकड़कर धीरे-से कहा : "मैं आठ बजे तुम्हारे पास आऊंगी।"

"देखो, आठ और नौ के बीच में मेरा साहब किसी भी वक्त खाना मांग सकता है। उसके बाद ही आऊंगा। इसके लिये मेरी तरफ से बहुत-बहुत माफी भी मांग देना।"

मोहन की सारी शाम सनसनाहट-भरी बीती। लीग के कुछ लड़के इधर-उधर घूमने गए थे, कुछ दो-तीन मोहन के साथ किचन में सबका खाना बनाने के काम में लगे थे। साहब और उनके खिलौने के लिये मोहन स्वयं 'फिशकरी' बना रहा था। रोज़ जैसा हंसी-मज़ाक, छेड़छाड़ भरा वातावरण था, पर मोहन का मन वहां मौजूद न था। वह न देखे हुए वहीदा डाकू को अपनी कल्पना में देखने का प्रयत्न कर रहा था। क्या वह डेविड को पकड़कर ले जाएगा या उसका खून कर डालेगा! क्या उसने मुझे मास्टर के ख़ाने में ज़हर मिला देने के लिये बुलवाया है। क्या कहेगा वह मुझसे? मैं डाकू से बात कैसे करूंगा?...मोहना मन-ही-मन में सनसनाता रहा। किचन की घड़ी टिक-टिक करती हुई समय को आगे बढ़ाती रही। लगभग आठ बजे डेविड को अपनी फिटफिटिया पर घुमाकर जैक्सन साहब घर लौटे। ख्याल आया कि अपनी बोतलों का थैला वह भूल से मेजर साहब की दुकान पर ही छोड़ आए हैं। वह फिर लेने जाने लगे। मोहन के मन में सहसा उत्सुकता जागी और उस उत्सुकता को जानने के लिये अभिनय भी जागा। साहब की मोटरसाइकिल पकड़कर कुछ-कुछ इठलाते हुए कहा : "हुजूर एक अरज है मेरी।"

"बोल क्या मांगटा?"

"रम की एक बोतल मेरे वास्ते भी लेते आइएगा। आज सिकन्दर के यहां हम दोनों पुराने दोस्त, आपके नमकख्वार, अपनी-अपनी बीवियों के साथ पिएंगे, जशन मनाएंगे और मास्टर को ये दुआएं देंगे कि आप भी अपने हमबिस्तर के साथ जशन

मनाएं।"

"हम लायगा! टुम डेविड का ख्याल रखना। आज मेजर जैफर्सन बडमाश उसको बौट टकलीफ डिया। उसको टुम टकलीफ मट डेना।"

"हुजूर! आपके डेविड को आराम पहुंचाने के लिये मैं अपनी जान तक निछावर कर सकता हूं। आप जाइए, कोई तकलीफ नहीं होगी।" कहकर वह सीधा मास्टर के ही कमरे में घुसा। डेविड सोफे पर निढाल बैठा था। मोहन ने उसे देखा, मुस्कराया, उसके जूते के तस्में खोलने लगा। डेविड ने आंखें खोल और मुंह घुमाकर देखा। मोहन मुस्कराकर बोला : "तुम्हाए कपड़े बदलवा दूं, फिर तुम लेट जाना, मैं तुम्हारा बदन दबा दूंगा।" डेविड कुछ न बोला। दूसरा जूता उतार मोज़े उतारने के लिये डेविड के पैर पर अपना हाथ बढ़ाते हुए मोहन ने कहा : "रंडी की औलाद चाहे लड़का हो या लड़की, सालों को अपने गाहकों से फुरसत नहीं मिलती है कभी। उस साले मुटल्ले मेजर ने पत्ती-पत्ती तोड़ डाली है मेरे गुलाब की। हाय मैं कुरबान जाऊं तुम पर और तुम्हारी तकदीर पर। मैं बदन दबा दूंगा तो कम-से-कम दूसरे मालिक की खिदमत करने के लिये ताज़गी पा जाओगे।" ऊपर से सहानुभूति, भीतर व्यंग-भरी हंसी और घृणा की बाह्यान्तर मुद्रा में मोहन ने डेविड के मोज़े उतारकर उसे अपनी बांहों के सहारे बैठा करके उसका कोट उतारा। नशे और श्रम से चिटके हुए खिलौने को अपना आलिंगन देकर मोहन ने डेविड की आंखों में झलकती निरीहता को पहचाना, दया आई। साथ-ही-साथ तेज़ी से यह भय भी जागा कि वहीदा डाकू इससे बदला लेने के लिये आ पहुंचा है। क्या बदला लेगा? क्या वह इसे मार डालेगा? क्या करेगा? डेविड कांखकर बोला : "पूरा जल्लाद है मेजर।"

"अमां तो तुम वहीदा के यहां से भाग क्यों आए? एक ड्यूटी बजाते रहते, ज़िन्दगी कट जाती।"

"मरद की जात, चाहे डाकू हो, चाहे अंगरेज, सब साले बराबर हैं। या खुदा, आखिर क्यों पैदा किया है मुझे!"

झूठे भाव से डेविड का बदन दबाते हुए मोहन ने पूछा : "अच्छा, वहीदा तुम्हें प्यार करता था डेविड?"

"खुदा जाने मुझे प्यार करता था या अपनी शहवतपरस्ती को। साला मुझे एक कोठरी में बन्द रखता था और उसे चूना लगा के एक दिन सुन्दरसिंह ने जाली चाबी लगाकर मेरी कोठरी खोल ली। चोर के घर मोर घुसा और मोर के घर छिछोर। मेरी मिट्टी पलीत कर दी। धमकी देते थे साले कि वहीदा से शिकायत करोगे तो बोटी-बोटी काट डालेंगे। फिर भी वहीदा को पता चल ही गया। गनपत ने टोली में फूट पड़ जाने के भय से मुझे उल्टा-सीधा समझा के मुटल्ले मेजर के यहां भिजवा दिया।"

मोहन ने नफरत से कहा : "तुम साले धोबी के कुत्ते हो, न घर के हो न घाट के। ऐसी ही मौत मरोगे साले तुम।"

मोहन की फरमाइश के अनुसार रम की एक बोतल मास्टर उसके लिये भी ले आया था। एक बोतल उसने पहले से ही चुरा रखी थी। दोनों को खिला-पिला कर करीब साढ़े आठ-पौने नौ बजे बंगले से बाहर निकला। बंगलों की बस्ती में घोर

सन्नाटा छाया हुआ था। थोड़ी दूर आगे चलकर बाएं हाथ नुक्कड़ पर मार्था की गांजे-भरी सिगरेट बीच-बीच में चमक उठती थी। मोहन अंधेरे में ही उधर बढ़ा। मार्था धीरे-से बोली : "आ गए?"

"हां।"

"मेरा हाथ पकड़ लो और चलो।...अरे, तेरे हाथ में अखबार में लिपटी ये क्या है, बोतल?"

"हां। इसे अपने डाकू खसम को मत दिलवा देना। वो भी गांजा पीता है?"

"न-ह! यों पी भी लेता है कभी एकाध सिगरेट मुझसे मांग के।"

"तुझसे पुरानी दोस्ती है मार्था?"

"हां जी, दोस्ती ही समझो, असल में मेरा घर ज़रा कोने में है न। कभी-कभी किसी को लेकर रात बिताने चला आता है, और जब कोई नहीं रहता तब मैं तो रहती ही हूं। बड़ा हसीन है वहीदा।"

"सच?"

"जीज़स की कसम! फुर्ती में चीता, निशाने में बाज, प्यार में गऊ और गुस्से में बबरशेर है वहीदा। उसकी बदौलत गांजे के तकिये भरे रहते हैं मेरे यहां।"

"तब साली यह क्यों नहीं कहती कि तू उसके गांजे की दलाली करती है।" मार्था कुछ न बोली, चुप रही।

एक ईंटिया पुरानी बैरक, जो शायद बनते ही ज़मीन के गलत चुनाव हो जाने के कारण बाद में कभी न बसी होगी और घुड़साल के पिछवाड़े पड़ने के कारण ही बाद में शायद घसकटों को दे दी गई होगी, मार्था के पति जोनाथन के बाप घूरू के नाम एलाट हुई थी। उस बैरक की सबसे कोने वाली कोठरी में घूरू मरा, उसकी घरवाली मरी, जोनाथन की दो बीवियां और एक रखैल मरी, लेकिन पिछले बारह वर्षों से मार्था इसी कमरे में अपना अखण्ड सुहाग-दरबार जमाए हुए है। जोनाथन अब साठ वर्ष का हुआ। उसे दिन-भर में दो बोतल दारू मिल जाए तो सन्तुष्ट हो जाता है। फिर उसे दीन-दुनिया से मतलब नहीं। मार्था चाहे जो करे। मार्था जैसे ही मोहना के साथ अपने घर की तरफ मुड़ी वैसे ही उसने पेड़ के नीचे किसी काली छाया को खड़े देखा। होठों में सिगरेट दबाए, मोहन के कन्धे पर हाथ रखे हुए मार्था बोली : "कौन है?"

"जोनाथन।"

"बाहर क्यों खड़ा है बुड्ढे?" मार्था ने मुंह से सिगरेट अपने हाथ में लेते हुए अकड़कर पूछा।

"चुप साली, पास आ!" जोनाथन दबी ज़बान में घुड़का।

"क्या है?"

"अपने यार से कहके गांजे की बोरियां यहां से हटवा दे। ठेके पर सुन आया हूं कि पुलिस को कुछ शक हो गया है।"

"तो कह आते उसी से।"

"हरामी है साला। मेरे मुंह में बन्दूक की नली घुसेड़ दी, कहा कि सुन लिया,

जा भाग! खुदा करे साला जल्दी ही जेल जाए। इसका कीमा बनाया जाए।...ये तेरा नया यार कौन है?"

मार्था ने उत्तर न दिया और बीच वाली कोठरी में लेके चली गई।

उसके अन्दर वहीदा चारपाई पर तकिये के सहारे अधलेटा हुआ हुक्का गुड़गुड़ा रहा था। उसकी आंखें बहुत बड़ी-बड़ी थीं, जिसके कारण उसका सुन्दर चेहरा आतंक-भरा असाधारण लगता था। वहीदा एकटक नज़र बांधकर मोहन को देखता रहा। मोहन सहम गया।

हुक्का गुड़गुड़ाते हुए वहीदा बोला : "तो तुम्हीं हो मोहना?" मोहना को कोई उत्तर न सूझा, गुमसुम खड़ा रहा।

"बैण्ड-मास्टर के यहां कितने बरसों से काम करते हो?"

"जी, आठ बरसों से।"

"क्या काम करते हो?"

"जी बैण्ड बजा लेता हूं, कन्डक्ट भी करता हूं, धुनें बनाता हूं और साहब का खाना भी।"

"क्या ये सच है कि तुम बैण्ड-मास्टर का हिसाब-किताब भी रखते हो?"

"जी हुजूर।"

"तुमने अपने मालिक के पास कोई हीरे का जेवर तो नहीं देखा हाल ही में?"

"जी नईं सरकार।"

"तुम्हारे मास्टर ने उसे अपनी तिजोरी में रख लिया होगा?"

"नईं हुजूर, उनकी तिजोरी मैं ही खोलता हूं।"

"देखो जी मोहना। कल तक मुझे तलाश करके उसका पता मिल जाना चाहिए। वो हरामी माशूक मेरा पचास हज़ार का हीरे का हार लूट लाया है।"

"मैं पता लगाऊंगा हुजूर।"

आधे मिनट कोठरी में सन्नाटा रहा, फिर वहीदा ने कहा : "इधर आओ। वो खूंटी पर मेरा कोट टंगा है, उतारने की ज़रूरत नहीं है, भीतर देखो।"

मोहना ने उलट करके कोट देखा। चमड़े के अस्तर में बारह-बारह पिस्तौलों की तीन कतारें लगी हुई थीं।

हुक्के का कश खींचकर वहीदा ने पूछा : "देख लिया?"

"जी हुजूर।"

"मैं दोस्ती निभाना भी जानता हूं और दुश्मनी भी। अंग्रेज़ ताकत के बल पर मेरे चोर की हिफाज़त नहीं कर सकता।" कुछ देर बाद वहीदा फिर बोला : "मुझे इस बात का पता ठीक-ठीक लगना चाहिए कि वह हार कहां है? कल दोपहर तक बतला सकोगे?"

"कल शाम को बतला सकता हूं, सरकार! पांच बजे मास्टर डेविड को लेकर मेजर साहब के यहां जाया करते हैं। तभी मुझे तलाशी लेने की फुरसत मिलेगी, सरकार।"

"ठीक है। जाओ। ध्यान रहे मेरा एक आदमी इसी वक्त से तुम्हारी निगरानी

करेगा। अगर ज़रा भी धोखा देने की कोशिश की तो तुम्हारी बोटी-बोटी उड़ा दी जाएगी। जाओ। मार्था, मोहना को सौ रुपये दे दो। ठीक से काम किया तो और भी मिलेंगे।"

मार्था के घर से सौ रुपये की गरमी लेकर मोहन जब बाहर निकला तो दोहरी मनःस्थिति में था। सौ रुपये की रकम छोटी नहीं होती। मगर यह डाकू का पैसा है, इसे पचाने के लिये मशक्कत करनी पड़ेगी। 'किसी को बतलाऊं या नहीं...' तरह-तरह के विचार रास्ते-भर मोहन को आते-सताते रहे। सिकन्दर के घर पर भी उसने खाना-पीना हंसना-बोलना सब कुछ किया, पर रहस्य का एक आवरण उसके मन और व्यवहार पर पड़ा ही रहा।

रात में दस-साढ़े दस बजे दोनों जब घर लौट रहे थे तो निर्गुनियां के पैर लड़खड़ा रहे थे। पति का सहारा लेकर टीले की ढाल पर धीरे-धीरे उतरते हुए उसने कहा : "अब तुम मुझे जादा पिला देते हो।"

"पी यार! जवानी इसीलिये मिलती है। तू ही तो मेरी ज़िन्दगी में पहली औरत आई जिसके साथ बैठकर पीता हूं, पिलाता हूं। अबी घर चलके एक-एक पेग और पिया जाएगा।"

"अब नईं, मैं बेहोश हो जाऊंगी।"

"अरे बेहोशी के ही लिये तो पिएंगे मेरी प्यारी! कल से तो तुम्हें उस बंगले में रहना नहीं है।"

"क्यों?"

एक बार बात मोहन की ज़बान तक आई भी, पर फिर लौट गई। उत्तर में केवल इतना ही कहा : "उस बंगले में अब खतरा बढ़ गया है।"

"कैसा खतरा?"

"कोच्छ नईं! वो साला हरामी रंडी की औलाद है ना! उसका पुराना आशिक वहीदा डाकू यहां आया हुआ हैगा।"

सुनकर निर्गुनियां का नशा हिरन हो गया, खड़ी हो गई। रात के सुनसान अंधेरे में निर्गुनियां ने मोहन को अपने सीने से खींचकर चिपका लिया। पूछा, "तुम्हें कैसे मालूम?"

"सुना था भाई। जो हो, कल से तुम मरियम के यहां रहोगी।"

"मरियमबाई हैं तो अच्छी, पर, बस अपनी और अपने मियां की ही बातें करती रहती हैं। मैं तो भैया ऊब जाती हूं तुम्हारी कसम।" कहकर उसने उसकी छाती पर अपना सिर टेक दिया। मोहन भी गाढ़े भाववेश में आ गया, उसे कसकर अपनी बांहों में बांधते हुए उसकी मांग को चूमकर बोला : "तो फिर तुम घर जाओगी! खतरे की जगह मैं तुम्हें नईं रखना चाहता।"

"तो मैं तुम्हें भी नईं रहने दूंगी।"

"देखा जाएगा। आओ चलें...ये तुम्हारी कमर में क्या बंधा है?"

निर्गुनियां मुस्कराई, बोली : "तुम्हारी माईं को मैंने सब कुछ थोड़े ही दे दिया था। अभी मेरे मालिक को बैण्ड खरीदना है। फिर बाल-बच्चे भी होंगे।"

चलते-चलते फिर जोश-भरा थमाव आ गया। बच्चे की तरह उल्लसित होकर मोहन ने उसे अपनी बांहों में कसते हुए पूछा : "सच?"

"हूं! इस बार बैठी नहीं हूं, दस-बारह दिन चढ़ गये हैं।" निर्गुनियां की कमर में बंधे हुए रुपयों पर हाथ फेरते हुए मोहन मस्त हो रहा था। प्यार से बोला : "अब तो तुम्हारी ही बात ठीक लगती है मुझे।"

"क्या?"

"इसी छावनी की बस्ती में रहा जाए। मैं मास्टर को कल यह सलाह देने वाला हूं कि डेविड को निकाल दे, खतरा है। फिर इसी कमरे में बस जाएंगे हम लोग। मास्टर अगर बिलैत चला गया तब तो फिर..." कहते-कहते एकाएक मोहन के दिमाग में बिजली कौंधी, वह उसके चमत्कार से चुप हो गया।

"तब फिर क्या?"

"कोच्छ नईं, इस मास्टर साले की बिलैत जाने की बात अब कुछ-कुछ समझ में आने लगी है।"

दूसरे दिन शाम को जब मास्टर डेविड को लेकर अपनी शाम की बोतलें वसूल करने के लिये मेजर के यहां गया तो निर्गुन को पहरेदारी पर तैनात करके मोहना ने मास्टर के कमरे की एक-एक चीज़ छान मारी। निर्गुनियां अपने पति की इस बावली खोजबीन को देख रही थी। दो बार कमरे में घुसकर धीरे-से पूछा : "क्या ढूंढ़ रहे हो? बताओ तो!"

जब तीसरी बार पूछा तो मोहन झुंझलाकर बोला, "अरे एक कीमती चीज़ है। क्या बतलाऊं तुम्हें?"

"कीमती चीज़ें तरकीब से छिपाई जाती हैं। कालीन के कोनों में देखो। पलंग के गद्दे, निवाड़ में देखो।"

और सचमुच, पलंग की निवाड़ में वह हीरे का हार मास्टर के रूमाल में बंधा हुआ खुंसा था। पति-पत्नी एक क्षण कमरा बन्द करके उस हार की बनावट और नगों की चकाचौंध से बंधे खड़े रहे। फिर मोहन ने कहा : "ये वहीदा डाकू का माल है। लौंडा साला यही लेके भाग आया था। वहीदा इसी की तलाश में तो आया है।" छिन-भर के लिये निर्गुनियां की आंखें पति के चेहरे पर टिकी-टिकी कहीं दूर देखती रहीं, फिर झट से हार की पुटलिया बांधी और झट से वहीं निवाड़ में खोंसते हुए कहा : "सांप का फन है निगोड़ा। बस देख लिया, जल्दी से भाग चलो यहां से।"

"वहीदा कहता था, पचास हज़ार का माल है।"

"तुमसे कहा?"

"नईंऽ, सुनने में आया है।" मोहन ने बात बनाई, और पलंग से उठ खड़ा हुआ। निर्गुनियां ने जल्दी-जल्दी दोनों गद्दे करीने से बिछाए, चादर बगैरह ठीक की, फिर मोहना का हाथ पकड़कर उसे कमरे से बाहर ले चलते हुए बोली : "मैंने सुना है कि बगल में प्याज़ रख के सो जाने से झूठ-मूठ का बुखार चढ़ आता है। कल सवेरे मुझे बुखार चढ़ आएगा। तुम मुझे लेके घर चलना भैया। मैं तुम्हें अकेला यहां नहीं छोड़ूंगी।"

"अमां कल की कल देखी जाएगी, अभी तो तुम्हाए दिमाक पे ताज्जुब हो रहा है। कैसी सही अटकल लगाई है तुमने!" निर्गुनियां मुस्कराई, कहा : "जो छिपा के रखता है, वही छिपाने के ठिकाने भी बता सकता है।"

रात में डेनियल ने किचन में आके कहा : "मोहन दादा! तुम्हें कोई पूछ रहा है।"

"कहां है?"

"फाटक पे।"

"कह दो आता हूं।"

मोहना का दिल धड़क उठा। निर्गुनियां से कहा : "मुझे देर लगे तो साहबों की सरबिस कर देना।"

निर्गुनियां मुंह से तो कुछ न बोली, किन्तु उसका मन भय और शंकाओं के कोठे पर चढ़ गया।

बाहर मार्था का एक युवक मुसाहिब खड़ा था। वह मोहन को लेकर आगे बढ़ गया। कोने वाले बंगले के पिछवाड़े वहीदा खड़ा था। पूछा : "पता लगा?"

"जी हुजूर। पलंग की निवाड़ में छिपी रखी है वह पोटली।"

वहीदा ने मोहन की पीठ थपथपाई, फिर पूछा : "तूने खोल के देख लिया था? हार ही है न?"

"जी हुजूर। सोने के सूरजों में बड़े-बड़े चमकते नगीने जड़े हैंगे।"

"वही है, ले–" कहकर वहीदा ने उसकी हथेली पर एक गड्डी रख दी। फिर पूछा : "तू कौन जात है?"

मोहन उत्तर देते हुए हकलाया, "जी...जी, ठा-ठाकुर–"

"कौन ठाकुर?"

"जी यह तो मालूम नईं, बचपने में मां-बाप मर गए, जिस-तिसके यहां की रोटियों पर पला हूं सरकार।"

"ठीक है जा।"

"हुजूर मेरे मालिक के ऐब बुरे ज़रूर हैं मगर दिल बुरा नहीं है। हुजूर–"

"इन बातों से तेरा कोई वास्ता नहीं है। रात में पिछवाड़े का दरवाज़ा खोल के सोना।"

मोहन कांपता हुआ वहीदा के पैरों पर गिर पड़ा। मेरी घरवाली भी यहीं है सरकार। किचन से ही मिले हुए कमरे में हम...हम लोग..."

"मुझे किसी और के जान औ माल से सरोकार नहीं है। भाग-भाग। जो कहा है सो करना, और तब तक किसी को कानोंकान खबर न हो।"

घर आया तो देखा डेविड और कप्तान अभी खाने की मेज़ पर ही जमे थे। मोहन के किचन में घुसते ही निर्गुनियां उसे घसीटकर अपने कमरे में ले गई। खुश होकर जल्दी-जल्दी कहा : "पापा ने अपना बैण्ड हमारे हाथ बेच दिया है। वह दो ही चार रोज़ में लाहौर जाएंगे, वहां से विलायत..."

"कितने में सौदा पटा?"

"दो सौ में।"

मोहन को यह राशि जानकर सन्तोष हुआ। दो सौ रुपये उसके पास हैं। वो अपनी कमाई के पैसों से बैण्ड खरीद सकता है। इस बात से उसे सन्तोष हुआ। निर्गुनियां का हाथ दबाकर बोला : "इतने सस्ते में कैसे पटा लिया तुमने?"

"मुझे लगता है आज कोई खास बात हुई है। पापा कहते थे कि कल डेविड भी यहां से चला जाएगा।"

"कहां?"

"मेजर के यहां। आज साहब से डेविड ज़्यादा बोल भी नहीं रहा था। दोनों चुपचाप खाना खाते रहे।"

"ठीक है, जाओ सर्व करो, मैं अभी आया।"

खाना खाने के बाद मास्टर का सिगार सुलगाने के लिये मोहन खुद गया। सिगार सुलगाते हुए धीरे-से कहा : "सर, ज़रा यहां आके मेरी एक बात सुनिए!"

"बोलो।"

"बाहर आइए!"

प्रश्न-भरी दृष्टि से देखकर कप्तान जैक्सन ने उठने का प्रयत्न किया। मोहन ने सहारा देकर उठाया। दोनों बाहर चले गए। डेविड उल्लुओं जैसी आंखें बनाकर घूर-घूरकर उनका जाना देखता रहा।

मोहन मास्टर को अपने कमरे में ले आया और दरवाज़े की सिटकनी चढ़ाई, मास्टर के पैर पकड़कर बोला : "आप डेविड को आज ही अपने घर से हटा दीजिए। मैंने सुना है वहीदा डाकू उससे अपना बदला लेने के लिये यहां आया है। रास्ते में आते ही मुझे पकड़ के पूछा..."

"ओ! वहीडा! क्या पूचना मांगटा ठा?"

"हार की बाबत हुज़ूर।"

मास्टर के चेहरे पर तड़प आई। झड़प के साथ पूछा : "हू टोल्ड यू? टुम्हें किसने बटलाया?"

मोहन हकलाने लगा : "मुझे ही तो पकड़ के उसने पूछा था सर।"

"नेक्लेस का बाट!" बड़बड़ाकर हाथ मींजते हुए चुप। साहब का चेहरा बुझ गया। कुछ देर बाद संभलकर बोले : "टुम क्या बोला?"

"मैंने तो सर, गाड की, भगवान की, अपनी वाइफ की कसमें खाके कह दिया कि मैंने न तो कभी हार देखा न कुछ मालूम ही है सरकार।"

"ओह!" कहकर कप्तान जैक्सन का चेहरा गम्भीर हो गया। फिर दांत किटकिटाकर मुट्ठियां बांधकर बोला : "रास्केल बैडमाश। टबी सुअर का बाच्चा आज मेजर जैफर्सन के आउट-हाउस में रहने को बोल्टा ठा। उसी ने चुराया है, सुअर का बाच्चा।" जैक्सन गुस्से में मुट्ठियां बांधता हुआ अपने कमरे की ओर बढ़ा, मोहना ने लपककर उसका हाथ पकड़ा, बतलाया : "नेक्लेस आपके पलंग के गद्दों के नीचे निवाड़ में फंसा हैगा हुज़ूर। मैंने आज बिस्तर झाड़ते हुए देखा था।" जैक्सन ने सुना और तेज़ी से कमरे में घुस गया। थोड़ी देर में जैक्सन के डांटने और डेविड

के रोने की आवाज़ें आने लगीं। फिर भीतर सब शान्त हो गया।

मोहना की आंखों में आज नींद नहीं थी। उसके कान आहट और मन थर्राहटों से भरे हुए थे। आज उसने एक बूंद भी नहीं ली थी। निर्गुनियां को उसका व्यवहार पहेली-सा लग रहा था, लेकिन उसे कोई स्पष्ट समाधान नहीं मिला। घबराकर वह रोने लगी। मोहन की छाती पर हाथ रखकर उसने बड़ी अनुनय के साथ पूछा : "तुम्हें मेरी कसम, बता दो।"

"क्या बताऊं, मुसीबत में जान फंस गई है। वहीदा आज रात में अपना हार लेने आ रहा है। कहीं कोई उल्टी-सीधी बात हो गई तो आफत आ जाएगी। मैंने बड़ी गलती की।"

"क्या?"

"मुझे तुम्हें यहां रखना नहीं चाहिए था। खैर सुनो, तुम फौरन चलो, तुम्हें मैं सिकन्दर के यहां छोड़ आऊं।"

"इस आधी रात में?"

घड़ी की ओर देखकर मोहना बोला : "अरे अभी पौने ग्यारा ही बजा है। उसने ग्यारा-साढ़े ग्यारा के टैम आने की बात कही है।"

निर्गुन रोने लगी, कहा : "मेरा दिल कहता है, आज कुछ गजब होने वाला है। हे रामजी, कहां आ गई मैं इन्हें लेके!" मोहना झुंझलाकर बोला : "बेकार रोने बैठ गईं तुम तो। कहता हूं, पहले चली चलो।"

"सिकन्दर और मरियमबाई पूछेंगे तो क्या जवाब दोगे?"

"हां यार, ये बात तो मेरी खोपड़ी में आई ही नहीं थी। लेकिन मेरा मन कहता है कि तुम्हें यहां रखना ठीक नईं है।"

तभी पीछे का दरवाज़ा खुला। सांस सलाख की तरह खड़ी हो गई। अपने-आप ही बड़बड़ाया : "आ गए।" निर्गुनियां भी धक से रह गई। उससे बोलते, रोते, सोचते, कुछ भी करते नहीं बनता था। हूबहू पत्थर की मूरत। मन के भीतर भी इतना सन्नाटा कि सिर की तनी नसों की गूंज सीटी-सी सुनाई दे रही थी। कानों में पैरों के चलने की कुछ आहटें आईं, फिर देर तक सन्नाटा रहा। मोहन से न रहा गया। किवाड़ों की झिरी से झांककर देखा, सामने के दरवाज़े के पल्ले में आग जलती नज़र आई। वह निर्गुन के पास लौट आया, धीरे-से बोला : "मास्टर के कमरे में आग लगाई है इन्होंने।" "हाय राम, अब क्या होगा?" इसी समय उसके दरवाज़े पर भी खटका हुआ। मोहन आगे बढ़ा। निर्गुन ने रोकना चाहा। मोहन झल्लाया : "क्या बचपना करती हो! छोड़ो।"

खट-खट।

भीतर की सिटकनी गिर गई। दरवाज़ा खुला। मोहन के सामने वहीदा खड़ा था। मोहन हाथ जोड़ के बोला : "मेरी घरवाली सर–"

"दरवाज़ा बन्द कर लो। बाकी लड़के कहां हैं?"

"जी वो दाएं हाथ वाले बड़े हाल में सब सोते हैं।"

वहीदा पीछे घूम के बोला : "मुहम्मद दरवाज़े घेर लो, कोई चीखे तो गोली मारने

की धमकी देना। कब्ज़े के छेद जल गए हों तो आग बुझाओ।''

दरवाज़ा खुल गया। मोहन ने अपना दरवाज़ा तुरन्त बन्द कर लिया। उस कमरे से आवाज़ें तो नहीं किन्तु घिसटन, झपटन और बार-बार धक्के देने की आवाज़ें आ रही थीं। कोई चीख नहीं, कराह नहीं, लगभग आध घण्टे बाद मोहन के दरवाज़े पर फिर खट-खट हुई। वहीदा बोला : ''पलंग में नहीं मिला।''

''सरकार मैंने अपनी आंखों से...''

वहीदा बोला : ''अपनी औरत को बरामदे में ले जा। मैं पूरे घर की तलाशी लूंगा। निकल! ठहर, पहले तेरी नंगा झोली लूंगा।'' मोहन थर्रा गया। वहीदा ने उसे बाहर घसीटकर, बाहर-भीतर की जेबें, छाती, जांघें, कमर, सब कुछ टटोला, फिर उसकी गर्दन दोनों हाथों से झिंझोड़ते हुए उससे कहा : ''बीवी के पास तो नहीं छुपाया?''

''मैं देख लूं उस्ताद।'' पीछे खड़ा एक तगड़ा-सा आदमी बोला।

''रहने दे, इसे लेकर बरामदे में खड़ा हो जा। अगर यहां नहीं है तो मेजर के यहां होगा।''

वहीदा कमरे में घुस के इधर-उधर टटोलने लगा। दूसरा आदमी निर्गुनियां से बोला : ''बाहर आ।''

निर्गुनियां घबराहट से भरी दरवाज़े की तरफ आई, फिर अपने पलंग की तरफ आई, सिरहाने से गठरी निकाली और वहीदा की तरफ देखकर कहा : ''इसमें मेरे दो-चार गहने हैं। आप देख लीजिए।'' वहीदा कुछ न बोला। पांच-छह लोग उसके साथ आए थे। सभी इधर-उधर तलाशी लेने लगे। हाल खुलवा के लीग के लड़कों को पिस्तौल से धमकाया गया। तलाशियां ली जाने लगीं।

मोहन के मन में यह जम गया था कि डेविड ने ही उसे पलंग में छिपाया था और झगड़ा होने के बाद कहीं और रख दिया है। ध्यान आया कि पहली बार निर्गुनियां का अनुमान सच साबित हुआ था, अब की भी कालीन उठाकर देखूं तो सही। अन्दर गया। घुसते ही जो देखा, काठ हो गया। घिग्घी बंध गई। मास्टर पलंग के पास ही नीचे फर्श पर पड़ा था। उसका मुंह पट्टी से बंधा था और छाती से खून बहकर फर्श को काफी हद तक रंग चुका था। गद्दे, तकिये भी नीचे पड़े थे और पलंग की निवाड़ चारों पाटियों से कटी पड़ी थी। उसने रोना चाहा, पर हिम्मत न हुई। गला घुट-घुट गया। फिर दिमाग दौड़ा। डेविड कहां है? बाथरूम की तरफ का दरवाज़ा अधखुला पड़ा था। दरवाज़े के पल्ले से ही लगा हुआ एक पैर झलका। मोहन उधर ही लपका। डेविड के हाथ पीठ की तरफ बंधे हुए थे और मुंह पर भी पट्टी थी। नाइटगाउन कटा हुआ, शरीर का अधोभाग निर्वस्त्र। खून कहीं न दिखलाई पड़ा। मुंह के पास गया। नाक पर हथेली रखी। सांस चल रही थी।

''डेविड!''

आवाज़ सुनकर चोर की तरह आंखें खोलीं। उसे जीवित देखकर मोहन को जहां एक ओर अजीब-सी राहत मिली, वहीं साथ-ही-साथ क्रोध भी भड़का : ''साले, हरामी की औलाद! हार कहां रखा तूने?'' डेविड आंखें फाड़े उसे देखता रहा। मोहन दांत

किटकिटाते हुए उस पर चढ़ बैठा और दोनों हाथों से उसका गला दबाते हुए बोला : "बोल साले जल्दी बता, नईं तो जान ले लूंगा।"

बंधे मुंह से चीख भी न निकल सकी। आंखें भय से फैल गईं। नाक से ऊं-ऊं करके कुछ कहने का प्रयत्न किया। मोहन ने उसके मुंह की पट्टी खोल दी। उसके मुंह में भी एक और रूमाल ठुंसा हुआ था। उसे खींचकर निकाला। डेविड के जबड़े के मसिल्स अकड़ गए थे। रूमाल निकालने के बाद भी मुंह एकाएक बन्द न हुआ। हार के लिये उतावला मोहन डेविड की यह बेबसी न समझा। उसने तड़ाक-तड़ाक दो तमाचे उसके गालों पर लगाए, बोला : "बोल साले, हार कहां है?"

और उसके स्वेटर का कालर पकड़कर उसे बाहर घसीटता हुआ लाया। डेविड मास्टर की लाश देखकर ठिठक गया। वह चीखा ही था कि मोहन ने उसका मुंह दबा लिया और कालर घसीटकर मास्टर की लाश के पैरों के पास गिराते हुए बोला : "हार कहां है? साले बोल, नहीं तो यही छुरा तेरी छाती में भोंक दूंगा।"

"अ...अ...अल्मारी के...पीछे।"

मोहन पकड़कर उसे उठाते हुए उसकी कमर पर लात मारकर बोला : "जल्दी निकाल, तेरा खसम बाहर खड़ा है।"

अल्मारी के नीचे फर्श के भीतर रूमाल दबा था। डेविड ने झुककर उसे निकाला। रूमाल मोहना के हाथ में आया, जेब में रखा। उठा, मास्टर की लाश दिखलाई दी। देखता रहा, फिर एकाएक पलटा : "साले हरामी, रंडी की औलाद! तेरी वजह से ही मेरा मालिक मारा गया। हरामी तुझे भी नहीं जीने दूंगा।"

डेविड अभी फर्श पर ही बैठा था। आंखों में खून और ज़बान पर गालियों की बड़बड़ाहट लिये मोहना उस पर टूट पड़ा। उसका गला दबाता और गालियां देता ही चला गया। जब डेविड की नाक से खून बहा, जीभ और आंखें निकल आईं तब उसे होश आया। डरकर खड़ा हुआ। एक सेकेण्ड खड़ा-खड़ा उसे देखता रहा, फिर मास्टर की लाश देखी, डेविड की लाश की कमर पर दो लातें कस-कस के मारीं। फिर हिचकी रोककर कमरे से भागा।

हाल में लीग के नौजवान सहमे, रोते-सिसकते और कांपते सर्दी की रात में एकदम नंगे खड़े थे। ड्रम फटे पड़े थे। बाजे इधर-उधर उल्टे-सीधे पड़े थे। वहीदा खड़ा सिगरेट फूंक रहा था और उसके चार आदमी कमरे की बावली तलाशी ले रहे थे। मोहना दरवाज़े पर ठिठका खड़ा रहा। दिमाग की चकरघिन्नी इतनी तेज़ नाच रही थी कि उससे खड़ा नहीं रहा जाता था। वहीदा सिगरेट मसलता बूट पटकता बोला : "चलो। आज उधर पुलिस का अन्देसा है, इधर भी हो सकता है।"

वहीदा पलटा, खूनी आंखें मोहन से टकराईं। मोहना का दिमाग पहले से ही उड़ा था। अब वहीदा की आंखों को देखकर पूरी तरह से भयस्तब्धता आ गई। किन्तु जड़ता में भी जिजीविषा जाग्रत अन्तर्शक्ति बनी हुई थी। उसका रूमाल वाला हाथ वहीदा के सामने बढ़ गया। हथेली खुल गई। वहीदा के क्रोध को झटका लगा। खूनी आंखों में एक नई चमक आई। झपटा, पूछा : "मिल गया?" झटपट रूमाल की गांठ खोलकर देखी, चेहरे पर खुशी और सन्तोष झलका। कमरे की ओर घूमकर अपने

आदमियों से बोला : "काम हो गया। आओ जल्दी।" वहीदा तेज़ी से फाटक की ओर झपटा। उसके आदमी भी निकले। कम्पाउण्ड में आके वहीदा ने फिर कहा : "अंगनू-राधे पीछे बरामदे में चौकसी कर रहे हैं, उन्हें बुलाओ।" इतनी देर में मोहन का चेतन मस्तिष्क फिर से परिचालित हुआ—दो चित्र मन में उभरे—फर्श पर पड़ा हुआ मास्टर का शव, फिर डेविड की छाती पर चढ़ा हुआ उसका गला दबाता हुआ स्वयं वह—मोहन। डेविड की निकली हुई आंखें और लटकने वाली जीभ। मैंने खून किया है, पकड़ा जाऊंगा। भागो-भागो...भागो-भागो के सिवा और कुछ होश में ही नहीं समाता। भागो! मोहन वहीदा के पीछे-पीछे भागा! आगे दो बंगलों के कम्पाउण्ड के बीच वाले मैदान में पेड़ के नीचे दो आदमी साइकिलों की चौकसी कर रहे थे। वहीदा साइकिल ले चुका था। मोहना दौड़ता हुआ उसके पास पहुंचा और पैरों पर गिर पड़ा।

"क्या है बे? बोलता क्यों नहीं साले!"

"बचाइए, मालिक, खून!" मोहना ने फिर वहीदा के पैर पकड़ लिये।

"अबे, किसका खून? जल्दी बोल, दूर जाना है।"

"वो आपका डेविड—आपका...आपका माशूक...उसी ने हार चुराया था। बचा लीजिए मालिक।"

तब तक सब आदमी आ चुके थे। वहीदा बोला : "रहमान, बिठा साले को केरियर पे...और मार्था के यहां से माल का बोरा हट गया?"

"माल कुतुबखेड़े भिजवा के ही चला था। मार्था के यहां कुछ नहीं है।"

साइकिलें दौड़ चलीं। मोहन की ज़िन्दगी भी अनजानी राह पर दौड़ चली।

19

दिसम्बर की सिसियाती-कांपती रात में लीग के जवान मादरजाद नंगे खड़े थे। हार की तलाशी लेने के लिये वहीदा ने उनके वस्त्र तक उतरवा लिये थे। उसके जाने के बाद भी कुछ देर तक उस कमरे में भय का सम्मोहन छाया रहा। शीत और भय की कंपकंपी उनके तन-मन को बर्फ बना चुकी थी। कुछ देर के बाद फरगुसन उस सकते के आलम से बाहर निकला। हाल के खुले दरवाज़े की ओर बार-बार ताकते हुए अपने कपड़ों के पास पहुंचा, पहनना शुरू किया। भय के मारे पत्थर की मूर्तियों-से खड़े हुए नवयुवकों में ज़िन्दगी की हरकत शुरू हुई। एक के कपड़े पहनते ही दूसरों को भी सर्दी अनुभव होने लगी। अपने-अपने कपड़े पहनने के लिये 'यंग क्रिश्चियन्स लीग' के हाल में जीवन गतिशील होता तो दिखलाई दिया किन्तु अभी स्वरविहीन ही था। डर के मारे किसी की आवाज़ नहीं निकल रही थी, कपड़े पहनते जाते थे और खुले दरवाज़े के बाहर सहमी नज़रों से ताकते भी रहते थे। फरगुसन अपनी कमीज़ और रुई की फतुही, पजामा पहिनकर तैयार हो चुका था। अपना सूती चदरा उठाकर उसे ढाल-सा संभाले वो दरवाज़े तक आया। बाहर अंधेरे में इधर-उधर

झांक कर देखा, सन्नाटा मिला। फरगुसन आगे बढ़ा, बरामदे के कम्पाउण्ड तक हर तरफ मौत का सन्नाटा छाया हुआ था। कहीं कुछ नहीं। पीछे वाले बरामदे की तरफ सिर्फ मास्टर के कमरे से ही रोशनी बाहर आ रही थी। फरगुसन और उसके साथी दबे पांव उसी तरफ बढ़े। कमरे के दरवाज़े से ही भीतर का दृश्य दिखलाई दिया, और वह इतना भयावह था कि सबकी आंखें फटी-की-फटी रह गईं। भय से चीखना चाहते थे, पर गलों में घिग्घी बंध गई थी। हि...हि...हि...हो...हो...हो...होते-होते एकाएक मानो सामूहिकता की शक्ति संगठित होकर ज़ोर से चीत्कार कर उठी, और वह चीत्कार क्रमशः हिस्टीरिया के दौरे-सा चढ़ता ही गया।

आस-पास की कोठियों में जगार हो गई। कोठियों के चौकीदारों की हुंकारों की आवाज़ें आने लगीं। घबराकर निर्गुनियां ने भी अपने कमरे के दरवाज़े का एक पल्ला ज़रा-सा खोलकर झांका। 'खून-खून!' निर्गुनियां का जी धक-धक कर उठा। वह दरवाज़े खोलकर बाहर आई और मास्टर के दरवाज़े को घेरे खड़ी छोटी-सी क्रन्दन भरी भीड़ की ओर लपकी।

थोड़ी ही देर में पुलिस आ गई। दो-चार गोरे साहबों की भीड़ भी दिखलाई देने लगी। डेविड का चूंकि वहीदा से ही पूर्व सम्बन्ध था, इसलिये लड़कों के बखाने हुए बड़ी-बड़ी आंखों वाले लम्बे आदमी की शिनाख्त से पुलिस ने यही कहा कि बदला चूंकि केवल डेविड और बैण्ड-मास्टर से ही लिया गया इसलिये वहीदा का आना ही सिद्ध होता है। वह लूटने नहीं बदला लेने आया था।

लड़कों के पीछे दीवार से सटकर निर्गुनियां खड़ी थी। उसके मन में केवल एक ही प्रश्न था—'वह कहां हैं?'

एकाएक उसके कानों में होश का तीर लगा। तमाम आवाज़ों में एक आवाज़ उसे पुरानी पहचानी हुई-सी लगी। एक बार, दो बार, तीन बार—स्वर कान के पर्दों से जितनी बार टकराया उतनी बार मोहन की चिन्ता उसके मन-ध्यान से उड़ गई। उसे लगा कि मनछाई करुणा पर मानो एकाएक रुद्र गरजने लगे हैं। निर्गुनियां से न रहा गया। घूंघट की आड़ लेकर कनखियों से देखा। पुलिस दरोगा के रूप में बसन्तलाल मास्टर खड़ा था। अपने पुराने प्रेमी को देखकर निर्गुनियां जड़ हो गई। इस जन्म में पूर्वजन्म का आभास पाने पर मन थोड़ी देर के लिये वर्तमान से हटकर भूतकाल में रमने लगा। बसन्तू मास्टर, अम्मां, गोरखा खड़गबहादुर, बबुआ, मंझले सरकार, बूढ़े आर्यपुत्र—निर्गुण की नारी काया से खेलने वाले हर व्यक्ति का चेहरा मन के आंगन में बार-बार आके नाचने लगा। लड़कों से पूछताछ करते हुए मोहना का नाम बार-बार आने लगा। कौन है मोहना? कहां गया मोहना? आदि प्रश्न आरम्भ हुए और फिर उत्तर की सहज कड़ी में बंधे-बंधे दरोगा साहब ने निर्गुनियां की ओर देखा।

"क्यों री! कहां है मोहना?"

अपनी आवाज़ दरोगा के कानों तक न पहुंचाने के सयानपन को साधकर निर्गुनियां ने पास खड़े लड़के के कान में कहा : "कह दो, डाकुओं ने पहिले इसी कमरे का दरवाज़ा खटखटाया था। हम लोग समझे कि कप्तान साहब ने खटखटाया

है। जैसे ही उन्होंने दरवाज़े की सिटकनी खोली वैसे ही एक बड़ी-बड़ी आंखों वाले लम्बे गोरे-चिट्टे आदमी ने उन्हें बाहर घसीट लिया। उसके बाद से फिर उन्हें नहीं देखा।''

मंगरू ने निर्गुनियां की बातें ज़ोर से बयान कर दीं। कोई लड़का सहसा बोल उठा : ''अरेऽऽ, तब तो मार डाला गया होगा मोहना भी।'' सुनकर निर्गुनियां का कलेजा भीतर से चीखने को उमड़ा, पर उसके 'पूर्वजन्म' के प्रमाण का भूत चूंकि प्रत्यक्ष था इसलिये वह चीख मन-ही-मन में घुटकर रह गई। इस घुटन ने उसे स्तब्ध कर दिया। दरोगाजी ने तुरन्त ही बंगले के कोने-कोने की तलाशी लेने का हुक्म दिया, 'शायद कहीं मोहना की लाश पड़ी हो।' 'लाश' शब्द निर्गुनियां के लिये फेंकी गई शिला के समान था। असहाय होकर मूर्च्छा में मन डूबने-डूबने को हुआ। पैर लड़खड़ा गए। छिपकली की तरह दीवार से दोनों हाथ और छाती सटाकर उसने अपने होश को भरपूर बरकरार रखते हुए स्वयं को खड़ा रखने का प्रयत्न तो साध लिया पर जिस लाज के निमित्त यह सब साधना हुई वह लाज ही उघड़ गई। घूंघट का पल्ला ऊपर सरक गया।

दीवार से चिपका हुआ आधा उघड़ा नारी का चेहरा देखने के लिये पुरुष दरोगा की आंखें भूखे भेड़ियों-सी झपटीं, मगर स्तब्ध रह गईं। सब-इन्सपेक्टर बसन्तलाल गुप्ता एक क्षण उस सूरत को देखते ही खड़े रह गए। निर्गुन शेर के सामने बंधी बकरी-सी अपनी मृत्यु के क्षण को निकट आते मुंदी आंखों मन-ही-मन में महसूस कर रही थी।

''कौन हो तुम?''

''मेहतरानी।'' दीवार से चिपके हुए झुकी आंखों निर्गुनियां ने धीरे-से उत्तर दिया।

''मोहना मेहतर था?''

''जी।''

''मगर तुम मेहतर नहीं हो। मैं तुम्हें पहचानता हूं।'' दरोगा का स्वर उसके बहुत पास था। उनकी सांसें उसके गालों का स्पर्श कर रही थीं। मगर चह चुप रही।

''तुम्हारा नाम क्या है?''

वैसे मेहतर बनकर भी निर्गुनियां ने अपना नाम नहीं बदला था, पर इस समय क्या वह अपना सही नाम बतलाए? सुनते ही बसन्तू का रहा-सहा शक भी दूर हो जाएगा। मैं पकड़ी जाऊंगी। लेकिन पुलिस को झूठा नाम बतलाना भी ठीक नहीं। मस्तिष्क की विद्युत भंवर में प्रश्न उठे-डूबे, लेकिन निर्गुन की इच्छा-शक्ति उस समय अपने को मन की ऊहापोह में न नचाकर दृढ़ निश्चय के साथ बोली : ''वे मुझे जुबेदा कहते हैं।''

दरोगा जीतकर भी हारे, पर उन्होंने मानो अब भी हार न मानते हुए पूछा : ''तुम कभी रायसाहब बटुक परशाद के यहां रहती थीं?''

पत्थर-सा स्वर फूटा : ''नहीं।''

''तुम कुछ भी कहो निर्गुन, मैं तुम्हें पहचान गया। जेल से छूटने के बाद

खड़गबहादुर गोरखा ही तुम्हें उस साले मसुरियादीन के बिल से उड़ा ले गया था। दूर रहते हुए भी मुझे तुम्हारी सारी खबरें मिलती रही हैं, निर्गुन।''

अकेले कमरे में दबे, घुड़की-भरे स्वर की बर्छी से भूतपूर्व बसन्तलाल मास्टर और वर्तमान बसन्तलाल दरोगा निर्गुन के चोर कलेजे को बेध रहा था और निर्गुन का हठ हिमालय बनता चला जा रहा था। सम्पूर्ण रूप से उद्‌घाटित होकर भी निर्गुन अपनी पकड़ाई देने के वास्ते हरगिज़ तैयार न थी। न उसने आंखें खोलीं न दीवार से हटी। बोलते हुए बसन्तू दरोगा के मुंह से निकलने वाली गर्म सांसें भय से पीले पड़े उसके गालों को स्वयं उसके पूर्वजन्म के भूत की तरह छू रही थीं। तभी बाहर का शोर फिर कमरे में लौटा। मोहना की लाश कहीं नहीं मिली थी। 'तब मोहना कहां गया?' निर्गुनियां का मन फिर सब कुछ भूलकर इसी प्रश्न से लिपट गया। दरोगाजी ने मोहना के घर का पता पूछा और उस हलके की चौकी में उसी समय मोहना के घर की तलाशी लेने के लिये भी कहा। इसके बाद बंगले में पहरे-चौकसी का इन्तज़ाम कर लाशें ढुलवाने के बाद फरगुसन, मंगरू और निर्गुनियां को हवालात में रखने के लिये साथ लेकर पुलिस पार्टी चली गई। सब-इन्सपेक्टर बसन्तलाल के लिये यह पराजय की रात थी। खबर देने वाले गुप्तचर के अनुसार वहीदा और गांजे को पकड़ने के लिये पुलिस ने ठीक साढ़े दस बजे रात में मार्था के घर में छापा मारा था, पर वहां गांजे की दो-चार छोटी-मोटी पुड़ियों को छोड़कर कुछ न मिला। मार्था और उसके पति को मारा-पीटा गया। इससे पुलिस को यह पता तो ज़रूर मिला के वहीदा यहां आया था। बूढ़े शराबी पति ने बतलाया कि पिछले एक साल में वहीदा मार्था के साथ अपना मुंह काला करने के लिये तीन-चार बार आ चुका है। स्वयं मार्था ने भी कहा कि जब-तब घण्टे-दो घण्टे के लिये आता था। आज भी आया था पर अब कहां गया, नहीं जानती। और फिर गुप्ताजी के हल्के में दो खून करके वहीदा भाग गया। फिर उन्हें अचानक भूली-बिसरी याद-सी निर्गुण मिली, पर वह भी उनके मन की अबूझ पहेली ही बनी रही। शासक जाति के एक व्यक्ति की हत्या हो जाने के कारण अंग्रेज़ हाकिमों की क्या-क्या फटकारें सुननी पड़ेंगी? उनकी पद-अवनति भी हो सकती है। इन सारी चिन्ताओं में निर्गुनियां का चेहरा ताजी बुझी हुई दियासलाई के धुएं की तरह रह-रहकर नज़र आ जाता था। पुराने प्यार का जुगनू चमक-चमक उठता था। बसन्तलाल रात-भर अपनी पलक तक न झंपा सके।

चिन्ताओं की पंचाग्नि में तपकर बसन्तलाल सवेरे साढ़े चार बजे ही खाट से उठ खड़े हुए और लिहाफ लपेटकर थाने पर आए।

''रामपलट!''

''हुजूर।''

''किसनसिंह को जगाओ। हवालात में जो दो आदमी बन्द हैं, उन्हें मेरे घर लाने को कहो। दोनों सालों को नंगा करके लाना और लाने से पहले, दो-दो लोटे-ठण्डा पानी भी सालों के ऊपर डाल देना। जल्दी हाज़िर करो।''

सर्दी ऐसी थी कि बाहर निकली हाथ की उंगलियां भी ठिठुरी जाती थीं, लेकिन मंगरू और फरगुसन से सत्य उगलवाने के लिये पुलिस दरोगा का मनोविज्ञान शास्त्र

इसी सर्दी को अस्त्र बना रहा था। रात में जगाए जाने के कारण किसनसिंह को अपने कैदियों पर ऐसा ताव आया था कि जंगले का ताला खोलकर कोठरी में प्रवेश करते ही दीवार के पास घुटने सिकोड़कर सोते हुए मंगरू और फरगुसन के सिर के बाल पकड़कर खींचे। मंगरू सामने था, इसलिये उसके दो-तीन लातें भी पड़ीं। फिर उन्हें कपड़े उतारने का हुक्म दिया। केवल लंगोट पहने हुए दोनों जंगलेदार कोठरी से बाहर आए। किसनसिंह ने फिर ताला बन्द किया। जाते हुए लालटेन की रोशनी में निर्गुनियां की दो आंखें टुकुर-टुकुर चमकीं, फिर अंधेरे में खो गईं।

बेचारे मंगरू और फरगुसन पर एक-एक लोटा ठण्डा पानी फेंकने का ही हुकुम हुआ था, पर जाड़े की रात में नींद से जगाए जाने के कारण सिपाही किसनसिंह के कलेजे में पुलिसाग्नि इतनी प्रज्ज्वलित हो उठी थी कि थाने के बाहर बनी फुहारे की हौदिया के पास आते ही उसने उन्हें हौदिया में डुबकी लगाने को कहा। दोनों नवयुवक पुलिस-भय के आगे विवश थे, फिर भी यह हुकुम मानने की उनकी हिम्मत नहीं हो रही थी। किसनसिंह ने मंगरू की कमर पर कसकर ठोकर मारी और वह छपाक से पानी में कूद गया। पानी के उठते छींटों से बचने के लिये सिपाही पहले ही परे सरक गया था। काई-भरी हौदिया में दोनों उठते-उठते भी दो-तीन बार फिसले और हुकुम पा बाहर निकलकर भीगे चूहों-से अधमरे सिर झुकाए सिसियाते-कांपते खड़े हो गए।

लेकिन बसन्तलाल यह सब कुछ करके भी फरगुसन या मंगरू से कोई नया सत्य उद्‌घाटित न करा पाए। जैक्सन और मोहन के अनैतिक सम्बन्ध भी थे, पर कुशल और कर्मठ होने से वह उनका अतिविश्वस्त सेवक था। डेविड और मोहन में किसी खास लड़ाई या कहा-सुनी की कोई बात उन्होंने नहीं देखी-सुनी थी। मोहन को देखते ही वहीदा कमरे से बाहर निकल आया था और उसका हाथ घसीटता हुआ लान की तरफ चला गया था। यही चार सत्य सारी मारपीट, गाली-गलौज और अत्याचारों के बावजूद कल रात से अब तक सब-इन्सपेक्टर बसन्तलाल के हाथ लगे। हारकर उन्होंने दोनों को छोड़ देने का आदेश दे दिया। निर्गुनियां हवालात में बन्द रही।

20

उजाला होते-होते थाने के आगे दो इक्के लेकर मामू, माईं, लड्डन की अम्मां और भी दो-एक बड़े-बूढ़े आए। इक्का रुकते ही सुबरातन माईं का रुदन नाटक आरम्भ हो गया : "हाय मेरे लाल, अरे तू कहां गया रे, मेरे बुढ़ापे के सहारे! अरे, मैंने तुझे बड़े नाज़ों से पाला था, मेरे बच्चे! ये डाइन तुझे खा गई हाय! अरे, इसके तन-तन में कीड़े पड़ें...।"

आध-पौन घण्टे के बाद दरोगाजी अपनी वर्दी पहनकर थाने के दफ्तर वाले कमरे में आके बैठ गए। मामू-माईं भीतर बुलाए गए।

"क्या नाम है तुम्हारा?"

"रामचन्दर, माई-बाप।"

"और तेरा क्या नाम है री?"

"सुबरातन! हाय मैं तो लुट गई सरकार! ये डाइन मेरे पाले-पोसे लड़के को खा गई। हाय कहां गया मेरा मोहना..." दरोगाजी ने डपटकर उसे चुप कराया और रामचन्दर से कहा : "तुम्हारा नाम हिन्दुआनी और तुम्हारी औरत का नाम मुसलमानी! ये क्या तमाशा है जी? तुम इसे भगा के लाए थे या ये तुम्हें भगा के लाई थी?"

"ऐसा कुछ भी नहीं सरकार, हम दोनों के वाल्दैन ने हमारी दोनों की शादी कराई थी।"

"ये कैसे हो सकता है जी? हिन्दू मुसलमान आपस में कैसे शादी कर सकते हैं?"

"हमाए लोगों में हिन्दू-मुसलमान कुछ नहीं होता हैगा सरकार। हम लोग दोनों मजहब मानते हैं।"

"यानी दशहरा, दीवाली, ईद, मुहर्रम सब एक साथ मनाते हो?"

"जी हां, माई-बाप! हमाए यहां लोग निवाज भी पढ़ते हैं और शंकरजी के भजन भी गाते हैं।"

"मोहना के अलावा तुम्हारे और कितने बाल-बच्चे हैं?"

"हुजूर, हमको मालिक ने कोई औलाद नहीं दी। मोहना मेरी बहिन का लड़का है जिसे हमने ही पाल-पोस के बड़ा किया है।"

"उसकी शादी कब हुई?"

"शादी नहीं हुई थी सरकार, घरबैठौआ हुआ था।"

"किसकी लड़की है? कहां से आई थी? किसने कराया घरबैठौआ?"

इन प्रश्नों ने रामचन्दर को हिला दिया। हकलाकर बोला : "ह...ह... हमने यह रिश्ता नहीं किया था हुजूर। मोहना ही खुद लाया था हुजूर।"

"अबे साले, तो कहीं से भगा के लाया था? कैसे आई यह औरत?"

सुबरातन माईं बोल पड़ीं : "अए हम तो कुछ भी नहीं जानते सरकार, अल्ला गवाह है हमारा। इसी हरामज़ादी ने मेरे दो दांत के बच्चे को फांस लिया होगा। इसके तन-तन में कीड़े पड़ें, रोएं-रोएं में कोढ़ हो हरामज़ादी के।"

"चुप रह! ठीक-ठीक बता कहां से आई है तेरे घर में ये औरत?"

इससे पहले कि सुबरातन माईं कुछ कहें रामचन्दर मामू बड़बड़ाकर बोले : "मोहना तो हमसे यही बतलाता था सरकार कि कोई पछांह का मेहतर था। किसी हाकिम के यहां वो मर गया और हमाए मोहन का बाप भी जन्टसाहिब की कोठी में काम करता है। उन्हीं के हुकुम से ये रिश्ता कर लिया गया।"

"साला हरामज़ादा झूठ बोलता है मुझसे! तेरा लड़का इस औरत को भगा के लाया था।"

"नईं सरकार—"

"फिर झूठ बोला? अरे कोई है? शकूर खां! इन दोनों हरामज़ादे बुढ्ढे-बुढ़ियों को नंगा करके फुहारे की हौदिया में डुबकियां लगवाओ। इन हरामज़ादों के हलक में अटका हुआ सच निकालकर ही रहूंगा।"

सुबरातन माईं फुक्का फाड़कर रो उठीं। हड़बड़ाकर कहा : "मैं सच-सच बताए देती हूं सरकार।" और सुबरातन ने सब कुछ बतला दिया।

फिर मुल्ज़िमा निर्गुनियां बुलाई गई। कमरे से और सब चले गए। कमरे में निर्गुनियां के प्रवेश करने पर बसन्तलाल ने नज़रों की टकटकी बांधकर उसे देखना शुरू किया। निर्गुन ने नज़रें झुका लीं। बसन्तलाल ने धीरे स्वर में कहा : "तुम अपनी असलियत नहीं छिपा सकती, निर्गुन। मैंने अब सब कुछ पता लगा लिया है।"

निर्गुन चुप। पैर के अंगूठे से फर्श का चौका कुरेदती हुई खड़ी रही।

"सच बोलो, खड़गबहादुर ने क्या मोहना के हाथों तुम्हें बेचा था?"

"नहीं।"

"तब फिर तुम उसके पास कैसे पहुंची?"

"जैसे आपके पास पहुंची थी।"

बसन्तलाल का मन धक्का खाकर क्षण-भर के लिये गूंगा हो गया। फिर पूछा : "ये गहने जो तुम्हारी पोटली में कल निकले, कहां से लाई थीं?"

"गहने मेरे हैं। मेरी मां-नानी के हैं। मैं अपने हिजड़े पति के घर से निकलते समय उन्हें साथ लाई थी।" एक क्षण मौन रहे, फिर गुप्ताजी ने दुखी स्वर में कहा : "ये तुमने क्या किया निर्गुन, एक मेहतर के साथ..."

"पचासों ब्राह्मण, ठाकुर, बनिए, खत्री, कायस्थ और मुसलमान जब इन मेहतरानियों के साथ बदकारियां करते हैं तब आपको बुरा नहीं लगता?"

"मर्दों की बात और है। पर तुम...इतने उच्च कुल की तुम?"

"हां मैं! जब बारह बरस का अकाल पड़ा था तो भूखे विश्वामित्रजी ने सुपच के घर घुसकर कुत्ते के मांस की चोरी की थी। मुझ अकाल की मारी ने भी अगर ऐसा पाप..."

"चुप करो, शर्म नहीं आती तुम्हें? ब्राह्मण के घर में जन्म पाकर..."

"ब्राह्मण?" निर्गुनियां व्यंग से मुस्कराई, कहा : "रायसाहब पण्डित बटुक परसाद ऊंचे कुल के ब्राह्मण होकर भी खुलेआम मुसलमान रंडी रखते थे। बाद में मेम भी रखी। उनकी ऊंचे कुल की ब्राह्मणी घरवाली ने अपने नौकर खड़गबहादुर को और न जाने किन-किन नौकरों, मालियों और नाते-रिश्तेदारों को अपना खसम बनाया था। आपको भी बनाया था। कौन-सी जात का आदमी छूटा उनसे! खुद मेरा बाप भी हर तरह की औरत से अपना मुंह काला करता रहा निगोड़ा। अरे दूर कहां जाएं, खुद हमारे दरोगाजी साहब भी ऊंचे कुल के होकर इस ऊंचे कुल की औरत को नीचे गिराने में कुछ कम बहादुर साबित नहीं हुए।"

थोड़ी देर कमरे में मौन रहा, फिर बसन्तलाल बोले : "तुम अच्छी तरह से जानती हो कि एक ज़माने में मैंने तुम्हें दिल से प्यार किया था।"

"तब आप मास्टर थे और मैं ब्राह्मणी थी। अब आप दरोगा हैं, मैं मेहतरानी हूं।"

"लेकिन मैं नहीं चाहता कि इस गन्दगी के बीच तुम्हारा नाम उछले।"

"मेरा नाम क्यों उछलेगा?"

"निर्गुन, ज़रा समझने की कोशिश करो। तुम्हारा मेहतर अब डाकुओं के साथ है। देर-सवेर वह पकड़ा ही जाएगा। शायद है मार भी डाला जाए, क्योंकि पुलिस अब वहीदा के गिरोह को तबाह करने पर आमादा हो गई है। तुम्हारा मेहतर पकड़ा गया तो अदालत में पचासों बातें उछलेंगी। तुम्हारे सम्बन्ध में भी कहा जाएगा। अखबारों में तुम्हारे कलंक की कहानी छपेगी। सोचो, तब तुम्हारी क्या हालत होगी?"

बसन्तलाल के नाटकीय कथन का प्रभाव पड़ा। कुछ देर चुप रहकर निर्गुनियां बोली : "तो फिर क्या चाहते हैं आप?"

"तुम्हें एक घर दिलवा दूंगा। अब भगवान की दया से मेरी पहले जैसी हालत नहीं रही है। चार पैसे कमाता हूं। तुम्हें सुख से रखूंगा।"

"आपका ब्याह हो गया मास्टर...अऽऽ दरोगाजी?"

"हां।"

"तो आप मुझे रंडी-रखैल की तरह रखेंगे?"

"फिर भी तुम्हारी हैसियत ऊंची रहेगी। कम-से-कम मेहतरानी तो न कहलाओगी।"

"कहलाने में हर्ज क्या है हुजूर, पहले भी अम्मां के यहां तीन-तीन, चार-चार मर्दों के मनों की गन्दगी अपनी काया के टोकरे में ढोया करती थी।"

"तुम ज़िदी हो गई हो निर्गुन। क्यों अपना सत्यानाश कर रही हो! मैं तुम्हारा भला चाहता हूं।"

"अच्छा, एक बात बतलाइए, आप मास्टर से दरोगा कैसे बन गए?"

"रायसाहब की सिफारिश से।"

"और उनसे किसने सिफारिश की?"

"उसी हरामज़ादी ने, जिसे तुम अम्मां कहती हो।"

"ताज़ुब्ब है, बड़े सरकार अम्मां की बात मान गए और अम्मां तुम्हारी! वह हरामज़ादी तो किसी का भला करना जानती ही नहीं।"

"जब कोई बात बनने की होती है तब उसके वैसे ही बानक भी बन जाते हैं। ये तफसील में बातें करने का समय नहीं है। जल्दी से अपने सम्बन्ध में फैसला करो।"

"मेरा फैसला हो चुका दरोगाजी। एक की घरवाली होकर अब किसी की रंडी-रखैल नहीं बनूंगी। उसने मुझे मां भी बनाया है।"

बसन्तलाल पैर पटकते हुए बड़बड़ाए : "जा साली, तेरी किस्मत में टोकरी उठाना ही बदा है तो वही कर। गेट आउट फ्राम हियर...। किसनसिंह!"

"हुजूर।"

"इस मेहतरानी के सास-ससुर आए थे, वो कहां हैं?" दरोगाजी ने 'मेहतरानी' शब्द में मन की सारी घृणा भर दी।

"ले जाओ इस औरत को भी। दफा करो यहां से इन सबको।"

इस रूखी घुड़की के उत्तर में निर्गुनियां मुस्कराई और कमरे से बाहर निकलते समय व्यंग्यपूर्वक झुककर सलाम किया, कहा : "मुसीबत के बखत के लिये ये चार गहने समेटे थे। सरकार अगर मुनासिब समझें तो मुझे लौटा दें।"

"वो पुटलिया मैंने थाने में जमा नहीं की है। मेरे क्वार्टर में रखी है। दो-चार दिन बाद मामला ठण्डा हो जाए तो आकर ले जाना।" दरोगाजी ने आंखें मिलाए बगैर उत्तर दिया।

निर्गुनियां बाहर चली आई। मामू को देखकर घूंघट निकाल लिया और क्षण-भर के लिये ठिठककर वहीं बरामदे में ही खड़ी हो गई। मामू चन्दर ने पूछा : "दरोगाजी ने छुट्टी दे दी बहू?"

"जी।"

मामू के गहरे उदास चेहरे पर सन्तोष की एक आभा चमकी, कहा : "मुझे यही उम्मीद थी। चलो घर चलें।"

"मैं किसी रंडी-पतुरिया को अपने घर में नहीं ले जाऊंगी। चाहे इस कान से सुनो चाहे उस कान से, साफ बताए देती हूं।"

सुबरातन माई का कर्कश स्वर और कठोर बात सुनकर इस समय निर्गुनियां भी एकाएक क्रोध से भर उठी। तड़पकर बोली : "जो हाथ पकड़कर लाया था जब वही वहां नहीं है, तो मैं क्या करूंगी?" अपनी साड़ियों को बगल में दबाए निर्गुनियां तेज़ी से थाने के बाहर निकल आई। थाने के बाहर निकलकर निर्गुनियां थोड़ी देर तक सड़क किनारे ठिठकी खड़ी रही—'वह कहा होंगे? मैं अब कहां जाऊं? मरियमबाई से मिलूं!'

निर्गुनियां के सूने मन में दो-चार बातें यथार्थ के आग्रहवश आईं और कदम आगे उठ गया...पर रास्ता नहीं मालूम। बैण्ड-मास्टर के बंगले से मोहन के साथ रात में दो बार गई थी। सड़क का कुछ अन्दाज़ हो गया था, पर यहां से उस जगह का निर्गुनियां को कोई अनुमान नहीं लग रहा था। साहब का बंगला थाने से कितनी दूर है, कहां है, यह कुछ भी वह नहीं जानती? परन्तु जानने के अन्तराग्रह वश ही कभी बचपन में किसी से सुनी हुई एक बात कानों में गूंजी : 'पूछते-पूछते आदमी लंदन पहुंच जाता है।'...किससे पूछे? कभी पराए मर्दों से बात करने का हियाव नहीं पड़ा। कभी सड़कों पे यूं अकेली नहीं घूमी। पर अब उसे अपना रास्ता आप ही खोजना पड़ेगा! निर्गुनियां ने साहस किया और पूछते-पूछते सिकन्दर मसीह के यहां पहुंच गई।

कलबघर का सायबान सूना था। मरियमबाई काउन्टर पर न थीं। भट्ठी पर अल्मूनियम की बड़ी टोंटी से पानी भाप बन-बनकर उड़ रहा था। निर्गुनियां काउन्टर के भीतर जाकर दरवाज़े से अन्दर घुस गई। मरियमबाई घर के भीतर बिक्री के लिये बिस्किट बना रही थीं।

"हैलो मिसेज मोहन, आओ-आओ। हमको तुम्हारी किस्मत पे बड़ा अफसोस है डियर सिस्टर। पर ये मोहन हमारा गया तो गया कहां?"

धरती पर धप्प से बैठते हुए निर्गुनियां बोली : "क्या जाने मेरी किस्मत में क्या लिखा है बहिन, मैं तो एकदम बेसहारा होकर तुम्हारे पास आई हूं।"

"सहारा तो खैर खुदा ही सबको देता है, डियर सिस्टर, मगर तुमको तो पुलिस पकड़कर ले गई थी, सुना है!"

"हांऽऽऽ ले गए थे। रातभर हवालात में बन्द रही। सवेरे ही पूछताछ कर छोड़ दिया।"

"शुक्र है खुदा का, बाइज़्ज़त छूट आईं, लेकिन अब तुम अपने घर वापस क्यों नहीं चली जातीं?"

निर्गुनियां क्षण-भर चुप रही, फिर कहा : "घर तो मरद से होता है बहिन, मुझे आस-पास में कोई कोठरी दिलवा दो, दिन काट लूंगी। मेरा मन कहता है, बहिन, वो आजकल में लौटकर ज़रूर ही आ जाएंगे। वो लाशों को देखकर डर के मारे ही भागे होंगे। जब सुनेंगे कि सब ठीक हो गया तो चले आएंगे और तुम्हारे यहां ही आएंगे। यह भी मेरा मन ही कह रहा है।"

मरियमबाई ने भट्ठी से बिस्किटों की एक किश्ती निकाली और कच्चे बिस्किटों की किश्ती भट्ठी की छड़ों में भीतर खिसकाकर कहा : "हो सकता है। जीज़स की मेहरबानी से यह भी हो सकता है। लेकिन कल रात मेरा हज़्बैण्ड मुझसे बोला था कि मोहन डाकुओं के साथ भाग गया।"

निर्गुनियां चुप। कल रात से वह बार-बार यही सुन रही है कि लड़कों ने आखिरी बार वहीदा डाकू के साथ मोहन को देखा था। पर यह उसकी समझ में नहीं आ रहा था कि मोहन उससे कुछ कहे बिना ही चुपचाप क्यों चला गया? वहीदा से उसकी जान-पहिचान ही क्या थी!...लेकिन इसके साथ-ही-साथ मोहन के कुछ अटपटे वाक्य उसकी स्मृति में उभर उठे। मोहन को वहीदा के आने की खबर ज़रूर थी। तो क्या उनकी जानकारी में ही यह हत्या-काण्ड हुआ? नहीं-नहीं, ऐसा कभी नहीं हो सकता! मेरा मोहन ऐसा नहीं है।

तभी मरियमबाई ने पूछा : "फिर मिसेज मोहन, अब तुम कहां जाएगा?"

"कहा तो, मुझे रुपये-आठ आने माहवार की कोई जगह रहने की दिला दो।"

मरियम चुप रहीं, निर्गुनियां ने फिर कहा : "तुम्हारी और सिकन्दर भाई की तो काफी जान-पहिचान है..."

"हां हमारा हस्बैण्ड बहुत बड़ा-बड़ा लोग को जानता है। मगर भाई, बात ये है मिसिज मोहन कि वह सब लोग हाई क्लास का रिसपेक्टेबल सुसायटी का लोग है। हमारा बी इज़्ज़त-आबरू है, और देखो बुरा न मानना, तुम्हारा हस्बैण्ड डाकू के साथ भागा है और हमने हमारा हस्बैण्ड को कल रात में ही साफ-साफ बोल दिया था कि फ्रेंडशिप और हमदर्दी के बावजूद हम तुमारा या मिस्टर मोहन का साथ दोस्ती नईं करने सकता। हम इज़्ज़तदार लोग हैं, देखो बुरा न मानना डियर सिस्टर, हमको तुम्हारे साथ पूरा हमदर्दी है। हमको बहुत-बहुत अफसोस है, मगर हम लाचार हैं

डियर सिस्टर, तुम बुरा न मानना।''

अपनी पोटली उठाकर निर्गुनियां चल पड़ी। खुला आसमान और अनन्त तक फैली हुई धरती। दिशाहीन मन। स्तब्धता। लेकिन चलने का आग्रह निर्गुनियां को चलाए लिये जा रहा था। पूर्वजन्म का बसन्तलाल चूंकि मिल चुका था और इस जन्म की सुबरातन माईं और मरियमबाई चूंकि उसे दुतकार चुकी थीं इसलिये इस समय उसे अपने किसी जन्म की किसी बात कि चिन्ता नहीं थी। अनजानी सड़कों पर चलते-चलते गोरों की बैरकों के पास चली गई। साइकिल पर आते दो गोरों ने उसे अपनी साइकिलों से घेरा, लेकिन निर्गुनियां इस वक्त किसी के घेरे में नहीं आ सकती, उसके भय का घेरा टूट चुका है। वह ज़ोर से चीख उठी। सवेरे का समय था और गोरे चूंकि होश में थे, इसलिये तुरन्त ही साइकिलें दौड़ा के चले गए। लेकिन निर्गुनियां आगे न बढ़ी, लौट पड़ी। दिशाहीन मन तो चलते-चलते न थका, पर टांगें भर आईं। फुटपाथ के किनारे एक पेड़ के नीचे बैठ गई। कोठियों वाली सड़क थी। लोगों का आना-जाना कम था, फिर भी आते-जाते नौकर, साईस किस्म के, उसके पास ठहर जाते। 'कौन हो, क्या हो?' 'परदेसी हूं, नातेदार के यहां जा रही हूं,' आदि-आदि व्यर्थ के प्रश्नों-उत्तरों से झुंझलाकर वह फिर उठ खड़ी हुई। सामने से दाहिने हाथ की सड़क पर चल पड़ी। फिर लगा कि वह टीले की तरफ बढ़ रही है। उस पर सिकन्दर मसीह का कलबघर है। मन टूट गया। तन न ढोया जाने वाला पहाड़-सा बोझ बन गया। सड़क के अन्त वाली कोठी के हाते के बाद ही टीले की शुरुआत ही जाती थी। निर्गुनियां वहीं ठिठककर बैठ गई। जिसे भगवान घर की छत का साया न दे उसे पीठ टिकाने के लिये पेड़-तने का सहारा और पेड़-तने का साया तो मिल ही जाता है। चिन्ता और थकन से चूर निर्गुनियां की आंखें झपक गईं।

''मेरे मौला बुला ले मदीने मुझे...

ये दुनिया...ये दुनिया तो देगी...हात् तेरे की। ये कौन बैठी है? हाय! माशूक! हाय जानी!''

निर्गुनियां की आंखें खुल गईं, उसके पास एक हट्टा-कट्टा जवान शराबी खड़ा था, नशे में धुत्त। उन मदरंजित आंखों का रस भयानक था। निर्गुनियां कांप उठी। उठने लगी तो शराबी उसे लिपटाने के प्रयत्न में उसके ऊपर ही ढह पड़ा। शराब और शरीर की दुर्गन्ध में निर्गुनियां का दम घुट-घुट गया। शराबी की बांहों से उसके हाथ बंध गए थे।

शराबी की ठुड्डी और गले के बीच में कहीं पर निर्गुनियां का मुंह स्पर्श कर रहा था। किचकिचाकर उसने वहीं अपने दांत गड़ाने आरम्भ कर दिए। चीखकर मदहोश शराबी ने गर्दन हटाई। छाती भी थोड़ी ऊपर उठी, निर्गुनियां को हठात् करवट लेकर उसके शरीर को ढकेलने का अवसर मिल गया। शराबी की चीख से लोग-बाग न आ जाएं, इसलिये निढाल पड़े कामुक व्यक्ति की बांहों से अपने-आपको झटपट मुक्त करके पोटली उठाकर वहां से भागी।

इस घटना ने निर्गुनियां को दहला दिया। दो-एक सूनी सड़कों पर दौड़ते-दौड़ते उसकी सांस फूल उठी। वह अब एक पग भी न चल पाने को विवश थी।

पेड़ के सहारे खड़ी-खड़ी हांफने लगी। भगवान की याद आई–'हे हरि कहां जाऊं!' लेकिन यहां रुकने से काम न चलेगा। बैरे-खानसामों की बस्ती से बाहर जाना होगा। 'हे राम, हे हरि, बड़ा पाप किया है मैंने...' थके पैर रुके नहीं, फिर आगे बढ़े। बढ़ते रहे, बढ़ते ही चले। मन में भूतकाल के चित्र प्रायश्चित स्वरूप आंसुओं की तरह ही उमड़ते चले आते थे। लम्बा घूंघट काढ़े दो उंगलियों की कैंची फैलाकर एक आंख से देखती चली जाती थी। बीच-बीच में मन की दोनों आंखें अपने घूंघट के पट खोलकर अपने पाप देखते-देखते जब कहीं ठिठक जातीं तो पैर भी मन के बोझ से भारी होकर थम जाते थे। इक्के-दुक्के लोगों की आवा-जाही या साइकिल की घण्टियों की टुनटुनाहट से चौंककर होश आता। फिर कतराती, फिर डूबती, फिर उतराती निर्गुनियां, दिशाहीन गन्तव्य की ओर चलती ही चली गई। रुकना उसे अच्छा ही न लगा। मरदों की सूरतें, मनुष्यों की आबादी उसे भयावनी लगती थी। और उससे दूर भागने के प्रबल अन्तर्हठ के कारण ही उसके पैर लड़खड़ाते, संभलते, सहारा लेने के लिये कहीं थमते और आगे बढ़ते ही चले गए। सूरज डूब गया। पैरों की शक्ति भी जवाब दे गई। निर्गुनियां यद्यपि कोसों दूर नहीं चली थी फिर भी कोल्हू के बैल की तरह एक ही दायरे में चक्कर काटते-काटते उसके पांव भर आए थे। नाले की तरफ अचेतन रूप में बढ़ते हुए उसे दो-एक जगह ठोकरें लगीं, संभल न पाई, गिर-गिर पड़ी। परन्तु युद्धोन्माद में सिरकटे योद्धा का कबन्ध जैसे उत्तेजनावश थोड़ी देर तलवार चलाता रहता है वैसे ही निर्गुनियां गिर-गिरकर उठी, और आस-पास ही चक्कर काटते-काटते कूड़ेघर की दीवार के पास धम्म से जाकर बैठ गई। तन-मन एकदम सूना था, मन में अनन्त सन्नाटे की सीटी बज रही थी। और वही सीटी उसे नानाजी के स्वर जैसी गाती सुनाई पड़ी। नानाजी का स्वर उसके रहे-सहे जोश और होश को अगम्य में डुबा देने के लिये अति सशक्त था। बर्फानी हवा के झोंके जैसे लगकर भी उससे बेलाग थे। लग रहा था केवल नानाजी का स्वर, जो मानो उसके मन को किसी ऊंची छत से उठाकर गंगा की बाढ़ में फेंक रहा था–अब हौं नाच्यौ बहुत गोपाल...नहीं-नहीं, अभी नहीं...तन-मन दोनों ही बरबस बेहोश हो गए। रात गहराने लगी।

मैले का टोकरा बहाने-धोने के लिये मसीताराम इधर ही आया करता था। अकेलादम घण्टे-आध-घण्टे यहीं कूड़ेघर की दीवार से टिककर बैठा-बैठा बीड़ियां फूंकता, सुस्ताता, अकेलेपन में अपना सुख-दुःख बड़बड़ाता और फिर उठकर चला जाता था। आज दोपहर आया तो बगल की दीवार के पास दो जनाने पैर देखे। जिज्ञासावश उठा। घूमकर इधर वाली दीवार के पास आया। एक औरत पड़ी थी। दाहिनी करवट। छाती का पल्ला ढका और मुंह खुला हुआ। मसीताराम चेहरे के पास बैठ गया, देखता रहा। 'इसे मैंने ज़रूर कहीं देखा है।...सिकन्दर के कलबघर में देखा है। चार-पांच दिन पहले ही मरियम के साथ काम कर रही थी। अरेऽऽऽ ये अपने मोहना की जोरू हैगी! सायद वही है।

"अरी कौन है तू? यहां कहां सो रही है!" जब दो-तीन बार पुकारने पर भी न बोली तो हाथ रखा। बुखार में तप रही थी। मसीताराम सोच में अपनी बढ़ी हुई

दाढ़ी खुजलाने लगा। फिर उसे झिंझोड़ा, "मोहना की बहू! मोहना की बहू!! उठ आंखें खोल!" फिर अपने झुर्रियों पड़े हाथ से उसके चेहरे और सिर को सहलाया : "मोहना की बहू, आंखें खोलो बेटा!"

लाल आंखें खुलीं। थोड़ी देर बाद पुतलियों में चमक आई। 'कौन हो' का प्रश्न भी उबला, पर वैसे ही बुड्ढे के पोपले मुंह से 'मोहना की बहू' सुनकर उबाल में थमाव आया। बुखार के अधबेहोश स्वर में पूछा : "कौन हो?"

मसीताराम के दिमाग ने झटका खाया, फिर दाढ़ी-भरे पोपले मुंह से मुस्करा के बोला : "इस बखत तो तेरा बाप हूं। सरदी में पड़ी यहां अकड़ जाएगी। चलो उठो। मेरे घर चलो।"

निर्गुनियां फिर बेहोशी में डूबने लगी। मसीता ने फिर झझकोरा : "उठो बेटी, उठो!"

"हांऽऽ!" चौंका-हांफा हुआ शब्द फूटा। होश और बेहोशी आपस में गुत्थम-गुत्था हो रहे थे।

"उठो बेटा, उठो। मोहना की बहू! मोहना की बहू!!"

'मोहन' नाम होश के लिये सुहाना था। निर्गुनियां का मनोबल उबरा। कोहनी के सहारे गर्दन उठाई। मसीताराम ने सहारा दिया। उठी, कूड़ेघर की दीवार के सहारे उसकी पीठ टिकी। दूसरी दीवार के कोने की ओर मुड़े हुए उसके पैर सीधे होकर सामने आए और उसके बाद निर्गुनियां फिर थकान की तन्द्रा में झूम गई।

"उठो बहू! उठो! मेरे कन्धे का सहारा लो...हां... यों, अब खड़ी हो जाओ।"

बुड्ढी काया के बल पर दीवार के सहारे घिसटकर धीरे-धीरे निर्गुनियां खड़ी हो गई। मसीताराम के हौसले-भरे शब्द उसे बल दे रहे थे। पूरी तरह मसीता के सहारे खड़ी हो गई। दीवार का सहारा छूटा, दो-चार-पांच डग बढ़े। फिर थमे, फिर बढ़े, फिर कमर में बंधे रुपियों का फेंटा ढीला पड़के उतरने लगा। निर्गुनियां की बेहोशी के भीतर वाला होश एकाएक चिहुंक उठा। उसे संभालने के लिये मानो उसकी काया लड़खड़ाई, पर मसीता के लिये-दिए ही निढाल हो गिर पड़ी। मसीताराम हांप उठा। संभलकर उठा। निर्गुनियां के घुटने उठे हुए थे और पैरों के पास बंधी उमठी गोलाई पड़ी हुई थी। मसीता ने फेंटे पर हाथ रखा, टटोला, 'रुपये!' चौंककर निर्गुनियां के मुंह की ओर देखा। पैरों की गिरफ्त से फेंटे को बाहर निकाला। दोनों सिरों पर गांठें बंधी थीं। यहां से वहां तक रुपयों की गड्डी पर हाथ फेरा—"या मालिक तेरा रहम।" रुपियों का फेंटा झटपट अपनी कमीज़ के नीचे कमर में बांधा। निर्गुनियां की दोनों टांगें सीधी कीं, उसकी पोटली और अपना टोकरा उठाया और तेज़ी से चल दिया।

घण्टे-भर के भीतर ही गुल्लन दाई के लड़के और एक-दो अधेड़ आदमियों सहित मसीता खटोलिया लेकर फिर आया। खटोलिया पर डाले जाते समय निर्गुनियां ने चौंककर फिर आंखें खोलीं। अजनबी चेहरों में मसीता का हाल ही में पहचाना चेहरा झलका। बेबस आंखें फिर मुंद गईं। मानो बेहोशी में भी सुरक्षा की होश-भर आस्था उसे मिल गई थी।

21

छावनी क्षेत्र में भी बस्ती से कुछ दूर मेहतरों के दस-पन्द्रह कच्चे-पक्के घर आबाद थे। इनमें कुछ तो छावनी की असैनिक बस्ती में जिजमानी करने वालों के घर थे और कुछ सेना की बैरिकों में काम करने वाले मेहतरों ने अपनी बचत की राशि से बनवाए थे। मसीता का घर भी इन्हीं में से एक था। आगे का चेहरा ईंटों से बना था और पीछे का भाग मिट्टी का था। सामने दो कोठरियां, उसके बाद एक छोटा-सा दालान, कच्चा आंगन, दाहिने हाथ एक छोटी-सी कोठरी, जो टूटी पड़ी थी। पीछे की चहारदीवारी की दीवार भी काफी हद तक टूट चुकी थी। बस्ती के कुत्ते, बकरियां, सुअर आदि उस 'लावारिस' घर को अपना समझकर पीछे से आते-जाते रहते थे।

चौबीस घण्टों तक निर्गुनियां की बेहोशी यथावत् बनी रही। मसीताराम जब-तब निर्गुनियां के सिर पर हाथ रखता और बेचैनी-भरे कदमों से अपनी छोटी-सी कुठरिया में चक्कर लगाता। गुल्लन दाई नाड़ी देखना जानती थी, बीच में दो-तीन बार आकर देख भी गई। शाम को निर्गुनियां रह-रहकर बर्राने लगी। कभी 'जिज्जी-जिज्जी' पुकारती, कभी 'मुझे मत छूना, मुझे मत छूना' की रट लगाते-लगाते रो पड़ती। दो-एक बार प्यार-भरी बातें भी मुंह से निकलीं। मसीताराम की परेशानी बराबर बढ़ती ही जा रही थी। कल दिन-भर उसने न कुछ खाया न पिया। दूसरे दिन गुल्लन के बेटे नब्बू से कह आया : ''बेटे, आज मेरी एवजी कर लेना।'' बस्ती भर में गुल्लन के घर पर ही सवेरे चाय बनती है। वहीं एक गिलास चाय पी थी, बस। जब-तब चिन्ता और उदासी का दौरा पड़ता तो बीड़ी फूंक लेता था।

झुटपुटे बखत गुल्लन आई : ''अरे कुप्पी तो जला ली होती मसीते।''

एकाएक खोयेपन के खड्ड से निकलते हुए, मसीता का स्वर लड़खड़ा गया : ''हां...'' फिर संभलकर जवाब दिया : ''क्या करूं री, अंधेरे में ही जीने की आदत जो पड़ गई है।...ठहरो जलाता हूं...। हः-हः...स्साला, तेल ही नहीं इसमें तो। तुम ज़रा पांच मिनट के वास्ते यहीं बैठ जाओ, गुल्लो, मैं झपेटे के यां से ढिबरी भरवा लाऊं। कल से दिन-रात अंधेरा-ही-अंधेरा रहा साला—हत्तेरे नसीब की ऐसी-तैसी।''

गुल्लन बोली : ''मसीते!''

''क्या है?''

''आज तुम रोटियां मांगने तो जा नहीं सके होंगे, तुमने कुछ खाया भी नईं होगा अब तलक।''

''दोनों ही बातें सच हैं, लेकिन सच पूछो तो कल से मेरा पेट गम से भरा हैगा। कल मैंने सिकन्दर के यां किसी से सुना तो था कि सुबरातन ने भरी कुतवाली में ही इस औरत को अपने घर से निकाल दिया था, तब थोड़ा-बहुत अफसोस तो हुआ था, मगर आज जब इसे देखा तो सच मानो, गुल्लन, बड़ी ममता लगी। मोहना के मेरे ऊपर बड़े अहसान हैंगे।''

''उससे पाई हुई बिलइती शराब तुम कई बार मुझे भी लाके पिला चुके हो।

मैंने उसे दूर से देखा तो है पर जानती नईं। अरे सिकन्दर का कलबघर ही नईं देखा, जिसका महल्ले-भर में इत्ता शोर हैगा। खैर, मेरे कहने का मतलब यह था मसीते कि नब्बू की दुलहिन इसदम गरम-गरम रोटियां सेंक रही है। कुप्पी भरवाने तो जा ही रहा है, पहले दो रोटी गरम-गरम मेरे घर जाके खा आएगा तो मुझे तसल्ली हो जाएगी।"

"अरे नईं, तुमारे दो पैसे के आटे का नुकसान क्यों करूं? नब्बू की दुलहिन मुझे खिलाके हज़ार बातें तुम्हें सुनाएगी। ना भैया, ज़रा आगे बढ़ जाऊंगा तो मंगू हलवाई के यां से पैसे की दो पूड़ियों में ही मेरा काम चल जाएगा। हां, तुम्हारे घर में कोई दिया-कुप्पी फालतू पड़ा हो तो बताओ मैं पहले उसी को लाके रख जाऊं।"

"जाके नब्बू की दुलहिनियां से कहो, वो दे देगी। औ सुनो मसीते, मेरा कहना मानो, गरम-गरम खा लोगे तो मुझे तसल्ली हो जाएगी। अरे कहेगी तो मुझे कहेगी, तुमसे क्या मतलब? अरे, जो बहुत अहसान लगे तो मेरे वास्ते तमोली के यां से लगे हुए पान ले आना, छुट्टी हुई।"

मसीताराम चलने लगा, दरवाज़े पे रुक के जवाब दिया : "पान ज़रूर ले आऊंगा, मगर ये वादा करो कि पान खा के अपने रसीले होंठों का बोसा मुझे दोगी।"

गुल्लन हंस के बोली : "साल-दो बरस में मैं भी तेरी तरह बिल्कुल पोपली हो जाऊंगी, तब लेना बोसे।"

"ठीक है, अभी तो मेरे दूध के दांत तक नईं निकले हैंगे, जवानी आते-आते अभी दस-पांच बरस तो लगेंगे ही।"

कहकर बुड्ढा हंसा, बुढ़िया भी हंस पड़ी। चलते हुए मसीता ने फिर कहा : "अच्छा तो तुम हुसियारी से बैठना, मैं आता हूं।"

मसीताराम का बाप कर्नल डमंड के बंगले में नौकरी करता था। पड़ोस के पीटर मेहतर की लड़की रोज़ी से उसका प्रेम हो गया था। दोनों आपस में शादी करना चाहते थे, मगर रोज़ी ने कहा कि मैं ईसामसीह का दामन नहीं छोड़ूंगी। मसीता का बाप इसके लिये राज़ी नहीं था। मसीता बाप से बोला : "कि शादी इसी से करूंगा, चाहे मुझे क्रिश्चिन क्यों न बनना पड़े। बड़े-बड़े जुज्झों के बाद मामला यों तय हुआ कि रोज़ी अपना धरम नहीं छोड़ेगी मगर ब्याह की भांवरें ज़रूर पड़ेंगी। कुछ रुपिया मसीता के बाप का लगा, दो-चार की कमी-बेशी पीटर अक्सर अपने गोरे मालिक की जेब से चुरा-चुरा कर पूरी कर देता था। दस रुपये में यह ज़मीन ली और पैंतीस रुपये में कच्ची मिट्टी का ढांचा खड़ा हो गया। आगे का चेहरा पक्की ईंटों का बनवाया। दो रुपये सैकड़ें की ईंटें आईं, छह आने रोज़ पर मजूर। दर-दरवज्जों के खर्चे जोड़कर तैंतालिस रुपये में घर बन गया। शादी के बाद रोज़ी और मसीता सीधे इसी घर में आके रहे थे। दोनों में बहुत प्यार था। बस्ती के लोग उन्हें लैला-मजनू कहकर पुकारते थे। मसीता ने अपनी बीवी से कभी मेहतर-काम न कराया। उनके तीन औलादें हुईं। लड़का ढाई साल का होकर मरा। दो लड़कियां भी हुईं, नन्हों और जुलेखा। यह बाप के दिए नाम थे। मां 'मैन्सी-जूली' कहके पुकारती थी। जुलेखा के जनम के साल-भर बाद ही रोज़ी हैजे में मर गई। इसी गुल्लन दाई ने उन अनाथ

बच्चियों को पाला था। दोनों की आपस में बड़ी दोस्ती थी। पादरी मुन्नालाल मिशन में पालने के लिये लड़कियों को ले जाना चाहता था, पर गुल्लन ने नहीं ले जाने दिया। अब बरसों से वे दोनों लड़कियां अपने घर-बार की हैं। एक का मालिक सहारनपुर में नौकरी पा गया है। दूसरी एक छोटी-सी मुसलमानी रियासत में रहती है। मसीता पिछले ग्यारह बरसों से इस घर में अकेला है। कमाई के बाद नहा-धो के तीसरे पहर जिजमानों के यहां रोटी मांगने जाता है और जब से सिकन्दर के कलबघर में चाय का फैशन चला है तब से वहीं बैठ के अपने पेट का झोझर भरता है और 'चाह' पीता है। कभी-कभी किसी मालिक-जिजमान से बख़्शीश भी पा जाता है तो छह आने में देशी शराब की बोतल ले आता है, और जब भी लाता है तब अपनी पड़ोसन गुल्लन को ज़रूर ही शरीक करता है। मोहना से रम पाने पर उसे गुल्लन को पिलाने में बड़ी खुशी होती थी। स्वर्गीया रोज़ी की सहेली और अपनी हमदर्द गुल्लन दाई से मसीता का बस इतना ही नाता है। यों बूढ़े हो जाने पर भी मसीता और गुल्लन आपस में खुले मज़ाक करते हैं।

गुल्लन के घर जाकर मसीते ने उसके बेटे की दुलहिन से यह तो कहा कि, "दुलहिन, कोई दिया-कुप्पी अगर फालतू हो तो ज़रा देर के लिये दे दो। तुम्हाई सास ने मंगाया है। मैं बाज़ार से अपनी कुप्पी भरवा लाऊं तो लौटा जाऊंगा।" मगर अपने वास्ते रोटियां न मांगीं। गुल्लन होती तो कोई बात न थी, ऐसे मुंह नहीं पड़ता। नब्बू की दुलहिन यों ही ज़रा टर्रे मिज़ाज की है। हरदम घूंघट में पटाखे ही छोड़ा करती है। ऐसे किसी स्त्री-पुरुष का अहसान उसे कभी रुचिकर नहीं लगा, सदा सीधी-सादी ज़िन्दगी ही बसर की। बस्ती में मसीता और गुल्लन दो ही हैं जो किसी के कर्ज़दार नहीं हैं। एक लीक पर चलते हुए अपने गम का बोझ कलेजे में दबाए पानी में कमल के पत्ते की तरह रहते हुए वह अकेला जीता चला आ रहा है। अब राह क्यों बदले? नब्बू की दुलहिन ने एक ढिबरी जला के दे दी। उसे ले के पहले अपने घर आया। कोठरी में उसके घुसते ही निर्गुनियां की खटिया के सिरहाने से टिकी बैठी हुई गुल्लन ने डांट कर पूछा : "खाना खाके नईं आए ना?"

ढिबरी पास लाते हुए, मुर्झाये गुलाब की तरह अपने पोपले मुंह से हंसकर कहा : "पहले तुम्हारा रुखे-रोशन तो देख लूं, तभी तो भूख लगेगी भाई!"

"मसीते, तुम बाज़ार तो जा ही रहे हो, थोड़ी इसकी दवा-दारू का भी हिसाब-किताब तुरन्त करना होगा, भाई। बड़ा तेज़ बुखार हैगा। खैर सुनो, तुम ये पांच रुपये लो मुझसे। डेविड डाक्टर अपने मतब में होंगे। उनसे सब हाल बताके दवाई लाओ पहले इसके लिये। हो सके तो हल्दी भी ले आना एक-दो गांठ, मैं इसके पेट में बांध दूंगी तो बुखार जल्दी उतरेगा।"

"मगर तुम इतने रुपये दे रही हो मुझे! बाद में कहां से लौटाऊंगा तुम्हें?"

"ये रुपये मेरे नहीं, इसीके हैंगे। इसकी पोटली को अंधेरे में बैठे-बैठे मैंने टटोलकर देखा, सो एक रुमाल में एक बीसी और छह रुपये बंधे हुए मिले। मैंने अंधेरे में बैठे-बैठे गिने। खैर; तुम इसकी डाक्टरी देखभाल ही करवाओ। मोहना आएगा तो अहसान मानेगा।"

निर्गुनियां की कमर से खिसककर उतरी हुई ढेर सारे रुपयों की थैली पाने की बात गुल्लन को बतलाने के लिये मसीता का मन मचला, मगर अपनी उस इच्छा को दबा गया। खुदा जाने उसने कहां से इतनी रकम पाई और क्यों छिपाई है? उस बेचारी का भरम किसी के आगे क्यों खोलूं! ये फुटकर रुपये निकल आए सो भला ही हुआ। अल्ला चाहेगा, जब होश में आएगी तो सारा हिसाब-किताब समझा दूंगा।

और छठे दिन मसीताराम ने यही किया। जब दोपहर में अपना काम करके घर लौटा तो देखा कि निर्गुनियां खाट पर बैठी है। मसीताराम के पोपले चेहरे का मुर्झाया गुलाब उसके दिल की ताज़गी लेकर खिल उठा। बोला : "मोहना की बहू, आज तुम्हें सुनाने के लिये मैं एक पहेली याद करके आया हूं। महल्ले में सुनी थी। ऐसी अच्छी लगी कि मुंसीजी से खुशामद करके दो बार सुनी। और फिर रास्ते-भर मक्तबी बच्चे की तरह से रटता ही चला आया हूं। हाः-हाः-हाः, बुढ़ापे में बचपने का मज़ा आ गया।"

मसीता की हंसी छूनी बीमारी की तरह निर्गुन के बीमार चेहरे पर मुस्कान की रौनक ले आई, पूछा : "पहेली क्या है चच्चा?"

"कमाई अपनी फेंक दे, औ रोजी खाय हलाल...नह-नह, भूल गया (दोनों कान पकड़े) क्या साला, रास्ते-भर घोंटता आया। हां, याद आया—

'कमाई अपनी फेंक दे, औ जी में नहीं मलाल।
वा सो क्यों हट जात है, जो रोज़ी खाय हलाल।'

बूझो ऐसा कौन हो सकता है भला?"

"बड़ी कठिन पहेली है, चच्चा। अता-पता कुछ दीजिए तो दिमाक लड़ाऊं।"

"अरे अता-पता सब कुछ ही तो इसमें दिया हुआ है, पगली! हजरत अमीर खुसरो की बनाई हुई हैगी। बहुत बड़े शैर थे। मुंसीजी ने बतलाया हैगा।"

"तो चच्चा, इसका मतलब आप ही बतला दीजिए।"

"मतलब बिल्कुल साफ है। अब देखो कि सवेरे से मैं दस-पन्द्रा घरों में अपनी कमाई करने गया और जाके नाले में अपनी चार-पांच घण्टे की मेहनत कमाई फेंक दी, फिर जी में जरा भी मलाल नहीं हुआ।"

"अब समझी, चच्चा। मेहतरों पर बड़ी बढ़िया पहेली बनाई गई है।"

ताली बजाकर जोश में मसीता बोला : "अरे शैरे-आजम ने साफ-साफ लिख दिया हैगा कि ऐसा आदमी वही हो सकता हैगा जो रोटी खाय हलाल। ससरी तीन बीसी से कुछ ज़्यादा ही उमर हो गई, पर आज ही समझ आया कि हम मेहतरों को हलाल-खोर क्यों कहा जाता हैगा।"

"उनकी कुछ खैर-खबर मिली, चच्चा?"

"नहीं, बहू। मगर मैं समझता हूं कि जब से तुम होश में आई हो तब से तुम्हें मोहन के अलावा किसी और चीज़ की भी याद आई होगी, जो तुम्हारे पास थी!"

निर्गुनियां ने सिर झुका के धीरे-से कहा : "जी हां।"

अकेलापन होते हुए भी मसीता, निर्गुनियां के कानों तक अपना मुंह लाया : "तुम्हाई रुपये वाली थैली तुम्हें नाले पर से उठाते हुए ढोली होकर गिर पड़ी थी।

मैंने उसी दिन से संभाल और सहेज कर रख लिया था। घबराना मत, समझीं! गुल्लो को भी इसकी खबर नहीं। और एक बीसी और छह रुपये तुम्हाई पोटली में थे, सो गुल्लन के पास हैं। मुझे बड़ी शरम आती है बेटी कि गरीबी के मारे तुम्हारा इलाज तुम्हाए ही पैसों से करा रहा हूं।''

कृतज्ञ निर्गुनियां ने मसीता की बांह पर हाथ रखकर कहा : ''मुझे तो आप भगवान रूप में मिले हैं, चच्चा। आपका अहसान सात जनम भी न भूलूंगी।''

''अरे पगली, मुसीबत में गैर गैरों के लिये करते हैंगे, तू तो मेरे घर की ही है। तुझे नहीं मालूम, मोहने का मामा चन्दर मेरा साला हैगा। ज़रा दूर की बात है, मगर मेरी रोज़ी के बाप और चन्दर के बाप सगे चाचा-पित्ती के भाई थे। वो क्रिश्चन बनके छावनी में नौकरी पा गए और चन्दर के बाप अपने पुराने मजहब में ही रहे। इस वजा से भी मोहना मुझे मानता था। उस लड़के के मेरे ऊपर बड़े अहसानात हैं बहू। दो दिन पहले सिकन्दर के कलबघर में मरियमबाई के कौंटर पे तुम्हें देखा था। तभी तो नाले पे तुम्हें पहचाना कि तुम मोहना की बहू हो।'' कहकर मसीता खटिया के पैताने पर से उठा और कोठरी के बाएं हाथ वाले कोने में जाकर दो-एक हंडियां, एक खाली कनस्तर, साइकिल की टूटी चेन, रबर का टायर और ऐसे ही कुछ और कबाढ़ की चीज़ें हटाकर लकड़ी के एक टुकड़े से धरती की मिट्टी कुरेदना शुरू किया। मिट्टी भुरभुरी थी, जल्दी ही खुद गई और एक हंडिया भी मसीता के कांपते हुए हाथों का पूरा बल लेकर ऊपर उठ आई। हंडिया लेकर फिर खटिया के पास आया और उसे निर्गुनियां के सामने रखकर कहा : ''अपनी चीज़ संभाल लो, बहू। इसमें जो रकम तुमने बांधी होगी, वही मिलेगी।''

हंडिया में ठुंसा हुआ अपना चिर-परिचित गुलाबी दुपट्टा देखते ही निर्गुनियां के मन की तरावट आंखों में आ गई। परन्तु उसी मनःसन्तोष की भूमि से कुलबुलाता हुआ एक अधीर अंकुआ और फूटा—मोहना का चेहरा। भाव में अभाव खौलने लगा। सामने हंडिया के गोल मुंह वाले फ्रेम में गुलाबी दुपट्टे पर मोहन की वह अचरज-भरी सूरत नक्श हो गई, जब बूढ़े आर्यपुत्र के घर में पाखाना धुलवाते समय निर्गुनियां ने छल से अपने भूखे यौवन को निर्वसन करके उसे पहली बार दिखलाया था। दुःख, क्लेश और उत्तप्त नैतिकता ने हाथ बढ़ा कर हंडिया का मुख ढक लिया। मन का प्यार तमाचा बनकर अपने ही गालों पर जड़ गया। रुद्ध कंपित स्वर में बोली : ''इसे अभी अपने ही पास रहने दो, चच्चा। जैसे रखा था वैसे ही फिर रख दो तो मैं ज़रा लेट जाऊं।''

मसीता ने तुरन्त हड़बड़ाहट दिखलाई। उठते और हंडिया सरकाते हुए कहा : ''ठीक है, ठीक है। मैं साला बुढ़ापे में चूतिया हो गया हूं। अकिल मारी गई हैगी। अरे, तुम इत्ती कमज़ोर हो और मैं अपनी ईमानदारी को साबित करने के जोस में आ गया! आदमी को मौका-महल देखके ही सब काम करना चाहिए।...मसीताराम, तू साले पूरा उल्लू का पट्ठा है; तुझे कभी अकिल न आई। उल्लू का पट्ठा साला मसीताराम। अब तेरा दिल रो रहा हैगा साले! खैर रो मत, आज तुझे भी साले थोड़ी-सी पिला दूंगा। तब सुकून में अकिल आ जाएगी।''

खाट से हंडिया उठा के फिर गड्ढे में रखी, उसे मिट्टी से ढककर और ऊपर सारा कबाड़खाना रखते हुए मसीताराम ज़ोर-ज़ोर से बड़बड़ाता ही रहा। निर्गुनियां फिर लेट गई थी। मसीताराम का पश्चात्ताप, स्वयं अपने ही प्रति गालियों और लाड़-प्यार की बातें सुनते-सुनते वह हंस पड़ी। करवट बदलकर मसीता की ओर देखते हुए अपनी कमज़ोर आवाज़ में बोली : ''सुनो चच्चा, पास आओ ज़रा!''

नाक से बहते हुए नजले को अपने फटे कोट की बांह से पोंछते हुए मसीता खटिया के पास आ खड़ा हो गया। उसके घुटने पर हाथ रखकर कहा : ''तुम मुझे अब इस घर से निकालोगे तो नहीं चच्चा?''

''ऐं! ये सवाल कहां से उठ खड़ा हुआ? अरे भई, खुदा करे मोहना आ जाए औ वही तुझे इस घर से निकाल के अपने साथ ले जाए तब तो भला मैं क्या कह सकता हूं बाकी अब तो इस घर से तेरे बजाय टेम आने पर मैं ही निकलूंगा चार कन्धों पर। अच्छा, तो मैं तुम्हारे लिये कुछ दूध वगैरा ले आऊं। और भई अपने पेट का झोझर भी भर लाऊं।''

खाट से सटी मसीता की टांग के सरकते ही निर्गुनियां ने उसे अपने हाथ से पकड़ लिया, कहा : ''सुनो चच्चा, अभी मेरी बात पूरी नहीं हुई, तुम बैठ जाओ ज़रा।''

मसीताराम आज्ञाकारी बालक की तरह ज़मीन पर बैठ गया।

''देखो चच्चा, जब मैं यहां रहूंगी तो घर भी ठीक-ठाक रखना होगा—सुन लो, पहले मेरी बात पूरी सुन लो—हां, तो मैं कह रही थी कि घर को ठीक-ठाक रखना होगा। ये घर बहुत टूट गया है। आज सवेरे मैं सरक-सरक के उठी थी तो ज़रा घर देखा। इसे मजूर बुलाके बनवाना पड़ेगा, चच्चा। दो-चार गिरिस्ती के बर्तन-भांडे भी लाकर रखने ही पड़ेंगे।...''

''वो तो सब ठीक है। तुम्हारी बात सही है, पर मुसीबत में अपने घर आकर पड़ी हुई अपनी ही कौम-बिरादरी की, अपने ही खून और प्यार के नाते-रिश्ते की औरत से मसीताराम पैसा ले ले तो वो साला हलालखोर नहीं हरामखोर हो जाएगा। रामजी के दरबार में जाके भला अल्लामियां को मुंह कैसे दिखा सकूंगा! ये नईं होगा, बहू।''

''चच्चा, मेरी बात तो सुनो, तुम तो नाहक गुस्सा होने लगे। सुनो-सुनोऽ, अभी-अभी तुमने कहा था मुझसे कि घर से नहीं निकालोगे। कहा था न?''

''हां कहा था, और अब भी कहता हूं।''

''मैं उनके लौट आने तक रहूं तो भी अपनी रक्षा के लिये मुझे घर ठीक-ठाक करना ही होगा। जब घर से निकाल दी गई और मेरा मरद चला गया है तो कहीं-न-कहीं मुझे रहना ही होगा। ये पैसा मेरे नाना-नानी का है। दुःख के लिये ही साथ लाई हूं। मेरा कहना मान जाइए, आपके पांव छूती हूं।''

कुछ क्षण सोचते रहकर मसीता बोला : ''बात तो तुम्हाई सही है, मगर लोग क्या कहेंगे?''

''उसकी चिन्ता तुम न करो, चच्चा। मैं गुल्लन चच्ची की मार्फत दुनिया को

जवाब दिलवा दूंगी।"

"गुल्लन से क्या जवाब दिलवाओगी?"

"यही कि डाकखाने में मेरे सुर्गवासी पहले पति का पैसा मेरे नाम से जमा है और ये घर मैंने दो रुपिये भाड़े पर तुमसे ले लिया हैगा। रकम किराये में कटती रहेगी। बात खतम हो जाएगी।"

"समझता तो सब कुछ हूं बहू, पर इस अपनी ज़बान से मैं तेरे लिये किरायेदार का लफज़ कैसे निकालूंगा! आखिर को ससुर हूं तेरा। एक साले जोरू के गुलाम ससुरे ने घर की इज़्ज़त को अपने घर से निकाल के खानदान की नाक कटवाई है, मगर मैं नहीं कटने दूंगा। मुझे अपनी रोज़ी से प्यार है। अच्छा अब चुप हो जाओ। मैं खाने-पीने का जुगाड़ करके आता हूं। औ देखो, बताए देता हूं, गुल्लन से घर में रुपये होने का जिकिर न करना। मेहतरों में साले बड़े चोर होते हैं, बहुरूपिये। ये हमारी गुल्लो का नब्बू ही कौन कम चोर हैगा साला!"

"नहीं कहूंगी, चच्चा।"

पन्द्रह दिनों में निर्गुनियां पूरी तरह से स्वस्थ हो गई। मोहन की खैर-खबर अब तक न मिली। निर्गुनियां ने हठ करके मकान में मरम्मत लगवा दी थी। पीछे की टूटी दीवाल पर नई मिट्टी चढ़ाई जा रही थी और वह अब करीब-करीब तैयार हो चली थी। निर्गुन का खण्डहर मन भी अब क्रमशः बनने-संवरने लगा था।

बस्ती में सवेरे प्रायः सभी स्त्री-पुरुष अपने काम पर चले जाते हैं। निर्गुनियां को सूनापन मिलता है। अपनी खटोलिया पर लेटे-लेटे वह अपने जीवन की घटनाओं का बाइस्कोप देखा करती है। अकेले में उसे लगता है कि मन की उमड़न के साथ उसके भीतर से एक और निर्गुनियां उभर उठती है और वही उसके मन के बाइस्कोप की अभिनेत्री भी बन जाती है। एक निर्गुनियां देखती है; एक भोगती है। कितने भोग एक साथ एक में एक जुड़े हुए आते हैं...वह सब पुरानी बातें एक-एक करके ध्यान में आती ही चली जाती हैं। स्मृति के लिये मल-भरे टोकरे-सा घिनौना बदबूदार बूढ़ा आर्यपुत्र भी कभी-कभी उचक कर अचानक यादों के मंच पर चढ़ जाता है, और उसके प्रति निर्गुन के मन की घृणा के बहाव में मोहन की दुःख-सुख भरी याद भी बह जाती है। मोहन ने उसे धोखा दिया। बड़ा क्रोध है इस समय। शेष बचता है एक निर्गुन का पुराना प्रेमी। वारदात की रात में अचानक नये रूप में प्रकट होने वाला बसन्तलाल दरोगा। मसीता के घर की कोठरी में अकेली पड़ी हुई निर्गुनियां को लगता कि बसन्तलाल के साथ बीते हुए सुख के क्षणों की याद से उसका मन इस समय जुड़ जाता है, लेकिन मोहना की याद के साथ उसका तन ऐसा जुड़ता है कि भोगने वाली और देखने वाली दोनों ही निर्गुण कायाएं सगुण बन जाती हैं। रूठा मन मनने-मनने-सा लगता है। मगर 'भोग' का यह सगुण रूप अब उसे पाप-सा लगता है। उसके मन में विभाजन आता है। निर्गुनियां सोचती है, जैसे पानी में डूबने वाला आदमी एक बार उछल के ऊपर आता है ऐसे ही उसके जीवन में भी संभल जाने के लिये मानो एक उछाला आया है।

जो हुआ सो हुआ...अब इस मेहतर जून से छुटकारा लूं, भले वेश्या बन जाऊं।

बसन्तू किस्मत से ही मिला है। मास्टर से उसे कभी प्यार भी था। पांच पुरुषों द्वारा भोगी जाने पर वह अपनी दृष्टि में भी अब सती नहीं रही थी। मोहना गया तो जाने दो। उसने एक सुख देकर सैकड़ों दुःख भी दिए हैं। बसन्तलाल के जरिए एकाध कोई मोटा सेठ फंसा लूंगी और फिर उसे अपने जादू से ऐसा बांधूंगी कि यह जनम निभ जाएगा। उससे न निभेगा तो कोई और मिल जाएगा! वेश्या तो हूं ही, वेश्या! लेकिन वेश्या के अन्दर मातृत्व भी पनप रहा है। ऊंह, यह सब ढकोसला है। रंडी को मां की तरह कोई इज़्ज़त न देगा। वह हर हाल में रंडी ही रहेगी। अम्मां के घर में भी तो उसके माता बनने की सम्भावनाएं उदित हुई थीं...भूत और वर्तमान के दो गर्भ बहुत देर तक मन के तराजू पर तुलते रहे। निर्गुनियां करवटें बदलती रही। अभागी को किसी भी करवट चैन न मिलता था।

मसीता का घर आठ ही दस दिनों में बन-चुन कर रौनकदार हो गया। पर निर्गुनियां का मन और भी खण्डहर हो गया! उसे चैन नहीं था। एक जान बसन्तू में, एक जान मोहन में, एक अपने में, अपने गर्भ में।...लाख दुःख देने के बावजूद, तात्कालिक क्रोध के बावजूद, मोहना निर्गुनियां को अपने मन के बहुत पास लगता था। यह सच है कि मोहन ने निर्गुनियां के ब्राह्मणत्व पर अपना मेहतरत्व लादा, उसकी अहंता को कुचल-कुचल कर धूल में मिला दिया, पर बसन्तलाल दरोगा तो उसे कुछ भी नहीं बना पाया। बसन्तलाल अपने ढंग का वेश्या था, निगोड़ा। पैसों के लिये अम्मां की सेवा करता था, और तृप्ति के लिये मेरी देह निचोड़ता था; वह भी अम्मां से पाई हुई रिश्वत के तौर पर। हाय, इस देह के भोग ने ही उसे जीवन के सारे नारकीय भोग भुगवा दिए! ...निर्गुनियां चेत! उबर! इससे उबर! नाना से कथा में कितनी बार सुना था—मन के मिथ्या मोह प्राणियों को अपने लुभावने मायाजाल में फंसाकर नचाते हैं। हर सुन्दर फूल एक न एक दिन मुरझाता और असुन्दर बन जाता है। सुन्दर हैं केवल मेघश्याम मनमोहन, अखण्ड, अछेद, अभेद, अनन्त श्रीराम।...भाग चल निर्गुनियां! उछाला मिला है। उद्धार कर ले अपना! जा, भाग जा यहां से! भाग! भाग! लेकिन कहां भागे? उसके जीवन में तीन बार तीन तरह की दुनियायें बदल चुकीं। पर तन-मोहन को छोड़कर अभी मनमोहन के ध्यान में भजा नहीं आता। मन अभी तन का गुलाम है, अपना स्वामी नहीं बना।

अपना घर फिर से बनता हुआ देखकर मसीताराम के मन में कितना उत्साह है! वह फूला नहीं समाता है। घर बन चुका। दो-चार बरतन-भांडे, तीन कनस्तर भी आ गए हैं। घर के चूल्हे पर फिर से तवा चढ़ने लगा है। बस्ती भर की सारी औरतों से मेल-जोल, साहब-सलामत भी गुल्लन की बदौलत धीरे-धीरे हो गई है। यंग क्रिश्चियन्स लीग के मोहन के कई साथी इसी बस्ती में रहते हैं। डानियल, मंगरू, 'माचिस' और गंगाराम के परिवार इसी टोले में हैं। सबसे परिचय हुआ। निर्गुनियां ने बीसियों बार अपने सम्बन्ध में झूठ बोला। बातों के इशारे से बीसियों बार उसने खुद को मोहन की मीरा बनाकर दुनिया को दर्शाया। बीसियों बार छोट-से समाज में सराही गई। निर्गुन को लगा कि समाज में उसका व्यक्तित्व उठ रहा है। उसने अपने जीवन में पहली बार स्वतन्त्रता का आभास पाया, लेकिन क्षणिक सन्तोष में

उसके भीतर वाले असन्तोष का स्थायित्व वैसा का वैसा अडिग बना रहा। कहीं चैन नहीं, मोहना दगाबाज़ की याद भी बराबर आती ही है। बसन्तू दरोगा से मिलने की इच्छा भी जागती है। और इन सबसे दूर जाकर कभी-कभी मीरा के मोहन को भजने की धुन भी समाती है। लेकिन वह अधिक टिकाऊ सिद्ध नहीं होती। उसके मन में इस समय कुछ भी स्थिर नहीं है। न मोहना, न बसन्तू, न इनसे अलग होने वाला अपनापन! वह केवल अभिनेत्री है। उसका मन हर पर्त पर केवल अभिनय ही कर रहा है। अपनी अस्लियत की राह पाने के लिये वह आठों पहर एक घुटन-भरी भूल-भुलैयां में भटक रही है। मन नाच रहा है—लगातार नाच रहा है।...

सत्तरह-अठारह दिन हो गए, गहने अभी उस निगोड़े बसन्तू के पास ही हैं। उससे शायद मोहन की खबर भी सुनने को मिल जाए।

जिजमानी के काम से फारिग होकर जब मसीता घर लौटा तो निर्गुनियां ने उससे कहा : "चच्चा!"

"हां, बहू!"

"तुम्हें खिला-पिलाके मैं एक बार दरोगाजी से मिलने जाना चाहती हूं।"

"क्यों?"

"उस दिन तलाशी में मेरे दो-चार गहने उन्हें मिले थे। वो ले गए थे। जाके ले आऊं।"

"अरे, तब तो गए तुम्हारे गहने। चील के घोसले में पहुंचा हुआ मांस निकालना चाहती हो?"

"मैं उन्हें थोड़ा-बहुत पहले से ही जानती हूं..."

"कैसे?"

"अरे, जब ये पढ़ते थे तो मैं इनके यहां जिजमानी कमाती थी। मेरी पहली सादी के पहले की बात है। शैद पुरानी दया बिचारें। न सही तो तुम्हारे बेटे की कुछ खैर-खबर ही मिल जाएगी मुझे।"

"ठीक है, मैं तुम्हें ले चलूंगा।"

"चलने की ज़रूरत नहीं है, चच्चा। रस्ता बता देना मैं चली जाऊंगी।"

"अरी नादान, ये कलजुग है कलजुग। बूटीफुल औरत मर्दों के लिये कचालू-मटर की चाट होती है। फिर ऊपर से सुद्धी-तबलीग वाले हरामी लोग अपने शिकार ढूंढ़ते डोलते हैं।"

"तो मेरा क्या बिगाड़ लेंगे, चच्चा!"

मसीता झुंझला पड़ा : "तुझे कुछ मालूम नहीं है ना, तभी कहती है कि क्या बिगाड़ लेंगे? अरी खूबसूरत बूटीफुल लौंडों-औरतों को ये साले नाक पे 'करौलीफारम' का रूमाल झपट्टा मारके डालते हैंगे और साले दूर-दूर, जाने कहां-कहां—काबुल, ईरान, अरब में ले जाके बेच देते हैंगे हरामी। नहीं, मैं तुझे अकेली नहीं जाने दूंगा।"

चार-साढ़े चार बजे गुल्लन दाई बीड़ी पीती हुई निर्गुनियां के हाल-चाल पूछने आई। निर्गुनियां अपनी कोठरी में चोटी-पटियां पाड़कर मखमली फूलोंदार फीते-टंकी गुलाबी रेशमी साड़ी पहने, दुशाला ओढ़े, जाने के लिये तैयार खड़ी थी। गुल्लन ने

उसे देखा, मुस्कराई, कहा : "ऐ नज़र न लगे बहुरिया, पहन-ओढ़ के तुम तो राजरानी लगती हो, तुम्हें मेहतरानी कौन कहेगा?" अंगुलियों से निर्गुनियां की ठोड़ी छूकर गुल्लन दाई ने उसे चूम लिया।

निर्गुनियां झेंप गई, कुछ अपना गुमान भी चढ़ा। हंसकर बोली : "अपनी जवानी में तुम क्या कम सुन्दर रही होगी, चच्ची! पहन-ओढ़कर तुम अब भी सिठानी जैसी लगोगी।"

"बात तो सच कहती हो बिटिया, गुलामों के खून में मालिकों का नमक ही नहीं खून भी बोलता हैगा। वही खून राजा, वही परजा। वही खून मालिक वही गुलाम। शराफत की प्याज के छिलके कहां तक उतारोगी बिटिया!...मैंने मसीता से दोपहर में सब कुछ सुन लिया हैगा। लेकिन एक बात समझाए देती हूं कि पुलिस की कौम अपनी लालच तो पूरी करेगी ही, इसलिये पहले गहने ले लेना, तब उसकी लालच पूरी करना, समझीं!"

सुनकर निर्गुनियां को धक्का लगा, उसका सोया हुआ तेज जाग उठा। व्यंग-भरी मुस्कान उसके होंठों पर खेल गई, कहा : "मैं गली-गली की कुतिया नहीं हूं चच्ची, जो जिस-तिस की लालचें..."

"वो तो ठीक है, पर बिटिया एक बात कहूं—कुतिया और गरीब औरत में कोई फरक नहीं होता हैगा। हमारी आबरू को ये बड़े आदमी आबरू ही नहीं समझते। अगर तुम मन में यह ठानकर जा रही हो तो तुम्हारा जाना बेकार होगा। मैं कहे देती हूं।"

निर्गुनियां हंसी। गुल्लन के दोनों कन्धों पर हाथ रखकर कहा : "कटखने दांतों की कड़ी पहरेदारी में भी ज़बान चल ही लेती है, चच्ची! घबराती क्यों हो?"

गुल्लन की तजुर्बेकार आंखों ने उसकी आंखों में घूरकर उसके सयानेपन की थाह भांपी। फिर हंसकर उसकी कमर को अपने दोनों हाथों से दबाकर आंखें नचाकर कहा : "समझी! 'आज समोसा, कल बोसा' वाला लटका चलाओगी रानी! खुदा करे तुम्हारी मनचाही बात पूरी हो।"

सब-इन्सपेक्टर बसन्तलाल वर्दी-पेटी-पिस्तौल से लैस तीसरी उंगली में सिगरेट फंसाए मुट्ठी बांधकर अकड़ के साथ कश खींचते हुए दो-चार के मजमे में थाने के बाहर लगी फुलवारी में ही खड़े मिल गए। औरत आई, दरोगाजी की आंखें भूखे भेड़ियों-सी उधर ही ताकने लगीं। घूंघट में निर्गुनियां की एक ही आंख दिखलाई दे रही थी। निर्गुनियां चुपचाप खड़ी हो गई। अपने हल्के में कमाई करने वाले मेहतर के साथ आई हुई, भले घर की औरतों जैसे कपड़े पहने हुए स्त्री को देखकर बसन्तलाल भांप गए। सामने वाले लोगों से बातें करते-करते निर्गुनियां की तरफ खिसकने लगे। बसन्तलाल अकड़ के साथ कह रहे थे : "उस साले मोटूमल से कह देना, मेरा नाम लेके कहना, कि डिप्टी कमिश्नर साहब से हाथ मिला लेने के गुमान में न रहे। ज़्यादा अकड़ेगा तो मैं आज ही रात उसके घर से बम बनाने के मसाले के साथ चार रेवल्यूशनरी पकड़ लूंगा। साले का रायसाहबी पाने का सपना धरा रह जाएगा। बताए देता हूं।"

"नहीं दरोगाजी, लालाजी आपकी बात से ज़रा भी बाहर नहीं हैं। भगवान कसम आपको यकीन दिलाता हूं।"

"मैं ये कुछ नहीं जानता हूं। इस बखत पांच बज रहे हैं। दस मिनट कम ही सही। ठीक सात बजकर पन्द्रह तक अगर मेरे पास यह रिपोर्ट न पहुंच गई कि अफसर बेगम के यहां कल सवेरे कुड़की नहीं आएगी और लाला ने अफसर बेगम को कर्ज़ की पूरी भरपाई की रसीद नहीं भेजी तो आज रात ठीक पौने आठ बजे से आठ बजे के भीतर मैं उस साले लाला गोबरधन की इज़्ज़त को गुड़-गोबर ही बना डालूंगा।"

खिसियाई हुई आवाज़ में दूसरे ने जवाब दिया : "आप बेकार ही शक कर रहे हैं दरोगाजी। लालाजी आपकी बात से कभी बाहर नहीं जा सकते। वैसे कोई शिकायत नहीं करता हूं आपसे—अफसर बेगम वसीकेदार हैं, खानदानी हैं, सब बातें हैं मगर..."

"मगर तुम्हारे उस साले तमाखू के पिण्डे गोबरमल की हबिस पूरी नहीं की! साला शरीफ औरतों की इज़्ज़त पर डाका डालना चाहता था! अब उस गरीब शरीफजादी को कुर्की-नीलामी से धमका के बस में करेगा? कह देना साले से कि उसके खानदान की औरतों को मेहतरों से...। जाओ, भाग जाओ साले!"

दोनों आदमी चले गए। बसन्तलाल ने वीर सिकन्दर की तरह अकड़कर कश खींचा और पास खिसक आए, पूछा : "कौन हैं आप?"

जवाब में घूंघट उठकर चेहरे का सायबान बन गया। बसन्तलाल मुस्कराए, एक हल्का-सा कश खींचकर सिगरेट फेंक दी, पास आकर कहा : "तुम्हें देखने के लिये मैं तरस रहा था निर्गुण। आओ भीतर चलें।" फिर दूर खड़े मसीता से कहा : "ओबे इधर आ! तू क्यों आया है?"

"जी ये मेरी बहू हैगी। हुजूर की सलामतियां रहें, चोला मगन रहे सरकार का। परबार में..."

"ये तेरी बहू कब से बन गई बे हरामी?"

"वो मोहना का मामा हुजूर रिश्ते में मेरा साला हैगा।'

"मोहना! वो तो साला डाकू बन गया। वहीदा की टोली में है। मेरे पास रिपोर्ट आ चुकी है।"

निर्गुनियां का घूंघट वाला चेहरा झुक गया। ये हरकत दरोगाजी ने अपनी पैनी आंखों से देखी। पतलून की एक जेब में हाथ डाला, नोट निकले; दूसरी में रेजगारी थी। हथेली पर फैलाकर पहले चवन्नी का सिक्का चुना, फिर उसे छोड़ अठन्नी उठाकर ज़मीन पर फेंकते हुए कहा : "ले, पौआ चढ़ा आ साले। तब तक तेरी बहू की निगरानी मैं कर लूंगा।"

लपककर अठन्नी उठाते हुए गद्‌गद्‌ कण्ठ से मसीता बोला : "सलामतियां रहें हुजूर की। बेटे सलामत रहें। घर में बच्चों की फुलवारी बेले-गुलाबों-सी महके सरकार। जुग-जुग जीवें। आपका इकबाल बढ़े।"—अठन्नी पाकर मसीता की ज़बान से दुआओं की अशर्फियां लुटने लगीं। दरोगाजी ने निर्गुनियां से 'आओ' कहा और

थाने के भीतर अपने दफ्तर के कमरे की ओर चल पड़े।

बन्द सीलन की महक-भरा कमरा। एक मेज़, कुछ कुर्सियां और मेज़ पर रखे लैम्प की मद्धिम रोशनी। थाने के भीतर आते ही निर्गुनियां के शरीर में तेज़ फुरफुरी दौड़ गई। यहां वह अपराधिन की तरह रात-भर हवालात में बन्द रही थी। बड़े भारी शास्त्री, प्रसिद्ध कथावाचक पण्डित की दोहती अपनी जात गवांकर हवालात में बन्द रही। इस विचार से निर्गुनियां का मन डूबने लगा। उस समय यदि धरती फटती तो वह सचमुच ही उसमें समा जाती, परन्तु समाना पड़ा उसे दरोगाजी के दफ्तर में, जहां आते ही उन्होंने भीतर के दरवाज़े उड़का लिये। फिर निर्गुनियां के पास आके सिर का पल्ला उलटकर गर्दन के नीचे डाल दिया। दुबली हो गई है उनकी प्रिया—वह प्रिया जो उनके सात्विक जीवन में पहली बार आई थी, वह प्रिया जो अपनी चरित्रहीनता संरक्षिका सेठानी की अपेक्षा कभी बहुत पवित्र लगती थी; वह प्रिया जिसे उन्होंने अंग्रेज़ी पढ़ाई थी, बोलना सिखाया था, जिसकी दुःख कथाएं सुनकर और आंखों के आंसू देखकर उन्होंने कभी प्यार से वादा किया था, 'घबराओ मत प्यारी निर्गुण, मैं कहीं बाहर नौकरी पा जाऊं तो तुमसे ही अन्तर्जातीय विवाह करके अपनी गृहस्थी बसाऊंगा।' वही प्रिया निर्गुण अब इस रूप में उनके सामने खड़ी है। घूंघट उलटने के बाद मिनट-भर टकटकी बांधकर स्मृतियों की धूमधाम-भरी बरात के साथ-साथ बसन्तलाल उसे देख रहे थे। निर्गुण ने पहले तो नज़रें मिलाईं, फिर झुका लीं। कुछ पलों का मौन भी दोनों के बीच में सात समन्दर का फासला बनकर गुज़रा। बसन्तलाल भावुक जेंटिलमैन से फिर व्यवहारकुशल पुलिसमैन बन गए, हंसकर कहा : "इश्क ने तुम्हारे नसीब के साथ भी क्या-क्या जोड़ा है! एक आशिक सब-इंस्पेक्टर पुलिस और दूसरा डाकू। एक बनिया, दूसरा मेहतर! हः-हः-हः!"

निर्गुनियां के कलेजे में तीर चुभा, भौंहों की कमानें चढ़ीं; ज़बान से तीर छूटा, मुस्कराकर बोली : "दरोगाजी, कुसूर माफ करें, औरत और नदी एक समान होती है, उसमें सभी नहाते, सभी पानी पीते हैं। नदी के लिये पापी पुन्यातमा घोड़ा और गधा सब समान हैं।"

दरोगाजी पल-भर चुप रहे, फिर सिगरेट निकालते हुए कहा : "निर्गुण, मुझे सचमुच तुम्हारे ऊपर बड़ा अफसोस होता है। तुम किसी भली जगह में अब भी आ सकती हो। मैं तुम्हारा शुभचिन्तक हूं, भगवान जानता है, तुम्हें इस दशा में देख के मेरा मन रोता है।"

बसन्तलाल की बात ने निर्गुण के मन को छुआ। बोली : "भगवान के साथ-साथ मैं भी आपके मन की बात जानती हूं मास्टर साहब। पर ये होगा कैसे? मेरे पास जो दो-चार छोटे-मोटे गहने थे वो आपने निकाल लिये और जो छब्बिस रुपये दया करके आपने मेरी पोटली में छोड़ दिए थे उससे दो रुपये किराये पर मसीता का घर ले लिया, पूरे साढ़े सात-आठ रुपये मेरी दवा-दारू में खरच हो गए।"

एक कुर्सी खींचकर निर्गुनियां को उस पर बैठाते हुए बसन्तलाल ने पूछा : "क्या बीमार थीं तुम?"

"तन की बीमारी तो बुखार था और मन की बीमारी राम जाने।" कहते हुए

निर्गुनियां की आंखों से आंसू ढुलक पड़े। बसन्तलाल दुःख से भरे मौन रहे।

भरे गले से निर्गुनियां कहने लगी : "पाप की मारी मैं दलदल में ऐसी गिरी हूं कि उबरने की राह नहीं मिल रही है। ऊपर से तुम कह रहे हो कि इज़्ज़त से रहो। इज़्ज़त के लिये पैसे कहां से लाऊंगी?"

"पैसों की तुम्हें क्या चिन्ता? जब तक मैं हूं तब तक..."

"हां!...याद आया। तुम हो! और भगवान की दया से अब बाहर की नौकरी में भी हो। पर मैं दरोगाइन तो बन नहीं पाऊंगी अब।"

मास्टर बसन्तलाल अम्मां के घर में कभी उसे यह आश्वासन दिया करते थे कि बाहर नौकरी पाने पर तुमसे अन्तर्जातीय विवाह करके तुम्हें अपनी पत्नी बनाऊंगा। निर्गुण का व्यंगबाण झेलकर भी उसे अकारथ करते हुए दरोगाजी बोले : "शहर में पचासों चेरिटेबुल ट्रस्ट हैं। शुद्धि का ज़माना है। कह दूंगा कि मुसलमान गुंडों की सताई हुई है। आर्यसमाजी तुम्हारी मदद को आ जाएंगे। नागरी पढ़ी-लिखी हो। इंग्लिश भी थोड़ी-बहुत सीख ही ली है तुमने। किसी भी राष्ट्रीय या आर्यसमाजी पाठशाला में अध्यापिका बनवा दूंगा। दो-चार सेठों पर दबाव डाल के तुम्हारे लिये दो-चार हज़ार बैंक में जमा करवा दूंगा। जनम-भर याद रखोगी मुझे।"

निर्गुनियां जटिलता से मुस्कराई, कहा : "और जो आग तुम मर्दों ने मेरी इस काया में भड़का दी है! वो कैसे बुझेगी?"

बसन्तलाल हंस पड़े, बोले : "प्यारी निर्गुण, महात्मा गांधी हिन्दुस्तान को चाहे अंग्रेज़ों से आज़ादी न दिलवा पाए हों, पर हिन्दुस्तानी औरतों को पर्दे से तो आज़ाद करा ही दिया है। उन्होंने कांग्रेस के बल्लमटेरों और बल्लमटेरनियों की आपसी हबिसें पूरी करने के लिये दो शब्दों की आड़ दिलवा दी है आजकल। तुम भी उसी आड़ के पीछे खेलना मज़े से।"

"कौन-सी आड़?"

"आजकल मोटे गाढ़े खद्दरधारी देशभक्तों के समाज में एक 'बहिनजी-भाईजी सम्प्रदाय' बन गया है। 'टोडी बच्चा हाय-हाय' करते समय बहिनजी-भाईजी और सन्नाटा पाके बहिनजी दुलहिनजी और भ्राताजी भर्ताजी बन जाते हैं।"

रेत की दीवार-सा सरकता निर्गुनियां का बहका सत् फिर सतेज हुआ, साथ ही नीति भी जागी। मन सतेजता का अभिनय करके बोल उठा : "अपनी ज़िन्दगी में मैंने एक ही आदमी को अपना पति माना था। वह आप थे। फिर किस्मत ने झूठे और नकली पति मुझ पर थोप दिए। उनका पाप ढोते-ढोते यहां तक पहुंच गई। अब नया पाप अपने सिर क्यों चढ़ाऊं?"

दरोगाजी ने अपनी कुर्सी पास खिसकाकर एक चौकन्नी नज़र दरवाज़े पर डालकर निर्गुनियां के गले में बांहें डाल दीं। प्यार से उसका गाल सहलाते हुए दरोगाजी बोले : "उस हरामी के पिल्ले मसुरियादीन के साथ जब से तुम्हारी कुतिया अम्मां ने तुम्हारा ब्याह किया तब से मेरी आत्मा में जो दर्द समाया है, प्रिये, वो आज तक नहीं मिटा! पर कुछ नहीं कर सकता था। लेकिन अब मैं तुम्हें बरबाद होते हुए भी नहीं देख सकता। मैं तुम्हारी सुरक्षा का पूरा प्रबन्ध कर दूंगा, यह वचन देता

हूं।''

निर्गुनियां ने बसन्तलाल के पुराने जोश को उभारने के लिये उसकी जांघ पर अपना हाथ रखकर प्रतिनाटक करते हुए कहा : ''तुम जो कहोगे वही करूंगी। लाओ मेरे गहने दे दो, मैं जाऊं इस समय।''

''अभी कैसे? ठहरो, तुम्हारे लिये थोड़ी मिठाई-विठाई मंगवाऊं। तुमने मेहतर से खाली इश्क ही लड़ाया था, उसके साथ पीना भी सीखा है?''

निर्गुनियां ने आंखें तरेरकर कहा : ''किसी शराप लगे इन्सान को गाली न दो जी। मेरी आत्मा कसकती है।''

इस पर कुछ पल चुप रहकर बसन्तलाल बोले : ''पिछली बार तुमने बतलाया था कि मोहना मेहतर से तुम्हें गर्भ रह गया है?''

''हां!''

''चिन्ता मत करो, मैं ट्रेण्ड एंग्लो-इंडियन नर्स से तुम्हारा इन्तज़ाम करा दूंगा।''

''तुम्हें याद है, जब एक बार तुमने भी मेरी ऐसी ही हालत कर दी थी तब मेरी क्या कुगत हुई थी?'' (निर्गुनियां अच्छी तरह जानती है कि उसके पहले गर्भ के ज़िम्मेदार बसन्तलाल कदापि नहीं थे। उन दिनों अम्मां ने बसन्तलाल को बेहद घेर रखा था और बबुआ सरकार ही मौका खोज-खोज कर उसे दिन-रात तंग किया करते थे। गर्भ उन्हीं से था, पर इस समय अभिनय में बसन्तलाल की अहंता को तुष्टि देने के लिये वह गर्भ निर्गुनियां की ज़बान पर उनका ही होकर चढ़ा।)

निर्गुनियां का कन्धा प्यार से दबाकर बसन्तलाल बोले : ''मुझे सब याद है प्यारी। तुम मुर्दे-सी पीली पड़ गई थीं—उन दिनों।''

''अब फिर वही दुर्दशा करवाओगे मेरी?''

''नहीं!'' कुर्सी के हत्थे पर थाप देने के जोश में निर्गुण के गले पड़ा हाथ नीचे आ गया। फिर कहा : ''इस वक्त मेरे हाथ में पावर है डार्लिंग। अगर मैं अफसर बेगम जैसी औरतों की गरीबी और शराफत को बचाने के लिये किसी साले गोबरूशाह की तोंद तरबूज की तरह काट सकता हूं तो तुम्हारे लिये भी चार चूतियों को धमका के कुबेर का खज़ाना लुटवा दूंगा तुम्हारे कदमों पे।''

कुर्सी से उठते हुए निर्गुण ने मुस्कराकर कहा : ''अच्छा, पहले तुम मेरे गहने दिलवा दो, अब जाऊंगी।''

दरोगाजी की आंखों-ज़बान, उसके साथ-ही-साथ निर्गुनियां की आंखों और ज़बान में कहा-सुनी होने लगी।

निर्गुण ने गिड़गिड़ाकर कहा : ''अभी नहीं। अभी बुखार से उठी हूं न, कमज़ोरी बहुत है।''

''जिस दिन से तुम्हें देखा है, तड़प रहा हूं। भगवान जानता है।''

''मेरा भी भगवान जानता है, मुझ डूबती हुई को तुम सहारे-से मिले हो।''

बसन्तलाल भी खड़े हो गए। निर्गुनियां को अपने आलिंगन में कस लिया। चूमना चाहा। उसने मुंह फेर लिया, अनखकर कहा : ''अभी नहीं।''

बसन्तलाल का आग्रह बढ़ा। उसे विनय से रोकते हुए बोली : ''मैं तुम्हारे पांव पड़ती हूं। अब तो तुम मेरा सब परबन्ध करोगे ही। तब पूरे दिल से तुम्हारी ताबेदारी बजाऊंगी।'' नशीली कनखियों की शराब का समुद्र बनाकर निर्गुनियां ने बसन्तलाल की चाहत के बेड़े को गर्क कर दिया।

निर्गुनियां काजल की कोठरी में गई और बेदाग अपने गहने लेकर निकल भी आई। लौटते समय उसे गुल्लन दाई के दिए हुए मन्त्र 'आज समोसा कल बोसा' की याद करके हंसी आ गई।

22

थाने से लौटते हुए निर्गुनियां का मन ऊंचे-नीचे कंगूरों पर रंगीन झण्डों-सा एक साथ फहरा रहा था। गहने पा लेने की खुशी, गुल्लन दाई के दिए मन्त्र 'आज समोसा कल बोसा' को सफलतापूर्वक सिद्ध करने का नशा, मोहन के डाकू हो जाने के समाचार से चुभन और स्वतन्त्र रूप से अपने जीवन के नये सपने संजोने की गुदगुदी प्रायः साथ-ही-साथ हो रही थी।

मसीताराम अपने मन की धुन में मगन चला जा रहा था। वह बहुत खुश था। आज उसने पुलिस के दरोगा की दी हुई बख़्शिश के पैसों से जो गुलाबवाली बोतल खरीदी है वह इस समय कोट की जेब में है। गुल्लन की याद के साथ लिपटी पड़ी है। छटाक-आध छटाक अपने पैसों की पीकर भी आया है। घर पहुंचते ही अपने दरवाज़े की ओर न बढ़कर गुल्लन को पुकारने गया : ''अरी गुल्लो!''

घर के भीतर से गुल्लन की पोती नन्हीं नूरजहां की आवाज़ आई : ''दादी तुम्हाए ही घर में हैंगी बाबा।''

सुनकर मसीता को खुशी हुई। तभी एक कुत्ता घर की चौखट लांघकर भीतर जाने लगा। पैर उठाकर मारने के लिये उसे धमकाते हुए कहा : ''ध...स्साले! किसी लावारिस का घर समझ रखा है जो धड़धड़ाता हुआ घुसा जा रहा है हरामी का पिल्ला! अरी नूरजहां!''

''क्या है बाबा?''

''आके दरवज्जे भीतर से उड़का ले, बिटिया। साले कुत्ते-बिल्ली घुसे आ रहे हैं तेरे यहां।''

''अच्छा सुन लिया।'' इस बार नूरजहां के बजाय उसकी मां का स्वर सुनाई दिया। एक तो मसीता का पुराना हल्का नशा अब काफी हल्का हो चला था, दूसरे अपनी गुल्लन से लड़ने वाली उसके बेटे की बहू के लिये उसे सदा से चिढ़ भी थी और कुछ घर जाके पीने की उतावली में मसीताराम झुंझला गया, ज़ोर से बोला : ''एक तो मैं हूंगा जो भली बात कहता हूं और एक ये हैंगी जो अपने बाप ससुर की नेक-सलाह का मुंह-तोड़ जवाब देती हैंगी। कहती है नबाबजादी कि सुन लिया। मैं साला उल्लू का पट्ठा हूं जो खड़े-खड़े इनके दरवाज़े पर कुत्ते-बिल्लियों को ताकता

रहूं! वाह, अच्छा तमाशा बना रखा हैगा मेरा!"

"अरे तो गला क्यों फाड़ते होगे चच्चा ! अल्ला मियां ने तुम्हें हाथ नहीं दिए हैंगे क्या? बाहर से उड़का जाओ। भीतर से कोई कुण्डा बन्द कर लेगा। चिल्लाए जाते हैं—हां नईं तो!"

"हाऽत्तेरे की। इत्ती-सी बात साली मेरे मगज में क्यों न आई ?" दरवाज़े के दोनों पल्ले खींचते हुए घर के भीतर की ओर मुंह करके बोला : "दरवज्जे उड़का दिए हैं बहूजी साहब! आप नराज न होइए। औ आपकी सास आज हमाए साथ में सोएंगी, सो इतमिनान से कुण्डा बन्द करके सोइएगा।" पोपली हंसी हंसता हुआ मसीताराम अपने घर की ओर बढ़ा। दुनिया जानती है कि गुल्लन और मसीता के रिश्ते कितने साफ हैं। मगर मसीता कभी अपनी-सी कहने से बाज नहीं आता।

गुल्लन अपनी नई चेली की जीत के प्रमाणस्वरूप कपड़े में फैले हुए गहने देख-देख के अपनी आंखों में चमक भर रही थी। सब कुछ सोने का ही है। भारी भी है। 'इतनी दौलत कहां से आई इसके पास!' गुल्लन के मन में नारीसुलभ ईर्ष्या भी हल्की-हल्की जागी। ऊपरी मन से मीठी आवाज़ में बोली : "शुकर है खुदा का, गया धन वापस मिल गया तुम्हें। अरे इतनी दौलत जो तुम संभाल के रखोगी तो इज़्ज़त के साथ तुम्हारी ज़िन्दगी निबट जाएगी।"

अपनी जीत की खुशी में उछलती हुई निर्गुनियां गुल्लन के पास आई और अकेलापन रहते हुए भी धीरे-से फुसफुसाकर कहा : "देख लिया चच्ची! समोसे खा आई और बोसे कल भी नहीं, परसों भी नहीं कभी नहीं। हिः-हिः हिः!" गुल्लन हंसी। गहनों की पोटली बांधते हुए कहा : "भले मन की औरत बुरी दुनिया को ऐसे ही जीतती है, बेटी। मैंने भी एक की होकर ही ये इत्ती बड़ी जंगल-सी जिन्दगानी पार कर ली हैगी, अल्ला के फज़ल से।"

आदर और आश्चर्यचकित नज़रों से गुल्लन को देखते हुए निर्गुनियां ने पूछा : "कभी तुम किसी के चंगुल में नहीं फंसीं, चच्ची?"

"अल्ला मेहरबान है, उसका लाख-लाख शुकर है, भूखे भेड़ियों की बांहों में जकड़ करके भी मीठी बातों से भरमाकर बेदाग निकल आई। कभी माहवारी होने का ढोंग करती, कभी कहती कि मुझे सुजाक हो गया हैगा। मैंने कहा न बहू, कि मन भला हो तो औरत बड़ी-से-बड़ी परेशानियों को फलांग करके भी बेदाग निकल आती है।"

निर्गुनियां की अहंता ने भीतर-ही-भीतर गहरा धक्का खाया—मैं भी कर सकती हूं। ये मेहतरानी होकर अगर इतना चरित्र रख सकती है तो मैं, ब्राह्मण की सन्तान, भला क्यों नहीं कर सकती!...लेकिन मैं ब्राह्मण रही कहां? और जब ब्राह्मण थी तब भी एक की कहां बन पाई ? ब्राह्मणों के साथ पतिता ब्राह्मणी, वैश्य के साथ पतिता वैश्या, गोरखे के साथ पतिता गोरखन और मेहतर के साथ पतिता मेहतरानी। गुल्लन ने एक वर्ण, एक जाति, एक पुरुष व्रत साधा, निर्गुन ने कब साधा? 'साधूंगी, अब साधूंगी।'

"अमां गुल्लो! अमां हम तो बन जंगल सातों आसमानों में तुम्हें खोजते फिरे

औ यहां आके देखा तो (गाकर) 'गुल्लो प्यारी बसैं मेरे मन में।'...हः-हः-हः!''

''अरे हरामी, जादा झूठ न बोल। नईं तो रोज़ी का भूत...''

''तू ही तो है मेरी रोज़ी का भूत। तभी तो बीड़ी, दारू का साझा लगाता हूं तेरे साथ! ले, आज इसपिसल पुलिस छाप दारू लाया हूं तुम्हाए वास्ते। पियोगी तो सीधी कुतवाल ही बन जाओगी।''

''क्या दरोगाजी ने दिलाई है?''

''हां, अठन्नी दी और कहा कि जाके पी। तेरी बहू अभी यहां बैठेगी।...हमने भी सोचा कि दुलहिन समझदार है, सही-सलामती से निपट लेगी। दरोगा साला उल्लू बन रहा है तो बनने दो। सैकड़ों का गला काटता हैगा हरामी, इस साले के पैसों की चढ़ेगी उम्दा! हः-हः-हा।...अच्छा पहले ये बताओ, बहू अपने गहने वापस पा गई कि नहीं?''

बोतल अपने हाथ में उठाकर गुल्लन ने पूछा : ''रास्ते-भर तुम लोग साथ-साथ आए थे। खुद क्यों न पूछ लिया?''

गुल्लन के पास अपना मुंह लाकर मसीता बोला : ''ये बातें औरतें ही औरतों से पूछ सकती हैंगी।''

''तुम्हारी बहू, मुझसे और तुम्हारी रोज़ी से भी ज़्यादा चालाक है।''

''तुम्हारे मुंह में घी-शक्कर, तुमने इसे मेरी बहू कहा तो गंगाकसम मेरा जी भीतर-ही-भीतर जाने क्या से क्या हो गया।'' कहते हुए उसकी आंखों में आंसू छलछला आए।

कुल्हड़ों में शराब डालकर गुल्लन ने आवाज़ दी : ''अरी बहुरिया, थोड़ा पानी दे जा बिटिया!'' फिर मसीते से बोली : ''बुढ़ापे में अपनी औलादों की याद ज़्यादा आती है। अरे, जो रोज़ी का पहलौटी का बच्चा होता तो आज छब्बिस-सत्ताइस बरस से कम न होता। मेरे नब्बू से दस महीने बड़ा ही होता। खैर, जाने दो जी। कट गई तुम्हारी!'' तब तक निर्गुनियां पानी का गड़ुवा लाकर रख गई, पूछा : ''और कुछ तो नईं चाहिए?''

''नहीं।''

''बहू?''

''क्या है चच्ची?''

''तेरी तबियत हो तो एक गिलास ले आ।''

''नईं चच्ची।''

''ये तो मैं मान नईं सकती कि मोहना ने कभी तुम्हें पिलाई न हो।''

''ये बात नहीं, चच्ची। असल में...'' कहते-कहते झटके से उसकी ज़बान बन्द हो गई। आंखों के सामने मोहना आ गया। घर से भागने के बाद होटल के कमरे में मोहना ने ज़बरदस्ती उसके मुंह में उंड़ेली थी। शराब पिला के मुंह चूमता था। स्मृतियों ने तीखी कसक दी। जल्दी से कोठरी छोड़कर जाने लगी। फिर एकाएक पलट के पूछा : ''चच्चा, तुम लोगों का खाना भी ले आऊं?''

''मैं तो खा के आई हूं, बिटिया, मेरा मत लाना।''

"अरे कुछ चखौती तो चाहिए कि नहीं? ले आओ बहू।...मगर एक बात कहें—हम भी, यह जान लो, पूरे नईं तो आधे सूफी औलिया हैंगे; समझीं! अरे थोड़ी-सी अकेले में बैठकर पी लोगी तो मोहना ससरा चाहे डाकू हो गया हो या जल्लाद, खयालों में दौड़ता हुआ आकर तुमसे लिपट जाएगा। दारू खिंचती है तो खींचने की ताकत भी रखती है। लो, ले जाओ थोड़ी-सी।"

"नई चच्चा।" निर्गुनियां ने रुंधे गले से जवाब दिया और कोठरी के बाहर चली गई। अंधेरी कोठरी में अपनी खटोलिया पर आकर कटे पेड़-सी पड़ रही।

बुड्ढे-बुढ़िया अपनी कोठरी में खाते-पीते चुपके-चुपके बतिया रहे हैं। मोहन के साथ खाते-पीते चुपके-चुपके बतियाने की अपने दिनों की हुड़क बार-बार न चाहते हुए भी आ रही है। बाहर पास से दूर तक कुत्तों के भौंकने का शोर मन में कड़वापन भर रहा है—कुत्ते, कामी कुत्ते! काम उसके मन को भी अपने कांटे से कुरेद रहा है।

दो घण्टे पहले बसन्तलाल दरोगा की आग्रह-भरी वासना ने उसके तन-मन की जिस सोई हुई भूख को उकसावा दे दिया था वह अब इस अंधेरी कोठरी में खटोलिया पर पड़ी हुई निर्गुण को सगुण बना रही है। शरीरसुख के पुराने साझेदार का स्पर्श उसकी पुरानी स्मृतियों को छू-छूकर भड़का रहा है। मन लाख कोशिशें करता है कि उन यादों को झिड़क दे। अब वह किसी की नहीं, केवल मोहना की है। लेकिन यही वर्जना तो उसके कामपीड़ित मन को और भी अधिक विद्रोही बना रही है। संस्कारी मन एक पुरुष को भजना चाहता है और कामी मन उसकी खिल्ली उड़ाने के लिये उसके कल्पना-पट को अनेक पुरुषों के बिम्बों से जोड़ देता है। एक-दो-तीन-चार—बसन्तलाल ही नहीं, सभी चेहरे जल्दी-जल्दी रमण मुद्रा में उसकी काया से जुड़े हुए बार-बार उभरते ही जाते हैं। नकली दांतों की खड़खड़ाहट और बारामासी नज़ले-भरे नकसीरों की सुसकारियों के साथ सम्बद्ध अशक्त, अस्पृश्य आर्यपुत्र की असफल काम-चेष्टाएं भी ज़बरदस्ती उसकी कल्पना में उभर-उभर आती हैं। जल्दी-जल्दी करवटें बदलते हुए निर्गुनियां का मन भी पलट-पलट जाता है। वह सच्चे दिल से मोहन के प्रति अपने प्रेमाग्रह को अनुभव करना चाहती है। लेकिन वह अनुभव इस समय उससे नहीं हो रहा—नहीं हो रहा। उसे लगता है कि मोहन की स्मृति के प्रति वह आग्रहशीलता उसके मन के तहखाने में दबी पड़ी है, किन्तु उसके दिल के अंकड़े से वह बोझ उठाकर सहारा नहीं जाता। मोहन की निष्काम स्मृति उसके भीतर उभर ही नहीं पाती।...जाने दो, ज़रूरत भी क्या है! मन ने निश्चयात्मक मुद्रा धारण की। सोचा, कल बसन्तलाल के पास फिर चली जाऊंगी। बसन्तलाल ही मुझे किसी नये और पोढ़े संरक्षक के हाथों सौंप सकता है। कोई भी संरक्षक हो—हिन्दू-मुसलमान, चमार-क्षत्रिय, वैश्य-ब्राह्मण—काया-सुख प्राप्त करने के लिये कोई भी मिले, उससे क्या फर्क पड़ता है! निर्गुनियां की नारी काया को सशक्त पुरुष-देह चाहिए। सुख-सम्मान से जीने की सुविधा चाहिए—जाति, वर्ग और वर्ण नहीं। सुख-सुविधाएं और सम्मान चाहे कम भी मिलें पर कायिक-मानसिक तृप्ति का सन्तोष उसे मिलना ही चाहिए। सुख-सुविधाएं तो उसे सामर्थ्यहीन 'आर्यपुत्र' ने भी भरपूर दी थीं, परन्तु

कितना अस्पृश्य था वह! उसे मोहना परम स्पृश्य लगा था। आज भी लगता है। फिर याद में अनुभव उतरे, मोहन का अंग-स्पर्श उसके जीवन में आए हुए चार पुरुषों के स्पर्श से कहीं अधिक सुखद और सन्तोषदायक था।...'हरामी!' प्यार करते-करते सिगरेट से उसके गाल या उसके शरीर के अन्य मर्मस्थलों को जला देता था; निर्भय होकर काटता था। ऐसा लगता था कि मोहन के भीतर वाला मेहतर निर्गुनियां के भीतर वाली ब्राह्मणी को बदले की भावना के साथ सताता था। लेकिन उसका सताना भी कितना सुखद, तरावट-भरा लगता था। 'प्यार भी करता था हरामी! हाय कैसी याद आती है उसकी! नहीं-नहीं! ...अपना मोहना ही लौट आए। अब उसी की होके जियूं। गली-गली की कुतिया क्यों बनूं? अब तो उसका बच्चा भी शरीर के भीतर पनप रहा है।' कुछ महीनों में वह मां बन जाएगी। मां बनने की कामना। सुप्रतिष्ठित और सुसंस्कारी जीवन बिताने की कामना। कामनाओं का अपार, अनन्त द्वन्द्व अभागी निर्गुनियां के मन को अपनी तेज़ भवरों में नचा रहा है। न डूब ही पाती है, न उबर ही पाती है। किसी करवट चैन नहीं पाती—'हे राम! हे राम! हे राम!' सिर के गोल गुंबद के रेशे-रेशे में राम-ध्वनि चौबाला-अठबाला होकर गूंजने लगी! गूंज तन्मय करने लगी और उसी तन्मयता में नाना का स्वर—

अब हौं नाच्यौ बहुत गोपाल,
काम क्रोध को पहिर चोलना, कण्ठ विषय की माल॥ अब...

भजन की मानसिक गुनगुनाहट से पवित्रता समीर बनकर लहराई, पर उसके द्वन्द्व-फंद से जकड़े हुए बीमार होश के वास्ते वह स्वास्थ्य न बन सकी। रात बेचैन करवटों में ही बीतती रही।

दूसरे दिन लगभग तीसरे पहर मसीता अपनी ड्यूटी पूरी करके घर आ चुका था और आज बहू के हठ के कारण ही आंगन की धूप में बैठकर अपनी देह को साबुन से रगड़ रहा था। निर्गुनियां पास खड़ी हंस-हंसकर उससे यहां-वहां का मैल छुड़ाने का आदेश दे रही थी। वह स्वयं ही गरम पानी के लोटे उसके सबुनाये मैल पर डाल रही थी। मसीताराम अपने पोपले मुंह से हंसकर बोला : "तुम तो मेरी अम्मां से भी ज़्यादा ज़बरदस्त हो, बहू। वो भी...वो तो मुझे मार-मार के नहलाती थी।" तभी अचानक बाहर की कुण्डी खड़की। मसीता ने कहा : "लोटा मुझे दे दो और जाके देखो कौन आया है? पहले कुण्डी न खोलना, भला! पहले दरवज्जे की आड़ से देख लेना। ये फौजी किरंटे भी ऐसे ही कुण्डी खटखटा के भीतर घुस आते हैंगे।"

निर्गुनियां ने झिरी से झांककर देखा—थाने का सिपाही था। दरवाज़े के पीछे से ही पूछा : "किसको चाहते हैं आप?"

"मसीते के घर में वो जो मोहन डाकू की औरत रहती है, उसे थाने पर बुलाया है।"

थाने के नाम पर निर्गुनियां का कलेजा धड़का, पर उस भय में कहीं अभय भी अन्तर्निहित था। शायद मोहना की कोई खबर आई हो, इसीलिये बसन्तू दरोगा ने बुलाया है। उसने दरवाज़े के पीछे से ही कहा : "ठहरिए आती हूं।—" भीतर जाकर मसीता से कहा : "थाने से बुलावा आया है, मैं जा रही हूं। और नहाने के बाद अपना

नया कमीज-पैजामा ही पहनना, ये पुराना वाला नहीं। और तुम खाना खा लेना।''

''ठहर जा बहू, मैं भी झटपट तेरे साथ ही चलता हूं।''

''कोई जरूरत नहीं चाचा, मुझे वहां किसी का खतरा नहीं है।''

''अच्छा, तो मैं घण्टे-भर में खा-पी के तुम्हें लेने के लिये आ जाऊंगा।''

''मैंने कहा तो चाचा, मुझे किसी किसिम का खतरा नहीं है। सिपाही जैसे लेने आया है वैसे ही मुझे छोड़ भी जाएगा।'' निर्गुनियां ने फिर कोठरी में जाके कपड़े बदले। गिरस्ती के दूसरे सामानों के साथ उसने एक छोटा-सा शीशा-कंघा भी मंगवा लिया था। सज-संवर कर चदरिया ओढ़कर निर्गुनियां सिपाही के साथ चली। इस मेहतर टोले को मुख्य सड़क से जोड़ने वाले मोड़ पर पर्देदार इक्का खड़ा था। सिपाही ने उससे उसमें बैठने को कहा। निर्गुनियां को आश्चर्य हुआ। पुलिस थाना तो बहुत दूर नहीं। अभी तक तो बराबर पैदल ही वह गई-आई है। बसन्तू ने आज ये इक्के की ठसक क्यों दिखलाई? यह सवाल मन-ही-मन में उठकर अपना जवाब भी पा गया। उसके मुंह पर मुस्कराहट आ गई। पर्दे के बाहर इक्के के फड़ पर सिपाही भी बैठ गया। इक्का चल पड़ा। लम्बी दूरी तक चलता रहा। निर्गुनियां को शंका हुई। इतनी देर में तो वह थाने से आ-जा सकती थी। उस तरफ, जिधर कि सिपाही नहीं बैठा था, पर्दा उठाकर सड़क की ओर झांका। यह तो थाने वाली सड़क नहीं है! सिपाही से सतेज स्वर में पूछा : ''आप मुझे कहां लिये जा रहे हैं?'' सिपाही बेशर्मी से हंसा, कहा : ''कल सवेरे लौटते बखत अगर पूछोगी तो जवाब दे दूंगा।'' सिपाही की बात सुनकर इक्केवान भी हंसा और फिर अपनी घोड़ी की लगाम खींचकर गाने लगा :

मोरे सैयां जी हैं कुतवाल,
हमार कोऊ का करिहै।

इक्का एक पुराने मकान के सामने लगे नीम के पेड़ तले खड़ा हो गया। सिपाही ने दरवाज़े की कुण्डी खटखटाई। महरी ने कुण्डा खोला, घूंघट के भीतर वाली औरत को झांकने की कोशिश की। सिपाही बोल पड़ा : ''दरोगाजी से पूछ लो, कोई काम हो तो ठहरा रहूं।''

महरी ने नज़र दबाकर बेशर्मी से मुस्कराते हुए जवाब दिया : ''तो आपको जाने को कहता ही कौन है? नीचे बैठकखाने में आराम कीजिए। हराम का माल बहुत आया है, एक बोतल आपको भी दे जाऊंगी।''

बाएं हाथ की उंगली को अपनी मूंछ पर फेरते हुए शरबती आंखों से देखकर सिपाही बोला : ''आपको देखके जी तो मेरा भी लहरा उठा है, सरकार। मगर सरकारी नौकर भी हूं। पहले मेरे अफसर का हुकुम ले आइए।''

महरी मुस्कराई, कहा : ''आपके अफसर इसदम हमारी अफसर बेगम के तलवे चाट रहे हैंगे।''

घूंघट में छिपे निर्गुनियां के मनोभाव फैले-सिकुड़े, और इस क्रिया में वह थरथराहट से भर गई। ऊपर एक बड़ा कमरा था, एक पुराने धूलभरे गलीचे पर एक छोटी छांदनी बिछी थी। तोशक के सहारे दरोगा बसन्तलाल तहमद-कमीज़ पहने

लेटे-लेटे हुक्का गुड़गुड़ा रहे थे। उनकी वर्दी-पेटी खूंटी पर टंगी हुई थी। भीतर आकर निर्गुनियां का घूंघट उलट गया।

"आओ जी मेरी नूरजहां, आज हमारी अफसर बेगम ने हमें दावत दी है। बड़ी मेहरबान हैं बेचारी हमारे ऊपर, आओ बैठो।" दरोगाजी ने उसे मान और प्यार देते हुए कहा।

महरी ने निर्गुनियां की चादर उतारकर अपनी बांह पर रखी और आंखें नचाकर कहा : "ऐ हुजूर, मेहरबानी तो आपकी है। आपने हमारी बेगम साहिबा पर इतना बड़ा अहसान किया हैगा कि उनकी सात पुश्तें भी आपके गुन गाएं तो कम होगा। और, हुजूर, ये आपकी नूरजहां बेगम कहां से आई हैं? बहुत शर्मीली हैं।" इतमीनान से हुक्के का कश खींचकर बसन्तलाल अपनी निर्गुन के चेहरे पर नज़रें टिकाए महरी से मुस्कराकर बोले : "ये ऐसी शरमीली हैं कि इन्होंने हमारी शर्म के किले को पहली बार तोड़ा था। अफसर बेगम से कहो कि ज़्यादा तैयारी न करें, फौरन यहां चली आएं। आज हम अपनी दो-दो माशूकों को अपनी बांहों में भरके जहांगीर बादशाह के दिल की रंगीनियों को महसूस करना चाहते हैं।"

निर्गुनियां सहम गई, कुछ वितृष्णा-सी भी हुई। यह सच है कि पिछली रात से उसका भीतर वाला मादक तत्त्व विकार की मथानी से मथ रहा था। यह भी सच है कि एक पुरुष से बंधे रहने की अपनी इच्छा के बावजूद वह अपने मन की तह-दर-तह कहीं यह भी सोचकर आई थी कि बसन्तलाल यदि पहल करेगा तो वह इनकार नहीं करेगी, हालांकि इस इच्छा को स्पष्ट रूप से स्वयं अपने सामने भी प्रकट करने से हिचकती है। जिस काम-वासना ने उसे हर तरह से बर्बाद कर दिया उससे वह दूर से दूर भागना चाहती है पर भाग नहीं पाती। उसके मन में अपना एक ही प्रकार का इस्तेमाल, अपनी एक ही सार्थकता जीवन का एकमात्र अर्थ बनकर जुड़ गई है। बहाने-बहाने से मन में उमंगकर उसके भीतर मादक और सुखद (लोभ-भरी) उत्तेजना भरने लगती है। विवेक-बुद्धि बिजना डुला-डुलाकर उसके इस विकार को ठण्डा करना चाहते हैं : वह ठण्डा होता भी है, पर फिर बिना बहाने के गर्माने लगता है। इन दिनों बिना कहे, निराधार छोड़कर चले जाने वाले मोहन से उसे फिलहाल कुछ चिढ़ है। वह उधर से मन हटाती है तो उसकी रति-लालसा विचारों में बसन्तू का सहारा ले लेती है। कल रात से विकार की मक्खी के पांव फिर जम गए हैं। विवेक-वर्जनाओं के पत्थर तले जो गुड़ छिपा-दबा कर रखा गया है वह पत्थर के तपने पर पिघल कर बाहर निकल पड़ता है। मक्खी उसी मिठास पर जमी है। मिठास लेते-लेते मानो उसके पांव गुड़ में गड़ गए थे। और वह गुड़ था बसन्तलाल दरोगा उर्फ मास्टरजी। वही गुड़ और मिठास पाने का क्षण आया था, और वह उसके लिये तैयार भी थी। पर बसन्तू 'जहांगीर' बनकर दो-दो औरतों से खेलेगा, यह सुनते ही उसका मन सिमट गया है। निर्गुनियां ने अब तक अपने जीवन के सारे निर्लज्ज सुखद क्षण किसी एक के साथ ही एकान्त में बिताए थे। वह कैसे सह लेगी यह निर्लज्जता! लेकिन निर्लज्जता उसके सामने साकार आकार खड़ी हो गई है। अफसर बेगम शराब लेकर आई थी और मुजस्सिम शराब बनी दरोगा बसन्तलाल की बादशाहत को रिझा

और ललचा रही थी। बसन्तलाल उसे देखकर बेताबी से उठ खड़ा हुआ। पास आकर दोनों को बांहों में भर लिया। दोनों को अपनी प्यासी नज़रों से देखकर आप ही आप बोल पड़ा : "गुलाब को सराहूं या नर्गिस को? यहां तो बहारिस्तान खिला हुआ है।" अफसर बेगम ने निर्गुनियां की ओर देखते हुए पूछा : "ये आपकी पुरानी दोस्त हैं?"

निर्गुनियां का चुम्बन लेते हुए बसन्तलाल बोले : "पांच बरस पहले मैं इन्हें अंग्रेज़ी पढ़ाता था। और यह मुझे इश्क के सबक सिखलाती थीं।"

बीते दिनों में बसन्तलाल ने निर्गुण के अनेकों चुम्बन लिये होंगे और निर्गुण ने बसन्तलाल के, परन्तु आज के चुम्बन से निर्गुनियां को ऐसे लगा कि वह भीतर से बाहर तक पोर-पोर तक अपवित्र हो गई है। वह ग्लानि से भर उठी। अपनी दोनों प्रेयसियों को लिये हुए दरोगा जहांगीर फिर बैठ गया। निर्गुनियां के सारे शरीर में बिजली की-सी सनसनाहट दौड़ रही थी...'नहीं, चाहे सूरज पूरब से पच्छिम में उग आए, पर मैं अब मास्टरजी के साथ पिछला नाता, हरगिज़-हरगिज़ नहीं निबाहूंगी। पर कैसे बचूंगी? बचना ही पड़ेगा, चाहे जैसे हो। जैसे सांप को सपेरा नचाता है वैसे ही स्त्री यदि चाहे तो विलासी पुरुष को भी नचा सकती है। पीनी पड़ेगी तो पी लूंगी। प्रेम का ढोंग भी बहुत हद तक कर लूंगी, पर इस शरीर का सुख केवल एक के लिये है। वह 'एक', जिसका बच्चा मेरे गर्भ में पल रहा है।' अनिश्चित-अस्थिर मन फिर विकार से संस्कार के धरातल पर चढ़ आया।

दरोगा के अहसानों से बेहद दबी हुई अफसर बेगम विवशता में अपनी लज्जा को हंस-हंसकर खो रही थी।...

23

यह अध्याय मैं पूरा लिख न सका। कुछ तो नग्न विलासिता के चित्रण में मेरी अनुभवहीनता इसका कारण थी और कुछ श्रीमती निर्गुनियां के वर्तमान रूप के प्रति अपनी उत्तरोत्तर बढ़ती हुई आदर-भावना के कारण भी ऐसा न कर सका। अपने बीते हुए जीवन में निर्गुणदेवी भले ही चाहे जैसी कामप्रताड़िता और काम-केलि का साधन रही हों, पर वर्तमान में वह अपने व्यक्तित्व को इतना तपोपूत बना चुकी हैं कि उसकी शराबनोशी और फूहड़ गालियों से भी अब उनके प्रति मेरे आदर-भाव पर तनिक भी आंच नहीं आती।

मैंने जोधपुर की पहाड़ियों में एक ऐसे सन्त को देखा था जिन्हें उनके भक्तगण दिन-भर भांग का भोग अर्पित किया करते थे। भक्तों का विश्वास था कि योगिराज जिसके हाथ से भांग पी लेते हैं, उसका काम सिद्ध हो जाता है। लेकिन वे योगिराज अपने भक्तों को पास नहीं आने देते थे। पैरों से ठुकराते थे, गन्दी-से-गन्दी गालियां देते थे। ऐसी नशेबाज़ी और गन्दी गालियों के बावजूद योगिराज का अपार आदर था। जो भक्त उनकी गालियों की वैतरिणी पार करके उन्हें अपनी लाई हुई भांग पिला देता था वह फिर एक नई चेतना के दायरे में प्रविष्ट भी हो जाता था। श्रीमती

निर्गुनियां से मिलकर मैं हर बार एक नई पवित्रता का अनुभव करता था। और उस बेचारी ने तो मुझे कभी गाली भी नहीं दी।

श्रीमती निर्गुनियां से मिले भी मुझे बहुत दिन हो चुके थे। पन्द्रह-बीस रोज़ पहले उनके यहां गया था तो पता लगा कि वे अपनी बेटी के यहां गई हुई हैं। तब से उनकी कोई खैर-खबर न ले सका। किन्तु लिखते-लिखते उनकी जीवन-कथा के सूत्र मेरे मन में जब लड़खड़ाये तो ज़ोर से उनकी याद आने लगी। मैंने सुबह अपने भतीजे को उनके घर भेजा था, वह खबर लाया कि परसों सवेरे आ जाएंगी। उनके नौकर ने उनके बेटे निर्गुणमोहन साहब के यहां से यह संदेश पाया था।

चूंकि मेरी कलम चलते-चलते रुक गई थी इसलिये श्रीमती निर्गुनियां की बहुत याद आने लगी। मदन-पीड़ा ने इतिहास में अब तक न जाने कितनों को तबाह किया है। भगवान बुद्ध के काल में श्रावस्ती के एक बड़े सेठ की बेटी पटाचारा भी कामविवश होकर नौकर के साथ भागी थी। बड़े दुःख सहे। श्रीमती निर्गुनियां भी उसी की तरह शहीद हैं। शरीर-सुख पाने की कामना में वह तबाह हो गईं, लेकिन इसी कामना को चूल्हे की लकड़ियों की तरह समेटकर उसकी आंच से ही उन्होंने अपने वर्तमान व्यक्तित्व को पकाया है। श्रीमती निर्गुनियां को देखकर मुझे लगता है कि किसी योगी से कम नहीं, ध्यान-धारणा और समाधि सब कुछ उन्हें अपने ढब और ढंग से सिद्ध है। राम-श्याम जैसे अव्यक्त रूपों के बजाय वह मोहन को भजती हैं। लेकिन मोहन-भजन का यह रूप श्रीमती निर्गुनियां ने क्या एक दिन में आसानी से सिद्ध किया है? मैं जानता हूं—एक बार उनसे पूछ भी चुका हूं कि आरम्भ में मोहन की नहीं वरन् मोहन के अंग-संग में बिताए हुए क्षणों की चाहत ही होती थी। फिर और-और बातें, फिर सूरत से प्यार, रीझ। कल्पना से हठ करके मोहन को मांसल रूप में अपने पास रखना। देखते रहना। फिर मोहन मोहन में समाया। समाता ही चला गया। एक हो गया।

पिछला अध्याय लिखते समय एक बात जो मेरे ध्यान से चूक गई थी मुझे अब याद आई है। एक बार उन्होंने मुझे बतलाया था कि पहली बार जब बसन्तलाल अम्मां के घर पर उसके मास्टर बनकर पढ़ाने आया था तब उन्होंने अपनी कुछ-कुछ वैसी ही मनःस्थिति अवश्य अनुभव की थी जैसी कि प्रेम में हो जाती है। उनके सामने बसन्तू मास्टर नहीं आता था, साक्षात् सौन्दर्य की मूर्ति सामने आ जाती थी। बसन्तलाल की नज़रों में उनके मन को कमलों-सी खिलाने वाली अनगिनत मनमोहनी छवियां दिखलाई पड़ जाती थीं। जब तक वह सामने रहता तब तक उनके दिल-दिमाग पर सम्मोहन छाया रहता और जब आंखों के सामने से हट जाता तब उनके होश में आठों पहर केवल 'बसन्त' ही 'बसन्त' समाया रहता था। जिन दिनों अम्मां बसन्तू मास्टर को अपना बनाने के फेर में उनको उससे अलग रखने की चेष्टाएं करती थीं, तब उन्हें उस पवित्र वेदना की अनुभूति भी मिली थी, जो प्रियतम से लेकर परमात्मा तक के विरह में प्रेमी भक्त को सताती है, लेकिन बहुत जल्द ही बसन्तू मास्टर के प्रति उनके इस भाव में परिवर्तन आ गया था। बसन्तू मास्टर भी वेश्या बन गया था। अम्मां का रस-सारथी बन चुकने के बाद बसन्तू मास्टर

निर्गुनियां के लिये लिप्सा की वस्तु-मात्र ही रह गया था। और इस समय उसी 'वेश्या' बसन्तलाल की वर्तमान दरोगाई की निर्लज्ज विलास-क्रीड़ा का उपकरण बनने में उन्हें कष्ट हुआ। निर्गुनियां की काया में रात-भर मदन-दहन होने के बावजूद वह अपनी कामतृप्ति के लिये ऐसा निर्लज्ज वातावरण स्वीकार न कर सकीं। जब उन्होंने यह प्रसंग मुझे बतलाया था तब कथारस के प्रवाह में बहुत-सी छोटी-छोटी बातों की जानकारी लेने से चूक गया था। अब लिखते समय उस ब्यौरे को समझने की आवश्यकता अनुभव हो रही थी।

तीसरे दिन सवेरे सात-आठ बजे के लगभग मुझे श्रीमती निर्गुनियां का फोन मिला : अभी-अभी आई हूं। बस चाय पी के आप ही को टेलीफून कर रही हूं।''

''मैंने सुना कि आपकी बेटी की कुछ तबीयत खराब हो गई थी?''

''हां, एक तरह से कहा जाए तो नया जनम पाया है उसने। मगर अब ठीक है।''

''मैं समझता हूं अभी तीन-चार दिन तो आप निर्गुणमोहन साहब के यहां ठहरेंगी?''

''जी नहीं, मैं तो बस घण्टे-आध घण्टे में घर पहुंच जाऊंगी।''

''तब फिर निर्गुनियांजी, मैं दिन में आपके पास आ जाऊं?...बात यह है कि मेरा चेप्टर लिखते-लिखते रुक गया है। आपसे कुछ प्रश्न करूंगा।''

''तो ऐसा कीजिए, बाबूजी, कि शाम के बखत ही आइए। मेरे साथ ही खाइएगा, और आज तो आपको पीनी भी पड़ेगी, तभी आपके सवालों का जवाब भी दूंगी। रात में लौटने की चिन्ता न करें। मैं नन्हा से मोटर भेजने को अभी ही कह दूंगी। दिन में मैने इसलिये मना किया कि पन्द्रह-बीस दिनों का साग-सब्ज़ी का हिसाब-किताब देखूंगी। उन हरामी के पिल्लों से भी बड़ा मगज मारना पड़ता है।''

शाम को मैं उनके घर पहुंच गया। उनके घर के पास पहुंचा ही था कि उनके घर के द्वार खुले। श्रीमती निर्गुनियां मेरे स्वागत के लिये खड़ी थीं। मैंने देखा कि उनके चेहरे पर थोड़ी थकन छाई हुई है, यद्यपि उनके चेहरे पर तेज का निखार पहले से अधिक आ गया है। मुझे देखकर बोलीं : ''आपकी बड़ी उमर है बाबूजी! अभी-अभी मैं भीतर बैठी-बैठी देख रही थी कि आपका रिक्शा सुपच बाबा के टीले के पास आ रहा है।''

मैंने हंसते हुए कहा : ''शायद आपने दिव्य दृष्टि से ही देखा होगा निर्गुनियांजी, क्योंकि इधर से मेरे रिक्शे को देख पाना और किसी तरह से तो सम्भव नहीं लगता।''

''वैसी किसी दिरिष्टी का तो मुझे पता नहीं बाबूजी, मगर शैद इस बखत मेरी वही दिरिष्टी काम कर गई हो जिससे मैं अपने बच्चों के बाप को जब चाहती हूं, देख लेती हूं।''

''अपने बच्चों के बाप को भले ही देख लेती हों, मेरी पत्नी भी अक्सर बिना कहे ही मेरे मन की इच्छाएं जान लेती हैं, लेकिन वह तो परस्पर आकर्षण की बात है, जहां दो मन एक हो जाते हैं।...''

"और जहां एक मन से सारे मन जुड़ जाते हों?"

"मगर कैसे?"

निर्गुनियांजी हंसी, कहा : "रश्क कीजिए बाबूजी! चुटकी में सधी पतंग की डोर बड़े ऊंचे आसमान की सैर करती है। एक शेर सुना था मैंने अपनी जवानी में, कहिए तो सुना दूं?"

"शौक से।"

"इक लफ्ज़ मुहब्बत का इतना-सा फसाना है,
सिमटे तो दिले आशिक, फैले तो जमाना है।"

"जिगर साहब का शेर है, मुझे भी बहुत पसन्द है।"

"बस यों समझ लीजिए कि उस फैले हुए प्यार से ही आपका ध्यान कर रही थी। इसलिये बिना खिड़की-दरवाज़े के ही मुझे आपका रिक्शा आता हुआ दिखलाई दे गया।"

"मैं पढ़ा ज़रूर हूं निर्गुनियांजी पर आपकी तरह से कढ़ा नहीं हूं। आपकी बात की परछाईं तो ज़रूर देख पा रहा हूं, मगर बात को अब भी नहीं समझ पा रहा। खैर, यह तो मेरी अपनी सीमाएं हैं, इनसे जूझता रहा हूं और जूझता रहूंगा। मगर आप ये बतलाइए कि आपकी बेटी क्या एकाएक बीमार हो गई थी?" चेहरा देखकर मुझे ऐसा लगा कि निर्गुनियांजी को मेरे प्रश्न का उत्तर देने में कुछ हिचक हो रही है। फिर गम्भीर भाव से रुक-रुककर बोलीं : "मैंने आपसे बतलाया न, बाबूजी, पढ़ी-लिखी बेवकूफ है मेरी लड़की। नसीबे ने सुख-सुहाग का एक औसर उसे दिया था मगर...बड़ी बेवकूफ है हरामी की पिल्ली। उसे मां बनने में शरम आई, बाबूजी, अपना हमल गिरवा दिया। लेने के देने पड़ गए थे जान के। मेरे दामाद को इतना झटका लगा कि वो अब मेरी सकुन्तला का मूं भी नईं देखना चाहता।"

"यदि कोई छिपाने जैसी बात न हो तो यह बतलाने की कृपा कीजिए कि आपकी बेटी ने ऐसा क्यों किया? और...और एक बात यह कि आपकी बेटी शकुन्तला है या मेरी?"

"बाप ने तो सकुन्तला ही नाम रखा था। फिर उनके मारे जाने के बाद—लगभग तीन-चार बरस पहले समझिए, छावनी में रिवेन्ड फादर अन्डरसन साहब रहते थे। वो पादरी भी थे, डाक्टर भी थे। बड़े ही दयावान थे बिचारे। साक्शात् परमेश्वर के रूप थे। मैं सबसे पहले मसीता चच्चा के इलाज की खातिर उनके पास गई थी। फिर बाद में बच्चों के इलाज-फिलाज के लिये वहीं जाया करती थी। खुदा की मेहरबानी, बाबूजी, इस लौंडिया पर उन्हें बड़ी मामता हो गई थी। मुझसे अक्सर कहते थे—बच्ची को मुझे दे दो, मैं पाल-पोस कर आदमी बना दूंगा। नन्हा तो बाद में हुआ। बाप के मारे जाने के बाद। मगर सकुन्तला के लिये मैंने सोचा कि फादर का कहना ठीक है। रिवेन्ड फादर मेरे साथ बड़ी हमदर्दी से पेश आते थे। वे मनुष नहीं फरिश्ते थे बाबूजी! मुझसे कहते थे : 'मैडम निर्गुनियां, क्रिस्चेन बन जाओ। मैं तुम्हारी बच्ची को विलायत भेजकर इसकी तकदीर बदल दूंगा।'...आपसे कुछ नहीं छिपाया तो यह क्यों छिपाऊं कि उनके मारे जाने के कुछ महीने पहले से ही हमदर्दी दिखाते-

दिखाते अन्डरसन साहब मुझसे इश्क करने लगे थे। मुझे वो अच्छे तो जरूर लगते थे, मोहना जब जीता था तो उसकी गैर-मौजूदगी में मेरा मन भी उनके इश्क में डूबा था, पर उसके मरने के बाद तो मैं पूरे मन से मोहन की हो चुकी थी। एक दिन पैर छूके माफी मांग ली। कहा कि आप फादर हैं, मेरे भी वही बने रहिए। उनका चेहरा उतरा गया। मगर फिर बोले कि मन ने जो रिश्ता मान लिया है वह टूट तो नहीं सकता। हां, गाढ़ा हो सकता है। तुमसे पाया हुआ अपना मन अब खुदा को सौंप दूंगा। बस एक बात मान लो, अपनी बेटी को मुझे सौंप दो। मैं इसकी ज़िन्दगी बना दूंगा।...सो करीब तीन बरस की उमर से वो अन्डरसन साहब के यहां ही पली। उन्होंने ही उसे क्रिस्चेन बनाके 'मेरी' नाम दिया। मुझसे निरास होने के बाद वो लहौर अपनी बहन के पास चले गए। लहौर से अमरीका चले गए। मेरी उनके साथ गई। वहीं डाक्टर-वाक्टर बनी। आपको यह सुनकर ताज्जुब होगा कि मुझे चिट्ठी-पत्री लिखने के लिये वो लहौर में भी मास्टर रखके सकुन्तला को नागरी पढ़ाते रहे। अमरीका से वो मुझे बराबर नागरी में ही खत लिखती रही।''

''फादर एन्डरसन से आपकी फिर कभी भेंट हुई थी?''

''जी हां। वही तो सकुन्तला को लेकर यहां आए थे। और ये चर्चमिशन कालिज की नौकरी भी उन्हीं ने दिलवाई थी। शुरू में वैस-पिर्रिसिपल बनी, फिर पिर्रिसिपल हो गई।''

''एन्डरसन साहब फिर चले गये?''

''जी हां।''

''क्षमा कीजिएगा, क्या इतने वर्षों के बाद भी उनके मन में आपके लिये वही प्यार था?''

श्रीमती निर्गुनियां मुस्कराईं, बोलीं : ''जी हां। मेरी सूरत में तब शायद उन्हें भगवान दिखलाई पड़ने लगे थे। और मैं तो बाबूजी कुछ ऐसी बदनसीब हो गई हूं कि जिधर देखती हूं उधर ही मुझे वो हरामी का पिल्ला अपना यार, अपना खसम, अपने बच्चों का बाप ही दिखलाई देता है साला।''

बात सद्भावना के जिस शुभ्र वातावरण में चल रही थी उसमें निर्गुनियां की गालियों ने एकाएक धब्बे डाल दिए। खैर, जानता हूं कि गालियां देना उनकी आदत में शुमार है। सहसा उनके एक शब्द पर ध्यान गया, मैंने पूछा : ''मोहनजी के प्रति ऐसा ध्यान-योग सध जाने के बाद भी आप अपने को बदनसीब क्यों मानती हैं?''

सुनकर निर्गुनजी एकाएक टकटकी बांधकर मुझे देखने लगीं। मुस्करा के कहा : ''समझ गई बाबूजी, आपने कभी किसी से इश्क-विश्क नहीं किया है। हुजूर, हम लोग आम रिवाज में जैसे अदना मेहतर को जमादार, कहार को महरा और हर सिपाही को हवलदार बना देते हैं, वैसे ही इश्क करने वालों की गालियां भी उल्टा मतलब रखा करती हैं। गालियां अपने मोहन को न दूंगी तो किसे दूंगी, आपको?''

मैं झेंपकर नत हो गया। पल-भर के मौन ने ही शायद निर्गुनियांजी के ध्यान को झटका दिया। कहने लगीं : ''लीजिए आपके सवालों ने तो मेरे कुछ ज़रूरी सवालों को ही सुला दिया। मैंने खाना सब बना रखा है। सिर्फ आटा गुंधा रखा है,

जब आप खाएंगे तभी झट से पूरियां उतार दूंगी। बोलिए, इस वक्त पीने के दौर में क्या लेना पसन्द करेंगे? मठरी-नोन्चा या कुछ समोसा-दालमोठ वगैरह?''

मैंने कहा : ''जो रस आपके हाथों बनाई गई चीज़ों में मिलेगा वो भला हलवाई के हाथों में कहां?''

निर्गुनियांजी तखत पर और मैं छोटी आरामकुर्सी पर। मैंने उनके पीने का ढंग देखा। पहला गिलास तीन घूंटों में गटक्, फिर थोड़ी देर नोन्चा चूसती रहीं। फिर गिलास भरा, फिर गटक्, फिर दोनों हाथों से अपना सिर दबाकर बैठ गईं। फिर नोन्चा चूसने लगीं। थोड़ी देर बाद अपनी प्लेट में नोन्चे का टुकड़ा रखकर तीसरी बार भरा। उसका भी एक घूंट लिया, तब हाथ अपने बीड़ी के बण्डल की ओर बढ़े, फिर बोलीं : ''आपके लिये मैं सिगरेट लाई हूं। ठहरिए लाती हूं।''

''क्यों कष्ट करेंगी, मेरी जेब में है।''

''अरे, पर मैं लाई ही आपके लिये हूं।'' झपाटे से अल्मारी की तरफ बढ़ीं। सिगरेट निकाली, मेरी तरफ बढ़ाई! मैंने भी तुरन्त अपनी जेब से अपना सिगरेटकेस निकालकर उनके आगे पेश किया और कहा : ''अब आज मेरे कहने से सिगरेट पी लीजिए।''

सिगरेट लेकर दोनों हाथों से झुककर सलाम किया, कहा : ''बड़े भाग वाली हूं, बाबूजी। तभी तो आप जैसे आदमी मुझ नसीबोंजली को इतना मान देते हैं।''

''मैं नहीं देता निर्गुनियांजी, आपका चरित्र, आपका व्यक्तित्व मुझे बरबस आपका आदर-मान करने को मजबूर करता है। खैर, आज मैं पीने के क्षणों को भी आपकी तरह काम के क्षण बनाने की कोशिश करूंगा। मैंने जो लिखा है, उसका एक प्रसंग आप सुन लीजिए। बाकी यह कापी तो मैं आपके पास छोड़ जाऊंगा। फुरसत से पढ़ती रहिएगा।''

''सुनाइए, आपके बयान में मैं अपनी बीती हुई ज़िन्दगी का बाइस्कोप देखूंगी। ...ऐ बाबूजी, माफ कीजिएगा, पहले एक सवाल पूछूंगी—ये बाइस्कोप की तस्वीरें जब एकाएक बोलने लगी थीं—आपको तो याद होगा, कोई पैंतालिस-छियालिस बरस पहले की बात है।''

''खूब याद है निर्गुनियांजी, आप अपना सवाल पूछें।''

''पहली बोलती तस्वीर दिखाने के लिये मुझे मेरा मोहना ही ले गया था...क्या नाम था उसका?''

''आलम-आरा।''

''हां, वही। तो मैंने उसे देखने के बाद अपने उनसे पूछा, 'क्योंजी, अब असल और नकल में फरक ही क्या रहा?' मेरा मोहना तो बेचारा बेपढ़ा-लिखा था, कुछ ऊटपटांग जवाब देकर टाल गया। मगर हिम्मत और हौसला देखिए उसका कि पहली बोलती-गाती फिल्म दिखलाने के लिये सारी पुलिस की आंख में धूल झोंककर आया और मुझे दिखलाकर ऐश कराके चला गया। खैर! मैं इस समै जो सवाल पूछने वाली थी वो यह कि असल और नकल में क्या भेद खतम भी हो सकता है?''

मैंने कहा : ''शब्द-शक्ति में यह प्रभाव ज़रूर है।'' वह चुप हो गईं। मैंने

सिगरेट का कश लेकर कहा : "तो आज्ञा है, सुनाऊं? अस्ल में मेरी गाड़ी थोड़ी अटक गई है। थोड़े-से प्रसंग सुने बिना समझ नहीं पाएंगी।"

"मैं तैयार हूं, बाबूजी।" कहकर उन्होंने अपना गिलास उठाया और उसे आधा साफ कर गईं। मैंने उन्हें अफसर बेगम के यहां दरोगा बसन्तलाल वाला प्रसंग सुनाया। पूरा सुनकर वे दो मिनट तक गुमसुम चुप अदृश्य में टकटकी लगाए हुए बैठी रहीं, फिर बोलीं : "असल और नकल में आपने भी कोई फरक नहीं रखा है, बाबूजी, मैंने शायद इतनी बातें तो आपको नहीं बताई थीं। मगर आपने अपनी कलम से मेरे न बतलाए भोगों को भी भोगा है।"

किसी बड़े-से-बड़े विद्वान आलोचक से प्रशंसा पाकर भी शायद इतनी तरावट न मिलती जितनी मुझे निर्गुनियांजी के इस वाक्य ने दी। खुशी में मैं दो घूंट ढाल गया। फिर कहा : "मेरे वास्ते यहीं उलझन आ खड़ी हुई है। और इसीलिये उस रात मैंने आपको बहुत याद किया था।"

"आपकी उलझनें क्या हैं?"

"मेरी पहली उलझन तो यह है कि आपको थोड़ी अन्तरंगता से जान चुकने के बाद अब मैं हल्के-फुल्के ढंग से आपको चित्रित नहीं कर पाता। आपके प्रति मेरी यह आदर-भावना मेरी कलम थाम लेती है। मैं कल्पना नहीं कर पाता कि उस दरोगा जहांगीर के चंगुल से आप क्योंकर छूट आईं होंगी? या मैंने यह जो आपकी मनोदशा और निश्चय की बात लिखी है वो गलत है?"

"आपकी इसी बात को तो मैंने सराहा है बाबूजी। असल और नकल का भेद मिटा डाला। मैं सचमुच ही उस नरक से बेदाग निकल आई थी।"

"ये कमाल आपने किस तरह से किया?" आधा बचा हुआ गिलास फिर दो घूंट बन के निर्गुनियां के हलक से उतर गया। ये औरत पानी की तरह शराब पीती है। मैं अभी अपना पहला ही पैग लिये बैठा हूं और देवीजी तीन गिलास गटक गईं। वे बोलीं : "आप तो पढ़े-लिखे हैं पण्डित शर्माजी, ध्यान सच्चा रहे तो हर मौके का सामना करने के लिये उपाय भी सच्चा ही सूझता है। असिल में मैं अपने पुराने प्रेमी की नई-नई हरकतों को देखकर चौंकी। पहले तो साला मुझे घूरकर देखता रहा, फिर नौकरानी के सामने ही मेरे साथ घिनौनी बत्तमीजी करके नौकरानी से कहने लगा कि जानती हो यह कौन है? बड़े ऊंचे खानदान की ब्राह्मण हैं। ब्राह्मणों से लेकर मेहतर तक को इन्होंने अपने जोबन का दान दिया है। कल रात जो गुड़ियामऊ में डाका पड़ा था, उसका सर्दार इन्हीं का यार है। हमसे भी इनकी बरसों पुरानी यारी है। हमने सोचा कि मोहना डाकू साला तो चकमा देके भाग गया है, चलो डाकू की रंडी से ही अपने नये-पुराने बदले लें। ये कहकर उस हरामी की औलाद ने मेरा गाल काटा।"

कहकर कुछ देर चुपचाप सिगरेट फूंकी, फिर कहा : "मोहना की डकैती की बात सुनने के साथ-साथ बसन्तू दरोगा की यह डकैती देखकर मेरे मन पे कैसा असर हुआ ये मैं आपको क्या बतलाऊं बाबूजी! डकैती की खबर से मन में चौंक भरी, अपनी बेइज़्ज़ती से गुस्सा भड़का और अपनी बेबसी से घुटन में बदला लेने का भाव

जागा। तीनों बातें एक साथ एक ही तरह का ज़ोर लेकर मन में भड़कीं। जब वो मेरा गाल काट रहा था तभी मैंने सोच लिया था कि आज इस कुत्ते के पिल्ले को हंसा-हंसाकर अपने ठेंगे पर मारूंगी। कमीने की औलाद को सब कुछ करने दूंगी पर अपना वह धन हरगिज़-हरगिज़ न दूंगी जो मोहना को सौंप चुकी हूं। साले ने मुझे डाकू की रंडी कहा! अरे मां के खसम, मेरा डाकू तो पुलिस को चूना लगाके चला ही गया। अब उसकी प्यारी भी यही करेगी, तू देखता चल, साले!...(हंसकर) फिर मैंने, जानते हो, क्या किया बाबूजी? मैंने निगोड़ों को खूब-खूब पिलाई, चूतिया बनाती रही सालों को। दोनों के चुम्में ले-लेके मैंने ऐसा प्यार जताया कि वही दोनों अपना मुंह काला करते रहे और मैं उनके सो जाने पर लम्बी तान के ठाठ से सो गई।''

''मगर मेरी उलझन अब और भी बढ़ गई निर्गुनियांजी। यह तो मुझे याद है कि थाने में बसन्तू दरोगा से मिलके आने के बाद आपको काम-विकारों ने बहुत सताया था और आपने यह तय ही कर लिया था कि मोहना को भूलकर आप अब फिर से बसन्तलाल को अपना लेंगी। काया की भूख ने आपके मन को एकाएक संयम कैसे दे दिया?''

'' 'दर्द का हद से गुज़रना है दवा हो जाना।' क्या सच्ची बात कह गया है कोई! अब इससे ज़्यादा क्या बतलाऊं! सच पूछिए तो उसी दिन से मैंने अपने मन की लगाम साधना शुरू किया। मेरे सामने एक ऐसी औरत थी जो मेरी ही तरह भले घर की होने पर गरीबी की मजबूरी से बंधकर अपना ऐसा निर्लज्ज चेहरा बना सकती थी। उस बेचारी को मैं कभी भी दोख नहीं देती बाबूजी। मैं मदन की मारी भटकी, और वह धन की मारी भटकी। खैर, जाने दीजिए, उसके किस्से को क्यों बढ़ाऊं इस समै। बस यों समझ लीजिए कि मेरी काया का दर्द बसन्तलाल के साथ अकेले-इकन्त में शायद कुदरती ढंग से मिटता। अब इस हालत में खालिस मन की कुदरत से मिटा। मैं मेहतरानी ज़रूर बन गई थी बाबूजी, पर अपने-आपको अफसर बेगम से ज़्यादा ऊंची समझती थी। बसन्तू मेरे कपड़े नोंचने झपटा, उसके पहले ही मैंने अफसर बेगम का हुस्न उघाड़कर उस भूखे भेड़िये को भरमा दिया। उसने दो-चार बार मेरे चुम्में लिये, मुझे लिपटाया। वो बात्त और थी, छोटी चीज को देकर मैंने बड़ी चीज़ को बचा लिया। जब मेरी आंखों के सामने दोनों का खेल चलता रहा तब मेरे मन में गुदगुदी नहीं उठती थी, बल्कि जो रात-भर उठी थी वो भी घिन से मिट गई। देख-देख के मैं खुश होती थी कि मेरा पाप इस निगोड़ी पर पड़ गया।

''यह सच है कि अपनी मदन-भूख में पहली बार मोहना को ललचाने के लिये मैंने निलज्जताई दिखलाई थी, फिर भी मैं वह निलज्जताई और छोटापन अपने लिये हरगिज़ बर्दाश्त नहीं कर सकती कि एक कन्हैयाजी मनमाना रास रचाएं और गोपियां उनकी खुशामद में अपनी निलज्जताई के तमाशे दिखा-दिखा के कन्हैयाजी को रिझाएं। कभी अपने मन से कभी पराये मन से मेरी किस्मत ने एक से जादा मरदों से मुझे ज़रूर मिलने से मजबूर किया, लेकिन, बाबूजी, मेरा भगवान जानता है। मैं अपनी कुदरत से एक ही मर्द के लायक बनी हूं। मोहन से पहले जो भी मेरी

ज़िन्दगी में आया वो मुझे लूटने ही आया। पहली बार मेरा मोहना ही मेरी सरपरस्ती लेने को तैयार हुआ। मुझे अपने घर लाया...''

''लेकिन आप तो कहती थीं कि आरम्भ में मोहन के लिये भी आपके मन में ऐसे पवित्र भाव नहीं जागे थे! मोहन के भागने तक आपके मन में मोहना एक स्वार्थपरक साधन का बहाना मात्र ही रहा!''

''बात आपकी ठीक है बाबूजी, खुद मैंने ही यह बात आपको बतलाई थी। लेकिन आप यह क्यों भूल गए कि एक बात तो परगट में तुरन्त आती है लेकिन दूसरी बात छिपे तौर से आते-आते बाद में एकाएक उजागर होकर मन के कोने-कोने में उजाला कर देती है। अफसर बेगम के यहां मेरे भीतर का वही छिपा हुआ ईमान परगट हुआ था। इस बसन्तलाल दरोगा ने गोबरधनदास सेठ की नकेल किसी तरह अपने हाथ में होने के कारण अफसर बेगम का सारा कर्जा उससे माफ करवा लिया। उसका मकान कुर्क होने से बचा लिया और फिर अहसानों के बोझ से लदी हुई बिचारी सीधी-साधी बिधवा औरत को अपनी मर्जी के मुताबिक रंडी बना दिया। वह शायद अफसर बेगम को और मुझे एक साथ ओछी सतह पर उतारकर हम दोनों के अहंकार को कुचल देना चाहता था। हमें अपनी कोड़ी-मोल बांदियां बनाकर यह साबित करना चाहता था कि हम लोगों की अपनी कोई मर्ज़ी नहीं, और हमारा सिरिफ एक फरज है—मालिक को खुश रखना। हरामी का पिल्ला साला! बसन्तू के कमीनेपन के तमाशे देख-देख के मुझे अपने मोहन की याद बहुत ज़ोर-ज़ोर से आई बाबूजी। अकेले में उसने मुझे भले ही अपने खिलवाड़ के लिये सताया हो, पर बाहर मेरी इज़्ज़त उसकी इज़्ज़त एक होती थी। अपने माई-मामू के सामने भी उसने मेरी इज़्ज़त को अपनी इज़्ज़त का सवाल बनाया। यहां बैण्ड-मास्टर के घर लाया, सिकन्दर मसी के कलबघर में ले गया, सब जगह उसने मेरी वैसी ही इज़्ज़त रखी जैसे कोई घरवाला अपनी घरवाली की रखता है। रामकसम बाबूजी, उस दिन मेरी आंखों को ऐसा धोखा हुआ कि अफसर बेगम के कमरे में जैसे मेरा मोहना आ गया है। और वो पराये मरद के साथ मुझे देखकर अपना आपा खो बैठा है। बसन्तू को मारने के लिये झपट रहा है। बात यों तो मेरे मन की ही थी, पर ऐसा लगा जैसे मन की बात हूबहू जादू-सी मेरे सामने परगट हो गई। मैं आपसे सच कहती हूं, इसके बाद पलक मारते ही मेरा मन दूसरा हो गया। मैंने सोचा कि एक अकेला मोहना ही मेरे साथ ऐसा पतीपने का गरूर और गुस्सा दिखला सकता है। ये बहादुरी न बबुआ में थी और न बसन्तू में। खड़कबहादुर तो जानवर था ही। मैं अब सोचती हूं कि अगर मैं अपने बूढ़े आर्यपुत्र को दो-चार बार गुस्से में मारपीट देती तो वह अपनी इज़्ज़त बचाने के लिये किसी जवान नाते-रिश्तेदार या अपने भरोसे के आदमी को मेरा मन भरने के लिये मुझे सौंप देता। उसकी इज़्ज़त औरत नहीं थी। उसकी इज़्ज़त थी दिखावा। वो पराये मरद से पैदा मेरे बच्चों को अपनी गोद में खिला सकता था और यह जतला-जतला कर खुश भी हो सकता था कि देखो मैंने बुढ़ापे में बच्चे पैदा किये हैं। एक अकेला मोहन ही मेरे ऊपर किसी गैर मरद का हक नहीं देख सकता था। मुझे अपने मोहन पर ऐसा प्यार उमड़ा कि आपसे क्या कहूं? मन के

भीतर उजाला छा गया। बसन्तू को देखा तो मन से गाली निकली कि धत् हरामी, तू मेरे मोहन के पैर की धोवन भी नहीं। आपसे सच कहती हूं, उसके बाद प्रेम का छलावा करने के लिये दो-एक बार बसन्तू दरोगा की देह छूनी पड़ी। पर हर बार ऐसा लगा मानो उबकाई ही आई। मैंने उन दोनों पिल्ले-पिल्लियों को अपने हाथ से पहले पिलाई, फिर मुंह काला करते हुए पिलाई। खूब मदहोश बनाया। दोनों उल्लू के पट्ठे जब बेहोश हो गए तब मैंने अकेले बैठकर खाया-पिया और तान के सोई।

"दूसरे दिन सवेरे मैंने ऐसा नाटक दिखलाया कि मानो बसन्तू दरोगा ने रात में अफसर बेगम के बजाय मुझे ही सबसे अधिक तंग किया है। चलते समय बसन्तू ने मुझसे कहा : 'आज शाम फिर इक्का भेज दूंगा।' मैंने हाथ जोड़कर कहा : 'मैं आपकी ऐशबग्घी में दूसरी घोड़ी बनकर जुतने नहीं आऊंगी।'

"अकड़ से हंसकर बसन्तलाल ने कहा : 'तुम्हारा आना-न आना क्या तुम्हारी मर्ज़ी पर है? जब चाहूंगा घसीटकर बुलवा लूंगा।'

" 'एक बार यह भी हौसला करके देख लो मेरे बांके दरोगा। इक्के पर सारे रास्ते यह गुहारती ही तुम्हारे पास आऊंगी कि ये वही बसन्तू दरोगा हैं जो कभी एक अमीर बुढ़िया के मनबहलाव के खिलौने थे। अब उसी की सिफारिश से दरोगा बने।'

" 'निर्गुन तुम्हें क्या हो गया है? बहुत बत्तमीज़ी से पेश आ रही हो।'

" 'अजी दरोगाजी, मेरी भला ये मजाल कहां? मैं तो एक पुराने दोस्त को तमीज़ सिखला रही हूं।' बसन्तलाल घूरकर मुझे देखता रहा, कुछ न बोला। मैंने समझाकर कहा : 'जब अफसर बेगम का हाथ आपने पकड़ा तो कम-से-कम उतने दिन तो आपको निभाना ही चाहिए जितने दिन आपका इस शहर से तबादला नहीं हो जाता। और जब जाने लगिए तो किसी सरपरस्त को उस बिचारी का हाथ पकड़ाते जाइएगा। मैं उम्मीद करती हूं कि मेरे पुराने दोस्त मेरी यह सही सीख मानेंगे।'

" 'और तुम?'

" 'नाली के कीड़े को नाली में ही पड़ा रहने दीजिए दरोगाजी। उससे कम-से-कम मैं अपने मास्टरजी को प्यार से याद तो कर लिया करूंगी, और एक बिनती यह भी है आपसे कि जैसे कल इक्के पर मुझे बुलवाने की दया की थी आपने, वैसे ही आज भिजवाने की दया भी कर दीजिए।'

"बसन्तलाल मुझे देखता रहा, कुछ न बोला। मैंने जब फिर अपनी प्रार्थना दोहराई तो उसने कहा : 'मेरे पास कोई साधन नहीं है।'

" 'तो क्या फिर मैं पैदल ही जाऊंगी?'

" 'मेहतरानियां क्या हवाई जहाज़ पे जाती हैं?'

" 'तो कल इक्का क्यों भेजा था?'

" 'अपने और तुम्हारे पुराने नाते का ध्यान करके ही भेजा था।'

" 'तो आज वो पुराना नाता...'

"बसन्तलाल एकदम चीख उठा : 'जाओ यहां से! बत्तमीज़! हकीर! दो कौड़ी की मामूली औरत! मैं तुमसे नफरत करता हूं।'

"मैं भी उत्ती बेला अपने ही मन के न जाने किस रंग में रंगी हुई थी बाबूजी

कि अपने पुराने प्रेमी और नये सरपरस्त को चिढ़ाने में ही मुझे मज़ा आ रहा था...''

''क्या आपको अब भी याद आ रहा है कि उस समय बसन्तलाल को चिढ़ाने में आपको सुख क्यों मिल रहा था?''

एक घूंट पी करके बाएं पैर का घुटना ऊंचा किया, अपना बीड़ी का बण्डल उठाया, एक सुलगाई, कश लिया और उठे हुए अपने घुटने पर हाथ टिकाकर मेरी आंखों की ओर ध्यानस्थ मुद्रा में टकटकी लगाए फिर एक कश खींचा, दूसरा कसकर खींचा और बीड़ी का बचा हुआ ठूंठ ऐश-ट्रे में फेंककर बोलीं : ''बाबूजी, आपकी आंखों में मेरे लिये बड़ा प्यार, बड़ी मामता हैगी इस बखत। ये प्यार गंगाजल जैसा है। इसका कोई रंग नहीं है। मगर एक दूसरी तरह का प्यार और मामता भी मैंने अपनी इत्ती बड़ी उमिर में, तरह-तरह के रंगों में देखा हैगा। बसन्तू दरोगा की आंखों में भी तरह-तरह से देखा था। जब मास्टर बनके आया था और मैं उस पर रीझी थी। जब अम्मां की बूढ़ी हविसों से थककर मेरे पास आता था। अपने दोनों हाथों से मेरा मुंह पकड़कर मेरी आंखों में आंखें डालकर देखता था—देखता, चूमता, बार-बार चिपटाता था, तब मुझे लगता था कि यह मेरा प्यारा प्रेमी मुझे अपने दिल का खरा सोना सौंप रहा है।...फिर जब बैण्ड-मास्टर के कतल की रात में दरोगा बनकर आया तो बसन्तू की आंखों में मुझे तरह-तरह से उसी पुराने प्रेम के खजाने का सोना झलकता दिखाई दिया था। फिर थाने के कमरे में वही आंखें देखीं, लगा कि वह जाना-पहचाना बरता हुआ सोना देखने में तो अब भी वैसा ही है पर छूने में लगता है कि वह सोना नहीं सुनहली मिट्टी हो गया है। आंखें आंखों में पैठकर मन को छूती-परखती हैं, बाबूजी। जब नया-नया अनुभौ होता है तो और भी गहराई से ध्यान की मिट्टी को पोला करके अपने संस्कार का बीज बोता है। पता नहीं आप मेरी बात को सही समझे भी या मैं ही नशे में बहकती चली जा रही हूं।...जो भी हो, सुनते जाइए इस बखत तो मेरी खातिर...मन के हाथों का दबाव पड़ते ही वह सोना जब भुरभुरी मिट्टी बन गया तो मन को अच्छा नहीं लगा। जिस शाम अफसर बेगम के यहां उसने मुझे बुलवाया था उस शाम अपने पुराने मास्टर बसन्तू दरोगा के सारे हाव-भाव देखते-देखते यह समझ में आया कि मेरे मास्टर के असलीपन पे ओहदे का नकलीपन पहाड़ पर बरफ के बोझ की तरह लदा पड़ा है। नीचे दबी हुई बरफ ही पहाड़ बनती चली जाती है। मुझे अपने मास्टर की वो दरोगाई बरफ चिढ़ा रही थी। और उसका नकलीपन देखकर मेरा असलीपन जोश के साथ उमड़ रहा था। अपने आपको बसन्तू दरोगा से ऊंचा मानकर मैंने उस साले को रात-भर उल्लू का पट्ठा बनाया। मैंने अफसर बेगम की मजबूरियों को देखकर बड़ी नफरत के साथ उकसावे दे-देकर बसन्तू से उसकी बेआबरूई करवाई, हालांकि बाद में उसके लिये पछतावा हुआ। बसन्तू दरोगा को शराब की बेहोशी से कहीं यह होश या शक बराबर बना रहा था कि मैंने रात के कीचड़ सने गन्दे तमाशे में अपने आपको बेदाग बचा लिया है। वो शैद इसी बात से मुझ पर चिढ़ा हुआ था! हम दोनों को अपनी-अपनी चिढ़ और एक-दूसरे के लिये अपना-अपना पुराना प्यार बुरी तरह से सता रहा था। बसन्तू दरोगा की वे बातें, वे नज़रें मुझे इस समै भी हू-ब-हू वैसी की वैसी ही दिखलाई पड़

रही हैं।"

"आप सच ही कहती हैं, आसक्ति के तार बड़े बारीक और न दिखलाई पड़ने वाले हुआ करते हैं। खैर, तो आप फिर कैसे आईं?"

"कैसे आई? हः-हः-हः!!! बड़ी बेआबरू होकर दरोगा के कूचे से मैं निकली। अपने प्यारे मास्टरजी के दो तमाचे खाये, कमर पे उनकी एक लात भी खाई, फिर अदब से दो बार मैंने सलाम किया। फिर दरवाज़े पे पहुंचकर खड़ी हुई अफसर बेगम से कहा कि बहन, इस छछूंदर दरोगा के सिर पर अपने प्यार की चमेली का तेल कभी न लगाना।

"बसन्तू साला मेरी ओर ऐसे झपटा कि जैसे बाज कबूतर पर झपटता है। मैं पहले से ही तैयार थी, झटपट नीचे की सीढ़ियां उतर आई।"

"फिर?"

"फिर क्या, अनजानी राह—अपने से बहोत-बहोऽत बड़ी लगने वाली दुनिया का फैलाव मेरे सामने था—चल पड़ी।"

"मसीताराम के यहां?"

"खुदा का शुकर है बाबूजी कि मेरी एक मंज़िल तो थी। सोचती हूं, अगर मसीता चच्चा का ठिकाना भी न होता तो मैं कहां जाती? खैर, अब इस किस्से को यहीं छोड़िए बाबूजी। आइए कुछ खाने-पीने की बातें करें।"

"हां, वह भी ज़रूरी है, पर मेरा मन आपके जीवन-इतिहास की करुणा से इस समय ऐसा भर गया है निर्गुनियांजी कि उसमें खाना-पीना कुछ भी नहीं सुहाता। बल्कि अगर आपको आपत्ति न हो तो..."

"आपत्ति है शर्माजी। पराये पैरों की फटी हुई बिवाइयों की पीर अपने भीतर पहचानना चाहते हैं? बड़ा मुश्किल काम है। ठहरिए, मैं तरकारियां गरम कर लूं।" गिलास में बची हुई शराब हलक के नीचे उतरी और वे हवा के झोंके की तरह उठीं। उनकी लड़खड़ाहट देखकर मुझे लगा कि कहीं वे गिर न जाएं। मगर मानो बिजली की फुर्ती से उनकी देह संभलकर सध गई। मैंने श्रीमती निर्गुनियां के मुकाबले में बहुत कम पी थी, पर उतना ही नशा मेरे भीतर अस्थिरता लाने को काफी था और यह स्त्री लगभग आधी से अधिक बोतल पीकर अपने-आपको साध सकती है, अपनी जीवन-कथा को इतने विस्तार से सुना सकती है! यह कैसे इसके लिये सम्भव हो सकता है? क्या अपनी बहिर्चेतना को सुलाकर यह स्त्री अपनी अन्तर्प्रज्ञा को जगा लेती है? यह स्त्री अपने मन का पक्ष भी बखानती है और दूसरे के मन को भी उतनी ही तटस्थता से बखान जाती है। इस चरित्रहीनता नारी के जीवन की चरित्र-निष्ठा देखकर मेरे मन में समुद्र की लहरों की तरह अनगिनत वैचारिक तरंगें उठ आती हैं। मन श्रद्धा से भर जाता है। पर श्रद्धा किस पर करता हूं मैं?—श्रीमती निर्गुनियां पर, या उनके जन्म से ब्राह्मण होने पर, या उनके अपने हाथ से उजाड़े चमन में आई हुई इस चरित्र-निष्ठा की ताज़ा बहार के प्रति मेरी श्रद्धा है? शराब के नशे में मुझे बार-बार ये आभास हो रहा था कि मैं एक साधारण स्त्री नहीं, बल्कि अपने ढंग की एक अनोखी योगिनी के निकट आने का सौभाग्य प्राप्त कर रहा हूं। इस स्त्री ने

जीवन की घोरतम कुरूपता में अपना स्वरूप देखा और पहचाना है?...भला मैं अपने-आपको कितना पहचानता हूं?

श्रीमती निर्गुनियां ने बाहर के वाशबेसिन के नल पर जाकर अपने चेहरे पर पानी के कस-कसकर छींटे मारे, हाथ-पैर धोए और इस तरह रसोई के काम में लीन हुईं जैसे उन्होंने पी ही न हो। थोड़ी देर बाद मैं भी कमरे से उठकर बाहर बरामदे में ही आ गया। मैंने कहा : "आपके चौके में ही बैठकर खा लूं तो आपको आपत्ति न होगी?" निर्गुनियां हंसीं, कहा : "यह भी भला कोई बाह्मन का चौका है जो छूत-पाक हो? जिससे आपके जी को घर जैसा सुख मिले वही कीजिए।" मैं फर्श पर ही बैठ गया। निर्गुनियांजी ने कहा : "आप पूरी पसन्द करेंगे या पराठे? मेरी राय में पराठे ही खाइए।"

"तो फिर आप बगैर पूछे भी मुझे पराठे खिला सकती थीं! अच्छा निर्गुनियांजी, बातों के प्रसंग में मैं आपसे डाक्टर मेरी जूलियस के सम्बन्ध में अधिक पूछना भूल ही गया। वो क्या बीमार हो गई थीं?"

"क्या बतलाऊं बाबूजी। वो लड़की पढ़ी-लिखी मूरख है। उसके पति डाक्टर जूलियस जो हैं वो ज़रा तबियतदार किसिम के आदमी हैं। अब ये तो एक ही जगह पर रहती है। पिरिंसपल है। और वो अपने तबादले की नौकरी में अलग-अलग अस्पतालों में घूमते हैं। मेरी लड़की को तो मरद की सोहबत ही खास नहीं सुहाती है और वो अस्पताली नरसों के चमन में अपने जी की बहारें देखते हैं। उस उल्लू की पट्ठी को वो भी नहीं सुहाता। अभी पिछली गरमियों की छुट्टियों में आठ-दस दिन के लिये अपने शौहर के पास गई थी। वहां भगवान की दया से इसके दिन चढ़ गये। अब उसी की कुढ़न सवार हुई कि हाय मैं तो पिरिंसपल हूं, इत्ते बरसों बाद मां बनूंगी तो इज़्ज़त में बट्टा लगेगा। नालायक ने उल्टी-सीधी कोई दवा करके हमल गिरवा दिया। लेने के देने पड़ गए थे। जान पर आ बनी। कालिज वालों ने उधर डाक्टर साहब को और इधर मेरे नन्हां के यहां टेलीफोन किया। अब हेनरी बेचारा और दुखी हो गया है। मुझसे रोके कहता था कि मम्मी एक बच्चा आ जाता तो हमारी ज़िन्दगी जाने क्या पलटा ले लेती। अब मैं इससे तलाक लूंगा और दूसरी शादी करूंगा। मैं इस हत्यारिन औरत से अब कोई रिश्ता नहीं रखूंगा। उस उल्लू की पट्ठी को उसमें भी अपनी बेइज़्ज़ती दिखलाई पड़ती है। जैसी उसके निगोड़े बाप की समझ थी वैसी उल्टी बुद्धि उसकी भी है। जैसे वो हरामी अपनी ज़िद्द के आगे किसी की नहीं सुनता था वैसे ही उसकी लौंडिया भी कहती है कि नहीं, तुम बने तो रहो मेरे शौहर लेकिन मैं तुम्हें अपने गरभ से बच्चे न पैदा करने दूंगी। भला ये भी कोई समझदारी की बात हुई बाबूजी? मैंने तो उसके मुंह पे सफा-सफा कह दिया कि तेरे मन में कपट है। उसे तलाक दे दे। तू ठण्डी औरत है और उस मरद की कुदरती मांगें भी पूरी करने में नाहक अड़ंगे लगाती है। उस बेचारे का घर-बार बसे, बाल-बच्चे हों अपनी ज़िन्दगी का सुख भोगे। पर वो हरामज़ादी तो अपने बाप की बेटी है न? 'चित भी मेरी, पट भी मेरी और अन्टा मेरे बाप का।' जैसे मैं, अच्छी-भली मेहतर जून से छूट के फिर से भली औरत बन गई थी मगर वो हरामी का पिल्ला

ज़िद्दी मोहन से मोहना डाकू बनकर आया और फिर मुझे मेहतरानी की मेहतरानी बनाके चला गया। हरामी साला!"

"तो क्या आप एक बार...?"

"हां, हां। उन दिनों की सारी बातें कापी में लिख रखी हैं। दे दूंगी, पढ़ जाइएगा। इस बखत तो बैठकर खाना खाइए। अब थोड़ी देर के लिये यह पाप-पंक की बातें बिसार ही दीजिए तो भला होगा।'

"पंक तो मुझे दिखलाई भी नहीं देता, निर्गुनियांजी, मेरे सामने तो पंकजा है सहस्र दल वाली साक्षात प्रज्ञालक्ष्मी!" कैसी दिव्य लग रही थी वह स्त्री! कितनी तेजोमयी! खाते हुए उस अद्भुत व्यक्तित्वशालिनी के प्रति मैं मन-ही-मन झुका जा रहा था।

24

निर्गुनियांजी के घर से चलते समय मैं उनके द्वारा अंकित पुराने संस्मरणों की पुरानी कापी-बुक लेता आया था। महीन-महीन कच्चे अक्षर सधे हाथों बड़ी तरतीब से लिखे थे। लिखत सुन्दर न होने पर भी साफ थी। ये निर्गुनियां भी अजब हैं। टुकड़े-टुकड़े में तो अपनी जीवन-कथा इन्होंने काफी लिखी है, परन्तु समझ में नहीं आता कि इन्होंने विधिवत आत्मजीवनी क्यों न लिखी! इनकी पहली कापी जो मैंने देखी थी वो आज से तीन वर्ष पहले की थी। मानस चतुश्शती समारोह के प्रचार ने उन्हें आत्मकथा लिखने के लिये प्रेरित किया था। यह नोट-बुक उस नोट-बुक से कहीं अधिक पुरानी है। इसे उन्होंने अफसर बेगम के घर से लौटने के बाद अपनी जीवन-घटनाओं को बांधने के लिये लिखा था। सबसे मज़े की बात इस नोट-बुक में यह है कि इसका आरम्भ अयोध्याकाण्ड के एक दोहे से हुआ है—

जस तुम्हार मानस बिमल, हंसिनि जीहा जासु।
मुकुताहल गुनगन चुनहिं, राम बसहु हिय तासु॥

जीवन के नये-नये अनोखे अनुभवों-सी सुई के छेद में से गुज़रने वाले हाथी की तरह वे अपने कड़वे-मीठे अनुभव लिखना चाहती हैं। हंस की तरह अपना नीर-क्षीर विवेक जगाना चाहती हैं। और इतना ही नहीं, गोस्वामी तुलसीदासजी की भक्तिमयी काव्य-प्रतिभा का सांस्कारिक सहारा लेकर रामरूप परम सत्य को अपने हिये में बसाने के लिये प्रार्थनारत भी हैं। अजब है ये तुलसीदास की रामायण, जिसने मेरी पीढ़ी तक के लोगों के बचपन में ही इस तरह से सांस्कारिक छाप छोड़ी थी! काम-क्षुधा से टूटी हुई अपनी जनमपत्री को अपने ही हाथों बिगाड़ने वाली इस मदन-दीवानी स्त्री में आज के लगभग अड़तीस-चालीस वर्ष पूर्व भी तुलसीदास की रामायण के संस्कार गहराई में जमे हुए थे। बल्कि यह कहूं कि दो छोरों के दोनों सिरों पर दोनों प्रकार का चुम्बकीय आकर्षण भरपूर शक्ति के साथ समाया हुआ था। कभी-कभी सोचता हूं, अवसर पा जातीं तो कदाचित यह अनोखे हरिभक्त के रूप में भी

चमक सकती थीं। सूरदास की एक पंक्ति के अनुसार निर्गुनियां का आधा व्यक्तित्व निर्मलनीरा नदी के समान है, और उनके व्यक्तित्व का दूसरा पहलू उस नाले के समान है जिसमें 'मैलो ही नीर भरो।' लेकिन क्या अकेली श्रीमती निर्गुनियां के व्यक्तित्व में ही ऐसा अंधेरे-उजाले का विरोधाभास मिलता है? क्या औरों में नहीं होता? मैं समझता हूं कि मनुष्य की चेतना के दो रूप होते हैं—एक सुप्त, दूसरा जाग्रत। जागते व्यक्तित्व में कभी-कभी अजब खेल दिखलाई देता है। ऊपर से सधा-बंधा परम पवित्र शुद्ध आचरणयुक्त प्राणी एक दिन सहसा कोई ऐसा काम कर बैठता है जो उसके लिये नितान्त अकल्पनीय, अकरणीय लगता हो! तब कौन-सी चेतना सुप्त मानी जाएगी और कौन-सी जाग्रत? लक्ष्मण जाग रहे थे मेघनाद सो रहा था, जागते हुए लक्ष्मण परमशक्तिशाली और तेजोमय लग रहे थे। लेकिन एक दिन एकाएक मेघनाद जाग पड़ा और उसके जागते ही लक्ष्मण अशक्त-से पराजित होकर बेहोश हो गए। तब चेतना के किस रूप को सुप्त माना जाए, किसे जाग्रत? मैं समझता हूं कि सोती-जागती भावात्मक चेतना मस्तिष्क के ज्ञान-केन्द्र के कपाट न खुलने तक हर हालत में लंगड़ाकर ही चलती है। चेतना का जाग्रत तत्त्व नीर-क्षीर विवेकधारी ज्ञान ही है। जब वह जागता है तो चेतना भी सजग होती है। अड़तिस-चालीस बरस पहले निर्गुनियां का अविवेकी मन भी जाग्रत-सुप्त अवस्था में अपने जी का मरम लिखने से पहले गोसाईंजी के शब्दों में ही हंसिनि बनकर नीर-क्षीर विवेक के लिये पुकारता है। शायद इसी प्रकार के आग्रह से ही उसे यह वर्तमान व्यक्तित्व मिला है। पतन में उत्थान, प्रसुप्ति में जागरण इसी को कहते हैं। वाह री निर्गुनियां—'तुझे हम वली समझते जो न वादाख्वार होती!'

उस दिन तो घर आकर सो गया। उस रात पढ़ने की ताब न थी। दूसरे दिन दोपहर के बाद ही निर्गुण-कथा पढ़ने की फुर्सत मिली। राम को अपने हिये में बसाने की अरदास वाला दोहा लिखकर निर्गुनियांजी ने लिखा—

[श्रीमती निर्गुनियां की नोट-बुक से उद्धृत]

पिछले छह महीनों में मेरे को क्या-क्या हुआ, कैसी-कैसी तकदीर की मारें सहनी पड़ीं, यह सोचकर इस समै बिचार आता है कि रामजी ने मेरा यह जनम यही सब भोगने के लिये ही मुझे दिया होगा। दरोगा बसन्तलाल ने मेरी कमर पर लातें जड़कर मुझे सीढ़ियों पर से ढकेला था। इसी कमर में हाथ डालकर बसन्तू मास्टर कभी ये कहते नहीं अघाता था कि तुम्हारी यह कंचन-सी काया अपने अंगों से लिपटाकर मुझे लगता है कि सब कुछ मिल गया। यही काम जब मैं उस बिभिचारिणी औरत (याने अम्मां) के साथ करने को मजबूर होता हूं तो लगता है जैसे मेरा सब कुछ छिना जा रहा है। नाली के गन्दे पानी का आचमन करना और गंगाजी के निर्मल नीर के आचमन में जो भेद है वही तुममें और तुम्हारी मालकिन में है। वही बसन्तू मास्टर दरोगा हाकिम बन के मेरी देह को गन्दा टोकरा कहने लगा। खैर उसे कहना ही चाहिए, उसका हक था। भगवान ने उसे इस काबिल बनाया है कि वह दूसरों के साथ अपनी मनमानी कर सके। एक लुटेरे सूदखोर

महाजन के कब्ज़े से बिचारी अफसर बेगम को छुड़ाकर उसने जो पुन्न कमाया है उसी पुन्न के परताप से उसने उस बिचारी शरीफ घर की औरत को बड़ी निलज्जताई से रंडी भी बना दिया। सहारा लिया मेरा। उसने सोचा होगा कि मैं तो बेशर्मी की हद तक पहुंचकर मेहतरानी बन ही चुकी हूं और नीच कौम की औरत तो यों भी बेजान होती ही है, न उसे लज्जा, न शरम। भरे चौराहे पर उसकी जैसे चाहो बेइज़्ज़ती कर लो। मगर मैं इसके लिये तैयार न थी। अपनी काया की भूख से बेबस होकर मैं मेहतरानी तो बन सकती थी पर वेशिया नहीं।...

परंतू ओ री निगोड़ी निर्गुन, अपने हाथ में पकड़ी हुई इस कलम के सामने अपने कलेजे पर हाथ रख के ज़रा कसम तो खा कि तू उस शाम बसन्तू दरोगा की वेशिया बनने के लिये जानबूझ कर नहीं गई थी! तू खुद थाने के कमरे में उसके साथ इकन्त में मदन-मतवाली बनी थी। तूने खुद ये तय किया था कि पुराने प्रेमी के साथ गुलछर्रे उड़ाके अपनी काया को सुख देगी। तू अपनी काया का सौदा करके उससे अपनी पुरानी शराफत की हैसियत खरीदने के लिये गई थी। तेरे मन में भी कुछ कम पाप नहीं था।

हां, कबूल करती हूं कि मन में यह पाप ज़रूर था, पर मैंने यह कभी न सोचा था कि वह दो मजबूर औरतों को एक साथ गली की कुतिया बनाकर अपने आपको उन कुतियों का मालिक बनाएगा। मेरे को ये मजबूरी ऐसी लगी कि जैसे मेरे रोएं-रोएं को सुइयां चुभोई जा रही हों। काया का जो सुख लेने-देने गई थी वह सुख मुझे इस कीमत पर लेना-देना कबूल नहीं था। वो शराफत भरी हैसियत जो मैं अपने पुराने ओहदेदार प्रेमी से पाने गई थी मुझे इस कीमत पर मंजूर न थी। मेहतरानी की हैसियत वेशिया से कई लाख गुना ऊंची है। रामजी ने मुझे बचा लिया। मैं कैसी भी होऊं पर अपने मोहना की होने वाली सन्तान की मां हूं। मुझे उसने अपने घर में अपनी पतनी बनाकर रखा। मैं अपने से झूठ नहीं बोलूंगी कि पुराने प्रेमी के हाथों इस बुरी तरह अपमानित होकर भी मैं मन में जीत की खुशी लेकर अफसर बेगम के घर से बाहर आई थी। मैं उस समै उसी जीत के जोश में अनजानी राह पर पूरे भरोसे के साथ चल पड़ी। ऐसा लगता था कि यह गांव शहर की चौहद्दी से मिला हुआ था। अफसर बेगम किसी छोटे-मोटे हैसियतदार घर की बहू होगी। आसपास में ही उसके खेत भी होंगे। उसकी ससुराल वालों ने यहां भी एक घर बनवा लिया होगा। बाद में किसी पुराने कर्जे से छुटकारा पाने के लिये वे लोग शहर का घर छोड़कर यहीं आकर बस गए होंगे। यह भी कर्जे में निल्लाम होने लगा तो मेरे बांके बसन्तू दरोगा को बिचारी शरीफजादी की आबरू बचाने के लिये दया आई होगी। उसी दया में उपकार करके उसने शरीफजादी असफर बेगम को कुतिया बेगम भी बनाया। मैं कभी उसके प्रेम और पूजा की बस्तू थी, इसलिये मुझे भी उसकी दरोगाई ने उसी हैसियत पर उतारना चाहा था। दुष्ट कहीं का! लेकिन कुछ दिनों के बाद इसी बसन्तू को क्या मैंने चूना नहीं लगाया था? तब फिर उस हैवान में एक बार मैंने अपना वही जाना-पहिचाना पुराना प्रेमी देखा था। खैर, यह बात तो आगे होगी। मैं खेतों के किनारे-किनारे पगडण्डियों के सहारे मुड़ती हुई पक्की सड़क पर आ गई।

एक खड़खड़े वाला ताज़ी सब्जियों से भरे डले रखे सड़क पर जाता दिखाई दिया। मैंने हाथ बढ़ाकर रोका, कहा : "ऐ भैया, छावनी की तरफ जा रहे हो!"

"हां चलोगी?"

"अल्ला तुम्हारी बढ़ोत्तरी करे, मेरे भैया। इस गरीबनी की बड़ी मदद की, भगवान तुम्हें सलामत रखे।"

मुझे उस खड़खड़े पर चढ़ाने के लिये हांकने वाले ने मेरी दोनों बांहें थामकर मुझे सहारा दिया। पर सच्ची कहती हूं, जाने क्या भगवान की माया है! वह सहारा देने वाले हाथ मुझे तनिक भी अटपटे न लगे। न मुझे यह लगा कि सहारा देने वाला हाथ किसी मरद का हाथ है। वह हाथ सिरिफ सहारा देने वाले हाथ थे, न औरत के न मरद के। एक डला दूसरे डले पर रखकर बेचारे खड़खड़े वाले ने मेरे बैठने के लिए जगह बना दी। हम चल पड़े। रस्ते में उसने मुझसे पूछा : "इधर कहां, कैसे आ गई थीं?"

"ऐ भैया, मेरी रिश्तेदारी की एक बेवा औरत यहां रहती है।"

"अच्छा-अच्छा, वो हाजी साहब के यहां आई होगी। अब उनके बेटे की जवान बेवा को छोड़कर और कौन है यहां?"

"हां मियां, वहीं आई थी।"

"बड़ी सीधी और सरीफ औरत है बेचारी। सुना है बड़ी मुसीबतों में दिन कट रहे हैं उसके। मैंने सुना था कि छावनी के ही किसी लाला महाजन ने हाजी साहब के खेत पर कब्जा कर लिया हैगा। बिचारी वहां से निकाली जाने वाली हैगी।"

"नईं मियां, उस मुसीबत से तो बच गई बिचारी। किसी पुलिस दरोगा ने सुना फैसला करवा दिया है।"

"ये छावनी में नया दरोगा जो आया है वो, सुनते हैं, बड़ा भला आदमी है। गरीबों की मदद करता है। अभी चार रोज पहले की बात है। मोहना डाकू की टोली ने ये सामने वाले गुड़ियामऊ की बस्ती में डाका डाला था। उसमें जितने गरीब-गुर्बों की झोपड़ियां उजड़ीं थीं वह सब छावनी में रहने वाले आलू के गोदाम वाले लाला से पैसा दिलवाके कल ही खड़े-खड़े बनाने का आडर दे दिया। सरीफ आदमी हैगा बिचारा। अल्ला उसका रुतबा बुलन्द करे।"

मोहना डाकू का नाम सुनकर मेरे मन की दुनियां डोल गई। पूछने को जी चाहा पर हियाव न पड़ा। खड़खड़े वाले की बात पूरी हुई तो कुछ पल सन्नाटे के बीते, आखिरकार मुझसे न रहा गया। पूछ ही तो बैठी : "किसने डाका डाला था भैया?"

"मोहना, मोहना। वहीदा का सागिरद हैगा। अभी कुछ ही महीने हुए तो साला छावनी से भागा था—बैण्ड-मास्टर और उसके लौंडे का कतल करके। वहीदा डाकू सुनते हैं कि मोहना को बहुत मानने लगा था। डाके की बखत सुनते हैं कि गुड़ियामऊ के जमींदार की गोली वहीदा को लगी। वह ढेर हो गया। डाकू एक बार तो घबरा के भागे, पर उसके सागिरद मोहना ने ललकारकर सबको समेटा, और फिर तो ज़मींदार के सारे गांव की ऐसी लूटपाट, ऐसी बरबादी की कि अल्ला दुस्मन को भी वो दिन न दिखलाए। लेकिन ये छावनी का नया वाला दरोगा एक दिन मोहना

को गिरिफतार करके ही मानेगा, तुम देख लेना बहिन।''

मैं चुप्पे बैठी सुनती रही। मुस्किल से कुछ महीने तो हुए हैं उसे वहीदा के पास गए हुए और इसी बीच वह मोहना से मोहना डाकू भी हो गया! मेरी आंखों के आगे बहुत कुछ नाच गया। एक दिन मैंने भी तो अपनी काया का हुस्न दिखलाकर, उसे ललचाकर उसकी मर्दानगी का सुख लूटा था। आज वह खुद लुटेरा बन गया तो अचरज क्या है? मैं बसन्तू दरोगा के लुटेरा बन जाने पर उसे ही कसूरवार क्यों ठहराऊं? सभी लुटेरे हैं। मैं भी, बसन्तू भी, मोहना भी। यह दुनियां ही लुटेरों और लुटने वालों की है। जब जिसका दांव लग जाता है तब वही लुटेरा बन जाता है।

छावनी के चौराहे पर पहुंचते ही मैंने खड़खड़े वाले का शुक्रिया अदा किया। पैसे देने के लिये आंचल का खूंट खोलने लगी तो बोला : ''जाओ बहिन, इन्सान-ही-इन्सान के काम आता है।''

मैं इन्सान और हैवान ये दो लफज बार-बार सुनती हूं, और अब तो ये मुझे उलझाने लगे हैं। कौन आदमी किस समय इन्सान बनता है और किस समय हैवान? यह कोई नहीं जानता कि वही आदमी छिन-भर में इन्सान ही नहीं देवता तक नज़र आता है और दूसरे ही छिन में वो हैवान बन जाता है। कौन बनता है इन्सान और हैवान? मेरा 'मैं'। 'मैं' अपना बड़प्पन बढ़ाने के लिये ही अपने-अपने मौके की समझ के हिसाब से इन्सान भी बनता है और हैवान भी।

घर पहुंचते हुए मुझे लगभग दस-साढ़े दस बज गए थे। मसीता चच्चा भी अपनी जिजमानी के काम पे गए थे। गुल्लन चच्ची भी किसी के यहां गई थीं। मैं उनकी बहू से घर की चाबी लेने गई। नब्बू की बहू को मैंने देखा तो कई बार था। गुल्लन चच्ची से उसकी बुराइयां भी सुनी थीं। पर उससे खुल के बात करने का मौका मुझे उसी दिन मिला। बड़े अपनेपन के साथ मुझे अपने पास बिठलाया। पान लगा के खिलाया और मुस्करा के बोली : ''बीबी, सुना है कि तुम रात-भर थानेदारिनी बनके आ रही होगी! अम्मां कल घर में बताती रही कि ये नये दरोगाजी तुम्हारे पुराने आशिक हैं।''

मेरे मन को ठेस लगी। उस कड़वेपन को पचाकर बनावटी हंसी के साथ मैंने कहा : ''हां पुराने आशिक हैं तो सही मगर कल तो उनकी एक दूसरी माशूक के यहां कामकाज था, सो रात-भर उसके यहां झाड़ू ही लगाती रही।''

''मुंह पे क्यों नहीं मारी हरामी के?''

''अरे बेशरम को शरम थोड़े ही आती है भला। चलती बखत दो रुपये टिका दिए, यही क्या कम है?''

''दो दिलवाए! अरे तब तो बड़ा शरीफ है ये तुम्हारा पुराना आशिक दरोगा!''

''हां शरीफ तो है ही बेचारा।''

''मेरी मानो तो नये सिरे से उसी की सरपरस्ती में अपना बखत निभा लो बहिन। तुम्हारा शौहर तो अब डाकू हो गया है डाकू। उसका भला क्या ठिकाना?''

''हां, हमाए मेहतरों की कौम में तो चोर-डाकू हुआ ही करते हैं। हमाए वो डाकू

हो गए तो कौन नई बात हुई! वो अपनी निबेड़ेंगे, मैं अपनी निबेड़ लूंगी। अरे, मसीता चच्चा जैसे आदमी की सरपरस्ती दे दी यही अल्ला मियां की बड़ी मेहरबानी है मुझ पर।"

"मेरी सलाह मानो बहिन तो तुम चच्चा की जिजमानी अपने नाम करा लो। बुड्ढे का कोई भरोसा नईं-ना! आज मरे कल दूसरा दिन होगा। मैंने सुना है कि अपना मकान वो तुम्हाए नाम लिखा-पढ़ी करा चुके हैंगे। बल्कि मैं तुमसे झूठ नईं बोलूंगी, हमाए वो तो तुमसे इस बात से बहुत नराज़ हैंगे। तुम न आती तो ये घर उनको ही मिलता।"

सुनकर अचानक मेरे मन को धक्का लगा। और उसी दम मेरे मन में मानो किसी ने कहा—यह तेरे लिये अच्छा नहीं हुआ। पर मैं भला कर ही क्या सकती थी! खैर, ताली लेके घर गई। घर की थोड़ी झाड़-पोंछ की, नहाई धोई, खाना बनाने बैठ गई।

घण्टे-डेढ़ घण्टे के बाद गुल्लन चच्ची आईं। मैंने देखा, उनका चेहरा उदास था। मुझे देखकर एक बार मानो मजबूरी से हल्के-सा मुस्कराईं और फिर धीरे-धीरे अपनी अकड़ी हुई काया को ढील देते-देते अन्त में धम्म से बैठ गईं। मैं उत्ते समै आटा माण्ड रही थी। चूल्हे पर दाल चढ़ी थी। मैंने पूछा : "चच्ची, आज तुम बड़ी थकी हुई-सी लग रही हो। तुम्हारा चेहरा भी उतरा-उतरा-सा है। क्या बात है?"

चच्ची बैठी हांफ रही थीं, रुक-रुककर कहा : "अब तो ये मनाती हूं बहुरिया कि भगवान मुझे जल्दी ही अपने घर बुला ले। जिया नहीं जाता अब मुझसे।" कहते-कहते उनकी आंखें छलछला उठीं। मैं समझ गई कि अपनी बहू की कोई तीखी बात सुनकर आ रही हैं। पूछा : "क्या बात है चच्ची, क्या हुआ?"

"कुछ नहीं। सब करमों के भोग हैं। भोग न होते तो क्या मेहतर के घर जनम पाती! जनम भर कठपुतली-से जियो, सबके हुक्म बजाओ, सबके जूते-लात खाओ। अब बोलो भला, मेरी तीन बीसी से भी दो-चार, आठ बरिस ज़्यादा उमिर हो चुकी है। ये भला कोई पिटने की उमिर है मेरी! अल्ला मियां जो न दिखाएं सो थोड़ा है।" कहकर आंखों पर पल्ला ढक लिया।

मैंने पूछा : "आज कोई खास बात हुई चच्ची?"

उन्होंने रो-रो के बताया कि बड़े दरोगाजी यानी बसन्तू के यहां उसकी घरवाली को बेटा जना के घर आई, रस्ते में दो पैसे के कचालू लिये। घर आके नब्बू की बहुरिया से कहा—मुझे बड़ी ज़ोर की भूख लगी है, तू जल्दी से मुझे दो रोटियां दे दे। रोटियां तो न दीं निगोड़ी ने, हां ज़बान की छुरी से मेरी बोटियां ही नोंच लीं। इसके मां-बाप सात पुश्तें दोखज की आग में जलें। इनके तन-मन में कीड़े पड़ें...बहुत कुछ कोसा-कोसी कर डाली। मुझे ऐसा लगा कि इन्होंने कोई बहुत लगती बात कही होगी, जिससे सास-बहू में मारपीट तक की नौबत आ गई। मैंने इत्ती देर में दाल की बटलोई चूल्हे से उतारकर तवा चढ़ा दिया। हाथों से रोटी पोने लगी। एकाएक मन में न जाने क्या चकल्लस सूझी कि मैंने सोचा, देखूं तो सही रोटी बनते देखकर इनके चेहरे पर दुःख के साथ कुछ सुख भी आ रहा है या नहीं? मुझे बड़ी तसल्ली

हुई कि उनके आंसू अब सूख चले थे। केवल कोसा-कोसी की गरमी ही बाकी रह गई थी। इन्सान का मन भी भला कैसा होता है कि तनिक-सी आस बंधते ही तोस पा जाता है। चच्ची जानती थीं कि मैं पहले उन्हें ही पका के खिलाऊंगी। तवे पर रोटी चढ़ते उनके कोसने भी बन्द हो गए। देह में फुर्ती आई। फैली टांगें मुड़कर पालथी बन गईं। बैठने में भी सधाव आ गया। एकाएक रोना-कोसना भूल सहज प्यार-भरी आवाज़ में मुझसे पूछा : ''कहो, रात कैसी गुज़ार आईं रानी? मैं कल शाम को ही बुलावे पर उनके यहां पहुंच गई थी। लड़के-बाले तो सभी जनती हैंगी, पर हाकिमी चोंचले बहुत होते हैं। तुम्हाए चहेते की सुहागिन तो बड़ी ही नखरीली हैगी भाई। दो लड़कियों के बाद ये तीसरा लड़का आज क्या जना हैगा कि सास, चचियासास, फुफियासास—सारे घर की दलेल ही बुलावा दी हरामज़ादी ने। और मेरी तो पूछो ही ना। शाम को दरद उठा सो बुलौवा आया। मैं गई। रात-भर वहीं रही, न खाया, न पिया। अरे एक पान तक को तो तरसा दिया हरामियों ने। ये सरकारी हाकिम बड़े ही कंजूस मक्खीचूस होते हैंगे। गांधी महात्मा सच्ची कहते हैं कि गरीबों का खून चूसती हैगी सरकार।'' एक रोटी तवे से उतारकर घई में डाली। दूसरी तवे पर गई। मैंने उठकर अलमोनियम की कटोरी उठाई, दाल परोसने लगी। चच्ची के मुंह से असीसें निकलना शुरू हो गईं। ''खुदा तेरे ऊपर मेहरबान हो बिटिया। जैसे बुरे दिन देख रही हो वैसे ही सोने के दिन भी देखो। मैंने कल बड़े दरोगा के ही घर सुना कि परसों-नरसों तेरे मोहना ने गुड़ियामऊ में डाका डाला था। सुना बड़ा माल लूटकर ले गया है। बड़े दरोगा और जाने कित्ती गारद गई, पर ढूंढ़ न पाई मोहना को।''

घई से रोटी निकालकर झाड़ी, फिर थाली में रखी और कहा : ''सुना मैंने भी है चच्ची। हो सकता है इस नाम का कोई और डाकू हो। चार महीने में कोई नासमझ आदमी तो बड़ा डाकू बन नहीं सकता।''

दोने से थोड़े कचालू निकालकर थाली में रखे, फिर उतावली में गरम रोटी का कौर तोड़ती हुई बोलीं : ''देखो बहुरिया, तुम्हाए दिए अन्न का कौर मेरे हाथ में है, झूठ नहीं बोलूंगी। अपना मोहना ही है। वहीदा डाकू मारा गया तो मोहना का खून खौल उठा। उसी ने आड़े बखत में डाकुओं की कमान संभाली तो सर्दार बन गया। मैं दरोगाजी के यहां सब सुन आई हूं।''

इन बातों से मेरा मन भारी हो गया। सोचने लगी कि इस जंजाल से छूटकर अब कहीं दूर ही चली जाऊं तो भला है। लेकिन कहां जाऊंगी और क्या करूंगी, यह समझ में नहीं आता। गुल्लन चच्ची को खिला-पिला के मसीता चच्चा का इन्तज़ार करने लगी। चच्ची मुझसे बोलीं : ''बेटी, अब मेरी दो रोटियां तू ही सेंक दिया कर, मैं अब उस घर में नहीं रहूंगी। मैं तुझे हर महीने अपना आटा लाके दे दिया करूंगी।'' मैंने पूछा : ''सोच लो चच्ची, घर के बेटे-बहू से बिगाड़ करके यहां रहना ठीक नहीं रहेगा। आगे तुम बड़ी-बूढ़ी हो, समझदार हो, जो भी करोगी सोच-समझ के करोगी।''

''सब सोच-समझ लिया है। जिस घर में बुढ़ापे की इज़्ज़त न हो उस घर में

रहना अब मुझे गवारा नहीं। रात-भर की थकी-मांदी घर आई तो घर घर-सा न लगा। उल्टे बहू की मार खाई।''

जाने मुझे क्या सूझा कि बिना सोचे-समझे एकाएक कह बैठी : ''तुम यहां खुशी से रहो चच्ची, मैं तो अब चली ही जाऊंगी।''

''अरी कहां?''

''जहां मेरी किस्मत और रामजी मुझे ले जाएंगे, वहीं चली जाऊंगी।''

''क्यों?''

चच्ची का यह सवाल मेरे कलेजे में अटक गया। मैं आप ही नहीं जानती थी कि मैंने ऐसी बात मुंह से क्यों निकाली। मेरे मन में ऐसी क्या बात थी जो इस तरह से फूट निकली। ठण्डी बुद्धी से सोच-समझकर कहा : ''क्या कहूं चच्ची, अब वो तो डाके डालने लगे हैं। और मैं तुम्हाए दरोगाजी को नराज़ करके आ रही हूं। आये दिन वो मुझे सताने आएंगे। मुफत की बदनामी होगी। और तुम लोगों को जो हलाकानी होगी सो तो होगी ही। इसीलिये मैं चली जाऊंगी।''

''अरे पर जाओगी कहां?''

''यही तो समझ में नहीं आता, सोचती हूं कांगरेस दफ्तर में जाके बल्लमटेरों में अपना नाम लिखा दूं तो जेल चली जाऊंगी।''

''अल्ला जाने तुम्हारा क्या हो क्या न हो; जवान औरत की बड़ी खराबी होती है बहुरिया।''

मैं भला क्या जवाब देती। थोड़ी देर बाद मसीता चच्चा आए। जब से मैं यहां आई हूं उन्हें रोज़ नहला देती हूं। उस दिन जब उठी तो चच्चा खुद ही बाल्टी लेकर भरने चले। मैंने देख लिया। शरमा के माफी मांगी और बाल्टी लेकर घुंघट काढ़कर पानी भरने बाहर चली गई। लौटकर जब आई तो शायद गुल्लन चच्ची उन्हें मेरा यहां से जाने का इरादा बतला चुकी थीं। मुझे देखकर बोले : ''बहू तेरी गोद में जो ये बूढ़ा बेटा किस्मत से आन पड़ा है उसे क्या लावारिस बना के चली जाएगी? मेरा क्या होगा? नईं-नईं, मैं तुझे कहीं नईं जाने दूंगा। तू कह कि नहीं जाऊंगी! वायदा कर मुझसे!''

''आप नहा-खा लें चच्चा, बाद में बातें होती रहेंगी।''

''ये गुल्लो जो तुम्हाए सामने बैठी भई हैगी इसने मुझे बतलाया कि दरोगाजी से तुम्हारा कुछ झगड़ा हो गया हैगा?''

मैंने कुछ चिढ़कर कहा : ''पहले तुम नहा लो चच्चा, बाकी बातें सब बाद में होती रहेंगी।''

रोटी खाते-खाते मसीता चच्चा एक बार फिर रोने लगे : ''बरसों बाद तेरी बदौलत घर में चूल्हा जला। तू चली जाएगी तो इस बूढ़े को भला कौन इस तरह से गरम-गरम खिलायेगा?''

''अब तुम खाते हो कि नहीं चच्चा!''

''मेरे गले में निवाला नहीं उतर रहा बहुरिया। तेरे बिना तो मैं जीते-जी ही मर जाऊंगा। तू मुझसे वायदा कर कि मेरे जीते-जी तू कहीं नहीं जाएगी।''

"अच्छा-अच्छा, अब तुम खा लो चच्चा। औ जो चुप नहीं होगे तो राम कसम अभी की अभी ही मैं घर के बाहर चली जाऊंगी।" चच्चा चुपचाप खाते रहे। धीरे-धीरे आंसू ढरकाते रहे। इत्ती देर में गुल्लन चच्ची फर्श पर पड़े-पड़े खुर्राटे लेने लगी थीं।

मेरे मन में सचमुच बहुत बड़ा बवण्डर उठ रहा था। कल जब मैं शाम को बसन्तू के सामने पहुंची थी तो कैसे हंस-हंस के उसने मुझे डाकू की रंडी कहा था। हरामी की औलाद ने डाकू की माशूका होने के कारण ही मेरा गाल कित्ती बेरहमी से काटा था कि चेहरे से उसके दांतों के दाग अभी तक नहीं मिटे। रात में शराब के नशे में दो-दो मजबूर शरीफ औरतों को अपने अगल-बगल लिटाकर उसने अफसर बेगम के सामने मेरा मज़ाक उड़ाया था कि इस बाम्हन की लौंडिया ने जाने किसका-किसका धरम लिया है। नौकर, कहार, गुरखा, अदाई, गदाई और अन्त में मेहतर को भी न छोड़ा। तब भी देखो, एक मैं हूं कि इससे पुराने दिनों का प्यार अब तक निभा रहा हूं। ये साली देखने में ही भोली-भाली है।—अफसर बेगम कैसी घिना के मुझको देखने लगी थीं। सवेरे जब लातें खा के निकाली गई तो वो और उसकी नौकरानी मुंह पर पल्ले ढंक के मुस्करा रही थीं निगोड़ियां।

उसने मोहना की मां-बहिनों को सैकड़ों गालियां दी थीं। वह मुझे नहीं मोहना की माशूका का अपमान कर-करके मेरी काया के साथ खिलवाड़ करना चाहता था कमीना। मैंने हर बार उसे गहरा नशा पिला के अफसर बेगम के शरीर पर ही लुढ़का दिया था। वह सब बातें फिर-फिरकर याद आने लगीं और मेरे मन में यह डर समाया कि 'राजा, जोगी, अगिन, जल इनकी उल्टी रीति।' भगवान जाने वो मुझसे क्या बदला ले। बदला तो वो मुझसे ज़रूर लेगा, यह तो मेरा जी बार-बार कहता था। मुझे मेहतरानी मानकर गुस्से में वो मेरा खुलेआम अपमान भी कर सकता है। मैं उस अपमान को सह नहीं सकूंगी। अपने बाप-दादों का नाम उछाला जाना मुझसे सहा नहीं जाएगा। यहां से चली जाऊं? कहां जाऊं? कांगरेस वालों में दया-ममता है। आर्यासमाजी भी अछूत उद्धार कर रहे हैं। उसी उद्धार में मेरा भी उद्धार हो जाए राम।

रात में चच्ची का लड़का नब्बू लड़ने आया। अपनी अम्मां को खूब-खूब जली-कटी सुनाई। कहा : "अब जो मेरे घर में पैर रखा तो झोंटे पकड़ के बाहर निकाल दूंगा।" चच्चा इस पर ताव खा गए। नब्बू को मारने को झपटे, उसने धक्का दिया, वो गिरे। दरवज्जे पर बस्ती वालों की भीड़ जुट गई। बड़ी कांव-कांव हुई। महल्ले वालों ने नब्बू को घसीट के बाहर निकाला। बड़ी मुश्किल से मैंने घर के दरवज्जे बन्द किए। चच्चा की कोठरी में चच्ची पड़ी-पड़ी रोती रहीं। चच्चा उन्हें समझाते रहे, दिलासे देते रहे—

"अरे तू कौन घर के बाहर है गुल्लो, अपने ही घर में बैठी है। मैं अपनी रोज़ी की गुइयां को अपने सिर-आंखों पर रखूंगा। नईं तो वो माई डीर जन्नत में मुझसे क्या कहेगी!"

कोठरी के बाहर, मैं खड़ी-खड़ी चच्ची-चच्चा की बातें सुन रही थी। हाय कोई ऐसी सच्ची तसल्लियां देने वाला मुझे न मिला। बबुआ सरकार प्यार का दिखावा तो बहुत करते थे, पर बिल्कुल बेमतलब की बातें किया करते थे। जैसे कोई छोटा

बच्चा बड़े प्यार से अपने किसी बड़े-बूढ़े से कहता है कि जब मैं बड़ा हो जाऊंगा तब तुम्हारे लिये ये करूंगा वो करूंगा।

मेरी जिनगानी में पहली बार जिसने प्रेम के सपने अपनी मासूमियत-भरी बातों से दिए वो तो यही निगोड़ा मास्टरजी था, जिसने अपनी दरोगाई में मेरी हैसियत को गली की कुतिया की औकात पर उतार दिया। सोच-सोचकर मेरे कलेजे में ज्वालाएं भड़क उठीं। और उन ज्वालाओं को बुझाने के लिये पानी की मोटी धार की तरह उसका डर भी मेरे कलेजे में समाने लगा। ये बसन्तू मास्टर जिसे मैं देवता समझती थी दरोगा होकर अब दानव हो गया। वह एक-आध रोज में ज़रूर ही अपना बदला लेने के लिये आएगा। मुझे यहां से निकल जाना चाहिए। ये बिचारे बुड्ढे-बुढ़िया मुफत में ही मेरी वजह से परेशान होंगे। मैं क्या करूं, कहां जाऊं? सारी रात यही सोचते-सोचते बीत गई। किस्मत ने एक पाप के पीछे सौ-सौ बाधाएं लगा छोड़ी हैं। एक-एक ऐसी भी देखी है मैंने जो दिन-रात ऐसे पाप करती रहती हैं औ फिर भी इज़्ज़त के साथ सुख भोगती हैं। अम्मां हरामज़ादी तो मेरे बाप, बूढ़े आर्यपुत्र और न जाने कितने मर्दों से मुंह काला करवाके अब भी चिकनी-चुपड़ी बैठी है हरामज़ादी। ऐसी एक नहीं सैकड़ों औरतें होंगी। मैंने तो दो ही चार देखी हैं। मैंने क्या अपना जीवन ऐसा चाहा था राम! नसीबा ठीक होता, किसी लायक मरद के साथ ब्याही जाती, अम्मां के घर की पाप-भरी हवाएं मुझे न छूतीं तो क्या मैं हविंस की मारी यों टूटती? हाय रे, मैंने तुम्हारा क्या बिगाड़ा था रामजी? मुझे ऐसा नसीबा क्यों दिया? मैं मानती हूं कि मेरे भीतर काम देवता अब भी इष्ट देवता बनकर ही विराजे हुए हैं। दिन में एकाध बार मेरा ध्यान उधर जाता ही है। मोहना की याद सताती है। मैंने तो सोचा था कि मोहना न सही बसन्तू ही सही। पुराना प्रेम है, तन की प्यास बुझा लूंगी। पर वो कहावत है कि 'जहां जाएं अच्छन वहीं करम के लच्छन।' मुझे अकेले में न बुलाकर अफसर बेगम के यहां बुलाया। अब बसन्तू मेरे साथ ज़रा भी रहम नहीं दिखाएगा, ये मैं जानती हूं। पर अब मैं कहां जाऊं? मगर जाना तो पड़ेगा ही।

चच्चा तो बड़े सवेरे ही अपने काम पर निकल गए। मैंने चच्ची से समझा के कहा कि देखो यह मेरी दुरदशा है। बोलो मैं क्या करूं? सुनकर वो भी गम्भीर हो गईं। बोलीं : "मैं तुम्हारी इस बात को मानती हूं कि दरोगा तुमसे बदला ज़रूर लेगा। तुम्हें कुछ दिनों के लिये यहां से कहीं और चला जाना चाहिए।...पर कहां जाओगी बहुरिया? दुनिया में जवान बेसहारा औरत का तो कहीं भी ठिकाना नहीं ना।"

"चच्ची या तो कोई भला गांधी महात्मा वाला या फिर कोई आर्यासमाज वाला ही मेरी मदत कर सकता है। तुम इनमें से किसी को जानती हो अगर तो मेरा काम बन सकता है।"

"इधर छावनी बजार में कोई बड़ा कंगरेसिया तो है नहीं मेरी जान-पहचान वाला। छोटे-मोटे बल्लमटेरों को ही देखा है इधर-उधर। पर वे हरामी के पिल्ले तेरे क्या काम आएंगे? हां, आरिया-सभा वाले एक महाशैजी को मैं ज़रूर जानती हूं। हमारे महल्ले में वही पहली बार उपदेश देने आए थे। उन्होंने अपना घर आरिया-सभा

को दान दे रखा है और आप गेरुआ पहनने लगे हैं। मगर एक बात है, बीबी, उनकी बुढ़ापे में भी नज़र बहुत सच्ची-साफ नहीं हैगी।"

"जैसी भी हो चच्ची, मैं बड़ी सफाई से निभा ले जाऊंगी। मगर इस राच्छस से मेरी रच्छा तो हो जाएगी। ये करा दो चच्ची तो मैं तुम्हारा बड़ा उपकार मानूंगी। और चच्चा को भी तुम्हीं समझा लेना।"

गुल्लन दाई लगभग दो-तीन घण्टे के बाद आईं। उनके साथ स्वामी वेद-प्रकाशानन्दजी भी पधारे। वो स्वामीजी ज़रूर थे, उमर भी मेरे उस नसीबों जले बूढ़े आर्यपुत्र के बराबर ही थी। गेरुआ पहने थे मगर रेशमी कपड़ा। आंखों में सुरमा अंजा था और पान-सिगरेट के भी अच्छे शौकीन नज़र आते थे। मैंने स्वामीजी को अपनी अनोखी कहानी गढ़-गढ़ के रो-रो के सुनाई कि कैसे मुसलमान इक्के वाला मुझे रेल के स्टेशन से मेरे अपने बताए ठिकाने के बजाय मुझे एक मस्जिद में भगा के ले गया। वहां उसने और दो-चार लोगों ने मेरी इज़्ज़त लूटी। फिर मुझे एक मुसलमान रंडी के हाथों बेचा। उसने मुझे ज़बरदस्ती कलमा पढ़ाके मुसलमान बना दिया। जब वहां के भोग न भोग सकी तो इस बेचारे मोहना के साथ भाग आई। अब डाकू उस बेचारे मोहना को पकड़ ले गए। मेरी झंझटी जीवन नैया फिर से मंझधार में डूबने लगी है। दरोगा मुझसे बदला लेने पर तुला हुआ है। मैं आपको पिता मानकर आपसे सलाह चाहती हूं कि मैं क्या करूं, कहां जाऊं? कैसे अपना धरम बचाऊं?

मैंने ऐसा नाटक रचा, ऐसे रो-रो के स्वामीजी के चरन छुए कि मुझे तसल्ली देने के लिये बड़े-बूढ़े की तरह भोले भाव से स्वामीजी ने मेरी काया को छुआ और सहलाया। मेरे सिर पर रखा उनका हाथ तसल्लियां देते-देते मेरे गाल मींजने लगा। पीठ थपथपाते हुए वह कहीं और भी दबाव डाल देते। ये सारे तमाशे याद करके मैं आज भी अपने मन में खूब हंस रही हूं। बूढ़ा स्वामी लिक्चर देने में बड़ा धाकड़ था। देख-दिखाव में गोरा-चिट्टा, रोबीला, आवाज़ भी बड़ी रोबीली, थोड़ी-बहुत अंगरेज़ी और नागरी भी पढ़ा-लिखा हुआ था। मुझसे बोला : "मैं तुम्हें शरण दूंगा। लेकिन यहां से छिपके चलो। मेरे साथ चलोगी देवी तो दरोगा को तुम्हारा पता-ठिकाना आसानी से मिल जाएगा। मैं सोचता हूं कि ये बुढ़िया तुम्हें जो चौमुहाने वाली 'जेम्स कम्पनी' के पिछवाड़े शंकर के मन्दिर में इस समय चुपचाप छोड़ आवे तो मैं तुम्हें वहां से अपने वेद मन्दिर में ले जाऊंगा। वहां तुम्हारी ऐसी ही और दो औरतें हैं। मैंने उनका उद्धार किया है और तुम्हारा भी उद्धार करूंगा।"

मैंने यही किया। गुल्लन चच्ची स्वामीजी को लेके बाहर गईं और मैंने अपने गहने-रुपये फिर से कमर में बांधे और चलने के लिये तैयार हो गई! फिर मैंने सोचा, अखीरी बिरिया चच्चा के लिये चार रोटियां पका के धर जाऊं। लौटते में चच्ची को पैसे दे दूंगी, बजार से कुछ सब्जी, सालन, कलेजी, कचालू वगैरा लाके मेरे चच्चा को खिला देंगी। उन्हें तसल्ली दे देंगी। उनके जैसा सच्चा आदमी मैंने नहीं देखा। रोटियां पोते-पकाते एक घण्टा तो बीत गया होगा। स्वामीजी तब तक बस्ती में ही कई घर जाकर सबके हाल-चाल ले आये थे। और जब लौटकर जा रहे थे तो उन्हें मसीता चच्चा मिल गए। वे उन्हें लेकर फिर घर आए। दल्लान में खड़े होके उन्होंने चच्चा

से कहा : "देख मसीताराम, तूने इस देवी को शरन दी है। मैंने इसे कुछ उचित सलाहें दी हैं। ये दोनों इस्त्रियां अभी तुम्हें सब बतला देंगी। जैसा ये लोग कहें वैसा करो। यह मेरा आदेश है।"

चच्ची स्वामीजी को गली के नुक्कड़ तक छोड़ने गईं। तब तक चच्चा को भला चैन कहां, मुझसे पूछ ही लिया : "स्वामीजी क्या कह गए हैं? मेरी तो कुछ भी समझ में नहीं आया।"

मैंने सब बातें बतला दीं। दरोगाजी से बचना इस दम बहुत ज़रूरी है। इसलिये इस घर से जा रही हूं। मसीता चच्चा को काठ मार गया, पर कुछ बोले नहीं। मैंने ही उन्हें अपनी और मरी हुई रोज़ी चच्ची की कसमें खिला-खिला के नहलाया-धुलाया, खाना खिलाया। तब तक चच्ची भी आ गईं। मैंने दोनों को गरम-गरम रोटियां खिलाईं। खुद ही घूंघट काढ़ के नुक्कड़ वाले हलवाई की दुकान से चार पैसे का पाव-भर दही लाई और उसमें नमक-मिर्च डाल के दोनों बुड्ढे-बुढ़ियों को खिलाया और आप भी दो-चार कौर जस-तस ठेले और उस घर से विदा ली। रामजी जानते हैं, मैं कभी अपने बाप से बिलग होके इस तरह नहीं रोई जैसे मसीता चच्चा के सीने से चिपककर रोई थी। और वे भी ऐसे ही रोये।

दोपहर ढलने से पहले ही मैं मेहतर जनम से छूटकर शंकरजी के मन्दिर में आ गई। चच्ची भी विदा लेके चली गईं। थोड़ी देर बाद स्वामी वेदप्रकाशानन्द अपनी काली-सफेद दाढ़ी फहराते हुए आए और मुझे अपने पीछे-पीछे वेद मन्दिर ले गए। मैं घूंघट काढ़े थी। यह स्वयं उन्हीं का मकान था जो उन्होंने आर्यसमाज को दान दे दिया था।

25

स्वामी वेदप्रकाशानन्द का वेद मन्दिर एक तिमंज़िला छोटा-सा मकान था। स्वामीजी के साथ मैं जब उधर गई तो लगा कि यह घर तो सिकन्दर मसी के चाय खाने के पास है। बाद में एक बार छत पे चढ़ी तो देखा कि टीला बहुत ही पास है। सिकन्दर की छत से वेद मन्दिर की छत पर खड़े हुए आदमी को अच्छी तरह देखा जा सकता है। मैं बाद में उस छत पर कभी नहीं गई। खैर!

वेद मन्दिर की पहली मंज़िल में छावनी के आर्यासमाज का दफ्तर था। नीचे आंगन में हवन कुण्ड बना था। जहां सवेरे सब जने मिल के हवन करते थे। स्वामीजी ने भीतर के दल्लान और आगे के दो कमरों और पुराने दरवज्जे की दहलीज को तुड़वाकर नये सिरे से एक बड़ा कमरा बनवा लिया था, जिसे वे सभाकक्श कहते थे। सभाकक्श के ऊपर के कमरे भी खुलासे और हवादार थे। एक में स्वामीजी बैठते-उठते थे, दूसरा उनका सोने का कमरा था। पीछे दो महिलाएं रहती थीं। वे भी मेरी ही तरह दुखियारी थीं। लेकिन उनका आर्यासमाज ने पहले ही उद्धार कर लिया था। एक का नाम रिशीदेवी आर्य था और दूसरी का नाम वेदवती आर्य। दोनों ही करीब-

करीब मेरे बराबर की ही उमरों की थीं। हम तीनों की आपस में जल्दी ही पट गई। मैंने रिशीदेवी और वेदवती बहन के इतहास सुने। आगे की अपनी बात कहने से पहले मैं अपनी इन दो बहनों की कहानी पहले लिखती हूं।

रिशीदेवी पहले ऊंची हिन्दू जात की थीं। वे अपनी जात के लोगों से बड़ी ही घिरणा करती थीं। वे जब्बलपुर की रहने वाली थीं। उनकी एक बड़ी बहिन भी थी। रिशीदेवी जब नौ या दस बरस की थीं तभी उनका ब्याह हो गया। छह महीना पहले उनकी बड़ी बहिन का भी ब्याह हुआ था। दोनों बहिनें ऐसी नसीबों-जली पैदा हुईं कि जैसे साल, छह महीनों के हेरे-फेरे में उनके ब्याह हुए थे वैसे ही थोड़े समय के हेरे-फेरे में ही जल्द विधवा भी हो गईं। और क्यों न होतीं! गरीब घर की लड़कियां थीं, मां-बाप के पास दान-दहेज की सामरथ तो थी नहीं। बड़ी का ब्याह चिता पर चढ़े समान एक बूढ़े से किया गया था। जब बड़ी बहिन का बूढ़ा खसम मरा तो घर-बार वालों ने सोचा कि इसे अब घर में रखना ठीक नहीं, सो सिरिफ एक पुरानी धोती पहनाकर और सब सोने के जेवर और कपड़े छीनकर उसे घर से निकाल दिया। शिवनी और जब्बलपुर उन दिनों रिशीदेवी की जात के लोगों की पेरिस कहे जाते थे। पेरिस, सुना है कि बिलैत में कोई बड़ा शहर है जहां के नर-नारी बड़े रंगीले और ऐश-आराम वाले होते हैं। सो वो सदा इसी ताक में रहा करते थे कि बिरादरी में कौन-सी जवान खपसूरत औरत विधवा हुई है और उसे कैसे हत्थे पर चढ़ाया जाए। रिशीदेवी की बहिन निकाली जाकर अपने मैके में क्या लौटी कि जल्दी ही जात के दो-चार जवान अधेड़ रंगीलों की उंगलियों पर नाचने लगी। रिशीदेवी की मां उसी गम में मरीं और बाप तो निकम्मा था ही। उसे गांजे-चरस का शौक था। दिन-रात इधर-उधर जुआ खेला करता था। सो रिशीदेवी की बड़ी बहिन को खुल खेलने का खूब मौका मिला। अबोध उमर, वो बिचारी क्या जाने कि जिन सांपों से वह खेल रही है वही एक दिन उसे डसकर भाग जाएंगे!

रिशीदेवी का (जिनका असली नाम यहां मैं नहीं लिखती हूं) ब्याह एक बीस-बाइस बरस के नौजवान से हुआ। वह एक सजाती परचूनी की दुकान पर लिखत-पढ़त से लेकर सौदा बेचने तक का काम करता था। परचूनी की तिहाजू घरवाली ने रिशीदेवी के मरद को फंसा लिया। परचूनी बड़े गुस्से होता था। उसी ने पहले रिशीदेवी के ससुर से कह-सुनकर रिशीदेवी के साथ ब्याह कराया। फिर दो-तीन बरस बाद जल्दी ही रिशीदेवी का गौना भी हो गया। अभी रिशीदेवी की समझ पूरी तरह खिल न पाई थी कि वो कन्या से नारी बना दी गई। मगर इसके बाद भी रिशीदेवी के मरद ने परचूनी की औरत का साथ न छोड़ा। तब एक दिन उस परचूनी ने एक किराये के गुण्डे को कुछ ले-देकर रिशीदेवी के मरद को कतल करवा दिया। जब वो विधवा हुईं तब उनकी उमिर का चौदहवां साल पूरा हुआ था।

खैर, उनके घरवालों ने उन्हें उनकी बड़ी बहिन की तरह घर से निकाला तो नहीं पर विधवा होने के कुछ ही दिनों बाद रिशीदेवी के ससुर ही उनके प्रेमी बन गए। रिशी की सास बहुत पहले ही मर चुकी थीं। मौके खूब थे। कुछ ही दिनों बाद अपने ससुर से गरभ रह गया, तब घबराहट मची। एक तीरथ की जगह जाकर ससुर

ने अपनी प्रेमिका पतोहू का गरभ गिरवाया। कुछ दिन खिला-पिलाके उन्हें चंगी किया। और फिर तीरथ यात्रा करने के बहाने ससुरजी उन्हें नये-नये नगरों में नई-नई रंगरेलियां कराने लगे। रिशीदेवी मुझसे कहती थीं कि 'बहिन वो सब खेल खेलते हुए मुझे लगा कि एक अकेले इस अधेड़ के साथ ही जवानी का मज़ा क्यों लूं? अपनी उमिर के छैला जवानों को अपना जोड़ीदार क्यों न बनाऊं!' बस, उनकी बिभिचार भावना हो-हो-होली करती ज्वाला-सी जाग उठी। पहले एक तीरथ में एक जवान बरमचारीजी कहलाने वाले 'तापस' पर डोरे डाले। उसका बरमचार खण्डित हुआ तो उनके जी के हौसले और बढ़े। तीरथ से लौटकर घर आई तो सवेरे-शाम मन्दिरजी आते-जाते उन्हें अनुभौ हुआ कि उस महल्ले के अनेक सुन्दर जवान उनके प्रेम के प्यासे हैं। धीरे-धीरे उनके पास एक छोटा लड़का चिट्ठियां लाने और पढ़कर सुनाने लगा। वह चिट्ठियां यूसुफबेग नाम का एक टीन का काम करने वाले ने लिखी थीं। रिशी ने उस लड़के से वह चिट्ठी सुनी, मगर उसे डांटा-डपटा नहीं और चिट्ठी लेके अपने पास रख ली, तो यूसुफबेग का हौसला बढ़ने लगा। उसकी चिट्ठियां जल्दी-जल्दी आने लगीं। लड़का कभी मिठाई के दोने, कभी चाट रिशीदेवी के वास्ते लाता था। रिशीदेवी भी इस लड़के से यूसुफबेग के बारे में बहुत कुछ सवाल पूछती थीं।

एक दिन जब रिशीदेवी मन्दिर से लौट रही थीं तो रस्ते में वही गज़ल गाने लगा जो यूसुफ की चिट्ठी में लिखकर रिशीदेवी के पास आई थी। रिशीदेवी ने तुरन्त घूंघट को सरकाकर यूसुफ को देखा। उसने उन्हें देखा और फिर इस देखा-देखी के बाद जो काम होना चाहिए था वही शुरू हुआ। यूसुफबेग छिप-छिप के आने लगा। उनके बरत, उपवास और धरम के ढकोसले पहले से जादे बढ़ गए। दो-दो यारों से उनकी जवानी की गाड़ी जोरों से चल निकली। संयोग से ससुर जल्दी ही तपेदिक से बीमार पड़ गया। खैर, यूसुफ और रिशी का प्रेम का कारबार मजे में उसी तरह चलता रहा।

इसी बीच हुआ यह कि रिशीदेवी की जात और महल्ले की एक जवान-जहान औरत विधवा हो गई थी। उसके देवर बड़े धरम-करम वाले पवित्तर आदमी थे। एक दिन उनकी भौजाई ने उनसे कहा कि या तो तुम ही मुझे मेरी दूयोरानी की सौत बना लो या फिर मैं ही अपना कोई परबन्ध-इन्तज़ाम कर लूंगी। सुनते हैं कि वो सेठजी बड़े गुस्से हुए, भौजाई को मारा-पीटा भी। मगर वो भी जबरी थी। उन दिनों बदचलन किसिम की हिन्दू औरतों में यह हवा बहुत ज़ोरों से फैली हुई थी कि औरतों को ऐश कराने का काम मुसलमान लोग हिन्दुओं से ज़्यादा अच्छा जानते हैं। भौजाई ने एक पड़ोस के मुसलमान बैपारी का हाथ पकड़ लिया। सुनते हैं पहले उसे चिट्ठी लिखी कि मैं मुसलमान बनूंगी। फिर वह मुसलमान बनी और अपने देवर को चिढ़ाने के लिये सवेरे-शाम छत पर चढ़कर 'या रसूलल्ला' की बांग देने लगी। उसके घर का दरवज्जा उसके देवर की हवेली के सामने ही था। सवेरे जब मांस बेचने वाला गली में आवाज़ देता तो वो अदबदाकर अपने दरवज्जे पर आती और खुलेआम सौदा करती थी। मांस वाले से कहती कि सरकार से कहो कि बाम्हन-बनियों का मांस

भी बेचने का हुकुम दे दे तो मैं सामने वाले सेठिये की तोंद का मांस लोन-मिर्चा लगाकर खाऊं। उसकी बातों से महल्ले वालों में और बिरादरी वालों में बड़ी हंसी-मसखरी होती थी।

हमारी जैसी औरतों को उस औरत की हिम्मत से बड़ा बल मिलता था। एक दिन रिशीदेवी ने सोचा कि अपने बुड्ढे सुसरे को यों ही ठेंगा दिखा के यूसुफबेग के साथ चली जाऊंगी। रिशीदेवी ने यूसुफबेग से बातें कीं। यूसुफ भी अकेला था और फिर उसे मुसलमान बनाने से मौलवियों और तबलीग वालों में उसकी इज़्ज़त बढ़ती, इसलिये वो बड़ी खुशी से राज़ी हो गया। रिशीदेवी मौका देखती रहीं। एक दिन जब उनका सुसरा जब रात में छेड़छाड़ करने लगे तो वो खूब ज़ोर-ज़ोर से चिल्लाने लगीं। घर-घर में किस्से फैले, हंसी हुई। और फिर रिशीदेवी अपनी जात वाली औरतों की तरह ही सवेरे खुलेआम अपने सुसरे को गालियां देती हुई यूसुफ के घर जाके बैठ गईं। मुसलमान हो गईं। इसमें भी यूसुफबेग की एक चाल रही। रिशीदेवी को मुसलमान बनाया पर उनसे निकाह नहीं किया। अपनी रखेल ही बनाकर रखा। ऐसा लगता है, यूसुफबेग का दिल रिशीदेवी में उतना नहीं था जितना कि उन्हें मुसलमान बनाने में था। इसलिये बाद में उसने उन्हें बहुत दुःख दिया। आप तो ज़्यादा कमा नहीं पाता था, इसलिये उसने रिशीदेवी के जिसम का सौदा करने वाले गाहक लाने शुरू किए। रिशीदेवी रो-रो के उससे कहें कि मैंने तेरे लिये अपना धरम-ईमान छोड़ा तो वो छूटते ही जवाब दे कि जो औरत अपने धरम-ईमान की न हुई वह किसी गैर मरद की कैसे हो पाएगी! तू रंडी थी और रंडी ही रहेगी।

इसी बीच में रिशीदेवी की बड़ी बहिन भी बहुत दुःख भोगकर जब्बलपुर लौट आईं। किसी तरह वे दोनों बहिनें मिलीं तो आपस में लिपटकर खूब रोईं कि कैसा है ये समाज जहां औरत की उत्ती भी कदर नहीं जित्ती कि मिट्टी के खिलौने की होती है। इन दोनों बहिनों ने अपने हिन्दुओं और मुसलमानों के दोनों समाजों का नरक अच्छी तरह से भोग लिया था। एक दिन यूसुफबेग एक पठान को लाया। उसने रिशीदेवी को देखा और कहा कि औरत पसन्द है। उससे सौदा हुआ और 180 रुपये में रिशीदेवी बेच दी गईं। यह पठान पूरा राक्कश साबित हुआ। रिशीजी को बड़ा दुःख देता था। एक दिन रिशीजी भागकर किसी तरह अपनी बहिन के पास पहुंचीं, दोनों एक मेम पादरिन के वहां चली गईं। उस बेचारी ने दोनों की रक्षा की, दोनों को पढ़ाया-लिखाया। और रिशीदेवी का ब्याह एक ऐसे ईसाई से कराया जो पहले हिन्दू कौम का दर्जी था और उनकी बहिन का ब्याह एक ऐसे ईसाई पादरी से कराया जो पहले जात का डोम था। ये दोनों बहिनें तब सुख से रहीं। रिशीदेवी शुरू में अपने दो-चार हमल गिरवाने के बाद किसी दवा-दारू के सबब से या किसी और गड़बड़ी के कारण मां बनने की शक्ति खो बैठी थीं। बाद में उनके पती भी मर गए। किसी इसकूल में पढ़ाती थीं। कभी स्वामी वेदप्रकाशानन्दजी का भाशन सुना। वे आर्यासमाज के असर में आ गईं और यहां चली आईं। लेकिन उनकी बड़ी बहिन और उनके पती भगवान की दया से पांच-छह बच्चों के मां-बाप हैं और कट्टर ईसाई हैं।

बहिन वेदवतीजी का इतहास भी ऐसा ही दरद और करुणा से भरा था। उन

बेचारी ने भी इसी तरह विधवा बनने के बाद अपनी जात-बिरादरी और नाते-रिश्ते के दुराचारी फन्दे में फंसकर बड़े-बड़े दुःख उठाए। एक धनी रिश्तेदार से उन्हें गरभ रहा। उसे कोशिश करके निकाला न जा सका तो वेदवती से कहा कि मेरे कारखाने के जुलाहे छुट्टे मियां का नाम ले दो, बाकी मैं सब ठीक कर लूंगा। आर्यासमाजी शुद्धी का ज़माना है। उस साले को किसी जुरम में कुतवाली में बन्द करा दूंगा और तुम्हारा फिर से पराश्चित कराके बस्ती से बाहर ठाठ से रखूंगा! भोली वेदवती उसकी बातों में आ गईं। 'छुट्टे मियां मेरे यार के कहने से मान गए और मुझे अपने घर ले गए।' वेदवतीजी इस तरह से छली गईं। बाद में न छुट्टे मियां ने उन्हें अपने यहां रखा न उस धोखेबाज़ चहेते बिरादरी वाले ने ही। हां छुट्टे मियां ने चलते ज़माने का जस लूटने के लिये वेदवतीजी को मुसलमान ज़रूर बनवा दिया और बाद में एक रंडी नायिका के हाथ बेंच भी दिया। वेदवतीजी ने अपने-आपको ऊपर से उसी तरह से ढाल लिया, मगर अपने दिल के भीतर वे सुखी नहीं थीं। एक दिन वह बस्ती में जो पारिक था उसमें आर्यासमाज की सभा हुई, उसमें गईं। स्वामी वेदप्रकाशानन्दजी उसमें बोले थे। स्वामीजी के भाशनों में जादू तो रहता ही है, वेदवतीजी उनकी भगत हो गईं। स्वामीजी पूरे आर्यवीर हैं। उन्होंने पुलिस कचहरी में दौड़-धूप करके बूढ़ी नायिका पर वेदवतीजी को भगा लाने और उनसे गन्दा काम कराने का आरोप लगाया और शहर में आन्दोलन मचा के उन्हें अदालत के हुकुम से छुड़ा लाए। वेदवतीजी यहां आके शुद्ध हो गईं और अब वेद मन्दिर में खाना बनाती हैं। सफाई वगैरह के सारे परबन्ध भी उन्हीं के कुशल हाथों में हैं। दिन में रिशीदेवी मन्दिर में आर्य कन्या पाठशाला चलाती हैं। वेदवतीजी उसका भी परबन्ध चलाती हैं और खुद भी पढ़ती हैं।

मैं वेद मन्दिर में सुख से रहने लगी तथा रिशीदेवीजी की असिस्टेन्ट मास्टरनी बन के पढ़ाने लगी। भगवान कसम सच कहती हूं मैंने या तो अपने नाना-नानी के घर में अपने आपको इज़्ज़त-आबरूदार समझा था या अब फिर से समझने लगी थी। मेरा नाम निर्गुनदेवी ही रहा। हम तीनों स्त्रियों की उमिर करीब-करीब बराबर ही समझी जाए। रिशीदेवी, वेदवती दोनों मुझसे दो-चार बरस बड़ी थीं। पर हम तीनों में बड़ा प्रेम हो गया।

स्वामी वेदप्रकाशानन्दजी अपने ढंग के अनोखे आदमी थे। वे इतने भले, पढ़े-लिखे और जोशीले आदमी थे, दलितों और दीन-दुखियों का इतना भला करते रहते थे कि अकेले में हम तीनों इस्तिरियों की काया पर ठाओं-कुठाओं उनकी हाथ फेरने की आदत हमें बुरी लगके भी बुरी नहीं लगती थी। खुद भी हम लोगों के सामने वो अपनी कमज़ोरी को कभी-कभी सुवीकार कर लेते थे। हम तीनों जब अकेली होती थीं तो उनकी हंसी उड़ा लिया करती थीं। मगर उनका बुरा नईं मानती थीं। बुढ़ापे में चोर चोरी करना छोड़ दे तो भी भला क्या हेरा-फेरी करने से बाज़ आ सकता है! यहां एक बात अपने जी की और भी साफ-साफ लिख दूं कि रिशीदेवी और वेदवतीजी की मदन-प्यास काफी-कुछ भोगकर काबू में आ चुकी थी। पर यह लिखते तनिक लज्जा आती है कि मेरी ज्वाला अभी शान्त नहीं हुई थी। स्वामीजी कहा करते थे

कि बुधमान आर्य-समाजियों में से तुम तीनों का किसी से प्रेम-भाओ हो जाए तो मैं तुम्हारे ब्याह भी करा दूंगा। बहेन रिशीदेवीजी तो कहती थीं कि जीवन में दो-दो बार रांड हुई, सब करम भोगे, अब तो स्वामीजी की फलाहारी हथफेरियों का ही सुख लेकर जिनगानी काट दूंगी। खैर!

वेद मन्दिर में सवेरे बिरम्ह मुहूर्त में ही हम लोग जाग पड़ते थे और स्वामीजी अपनी ललकारती हुई आवाज़ में उठते ही पाठ करते—

"ओम पूरण मदा पूरण मिदं पूरणात पूरण मुदच्चते
पूरणस्य पूरणमादाय पूरण मेवा वाशिश्सते।"

"ऊँ प्रातरगनीं प्रातरिंद्रम हवामहे,
प्रातरमित्रा वरुना प्रातरशविना।
प्रातरभगम् पूरवणंभ् ब्रह्मणस्पतीम,
प्रातस्सोममृत रुद्रं हुवेमा॥"

"असतो मा सदगमै। तमसो मा जोतिरगमै
मिरित्तो मां मिरतम गमै।"

सवेरे ही मेरा मन अनन्द में लीन हो जाता था। मन पवित्र हो जाता था। पांच-साढ़े पांच बजते-न-बजते बस्ती के चार-छह् महाशैजी और भगनीजी लोग आ जाते थे। हवन होता। हम इस्तिरियां भी सन्ध्या हवन करती थीं—

"ओम शन्नो देवी रभिष्टय आपो भवन्तु पीत ये।
शंयो रभी सरवन्तुनः।"

फिर उसके बाद किसी का प्रविचन होता या स्वामीजी के साथ हम तीन बहिनों का परवार जलपान करता। बेसन के लड्डू, मठरी, बेसन के सेव और चाह। हमारे स्वामीजी चाह के बड़े शौकीन थे। बारोमास नित्त बनती थी। हमारी सबकी भी आदत पड़ गई थी। हमारे यहां आर्यमित्र, चांद, गृहलच्छमी और सरस्वती और हिन्दू पंच और माधुरी पतरिकाएं आती थीं। शाम को सभाकक्श के पास वाले दल्लान में बाचनालै चलता था, इसलिये हमारे मन्दिर में हरदम ऊंची-ऊंची बातों की चर्चा होती थी।

यह बात तो मैं दिल खोल के कहूंगी कि भगवान दयानन्दजी सरस्वती के अन्दोलन और प्रचार से ही भारत भूमि की महिलाओं का भाग सही मायने में पलटा। शिक्शा का प्रचार हुआ। सैकड़ों-हज़ारों की तादाद में आर्या कन्या पाठशालाएं खुलीं। उन्हें संधिया बंदन करने की और वेद भगवान का पाठ करने की अनुमति मिली। उनका सम्मान बढ़ा। यह कोई मामूली बात नहीं। रिशी दयानन्द भगवान और महात्मा गांधीजी के पुन्न प्रिताप से समाज में दबी हुई जातियों दीन-दलितों और इस्तिरियों की दशा में बहुत-बहुत सुधार आया।

हमारे समाज में उन दिनों ऐसी-ऐसी बुराइयां फैली हुई थीं कि हमारे लड़के-लड़कियां अपना होश संभालने के पहले ही घरों और गली-महल्लों में फैली हुई गन्दी-से-गन्दी गालियों और ऐसे गन्दे-गन्दे गीतों के ज़रिये से इस्तिरी-पुरुषों के गुप्त अंगों

के नाम और उनके रसीले काम सब को बरजबानी याद हो जाते थे। भले-भले घरों में अच्छे-अच्छे धनी-मानी लोग अपने भले दोस्तों के यहां जाते तो उनके लड़कों से छेड़-छाड़ में कहते कि 'हम तो रोज़ ही रात में तुम्हारी अम्मां के साथ सोने आते हैं। अपने बाबू से पूछ लेओ।' हमाई बहन रिशीदेवीजी एक बड़ा मज़ेदार किस्सा सुनाती थीं कि एक बार कोई भला आदमी किसी भले आदमी के घर उसे पूछने आया। उस समय घर में और तो कोई था नहीं, खाली गौने से आई जवान बहू थी। भले घर की औरत बिचारी पराये मरद से बोले तो कैसे बोले! और जवाब देना भी ज़रूरी था। वो दरवज्जा खोल के झट से गली में आई और उस भले आदमी के सामने घाघरा चौड़ाके मूतने बैठ गई। जब मूत चुकी तो अपनी मुत्र-धार को फलांगा और फिर घर चली गई। भला आदमी बोला, वाह-वाह! भले घर की औरत भला पराये मरद से कैसे कहती कि नदी के पार गए हैं, सो करके दिखा दिया।' ऐसा तो था हमारे समाज का शिश्टाचार। मतें भृष्ट हो रही थीं। जरा-सा कोई बहाना मिला कि रंडी, लौंडे का नाच ज़रूर ही कराया जाएगा। ऐसी हालत में हम भोले-भाले आर्या बच्चे-बच्चियों के मन अपने आप ही समाज की बुराइयों में ही अपनी भलाई देखने लगते थे तो क्या बुरा करते थे!

आर्यासमाज और गांधी महात्माजी की कांगरेस ने इन बुराइयों को भारत देश से उखाड़ फेंका। यों तो बुराई-भलाई, कोई भी संस्कार हो, एकदम जड़ से जाता नहीं है, उसका लोप नहीं होता। हमारे यहां अब भी पचासों-सैकड़ों बुरी-भली बातें फिर से उमड़ आई हैं। पर सब मिलाके जब मैं सोचती हूं तो यह अवश्श लगता है कि हमारे समाज में एक-एक आदमी में अपनी उन्नती करने की वह शक्ती और समझ अवश्श आ गई है जो शैद पहले सैकड़ों-हज़ारों बरसों में भी नहीं आई होगी।

यों तो मेरा मन उन दिनों बहुत अच्छा रहता था, पर बीच में कभी बसन्तलाल दरोगा की और कभी मोहना की खबरें सुनने को मिल जाती थीं तो उनसे मेरा दिल धड़क-धड़क उठता था। एक दिन रात में आठ बजे चच्ची और मसीता चच्चा मुझसे मिलने आए, सब हाल बतलाया। घर में सिपाही तल्लाशी लेने के वास्ते भेजे थे। चच्चा के दो-चार हाथ भी मारे गए। पूछा गया कि निर्गुनियां कहां है? पर उन्होंने न बतलाया। एक दिन स्वामीजी खबर लाए : "बड़े दरोगाजी तुम्हारे सम्बन्ध में पूछ रहे थे। मैंने कहा कि हां, श्रीमती निर्गुणदेवी आजकल वेद मन्दिर में ही निवास करती हैं। दरोगा बोला कि स्वामीजी आप उसे निकाल दीजिए, वो डाकू की पत्नी है। मैंने उत्तर दिया कि वह डाकू की पत्नी अवश्श है पर खुद डाकू नहीं है और इस समय मेरी सरणागत है। तुम उसका कुछ भी नहीं बिगाड़ सकोगे।" मगर यह सुनकर मेरा मन एकदम से सनाका खा गया। रिशी बहिनजी, वेद बहिनजी दोनों वहीं खड़ी थीं। मैं इन सब लोगों से खुल तो चुकी ही थी, इसलिये मैंने कहा—स्वामीजी, वह पुलिस महकमे का हाकिम है। जब मेरे लिये उसकी नियत बुरी हो चुकी है तो वह उसे किसी-न-किसी उपाय से भर ही लेगा और आपसे मुफत में बिगाड़ हो जाएगा। वेद बहिनजी बोलीं कि निर्गुन की बात ही ठीक है। तब क्या किया जाए? मैंने अपने मन में सोचा कि बसन्तू के साथ भोग करने से मुझे कोई पाप तो पड़ेगा नहीं। और

अब पाप-पुन्न का विचार ही क्या? किस्मत ने मुझे वेशिया जैसा तो बना ही दिया है। ब्राह्मण, वैश, शुद्र—यहीं तक नहीं, शुद्रों में शुद्र मोहना तक से मेरा अंग-संग हो चुका। फिर बसन्तू का जी खुश कर देने में मेरा भला क्या हरजा होगा? आज लिखते समै तो अपने कलेजे पर हाथ रखकर यह भी कह सकती हूं कि मेरा मन पुरुश-काया का भोग करने के लिये खुद भी मचल रहा था। यह सच था कि मोहना जब मुझे भगा के अपने घर ले आया तो भले ही उसने मेरी जात तो बदल दी पर इस्तिरी की हैसियत से मेरा दरजा ऊंचा कर दिया था। उसने मुझे रंडी, रखैल नहीं बल्कि अपनी घरवाली ही बनाया था। लेकिन...। खैर जो भी हो, इसमें तनिक भी शक नहीं कि मोहना के लिये मेरे मन में पती भाव जादे सच्चाई के साथ उपजा था, पर अब वह नहीं है। मैं क्या करूं? कोई भले ही मेरी साफ-साफ बोलने की आदत का बुरा माने और कहे कि यह औरत पूरी बेशरम बेहया है। तो मैं कहूंगी कि नहीं, मैं भली औरत के कलेजे-दर-कलेजे वाली लज्जा की भावना के साथ भी बड़े सच्चे और सुथरे भाव से यह मान लूंगी कि मेरी मदन भूख बेहद-बेहद उतावली थी। अपनी पालने वाली 'सौतेली अम्मां' से मैंने यही तो एक संस्कार पाया था। उस घर में ही सच पूछो तो मेरी जनमपत्री नये सिरे से बनी थी। जो भी हो, बीच के बरस-डेढ़ बरस का अकाल छोड़कर मैंने करीब-करीब हर दिन पुरुश को भोगा था। और उसे भोगने के लिये मेरा मन उतावला भी बना रहता था।

बूढ़े और उपकारी स्वामीजी महराज सब गुन बसिया होते हुए भी, पर असल रसिया ही थे। इसलिये मेरा, और मेरा ही क्या, वेद मन्दिर में रहने वाली हम तीनों इस्तिरियों का और स्वामीजी का मरम-भरम एक-दूसरे के आगे खुल चुका था। इसलिये मन की असली बात छिपाकर भी मैंने उन लोगों से खुलकर कहा : "अगर आप सब बहिनें और हमारे उपकारी परम पुज्य स्वामीजी महराज की आज्ञा हो तो मैं इस पुलिस वाले की इच्छा को पूरण करके अपने और वेद मन्दिर के हित में उसको अपना बना लूं। भोग हम तीनों बहिनों के करीब-करीब एक-से ही हैं।" फिर हंसकर मैंने यह भी कहा कि हमारे उपकारी गुरु परम पुज्य स्वामीजी महराज़ ने भी अपनी भरी जवानी में सब तरह का त्याग और संन्यास लिया पर इस काम का सुख लेने में जब तक शरीर में जवानी की शक्ती रही होगी और चेलियां मिलती रही होंगी तब तक कभी न चूके होंगे। खैर, इस बात पर हम गुरू-चेलियों की हंसी हुई और हंसी-हंसी में मैंने यह भी समझा दिया कि जो दरोगा मेरे फन्दे में फंस गया तो वेद मन्दिर के लिये बड़े-बड़े चन्दे भी दिला सकता है। हमाई इन दोनों बहिनों के लिये कोई ठौर-ठिकाना भी हो जाएगा। अगर एक पाप से कई पुन्न होते हों तो वह पाप दरअसल पुन्न हो जाता है। मैं भी भासण झाड़ गई। वो जमाना ही भासणों का था। खास करके मुझ जैसी पतीता इस्तिरी में नई ज़िन्दगी पाने का जोश था। आठों पहर वेद मन्दिर की हवा में सांसें लेने के कारण भी यह भासणबाजी का नया-नया रंग मेरे मन में खुलने लगा था। इसलिये मेरी बात का सब पर असर हुआ।

स्वामीजी गम्भीर भाव से मेरे कन्धे पर हाथ रखके बोले : "तुम बहुत सत्य बचन बोलती हो, निर्गुण। तुम्हारे विचार बहुत ऊंचे हैं। धरम के लिये थोड़ा-सा इस

प्रकार का त्याग करना चाहिए। तुम तीनों ही देवियों ने पुरुशों की पशुता से मजबूर होकर जो करम एक बार या अनेक बार किए थे उन कर्मों का फल उन दुष्टों को ही मिलेगा जिन्होंने तुम्हारे साथ ये कुकरम किए। मगर अब जबकि एक बड़े असूल उद्देश के लिये वही करम नीती के लिहाज से जान-बूझकर क्रती हो तो ठीक है। सच्चे उद्देश के लिये जब त्याग किया जाता है तब महान् बन जाता है। इसलिये हे निर्गुणदेवी! उद्देश के लिये अपनी कायादान देकर महान् बन जाओ। मैं तुम्हें हारदिक बधाई देता हूं।'' (वो हारदिक बधाई उन्होंने मेरे हिरदै पर हाथ रखकर ही दी, जिससे मुझे उनकी सुफेद दाढ़ी पर मन-ही-मन बड़ी ज़ोरों की हंसी आ गई। अपने बूढ़े आर्यपुत्र मसुरिया महराज की इन्हीं हरकतों पर मुझे गुस्सा आता था। अब मैं यह लिख सकती हूं कि हमारे परम पुज्य स्वामी वेदप्रकाशानन्दजी अगर पढ़े-लिखे न होते, संन्यासी न होते तो रंडियों के बहुत अच्छे दलाल हो सकते थे।) स्वामीजी ने मुझसे कहा : ''तुम एक चीठी लिखकर मुझे दे दो, मैं खुद ही बड़े दरोगा के पास जाऊंगा।''

फिर हम तीनों बहिनों ने आपस में मिलकर बसन्तू के नाम पर एक चीठी का मजमून बनाया। मैंने लिखा कि 'प्राणनाथ मैं तो तुम्हारे लिये जल बिन मछली की तरह तड़प रही हूं। मुझे उस दिन बुरा इसलिये लगा कि जैसा प्रेम हम लोगों के बीच छै बरसों पहले जगा था और जिसके भाव से हम-तुम दोनों पुजारी-पुजारिन की तरह बंधे हुए थे वह भाव किसी बिधरमी खानगी रखैल के घर पर, तुम्हारे साथ मेरे बेशर्मी से प्रेम करने के कारण, सदा के लिये गुलाब के कोमल फूल की तरह पंखुरी-पंखुरी होकर बिखर जाएगा। सदा के लिये हमारा वो पवित्र भाव धूल में मिल जाएगा। हे मेरे प्राणों के स्वामी, मैं तुम्हारे बाद पाप-पंक में गिर अवश्श गई थी पर मेरा वह भाव जो तुमसे जुड़ा था मेरे हिरदे में आज भी पूजा की वस्तू है। तुम्हारे चरन छूकर प्रार्थना करती हूं कि मेरे मन से मेरे प्रेम देवता की वह मुरली, जो तुम्हीं ने अपने हाथों से गढ़ी थी उसे भंग मत करो। तुम मुझसे इकंत में कहीं मिलो तो मैं तुम्हें अपने दिल का हाल बतलाऊं। तुम्हारे चरन कमलों को आंसुओं से धोकर अपने मन को पवित्र करूं।' वह चीठी मैंने अपने हाथों लिखी और अन्त में उनकी सिखाई अंग्रेज़ी में भी 'आई लौ यू बेरी-बेरी मच डियर।' तक लिख दिया। चीठी भेजने का प्रबन्ध स्वामीजी ने कर दिया।

देखो, अपने मन की एक सफाई भी अपनी कलम से इस कागज पर उतार देनी चाहिए। यह तो लिख ही चुकी हूं और सच्ची बात है कि मेरी काया पुरुश-भोग के लिये भीतर-ही-भीतर मचल रही थी। हां, बस एक चीज़ मेरी आतमा को खलती थी। मैंने रिशी बहिनजी से कहा भी कि मेरे गरभ में एक का बच्चा पल रहा है। ऐसी हालत में अपने गरभ के पिता को छोड़कर और किसी पुरुश का संग पाप जैसा लगेगा। रिशीजी बोलीं, न पुन्न की सोचो न पाप की। जैसे नियोग से सन्तान उत्पन्न करने वाली औरतें निशकाम भाव से पराये पुरुष का भोग करती हैं वैसे ही करो। चाहो तो लगातार अपने मन में यही सोचती रहना कि मैं गरभ में सन्तान वाले पिता से ही रमण कर रही हूं।

खैर, मेरे मन में चूंकि भले-बुरे दोनों ही संसकार गोरे-काले पहलवानों की तरह दनादन कुश्तियां लड़ते ही रहे, न ये जीते न वो हारे। मगर, बसन्तू की चीठी तो चली ही गई थी। और जब उसका जवाब आया तो मैं दंग रह गई। उसके भीतर दरोगाई से पहले वाला, पढ़ा-लिखा, समाज में सुधार करने की इछा करने वाला भला मास्टर आदमी अभी जाग रहा था। उसकी चीठी आई : 'प्राणप्यारी, मैं नशे में बहक गया था। मुझे छमा करना। मैं आज रात के आठ बजे तुम्हें वेद मन्दिर के पास वाले टीले के नीचे से ले जाऊंगा। दो-चार घण्टे के लिये एक डाक बंगले का प्रबन्ध कर लिया है। हिरदे का हिरदे से मिलन होगा, बातें होंगी और मैं भले समाज में फिर से तुम्हें लाने के लिये तुम्हारी पूरी मदद करूंगा।'

उसने इस तरह की बातें चीठी में लिखी थीं। चीठी बड़ी भाव-भरी थी। मुझे अचरज हुआ कि पुलिस का ऊंचा हाकिम हो करके भी इस आदमी के मन में नौजवानी की भोली उमर का वह सरल-सा हिरदे अब भी क्योंकर पलता है! शायद इसका एक कारण यही हो सकता है कि बसन्तू ने अपने जीवन का पहला-पहला प्यार मुझी से किया था। वह सुहाना कांटा वैसा ही सुहाना होकर अभी तक उसके मन में गड़ा है। मैंने सोचा कि आज रात छेड़छाड़ में उससे पूछ भी लूंगी...। मगर मन में एक धड़का रह-रह के उठता था कि वेद मन्दिर का पास वाला टीला तो मेरे मोहना के सिकन्दर मसीह वाला टीला ही है। चीठी पाने के बाद दोपहर-भर मेरा दिल न जाने क्यों बार-बार धड़क-धड़क उठता था।

26

बुरे दिनों की याद करना एक तरह से पुराने पाठ को दोहराने जैसा अच्छा भी लगता है। पर दूसरी तरह से देखो तो मन को कश्ट भी बहुत देता है। पुराना सब कुछ मुझे रह-रहकर याद आए। कैसे सिकन्दर के यहां क्रिसमस मना। कैसे खातिरें हुईं। मेरी ने कैसे मुझसे बहनापा दिखलाया और मोहना के भागने के बाद कैसी बेरुखी से मेरे साथ पेश आई। सब कुछ कलेजे का दरद बनकर पके फोड़े-सा रह-रहकर टीसें मारने लगा। क्रिसमस के दिन मैं मिसिज मोहन थी। आज उसी टीले के नीचे मैं पुराने यार से यारी निभाने के लिये जाऊंगी। कैसा अजीब लगता है, घड़ी में पतनी घड़ी में वेशिया। हाय राम, मैं वह चींटी हूं जिसका बिल ऊपर दीवार की दरार में बना है। मैं अपनी इछा का दाना दबाकर ऊपर चढ़ती हूं और बार-बार गिर पड़ती हूं। पर मन को लगता था कि घर तो पहुंचना ही है और दाना लेकर ही पहुंचना है।...यह तो सही है। पर हे मेरे मन, यह तो बतला कि एक वेशिया क्योंकर सती बने? किसकी सती बने? हिसाब जोड़ने लगी कि बसन्तू का साथ लगभग डेढ़ साल रहा और मोहना का साथ लगभग डेढ़-पौने दो महिने। फिर जिन दिनों बसन्तू का साथ होता था उन दिनों कभी-कभी तो यह पतित द्रोपदी एक-एक दिन में चार-चार पुरुष, कुछ मजबूरी से कुछ खुशी से, भोगती थी। मेरा सत कहां है? हाय उसकी मुझे

बड़ी चाहना है। पर वो मुझे कैसे मिले?

रिशी बहिनजी ने मेरी कंघी चोटी की, वेद बहिनजी ने छेड़-छाड़ की बातें कीं। दिन धीरे-धीरे ढलता गया। शाम को मन्दिर के बाचनालै में भीड़ आने लगी। हम लोग भी नीचे गईं। सभागार में दस-पांच लोगों को मजमे में स्वामीजी महराज ने हिन्दू धरम की बुराइयां और आर्या धरम की अच्छाइयों पर एक प्रवचन किया। मैं वो सब सुनती रही। कुछ महाशैजियों से रोज़ की तरह ऊंची-ऊंची वैदिक बातें भी कहीं-सुनीं। दो-चार बार हंसना-हंसाना भी हुआ, मगर मेरे मन में सिकन्दर का टीला, बसन्तू की मोटर, चीठी में लिखा हुआ डाक बंगला यही सब नाचता रहा। सभागार की घड़ी रह-रहकर टन-टनाती रही। छह...साढ़े छह...सात...साढ़े सात...बाचनालै और सभागार से महाशैजी लोग नमस्ते करके अपने-अपने घर चले गए। पौने आठ बजे स्वामीजी ने कहा : "उठो, अब मैं तुम्हें छोड़ आऊं।" मैंने कहा : "मैं आप ही चली जाऊंगी। और ये सामने ही तो है, कौन बड़ी दूर है!" असल में मैं वहां किसी के साथ भी नहीं जाना चाहती थी। मुझे लगता था कि जैसे टीले के आसपास ऐसा कुछ ज़रूर होने वाला है जो मेरे मन को अभी से ही अनजानी धड़कनों से भर रहा है। जाते हुए मुझे ऐसा लग रहा था कि जानों मैं पाप करने जा रही होऊं और मेरी वह पाप की चोरी इस बार पकड़ ली जाएगी।

टीले के नीचे अंधेरा था। रोशनी का खम्भा सड़क पर थोड़ा आगे बढ़कर लगा था। स्वामीजी से खुद बसन्तू ने यह कहा था कि टीले के नीचे सड़क पर बिजली के खम्भे के पास में उसका इन्तज़ार करूं। बिजली के थोड़े-से खम्भे हमारे उस शहर में शायद साल-डेढ़ साल-भर पहले ही लगे थे, इसलिये उससे बढ़िया सुभीते का पता वह बतला नहीं सकता था। मगर मेरे लिये वहां खड़े होना ठीक नहीं था। सिकन्दर के कलबघर में आने-जाने वाले लोग जादेतर वहीं से आते-जाते थे। इसलिये मैं टीले के कुछ ऊपर लगे एक नीम के पेड़ तले खड़ी हो गई। वहां से मैं बिजली के खम्भे को भली-भांति देख सकती थी।

सर्दी हल्की हो चली थी, फिर भी सिहरन तो हो ही रही थी। मेरा मन भी सिहरन-भरा ही था। ऊपर से सिकन्दर आ जाए या कोई और जान-पहचानी जना आ जाए तो चौंक के मुझे देखेगा और कहेगा कि मिसिज मोहन, तुम यहां खड़ी हो?

गर्दन पर कोई ठण्डी चीज़ लगी : "कौन है तू?" दबी-दबी पर भयानक आवाज़ ने मेरे को जीते-जी ठण्डा कर दिया। डर के मारे आंखें मीचे कसाई की छुरी के नीचे खड़ी गाय की तरह गुमसुम हो गई। चेहरे पर रौशनी की चमक : "आंखें खोल, देख कौन है तेरे सामने!" भयानक आवाज़ एकदम शरबत जैसी मीठी हो गई। मैंने खुशी से चौंककर आंखें खोलकर बोलने वाले के मन-बसे मुखड़े पर गड़ा दीं, फिर उससे चिपटकर कन्धे पर सिर टिकाकर रोने लगी।

मोहन ने मौन आलिंगन में दो पल बिताए, फिर मेरा मुंह उठाकर देखा, चूमा; फिर पूछा : "यहां कैसी खड़ी हो?"

झूठ बोलते दिल धड़का तो सही, पर तिरियाचरित्तर दिखाते हुए सच भी बोला और झूठ भी। मैंने कहा : "दरोगाजी ने बुलाया था।"

मोहन एक गम्भीर हुंकारी भरकर चुप हो गया। मुझे लगा कि कहीं मेरे ऊपर ही शक न करने लगे, इसलिये उसकी छाती से चिपककर बोली : ‘‘मैं तो जब से तुम गए मसीता चच्चा के यहां रहती हूं। वहां इस हरामी दरोगा ने जब मेरा बहुत पीछा किया तो गुल्लन चच्ची ने स्वामी वेदप्रकाशानन्द से प्रार्थना की कि इसे कुछ दिन के लिये अपनी सरण दीजिए...’’

मोहन ने बीच में सीटी बजाई, फिर कहा : ‘‘हां, तो फिर क्या हुआ?’’

‘‘मैं महीने-भर से यहीं पास के आर्यासमाज वेद मन्दिर में हूं। वहां मेरी जैसी दो दुखियारी बहनें भी हैं। बसन्तू दरोगा ने स्वामीजी से कहलाया कि मैं उससे यहां...’’

एक छाया पास आ चुकी थी। मोहन ने बीच में ही बात काटकर कहा : ‘‘अनवर, वो हरामी आने वाला है।’’

‘‘ठीक है, क्या करना होगा?’’

‘‘वह फिटफिटिया पर भी आ सकता है और मोटर पर भी। किसी की मांगकर ही लाएगा साला। टैरों की हवा निकालनी होगी। पिटरौल की टंकी में छेद करना होगा। और दरोगा साहब को बेहोस करके उनके कपड़े उतारने होंगे।’’

‘‘हो जाएगा। मगर साले की नौकरी कल ही चली जाएगी।’’

‘‘अबे हरामी, वो कौन तेरी बहन का खसम है जो इतनी हमदर्दी हो आई! सुन अनवर, ये तेरी भौजी हैं। और ये तुम्हारा देवर है, अनवर खां भेड़िया।’’

‘‘सलाम, भौजी। दद्दू, पों-पों सुनाई पड़ रही है।’’

‘‘ठीक है। मैं मेहतर बस्ती में मसीता के घर मिलूंगा।’’ मोहन मेरा हाथ पकड़कर टीले के बाईं ओर उतर गया।

रात के साढ़े आठ-नौ बजे तक महल्ले में करीब-करीब सोता पड़ चुका था, कुत्ते अलबत्ता सवाल-जवाबी लड़ा रहे थे। अपने मरद की बांह में दबी, अंधेरे में खुली सड़क में पिया की सुहागिन थी। मेरे मन में प्यार का गुमान भी था और डर की धड़कन भी थी। मैं बार-बार चौंककर इधर-उधर देखने लगती थी। महल्ले में आने पर कुत्तों के शोर से मुझे बड़ी घबराहट हुई। मोहना शायद मेरी घबराहट को पहचान गया। आपने बाएं बांह की गिरफ्त को कुछ और कसते हुए उसने कहा : ‘‘घबराती क्यों हो? तुम समझती हो कि कोई मुझे पहचान जाएगा! इस इलाके में पुलिस का मुझे डर नहीं है। थाने में बहुतेरे मोहना डाकू की चांदी की जूतियों तले दबे हैं। थाने की खबर पाते ही तो मैं आज तुम्हें बचाने आया था।’’

मैं चौंक उठी, पूछा : ‘‘तुम्हें खबर थी कि मुझे यहां बुलाया गया है?’’

‘‘मुझे सब पता रहता है मेरी जान। थाने में इस दरोगा के भी कई दुस्मन हैं।’’

मसीता चच्चा के दरवाज़े की कुण्डी बजने लगी। संयोग से चच्चा जाग रहे थे। गुल्लन चच्ची भी आज उन्हीं के घर में सोई हुई थीं। बाद में मुझे पता लगा था कि उस दिन शाम को सास-बहू में जमकर महाभारत हो चुकी थी। सास ने पड़ोस के सिकन्दर और अपनी बहू को आपस में हंसते-छेड़ते देखा। सिकन्दर ने बहू को अपने हाथों से पान खिलाया। बस इसी पर बजने लगी। बहू कहती थी कि देवर की तरह माना है। हमाई तो सदा छेड़खानी होती रहती है। उनके सामने भी सिकन्दर

के हाथ पान खा सकती हूं। फिर सास की जवानी के दिनों का बखान करने लगी– अंगरेज़, मौलवी साहब, कोई लालाजी, जाने किस-किस के साथ अपनी सास के ऐब गिनाए और अपने को डंके की चोट सती साबित किया।

गुल्लन चच्ची बहू से जीत न पाईं। चच्चा उन्हें अपने घर घसीटकर लाए। दारू-वारू पीके दोनों अपने दुखड़े रो रहे थे कि बाहर की कुण्डी बजने लगी। चच्चा चौंक उठे : "अमां मेरे यहां कौन आ सकता है इतनी वक्त!"

खैर, मसीता चच्चा झूमते हुए उठे। दरवाज़े की कुण्डी खोली तो अंधेरे में पहले सूझ न पड़ा कि कौन औरत-मर्द खड़े हैं। औरत-मर्द दोनों घर में घुसते ही चले आए।

"सलाम चच्चा!"

मोहन ने अपनी टार्च की रोशनी एक बार चेहरे पर घुमाई फिर अपना हंसता मुखड़ा दिखाया। और फिर सीधे मसीता चच्चा की आंखों में ही टार्च की चमक फेंक दी। चौंध में आंखें बन्द होने पर भी चच्चा खुशी से बच्चों की तरह उछल पड़े : "हाय जियो! अरे आंखें तरस रही थीं बेटा तुम्हें देखने के लिये। अरी गुल्ली, देख कौन आया है!"

"अरे चच्चा, इतनी ज़ोर से न बोलो। भले ही यहां अपना राज हो, मगर सरकारी कानून का तो डर है ही।"

तीनों कोठरी में आ गए। कोठरी में घुसते ही ढिबरी के उजाले में गुल्लन चच्ची को देखकर मैं तेज़ी से दो कदम आगे बढ़ी और उनके पैर छुये। अपने पती को मानो दिखलाना चाहती थी कि उसके समाज में मैं अब कितनी घुल-मिल गई हूं। मुझे और मोहन को देखते ही अचरज के मारे गुल्लन चच्ची तो एकबारगी हक्की-बक्की हो गई थीं। फिर बड़े गद्गद स्वर में असीसते हुए कहा : "सदा सुहागिन रहो, कोख हरी-भरी हो, भगवान करे। आज तो, नब्बू के चच्चा, तुमसे सच्ची कहती हूं कि इस जुगल जोड़ी को देख के मेरा कलेजा खुशी के मारे दरियाव-सा फैलता ही चला जा रहा है। अल्लाकसम, आज मैं बेहद-बेहद खुश हूं। तुम्हारा तो भैया नाम-ही-नाम सुना था मैंने। हमाई बहू के बहाने तुम भी अब मेरे बच्चे ही हो गए हो।"

[लिखित भाग अपूर्ण था, जो यहां पूरा किया गया है।]

गुल्लन बोलती ही चली जा रही थी मगर मसीताराम का जोश भी बोलास से उमड़-उमड़ रहा था। गुल्लन की भावुकता को तिरस्कृत करके वह शुद्ध यथार्थवादी बना, बोला : "अच्छा बेटे, पहले तुम्हारे खाने-पीने का इन्तिजाम..."

"पूरा इन्तज़ाम करके आया हूं चच्चा। थैले में कटोरदान और दो बोतल रम की भी लाया हूं।"

"अरे जियो बेटे, लाओ-लाओ, निकालो-निकालो! यह साला देसी ठर्रा पीते-पीते तो..."

"खबरदार जो बोतल पे हाथ लगाया। लाओ बेटा मुझे दे दो, वरना यह हरामी तो शराब की मछली हैगा मछली।"

मसीताराम गुल्लन की बात का बुरा मान गया, बोला : "यह देसी भी हफ्ते

में एक ही दो बार पीता हूंगा और विलायती तो जब से यह मोहना यहां से गया तब से चखने की कौन कहे सूंघी तक भी नहीं मैंने। और यह साठ बरस की बुढ़िया निगोड़ी मुझे शराब की मछली बनाती है!"

मोहना बोला : "लगता है तुम लोग खाना खा चुके हो चच्चा। फिर भी एक-आध कबाब खाओगे। बड़े बढ़िया सिके हैं। एक-एक चुल्लू रम भी चढ़ा लोगे तो बुढ़ापे में भी जवानी का सरूर चढ़ जाएगा तुम दोनों पर। हाः-हाःहाः!" इस मज़ाक से निर्गुण की मुस्कराहट भी सगुण हुई। गुल्लन झेंपी और मसीताराम अपने पोपले मुंह को खोलके हंस पड़ा। गुल्लन हाथ बढ़ाकर झेंपते हुए बोली : "अरे रहने भी दो बेटा। यह बूढ़ा खबीस मेरी बड़ी अजीज सहेली का मरद हैगा। इसी पोपले हरामी की बदौलत बुढ़ापे में भी दुःख-सुख झेल लेती हूं और वह भी बाइज़्ज़त, अल्ला तुम्हें सलामत रखे।"

मसीता हंसा : "अरे मोहना, जब मैं मर के बैकुन्ठ जाऊंगा न, तो वहां इसका शौहर ज़रूर ही मिलेगा मुझे। तब मैं उससे कह दूंगा कि मियां; दास कबीर ने जतन से ओढ़ी और ज्यों की त्यों धर दी तेरी चदरिया। हमाई इसकी आशिक-माशूकी भी है मगर पूरी इज़्ज़त-आबरू के साथ, अल्ला के फजल से।"

थोड़ी देर बाद निर्गुन मोहन के साथ उस कोठरी में आई जो डेढ़-दो महीने पहले तक उसकी अपनी कही जाती थी। जहां उसने विरह-वेदना और चिन्ताओं भरे दिन और रातें बिताई थीं। कोठरी में ढिबरी का उजाला तो कर ही दिया गया था। मोहन ने अपने थैले से चार बड़ी मोमबत्तियां भी निकाल के कमरे को और जगमगा दिया। निर्गुन उसके झोले से कटोरदान, बोतल निकाल रही थी। झोले में रस्सी भी थी, कटार भी, जिन्हें छूकर निर्गुनियां सिहर उठी। कटार हाथ में लेते हुए उसने पूछा : "यह कितने कलेजों में भुक चुकी है?"

मोहन मुस्कराया, बोला : 'उस्ताद ने दी थी। मैंने अपने हाथ से इसे एक बार भी इस्तेमाल नहीं किया। मेरी तो माशूक यह है यह।" कहकर उसने अपनी पतलून की जेब से पिस्तौल निकाली। "तुम्हारी इन कटीली नज़रों के शॉट और मेरी पिस्तौल के शॉट में कोई फरक नहीं। तुम्हारा शॉट सीधे आशिक और इसका दुश्मन के कलेजे में होता है।" कहते हुए वह पास आ गया। निर्गुन के लिये सब सुख सिमटकर उसकी काया के रोम-रोम में भर गया।

खाते-पीते हुए निर्गुन ने पूछा : "तुम तो चार ही महीने में इतने नामी बागी कैसे हो गए? तुम्हारे उस सरदार डाकू का क्या हुआ जी?"

"तकदीर जब खेल करती है न, तो सब कुछ अपने आप ही होता चला जाता है। तुम मेरी जिनगानी में आईं, यह क्या कुछ कम अचरज की बात है? फिर गुस्से में आके अचानक उस लौंडे साले का गला घोंटकर मार डाला, यह भी क्या कुछ कम अचम्भे की बात है? मैं आज भी यह सोच-सोचकर हैरान होता हूं निर्गुन कि आखिर मेरे हाथ से उसका खून हो कैसे गया! खैर, इसी डर के मारे सरदार के साथ भागा था। सो यों तो धीरे-धीरे सबके मनों पर चढ़ गया। मगर यह टोली की सरदारी तो मेरे पास ऐसी आई कि खुद मैं भी दंग हूं। गुड़ियामऊ पर वहीदा डाकू ने धावा बोला

था। धावा कामयाब भी रहा, पर वहां के पुराने ज़मींदार भी कुछ कम जीवट के नहीं थे। उनकी गोली से वहीदा भुन गया। गांव वालों की भीड़ अब और बढ़ गई थी। टोली में घबराहट मची। दोनों ओर से फैरिंग तेज़ी से हो रही थी। फिर भी वहीदा के गिरते ही लोगों के पांव उखड़ने लगे। उस हारी बाज़ी को मैंने अचानक संभाल लिया। भरपूर जोश में मैं कूदकर आगे आया, अपने साथियों को ललकारा और ज़मींदार साले को अपनी गोली से ठण्डा कर दिया। फिर तो डाकू लोग ज़मींदार के नौकरों-चाकरों पर हावी हो गए और मैं सरदार मान लिया गया।''

प्रायः सभी की हत्याएं हुई थीं। स्त्रियों का सम्मान भी जी खोलकर लूटा गया। लूट का माल भी बहुत-सा हाथ आया। टोली में कई लोग चूंकि मोहना के मुरीद हो गए थे, इसलिये वही उनका सरदार मान लिया गया।

मोहन ने निर्गुनियां से अपने जाने के बाद की आपबीती भी सुन ली और कहा : ''खैर, जो कुछ हुआ वह ठीक ही हुआ, अब तुम्हारा यहीं रहना ठीक होगा। मेरे लिये भी मामू के घर से यह घर ज़्यादा आसान है। खुली जगह पर है, बहुत गलियों में जाना नहीं पड़ेगा। दूसरे, यहां की पुलिस वहीदा उस्ताद के बख्तों से ही हमारी टोली के साथ है। और अब मैंने भी अपने रसूख बढ़ा लिये हैं। तुम यहीं रहो।''

निर्गुनियां को तसल्ली हुई। कम-से-कम वह अब माईं-मामू के नरक में तो नहीं रहेगी। लेकिन जो आन्तरिक सन्तोष उसे वेद मन्दिर में रहकर मिल रहा है, वह मसीता के घर नहीं मिलेगा। इसका दुःख भी था। उसने मोहना की छाती पर हाथ फेरते हुए कहा : ''वैसे आर्यासमाज मन्दिर भी...''

''मन्दिर-वन्दिर कुछ नहीं। यह सब साले बाम्हनों और ऊंची जाति वालों के ढकोसले हैं।''

''वहां चारों तरफ से हिफाजत बहुत है। स्वामीजी का बस्ती में असर है। इत्ते दिनों वहां रही तो पुलिस वालों ने भी बहुत तंग नहीं किया, नहीं तो यहां उस हरामी के पिल्ले दरोगा ने मेरा रहना ही मुहाल कर दिया था। रोज़-रोज़ थाने की हाजिरी से तो छूटी।''

''अब तो मुसीबतें तुम्हें नहीं उठानी पड़ेंगी। तुम अब यहीं रहो। मैं यहां तो बार-बार नहीं आऊंगा, पर कभी-कभी तुम्हें अपने पास ही बुलाऊंगा। मंदिल-फंदिल से बेर-बेर रात में तुम्हारे आने-जाने से बात खुल सकती है। यहां तो नाले के पीछे-पीछे रस्ता बन जाएगा। किसी को खबर नहीं लगेगी।''

''ठीक है जो तुम कहो।'' पर निर्गुनियां का मन बुझ गया। आर्यसमाज मन्दिर का वातावरण इस बस्ती के वातावरण से कितना अच्छा है! सन्ध्या, हवन, मन्त्रोच्चार और सामाजिक उन्नति की बातें। निर्गुनियां के अपराधी मानस को घुटन से उबारने के लिये वह जगह ही अच्छी होती। पर अब वह अपने मर्द के हुक्म से मजबूर है। वैसे मसीता चच्चा बहुत अच्छे हैं। चच्ची भी प्यार करती हैं। स्वामीजी से कह के इस बस्ती में थोड़ा-सा प्रचार का काम करा लूंगी तो मन बहलता रहेगा। बात को बढ़ाने के लिये खुशामदी अदा में निर्गुनियां ने फिर कहा : ''तुमसे मैंने ये बात तो बताई ही नहीं कि मसीता चच्चा ने यह घर मेरे नाम से लिख देने को कहा है।''

"अच्छा है। लाओ, बोतल उठाओ। मेरे पास अब ज़्यादा टैम नहीं है। साथी लोग आते ही होंगे। यह देख मेरी जान, कि तेरे इश्क में मैं यहां तक खिंचा चला आया। नहीं तो औरतों सालियों की मुझे कोई कमी है भला! अब मैं मेहतर नहीं, मोहना डाकू हूं। अच्छे-अच्छे ब्राह्मन, सैय्यद, मुगल-पठानों और ठाकुरों की औरतें मेरे सामने थरथराती हुई आया करती हैं। उनसे जो चाहता हूं करता हूं, फिर भी तेरे इश्क में खिंचा चला आया।"

"मैंने भी जब से तुम्हारी बांह पकड़ी तब से किसी और मरद को नहीं देखा। तुम्हें क्या मालूम कि भगवान ने तुम्हारे पीछे मेरी कैसी-कैसी परिच्छाएं ली थीं।"

"सब मालूम है मुझे। परसों अफसर बेगम की नौकरानी मिली थी। उससे भी दरोगा के हाल चाल मालूम होते रहते हैं। लो पियो!...(हंसकर) बाकी तुमने उस रात साले को पिला-पिला के जैसा उल्लू बनाया, उस सबको सुनकर ही तो तेरे ऊपर मेरा प्यार उमड़ा।...ये घोंघा-बसन्त दरोगा तो खैर क्या चीज़ है, अगर अंग्रेज़ पुलिस सुपरडन्ट भी तेरे ऊपर बदनज़र डालेगा तो साले की वह दुर्गत बना दूंगा कि उसे फिर नौकरी छोड़कर सीधे विलायत ही जाना पड़ेगा। और घोंघा-बसन्त दरोगा के हालचाल तो कल अपने आप ही सुन लोगी।"

खाते-पीते, प्यार करते डेढ़-दो घण्टे का समय निर्गुन और मोहन के लिये पल-छिन के बराबर ही बीता। आज की रात निर्गुन के लिये घनी गाढ़ी बनकर आई थी। 'रामजी का बड़ा-बड़ा धन्यवाद कि मेरी मति ठीक रही। उस निगोड़ी अफसर बेगम को भी बहुत-बहुत धन्यवाद कि उसकी आड़ में मैं अपने को सफा बचा गई और यही सुनकर मोहना मेरा हो गया। इतना बड़ा नामी डाकू! हाय, कैसे डरा-डरा के बड़े-बड़े घरों की औरतों की इज़्ज़त लूटता होगा, पर मेरे आगे कैसा गिड़गिड़ाता था आज!' निर्गुन की आंखों के सामने मोहना की खुशामद-भरी रीझी हुई नज़रें नाच गईं। नन्हीं-सी बोतल में बन्द विशाल राक्षस बनकर उसके सुहाग का गुमान धुएं-सा बाहर निकला और देखते-ही-देखते वह उसके तन-मन में, सारी दुनिया, पूरे ब्रह्माण्ड में फैल गया। उस सन्तोष के आगे मोहना के द्वारा पहले दी गई छोटी-छोटी पीड़ाएं बिसर गई थीं। आज तो मोहन में जो कुछ बुरा था वह सब भी निर्गुन की नज़रों में भला-ही-भला, सुहाना-ही-सुहाना था। मोहन वर्णाश्रम के बाहर पंचम वर्ण का था। यह निर्गुनियां की दृष्टि में बहुत बड़ी विशेषता थी। उसने सच्चा अछूतोद्धार किया जो मोहन का हाथ पकड़ा। मोहन डाकू था, यह भी दुर्गुण इस समय निर्गुन के लिये अनोखी विशेषता की बात थी। गांव के गांव उससे थर्राते हैं। उसका नाम भी अब फैलने लगा है। एक दिन सुल्ताना की तरह ही मोहना डाकू भी चारों ओर सरनाम होगा। और वह ऐसे सरनाम डाकू की प्रियतमा है। मोहन अनेक उच्च वर्ण की स्त्रियों से बलात्कार करता है, निर्गुन की दृष्टि में यह भी प्रिय की अतुलित शक्ति का परिचायक है। अगर निर्गुन ने स्वेच्छा से अपना शील-भंग, मान-भंग करवाया तो उसके प्रियतम ने अनेक स्त्रियों को भी वैसी ही कलंकिनी बनाकर उसके अपराधी मन के आंसू पोंछ दिए। मोहन निर्गुन है। जो वो है सो मैं हूं।

मोहना के जाने से कुछ देर पहले प्रसंग उठाकर निर्गुन ने यह पूछा कि स्वामी

वेदप्रकाशानन्दजी और मन्दिर की दूसरी बहनों के सहयोग से अगर यहां एक पाठशाला खोली जाए तो?

"अच्छा रहेगा।" मोहना का उत्तर था—"आजकल अछूतोद्धार का जमाना है। अछूतों की उन्नति भी होनी चाहिए। इसलिये स्कूल खोलना सबसे अच्छा रहेगा। हमारी बिरादरी के बच्चों को तालीम मिलेगी। साले पढ़-लिख के कहीं नौकरी तो कर सकेंगे। जनम-जनम के मैला ढोने के पाप से तो छुट्टी पाएंगे।" मोहना खुशी से इस प्रस्ताव के लिये राज़ी हो गया। उसने स्कूल चलाने के लिये निर्गुन को पांच सौ रुपये भी दिए। पांच सौ रुपये खर्चे के लिये भी दे गया। श्रीमती निर्गुन को आज इस बात का भी बड़ा गुमान है। मोहन ने निर्गुन के माता बनने की बात सुनकर उसे जैसा प्यार किया, वह भी उसके लिये अपूर्व अनमोल था। निर्गुन मोहनमय होकर सोई।

सुबह पूरी छावनी में शोर था कि बड़े दरोगा बसन्तलाल टीले के नीचे हाथ-पैर बंधे बेहोश पाए गए। उनके बदन पर एक भी कपड़ा नहीं था। उनकी आधी मूंछ, एक भौं और आधे सिर के बाल उस्तरे से साफ कर दिए गए थे। उनके पुरुषत्व के प्रतीक को जालीदार थैली के अन्दर दो शहद की मक्खियां छोड़कर बांध दिया गया था जिनके काटने की सूजन से बसन्तू बाबू का बुरा हाल हो गया था। रात में ही वे होश में आ गए थे, पर मुंह में कपड़ा ठंसा हुआ था, आंखों से आंसू बह रहे थे। हाथ-पैर भी रस्सियों से बंधे हुए थे और उनके गले में डोरी से बंधा हुआ एक दफ्ती का टुकड़ा भी लटका हुआ था, जिसमें लिखा था : "पराई औरतों की इज़्ज़त लूटने वाले हर पुलिसमैन का अब से यही हाल होगा। इन्सानियत अब जाग उठी है। महात्मा गांधी की जय!"

बसन्तलाल रात-भर बेबस फड़फड़ाते रहे। रात में कोई चिरई का पूत भी उधर न आया। किसी की मोटर लेकर आए थे सो उसकी पेट्रोल की टंकी में छेद करके बहा दिया गया था। चारों टायर छुरी से चीर-फाड़ डाले गए थे। यह खबर सुनते ही बस्ती वालों की भीड़ जमा हो गई। थाने में खबर गई। सीनियर सब-इन्सपेक्टर का इस हालत में पाया जाना बड़ी बात थी। अंग्रेज़ कप्तान, कोतवाल और थाने के कई लोग देखते-ही-देखते आ पहुंचे। कप्तान गुस्से में भरा हुआ था। तख्ती देखी, पढ़वाई। कोतवाल से कुछ कहा और पैर पटकता हुआ चला गया। सिकन्दर की लुंगी पहनाकर कार्टूनसूरत बसन्तलाल को कोतवाल साहब ने अपनी गाड़ी पर पहले भेज दिया और आप स्वयं तफतीश के लिये वहीं जम गए।

तमाम छानबीन के बाद इसी नतीजे पर पहुंचा गया कि यह काम किसी फस्ली क्रान्तिकारी विद्यार्थी दल का है। स्त्री कौन थी, यह पता न चला। बसन्तलाल से जले-भुने बैठे उसी थाने के दीवानजी उर्फ जूनियर सब-इंस्पेक्टर नियाज हुसैन ने देखी-सुनी-उड़ाई सब तरह की सूचनाएं हाकिम को दीं। बसन्तलाल ने बयान दिया कि उन्हें मोहना पर शक है। उसकी बीवी 'वेद मन्दिर' में रहती है। स्वामी वेद-प्रकाशानन्द और सिकन्दर मसीह के बयान भी हुए। वेदप्रकाशानन्दजी के बयान पर कि निर्गुणदेवी कल से अपनी बस्ती में मिलने गई हैं, पुलिस ने जांच की और बयान

सही पाया। सिकन्दर ने भी कहा कि मोहना उससे मिलने नहीं आया था। मोहन और निर्गुन इस काण्ड से अछूते ही माने गए।

वैसे सुबह पुलिस मसीता के यहां भी पहुंची। मसीता और गुल्लन दोनों ने कहा कि निर्गुनियां कल रात से घर में है। सोती निर्गुन जगाई गई।

निर्गुन कांस्टेबिल को देखते ही तुनुककर बोली : "क्या फिर बड़े दरोगाजी ने बुलाया है?"

सिपाही घूंघट में झलकते जोबन को देखकर मूंछों पर ताव देकर हंसा, कहा : "बड़े दरोगाजी तो मूंछें मुंड़ाए बैठे हैं। तुम यहां कब आईं?"

"कल रात।"

"कितने बजे आई थीं?"

"मेरे पास घड़ी तो है नहीं हुजूर। यही कोई साढ़े सात-आठ बजे आई थी।"

"क्यों आई थीं?"

"अब इसका क्या जवाब दूं हुजूर! मसीता चच्चा हमारे सरपरस्त हैंगे। इन्होंने दुःख में मुझे सरन दी थी। सो याद आ गई, चली आई।"

सिपाही सन्तुष्ट होकर लौट गया। उसने अपने सन्तोष का परिचय बाहर जमा हुई भीड़ को बड़े दरोगा की फजीहत का विवरण सुनाकर दिया।

निर्गुनियां सुनकर सन्तुष्ट भी हुई और दुखी भी। मन का सन्तोष बिखर गया। चच्ची और चच्चा दोनों आज सवेरे से ही निर्गुन की हांजी-हांजी में लगे थे। रात में चलते समय मोहना उन दोनों को भी 50-50 रुपये दे गया था। गर्भवती निर्गुन की देखभाल करने के लिये भी वह चच्ची से आग्रह कर गया था। इसलिये निर्गुन का आदेश पाकर गुल्लन के बूढ़े पैरों में मानो पंख लग गए। जाते-जाते यह भी कह गई कि मैं लौटते हुए बज़ार से तरकारी ले आऊंगी। तुम खाली चाय बनाकर पी लो। रोटियां भी मैं आके सेंक लूंगी। तुम्हें इन दिनों में बहुत मेहनत न करनी चाहिए। निर्गुन गुल्लन चच्ची की यह मुसाहबी अदा देखकर मन-ही-मन सुहाग के गुमान से रंग गई। कल रात से उसे अपने मोहन पर बड़ा अभिमान हो रहा था। मोहन उसे रखैल नहीं अपनी पत्नी मानता है, यह आस्था निर्गुन के जीवन में कल रात से नया बल लेकर आई थी। वह स्वामीजी को मोहन के दिए हुए पांच सौ रुपये जब देगी तो स्वामीजी भी उसी तरह से उसकी मुसाहबी करने लगेंगे जैसे कि आज सवेरे से गुल्लन कर रही थी। निर्गुन इस बात से भी प्रसन्न थी कि मोहन ने मेहतर बस्ती में ही आकर रहने पर ज़ोर देते हुए भी उसे मेहतरानी का काम करने पर बाध्य नहीं किया। वह स्कूल चलाएगी और उस वातावरण के निरन्तर सम्पर्क में बनी रहेगी जिसने पिछले एक-डेढ़ महीने से उसके जीवन को उदात्त बना दिया है।

सवेरे नौ-दस बजे स्वामी वेदप्रकाशानन्दजी पीले रेशमी वस्त्र पहने दाढ़ी फहराते और पैरों की खटपटियां खटकाते हुए स्वयं मसीताराम के घर आ पहुंचे। निर्गुन ने उनके पैर छुए। स्वामीजी लेक्चर वाली मुद्रा में उससे बातें करने लगे : "अरे शुभमुखी, तुमने तो रात-भर मुझे और अपनी बहनों को चिन्ता कराई! आज प्रातःकाल जब उस दुर्दमनीय बसन्त की महत्ता के पतझड़ हो जाने का अभूतपूर्व

वृतान्त सुना तो मेरा मन तुम्हारे लिये चिन्तित होने लगा।"

सुहाग-छकी निर्गुन रसिया स्वामीजी से विनोद करने की मौज में आ गई। बोली : "अरे स्वामीजी, आपको तो खाली चिन्ता ही होगी, पर मेरा हाल पूछिए कि जिसे वहां से डाकू उठा लाया था!" स्वामीजी को इस बात पर विश्वास नहीं हुआ। बोले : "नहीं-नहीं, तुमको भ्रम हुआ। तुम्हारे रक्षक भारतीय नैतिकता और आर्य-संस्कृति के रक्षक थे। यह तो दरोगा के गले में बंधी हुई तख्ती पर स्पष्ट ही लिखा था। वे लोग कोई बड़े क्रान्तिकारी युवक थे। भगवान उनकी आयु लम्बी करे। एक बात मैं बड़े संकोच से और भी पूछ रहा हूं, निर्गुणदेवी, कि उन नैतिकतावादी क्रान्तिकारियों ने तुम्हारे साथ किसी प्रकार का अभद्र व्यवहार तो नहीं किया?"

निर्गुन मुस्कराई, बोली : "नहीं स्वामीजी, क्या बतलाऊं, डाकू की बात है। आप चच्ची से ही पूछ लीजिए।"

थाली में आटा गूंधती हुई गुल्लन की मुसाहिबी नज़र ने बहू का चुहल भरा मन पहचान लिया। बोली : "ऐ इसकौ बचाने वाला तो बड़े प्यार से इसे अपनी बांहों में बांध के घर लाया था। खुदा सलामत रखे। उस दम सच्ची मानिएगा सुवामीजी कि अंधेरे में भी मेरी बहू की मांग का सिन्दूर ऐसा जगमगा रहा था कि जैसे साहब लोगों के घरों में बिजली के लट्टू जगमगाते हैं।"

स्वामीजी ने यह विवरण सुनकर एक बार गम्भीर हुंकारी भरी : "हूं! तो यह काम क्रान्तिकारियों का नहीं, बल्कि स्वयं तुम्हारे पति ही का था। सच कह दूं निर्गुणदेवी कि मेरे अन्तर्ब्रह्म ने भी आज प्रातःकाल यही बात कही थी। मैंने वेदवती और ऋषिदेवी दोनों से यही बात कही थी। चलो, जो हुआ सो ऋषि की कृपा से अच्छा ही हुआ। वह दुष्ट बसन्तलाल अब इस थाने में रह नहीं पाएगा।"

"स्वामीजी, ज़रा भीतर आइए, आपसे एक बात कहूं।"

स्वामीजी ने एक बार पैनी दृष्टि से निर्गुन को देखा और उठ खड़े हुए। कोठरी में बैठकर वह बड़ी पहेली-भरी दृष्टि से उसे देखने लगे। निर्गुन ने मोहन के दिए हुए पांच सौ रुपये के नोटों की गड्डी उनके आगे खोलकर रख दी और कहा : "उनकी यह इच्छा है कि आप इस बस्ती के बच्चों के लिये एक पाठशाला खोलवा दें।"

गड्डी उठाकर नोट गिनते हुए स्वामीजी के चेहरे पर लक्ष्मी का स्पर्श-सुख चमक उठा था। निर्गुन ने फिर कहा : "आप ऐसा कर लीजिए कि सामने वाली ज़मीन थोड़ी-सी लेके चार-पांच सौ रुपये में एक हाता खिंचवा दें। कुछ डलवा दें स्कूल चलाने-भर की जगह हो जाएगी, फिर आगे और देखा जाएगा।"

रुपये गिनकर स्वामी वेदप्रकाशानन्दजी आनन्दमग्न हो गए थे। लपककर अपने आशीर्वाद-भरे हाथों को उन्होंने निर्गुन के सिर पर रख दिया और मुंह से बात निकलते-निकलते तक उनके हाथ उसके दोनों गालों पर थिरकने लगे थे, कहने लगे : "हे शुभमुखी, धर्म के हेतु अधर्म के द्वारा कमाया हुआ धन भी वैसे ही पवित्र होता है जैसे नदी में मिल जाने पर नाला पवित्र हो जाता है। अहा! धन्य है, तुम्हारा पति जो हीन कर्मों में भी महानता को अपना लक्ष्य बना रहा है। और तुम भी परम धन्य

हो निर्गुणदेवी, जिसकी प्रेरणा से यह शुभ कार्य सम्पन्न होगा। अच्छा, तो अब मेरी राय में तुम भी उठो, मन्दिर में वेदजी और ऋषिजी से भी परामर्श करेंगे।''

''वैसे तो स्वामीजी मैं आज ही आती, पर अब चूंकि आप ही आ गए तो मैं कल-वल किसी दिन आ जाऊंगी।''

''क्यों, क्या अब मन्दिर में नहीं रहोगी शुभमुखी?''

''उन्हें यहां मुझे बुलाने में सुभीता रहेगी। इसीलिये यहीं रहने को कह गए हैं। घबराइए मत, मैं यहां रहकर भी आपकी सेवा करती रहूंगी।''

''वह तो ठीक है, पर...। खैर, तुम यहीं रहकर समाज-कार्य करो। मैं वेदजी और ऋषिजी को लेकर दोपहर में किसी समय आ जाऊंगा।''

''नहीं स्वामीजी, आप तकलीफ न कीजिएगा। कल मैं खुद ही आ जाऊंगी।''

27

श्रीमती निर्गुन का जीवन-वृत्त लिखते हुए मैं अक्सर उनसे मिला करता था। एक दिन दोपहर में लगभग ढाई-तीन बजे होंगे, वे अचानक मेरे घर आ गईं और बोलीं : ''अब तो देवता ही राक्शश बन गए हैं बाबूजी। इस नसबन्दी ने तो डाकू-खसम से भी कहीं ज़्यादे हमारी इज़्ज़त-जानें लूटी हैं। ऐसी अन्धेर तो आज तक नहीं हुआ था। कांगरस वाले इस तरह बदल कैसे गए!''

मैंने हंसकर कहा : ''आपने अगर अपनी मर्ज़ी से जाति बदली है तो और कोई अपनी मर्ज़ी से अपने आपको क्यों नहीं बदल सकता है?''

निर्गुनियांजी हंसने लगीं, फिर कहा : ''मेरी जात तो कामदेव की ज्वाला में भसम हो गई शर्माजी। मैंने छोड़ी कहां? वह तो अपने आप छूट गई।...औरत, पानी और काठ का कोई रूप नहीं होता। उन्हें जैसे ढालो वैसे ही ढल जाते हैं।'' एकाएक जैसे उन्हें उत्तेजना चढ़ी, कहने लगीं : ''और आपके यह ऊंची जात वाले पुरुश लोग तो साले दिन में पचास-पचास बार अपनी जातें छोड़ते रहते हैं। कहीं औरतों पर मुंह मारते हैं और कहीं उनकी गाढ़ी कमाई के पैसों पर। जिसका धरम-ईमान कायम नहीं उसकी जाति भला कैसे कायम रह सकती है? चाहे वह नाम का हिन्दू हो या मुसलमान या क्रिस्चैन—कोई भी हो साला।''

मैं समझ गया कि निर्गुनदेवी को बात कहीं गहरे में चुभी है। उनकी उत्तेजना को शान्त करने के लिये मैंने कहा : ''निर्गुनियांजी, बात तो मैंने परिवर्तन की दृष्टि से कही थी। और यह परिवर्तन तो होते ही रहते हैं।''

''आपमें कित्ता परवर्तन हुआ शर्माजी?''

''बहोत! सात-आठ बरस की उमर में मेरा जनेऊ कर दिया गया था उसके बाद मैं फल, मेवे और खोये की मिठाई के अलावा और बाहर की चीज़ें नहीं खा सकता था। हर किसी के हाथ का पानी नहीं पी सकता था। लेकिन गांधीजी के आन्दोलन-काल में मेरी नौजवान उम्र ने यह सब ढकोसले छोड़ दिए। निर्गुनियांजी,

मेरे निजी और पूरे समाज के जीवन में बहोत-से परिवर्तन आ गए हैं इन पचास वर्षों में। भारतवर्ष का आदमी बदल रहा है। पिछड़े-से पिछड़ा, दकियानूस-से-दकियानूस व्यक्ति भी अब इतना पिछड़ा हुआ नहीं रहा जितना कि उसका सौ बरस पहले का पुरखा था।''

निर्गुनियांजी कुछ शान्त हुईं। उन्होंने बात बदली, कहने लगीं : ''अच्छा हटाइए इस चरचे को। यह बतलाइए, आपने आगे कुछ लिखा है? बहुत दिनों से सुना नहीं था। घर से निकली थी, बेटे के यहां जाने के लिये। रास्ते में आपकी सड़क पड़ी तो मैंने कहा कि आप ही के दर्शन किए जाएं। अच्छा, पहले कुछ चाय-वाय पिला दीजिए तो फिर जम के सुना जाए।''

''चाय तो मैं आपको पिलाऊंगा ही निर्गुनियांजी, मगर आप चाहें तो 'वाय' भी पिला सकता हूं।''

''अच्छा! मैंने सोचा कि भला चील के घोंसले में मांस कहां निकल सकता है, मगर आपने तो निकाल ही दिया!''

''इसमें मेरा कोई करिश्मा नहीं। जो बोतल मैं आपको भेंट देने के वास्ते लाया था वही अब तक रखी है। दूं!''

''नहीं, आपके घर में बैठकर यह तमाशे नहीं करूंगी। कम-से-कम एक जगह तो ऐसी होनी चाहिए जहां मन में कोई बुराई न पैदा हो सके।''

उस दिन मेरी पत्नी घर में नहीं थीं। इसलिये चाय का औपचारिक् सत्कार मात्र ही कर सका। फिर उन्होंने मेरे लिखे दो अध्याय सुने, कहने लगीं : ''यह किताब सुन-सुनकर मुझे यह लगता है बाबूजी, कि मैं अपनी नहीं बल्कि किसी गैर की कहानी सुन रही हूं। लेकिन वह गैर भी बहुत कुछ अपना-सा ही लगता है।''

''अनुभवों को भोग करने वाला व्यक्ति हमारे भीतर सदा कोई और ही होता है।''

''आपकी बात सच है और मुझे तो ऐसा लगता है कि आप मेरे भीतर के भोगने वाले जीव को ही अपने काम के वास्ते जादेतर चुनते हैं।''

''अच्छा, यह बताइए निर्गुनियांजी कि आपने जब स्कूल खोला तो उसकी आपकी बस्ती में कैसी प्रतिक्रिया हुई?'' मेरे लेखनकक्ष में आरामकुर्सी पर पलथी लगाए बैठी हुई श्रीमती निर्गुनियां ने अपना दाहिना हाथ झटकाते हुए मुझसे कहा : ''अरे इस्कूल-फिस्कूल की बात तो सुनाती ही रहूंगी, मगर इसी बीच में होने वाली एक घटना मैं आपको ज़रूर सुनाऊंगी। हाय उसके मारे कुछ दिनों तलक तो मेरे कलेजे में दिन-रात हाले-डोले आया करते थे।''

''वह क्या प्रसंग था निर्गुनियांजी?''

''मेरे बूढ़े आर्यपुत्र ने कलट्टर साहब को यह चिट्ठी लिखी थी कि मोहना डाकू मेरी धरमपतनी को भगा ले गया है और वह इस समय आपके शहर में है। उसे मेरे सिपुर्द किया जाए।''

यह सुनकर मैं भी धक् रह गया, पूछा : ''उन्हें कैसे पता चला?''

''बसन्तू दरोगा उस दिन की घटना की वजह से नौकरी से निकाल दिया गया।

जब घर के बुद्धू घर को लौट के आए तो और क्या करते! तरह-तरह से अपने जी की भड़ासें उन्होंने जगह-जगह पर निकाली होंगी। आर्यपुत्र उन्हीं से मन्तर सीखकर यह सब कारवाही कर रहे थे। खैर, एक दिन क्या हुआ कि मेरे घर पर सीधे छोटे दरोगा साहब ही आए। उन्होंने कहा कि चलो कलक्टर साहब बुलाते हैं। अंग्रेज़ के दरबार में जाना, आप तो जानते ही हैं, कि उस ज़माने में कैसा कठिन काम था। खैर, छोटे दरोगा इक्के पे बिठाके मुझे साहब की कोठी पर ले गए। तब तक साहब कचहरी से नहीं लौटे थे। मैं बरामदे में बैठी रही। साहब के आने पर मेरी पेशी हुई। साहब और मेम साहब दोनों ही बैठे थे।

"साहब ने बहुत रौब के साथ पूछा : 'टुम पंडिट का बीबी है?' सुनकर मेरी तो ऊपर की सांस ऊपर और नीचे की नीचे रह गई। मेरी आंखों में आंसू भर आए। हाथ जोड़कर कबूल किया कि हां। फिर धीरे-धीरे उन्होंने सब पूछा और मैंने सब कुछ सच-सच बतला दिया। यहां तक कि बसन्तू की और अम्मां के घर की सारी फजीहत भी रो-रो के बयान कर दी।

"साहब बोले : 'टुम अपना शौहर के पास जाना मांगटा?'

"मैंने तड़पकर कहा : 'छह-सात महीने से मेहतर के घर में रही हुई औरत को क्या वो लोग फिर से घर में रख लेंगे हुजूर! जात-बिरादरी से निकाली तो जाऊंगी ही, और जो बच्चा मेरे गरभ में पल रहा है हुजूर, उसका क्या होगा?' इस तरह मैं कलक्टर साहब से सारी बातें बिना शरम-संकोच के कह गई।

"फिर साहब क्या बोले?" मैंने पूछा।

" 'क्या सब मेहटर लोग को मालूम है कि टुम मेहटर नहीं पंडिट है?"

" 'नहीं हुजूर! बतलाना भी नहीं चाहती। उन्हें जो यह बात मालूम हो गई हुजूर तो मैं यहां भी नहीं रह पाऊंगी। अब जो भी मैंने किया सो तो कर चुकी। अब मैं दिल से ब्राह्मणी नहीं, मेहतरानी ही हूं सरकार। हर तरह से अभागी हूं। मेरे ऊपर तरस खाइए।' मेरे भीतर जाने कहां से चतुराई समाई बाबूजी कि मैंने हाथ जोड़कर कहा—सरकार, जो गलती कर ली उसे तो निभाना ही पड़ेगा।

"मेम साहब बोलीं : 'मगर अब टो टुम्हारा मरड डाकू हो गया है। टुमको छोर दिया, टुम बाहर क्यों नहीं चला जाटा? डूसरा किसी 'रेस्पेक्टेबल' आडमी से शाडी बना लो।'

"मैंने सिर झुका के कहा : 'मेमसाहब, जो गलती की उसका पछतावा तो जनम-भर रहेगा ही, अब एक और गलती करूं, यह कहां तक मुनासिब होगा?' मैंने बतलाया कि मैं उस मरद के होने वाले बच्चे की मां बनने वाली हूं! मेरी गलती ने मुझे जनमकैद दे दी है। मैं क्या करूं? कहके सचमुच मुझे बहुत रोना आ गया शर्माजी। मैं मेमसाहब के पैर पकड़कर फूट-फूटकर रोने लगी। इस पर साहब-मेमसाहब में कुछ धीरे-धीरे बातें होने लगीं। फिर साहब ने कहा : 'टुम बोलटा कि टुम आर्य समाज में रहटा ठा!' मैंने कहा : 'जी हां।' वह बोले : 'टुम वहीं रहो।' मैंने कहा कि हुजूर आड़े वक्तों में इसी बस्ती की गुल्लन दाई मुझ पर मेहरबान हैं। मैं उन्हें चच्ची कहती हूं। वही मेरे काम आएंगी हुजूर। मेरा कोई आसरा नहीं है हुजूर। इस

बस्ती से मुझे बिल्कुल मत छोड़वाइए।' मैंने कहा कि यह तन कीड़ा बन ही गया है, तब उसे कम-से-कम कहीं का तो रहने ही दिया जाए। लेकिन कलक्टर साहब मेहतर बस्ती में मुझे रखने पर किसी तरह भी राज़ी न हुए। मुझे आर्यासमाज ही में रहने का हुकुम दिया। हां, इस बात पर वे ज़रूर राज़ी हो गए कि आर्यासमाज अगर कोई बच्चों का स्कूल वहां खोले तो मैं उसमें पढ़ाने के लिये दूसरी औरतों के साथ-साथ जा सकती हूं।

"इस तरह मेरा फिर से वेद मन्दिर में ही रहना आरम्भ हुआ। मुझे एक तरह से खुशी हुई। स्वामीजी तो मुझ गुप्तदान देने वाली पर रीझे हुए थे। दोनों बहनें भी दिल से मेरी सहाय थीं। स्वामीजी बोले कि स्कूल के लिये हमें सरकार बाहर ज़मीन नहीं देगी। आखिर आर्यसमाज भी तो देशभक्त संस्था है। ब्रिटिश जासूस हमारी गतिविधियों को भी बराबर जांचा करते हैं, फिर भी कोई कलक्टर के बाप की धौंस पड़ी है! ज़रूरत पड़ने पर तुम मसीता के घर में भी रहोगी। अरे जब बाल-बच्चा होगा तो क्या वेद मन्दिर में होगा? मसीताराम का घर सर्वोत्तम है। स्कूल भी वहीं खोलेंगे। जो पैसा इमारत बनाने में लगाते उसी का कुछ अंश हम कुछ चार्ट, वेद-मन्त्र आदि लिख करके स्कूल की सजावट कर देंगे। सिलाई-इलाई के लिये एक-आध मशीन भी खरीदी जा सकती है। दो-एक मैं भीख मांगकर जल्दी ही जुटा दूंगा। तुम चिन्ता न करो। स्कूल खुलेगा और शान से खुलेगा। जिस दिन खुलेगा उस दिन मेहतर बस्ती में हवन भी होगा।

"स्वामीजी ने मुझे बतलाया कि कोई बड़े धुरन्धर बोलने वाले महात्मा आर्यव्रतीजी हैं, उनको अछूतोद्धार पर भाषण देने के लिये बुला लेंगे।"

निर्गुनियांजी मुझसे कहने लगीं कि कलक्टर की भेंट के बाद वह सहम गई थीं। उन्हें तरह-तरह के भय सताने लगे। नौकरी से छुड़ाए जाने वाले बसन्तू दरोगा ने अपने घर वापस लौटकर निर्गुनियां के सम्बन्ध में क्या-कुछ अपवाद न फैलाए होंगे। बूढ़े आर्यपुत्र अपनी बदनामी और जग-हंसाई से पीड़ित होकर किसी पैसा-चाटू वकील की सलाह से आज मेरे खिलाफ कलक्टर को चिट्ठी लिखवाते हैं, कल को बदला लेने के लिये वह कोई दूसरा उत्पात भी खड़ा कर सकते हैं। पैसा उनके लिये अर्थहीन है। महल्ले-बिरादरी में निर्गुनियांजी के सम्बन्ध में एक-एक में चार-चार बातें जोड़-तोड़कर घर-घर में फैली होंगी। एक तो वैसे ही दुनिया में निर्गुनियां कहीं मुंह दिखलाने लायक न रह गई थी और कलक्टर का भय अब उसका दूसरा भय बन रहा था। मेहतर समाज में यदि निर्गुनियां की असली जाति और पाप की बात खुल जाए तो क्या उस समाज में भी उसे स्वीकारा जा सकेगा? हर जातीय समाज की अपनी मर्यादा होती है। हर एक में प्रतिष्ठा का प्रश्न होता है। वह चाहती थी कि वह मोहना को लेकर कहीं अलग रहे, पर उसकी आत्मप्रतिष्ठा ने उसे यह न करने दिया। वह अपने मामा के घर ही लाया। उसने अपने मामा-मामी के पैर छुआए। मामी ने जो सख्तियां कीं, उसमें मोहना की भी सहमति थी। मोहना कैसे एकान्त में निर्गुनियां की जाति की फजीहतें उड़ाया करता था।...उन पिछली बातों के स्मरण-मात्र से श्रीमती निर्गुनियां के शरीर में आज भी कम्पन दौड़ गया था। वह

एक क्षण के लिये स्तब्ध रह गई थीं, कहने लगीं : "बाबूजी, मैं पक्श लेकर बात नहीं करती, पर यह सच है कि दुनियां में दूर-दूर देसों तक, औरत से बढ़कर और कोई भी जादा गुलाम नहीं है। मैंने ब्राह्मण भी देखा, मेहतर भी देखा। मरद सब जगह एक हैं। सासें जब जगह एक हैं, सब जगह औरत की एक जैसी ही मिट्टी पलीत होती है। मैंने दलितों की समसिया को दोहरे ढंग से भोगा है।"

सत्तर-बहत्तर की आयु के आस-पास पहुंच चुकने वाली वृद्धा के मुख पर मानो उसका सम्पूर्ण जीवन उभर आया था, फिर खुद ही मुस्कराईं और बोलीं : "कुछ भी कहिए, मुसीबतों का भी अपना एक मज़ा होता है। मन न खोता है, न बहकता है। एक चिन्ता की चक्की में बंधा-बंधा चक्कर काटता रहता है।"

मैंने कहा : "इसमें भला क्या मज़ा हो सकता है निर्गुनियांजी! एक स्थिति गतिहीन और दूसरी गतिबद्ध—"

"मेरी बात इतनी आसानी से कट जाने वाली नहीं पण्डितजी! चिन्ताओं से जकड़कर जो एक आठों पहर की टीस मन में उठती रहती है वह बिना एक खूंटे से बंधे गहराती नहीं। टीस जब गाढ़ी हो जाती है तो अमरित बन जाती है।"

उस दिन निर्गुनियांजी बड़ी देर तक बैठी-बैठी बातें करती रहीं। मैं उनके सायंकालीन दैनिक कार्यक्रम की चिन्ता करने लगा तो बोलीं : "बरसों के बाद आज पहला दिन है कि मुझे शराब की तलब न हुई। आपने मुझसे अपने ही मन का आपरेशन कराके उसकी एक-एक नस की पहचान करा दी। अब जो होना था हो चुका। जो गलती की उसे भगवान ने इज़्ज़त-आबरू से निभा दिया। अब झूठ बोलके या किसी से कुछ छिपाके मैं भला क्या करूंगी! मेरा कलेजा अब सुलग-सुलगकर शिवजी की भभूत बन गया है बाबूजी।" यह कहकर वह हंसने लगीं।

मुझे भी लगा कि श्रीमती निर्गुनियां ने सब कुछ खोकर कुछ पाया भी है। मुझे लगा कि उन्होंने अपनी कल्पनाशक्तियों को एकभाव बद्ध करके उन्हें असीमित रूप से जगा लिया है। पुरानी बातें बतलाते समय भी मैंने देखा कि उनकी आंखें कहीं दूर कुछ देखने में तल्लीन हो जाती थीं, बीच की बात अक्सर छूट जाती थी। कभी वह मुस्करा पड़ती थीं, और कभी-कभी मुझे ऐसा लगता कि आंखों-आंखों में ही वह किसी से बात कर रही हैं। श्रीमती निर्गुनियां मुझे अपनी सारी सहजता में भी एक जगह असहज लगीं। खैर, इस बार वे मेरे लिखने के लिये काफी मसाला दे गई थीं। उनके द्वारा लिखे हुए समय-समय के उद्गारों की कड़ियां उनकी बातों से सुलझकर मेरा काम सुलझा गईं।

28

मसीताराम के घर में पाठशाला के लिये आवश्यक सजावट हो गई। स्वामी श्रद्धानन्द लगभग डेढ़-दो साल पहले ही शहीद हुए थे। इसलिये स्कूल का नाम श्रद्धानन्द शिशु मन्दिर रखा गया। मसीताराम के घर के आगे सड़क तक झंडियां ही

झंडियां लगी थीं। तख्त पर तख्त जमाकर ऊंचा मंच बनाया गया था। सारी बस्ती के बच्चे तमाशा देखने के लिये जुट आए थे। प्रातःकाल मसीताराम के घर में यज्ञ भी हुआ था। वह इतना गद्‌गद था कि आज दिन-भर बातें करते-करते आनन्द के मारे उसकी आंखों से आंसू बहने लगते थे। शाम को जलसे की तख्त, चांदनी आदि बिछाने में उसने अद्‌भुत जोश दिखलाया।

लगभग पांच बजे जलसा आरम्भ हुआ। पहले स्वामी वेदप्रकाशनन्दजी ने अपने टीपदार; सुरीले कण्ठ से जब यह प्रार्थना सुनाई तो क्या बूढ़े और क्या जवान, सब उनके जादू से बंध गए—

"अब सौंप दिया इस जीवन का सब भार तुम्हारे हाथों में।
है जीत तुम्हारे हाथों में, है हार तुम्हारे हाथों में॥"

वेदवतीजी और ऋषिजी के भाषण भी बड़े अच्छे हुए। उन्होंने कहा कि—स्वामी श्रद्धानन्दजी के शहीद हो जाने से अब इस देश की स्त्री जाति की आंखें खुल गई हैं। उन्हें अब इतनी बात तो खूब समझ में आ गई है कि हमारे अछूत भाई हिन्दू ही हैं और यह छुआछूत का आडम्बर जो हमारे समाज पर लादा गया है वह ढोंगियों और स्वार्थलोलुप पण्डे-पुरोहितों ने लादा है।

सबसे ज़्यादा प्रभावशाली भाषण महात्मा आर्यव्रतीजी का ही रहा। उन्होंने भक्तमाल की एक कथा सुनाई। कहने लगे—यह सनातनधर्मी लोग इतने झूठे हो गए हैं कि स्वयं अपने ही धर्म-ग्रन्थों में लिखी हुई कथाओं और बातों पर भी ध्यान नहीं देते। आप सब जानते हैं कि हम आर्यसमाजी विचारों के लोग न तो राम को मानते हैं और न रामायण को ही। परन्तु गोस्वामी तुलसीदासजी एक बड़े सन्त और कवि थे, इसलिये सनातनधर्मी होते हुए भी उनका एक दोहा आपको सुनाता हूं—

तुलसी भगत सुपच भलो,
भजे रैन दिन राम।
ऊंचे कुल केहि काम को,
जहां न हरि को नाम॥

सो देवियो और सज्जनो, ऊंचे कुल के लोग ही हैं, जो अपने ढोंग, आडम्बर में बंधे हुए दिन-रात जनता की आंखों में धूल झोंककर अपने स्वार्थ के उल्लू दिन-रात सीधे किया करते हैं। श्वपचों और मेहतरों में भी कैसे-कैसे महात्मा हो गए हैं, इसका पता कदाचित आप लोगों को नहीं है। कैसे हो सकता है? यह सनातन धर्म के लोभी कथावाचक भला भक्तमाल में वर्णन की गई महर्षि श्वपचजी की कथा आपको कैसे सुनाते? उन्हें तो यह डर लगेगा कि अगर कहीं आप लोगों को यह पता चल गया कि हमारे पुराने ग्रन्थों में श्वपच ऋषि की महिमा भी बखानी गई है तो इससे आप लोगों के समाज में भी उन्नति होगी। आप लोग संस्कारगन हो जाएंगे। इससे उनका नुकसान होगा। यह तो हमारे ऋषिजी पूज्यपाद श्रीमद् दयानन्द सरस्वतीजी महाराज ने सबसे पहले समाज में यह सत्य देखा और दिखलाया कि मनुष्य-मनुष्य सब में समान है। वह निराकार, परमेश्वर, परब्रह्म सबमें एक-सा समाया है। सनातनी सम्प्रदाय वालों की पुस्तक 'भक्तमाल' में एक श्वपच ऋषि की कथा आती है। एक

बार उनके बैकुण्ठ में, जिन्हें कि सनातनी लोग साक्षात् भगवान कहते हैं, अर्थात् श्री राजा रामचन्द्र के दरबार में एक बड़ा यज्ञ हुआ था और उस यज्ञ में सब बड़े-बड़े सनातनी धर्म के देवता ब्रह्मा, विष्णु, महेश और जितने, क्या नाम के तेंतीस कोटि देवी-देवते हैं और जितने कि ऋषि-मुनि हैं, सब उस यज्ञ में मौजूद थे। तो जब यज्ञ सम्पूर्ण हुआ तो आरती होने लगी, मगर घण्टे-घड़ियाल नहीं बजे। सब ऋषि-मुनी, देवी-देवते चक्कर में पड़ गए कि यह क्या मामला है। तब उन्होंने भगवान से पूछा तो उन्होंने कहा कि संसार का सर्वश्रेष्ठ ऋषि चूंकि इस यज्ञ में बुलाया नहीं गया, इसलिये यज्ञ को सम्पूर्ण न मानकर आकाश में आरती के समय घण्टी-घड़ियाल नहीं बजे।

एक देवता बोले, एक ऋषि के न आने से भगवान का यज्ञ न पूरा हो, यह भला कहां तक उचित है? उसने कहा, मैं जाता हूं भगवान का दूत बनकर श्वपच ऋषि को न्योता देने। और भाइयो, वह चला गया। श्वपचजी आनन्द से ब्रह्म नाम की माला फेर रहे थे, सो देवदूत पहुंचे और हाथ जोड़कर कहा कि हे ऋषिवर! भगवान परब्रह्म श्री राजा रामचन्द्र के यहां यज्ञ हो रहा है। सब देवी-देवते पधार चुके हैं। आपको लेने के लिये मैं आया हूं। इस पर श्वपच ऋषि ने अपनी भृकुटी में ध्यान लगाकर भगवान के दरबार का सब हाल जान लिया और बोले, हे देवदूत! भगवान सीताराम के चरणों में हमारा प्रणाम कहना और कहना कि हम यहां भी उन्हीं के ध्यान में लीन हैं। इस पर देवदूत को क्रोध आ गया कि जिन भगवान के यज्ञ में जाने के लिये देवी-देवते उधार खाए बैठे रहते हैं, उन्हीं के यहां जाने में इनको आलस लगता है। कहते हैं, यहीं लीन हैं। यह भला कैसी बात है? उसने सोचा, इसको अपने ऊपर बड़ा घमण्ड है। इसे धमकी देना चाहिए। देवदूत ने कहा कि हे ऋषि! या तो तुम सीधे-सीधे हमारे साथ यज्ञमण्डप में चलो या फिर मैं तुम्हें ज़बरदस्ती बलपूर्वक उठा ले जाऊंगा।

यह सुन करके श्वपच ऋषि मुस्कराए और उन्होंने अपनी माला चबूतरे पर रख दी और कहा कि भैय्या देवदूतजी! अगर हो सके तो पहले मेरी माला ही उठाकर देख लो। आगे फिर हमें उठाने की सोचना। देवदूत ने उस माला को उठाने की इतनी कोशिशें कीं कि बेचारा पसीने-पसीने होकर लथ-पथ गिर पड़ा। तब उसे ध्यान आया कि अरे जिस माला के एक-एक मनके पर ऋषि ने ब्रह्मनाम को जपा है, वह तो भारी होगी ही और इतना जप करने वाले ऋषि का भार मैं तो क्या परीक्षा होने पर स्वयं शेषनाग भी न उठा पाएंगे। फिर वह चरणों पर गिर पड़ा और गिड़गिड़ाने लगा। श्वपच ऋषि तो खाली देवदूत का घमण्ड तोड़ना चाहते थे। उन्हें रामचन्द्रजी के यज्ञ में जाने के लिये तनिक भी इनकार न था, सो योगमार्ग से उड़कर मिनट भर में साकेतधाम पहुंच गए और उनके पहुंचते ही आकाश में शंख, घण्टे-घड़ियाल आदि बजने लगे, पुष्पवर्षा होने लगी। चहुं ओर जय-जयकारों की धूम मच गई। ऋषि ने भगवान के चरणों में अपना मत्था नवाया और भगवान ने उन्हें अपने हृदय से लगा लिया और कहा कि यह सबसे नीची जाति के होते हुए भी सबसे ऊंचे ऋषि हैं। यह सदा मेरे हृदय में विराजते हैं। यह सुनकर सब ऋषि-मुनि श्वपच ऋषि से मन-

ही-मन जल उठे और गुपचुप उनकी निन्दा में दत्तचित्त हो गए।

थोड़ी देर बाद ज्योनार हुई। बैकुण्ठ की ज्योनार, स्वयं सीताजी रसोई बनाने वाली, फिर भला उस छप्पन प्रकार के भोजनों के स्वाद का क्या पूछना? मगर सब ऋषि-मुनि, देवी-देवते अकस्मात देखते क्या हैं कि श्वपच ऋषि ने थाल में सजे सभी खट्टे, कसैले, कड़वे, तीखे, नमकीन, मीठे जितने भी व्यञ्जन रखे थे, सब एक में मिलाकर सानी-सी बना ली और भगवान का भोग लगाकर बड़े आनन्द से उसे खाने लगे। ऋषि-मुनियों को क्रोध आया, यह श्वपच जाति का ऋषि इस तरह से सानी बनाकर खा रहा है! भला क्या यह जगदम्बा सीतादेवी की पाककला का अपमान नहीं है? भगवान देख रहे हैं और तब भी इसको कोई लिहाज नहीं है। एक ऋषि ने आगे बढ़कर राजा रामचन्द्रजी के कान भरे। रामचन्द्रजी ने कहा कि श्वपच ऋषि सबसे ऊंचे ऋषि हैं, वह सीताजी की रसोई का स्वाद खूब ले रहे हैं, चाहे परीक्षा ले लो। ऋषियों ने परीक्षा ली तो श्वपच ऋषि बोले कि और सब चीज़ें अच्छी बनी हैं। एक नौरतन चटनी में सीता महारानी के हाथ से काले नमक की चुटकी तनिक कम पड़ी है। यही एक कसर रह गई। अब तो यह सुनकर ऋषि क्रोध में आ गए, कहने लगे, एक तो तुम सानी बनाकर गाय-बैलों की तरह खा रहे हो, दूसरे इतनी बारीक गलती निकालते हो कि कोई समझ नहीं पा रहा है। तुम ऋषि नहीं हो, धूर्त हो, मक्कार हो। मगर श्री रामचन्द्रजी ने कहा कि श्वपच ऋषि की बात की जांच कराई जाए। जांच सीताजी स्वयं करें।

सो भाइयो और बहनो, सीताजी ने नौरतन चटनी चखकर स्वयं जांच की और कहा कि श्वपच ऋषि सच कहते हैं। इस प्रकार श्री सीताराम के दरबार में ऊंचा स्थान पाकर जब दूसरे ऋषियों के साथ श्वपचजी लौटने लगे तो उन्होंने बदला लेने के लिये एक और चाल चली। उन्होंने कहा कि हे ऋषि! आप अगर ऐसे ही पहुंचे हुए महात्मा हैं तो यह जगह-जगह पड़ा हुआ मल-मूत्र क्यों नहीं उठाते? श्वपच ऋषि ने कहा, मेरी परीक्षा लेना चाहते हो! अच्छा लो, आज से मैं और मेरी जाति के सारे लोग समाज की इस गन्दगी को ही साफ किया करेंगे। सो हे भाइयो और बहनो, तुम्हें यह नहीं भूलना चाहिए कि तुम ऐसे आर्यव्रती श्वपच ऋषि और रामायण लिखने वाले महाकवि वाल्मीकि ऋषि जैसे महात्माओं की सन्तान हो। तुम आर्यधर्म के आधार स्तम्भ हो। तुम लोगों को अपना सच्चा धर्म पहचानना चाहिए।...

महात्मा आर्यव्रतीजी के व्याख्यान ने मेहतर बस्ती में बड़ी हलचल मचा दी। घर-घर इसी पर बहसें छिड़ गईं कि दोहरा धर्म छोड़कर मेहतरों को अपना सच्चा धर्म ही अपनाना चाहिए। इस सच्चे धर्म के सम्बन्ध में भी कई दिनों तक गर्मागर्म वाक्‌युद्ध होते रहे। एक दिन उसी बस्ती में उसी जगह मुसलमानों की सभा भी हुई। तबलीग वाले एक मौलाना आए, उन्होंने कहा : "अफसोस की बात है कि सदियों से हमारी खिदमत में रहकर तुम लोगों ने रोज़ा, नमाज़ सब कुछ सीखा, मगर तुम्हारी जहालत ने तुम्हें अपने काफिर पुरखों के चन्द रीति-रिवाज़ फिर भी नहीं छोड़ने दिए। दोस्तो, हमें अफसोस है कि तुम लोग लाला हरदयाल, डा० मुंजे और आर्या सामाजियों के चक्कर में फंसकर अपने वहां हवन वगैरह करवाने लगे हो। क्या तुम

भूल गए कि इन काफिरों ने तुम्हारे साथ क्या-क्या बुरे सलूक किए हैं? मैं आज ऐलान करना चाहता हूं कि 'रंगीला रसूल' जैसी ज़लील किताब लिखकर हुजूर मोहम्मद साहब की तौहीन करने के बाद फिर किसी मुसलमान को किसी हिन्दू से किसी तरह की भलाई की उम्मीद बाकी नहीं रह जाती है। ऐ मेहतरो! अगर तुम इन काफिरों के चंगुल में आ गए तो याद रखो कि कयामत के दिन तुम्हारा बुरा हाल होगा। तुम सब दोजख की आग में जलाए जाओगे।''

'तबलीग' की इस मीटिंग ने बस्ती में नई आग लगाई। मसीता को उकसाया जाने लगा कि अपने मकान में अगर आर्यसमाजियों का स्कूल रखोगे तो तुम्हारे मकान में आग लगा दी जाएगी। इधर स्वामी वेदप्रकाशानन्द ने 'तबलीग' वालों की सभा और उनकी खुली गाली-गलौज का छावनी की हिन्दू बस्ती में बड़ा निन्दात्मक प्रचार किया। नौजवान आर्यसमाजियों में अछूतोद्धार से अधिक साम्प्रदायिक जोश भर गया। मसीताराम के घर हर सुबह हवन और हर शाम सभा होने लगी। बस्ती का वातावरण कुछ-कुछ बदलने लगा। लेकिन बहुत कुछ साम्प्रदायिक भ्रान्तियों के तनाव से बिगड़ भी गया था।

छावनी में लाला मटरूमल बुलाकीदास की एक कोठी है। दरअसल उनके विलायत पास बैरिस्टर बेटे ने अपने अंग्रेज़ यार-दोस्तों की खातिर करने के लिये छावनी का यह बंगला खरीदा था। बहुत ऐशबाज़ी के फेर में पड़कर वह जवानी में ही चल बसा। तब से इस बंगले में बैरिस्टर के बाप का एक दफ्तर आ गया है। छावनी के मेहतरों, पसकटों और धोबियों वगैरह लोगों की बस्तियों में तथा छावनी के इर्द-गिर्द के गांवों तक में जो उगाही-रुझाही का काम फैला है, उसकी देखभाल अब स्व० बैरिस्टर साहब का ममेरा भाई टिपड़चन्द करता है। वह पैसे के चार धेले भुनाने में उस्ताद है। छोटे लोगों को छोटी जाति का तगादा करने वाले तगड़े लोग उसने नौकर रखे हैं। छावनी के चमारों, धोबियों, मेहतरों और घसकटों के लिये कालू जल्लाद और उसी कौम के उसके दो चेलों को नौकर रखा है। कालू अक्सर रात में भी पीकर अपने चेलों के साथ तगादा करने के लिये यहां आता है। मार-पीट, गाली-गलौच की तो कोई बात ही नहीं, घर की औरतों की आबरू लूटना ही उसका असली उद्देश्य होता है। किसी की हिम्मत नहीं कि कुछ बोल सके। कभी-कभी अकेला ही आता है। जिसके घर तबियत होती है उसका कुण्डा खटखटाता है। उसकी आवाज़ सुनकर किसी की मजाल नहीं कि अपना कुण्डा भीतर से बन्द रख सके। हिन्दू और ईसाई देवी-देवतों को खुलेआम गाली देता है। निर्गुनियां सोचती थी कि डाकू लोग ऐसे लोगों को क्यों नहीं मारते जो बस्ती-भर में हिन्दू-मुसलमान धरम के दंगे फैलाते हैं?—इसी समस्या को लेकर ऊहापोह चल रहा था। ऐसे ही में एक दिन मोहना के यहां से निर्गुनियां का बुलावा आया। दिन में कुछ लड़कियों को, जो सवेरे स्कूल के समय घरेलू कामकाज में फंसी रहती थीं, निर्गुनियां पढ़ाया करती थी। जब मोहना का संदेशा आया तो निर्गुनियां ने गुल्लन को भेजकर वेद मन्दिर से अपने पहनने के लिये उजले कपड़े मंगवाए। झुटपुटा समय होने पर पिछवाड़े नाले-किनारे पगडण्डी-पगडण्डी होकर मोहना का दूत निर्गुनियां को साइकिल के कैरियर पर

बिठलाके ले चला। शाही ज़माने के एक ठाकुरों के महल के खण्डहर में ऊपर वाले सुरक्षित कमरे में मोहना ने निर्गुनियां के साथ अपने रैन-बसेरे का प्रबन्ध किया था। चारों ओर भयानक सन्नाटा। टिमटिमाते दीए की लौ में अपने मोहन की लौ लगाए निर्गुनियां बड़ी देर तक अकेली प्रतीक्षा करती रही। रात नौ-दस बजे के लगभग मोहना आया। भेंट बड़ी आग्रह-भरी, अन्तरंगता भरी हुई।

लेकिन एक समाचार ने निर्गुनियां को चौंका दिया। निर्गुनियां के बूढ़े आर्यपुत्र ने मेहतर बस्ती में निर्गुनियां की बदनामी फैलाने के लिये एक किसी धूर्त व्याख्यान देने वाले को भेजा था। वह संयोग से मोहना से ही उस शहर की मेहतर बस्तियों के सम्बन्ध में पूछने लगा। मोहना उस धूर्त को अपने साथ बहकाकर ले गया। निर्गुनियां ने पूछा : "फिर क्या हुआ उसका?"

"अभी तो फिलहाल मैंने जबान और दोनों हाथों की दसों उंगलियां, अंगूठे कटवा दिए हैं, ताकि न वह बोल सके, न लिख ही पाए। उसके जख्मों पर मैंने दवा भी लगवा दी है। आठ-दस रोज़ में ठीक हो जाएगा तो तुम्हारे बूढ़े शौहर के पास उसे तोहफे के तौर पर भेज दूंगा।"

"क्यों?"

"जिससे कि आगे वह ऐसे किसी आदमी को न भेज सके। वह तुम्हें मेरी बिरादरी के लोगों में भी बदनाम करना चाहता है और मैं यह नहीं चाहता। अब तुम मेरी बीवी हो, उसकी नहीं। मेरे होने वाले बच्चे की मां हो। मैं अपने बच्चे की मां की कोई बेइज़्ज़ती सह नहीं सकता। जो ऐसा करने की हिम्मत करेगा, वह मेरा दुश्मन होगा, जानी दुश्मन।"

मोहना बहुतों का जानी दुश्मन बन चुका था। अब तो आए दिन अखबारों में मोहना डाकू की बेरहम डकैतियों के किस्से छपा करते थे। पुलिस अक्सर वेद मन्दिर आकर यह पूछ जाया करती थी कि मोहना ने क्या निर्गुनियां के नाम कोई सन्देश भेजा है? निर्गुनियां पुलिस की इस ज़ाब्ते की कार्यवाही से बहुत दुखी हुआ करती थी। वेद मन्दिर में बहुत-से आने-जाने वाले और मेहतर बस्ती में भी प्रायः सब उसे मोहना डाकू की पत्नी के रूप में आतंक-भरी नज़रों से देखने लगे थे।

निर्गुनियां अनुभव करती कि हर कोई उससे नीची नज़रों बातें तो करता है, पर दस कदम दूर रहकर, जैसे निर्गुनियां अछूत मेहतरों के लिये भी नितान्त अछूत है।

एक दिन शाम को सिलाई-कढ़ाई की क्लास खत्म करके जब निर्गुनियां वेद मन्दिर जाने लगी तो मसीताराम ने कहा : "बहू आज यहीं रुक जाओ तो कैसा हो?"

"रुक जाऊंगी चच्चा, पर लगता है कि आप कुछ खास बात कहने के लिये ही रोक रहे हैं।"

"हां खास भी है...खास तो है ही मगर...पर जी चाहता है कि आज तुम यहीं रुक जाओ।"

निर्गुनियां उनकी उम्र से धुंधली, मगर प्यार से चमकती, आंखों की पुतलियों से बंध गई, फिर हंसकर कहा : "बुरा न मानना चच्चा, मेरे बड़े बुजुर्ग हो, पर निरे

बच्चे ही हो।''

मसीताराम का पोपला मुख खिलखिलाहट से भर उठा, ताली बजा के बोले : ''अरे बच्चा तो हूं ही बहू! तभी तो अल्ला मियां मेरे ऊपर रहम करके मेरे साथ खेलने वाला एक चुन्ना मुन्ना साथी भेज रहा है।''

निर्गुनियां ने पुलक-मिश्रित लाज के साथ आंखें झुका लीं। एकाएक बात कहने के लिये कुछ और न सूझा तो पूछ बैठी : ''वो-वो...आज चच्ची नहीं आईं अभी तक, क्या बात है?''

''अरे तेरी चच्ची का ठिकाना! दस बड़े घरों में भी जाती है, कहीं पसरट्टा मार के बैठे गई होगी चौधराइन।''

''चच्चा, आज तुम खाओगे क्या, क्या बना दूं तुम्हारे लिये?''

''वह गुल्लन मुझसे कह गई थी, खाना वह लाएगी। आज ठेकेदार साहब के घर पोता जनाने गई थी न! तो कह गई है कि बोतल और साथ में गोस-पराठे लाऊंगी।''

''चच्ची आपको बहुत प्यार करती हैं न चच्चा?''

''हां करती तो है बहू। मगर हमारा प्यार धुली चांदनी-सा हैगा। जब इसका मरद और मेरी जोरू जिन्दा थी तब से दोस्ती है। इसका मरद साला नम्बरी चोर था। चार-चार बार तो जेलखाने गया था साला। यह बिचारी हमारे ही घर अपना दुखड़ा रोती थी। मेरी रोज़ी इसे बहुत-बहुत चाहती थी। एक बार मंगरू की जेल में ही ऐसी पिटाई हुई कि साला मर गया। तब से हमारा घरोवा और बढ़ गया। उसके बाद कोई दो-ढाई साल बाद मेरी रोज़ी बीमार हुई। इसने ऐसी खिजमत की कि कोई क्या करेगा। पर वह अल्लाह मियां को प्यारी हो गई। क्या कहैं! तब से इस बेचारी ने मेरा जैसा साथ निभाया है कि...'' गला भर आया, बात अधूरी रह गई।

भारी हुए क्षण के क्रमशः हल्का पड़ने के बाद निर्गुनियां ने कहा : ''अच्छा चच्चा, अब तो बता दीजिए वह बात जिसके लिये आपने मुझे रोका है।''

मसीता गम्भीर हो गया, बोला : ''समझ में नहीं आता कि कैसे बात उठाऊं? नब्बू, यही उसकी गुल्लो का बेटा...''

''कोई खास बात हुई चच्चा?''

''शायद वह किसी तरकीब से मोहना के गिरोह में पहुंच गया है या शायद उन लोगों के बहुत नजीक आ गया है।''

''तुम्हें कैसे मालूम हुआ चच्चा?''

''कल अपने घर में वह बुलाकी के साथ बैठा पी रहा था। मेरी गुल्लन अपना राशन कारड लेने के लिये गई थी। उसने चलते-चलाते दो-एक बातें सुन लीं। आके मुझसे कहीं। हम लोग कल रात से इस फेर में हैं कि बात तुम तक पहुंचा देवें। मोहना शायद परसों या नरसों छावनी बज़ार में किसी ठिकाने लूटने आएगा और यह साला गुल्लन का नब्बुआ उसे पुलिस में फंसा के इनाम वसूलेगा। हरामी का पिल्ला, चोर की औलाद साला!''

निर्गुनियां सुनकर धक से रह गई। मोहन जब से डाकू हो गया है, तब से

उसके ग़िरफ्तार होने और जेल जाने की आशंका होते हुए भी वह भयजनक विचार उसे अपने से अभी दूर लगता था, परन्तु चच्चा की बातों से निर्गुनियां के मन के तहखानों में छिपा हुआ वह भय अकस्मात् उजागर होकर ऐन उसके कलेजे की ड्योढ़ी पर आ बैठा, चेहरा उतर गया। मानसिक स्तब्धता वाली स्थिति समाप्त होने के बाद उसने पूछा : "चच्ची ने क्या सुना था नब्बू से?"

"नब्बू ने कोई बात कही होगी बुलाकी से कि हीरा ही हीरे को काटता है दरोगाजी। खातिर जमा रखिए। मोहना साला ऐसा फंसेगा परसों कि जैसे चूहेदानी में चूहा फंसता है।...मैं सोचता हूं कि किसी तरह मोहना के कान में यह भनक पड़ जाए और वह इसके जाल से बच जाए।"

मन बेचैन हो उठा, निर्गुनियां बोली : "जब तक वही न बुलाएं चच्चा, तब तक भला क्या हो सकता है? मैं तो उनकी जगह भी नहीं जानती। देखो कल तक मिले तो मिले, नहीं तो मैं ही किसी तरकीब से ऐसा पर्दाफास करूंगी कि उनके कानों तक भी बात पहुंच ही जाएगी।"

निर्गुनियां फिर मसीता के घर रुकी नहीं, सीधे वेद मन्दिर ही गई। स्वामीजी एकमात्र सहारा थे। रात में उनके पैर दबाने के लिये पहुंची। अपनी सेवा से स्वामीजी गद्गद हो उठे। निर्गुनियां ने धीरे-धीरे यदि सब कुछ नहीं तो बहुत कुछ बता दिया और कहा : "दो-एक दिन में डाका पड़ने की बात को गर्माकर आप महल्ले-महल्ले में उसी तरह पहरे लगवा दीजिए जैसे हिन्दू-मुसलमानों के दंगे के बखत लगवाए थे। जब महल्ले-महल्ले की पुकार वे सुनेंगे तो आप ही डाका डालने नहीं आएंगे।"

स्वामीजी बोले : "वाह शुभमुखी, क्या भेजा पाया है तुमने भी कि चित्त प्रसन्न हो गया। मैं उसमें एक बात और जोड़ूंगा निर्गुणदेवी! उस दुष्ट मेहतर बालक का क्या नाम है उसका?"

"नब्बू, नबी खां।"

सवेरे हवन में आए हुए महाशयों को खबर मिली कि यहां के एक नब्बू नामक चोर ने डकैतों के गिरोह से मिलकर परसों हमारे छावनी बाज़ार में कहीं डाका डालने की योजना बनाई है। हम लोगों को पहरे का प्रबन्ध कर लेना चाहिए। पता नहीं, कौन से डाकू का गिरोह पटाया है उस कम्बखत ने। उस दिन वेद मन्दिर में जो भी आया उसे ही यह अफवाह सुनने को मिली। स्वामी वेदप्रकाशानन्द जहां भी गए वहीं यह खबर फैली। और देखते-ही-देखते नब्बू डाकू नाम का एक अनजाना राक्षस लोगों की कल्पनाओं में और जुड़ गया।

यह अफवाह फैलने के तीसरे ही दिन निर्गुनियां के लिये मोहना के यहां से बुलावा आया। मिलने पर निर्गुनियां ने सब कुछ बतला दिया। यह भी कहा : "नब्बू के जाल को काटने के लिये मैंने डाके का हुल्लड़ फैलाया। मैं जानती थी कि जब शोर होगा तो तुम्हारे कानों में भनक पहुंचेगी ही। और अगर तुम इस क़मीने नब्बू की बातों में आके यहां लूट-पाट का जाल बिछा चुके होगे तो भी समेट लोगे।"

मोहना का क्रोध मानो नौमहले पर चढ़ गया। दांत पीसकर बोला : "यह नब्बू साला ऐसा धोखेबाज़ है! खैर, समझ लूंगा।"

"मैं तुम्हारे हाथ जोड़ती हूं, पैरों पड़ती हूं। तुम उसकी जान न लेना और चाहे जो भी करना। महल्ले-पड़ोस का मामला है। कलंक लेना ठीक नहीं। गुल्लन चच्ची का बड़ा लिहाज है मुझे।"

मोहन ने निर्गुनियां को भावावेश में आकर अपने आलिंगन में बांध लिया और कहा : "तुम्हारी तरकीब ने मुझे चूहेदानी में फंसने से बचा लिया। मगर इस नब्बू को ऐसा सबक दूंगा कि साला ज़िन्दगी-भर याद रखेगा।"

एक दिन नब्बू भी उस जगह पड़ा पाया गया जहां मेहतर बस्ती की गली सड़क से आकर मिलती थी। उसके भी हाथ-पांव बंधे पड़े थे और वह औंधा लिटाया गया था। उसके गले में भी एक दफ्ती लटक रही थी, जिसमें अप्राकृतिक मैथुन के छल से लोगों को फंसाने का आरोप अंकित था और साथ ही बसन्तू दरोगा वाली दफ्ती की तरह इसमें भी यह चेतावनी दी गई थी कि भविष्य में ऐसे सभी लोगों को उचित सज़ा दी जाएगी। अन्त में महात्मा गांधी का नारा भी पहले वाली दफ्ती की तरह ही अंकित था। नब्बू जिस तरह लिटाया गया था वह बड़ी ही लज्जाजनक और हास्यास्पद स्थिति थी।

सुबह-ही-सुबह भीड़ जमा हो गई। दृश्य का मौन आनन्द लेने के लिये मुखर भीड़ ने नब्बू को ज़रा देर से खोला। उसका चारों ओर इतना मज़ाक उड़ रहा था कि वह चिढ़ के मारे फूट-फूटकर रो उठा, चिल्ला उठा : "यह साले मोहना का काम है, उसी का काम है।" बाद में भी वह लाख-लाख अपनी सफाइयां देता रहा कि उसने कोई ऐसा काम नहीं किया। वह परसों रात ताड़ीखाने में बैठा था। साथ में बैठे सभी लोग करीब-करीब जान-पहचानी थे, किसी से उसकी दुश्मनी भी नहीं थी। लेकिन बाद में क्या हुआ, उसकी यह हालत किसने की, वह नहीं बतला सकता। मगर न बतला पाने के बावजूद वह जानता है कि उसकी यह दुर्गति मोहना ही ने करवाई है। उसे ताड़ीखाने के बाहर आने का होश नहीं है! जो हो, इस घटना के बाद नब्बू का बस्ती में निकलना दूभर हो गया था। छब्बीस-सत्ताइस वर्ष का जवान और दो बच्चों का बाप होकर ऐसे लज्जाजनक अपराध का पात्र बनना उसके लिये अत्यन्त अपमानजनक था। उसकी यह झूठी बदनामी उसके जिजमानों की गलियों तक पहुंच गई थी। वहां के लड़के तक छेड़ते थे। शर्म के मारे कुछ दिनों उसका घर से निकलना कठिन हो गया था। गुल्लन तो अब दाई-काम के सिवा और कुछ करती-धरती नहीं थी। और न वह अब अपने घर में रहती ही थी। इसलिये उसकी बीवी ही जिजमानी पर जाने लगी। नब्बू की दुलहिन अपने मायके में भी सब भाई-बहनों में छोटी थी, इसलिये कमाई का काम उससे कम ही कराया गया था। और ससुराल में भी वह दो बच्चों की मां बन गई, मगर अब तक इस काम से दूर रही थी। इसलिये अपने ऊपर आ पड़ी नई ज़िम्मेदारी को उसने बड़ी अनख के साथ संभाला। गुल्लन चच्ची के घर में रोज़ ही उसके बहू-बेटे की कलह, गाली-गलौच, मारपीट होने लगी। पति की बदनामी को औरों की तरह ही सच मानकर पत्नी के मन में आदरभाव नहीं रह गया था। और पति नब्बू अब मोहना का कट्टर शत्रु बन बैठा था। घर में बैठे-बैठे दिन-रात ताड़ी पीते-पीते अचानक उसके मन में यह विचार जागा कि वह मोहना

का बदला मोहना की पत्नी की नाक काटकर लेगा।

नब्बू मौके की ताक में लगा। रात में प्रायः अब निर्गुनियां मसीता के घर में रहती नहीं है और दिन में जब आती है तो उसके साथ एक मास्टरनी और भी आती है। दिन में नब्बू की अम्मां गुल्लन भी आमतौर से मसीता के घर में ही बैठी होती है। उसे मौका नहीं मिल पा रहा था। एक-आध बार वह जेब में पैना उस्तरा रखकर स्कूल के बखत पहुंचा ज़रूर था, मगर लौट आया। उसकी हिम्मत न पड़ी। निर्गुनियां के चेहरे पर ऐसा रौब था कि उसकी हिम्मत पस्त हो जाती थी।

एक दिन घर में किसी प्रसंगवश पति-पत्नी में कहा-सुनी हुई और पत्नी निकम्मे पति के हाथ में ताड़ी के पैसे रखते हुए जो अपमानजनक शब्द कहकर बाहर निकल गई, वे नब्बू की अन्तरात्मा को तिलमिला गए। बदला लेने के लिये फिर निर्गुनियां ही ध्यान में आई और इस बार उसने यहां तक जी कड़ा किया कि भरी क्लास में निर्गुनियां को दबोचकर उसकी नाक पर उस्तरा रख दिया। बस खून की हल्की-सी लकीर ही बन पाई, परन्तु गर्भवती निर्गुनियां के हाथों का भरपूर धक्का खाकर और ऋषिदेवी के मज़बूत और मोटे हाथों से अपना गला दबाए जाने के कारण नब्बू को पीछे हटना पड़ा। ऋषिदेवी उसे गिराकर उस पर चढ़ बैठीं, दूसरे लड़के-लड़कियां भी 'मरे को मारे शाह मदार' की तरह नब्बू को मारने लगे। आंचल से अपनी नाक का बहता खून दबाने के साथ-ही-साथ निर्गुनियां ने अपने पैर से नब्बू की वह कलाई भी दबा रखी थी जिसमें उस्तरा था। भीतर के शोर से पास-पड़ोस के दो-एक आदमी भी आ गए। उस्तरा छीन लिया गया और नब्बू की नई फजीहत शुरू हो गई। गुल्लन दाई को जब इस काण्ड की सूचना मिली तो उसने अपने लड़के को कोसना-काटना शुरू कर दिया।

लेकिन निर्गुनियां इस आक्रमण से सहम चुकी थी। वह चाहती थी कि इस महल्ले से शीघ्र ही कहीं दूर चली जाए। पर यही सम्भव न था। अब उसके आठ महीने पूरे होने को थे। मोहना ने कहा था कि अब तो बच्चे का मुंह देखने के लिये ही अपनी जान पर खेलकर आऊंगा। इस बीच में मिलना न हो सकेगा। निर्गुनियां का अब वेद्र मन्दिर में रहना भी उचित नहीं समझा गया। ऋषिदेवी और वेदवती दोनों ने ही उचित सलाह दी कि वेद मन्दिर को जच्चाघर न बनाया जाए। बालक का जन्म मसीता के घर में ही हो। सौभाग्य से बस्ती की सरनाम, श्रेष्ठ दाई गुल्लन वहां उसे आठों पहर देखभाल के लिये मिलेगी। निर्गुनियां की चिन्ता यही थी कि इस घटना के बाद वह नब्बू के निकट पड़ोस में भला क्योंकर रह सकती है? नब्बू किसी भी समय उस पर आक्रमण कर सकता है।

इन्हीं दिनों निर्गुनियां के लिये एक बड़ी चिन्ता और आई। मोहन ने पास ही के एक कस्बे में एक महाजनी महल्ले के चार घरों पर एक साथ डाका डाला था। घरों की दीवारें आपस में इस तरह लगी हुई थीं कि चारों घरों में एक साथ जाया जा सकता था। अंधेरी रात में इस सफाई से मकान पर चढ़ाई हुई कि चारों के भीतर मोहना के आदमी घुस गए। फिर जो मुंह पर पट्टियां बांध-बांधकर मारपीट, अपमान और बलात्कार की घटनाएं हुईं वह दूसरे दिन अखबारी समाचारों के अनुसार बड़ी

ही करुणाजनक और अवर्णनीय थीं। इतनी बड़ी ताण्डव लीला करके मोहना लम्बा हाथ मारकर चुपचाप बस्ती के बाहर निकल गया। मोहना की इस डकैती को अखबारों ने बड़ा महत्त्व दिया। सरकार ने मोहना डाकू को जीवित या मृत पकड़ लाने वाले व्यक्ति के लिये तीन हज़ार रुपये का इनाम घोषित किया।

आसपास के ज़िलों में जल्दी-जल्दी गोहना की डकैतियों की खबरें आने लगीं।

जहां डकैती पड़ती, वहां निर्मम बलात्कार की घटनाएं भी अवश्य ही घटती थीं। समाचारपत्रों में टीका-टिप्पणियां चल पड़ीं। निर्गुनियां की चिन्ताएं भी बढ़ चलीं। पुलिस आठों पहर घर की निगरानी करती थी। मातृत्व का भार उसे दिनों-दिन अधिकाधिक अपनी होने वाली सन्तान की कल्पना से बांधे रखती और इसीलिये उस होने वाली सन्तान के जनक की चिन्ता भी उसे अधिकाधिक सताती थी। स्कूल में पढ़ाना ही उसके जीवन में एकमात्र सुखद कार्य था। बस्ती के नन्हें मुनों में अपनी होने वाली सन्तान की कल्पनाएं कर-करके वह पुलक से भर जाती। गुल्लन दाई अब प्रायः आठों पहर निर्गुनियां के पास ही रहती थी। उसकी नाक का जख्म सौभाग्य से बहुत ही हल्का था और वह भी अब धीरे-धीरे भर चुका था। खर्चे के लिये पांच सौ रुपये भेजवाते हुए मोहना ने जो चिट्ठी भिजवाई थी, उसमें लिखा था कि निर्गुन के खाने-पीने की खूब देखभाल हो। गुल्लन चच्ची और मसीता चच्चा के लिये पचास-पचास रुपये भेज रहा हूं सो जानो और गुल्लन चच्ची के लड़के नब्बू ने जो हमारी हामिला औरत की नाक पे वार किया उससे हमें बहुत नाराज़गी है। उसकी सजा तो मौत होनी चाहिए थी मगर चच्ची का बेटा है; इसलिये उसे इस बार छोड़ दिया जाता है। हमें यह भी खबर लगी है कि नब्बू अपने पैसे चुरा ले गया और जुए में हार गया सो उसके बच्चे भूखे होंगे सो उसके वास्ते भी हम बीस रुपये भेज रहे हैं। अपनी राज़ी-खुशी सब इसी आदमी की मार्फत लिखकर भेज देना।

चिट्ठी और रुपये पाकर मसीता के घर में मोहना की जय-जयकार मचने लगी। मोहना ने नब्बू की पत्नी के वास्ते सहायता भेजी, यह बात निर्गुनियां को बहुत ही प्रिय लगी थी। उसने अपने पति को पत्र में इसके लिये बहुत-बहुत सराहा और खुद ही नब्बू के घर जाकर उसकी दुलहिन को रुपये दिए, कहा : "तुम हमारी बहन हो, बहन ही बनी रहना। दूसरे के दुःख-सुख में हम सदा एक-दूसरे के साथ रहेंगे, तुम घबराना मत।"

निर्गुनियां पर आक्रमण करने के बाद से नब्बू घर नहीं आया था। उसकी औरत चिन्ता तो करती थी, लेकिन पति को गालियां दे-देकर। हां, गुल्लन को अपने बेटे की ममता ज़रूर सताती थी। 'निगोड़े हरामी की औलाद' कह-कहके गालियां देती जाए और रोती भी जाए। तीन-चार दिन बाद एक दिन सवेरे नब्बू फिर उसी जगह और उसी अपमान-हास्यजनक स्थिति में पाया गया। इस बार उठाने पर लोगों ने देखा कि ज़मीन खून से तर थी। नब्बू की नाक कट चुकी थी।

निर्गुन ने उसी रात एक बेटी को जन्म दिया। बच्ची को अपने पास पड़े देखकर निर्गुनियां को अपार तृप्ति मिल रही थी। मातृत्व एक बार पहले भी उसके निकट आ चुका था; तब भी अवैध तरीके से ही आया था, लेकिन तब वह आबरूदारी

के जेलखाने में कैद थी। आज यह मातृत्व पद भले ही उसे अवैध तरीके से ही प्राप्त हुआ हो, पर निर्गुनियां को लगता था कि जैसे वह वैध ही हो। अपनी पहली सन्तान के पिता का नाम वह घोषित नहीं कर सकती थी, लेकिन यह लड़की मोहना और निर्गुनियां के नाते-स्वरूप अब लोक उजागर थी। उसकी पुरानी वाली जाति और समाज में अब उसका कोई भी रहस्य छिपा हुआ नहीं है। उसकी इस नई जाति में कन्याजन्म एक उजागर उत्सव था।

घण्टों पीड़ा के प्रहार का बोझ सहती-सहती निर्गुनियां को सहसा अपने तन-मन में—तन-दर-तन—मन-दर-मन—में फूल-सा हल्कापन अनुभव होने लगा था। शायद उत्तरदायित्व पूर्ति के सन्तोष में लीन होने के कारण ही निर्गुन को अपने भीतर स्नायुमण्डल की सनसनाहटें दूर के बाजों की झंकार-सी सुनाई पड़ रही थीं। और उन्हीं बाजों की गूंज में बखान के परे एक दिव्य आनन्द के अगम स्रोत-सी 'कुआं-कुआं' सुनाई दी। बाजे और चरम बिन्दु-सी वह 'कुआं-कुआं'-सी आवाज़ श्रम-थकित निर्गुन के लिये मानो लोरी बन गई। वह सो गई या शायद बेसुध हो गई।

नहाई-धोई, साफ तौलिया में लिपटी बिटिया बगल में आई। मां ने पहली बार देखा। अभी तो लाल-लाल-सी है, चेहरा उन्हीं पर पड़ा है। हूबहू बालमुकुन्द मोहन। बच्ची को देख-देखकर निर्गुनियां के मन में अपनी बेटी का जनक बार-बार याद आ रहा है। लेकिन अपनी बेटी के साथ में वह जनक मोहन साक्षात श्रीकृष्ण मनमोहन बनकर ही झांकता है। दिव्य ताक-झांक का बेसुध पल सुधि में आया। श्रीकृष्ण मोहन अपना 'मोहन' बन गया—अपना पाप बन गया। चांदनी से भरा मन अमावस की रात बन गया। फिर बच्ची पर दृष्टि गई। फिर दिव्य दर्शन!—फिर-फिर चक्कर! मगर सब मिलाकर निर्गुनियां मगन थी। बालिका ने उसी कोठरी में जन्म लिया जिसे मसीता ने 'बहू की कोठरी' नाम दे रखा था। नकटा नब्बू अपनी नाक पर दवा की पट्टी बंधवाकर अपने घर में पड़ा कराह रहा था और गुल्लन जच्चाघर की दीवार से टिककर बैठी हुई अपनी बेसुरी आवाज़ में सोहर गा रही थी। स्कूल वाले दालान में अपनी कुज्जी-बोतल लिये बैठा हुआ मसीताराम इस समय तीनों लोकों का स्वामी बना भरपूर आनन्दमग्न था।

29

नाक कट जाने के बाद से नब्बू ऊपरी तौर से बेशर्म और साथ ही समझदार भी बन गया था। उसने फिर से काम पर जाना, और बाहर-भीतर उठना-बैठना शुरू कर दिया था। लोग छेड़ में पूछते तो मीठा जवाब यही देता कि आज की दुनिया में कमज़ोर आदमी नकटा बनकर ही जी सकता है। मेरी तो उजागर में कटी, मगर जो बहुत से नाक लगाए हुए भी नकटे घूमते हैं, उन पर एक नज़र ध्यान दीजिए। एक दिन नब्बू जच्चाखाने के बाहर दरवाज़े के पास खड़े होकर निर्गुनियां भौजी से माफी भी मांग आया था, कहा : "अपने गुनाहों की माफी आपसे मांगने आया हूं

भौजी। उस वक्त मोहन भैया से बदला लेने में इतना अन्धा हो गया था कि गुस्से में आपके ऊपर हमला कर बैठा। आपको दोहरी मुबारकबाद देता हूं, एक तो भतीजी के आने की, दूसरी नाक बचने की। इस अपराध में भगवान ने मुझे ही बेनाक वाला बना दिया।'' कहकर वह दीवार से सिर टिकाकर फूट-फूटकर रोने लगा। भीतर से गुल्लन चच्ची की मार्फत निर्गुनियां ने कहलाया कि आपस की रंजिश साबुन लगाए मैल की तरह उतर जाती है। उसने कहलाया : ''गलत नाक नहीं रही तो अब सही नाक लगा लीजिए। समाज सुधार के कामों में मन लगाइए। हमको भी आपके साथ होने वाली इस घटना का बड़ा अफसोस है, पर हमारा तो असूल यही है कि छलके दूध पर पछताने से कुछ लाभ नहीं है।''

नब्बू राज़ी था। निर्गुनियां ने ऋषिदेवी की मार्फत उसे स्वामीजी के पास भेज दिया। स्वामीजी ने उसे समझाया कि महात्मा आर्यव्रतीजी उपदेश दे गए हैं, वाल्मीकि ऋषि की कथा भी सुनाई थी। तुम भी वैसे ही बनो। 'बाल्मीकिजी डाकू थे, फिर सुधर कर रिशी बन गए। अब मैं भी वैसा ही बनूंगा।' नब्बू खां पर वाल्मीकि ऋषि का ऐसा जादू चढ़ा कि वह उन्हीं को साक्षात् शिवजी का अवतार मानने लगा।

बस्ती में यह आपसी बहसें तो चल ही रही थीं कि हम लोग हिन्दू हैं या मुसलमान? हम नवरातों का व्रत भी करते हैं और रमजान के रोज़े भी रखते हैं। हम जन्माष्टमी, होली भी मनाते हैं, कजरी तीज भी मनाते हैं। जितने भी हिन्दुओं के त्योहार हैं वे सब मनाते हैं और नमाज़ भी पढ़ते हैं, तो फिर हमारा धर्म कौन गा हुआ? हमारे घरों में भाइयों के हिन्दुवानी और मुसलमानी दोनों ही तरह के नाम रखे जाते हैं, फिर हम अपनी असलियत को क्या समझें?—इन प्रश्नों ने भंगी बस्तियों में अनोखी हलचल जगा दी थी। गांधीजी ने हाल ही में सब तरह के अछूतों को हरिजन नाम दे दिया था। इस नाम की नई-नई धूम थी। कुछ लोग कहते कि अरे यह सब बड़े लोगों की चालबाज़ी है। अब तक ये एक तरह से अपने पैरों तरह कुचलते हैं। अब कोई नई चाल निकालेंगे। मगर जवान कहते कि नहीं, गांधी महात्मा सबको आज़ाद बना रहे हैं और उस आज़ादी में हमको भी शामिल कर रहे हैं। उन्होंने एक भंगी लड़की को अपनी लड़की बना लिया है। यह चालबाज़ी नहीं है। वे हमें अच्छी बातें ही तो बता रहे हैं; हमारे फायदे के लिये ही बता रहे हैं। हमें अपने बच्चों को पढ़ाना चाहिए। हमें उन्नति की ओर बढ़ना चाहिए।

कहानियां फैलीं। अपने पुरखों से सुनी हुई पुरानी-पुरानी अविश्वसनीय बातें अब गौरव से बखानी जाने वाली हो गईं—हम लोग हिन्दू हैं। हमें मोहम्मद गोरी पकड़कर ले गया था। हमारी औरतों को छीनकर हमसे कहा : 'अपना धर्म छोड़ो और मुसलमान बन जाओ।' हमने कहा : 'हम शंकरजी के भक्त हैं, अपना धर्म हरगिज़ नहीं छोड़ेंगे।' तब उन्होंने ज़बरदस्ती अपना पाखाना-पेशाब उठवाना शुरू कर दिया। हमने वह भी सह लिया और कहा कि सब कुछ कर लेंगे मगर अपना धर्म नहीं छोड़ेंगे। यह तो बाद में किसी बखत चलन चला कि मुसलमानी हुकूमत के डर से हमने मुसलमानी मजहब की बातें भी अपना लीं। बाकी अपना धर्म आज तक नहीं छोड़ा।

नब्बू खां ने मन में धर लिया कि अपने पुरखे महर्षि वाल्मीकि की पूजा होनी चाहिए और उस जलसे में किसी बड़े नामी प्रचारक को बुलाना चाहिए। प्रचारक गांधी महात्मा वाला आए या ऋषि दयानन्द वाला, इस पर भी जवानों में बहस चली। बड़े जोश के साथ चन्दा जमा हुआ। जिजमानों के घरों से भी कुछ पैसा मिला। वाल्मीकि ऋषि का एक चित्र भी बाज़ार में मिल गया। उसे खूब सजधज के साथ फल-फूल-मिठाइयों के थाल के साथ ऊंची चौकी पर सजा के रखा। छावनी बाज़ार के एक गांधी महात्मा वाले खद्दरधारी पण्डितजी, जो पेशे से वकील थे और जेल भी हो आये थे, वाल्मीकि पूजा के अवसर पर आने के लिये राज़ी हो गए। कुछ जवानों ने स्वामी वेदप्रकाशानन्दजी से मिलकर कुछ भजन गाने वाले आर्य उपदेशक भी बुलवा लिये थे।

वाल्मीकि पूजा बड़ी धूमधाम से हुई। शहर की दूसरी बस्तियों के मेहतर स्त्री-पुरुष भी उसमें आग्रह से बुलाये गए थे। अच्छी-खासी भीड़ थी। भजन उपदेश तो खैर अच्छे थे ही, मगर गांधीवादी पण्डित वकील साहब ने अपने प्रवचन से मेहतर समाज की जातीय अहंता को उकसावा दिया, बोले : "अभी इस सभा में आने के दो दिन पहले मैंने अपनी जान-पहचान के दो-तीन मेहतरों से पूछा कि तुम लोग सबसे ज़्यादा पूजा किसकी करते हो? तो हमारे हरिजन भाइयों ने उत्तर दिया कि शंकरजी के बिना हमारा कोई काम पूरा नहीं होता। गौरा-पार्वती ही हमारे माता-पिता हैं। हम और हमारे पुरखे सदा से शंकरजी के भक्त रहे। यह सुनकर मेरे मन में विचार आया कि अरे राम-राम! यह तो संकीर्ण और पाखण्डी धर्म के विचारकों और प्रचारकों ने एक शंकर-भक्त जाति को यहां तक कुचल डाला कि वे फिर किसी बड़े योग-तपस्या के काबिल ही न रह जाएं। पाखण्डियों को भय हुआ कि जैसे रावणादि बड़े-बड़े शक्तिशाली लोग शंकरजी से वरदान पाकर परमवीर हो गए और उन्होंने दुनिया को जीतकर अपने वश में कर लिया था, वैसे ही यह जो अछूत कहलाने वाली कौम है, उसके लोगों को भी अटल भक्ति के प्रताप से अगर शंकरजी का वरदान प्राप्त हो गया तो फिर हमारा क्या होगा? यह शंकरजी के भक्त और ऋषि वाल्मीकिजी के वंशज फिर हमको अपनी शक्ति से दबा देंगे। इसलिये हे भाइयो और बहनो! आप सब जानते हैं कि मैं ब्राह्मण हूं और ब्राह्मणों में सबसे ऊंचा हूं, पर महात्मा गांधीजी ने असत्य न बोलने का उपदेश हमें दिया है, इसलिये मैं सच्ची बात कहता हूं कि पाखण्डी धर्म-प्रचारकों ने अपनी दुष्ट बुद्धि से तुमको शंकरजी की भक्ति करने से रोका।

"हे भाइयो और बहनो! मेरी बात को ध्यान से सुनना की तुम्हारी जाति ने मुसलमानी राज होने के बाद भी आज तक अपना धर्म नहीं छोड़ा है। तुम्हारे पुरखों ने शंकरजी को ही लालबेगजी का नाम दे दिया जिससे कि दोनों ही धरम वाले खुश रहें। पहले मिट्टी के पांच गोल पत्थर रखते थे, फिर आप लोगों के पूर्वजों ने सोचा कि अरे यह पाखण्डी कहीं इन्हें शिवजी की मूर्ति कहकर हमें मारने-पीटने न लगें? क्योंकि मनुस्मृति में लिखा है कि आप लोगों के समाज को न तो वेद सुनने का अधिकार है और न किसी तरह यज्ञ-हवन करने का अधिकार है। इसलिये आप लोग

बेचारे कमज़ोर वर्ग के लोग पत्थर के गोल-गोल महादेवजी की बटिया पूजना छोड़कर उसकी जगह मिट्टी के पांच लोंदे बनाकर पूजने लगे। अरे भगवान तो भाव में रहते हैं भाई। मिट्टी में भी भगवान हैं और पत्थर में भी। अब रही कि तुम लोगों में बहुतों के इष्टदेव लालबेग के चढ़ावे की बात, सो उसके बारे में भी एक बात हमारे ध्यान में आई है, वह आप सब हरिजन भाइयों के लिये, खास तौर से लालबेगजी के भक्तों के लिये यह बात विचारने योग्य है।

"हे हरिजन भाइयो और बहनो! अब आप लोग मेरे साथ-साथ लालबेग के चढ़ावे पर भी तनिक विचार करें। अव्वल तो उन्हें मलीदा चढ़ाया जाता था। खैर, भाई, मान लिया कि मुसलमानी प्रसाद है मगर बताशे जो चढ़ाए जाते हैं और लाल झण्डा जो लगाया जाता है, आटे की दिवली बनाकर घी का जो चिराग जलाया जाता है, वह भला मुसलमानी धर्म का चलन कहां है? और इस सबके ऊपर मुकुटमणि जैसी बात यह कि आप लोग लालबेगजी को भांग का लोटा भी अर्पित करते हैं। भला बताइए कि भांग, चरस इत्यादि नशीली चीज़ें हमारे शंकरजी के सिवा और किस देवता को स्वीकार हैं? और इस्लाम मजहब में तो यह बिल्कुल ही जायज नहीं है। इसलिये हमारी समझ में जो आता है वह यह है कि धन्य हैं आप लोग—बेचारी दीन-दुर्बल जाति के लोग—जो मुसलमानी काल में अपनी जान बचाने के लिये ही अपने इष्ट देवता का रूप बहुत बदल करके भी अपने धरम-करम को न छोड़ा। ऐसा लगता है कि आपके दूरन्देश पुरखों ने बहुत सोच-समझकर ही ऐसी चाल चली कि जिसमें शंकरजी के लिये अपनी अटल-भक्ति भी रख सकें और मुसलमानों को भी यह शक न हो कि यह लोग हुकूमत का मजहब छोड़कर कोई दूसरा धर्म रखते हैं।"

पण्डित वकील साहब के भाषण ने सबसे अधिक हलचल मचाई। आर्यधर्मी प्रचारक जहां अछूतों में उदात्त चेतना के संस्कार भर रहे थे, वहीं गांधीवादी नैतिक-राजनैतिक आन्दोलन ने भी उसे कम प्रभावित नहीं किया। और उदात्त विचारों के साथ-साथ उसे सनातन भक्ति-भाव से भी जोड़ दिया। गांधीवादी पण्डित वकील साहब ने रामचरित मानस से श्रीराम के जन्म का प्रसंग भी ऐसे प्रभावशाली सस्वर ढंग से सुनाया कि जनता मुग्ध हो गई—

"भए प्रकट कृपाला, दीनदयाला, कौशिल्या हितकारी..."

प्रसूतिगृह में पड़ी हुई निर्गुनियां के लिये वे सारे दिन हीरे-मोती-जड़े चमचमाते हुए थे। दिन में दालान में स्कूल चलता था। बच्चों का शोर होता था। वेदवती, ऋषिदेवी और स्वामीजी उसे बार-बार पूछते थे। रात्रि में चच्चा और चच्ची का प्यार मिलता था। वाल्मीकि पूजा ने भी उसके मन को बहुत आनन्दित किया, मगर उसे दुःख यह था कि अभागी लड़की ने जन्म लिया है। इसके कर्म में टोकरा ढोना ही बदा है।

ऋषिदेवी कहें : "नहीं री, जिस लड़की की घुट्टी में स्कूल पड़ा है, वह माश्टरनी, हेडमाश्टरनी ही बनेगी। तुम देख लेना। आखिर जिसकी मां दूसरे बच्चों को पढ़ाने के लिये इतनी चिन्ता करती है, उसकी बेटी भला अपढ़-अभागी रह जाएगी?"

नहीं! निर्गुनियां ऐसा नहीं होने देगी। वह चाहेगी कि संस्कारहीनता के कारण

जैसे दुःख उसने भोगे वैसे उसकी बेटी को न भोगने पड़ें। निर्गुन की बेटी निर्गुन के नाना के संस्कार वाली हो—और यह सोचते ही निर्गुन अपने भीतर-ही-भीतर कट जाती है। एक न रुकने वाला द्वन्द्व शुरू हो जाता है। और तब निर्गुनियां के मन में खुशियों की चमक बुझने लगती है। जी खिसिया और चिड़चिड़ा जाता है। जी चाहता है खूब शराब पिए और बेहोश होकर सो जाए। मगर अब वह अकेली तो नहीं, यह बेटी जो है। एक चिट्ठी में मोहन ने लिखा था कि लड़की का नाम शकुन्तला रखना। कहां सुना होगा उसने यह नई चाल का नाम? बहरहाल निर्गुन ने खुशी से अपनी बेटी का नाम शकुन्तला ही रख दिया।

शकुन्तला के जन्म के बाद चार महीने बीत गए, लेकिन मोहन से भेंट न हुई। खर्चे के रुपये बराबर आ जाते थे। मसीता के लिये हिदायतें आती थीं कि असली घी खिलाना, निर्गुन और उसकी बच्ची को खूब तन्दुरुस्त रखना, पैसे की परवाह मत करना। लेकिन मोहना खुद न आया। उन दिनों आए दिन अखबारों में कहीं-न-कहीं मोहना के द्वारा डाली गई नृशंस डकैतियों के समाचार छपते थे। बड़े डाकुओं की परम्परा को अपनाकर मोहना अमीरों का भक्षक और गरीबों का रक्षक हो गया था। मोहना डाकू यदि एक ओर सम्पन्न और सुप्रतिष्ठित परिवारों में डाके डालने के साथ-ही-साथ अपने बलात्कारों के लिये विख्यात था तो अनेक गरीब कुंवारी लड़कियों के विवाह कराने के लिये भी मोहना का नाम फैल रहा था। ज्यों-ज्यों उसकी सरगर्मियां बढ़ती जाती थीं, त्यों-त्यों पुलिस का शिकंजा भी तेज़ी से कसता चला जाता था। लेकिन सरकार के सारे जाल तोड़कर मोहना डाकू साफ बच जाता था। लोग हैरान थे कि ये आदमी है या शैतान; घड़ी में यहां, घड़ी में वहां। पता नहीं चलता कि मोहना कब कहां है या किसके यहां धावा मारेगा।

नाक कटने के बाद नब्बू और उसकी मां में एक बार फिर से समझौता हो गया था—यद्यपि वह अपने घर में रहने के लिये फिर नहीं आई। जब नब्बू के नाक कटने की घटना हुई थी, तभी गुल्लन के मन को यह भास गया था कि यह काम मोहना ने ही करवाया है। नब्बू ने निर्गुनियां को अपरूप करना चाहा था, उसी का यह बदला लिया गया है। गुल्लन अपने बेटे को जब भी सामने देखती तो उसके कलेजे पर छुरी चल जाती थी। नब्बू खूबसूरत लड़का था, अब कितना बदसूरत हो गया है! यह उसके कलेजे को रह-रहकर कचोटता था। पर क्या किया जाए, उसके अपने ही पापों का फल है। मगर अब वह कितना समझदार हो गया है, बदल गया है!...मोहना भले ही कोई और सज़ा दे लेता, बाकी उसे यह नहीं करना चाहिए था। गुल्लन के मन में यह टीस बराबर ही बनी रही। निर्गुनियां से उसे कोई शिकायत नहीं थी। फिर भी निर्गुनियां के कारण जब उसके सुन्दर शक्तिशाली पति और अपने अपरूप पुत्र का ध्यान आता तो उसका मातृ-हृदय पल-भर में लिये अवश्य ही क्षोभ और कुण्ठा से भर जाता था।

गांधी महात्मा के हरिजन आन्दोलन में कांग्रेस वालों ने शहर-शहर में सत्यनारायण की कथा के सार्वजनिक आयोजन करवाए थे और उसमें हरिजनों से जनता को प्रसाद बंटवाया गया था। नब्बू बड़े जोश के साथ उस सभा के बल्लमटेरों

में शामिल होने के लिये गया था, मगर एक दूसरी जाति के हरिजन बल्लमटेर ने उसके मुंह पर ही कह दिया : "यहां सतनारायन भगवान की कथा होयगी। शुध पबित्तर अस्थान में भला मेहतरों का क्या काम?"

नब्बू बिगड़ गया, बोला : "गांधी महात्मा ने सभी अछूतों को हरिजन कहा है। आप भी अछूत हैं, हम भी अछूत हैं। आप भी हरिजन हैं, हम भी हरिजन हैं, आप भी भगवान को मानते हैं, हम भी भगवान को मानते हैं।"

"अबे जा-जा! तुम मेहतरों का न धर्म है न ईमान। घड़ी में हिन्दू, घड़ी में मुसलमान। जाओ-जाओ, अपना पुश्तैनी पेशा कमाओ, चोरी-चकारियां करो। ताड़ी-ठर्रा पियो।"

"हजूर, महाशैजी साहब, जब से मेरी यह नाक कटी है, तब से मेरे पापों का परास्चित भी हो गया है। न मैं अब चोरी-चकारी करता हूं और न मैंने एक बूंद ताड़ी-ठर्रा ही पिया है। गांधीजी के हुकुम से अपने मेहतर भाइयों का समाज-सुधार करता हूंगा। आप अगर हम मेहतर भाइयों को पूजा में शामिल नहीं करेंगे तो हम लोग यहां बैठकर धरना देंगे और आपकी टोडी-बच्चा हाय-हाय पुकारेंगे।"

अछूतों में अपने को श्रेष्ठ मानने वाले बल्लमटेरों ने क्रोध में नब्बू खां की अच्छी-खासी ठुकाई कर दी। कटी नाक से खून बहा, उजले कपड़े धूल-धक्कड़ हुए, हाथ-पैरों में चोट आई। बहुत पस्त होकर नब्बू खां घर लौटा। पहले मसीता के घर में ही घुसा। निर्गुन के सब नहान निबट चुके थे और वह अब अपनी कोठरी से बाहर भी बैठने-उठने लगी थी। इसलिये घर में घुसते ही नब्बू की पहली देखा-देखी निर्गुनियां से ही हुई। "हाय क्या हुआ नब्बू भैया, यह चोट कहां लगी तुम्हें?" कटी हुई नाक के नकसीरों से बहने वाली खून की लकीरें जमकर नब्बू के चेहरे को और भी करुण बना रही थीं। गुल्लन चच्ची आंगन में कण्डे सुलगा रही थीं। निर्गुन की बात सुनकर गुल्लन ने मुड़कर देखा और उठकर आईं। दोनों हाथ छाती पर रखकर कांपती हुई आवाज़ में कहा : "हाय अल्ला, क्या हुआ मेरे बच्चे को?"

नब्बू की आंखें छलछला आईं। क्रोध में बोला : "यह उन लोगों ने किया है जो हमारी ही तरह अछूत और हरिजन हैं और जो अपने-आपको गांधी महात्मा का चेला मानते हैं।" धीरे-धीरे नब्बू ने सारी बात बतलाई। सुनते ही निर्गुन क्रोधवश रजोगुणी हो उठी। एकाएक खड़े होकर उसने कहा : "जल्दी से अपना हाथ-मुंह धोओ और मेरे लिये इक्का लाओ! मैं भी देखूंगी कि किसकी मजाल है कि हम लोगों को सतनारायन भगवान की कथा में बैठने से रोके!"

निर्गुनदेवी ने महल्ले के जो जवान लोग समाज-सुधार के कामों में दिलचस्पी लेते थे और इस समय घर पर ही थे, उन सबको अपने यहां इकट्ठा कर लिया। मसीताराम अपने और अपनी गुल्लन के वास्ते बोतल लेकर घर की तरफ लौट रहा था कि उसे भी साथ ले लिया गया। पन्द्रह-बीस आदमियों की टोली एकाएक कांग्रेस दफ्तर पर चढ़ दौड़ी। श्रीमती निर्गुनियां बेझिझक कमरे में घुसीं और बैठे हुए सारे नेताओं को एक साथ झाड़ना शुरू किया : "आप लोग झूठे नारे लगाते हैं। मैं महात्माजी से खत लिखकर पूछूंगी कि क्या मेहतर दुनियां-भर के अछूतों से भी गए-

गुज़रे हैं, जो उन्हें हरिजन नहीं बनाया जाएगा?'' इत्यादि-इत्यादि, वह न जाने क्या-क्या बोल गई। बीच में 'सुआ पढ़ाती गणिका', 'शबरी के बेर', 'सदना कसाई' आदि के पौराणिक कथा-प्रसंगों का हवाला भी दे दिया कि जो भगवान ऐसे दीनबन्धु हैं उनके दरबार में आने से आप हमें भला कैसे रोक सकते हैं?

निर्गुनदेवी के इस तेजस्वितापूर्ण प्रलाप का तात्कालिक प्रभाव पड़ा। कमरे में बैठे वरिष्ठ नेता ने श्रीमती निर्गुन को शान्त किया। उसने क्षमा मांगी और कहा : ''जब स्वयं गांधीजी ने एक भंगी कन्या को अपनी दत्तक कन्या बना लिया है तो हम जो उनके शिष्य कहलाने का गौरव पाते हैं, भला आप लोगों का अपमान कैसे कर सकते हैं! यह तो, बहिनजी, एक नासमझ भाई द्वारा नासमझी में किया गया काम है। आप सब भाइयों को इस कमरे में बुला दीजिए। सबको समझा दूंगा, क्षमा भी मांग लूंगा।''

नेताजी ने सबका सत्कार किया। एक-एक कुल्हड़ ठण्डा पानी पिलाया। वे स्वयं भी उठकर मृदुमुस्कान के साथ अपने हरिजन भाइयों को पानी पिला रहे थे। उन्होंने श्रीमती निर्गुनदेवी की बड़ी प्रशंसा की, और कहा : ''आप तो बहिनजी बड़ी विदुषी हैं, आपको ऐसी सुन्दर-सुन्दर कथाएं कहां से मालूम हुईं?''

निर्गुनियां कैसे बतलाए कि उसकी कथाओं का स्रोत कहां है? इस प्रशंसा ने सहसा उसके यश की गंगा में कलंक-कीच भरा नाला बहा दिया। नेताजी फिर बोले : ''आप जैसी विदुषी समाज-सेविकाओं की तो हमें सख़्त ज़रूरत है। मैं अब आपको छोड़ूंगा नहीं बहिनजी। अभी तो हमें हरिजन कल्याण के बहुत से काम करने हैं।''

नेताजी की प्रशंसा और सत्कार ने बस्ती के साथ आए हुए लोगों के मनों में भी मोहना की औरत के लिये सम्मान का भाव भर दिया। निर्गुनियां को पहली बार यह अनुभव हुआ कि उसका अपना महत्त्व भी है।

हरिजनों ने नेताओं के सुझाव से सत्यनारायण भगवान का विमान सजाया और बड़े उत्साह से उसे उठाकर चले। निर्गुन तो जुलूस में शामिल न हो सकी, क्योंकि उसे अपनी बेटी की याद सता रही थी, लेकिन अन्य मेहतर युवकों के साथ नब्बू खां को वह इस सार्वजनिक सत्यनारायण पूजा में सम्मिलित होने के लिये छोड़ गई। नब्बू में जोश था। वह भगवान के विमान को उठाने वालों में जुड़ने के लिये बार-बार आगे बढ़ रहा था और बार-बार पीछे ढकेल दिया जाता था। एक हरिजन दूसरे हरिजन से हीन था। एक हरिजन वर्ग अन्य जाति के हरिजनों को अपनी काया से दूर रखना चाहता था। सबसे ज़्यादा चन्दा एक विशिष्ट वर्ग के हरिजनों ने दिया है, इसलिये सत्यनारायण भगवान की पालकी उठाने का सारा पुण्य भी वही अर्जित करेंगे। जुलूस के आगे बढ़ने के साथ-ही-साथ पीछे-पीछे यह तमाशा भी पक रहा था और यह सम्भव था कि कुछ ही देर में विभिन्न प्रकार के हरिजनों में तीखी कहा-सुनी या मार-पीट तक आरम्भ हो जाती, परन्तु तभी हरिजनों के जुलूस को हरि-भक्तों के धरने ने एक जगह रुकने पर बाध्य कर दिया। सड़क पर एक सिरे से दूसरे सिरे तक मोटा रस्सा बंधा हुआ था और सड़क के बीचों-बीच लगभग पचास-साठ सनातनी अपनी-अपनी चोटियां फटकारते हुए नारे ललकार रहे थे—'सनातन धर्म

की जय! गांधी का नाश हो! धर्म भ्रष्ट करने वालों का नाश हो! हर-हर महादेव!' धरना देने वालों का नारा था—'यह धर्मभ्रष्ट जुलूस भगवान लक्ष्मीनारायण के मन्दिर के आगे से कदापि नहीं जाने पाएगा।' वे हरिजन बन्धु जो अभी आपस ही में ऊंच-नीच की लड़ाइयां लड़ रहे थे सामने की विरोधी भीड़ को देखकर एक तो हुए, किन्तु इस प्रतिरोध के सामने सामूहिक रूप से सहमकर खड़े भी हो गए। उच्च वर्णों का आतंक अभी परम्परागत भय से उनके पांव बांध रहा था।

स्थानीय कांग्रेसी नेताजी ने ही अपने भाषण द्वारा जुलूस की स्तब्धता को हलचल दी। भगवान और मनुष्य एक हैं। अगर आपका भगवान घर-घर व्यापी है तो भगवान भगवान को नहीं रोक सकते, आदि-आदि बातों से ललकारा। इन वैचारिक ललकारों का उत्तर गालियों में आया। अब जुलूस में सम्मिलित विद्यार्थी वर्ग सामने आया! रस्सा काटा और सनातनी भीड़ की ओर दौड़ पड़े : "बांध लो साले टोडी बच्चों को! ढोंगी धर्म के ठेकेदारों को! और जो-जो हरिजन भाई इस जुलूस में शामिल हों, आगे बढ़के इन साले सनातनियों को दो-दो झापड़ लगाएं। तभी इनकी अकल ठीक होगी। और आज हम इन धर्मधूर्तों का पाखण्ड चूर-चूर करेंगे।" लड़कों के क्रोध ने काम न किया। हरिजन भीड़ ठिठकी खड़ी रही। लड़कों ने फिर ललकारा : "भगवान का रथ ले चलिए। देखते हैं कौन माई का लाल रास्ता रोकता है?" हरिजन भीड़ के कदम फिर भी न उठे। एकाएक एक कांग्रेसी नेता विद्यार्थियों और हरिजनों की ओर देखकर बोल उठे : "मैं अपने प्यारे विद्यार्थी भाइयों और अपने प्यारे हरिजन भाइयों से कहूंगा कि वे आगे बढ़कर इन धर्मप्राण जनों के चरण छूकर यह प्रार्थना करें कि भगवान के रास्ते से हट जाएं।"

यह चरण छूने वाली चाल अपना काम कर गई। हाथ जोड़कर सवर्णों के पैर छू लेना असवर्णों के मन-मिजाज़ के लिये सही विरोध था। कायर 'धर्मवीर' वे पचास-साठ लोग, अपने पैर छूने के लिये आगे बढ़ने वाली छोटी-सी अछूत भीड़ के पास आते ही छुआछूत के भय से भाग खड़े हुए। जुलूस में जोश आ गया। भगवान सत्यनारायण निर्विघ्न सड़क पार कर गए।

कथा से लौटकर सब बातें निर्गुन भौजी को बतलाई गईं। युवकों ने निश्चय किया कि हम भी पढ़ेंगे। निर्गुन ने उन्हें प्रोत्साहित किया। हां, चच्ची को अधिक कुछ न सुहाया। ऊपर-ऊपर से दो-चार बार मीठी-मीठी लल्लो-चप्पो ज़रूर की, मगर बात-बात में मसीता पर झल्ला भी उठती थीं। उस दिन वह पी-पा के जल्दी ही पौढ़ गईं। मसीता का साथ भी न दिया।

श्रद्धानन्द विद्यामन्दिर क्रमशः एक सामाजिक आन्दोलन की दिशा में तेज़ी से आगे बढ़ चला। अनेक युवक-युवतियां पढ़ने लगे। एक दिन निर्गुनियां प्रसंगवश उन्हें अपने बचपन में सुनी हुई कथाएं सुनाते-सुनाते हूबहू अपने नाना के रंग में रंग जाती थी। कथा सुनाते समय उसे तनिक भी इस बात का आभास नहीं हुआ कि वह कौन है, कहां है और क्या कह रही है?

वह कहती जा रही थी। एक बचपन के पुरातन प्रभाव के वशीभूत होकर धाराप्रवाह सुनाती ही चली जा रही थी। उसकी काया के भीतर उसकी नसों-नाड़ियों

के विकट गली-कूचों में भटक-भटककर अनायास एक अन्तश्चेतना बाहर निकल आई और यह चेतना का आलोक-प्रवाह अभी शायद और भी आगे बढ़ता रहता यदि भीतर की कोठरी से शकुन्तला की 'कुआं-कुआं' ने उसका ध्यान सहसा अपनी ओर न खींच लिया होता। कुछ बड़ी-बूढ़ियां, दो-चार बूढ़े और वे युवक-युवतियां जो उस समय मसीता के घर के दालान को सभाकक्ष बनाए बैठे सुन रहे थे; निर्गुनियां के प्रति श्रद्धाभाव से भर उठे। बड़े-बूढ़ों में यह सहज जिज्ञासा थी कि निर्गुनियां ने यह सब कथाएं कहां से सीखीं? बात का उत्तर तो निर्गुनियां ने हल्के-फुल्के ढंग से दे दिया पर उसका मन भारी हो गया। निर्गुनियां ने बताया कि मैके में उसके घर से थोड़ी ही दूर पर एक शिवाला था, वहां आए दिन कथाएं होती रहती थीं। मैं भी प्रसाद के लालच में गली में खड़ी-खड़ी कथाएं सुना करती थी। मगर मन इस झूठ पर मानो स्वयं अपने ही मुंह पर बार-बार तमाचे मारने लगा। अपने ज्ञानस्रोत परम पूजनीय स्वर्गीय नाना का तेजस्वी चेहरा उसके मनमुकुर में झांक-झांककर उसे विचलित कर जाता था। उसके मन में रह-रहकर यह पछतावा होता रहा कि यदि पतन के खड्ड में न गिरती तो आज वह अवश्य ही महात्मा गांधी के इस स्वराजी आन्दोलन में सक्रिय भाग लेती होती। बड़ी-बड़ी सभाओं में भाषण करती और बड़े अभिमान से अपने नानाजी का गुणगान करते हुए इन कथाओं को भी सुनाया करती तो कितना अच्छा होता! मन ऊंचे महल पर चढ़कर अपनी शान जतलाने लगा। गोदी में पड़ी शकुन्तला भी एक क्षण के लिये उसके मन में अस्पृश्य हुई, परन्तु दूसरे ही क्षण सहसा उसे यह होश भी आया कि वह यह सब क्या सोच रही है? उसने सोती हुई शकुन्तला को भावावेश में अपनी गोद से उठाकर अपने कलेजे से लगा लिया। इतना कसकर चिपकाया कि बच्ची रो पड़ी। तब होश आया, लेकिन निर्गुनियां की आंखों में तब तक प्रार्थना के रूप में आंसू उमड़ आए थे—नहीं रामजी, नहीं, मेरी शकुन्तला पाप नहीं है। वह पुन्न भले ही न हो मगर पाप तो नहीं ही है। और अब छलके दूध पर पछताने से क्या लाभ? अब जो हूं, सो हूं। अब यही मेरा धरम-ईमान है, मेरी ज़िन्दगी है। पछतावे के बहाव में बार-बार बहना ठीक नहीं। एक से बंधी है तो बंधी रह—जागती जोत जपै निसिवासर एक बिना मन एक न मानै। (नाना याद आ गए)...हूं। अब तो भला-बुरा जैसा भी है, मोहन ही तेरा पति है। वह तेरी सन्तान का जनक है। तू उसका और अपना जीवन सुधार। और सब भूल जा, भूल जा, भूल जा!

30

अध्याय पूरा करके उठा मगर श्रीमती निर्गुनियां के मन से मेरे दिल और दिमाग दोनों ही बड़ी देर तक जुड़े रहे। निर्गुनियांजी शाम को शराब के नशे की झोंक में अपना मन ऐसे सहज रूप से उद्घाटित कर जाती हैं कि देखते ही बनता है। जाने कहां मैंने यह वाक्य कभी पढ़ा था कि शराब से तर ज़बान झूठ नहीं बोलती।

मैंने कभी इतना नशा नहीं किया कि होश खो दूं, इसलिये बात के सत्यासत्य का ठीक-ठीक अनुमान तो नहीं लगा सकता किन्तु यह अवश्य जानता हूं कि उपचेतन पर सेंसर लगाने वाले चेतन को जब बेहोश कर दिया जाता है तब भीतर वाले मन की तहों में दबी हुई कुण्ठित पीड़ाएं सहसा होश में आ जाती हैं। आजकल इमरजेन्सी के दिनों में ठीक ऐसा ही देश-मानस में भी हो रहा है। प्रेस के वर्तमान सेंसर ने ज़बान काट ली है, लेकिन न बोल सकने वाले मन के शेषनाग की जिह्वाओं की तरह अपनी असंख्य ज़बानें लपलपा ली हैं। मेरे पास प्रायः रोज़ ही कहीं-न-कहीं से लिफाफे में बन्द दो-पेजिया मिनी अखबार आ जाते हैं। प्रायः साइक्लोस्टाइल हुए अंग्रेज़ी के बुलेटिन भी न जाने कौन मेरे दरवाज़े पर लगी पत्रपेटी में डाल जाता है। दमन ने इतिहास के अनलिखे पृष्ठों में भी अपनी करुणा की छाप छोड़ी है। पिसा हुआ आदमी जब अपनी बात स्पष्ट रूप से व्यक्त नहीं कर सकता तब उसकी प्रच्छन्न पीड़ाएं कला के सत्य का सहारा लेकर चलती हैं। कमज़ोर और शक्तिशाली जानवरों के बहाने हमारी पुरानी कहानियों में आदिमकालीन दमन की व्यथाएं ही भरी पड़ी हैं। पीड़ित दुर्बल जन यदि यथार्थ जीवन में नहीं तो अपनी कल्पना में बड़े-बड़े भीमों और रुस्तमों को भी पछाड़ सकता है। अगर वह अत्याचारी राजा की बात आंतक के सेंसरवश नहीं कर सकता तो वह राक्षसों की कल्पना कर लेता है। अपने अज्ञातवास के दिनों में एक दीन-हीन ब्राह्मण के घर रैन-बसेरा लेकर जब पाण्डवमाता कुन्ती को यह पता चलता है कि आज इस घर के एक जवान को पक्वान्न, मिष्टान्न लेकर एक राक्षस की सेवा में स्वयं भी उसका आहार बन जाने के लिये उपस्थित होना है और नगर में प्रतिदिन किसी-न-किसी के घर में बारी-बारी से यही आफत आती है तो पाण्डवमाता भीम को भेजकर उस राक्षस को मरवा डालती हैं। उस नगर के घर-घर में आनन्दमंगल छा जाता है। लेकिन आजकल की इमरजेन्सी के दिनों में तो मैं किसी भीम के आने की कल्पना ही नहीं कर सकता, जो इस प्रेस-सेंसर रूपी राक्षस को मार डालेगा। इस देश के सारे भीम और अर्जुन जेलों में बन्द हैं। उनकी आवाज़ बाहर नहीं आ सकती। उनके हाथ-पैर इस समय ईसामसीह की तरह कीलों से गड़े हैं।

...लेकिन सोचता हूं जैसे कि निर्गुनियां की अन्तर्शक्ति बेझिझक होकर सहज भाव से प्रकट होती है उससे यह लगता है कि उनका चेतन मन शायद पूरी तरह से कभी अपना होश नहीं खोता होगा। कमाल है इस सत्तर बरस की औरत का कि इस आयु में भी पानी की तरह शराब पीती है, फिर भी कामकाज का होश रहता है। मुझे चाय पिलाएंगी, कुछ-न-कुछ नाश्ता भी कराएंगी, और उतने नशे में ही उठकर स्वयं ही सब काम करेंगी। ऐसी हालत में भला यह क्योंकर कहा जा सकता है कि निर्गुनियांजी का बाहरी सेंसर पूरी तरह से अशक्त सिद्ध हो जाता है। सेंसरों के रहते हुए भी निर्गुनियांजी का मन अपनी बात कहने के लिये चिरमुक्त है। लेकिन क्या सबके लिये वह ऐसा ही है? जहां तक मैं समझता हूं, शायद नहीं। इस नगर के मेहतर समाज ने कभी उन्हें विजातीय नहीं माना, शायद यह किसी को पता भी नहीं। अपने मैके वाले नगर में या इस शहर में आने से पहले वे जिस शहर में रहती थीं,

उसमें कुछ लोगों को उनके यथार्थ जीवन का पता था। नौकरी से मजबूरन अपना त्यागपत्र देने के बाद दरोगा बसन्तलाल जब अपने नगर में पहुंचा तो उसने निर्गुन की खूब बदनामियां उछालीं। यहां तक कि उसने पं० मसुरियादीन या बकौल निर्गुनियांजी 'बूढ़े आर्यपुत्र' से भी यहां के कलक्टर के नाम चिट्ठी लिखाकर कुछ शोर-शराबा मचाया था। परन्तु मोहन के मामा रामचन्दर और मामी सुबरातन के अलावा और कदाचित मसीताराम भी निर्गुन के जीवन-सत्य से कुछ-कुछ परिचित थे, बाकी और सभी उसे मेहतरानी ही मानते थे। निर्गुनजी ने यह पर्दा आखिर क्यों रखा? संभ्रान्त वर्ग से अपने को जोड़ने का प्रयत्न भी उन्होंने किया और बार-बार स्वयं उनके भाग्य ने ही षड्यन्त्र रचकर मानो उन्हें फिर नीचे ढकेल दिया। मेरा अनुमान है कि उनका यह वर्ग-जातिगत अन्तर्द्वन्द्व बहुत हद तक समाप्त होकर भी अभी पूरी तौर से नहीं मिट पाया है। मैंने यह बराबर अनुभव किया है कि मेरे घर आकर उनका ब्राह्मणत्व किसी-न-किसी रूप में अब भी जाग पड़ता है, और जागता ही नहीं कभी-कभी मुखर भी हो उठता है। फिर भी किसी हद तक यह कहा जा सकता है कि उन्होंने अपने मोहन की जाति को ही अब अपने मन से अपना लिया है। उनकी अहंता में अब ब्रह्म-तेजधारी मेहतर ही अधिक बोलता है। हो सका तो किसी दिन छेड़कर उनसे इस बात का स्पष्टीकरण मांगूंगा।

नौकरानी ने आकर सूचना दी कि दिल्ली से घड़ियाल साहब आए हैं। नौकरानी सरला मेरे पत्रकार मित्र लक्ष्मीप्रसाद घिल्डियाल को सदा घड़ियाल ही कहकर पुकारती है। ड्राइंगरूम में पहुंचकर देखा, वही आया था। एक कोने में उसका अटैचीकेस रखा था।

"कहो प्यारे घड़ियाल, अबकी तो काफी दिनों बाद चक्कर लगा तुम्हारा!"

"शर्मा, मैं तेरी इस नौकरानी को मीसा में बन्द करवा दूंगा। कमबख्त ने मेरा नाम ही बिगाड़ दिया है।"

"और सुना, लक्ष्मी, तेरी दिल्ली के क्या हाल-हाल हैं?"

"अरे बाबू, मेरी दिल्ली तो इस वक्त सातवें आसमान पर उड़ रही है। परसों गोलियां चली थीं।"

"कहां?"

"तुर्कमान गेट पर।"

"अमां वो तो मुसलमान बस्ती है!"

"इससे क्या! मगर 'प्रिन्स आफ वेल्स' और उनके मुंहलगे मुसाहबों की नज़रों में वे अब कुछ भी नहीं, या सिर्फ ऐसे प्रजाजन हैं जो अपने राजा का हुकुम नहीं मानते।"

"लक्ष्मी पूरी बात बताओ!" मेरा मन बहुत उद्दीप्त हो उठा।

"बात कुछ भी नहीं, बादशाहों को तुर्कमान गेट की घनी आबादी साफ करने की धुन आई। हुकुम हुआ कि वहां बसे हुए महल्ले तोड़ दिए जाएं। वहां बसी हुई आबादी को किसी और जगह बसाया जाए और शहर का इलाका खुलासा और खूबसूरत बना दिया जाए। लेकिन उस बस्ती में बसे हुए लोगों को अपने असुन्दर

घर और टोले-महल्ले और गन्दी नालियां बहुत प्यारी और सुन्दर लगती थीं। लोगों ने तय किया कि छातियों पर पुलिस की गोलियां भले ही झेल लेंगे मगर अपने घरों का बुलडोज़रों से रौंदा जाना हरगिज़-हरगिज़ बर्दाश्त नहीं करेंगे। बस भीड़ ज्यों बाहर आई तो जनाब प्रिंस की पुलिस ने अपनी इमरजेन्ट लाठियों से वह धुनाई की है कि क्या कोई धुनिया रुई के ऐसे रेशे-रेशे अलग-अलग करेगा?''

''रियली! अमां मुसलमान राष्ट्रपति के रहते हुए भी यह सब काण्ड हुआ?''

''मेरे पास बड़ी पक्की खबर है, शर्मा, कि प्रिंस ने राष्ट्रपति को भी फटकार दिया। सुनते हैं कि उसने उनसे कहा कि मुझे नहीं मालूम था कि आपके खयालात भी इतने तंग और कम्यूनल हैं!''

''अच्छा! अमां ये लड़का तो बड़ा मुंहफट और बद्तमीज़ निकला!''

''वह बेताज का बादशाह है। उसकी आंखों के इशारों पर सूर्य उदय और अस्त होता है। वह भला किसी को क्या समझता है! राष्ट्रपति की बोलती बन्द कर दी और तुर्कमान गेट उजाड़ डाला। ओह! कैसा निर्मम प्रहार था। मैं पूछता हूं कि ब्रिटिश सरकार क्या इस असुर-सरकार से अधिक अत्याचारी थी? आखिर इस इमरजेन्सी का कभी अन्त होगा कि नहीं?''

''सफेदपोशों के लिये शायद हो जाए, लेकिन सदियों पहले जिन दुर्बलों को दास बनाकर अपने सिरों पर मालिकों का मल ढोने के लिये पीढ़ी दर पीढ़ियों तक के लिये बाध्य किया गया था, वह दमन तो अब भी समाप्त न हो सकेगा। मनुष्य जाति अपने आदिम संस्कारों का बोझ किसी-न-किसी परिवेश में अब तक ढो रही है। इसके सिलसिले का अन्त अभी भी नहीं हुआ।''

''मैं नहीं मानता दोस्त! हर अत्याचारी का अन्त होता है और यह तानाशाही भी एक-न-एक दिन समाप्त होकर ही रहेगी।''

लक्ष्मी कह रहा था, फिर सिगरेट का एक कश खींचकर बोला : ''मेरे पास पक्की खबर है कि राष्ट्रपति फ़ख़रुद्दीन अली अहमद मन-ही-मन में अब पछता रहे हैं कि उन्होंने इमरजेन्सी के आदेश पर दस्तखत ही क्यों किए थे?''

मैंने कहा : ''देखो लक्ष्मी! जिस समय यह आपातकालीन स्थिति लाई गई थी, उस समय हममें से प्रायः अधिकांश लोग यह विश्वास नहीं करते थे कि नेहरू की विराट बौद्धिक छत्रछाया में पले हुए उनके परिवार के लोग ही अपनी करनियों में ऐसे नेहरू-विरोधी हो जाएंगे। कुपुत्रो जायेत क्वचिदपि कुमाता न भवति।''

''अरे कुटिला! ओ कुटिला री! चाय ला झटपट।''

लक्ष्मी ने घर के भीतर के दरवाज़े की ओर मुंह उठाकर ज़ोर से कहा। मेरी पत्नी उसके कुछ सेकेण्ड बाद ही चाय की ट्रे लिये हुए मुस्कराती हुई कमरे में घुसी : ''नमश्कार, भाई साहब! आप मेरी बिचारी सीधी-भोली नौकरानी का नाम क्यों बिगाड़ते हैं?''

''वारी भाभी, खूब न्याय कर रही हो तुम भी! मैं समझता था कि अकेली दिल्ली वाली दुर्गा ही ऐसा न्याय करना जानती है पर अब देखता हूं कि आप भी वैसा ही न्याय करने में काफी होशियार हैं।''

मैंने कहा : ''अरे भैया! तुम्हारी भाभी के तीरे-नीमकश को कोई मेरे दिल से पूछे। तुम सौभाग्यशाली हो जोकि आजीवन कुंआरे ही रहे।'' ठहाका लगा। तीनों चाय पीने बैठे। कान्ता बोली : ''मेरी सरला बिचारी खुद ही शरमाती है कि वह लक्ष्मी भाई का नाम सही नहीं बोल पाती।''

''तो वह मुझे लक्ष्मीप्रसाद कहकर क्यों नहीं पुकारती? अधिक-से-अधिक लछमीपरसाद कहेगी। घड़ियाल तो न बनाएगी मुझे।''

''इसमें उस बिचारी का क्या दोष? अरे आप जब पहली बार आए थे तब आप ही ने उससे अपना यह सरनेम बतलाया। पूरा नाम बताते तो वह पुकारती।''

मैंने कहा : ''बहरहाल चिन्ता न करो, यह सचमुच ही घड़ियाल है। कई अखबार-मालिकों को खा चुका है अब तक।''

''हें-हें, अजी मैं क्या हूं, असली घड़ियाल तो इमरजेन्सी है जनाब, बड़े-बड़ों को लील गई।''

''बड़े लोग तो इने-गिने होंगे, भाई साहब, हज़ारों-लाखों गरीब बेचारे तो तबाह हो रहे हैं इसके मारे। अभी कल ही मेरी एक रिश्ते की ननद आई थीं। मास्टरनी हैं बेचारी। रो के कहने लगीं कि कान्ता भाभी पांच केस नसबन्दी के दिलवाओ कहीं से, नहीं तो मुझे तनखा नहीं मिलेगी।''

''आप ठीक कहती हैं। ऐसी ज़बरदस्तियां बहुत हो रही हैं आजकल।''

''अजी, मैं तुमको आंखों देखी सुनाता हूं लक्ष्मी! अपने इस इण्टरव्यू वाले सिलसिले से मैं एक गांव में गया था। सुना कि पास ही आध-पौन मील दूर पर एक देहाती मेला चल रहा है। मेरी मौज आई कि वहां की बहार भी देखते चलें। खैर, और जो कुछ तमाशा देखा वह तो था ही। एक नया तमाशा देखा। मैंने देखा कि बहुत-से लाठीधारी पुलिस जवान बहुत-सी भीड़ को ट्रकों में लाद रहे हैं। लोगों के चेहरों पर गहरी परेशानी और भय था। थोड़ी-बहुत कराहती हुई शिकायती आवाज़ें भी उनके मुखों से निकल रही थीं। मेले के पास एक सब-इन्सपेक्टर खड़ा हुआ सिगरेट पी रहा था। मैंने उसके पास जाकर पूछा—क्यों भाई क्या कोई दंगा-वंगा किया था इन लोगों ने? मेरी ओर पैनी-तिरछी दृष्टि डाली, खादी की पोशाक देखी और कहा कि जनाब, यह सब साले दुनिया की आबादी बढ़ा-बढ़ाकर आये दिन दंगे-फसाद करवाते हैं। शहजादे सलीम ने इन सालों की नसबन्दी करने का हुकुम दिया है, आपको तो मालूम ही होगा! मैंने कहा, अरे भाई इसमें से तो बहुत-से बुड्ढे हैं। दरोगा बड़े शातिर ढंग से मुस्कराया, बोला—नेताजी, बुड्ढों ने अपनी जवानी में जो-जो अपराध किए हैं; उनकी सज़ा अब मिलेगी। जवान पहले अपराध तो कर लें, फिर उन्हें सज़ा देने का अवसर आएगा। मैंने फिर कुछ न पूछा, हालांकि चाहता था कहूं कि भैया तुम्हारे भेड़ों में बूढ़े भी, जवान भी, सोलह-सोलह, सत्तरह-सत्तरह बरस के लड़के भी नज़र आ रहे हैं?''

''अजी देहातियों की तो नसबन्दी ही कर रहे हैं, लेकिन शहर के पढ़े-लिखे दफ्तरी बाबू, स्कूल मास्टर-मास्टरनियां इन सबको तो हुकुम हुआ है कि नसबन्दी के पांच केसेज़ लाओ। या तो नसबन्दी के केसेज़ लाओ या फिर भूखे मरो।''

"भूखे तो यों ही मर रहे हैं भाभी। महंगाई देखो कित्ती बढ़ चली है! गरीब आदमी तो ऐसे ही मरा जा रहा है।"

मैंने पूछा : "यह बताओ लक्ष्मी कि कौन किसका दमन कर रहा है! मैं तो यह देख रहा हूं कि आणविक युग की सभ्यता में आज भी मात्स्य न्याय ही चल रहा है। हर बड़ा हर छोटे को निगल रहा है। गरीबी नहीं हट रही है, गरीब हट रहे हैं। और फिर, जब देश में अमीर-ही-अमीर बच जाएंगे तो आपस में एक-दूसरे को निगलने लगेंगे। बढ़ा मज़ा आएगा तब। शिकार भी इतने मोटे होंगे कि शिकारियों के मुंह में जा फंसेगे। न उगलते ही बनेगा और न निगलते। शिकार और शिकारी दोनों ही की मौत! बोल सियाबर रामचन्द्र की जय।"

मैं बड़ी ज़ोरों से ठठाकर हंस पड़ा और अपनी इस हंसी के हिस्टीरियाई बहाव में बहते हुए भी मेरे मन में यह सवाल उठता रहा कि मैं इतना हंस किस बात पर रहा हूं? बहरहाल मेरे ठहाके ने चलते प्रसंग को समाप्त कर दिया।

कान्ता बोली : "भाई साहब आप खाना किस वक्त खाएंगे?"

"मेरे वास्ते क्या कुछ स्पेशल बनाओगी भाभी?"

"जिस पर आपके मन की लार सबसे ज़्यादा टपकती हो, बतला दीजिए।"

"अरे भाभी, हम तो होटल में खाने वाले, नादिर-शादिर ही कभी किसी सुगृहिणी के हाथों का खाना नसीब होता है। मुझे तो इस वक्त की आपकी चाय तक नायाब लग रही है। बहरहाल दिन में मेरे वास्ते कुछ न बनाइएगा। रात को ही आपके इस यशस्वी पति को उसके घर में अपनी जूठन गिराने का सौभाग्य प्रदान करूंगा।"

"देखो साले को, खाएगा पसेरी भर! एक तो वही नुकसान हुआ मेरा, ऊपर से कहता है कि मेरे सौभाग्य से जूठन गिराएगा। खैर, बेटा, फिर मेरी दरियादिली भी देख कि मैं तुझे व्हिस्की पिलाऊंगा।"

"अमां सच? हाय भाभी तुम्हारा मियां तो बुढ़ापे में आकर बिल्कुल ही बिगड़ गया है साला! मुझे घर में व्हिस्की पिलाने को कह रहा है, वह भी तुम्हारे ही सामने! घोर कल्जुग, घोर कल्जुग!"

कान्ता हंसकर बोली : "दरियादिली, वरियादिली कुछ नहीं भाई साहब, यह एक मेहतरानी को प्रेजेण्ट करने के लिये बोतल खरीद के लाए थे। उसने ली नहीं तो अब आपको पिला के एहसान जतलाएंगे।"

"यानी करेले पर नीम भी चढ़ गया है!" मैं उत्तर देने ही जा रहा था कि कान्ता बोल पड़ी : "नहीं भाई साहब झूठ नहीं बोलूंगी, वह स्त्री सचमुच देवी है। उसने यहां के मेहतर समाज में बड़ी इज़्ज़त पाई है। मैं उस स्त्री से कई बार मिल चुकी हूं। अच्छा तो मैं जाऊं! बस इतना और मुझे बतला दीजिए कि आप इस समय कितनी देर में बाहर जाएंगे? मैं उसी हिसाब से आपके लिये नाश्ता तैयार करवाऊं।"

"बाहर तो मैं अभी एक घण्टे बाद ही चला जाऊंगा, भाभी। आज बड़ा काम है।"

"इस बार क्या काम लेकर आए हो लक्ष्मी?"

"मेरा तो एक ही काम है, इस साली 'गरीब हटाओ' सरकार की जब तक कब्र न खोद लूंगा तब तक मुझे चैन न पड़ेगा।"

"मैं तुम्हारे रेवोल्यूशन का तो सफल आगमन अभी कहीं देख नहीं रहा लक्ष्मी, लेकिन हां यह ज़रूर अनुभव करता हूं कि अगर भविष्य में कभी इलेक्शन कराया गया तो रूलिंग पार्टी बुरी तरह से हार जाएगी।"

"चलो गनीमत है कि तुम इतना तो मानते हो। हमारी दिल्ली में तो बड़े-बड़े लोग यही कहते हैं कि अब अपोज़ीशन पार्टियां जहन्नुम में चली गईं। जीतेगी तो रूलिंग पार्टी ही जीतेगी। लेकिन मुझे विश्वास नहीं कि हिन्दुस्तान में अब कभी इलेक्शन भी होगा। फ़ासिज़्म कभी इलेक्शन नहीं कराता और अगर कराता भी है तो उसे अपनी मर्ज़ी के अनुसार ही परिचालित करने की क्षमता भी रखता है। मैं समझता हूं, हम फिर से गुलामी की ओर तेज़ी से बढ़े जा रहे हैं।"

मैंने कहा : "इतने सक्रिय राजनीतिक कार्यकर्ता होकर भी तुम इतने हताश होते हो लक्ष्मी! लेकिन मैं तो समझता हूं कि अब आगे कि दुनिया में कोई किसी को अपनी मर्ज़ी के खिलाफ दबा नहीं सकेगा। गरीबी हटे या न हटे लेकिन गरीब का गुस्सा अब धीरे-धीरे डटने लगा है। इसलिये मैं कहता हूं कि रूलिंग पार्टी अगर कहीं धोखे से भी इलेक्शन करा ले तो उसके एक-एक व्यक्ति की ज़मानत शर्तिया ज़ब्त होगी और फिर अगर विरोधी दलों में सही सूझ-बूझ आई तो वैचारिक क्रान्ति भी आ सकती है।"

"खैर छोड़ो इस चक्कर को, अब तो जो होगा सो देखा जाएगा। और बोलो तुम्हारे इस मेहतरों के इण्टरव्यू का काम कहां तक बढ़ा?"

"काफी हद तक। मैंने यह देखा कि इनमें भी अलग-अलग वर्गों के लोग हैं, एक मेहतर ने बतलाया कि उनके 24 गोत्र हैं। कुछ ऐसे वर्ग भी हैं जिनके लोग कुछ जगहों को छोड़कर बाकी कहीं मेहतर का काम नहीं करते। कुछ ऐसे हैं जो शायद कभी किसी बीते हुए राजकुल के लोग थे और अब मार-मार के सदियों से भंगी बना दिए गए हैं। कुछ शायद परम्परागत दास भंगियों के वंशज हैं जिनसे राजे-राईस, मन्त्री-सेनापति जैसे वी० आई० पी० लोग अपना पाखाना-पेशाब उठवाते होंगे। मुगलों के ज़माने में बहुत-से मेहतर बनाए गए।"

"बाई द वे, शर्मा, एक बात बतलाओ यार, मैंने तो सुना है कि इन अस्पृश्यों को अगर कहीं गांव की सीमा के किनारे-किनारे भी जाना हो तो यह लोग डण्डे बजा-बजा के ऐलान किया करते थे कि हम इधर से जा रहे हैं, कोई हमारी छाया न लांघे। तो फिर ये लोग हमारे शहरों की गलियों में पाखाने साफ करने कैसे आते होंगे?"

"मेरा खयाल है कि पुराने शहरी घरों में सण्डासें हुआ करती थीं, यानी कमाने की ज़रूरत नहीं। मल कुओं में गिर जाता था। साल-दो साल में बोरी-दो बोरी नमक डालकर मल को गला दिया जाता था। मेरे बचपन तक बहुत-से पुराने घरों में ऐसी सण्डासें बनाया करते थे। ये मलों के टोकरे अपने सिर या कमर पर लादकर चलने की प्रथा तो बहुत बाद में आई और शायद तब आई जबकि बर्बर विजेताओं ने असहाय विजितों को यह काम करने के लिये मजबूर किया होगा।"

"यह तुम कैसे कह सकते हो?"

"जनाब यह ट्रेडीशन अभी सौ-डेढ़ सौ साल पहले तक मौजूद था। कर न देने वाले विद्रोही, ठाकुर, ज़मींदार या ऐसे ही लोग जब कभी पकड़ाई में आ जाते थे तो उन पर अत्याचार करने के लिये उन्हें पाखाने-पेशाब से नहलाया जाता था, उनके मुंहों पर मल के तोबड़े बांध दिए जाते थे।"

"हे भगवान अत्याचारों के तरीके भी अनन्त हैं और अनन्तकाल से चले आ रहे हैं। एक व्यक्ति या वर्ग की अहंमन्यता स्वयं नंगा नाच नाच रही है और दूसरे की अहंता को विवश नंगा नचा रही है। कब तक चलेगा यह खेल! कब आएगा इसका अन्त?"

लक्ष्मी का यह प्रश्न मेरे मन में भी अनेक शूलों के साथ चुभ रहा था।

31

शहर में दंगा हो गया है। 'रंगीला रसूल' किताब के खिलाफ मुसलमानों का बड़ा भारी जुलूस निकला। हिन्दुओं के खिलाफ नारे लगे, कुछ दुकानें लुटीं, बहुत-से घायल हुए, कुछ मरे। तबाही मच गई। कर्फ्यू लग गया है। पुलिस गश्त कर रही है। गलियों में अब भी वारदातें हो रही हैं। हिन्दुओं को लगा कि उन्हें धोखे से मारा गया इसलिये वे अब बदला लेने पर तुल गए हैं। गरीबों के महल्ले के महल्ले फूंक डाले गए हैं। मेहतरों की बस्ती भी उसी आग की लपेट में आ चुकी है। सरकार अभी दंगे पर काबू नहीं पा सकी है, दंगा अभी और भड़केगा। बड़ी सनसनी फैल रही है।

छावनी में कर्फ्यू नहीं लगा था, केवल उसे शहर से जोड़ने वाली सड़क बन्द कर दी गई थी। छावनी की मेहतर बस्ती में शहर की एक मेहतर बस्ती के फुंकने की खबर का बड़ा शोर था।

मसीता के घर की दालान में कल्लू, मैकू, बुलाकी, खैराती और गुलब्बे की जोरुएं रद्दी अखबारों पर जम्पर, कुर्ते वगैरा की कटाई करना सीख रही थीं। वेदवती कटाई-सिलाई के काम में बहुत होशियार थीं। अपनी चेलियों को दत्तचित्त होकर सिखा रही थीं। निर्गुन की लड़की नन्हीं-सी खटोलिया पर सो रही थी और उससे टिककर बैठी हुई निर्गुन के हाथ किरोशिए से बेल बुन रहे थे। गुल्लन चच्ची घर के दरवाज़े में घुसते ही बम की तरह फट पड़ीं : "हाय गजब हो गया बहू! हाय अल्ला खैर, जल्लेजलालहू आई बला को टाल तू।"

"अरे क्या हुआ चच्ची! तुम तो बहुत घबराई हुई लगती हो। क्या बात है?"

"सुनते हैं शहर में दंगा हो गया है। जलूस निकला, कतल हुए। महल्ले के महल्ले जला दिए। मुसलमानों के कण्डैलगंज का मेहतर टोला भी फूंक डाला। वहां से बड़े-बड़े महल्लों का पिछवाड़ा लगता है। सैकड़ों-हज़्ज़ारों घर फुंक गए। हाय अल्ला! हाय तेरे सास-ससुरे भी वहां तो जल-फुंक गए होंगे, बहू। सुबरातन बेचारी आग में जल-जलकर मरी होगी, हाय अल्ला! दुश्मन को भी ऐसा दिन न दिखलाए।

ये हिन्दू निगोड़ों को क्या हो गया जो गरीबों पर इतने जुलुम ढाए?''

मसीताराम ने भी उसी समय घर में प्रवेश किया। गुल्लन की बात सुनकर जवाब देते हुए आगे बढ़ा : ''बिना समझे-बूझे किसी को दोख देना अज़ाब है गुल्लो। जलूस तो मुसलमानों का निकला था। उन्हीं ने दुकानों की लूटपाट की। हम सब सुनते आ रहे हैं। मेहतर टोले की वारदात भी हम सब सुने आ रहे हैं : कण्डैलगंज जलाने के लिये मेहतर टोले में घुसके आग लगाई, मारकाट की। सिकन्दर के कलबघर में एक-एक खबर सच्ची आती हैगी।''

गुल्लन बोली : '' तो क्या कण्डैलगंज वाले मेहतर टोले में आग नहीं लगी?''

''अब भैया, सच-झूठ की तो अल्ला ही जानता है। सिकन्दर के वहां भी सब लौंडे-लपाड़ी ही बैठते हैंगे। शहर में करनफू लगा हैगा। गोरों ने छावनी की सड़क घेर रखी हैगी। न कोई उधर जा सकता हैगा न इधर आ सकता हैगा। कोई सच्ची खबर कैसे ला सकता है यां पे! मगर कोई कुछ नहीं कर सकता भाई। अरे गुल्लो तू समझती नहीं। चुप्पे बैठ। अफवाहें उड़ाने वाले सच्चाई का पेट फाड़ डालते हैंगे कमबखत।'' मसीता ने बण्डल निकालकर दो बीड़ियां सुलगाना शुरू किया।

निर्गुनियां के कलेजे को धक्का-सा लगा। माईं जो जल-फुंक जाए तो हर्जा नहीं, बचपन में नानी से सुनी कहानी की जग्गो जादूगरनी जैसी ही क्रूर, कुरूप, कंकाला।...मगर मामू के मरने से थोड़ा-बहुत दुःख सचमुच ही होगा। कई आदमी यही खबर लाए कि उस मेहतर टोले में कोई नहीं बचा।

इस दुखद घटनाओं का धक्का तो निर्गुनियां को अवश्य लगा किन्तु उससे भी अधिक चिन्ता दोनों के उत्तर-कर्म सम्पन्न करने के सम्बन्ध में ही हुई। मोहन के मामा और मामी अजीब तरह से उसके मन में देर तक प्रेत बनकर मण्डराते रहे। कुछ भी कह लो, मोहन के घर आ जाने के बाद निर्गुनियां के मन में एक नई रिश्तेदारी की अनुभूति की उत्पत्ति तो हो ही चुकी थी। मामू से उसे सहानुभूति मिली थी। इसलिये उनके क्रिया-कर्म की चिन्ता उसके मन में कर्त्तव्य के रूप में ही आई, किन्तु माईं की चिन्ता उसे इसलिये थी कि कहीं वह मरकर प्रेत न हो जाए और उसे, उसकी इस नन्हीं-सी गुड़िया शकुन्तला को कोई नुकसान न पहुंचाए। प्रेत-बाधाओं के उसने बचपन से ही इतने किस्से सुन रखे थे कि मृत्यु की खबर सुनने के बाद भय ही उसे अधिक विह्वलता प्रदान कर रहा था। मेहतरों के रीति-रिवाज़ उसे मालूम नहीं, सबके सामने पूछने में उसे यह संकोच होता था कि लोग कहीं यह न सोचें, कैसी फूहड़ औरत है जिसे अपने कुल के रीति-रिवाज़ों तक का ज्ञान नहीं है! विचारों की गूंजों पर मन की बात ऐसे ही दौड़ पड़ी जैसे कोई व्यक्ति अपनी एक टांग की रेस में दौड़ रहा हो। प्रेतभय—शंकाभय—पुनः प्रेतभय—और फिर मसीता से पूछ ही बैठी : ''अब इनके क्रियाकर्म का क्या बन्दोबस्त होगा चच्चा? वो तो हैं नहीं जो ये सब करते। मगर अपना धर्म निभाने के लिये मुझे तो कुछ-न-कुछ करना ही होगा।''

सोचभरी गहरी आवाज़ में मसीता बोला : ''हां! मगर इस बखत क्या किया जा सकता है! वहां शहर में तो गदर मचा हुआ है। करनफू अडर लगा हैगा। फुंक-

फुंका गए होंगे चन्दर और सुबरातन दोनों ही। यों मरते तो दफनाने जाना पड़ता।''

''आप लोग मुर्दे दफनाते हैं?'' पूछा, पर जीभ मानो कट-सी गई।

''दफनाएंगे नहीं तो करेंगे क्या? कोई ऊंची जात वाला अपने मुर्दघटे में हमें जलाने देगा मुर्दे? हां, दसवां, तेरहीं वगैरा सब काम तो होते ही हैं।...अरे होयं चाहे न होयं, कीड़े-मकोड़ों जैसे हम लोगों की रूहें तो ऐसे ही मुकुत हो जाती हैंगी। आज तो न जाने किस-किस का किरिया-करम होगा। सैकड़ों जानें गई होंगी। न जाने कितनी सुहागिनों का सोहाग उजड़ गया होगा, कितने मां-बापों के कलेजों में अपने नौनिहालों की चिताएं जली होंगी! यह साला अच्छा हिन्दू-मुसलमानपन हैगा!''

निर्गुनियां का जी न माना। दंगे के हालचाल लेने के लिये वह भी अपनी शकुन्तला को लेकर वेदवती और ऋषिदेवी के साथ ही वेद मन्दिर चली गई। चलते समय कह गई कि रात में वह आश्रम में ही रह जाएगी।

मन्दिर के सभागार में छह-सात आदमी बैठे हुए इसी दंगे की चर्चा-चिन्ता कर रहे थे। महाशय रामलाल ने कहा : ''इन यवनों का तो सम्पूर्ण मूलोच्छेदन ही कर डालना चाहिए। भला बतलाइए, कोई कारण था इस समय जो दंगा मचा दिया? तीन-चार वर्ष पुरानी पुस्तक को लेकर एकाएक दंगे भड़का दिए हैं।''

''मैं पूछता हूं कि 'रंगीला रसूल' पुस्तक में आखिर दोष क्या है? महाशय राजपाल ने आखिर कोई अपनी तरफ से तो कुछ जोड़ा नहीं है। सब मुसलमान विद्वानों की पुस्तकों से ही उद्धरण दे-देकर उन्होंने यह जीवनी संकलित की है। इसी पर अब ऐसा राष्ट्रव्यापी उत्पात जोत रखा है इन म्लेच्छों ने कि कुछ पूछिए मत। दुष्टों का दलन और दमन किए बिना अब काम चलने वाला नहीं है, मैं चेताए देता हूं।'' स्वामीजी जोश में आकर गरज पड़े : ''एक निर्दोष पुस्तक पर तो इतना प्रपंच हो गया, किन्तु मैं पूछता हूं महानुभावो! कि '19वीं सदी का महर्षि' पुस्तक में इन्होंने हमारे परमपूज्य प्रातःस्मरणीय स्वामीजी महाराज के लिये कैसे-कैसे अपशब्दों का प्रयोग किया! हम आर्यसमाजियों को दयानन्दी कहकर हमारा उपहास किया। कैसे कटुवचन लिखे हैं उस पुस्तक में कि–

'यही वह स्वामी दयानन्द हैं,
कि दिल में भरे जिनके यह गन्द हैं,
यही आर्यमित्र का है वह चिराग,
कि बदबू से सड़ जाय जिसका दिमाग।'–

''भला बतलाइए कि इसका क्या दण्ड दिया जाए इन दुष्टों को? जिन्होंने 'रंगीला रसूल' और 'विचित्र जीवन' आदि पर जिहाद उठाकर पश्चिमोत्तर सीमाप्रान्त से हमारे सैकड़ों सम्पन्न हिन्दू भाइयों को निकाल दिया। उन्हें दीन-हीन और विपन्न बनाकर सब प्रकार से दर-दर मारा कर दिया!''

''हम भी इन्हें अपनी आर्यशक्ति दिखला दें महाशयो! आप लोग सब भली-भांति यह जानते हैं कि मैं सनातन धर्म और सनातन देवी-देवतों का पुजारी नहीं हूं, किन्तु अभी हाल ही में जब मैंने कानपुर के 'सहनै शरीयत' के एडिटर श्री जेबहादुर उर्फ अज़ीज़ अहमद की 'तलकीने मजहब' पुस्तक पढ़ी तो सच मानिए मेरा

आर्यरक्त शिराओं में खौल-खौल उठा।''

स्वामीजी चट से बोल पड़े : ''है वह पुस्तक मेरे पास। उसमें से एक वाक्य जो अभी कल ही मैंने डिप्टीगंज की सभा में सुनाया था, आपको भी सुनाता हूं। अरे ऋषिदेवी! ज़रा वाचनालै में मेरी मेज के ऊपर से रजिस्टर के बीच में रखी हुई उर्दू की पुस्तक ले तो आओ।''

ऋषिदेवी पुस्तक लेने गईं। स्वामीजी कहते रहे : ''मुसलमानों ने इस समय अपने पुराने दो प्रकार के प्रहारों में अत्यन्त वेग पैदा कर दिया है। आप जानते हैं इस्लामी प्रहार के पुराने ढंगों में एक ढंग यह भी है कि हिन्दुओं और आर्यों के विरुद्ध गन्दी और फ़ोश पुस्तकें लिखी जाएं। यह लीजिए दयाशंकरजी, आपकी 'तलकीने मजहब' पुस्तक आ गई। यह देखिए, इसके, क्या नाम केऽऽ, पृष्ठ 21 पर लिखा है, 'सीता चौदह बरस रावन के कब्ज़े में रहने की वजह से उसकी गर्वीदा हो गई थी, इस वजह से सीता को रावण का कत्ल होना सख्त सदमे का वाइस हुआ। सीता अपने आशिके कद्रदान की मूरत बनाकर रोज़ाना पूजा करती थी।' बोलिए! बतलाइए कि किस हिन्दू, किस आर्य का रक्त इस वाक्य पर खौल न उठेगा! कल मैंने जब सभा में इस वाक्य को पढ़कर सुनाया तो युवक लोग उठ-उठकर हुंकारें भरने लगे थे। मैंने फिर श्रीकृष्ण के सम्बन्ध में भी इस पुस्तक का एक अपमानजनक वाक्य सुनाया। योगेश्वर श्रीकृष्ण की हत्या के सम्बन्ध में यह दुष्ट लिखता है कि... यह देखिए 49वें पृष्ठ पर म्लेच्छ का वाक्य है कि—'नतीजा यह हुआ कि जिस तरह से उसने बेशुमार बेगुनाहों का कत्ल किया था, उसका भी कत्ल हुआ और द्वारका की ज़मीन पर मुफ्सिद-पर्दाज़ जानी से पाकोसाफ हो गई।' मैं तो कल यह भरी सभा में कह आया कि मुर्दा है वह राष्ट्र जो ऐसे घृणित, नीच, कुटिल, क्रूर-कपटी, कुलांगार, म्लेच्छों को आज भी पवित्र आर्यभूमि भारतमाता की छाती पर इस प्रकार से मूंग दलना सहन कर लेता है! धिक्कार है उस हिन्दू जाति को जो अब भी इनको अपने साथ रखती है! मैं तो कहता हूं भाइयो! आप ऐसा कोई उपाय मिलकर विचारिए कि जिससे इस दंगे में हम इस नगर से सम्पूर्ण म्लेच्छ वंश का समूल नाश कर सकें। इनकी स्त्रियों को शुद्ध कर हिन्दू बना लीजिए। इनके बच्चों को भी अपना लीजिए और बाकी सबको गाजर-मूली की तरह काट-काटकर इनमें ऐसा आतंक फैलाइए कि भविष्य में कभी इनकी इस नगर में आने की हिम्मत ही न हो।''

महाशय रामप्रकाशजी एक दुखभरी निःश्वास छोड़कर बोले : ''अरे भाई, वह कहावत है न कि 'जो सइयांजी को प्यारी, वही सुहागन।' परम प्रतापी बृटिश राज्य की सह पाकर ही यह लोग ऐसा अत्याचार कर रहे हैं। उधर हमारे राष्ट्रीय नेता महात्मा गांधी, जवाहरलाल इत्यादि भी हिन्दू-मुस्लिम एकता के पक्षधर होकर इन दुष्टों के दलन में बाधा डालेंगे। हमारा मस्तिष्क तो अब कुछ इस दिशा में काम कर रहा है कि यवनों को यों समाप्त किया जाए कि 'सांप भी मर जाए और लाठी भी न टूटे।' एकमात्र गति यही है कि शुद्धि आन्दोलन तीव्र से तीव्रतम कीजिए। जो म्लेच्छगण हिन्दुओं से जीविका पाते हों तो उन्हें तभी जीविका दीजिए जब वो हिन्दू बन जाएं।''

बड़ी देर तक यही विचार-विमर्श होता रहा। इस बीच में परम उत्साही महाशय रामप्रकाश बक्शीजी की कोठी पर जाकर शहर में अपने दो-एक परिचितों के घर टेलीफोन करके वहां के ताजे हाल-चाल भी ले आए। उनका कहना था कि "मुसलमान कोतवाल ने बहुत छूट दे रखी है। हिन्दुओं के कई महल्ले जला दिए गए हैं। स्थिति अभी ठीक नहीं है। कर्फ्यू शायद कल के लिये भी बढ़ा दिया जाएगा।"

सुनकर तीनों स्त्रियों के मन में एक विचित्र प्रकार की उथल-पुथल मच रही थी। कभी भय, कभी करुणा, कभी उत्तेजना। निर्गुन का जी चाहता था कि मोहना जो कहीं उसके सामने आ जाए तो वो उससे कहे कि कोतवाल की हत्या कर दो। दुष्टों का दलन करो, अत्याचारियों का सफाया कर दो। माईं, मामू और दंगे के समाचारों द्वारा उपजी हुई उसकी मनोभावनाओं के दायरे में बार-बार मोहन ही नाच रहा था। इस समय मोहन की उत्कृष्ट चाहत में उसे यह अनुभव हो रहा था कि मोहन ही उसका आधार है। मोहना के बिना वह अधूरी है।

कर्फ्यू की सन्नाटे-भरी रात एक महल्ले में छतों-छतों पर सहसा शुरू हो जाने वाले कोरस गाने-सी गूंज उठी :

अब दाढ़ियां रख लें, इज़्ज़त जिन्हें रखना हो,
वरना रहे-हस्ती से हम उनको मिटा देंगे।
हों दुश्मनेदीन लाखों पर्वा न करेंगे हम,
हम गरदनें पकड़ेंगे, कदमों पे गिरा देंगे।

छतों-छतों से बड़ी-बड़ी खपाचियों में बंधी मशालों के तीर पास-पड़ोस की गरीब बस्तियों के मकानों की खपरैलों पर बरसने लगे। आग-से-आग लगती ही चली गई। मेहतर टोले का प्रलयकाण्ड पड़ोस के हिन्दू महल्ले के छोर भी घेरने लगा। प्रबल हाहाकार मच उठा। मंगरू तेली के घर में मिट्टी के तेल के दस कनस्तर रखे थे। दुर्भाग्य ने एक मशाली तीर उसकी छत पर पहुंचा दिया। यह और भी बड़ा दुर्भाग्य था कि छत पर चीड़ के बक्सों के कुछ ढांचे भी पड़े हुए थे। आग ने छत जलाई और जलती छत ने गिरकर कोठरी में और भी बहुत कुछ जलाना शुरू कर दिया, उससे मिट्टी के तेल के कनस्तर भड़क उठे। महल्ले में 'आग-आग' का बड़ा शोर मचा, तब कहीं मंगरू लाला और उनकी बुढ़िया की पिनकें उचटीं, लेकिन उस समय तक वृद्ध दम्पति अपने घर की आग की लपेट में आ चुके थे। पुश्तैनी तेली अभी साल-भर पहले तक तो सरसों, तिल्ली, अरण्डी वगैरह पुरानी चाल के तेल ही बेचता था, किन्तु म्युनिस्पैल्टी के लैम्प जलाने वाले पड़ोसी घमण्डी कहार ने उसे अपना चुराया सरकारी तेल बेचने का चस्का भी लगा दिया। बिक्री बढ़ गई तो गोदाम में आठ-दस कनस्तर उसके भी रखने लगा। वही लोभ आज मंगरू और उसकी बुढ़िया की मौत और बहुतों के लिये आतंक का कारण बन गया। मशाली तीरों की मूसलाधार बौछारों के इस भयानक काण्ड में आठ-दस लोगों की जानें गईं। कुछ जले, घायल हुए और माल को तो काफी नुकसान हुआ। पड़ोस की एक विधर्मी रियासत से बीच-पच्चीस अचूक निशानेबाज़ तीरकमान वाले बुलवाए गए थे। चूंकि क्फ्र्यू था

इसलिये छतों से ही रात में 'दुश्मनों' पर हमला करने की यह मशाली योजना बनी थी। कोरस गाना रात के सन्नाटे को दूर-दूर तक गुंजाकर 'दुश्मनों' के मनों को आतंकित कर रहा था। यह षड्यन्त्र एक यशस्वी रईस बैरिस्टर साहब के दिमाग की उपज थी। शहर कोतवाल उनका हमप्याला-हमनिवाला दोस्त था। शहर के कई ठिकानों पर छतों से पड़ोसी हिन्दू बस्तियों को जलाने की यह अनोखी तरकीब की गई थी। हिन्दुओं के घर जलें, वे घबराकर निकलें तो कर्फ्यू-आर्डर तोड़ने के अपराध में गिरफ्तार किए जाएं। जलती हुई बस्तियों में फायरब्रिगेड देर में भेजी गई।

यह योजना अपना काम सफलतापूर्वक कर ले गई। हिन्दुओं में आतंक छा गया। सभी बढ़ती हुई आग की लपटों में अपने-अपने घरों को बचाने के लिये भरी बाल्टियां-दर-बाल्टियां पानी फेंकने लगे। प्रभावशाली सुप्रतिष्ठित हिन्दुओं के फोन अंग्रेज़ हाकिमों के बंगलों में टुनटुनाने लगे। एक रईस ने तो ट्रंककाल बुक करवा के प्रान्त के छोटे लाट साहब के परिचित प्राइवेट सेक्रेटरी तक से यह शिकायत की कि कोतवाल का फौरन तबादला किया जाए, वरना इस नगर की हिन्दू प्रजा में एक भी व्यक्ति जीवित न बच सकेगा।

दूसरे दिन कर्फ्यू-आर्डर के बावजूद शहर के इर्द-गिर्द सन्नाटे में खड़ी तीन-चार मस्ज़िदों में आग लग गई। मुसलमानों का एक कब्रिस्तान भी बहुत कुछ बरबाद कर दिया गया। मुसलमानों में यह सुनकर जोश फैला। बहुत से जोशीले सड़कों पर इकट्ठा होकर हिन्दू महल्लों पर खुलेआम हमला करने के इरादे से गोल बांधने लगे। गोल आगे बढ़ा और हिन्दू महल्ले के चौराहे पर पहुंचते ही आस-पास की गलियों से अचानक निकल पड़ने वाली हिन्दू भीड़ से घिर गया। चारों ओर से लाल मिर्चों के पाउडर मिले पानी और मिट्टी के तेल भरी पिचकारियों और जलती मशालें इस तरह टूट पड़ीं कि मुसलमानी जोश भय से भभक उठा। सौ-पचास की मुसलमानी भीड़ को दो सौ हिन्दुओं ने घेर-घेरकर जल मरने के लिये बाध्य किया। बहुतों की आंखें लाल मिर्चों के पानी से जल रही थीं। बहुतों के देहों में आग लग चुकी थी। मिट्टी के तेल की पिचकारियां उस आग को और तेज़ी से बढ़ा रही थीं। जब तक पुलिस आए-आए तब तक बहुतों के प्राण अपनी जलती हुई कायाओं से बाहर निकल चुके थे।

रात में हिन्दू बस्तियों को जलाने की योजना बनाने वाले बैरिस्टर साहब की महलनुमा कोठी में इस तरह से आग लगाई गई थी कि कोठी का कोई भी हिस्सा जलने से न बच सका। बैरिस्टर साहब बुरी तरह से घायल हुए। खम्भे से बांधकर उनकी आंखों के सामने घर की स्त्रियों का अपमान हुआ। उनकी एक ब्याहता सुन्दर बेटी को उड़ा लिया गया। यह दूसरा दिन और रात हिन्दुआनी षड्यन्त्र की थी और यह अफवाह गर्म थी कि मुसलमानों से पिछली रात का बदला लेने के लिये स्वयं मोहना डाकू आया था। शहर-भर के हिन्दू क्षेत्रों में मोहना का नाम देवता की तरह पुज गया। किन्तु यह कोई नहीं जानता था कि उनका देवता मेहतर है। खबरें उड़ते-उड़ते छावनी में भी पहुंचीं। स्वयं स्वामी वेदप्रकाशानन्दजी ही अपनी दाढ़ी फटकारते हुए आकर श्रीमती निर्गुनियां को उसके पति की यशोगाथा सुना गए। निर्गुनियां

सोचने लगी कि कल जब उसने अपने मन में यह कामना की थी कि मोहना आकर बदला ले तब शायद स्वयं सरस्वतीजी ही उसके अन्तर में विराज रही थीं।

बैरिस्टर साहब के घर में हुआ जघन्य तमाशा शहर में कर्फ्यू लगा होने पर भी बड़ी तेज़ी से गलियों-गलियों में, घर-घर में, अनेक अतिशयोक्तियों के साथ प्रचारित हो गया। बैरिस्टर साहब शहर के नामी आदमी थे। उनके साम्प्रदायिक विचार भी प्रायः सभी लोग जानते थे। दो रातों पहले हिन्दू महल्लों में एक साथ आगजनी की घटनाओं से भी बैरिस्टर साहब का नाम जुड़कर इतना अधिक कलंकित हो गया था कि मोहना डाकू द्वारा उनकी कोठी में किए गए अमानुषिक पापों को भी हिन्दू महल्लों में जगह-जगह खुले दिलों से सराहा जा रहा था और यह सूचना भी निर्गुन तक पहुंच चुकी थी कि मोहना मुसलमान बैरिस्टर के घर की एक सुन्दरी युवती को उड़ाकर ले गया है। अपने 'पति' से सम्बन्धित इस खबर ने श्रीमती निर्गुनियां के मन में यह भय जगा दिया कि अब कहीं वह उसे छोड़ न दे।

न देखी हुई अपहृत सुन्दरी के रूप-लावण्य की कल्पना निर्गुनियां के रोएं-रोएं को सुलगा गई। पति के प्रति अविश्वास की भावना से निर्गुन का मन रह-रहकर उलटने-पलटने लगा। राम जाने क्या होगा! उस 'मियन्टी-मोहनी' के प्रेमजाल में फंसकर मोहन कहीं अब उसका खर्चा-पानी बन्द न कर दे या कहीं सदा के लिये उसका साथ न छोड़ दे। इस आशंका ने एक ओर तो निर्गुनियां का दिल दहलाया और दूसरी ओर उसे एक प्रकार की मानसिक राहत भी मिली। मोहना अगर उसे मुक्त कर दे तो वह अपना आज़ाद जीवन सहज भाव से आरम्भ कर सकेगी। वह गांधीजी के अछूत-उद्धार आन्दोलन में जी-जान से जुट जाएगी। कुछ नाम ही कमा लेगी। जीवन में जो पाप किया है, वह धुल जाएगा।

निर्गुनियां को फिर लगा कि उसने पाप ही क्या किए हैं? औरत के लिये मरद की चाह पाप नहीं। पाप तो किया उस सत्यानाशिये बूढ़े आर्यपुत्र ने और ब्राह्मण-कुल-कलंकिनी, वेश्या से भी बदतर, कुलटा अम्मां ने। उसने कोई पाप नहीं किया। पाप मोहन ने भी नहीं किया। उस बेचारे को तो मैंने अपनी काया से लुभाकर फंसाया था।...फंसाना माने पाप! निर्गुनियां फिर अपने मन में फंस गई, चिढ़ उठी—'पाप, पाप, पाप! मैंने कोई पाप नहीं किया। ये मेरी बेटी पाप की नहीं, अपने बाप की है और अब तो सारी दुनिया यह जान गई है कि निर्गन पण्डिताइन निर्गुनियां मेहतरानी बन गई।'...फिर मन फंसा, 'लेकिन दुनिया कहां जानती है? जो हो, पाप तो पाप ही है। हाय राम! फिर पाप-पुन्न की पहेली, फिर सौत की जलन और कुढ़न, फिर बंधन और बंधनमुक्ति की एक साथ चाहना!' निर्गुनियां बेचारी क्या करे, क्या न करे? अपनी कोठरी में वह पत्थर-सी बैठी रही और उसका मन जल से निकली मछली की तरह तपती हुई बालू में तड़पता रहा।

रात के नौ बजे मोहना का भेजा हुआ आदमी श्योबकस अचानक आया, कहा : "सर्दार ने अभी के अभी बुलाया है।"

निर्गुनियां सुनकर धक् रह गई, कहा : "भैया, बिटिया को लेके तुम्हारी साइकिल पर कैसे जाऊंगी?"

"फिकर नहीं भौजी, मोटरगाड़ी लाया हूं। सर्दार ने कहलाया भी है कि शकुन्तला बिटिया को लाना है। मोटरगाड़ी में जल्दी से आ जाएगी। मोहन ठाकुर तुमसे ज़्यादा अपनी बिटिया को देखने की खातिर उतावले हो रहे हैं।"

'मोहन ठाकुर।'—यानी मोहन ने भी अपनी टोली में सबसे झूठ बोला है! उसने यह नहीं बतलाया कि वह मेहतर है। मेहतर कहने में उसके साथ डाकू लोग शायद उसकी सरदारी को स्वीकार न करते? पण्डिताइन-मेहतरानी-ठकुराइन! निर्गुनियां, तू आखिर क्या है? कौन जात है तेरी? तेरे चारों ओर झूठ का उलझन-भरा जाल घिरा हुआ है। तू अपने मन में ही कितनी काली है, कितनी कुरूप है, कितनी गन्दी और घिनौनी है!...और सहसा उसके मन को इस आशंका ने भर दिया कि मोहना ने भी कहीं बसन्तू दरोगा की तरह ही अपने रौब और अकड़ का जलवा दिखाने के लिये मुझे न बुलाया हो! वह उस पकड़ी हुई 'मियन्टी' के साथ-ही-साथ उससे खिलवाड़ करने की बात न सोच रहा हो! अगर ऐसा हुआ तो मैं क्या करूंगी? बसन्तू को धोखा देकर चली आई थी पर क्या मोहना को भी, जो उसका पति है—माना हुआ पति है—उसी प्रकार से धोखा दे सकेगी? नहीं! मोहना से वह डरती है। वह जो चाहे सो करे, पर उसका मन कहता है कि वह ऐसा नहीं करेगा। इस विश्वास के पीछे एक ओर जहां उसे अपनी विवशता का अनुभव हुआ, वहीं दूसरी ओर काया में काम-स्फुरण भी होने लगा। पाप है उसका काम के प्रति आकर्षण। इस विचार के उत्पन्न होते ही उसका सम्पूर्ण मन खीझ उठा।

छावनी से कुछ मील दूर बेहड़ के पास ठाकुर हरवंशसिंह की हवेली में मोहना का पड़ाव पड़ा था। पड़ोस के एक पुराने खण्डहर में उसके दल के लोग छिपे थे। मोहना कमरे में अकेला ही बैठा हुआ सिगरेट पी रहा था। निर्गुनियां और शकुन्तला को देखकर उसकी आंखें चमक उठीं। लपककर उठा और सोती हुई बच्ची को अपने हाथों में ले लिया। "हाय, कैसी प्यारी-प्यारी है! हूबहू तुम्हारी ही सूरत है।"

शकुन्तला बाप की बांहों में पड़ी-पड़ी सो रही थी। उसे लेकर वह लैम्प की रोशनी के पास आया और फिर रीझी हुई आंखों से उसे देखने लगा, फिर कहा : "तुम्हारी बदौलत मैं बाप बन गया।"

सुनते ही निर्गुनियां के मन के सारे पाप खुशी के मारे पुण्य बन गए। पिछले चार-पांच घण्टों का मानसिक ऊहापोह जादू-सा विलीन हो गया। मन में सोहाग का गर्व जागा। बोली : "तुमने तो कल शहर के मुसलमानों से बड़ा ज़ोरदार बदला लिया। स्वामीजी बतलाते थे कि बड़ी तारीफ हो रही है तुम्हारी।"

"अरे तारीफों, बुराइयों की...। मुझे तो गुस्सा तब चढ़ा जब सुना कि कण्डैलगंज की मेहतर टोलियों में आग लगाई गई है। मेरी माईं मरी तो साली मर गई, अच्छा ही हुआ। सुनते हैं कि वह पीके पड़ी थी। घर से निकल ही नहीं पाई, जलकर मर गई। मगर मामू की कोई खबर नहीं मिली।"

"तुम क्या वहां गए थे?"

"हां। मैं नरसों या तरसों यहां आ गया था। अपनी बिटिया को देखने के लिये सच मानो मैं बावला हो गया था। तभी दंगे की खबर आई। मैंने सोचा कि जादा

उतावली करना ठीक नहीं। एकाध दिन में मौका देखके तुम्हें बुला लूंगा। पर तभी मेहतर बस्ती में आग लगने की खबर आई। मैंने साथियों से कहा कि इस साले बालिस्टर और कुतवाल के बाप-दादों से भी गू का टोकरा न उठवाया तो मेरा नाम मोहन नहीं। इन दोनों ने ही मिल के हमारी हिन्दू जात को घास-पात की तरह कटने पर मजबूर किया था। साले कुतवाल को तो 'डिआजी' पुलिस ने बुलवाया था। मैंने सोचा कि इस बालिस्टर की बालिस्टरी ढीली कर दूं। पचीस-तीस हज़ार का जेवर लूटा साले के यहां।"

"हमने तो सुना है कि कोई बड़ी खपसूरत-सी औरत भी लूट के लाए हो उसके यहां से?"

"हा-हा-हा..." मोहन ज़ोर से ठहाका लगा के हंस पड़ा : "हां लाया हूं, लाया हूं। एक पण्डिताइन, जो अपनी खुशी से मेहतरानी बनी, मेरी औलाद की मां बनी। उसे अपनी बगल में बिठाके एक शेखज़ादी को मार-मार के भंगन बनाऊंगा। फिर साली को गली-गली की कुतिया बना के छोड़ दूंगा। जितनी हिन्दू जात को औरतें इस दंगे-धोखे में मारी गई हैं, बेइज़्ज़त की गई हैं, मैं उस सब का बदला इसी से लूंगा।"

सुनकर निर्गुनियां थर्रा उठी। उसे फिर लगा कि मोहन 'पाप' कर रहा है। किसी भले घर की औरत की इज़्ज़त को लूटना पाप नहीं तो और क्या है?

लेकिन यह पाप-पुण्य की व्याख्या स्काच ह्विस्की के दौर में बह गई। मोहना फिर पति बनकर उसकी चेतना में समा गया। मोहना का निश्छल प्यार उसे फिर से पत्नीभक्त प्रियतम की पतिव्रता सती बना गया। वह भूल गई कि उसने कोई पाप किया है। नशे की तरंगों में झूल रही थी। सन्तोष के अपार धन से समृद्ध वह उस समय 'प्रिय' की प्यारी अखण्ड सौभाग्यवती थी। पति-पत्नी और सन्तान। सब कुछ कितना सुन्दर है, कितना पुनीत है!...नहीं, नहीं, निर्गुनियां अब इस पाप-ताप के प्रपंच में नहीं पड़ेगी। उसकी कोई जाति नहीं। बड़ी-बड़ी जातियों वाले लोगों के सम्बन्ध में भी यह नहीं कहा जा सकता है कि वे सब-के-सब शुद्ध रक्त के हैं। सभी सुप्रतिष्ठित क्या केवल पुण्य की ही सन्तानें हैं! कुलटा 'अम्मां' की कौन-सी सन्तान उनके पति रूपी पुष्प से उत्पन्न हुई और कौन उनके यारों की है? कितने ही घरों में स्त्रियां जाति-विजाति के पुरुषों से छिपकर संसर्ग करती हैं। सुप्रतिष्ठित ब्राह्मणियों, क्षत्राणियों, वैश्य स्त्रियों के गर्भ से उत्पन्न होने वाली सब-की-सब सन्तानें क्या ब्राह्मण क्षत्रिय वैश्य वीर्य से ही उत्पन्न होती हैं? शूद्राणियों के गर्भ से क्या केवल शूद्र बीज ही पनपता है? स्वयं उसका पति, यह मोहना, एक कुंवारी मेहतरानी के गर्भ से उत्पन्न एक ठाकुर की सन्तान है। कौन जाने लाखों बरस से आज तक पैदा होते रहने वाले नर-नारियों के कितने पाप से उपजे हैं और कितने पुण्य से? बकवास है ये सब कुछ। न कहीं धर्म है न अधर्म, न पाप न पुण्य, कहीं कुछ नहीं? सब झूठा है। सत्य है यह नर-नारी का प्रेम बन्धन।

दूसरे दिन सवेरे निर्गुनियां के हाथ के बनाऐ हुए हलवे, अण्डे की तरकारी और बेसनी पराठों का नाश्ता करके मोहना अपनी शकुन्तला को गोदी में लिये हुए कमरे

में टहल रहा था। दूसरे खण्डहर में टिके हुए साथियों में से श्योबकस और रामदुलारे कमरे में आए। उन्हें देखकर मोहन ने पूछा : "क्योंजी, आज शहर में कहीं धावा मारने का डौल लगेगा?"

"अबहीं तो, ठाकुर, का बताई। हौल्दार सिंहवा आवै तौ पता चलै। बाकी हम तौ यू सोचित है अकि अब हियां ते कतौ दूर भाग चला जाय सरदार। को जानै कि नवा कुतवाल सार हमरेहे पाछे लागि जाय!"

"भरोसा रखौ श्योबकस, अब कम-से-कम दो दिन बिरटिश गौरमिन्ट को डाकू पकड़ने की फिकर नहीं होगी। वो सिरफ दंगाइयों को ही पकड़ेगी। आज हम लोग दंगे-फंगे में नहीं पड़ेंगे श्योबकस। एक ही दिन में काफी लूट लाए। आज तो बैठ के मौज से पीएंगे, बिटिया से खेलेंगे, बीबी से बातें करेंगे।...और? और कहां है वह साली हरामज़ादी?"

"कोठे मां बन्द पड़ी है। खाइस-पिहिस नहीं। एक बूंद पानी तक नाहीं लिहिस ससुरी।"

"अरे मैं साली को गधे का मूत पिलाऊंगा और उसके फरिश्ते भी पिएंगे। श्योबकस एक काम करो। दो घण्टे के बाद एक टोकरा, एक झाड़ू, एक पंजा चाहिए। साली शरीफज़ादी को मार-मार के मेहतरानी बनाऊंगा। एक बार बस्ती के घर न कमवाए उससे तो मैं अस्ली ठाकुर बाप का नहीं।"

पीछे के कमरे में निर्गुनियां बैठी सुन रही थी। उसका रोयां-रोयां थर्रा उठा। कलेजा सन्न! मोहना की माईं ने उसे भी मार-मारकर मेहतरानी बनाया था। सोच-सोचकर निर्गुनियां के कलेजे में उस याद की तपती सलाख उतर जाती थी और उसी पीड़ा से उसे बैरिस्टर की कन्या को भंगिन बनाने के प्रस्ताव से लगा कि मोहन यह बहुत बड़ा अनाचार करने जा रहा है। अरे, मारे-पीटे, छल-बल से उसका मज़ा ले ले, फिर निकाल बाहर करे। ऐसी औरतें आए दिन रंडियां बनती रहती हैं। इसे मेहतरानी क्यों बनाता है? रंडी बना दे।

लगभग एक घण्टे तक मोहन सरदार अपनी टोली के लोगों के साथ लूट की हिस्सा-पत्ती और हिसाब-किताब करते रहे और निर्गुनियां अपने मन में अपने कर्मों का हिसाब-किताब लिये उलझती रही। मेहतरानी हो जाने पर भी उसकी ब्राह्मणी अहंता मन के तहखाने-दर-तहखाने में पड़ी मानो अफीम की पिनकों में झूल रही थी। एक लखपती खानदानी ज़मींदार घराने की लड़की को बदला लेने के लिये बलात् भंगी बनाया जा रहा है!...मक्खी, मच्छर, खटमल, कीड़े-मकोड़े, लघु से लघुतर जीवों से भी गिरी हुई मेहतर जाति! पर काहे को गिरी हुई? उस दिन मसीता चच्चा वो क्या पहेली सुना रहे थे कि रोजी खाय हलाल। अरे मेहतर बड़ी मशक्कत की कमाई खाता है। निर्गुनियां का मन ब्राह्म और मेहतर दोनों ही अहंताओं के छोरों से चिपका हुआ था।

जिस बड़े से हवेलीनुमा घर में इस समय मोहना का पड़ाव पड़ा था वह ठाकुर हरवंशसिंह के नाम से जुड़ी है, जो आज से लगभग अस्सी-नब्बे वर्ष पूर्व एक परस्त्री-लोलुप मद्यपी अंग्रेज़ कलक्टर की हत्या करके फरार हो गए थे। अंग्रेज़ सरकार ने

उनके घरवालों ने गिन-गिनकर बदले लिये। तब से यह हवेली सूनी पड़ी है। यशस्वी तेजस्वी ठाकुर साहब के खेत-बगीचे आदि सब कुछ उजाड़कर जंगल बना दिया गया और वह जंगल अब नदी की उस खादर का ही एक भाग बन गया है। बादशाहत के दिनों में यह बेहड़ कभी विद्रोही हिन्दू ज़मींदारों की शरणस्थली बनता था और अब डाकुओं की। उसके पास ही एक और बड़ा भारी शाही वक्तों का खण्डहर भी पड़ा है जिसकी ऊपरी धज को ज्यों का त्यों बनाए रखकर ही मोहन की टोली वालों ने उसके तहखाने साफ कर लिये हैं। उनका स्थाई डेरा वहीं है। लूटपाट के जीवन में जब कभी घर की चाहना होती है तो ये बेघर के लोग इन्हीं तहखानों में घर का-सा चैन पाते हैं। तीन-चार पतुरियां और नचनिए लौंडे बुला लिये जाते हैं। खा-पी के, मौज उड़ा के, नई मुहिम की टोह पाके फिर चल देते हैं। वहीदा डाकू के समय के अब केवल चार लोग ही बचे हैं। जब वहीदा मुहिम पर मारा गया और मोहन के हौसले ने हारी बाज़ी जीतकर दिखला दी तो टोली में बहुतों ने धीरे-धीरे करके उसका साथ छोड़ दिया। चार दिन के आए हुए नये लड़के की सरदारी बहुतों को खल गई। साला बैण्ड-मास्टर के यहां नौकर था, ज़रूर ही डोम-भंगी रहा होगा, क्योंकि बाजे बजाने का काम इन्हीं लोगों में है। लेकिन मोहन के हिमायती यह तर्क देते की साहब के यहां एक बावर्ची का काम करता था। साले अंग्रेज़ भी मेहतरों से अपना खाना नहीं पकवाते। मोहन ने भी इन गुपचुप सरगर्मियों का पता पा लिया था। अपने जन्म का अर्द्धसत्य उद्‌घाटित किया। उसने यह तो बतलाया कि वह उच्चवंश के ठाकुर का बेटा है, किन्तु यह कभी उद्‌घाटित न होने दिया कि उसकी मां मेहतरानी है। मोहन ने अपने ठाकुर होने के साथ-ही-साथ लूटपाट की योजनाओं में बड़ी तेज़ी से सफलता पाई। श्योबकस और रामदुलारे उसके भरोसे के जासूस थे। आसपास के गांव-कस्बों से लूटने के योग्य असामियों की खबर-टोह ले आते। मोहना बिजली की तरह छापे मारता था, आज यहां, कल पच्चीस कोस दूर। यह पता नहीं चलता था कि वह कब, कहां और किस समय लूटपाट करके फिर कहां चला जाएगा। उसकी इस जादुई फुर्ती और सुनिश्चित योजनाओं के कारण कुछ पुराने साथी उससे बेहद जलते थे।

मोहन ने दो घण्टे के अन्दर झाड़-पंजा-टोकरा लाने का हुकुम दिया था। सो वह सब सामान दस मिनट पहले ही पहुंच गया। तब उसने टोली के लोगों को अपने लौंडों, पतुरियों के साथ मैदान में जमा होने का हुकुम दिया। कोठरी से बैरिस्टर की बेटी खिंचवा मंगवाई गई। मोहन 'ठाकुर' हरवंश ठाकुर की अध-खण्डहर हवेली के ऊपर वाले साबुत कमरे की खिड़की खोलकर खड़े हो गए। निर्गुनियां उसके पास ही दीवार की ओट में अपने-आप को छिपाए नीचे का तमाशा देखने के लिये सूने मन की हल्की थरथराहटों का अनुभव करती हुई खड़ी थी। रामदुलारे ने गरीबे को पहले ही सब समझा दिया था। गरीबा युवती के पास आया। नया टोकरा, झाड़ू और पंजा थमाते हुए ज़मीन से उठाकर युवती की कमर से सटाया। उसकी बाईं बांह टोकरे पर रखी और कहा : "चलिए हुज़ूर मेहतरानी साहिबा, इवेली का जहजूर कमाइए!" लोग-बाग ठहाका मारकर हंस पड़े। श्योबकस बोला : "हरामज़ादी! बाप सैकड़न

हज़ारन हिन्दू बहू-बेटियन का सुहाग उजाड़िस।...(गाली) अपने का बहुत बड़ा मनई समझत है! यहिका बाप सार खुले आम हम हिन्दू लोगन का कुत्ता कहिस! चार-छह दिन पहले सार भरी सभा मां कहिस अकि सब हिन्दुन का मारि-मारि कै भंगी बनाय डारौ। उनते मुसलमानन का पैखाना उठवाव औ उनकी जनाना लोगन का पतुरिया बनाय के नचाओ ससुरिन का। तो अब हम लोग ई सार मियंटी का भंगियौ बनइवै और पतुरियौ बनइवै'...'(गाली)।''

युवती खड़ी रही। उसे चक्कर आने लगा। बदन लड़खड़ाया तो गरीबे ने उसकी कमर पर एक ज़ोर का थप्पड़ लगाकर होश ठिकाने लगा दिए। कमर पर थप्पड़ पड़ने से वह आगे गिरने लगी तो दूसरे हाथ में संभाल लिया। झाड़ू-पंजे वाला टोकरा तो ज़मीन पर गिर गया लेकिन युवती का स्तन गरीबे के हाथ से खुल गया। खुले स्तन देखकर एक बार फिर ठहाका लगा। गरीबे ने फिर उसे टोकरा उठाने के लिये कहा। वह बुत-सी खड़ी रही। ऊपर खिड़की से मोहन ने कहा : ''रामदुलारे, यह तुम सब लोगों की जो माशूक-माशूकिनें बैठी हुई हैं उनसे कहो कि साली शरीफज़ादी की खोपड़ी पर पेशाब करें। जब तक ये पाखाना साफ न करे तब तक इसे न बेहोश होने दिया जाए, न सोने दिया जाए।...और श्योबकस!''

''हां सरदार।''

''आज ये शरीफज़ादी मेहतरानी बन जाए।''

''बन जाई ठाकुर।''

मोहन ने अपनी खिड़की बन्द कर ली। संयोग से चारपाई पर पड़ी शकुन्तला उसी समय रोई। मोहन उस ओर भावालोड़ित होकर लपका। निर्गुन खिड़की के पास वाली दीवार से सटकर खड़ी ही रही। मोहन अपनी बिटिया को चुमकार रहा था : ''आय-हाय, भुक्कू लगी है मेरी बिटिया को! इचकी अम्मां इचे दुद्धू नहीं पिलाती। ऐं! अरे भाई पिला दे, मत रुला मेरी शकुन्तला को।''

आदेश बड़ा मधुर था, फिर भी आदेश था। और निर्गुनियां अब यह जान गई है कि मोहन के आदेशों का पालन तुरन्त होना चाहिए। वह इस समय शकुन्तला की मां नहीं बल्कि उसके पिता की आज्ञाकारिणी दासी है। यदि उसने तनिक भी देर की तो अभी हाय-हत्या हो जाएगी। निर्गुन ने बिटिया को उठा लिया और चारपाई पर बैठकर अपना पल्ला ढांककर उसे दूध पिलाने लगी। मोहन भी उसी चारपाई पर दीवार से टेका लगाकर बैठ गया। वह इस समय मौज में गुनगुना रहा था। बाएं हाथ में थमी हुई कैंची सिगरेट की डिबिया और दियासलाई एकाएक तलब बनकर ध्यान में आई। डिबिया से एक सिगरेट निकालकर जलाई और डिब्बी तथा माचिस पास ही खटिया पर रखकर बड़ी प्यार-भरी नज़रों से निर्गुन को निहारकर उसकी ओर अपने मुंह को गोल बनाकर धुएं का तीर छोड़ दिया। निर्गुन उसका प्यार देखकर अपने चेहरे पर भी प्यार का भाव ले आई। पर मन में भय था। मोहना कुछ देर धुएं के छल्ले छोड़ता रहा, फिर एकाएक कहा : ''इतना ही बड़ा घर हो, खूब सजा-बजा। उसमें हम-तुम रहें। अभी ये शकुन्तला है मेरी, आगे और भी दस-पांच चुन्ने-मुन्ने हो जाएंगे। घर गुलजार हो जाएगा। लोग कहेंगे कि ठाकुर मोहन सिंह बड़े भागवान

हैं।''

बिल्कुल न चाहते हुए भी न जाने कैसे निर्गुनियां के मुंह से निकल गया : ''अपनी मां को नहीं रखोगे उस घर में?''

मोहन मुस्कराया : ''मैंने अपने आप को ठाकुर कहा तो तुम मेरी जनम देने वाली मां की याद दिलाकर मेरी जाति गिराने लगीं? मगर इसके साथ-साथ यह न भूलो कि मैं एक ब्राह्मनी का मरद हूं।''

''तुम तो बुरा मान गए। मेरे मन में यह बात नहीं आई थी।''

''तब क्या बात थी?''

''मैं सोचने लगी कि बाप की जाति ही बच्चे की जाति मानी जाएगी, मां की नहीं?''

''धरती कोई हो मगर उस पर लगा हुआ फूल उसी नाम से पुकारा जाता है जिसका बीज धरती में पड़ा होगा। मैं ठाकुर की औलाद हूं।''

''और मेरी शकुन्तला?''

मोहन सुनकर झटका खा गया। सिगरेट का एक धीमा-सा कश खींचकर उसे फेंक दिया। उंगलियों में उंगलियां फंसाकर उन्हें चटखाने लगा। दस-पांच पल चुप्पी के गुज़रे। शकुन्तला मां की गोद में दूध पीते-पीते फिर सो गई थी। चुप्पी तोड़कर मोहन ने कहा : ''तुमने ऐसा सवाल किया है कि उसका जवाब सोचते-सोचते मेरा भेजा ही चक्कर खाने लगा। यह सच है कि मेरी शकुन्तला का दादा ठाकुर था, पर यह भी सच है कि इसका बाप जात का मेहतर है।'' कहकर मोहन गम्भीर हो गया।

निर्गुन को लगा कि उसने मोहन का दिल दुखा दिया है। वह शकुन्तला को गोदी से उतारकर उसे खाट के सिरहाने पर सुलाकर 'पति' के पास सरक आई और उसके घुटने पर हाथ रखकर कहा : ''यह जात-पात का बखेड़ा बड़ा ऊपरी लगता है। तुम्हें एक पुरानी कथा की बात सुनाऊं। महर्षी वेद व्याजी की मां थी मछेरन और दादी चण्डाली थी। लेकिन आज कोई व्यासजी की जाति नहीं पूछता। किसी ने उन्हें अपनी समाज-बिरादरी से निकाला भी नहीं। तुम्हारी शकुन्तला भी एक दिन तुम्हारा नाम उजागर करेगी।''

''लेकिन वह दिन देखने के लिये शायद मैं ज़िन्दा नहीं रहूंगा।''

निर्गुन ने चट उसके मुंह पे हाथ रख दिया और बोली : ''अशुभ बात मुंह से क्यों निकालते हो! अभी तुम्हारी उमर क्या है?'' फिर झेंपती-लजाती मुस्कराती हुई बोली : ''मेरे पति हो, पद में बड़े पर उमर में तो मुझसे छोटे ही हो।''

मोहना झेंप गया, बोला : ''डाकुओं की उमर मीनार के कंगूरे पर टिकाया गया कांच का गेंद होती है। कब जाने हवा के झोंके से लुढ़ककर चकनाचूर हो जाए। मैं जिस बेदर्दी से लोगों को मारता हूं उसी बेदर्दी से एक दिन मारा भी जाऊंगा।''

''तो फिर छोड़ते क्यों नहीं यह झंझट? अरे थोड़ी ही सही। थोड़ी में गुज़ारा कर लेंगे। कहीं दूर निकल चलो। कोई छोटा-मोटा धन्धा कर लेना। नई जगह में नाम-जात सब बदल देना। अब तो सबसे अच्छी जात है आर्य। अपने नाम के साथ जोड़ लो तो कोई न पूछेगा कि तुम बाम्हन हो या मेहतर चमार। आर्य लफज में सब जातें

सुधरकर समा जाती हैं।''

''खैर जी, इस दम तो मैं डाकू हूं और लोग-बाग मुझे ठाकुर समझते हैं। अगर अभी अपने मन की सचाई परगट कर दूं तो टोली के सारे पण्डित-ठाकुर ही नहीं मुराव, भर और पासी साथी तक मेरी बोटी-बोटी उड़ा डालेंगे, क्योंकि मैंने सबको अपने साथ खिलाया-पिलाया है और जनम का मेहतर होकर भी सबकी सरदारी की है, सब पर हुकुम चलाया है। मौका पड़ने पर सालों को मां-बहन की गालियां भी देता हूं, लेकिन मेरी मेहतर-जात का भेद खुलते ही मेरे साथी ये ऊंची जात के भेड़िए सिरिफ हमें-तुम्हें ही नहीं, इस नन्हीं-सी जान को भी न छोड़ेंगे।''

निर्गुन के मन में आया, यह डर कितना सच्चा है। वह दीवार का सहारा छोड़कर अपने प्रिय की छाती पर ढह पड़ी। मोहन के गाल पर हाथ फेरकर बड़े प्यार से उसने कहा : ''जात के पीछे जान से हाथ धोने की बात ही क्यों उठाते हो? हां, हो सके तो ये ज़रूर करो कि अपने इन साथियों को छोड़कर कहीं दूर चले चलो। तुम अपने मास्टर जैसी बैण्ड कम्पनी बनाना चाहते थे, वह बना लो।'' मोहन ठहाका लगाकर हंस पड़ा, बोला : ''जब बैण्ड कम्पनी के बजाय बैन्डिटों की कम्पनी बनाना किस्मत में लिखा के लाया हूं तो फिर और कर ही क्या सकता हूं! बैन्डिट नहीं समझी तुम! अरे अंग्रेज़ी का लफज़ है, इसके माने होते हैं डाकू-लुटेरे। साली किस्मत को यही बनाना था तो मालिक ने मुझे बाजे बजाना ही क्यों सिखाया?''

''मुझे भी जनम से मेहतरानी ही बना देता। मगर यह तो सब मन-उलझाव की बातें हैं।''

''यही तो मैं भी कह रहा हूं! मन को उलझाओ मत, बहलाओ। डाकू की जिन्गानी का कोई ठिकाना नहीं। यह बिरटिश सरकार एक-न-एक दिन मुझे भूनकर रख ही देगी। इस बालिस्टर मियन्टे के घर की औरत, जिसे मैं पकड़कर लाया हूं, मुझे भी पकड़वाने का कारन बनेगी। बने साली। जब ओखली में सर दिया तो अब मूसलों से क्या डरूं! इसीलिये तो उस हरामी की पिल्ली को मैंने शेखज़ादी से भंगिन बनाया है। मैंने मुसलमानों से अपने बुजर्गों का बदला लिया। हमारे मामू बतलाते थे कि जब महम्मद गोरी ने हिन्दुस्तान पर चढ़ाई की तो बहुत से छत्रीबंसियों को अपना गुलाम बनाकर ले गया था। हमारी औरतें जो मन-भाईं वे अपने पास रख लीं, बाकी सबको मार-मार के पीढ़ियों-दर-पीढ़ियों के लिये हमें भंगी बना दिया। मैं भी इस शेख की बच्ची को किसी मेहतर के साथ ब्याहकर इसे और इसकी औलादों को यही सजा दूंगा।''

मोहन की छाती से अपना गाल सटाकर और उसकी कमर से अपनी बांह हल्की-सी लपेटकर निर्गुन बोली : ''मुझे और मेरी औलाद को भी तो तुमने...''

''झूठ न बोलो प्यारी, बल्कि सच तो यह है कि तुमने मुझे अपना प्यार देकर मेरी जात ऊंची कर दी। तुम्हें पाने के बाद ही से मैंने अपने न देखे हुए बाप को याद करना सीखा। मेरी-तुम्हारी औलाद भला क्यों भंगी होगी? अब तो गांधी बाबा का अछूत-उद्धार होने लगा है। हम लोग हरिजन कहलाने लगे हैं, कल को सज्जन भी हो जाएंगे।''

"तब ये औरत जिसे तुमने आज मेहतरानी बनाया है उसकी औलादें भी तो सज्जन बन जाएंगी।"

"हें! हें!! हें!!! तब भी इस औरत की औलाद मियां न कहलाकर हिन्दू ही कहलाएगी। अरे मैं अब गिन-गिनकर बदला लूंगा।"

"हाय दम घुट..."

मोहन का निर्गुन की छातियों से गर्दन तक सहलाता हुआ हाथ सहसा मुसलमानों से बदला लेने के जोश में उसी का गला दबाने लगा। मोहन चौंककर होश में आया, फिर हंस पड़ा और उसे अपने ऊपर खींचकर प्यार से चिपका लिया। लेकिन निर्गुन के मन में उस समय प्यार नहीं बल्कि अत्याचार की गूंज समाई हुई थी; जातियों का ऊंच-नीचपन नहीं, हिन्दू-मुसलमानपन नहीं, नारी के हिए की टीस समाई हुई थी। वह सोच रही थी कि औरत हर तरह से मरद जाति की दबोच में है। जब चाहता है गला सहलाता है और जब चाहता है उसे घोंट भी देता है। जिसके पास ताकत होती है, वह कमज़ोर के साथ यही करता है। सदा करता आया और शायद सदा करता रहेगा। हे राम!...घुटन में राम ही याद आए।

32

शाम को पति के घर से निर्गुन की विदाई का समय आ गया। मोहना के गोयन्दे खबर लाए थे कि नया कोतवाल अखबार वालों का ध्यान दंगे से हटाने के लिये मोहना का शोर मचवाना चाहता है। अभी ठाकुर साहब की इस हवेली की याद लोगों को नहीं आई है, लेकिन कोतवाल साहब ने यह आदेश दिया है कि जंगल के आसपास की तीन बस्तियों में मोहना के लिये घर-घर, झोंपड़ी-झोंपड़ी की तलाशी ली जाए और जंगल के भीतर भी पुलिस तैनात कर दी जाए। इस सूचना पर मोहना ने अपनी टोली को घड़ी देखकर ठीक आधे घण्टे में स्थान छोड़ने के लिये तैयार रहने का आदेश दिया। यह विदाई का आधा घण्टा शकुन्तला ने बाप की गोद में ही बिताया। पहले तो मोहना लड़की को लिये गोद में चिपकाए चुपचाप कमरे में टहलता रहा, फिर बोला : "मेरा यह सन्दूक खोलो।" निर्गुन ने खोलकर देखा, सन्दूकची नोटों की गड्डियों से भरी थी।

"दो गड्डी इसमें से उठा लो। सन्दूकची बन्द कर दो। मेरी पतलून की बाईं जेब से चाबी निकालो आके। और, वो देखो, अल्मारी के ऊपर वाले खाने में ताला धरा है, बन्द तो कर दो रानी।" निर्गुन ने उस आदेश का भी पालन कर दिया।

"और ये गड्डियां उठाओ। हज़ार-हज़ार की गड्डियां हैं। इसमें पचास तुम ऊपर रखना और पच्चीस-पच्चीस दोनों बुड्ढे-बुढ़ियों को दे देना। रुपये बहोत संभाल के रखना। बल्कि मैं तो ये समझता हूं कि आज मसीता के घर पहुंचते ही रातों-रात जितना गहरा गड्ढा तुम खोद सको उतना खोदना। हर हालत में पांच-छह हाथ से कम गहरा न हो। बाकी रुपये हंडिया में रख के उसका मुंह बन्द करके गड्ढे में

रख देना। ऊपर मिट्टी दबा-दबा के भरना। खासतौर से ऊपरी सतह के दो-चार हाथ मिट्टी ऐसी जमी हो कि जो पुलिस धोखे से खोद भी ले तो ये न कह सके कि मिट्टी अभी-अभी भरी गई है, पोली है।''

मोहन की बातें सुनकर वह सनाका खा गई थी। एक आने वाले भय का सम्मोहन उस पर छा गया था। मोहन उसे देखकर मुस्कराया : ''नहीं-नहीं, ऐसी घबराने की बात नहीं, लेकिन अपनी किलेबन्दी सदा मज़बूत रहनी चाहिए। लोग आमतौर पर अपने घरों में रुपये-पैसे गाड़ के रखते हैं तो ज़्यादा-से-ज़्यादा तीन-चार हाथ नीचे। इसीलिये मैंने तुम्हें समझा दिया कि पुलिस की पहुंच से ज़्यादा गहराई में अपने पैसे रखना। ऊपर रखने से यह भी होगा कि कहां से आए इत्ते रुपये? ज़रूर मोहन ठाकुर से ही मिले होंगे। और भी तरह-तरह के सवाल पुलिस हरामज़ादी करती हैगी। मैंने तुम्हें इसीलिये वह तरकीब बता दी। पुलिस आए भी तो यही कहना कि जब से मैं गया हूं तब से आज तक तुमने मेरी सूरत तक नहीं देखी है। पुलिस चाहे तरह-तरह से घुमा के पूछे, मगर अपनी जबान से इसके सिवा कोई दूसरी बात न बतलाना। समझीं?''

निर्गुन सब कुछ समझ गई। जितना 'पति' ने कहा उतना तो समझी ही, साथ में यह भी समझ गई कि डाकू की पत्नी को सदा चिता संजोकर रखनी चाहिए, जिसमें अपने पति की लाश के साथ उसे किसी भी समय चढ़ना पड़ सकता है। डाकू अपने सामान्य जीवन से उसी दिन कटकर मर जाता है जिस दिन वह इस धंधे में प्रवेश करता है। उसकी पत्नी, बच्चे, घरवाले—आग की लपटों से सारा घर घिर जाता है। निर्गुन का मन 'पति' की बातों से भयातंकित हुआ और फिर उस भय को जीतने में भी समर्थ बना। मोहन ने सोई हुई शकुन्तला को खाट पर लिटाकर एक कपड़े में नोटों की दोनों गड्डियां बांधीं फिर अपने ही हाथों निर्गुन की कमर से उस कपड़े को कसकर बांध दिया। मोहन के रसिक हाथ दो-तीन बार जाने-बूझे धोखे से उसके वरांग पर पड़े। मोहन मुस्कराया, निर्गुन नहीं।

विदा का क्षण धीमा रहा। निर्गुन को अपने गाढ़ालिंगन में बांधकर मोहन ने उसका गहरा चुम्बन लिया। जब उसे छोड़ा तो मोहन की आंखों में आंसू थे। निर्गुनियां के आंसू भी उन आंसुओं के साथ ही सहसा उमड़ पड़े। वह फिर मोहन से लिपट गई। वह तब तक संयत हो चुका था। उसके सिर पर हाथ फेरकर उसकी पीठ थपथपाते हुए बोला : ''ज़िन्दगी शर्त है, फिर मिलेंगे जानेमन। पुलिस मेरा कुछ नहीं बिगाड़ सकती। अब तो यहीं अपने शहर में नहीं, दूर तक दस-बारह कस्बों और शहरों के थाने-कोतवालियां मेरे बचाव के लिये खुद अपने ही हाकिमों से कोशिशें करती हैं। मुझे पहले खबर मिल जाती है। भर-भर के माल चटाता हूं री। ये डकैती का पैसा मैंने खुद कम-से-कम खाया है। खाना और शराब-सिगरेट। बाकी अपने साथियों को खुश रखता हूं, पुलिस वालों को चटाता हूं, गरीब-गुर्बों में बांट देता हूं।''

कुछ पल मौन रहा, फिर कहने लगा : ''अजीब बात है कि डाकू बहुत बुरा होकर कई बातों में एकदम साधू-संन्यासी होता है। न किसी चीज़ से लगाव और

मोह, प्यार-भरा इन्सान का दिल रखते हुए भी माया-मोह से हरदम मुकुत रहता है। तुम भी ऐसा मन बनाओ।''

मोहन की सभी बातें निर्गुन अपने साथ गांठ में बांधकर लाई थी। मोहन ने रम और ह्विस्की की दो बोतलें भी उसे दी थीं। ह्विस्की पुरानी स्काच थी, निर्गुन के लिये थी। रम की बोतलें बुड्ढे-बुढ़िया के वास्ते भेजी थीं। रास्ते में पड़ने वाले एक कस्बे के बाज़ार से उसने पूड़ी-मिठाइयां भी बंधवा ली थीं। मसीता, गुल्लन को पच्चीस-पच्चीस रुपये नगद मिले। पूड़ी-तरकारी, सोंठ, रायता, मिठाइयां मिलीं, रम की बोतलें मिलीं। दोनों ही निर्गुन और मोहना को सैकड़ों दुआएं देते हुए अपने जश्न में मग्न हो गए।

निर्गुनियां ने भी खाया-पिया और शकुन्तला को सुलाकर कोठरी में अपने पति की आज्ञा का पालन करने के लिये फावड़े से ज़मीन खोदने लगी। घण्टा-दो घण्टा-ढाई घण्टा-तीन घण्टा—घण्टे पर घण्टे बीतते रहे। निर्गुनियां के हाथ भर-भर आए, मगर जब तक अपनी नाप से भी चार हाथ गहरा गड्ढा उसने न खोद लिया तब तक चैन न ली, बीच-बीच में पति के घर से लाई 'कैंची' सिगरेटें पी ली थीं और वह भी तीन से अधिक नहीं। निर्गुन ने अपना पुराना धन और यह नये पाए हुए नोट सब सहेज के रख मिट्टी डालना शुरू किया। जब मिट्टी डालना शुरू की तो थाने के घड़ियाल ने तीन घण्टे बजाये थे। निर्गुनियां के हाथ-पैर अब फूले। सवेरा होने में ज़्यादा देर नहीं। इत्ती मिट्टी बाहर खुदी पड़ी है। कैसे सब सिमिटेगा राम! लेकिन रामकृपा से सब सिमट ही गया। दबा-दबा के मिट्टी भरी। ऊपर का फर्श खुदाई से ऊबड़-खाबड़-सा लगता है, वह सवेरे लिप-पुत जाएगा। एक ही जगह खुदी न लगे, इसलिये निर्गुनियां ने बेहद थकी होने के बावजूद अपनी फावड़ी से लगभग आधे से अधिक कोठरी का फर्श हल्का-हल्का खोद डाला। उखड़ी मिट्टी इधर से उधर तक झाड़ू से फैला दी, पैरों से दबा दी। काम पूरा करने का उत्साह था, इसलिये और भी काम कर गई। 'अब सोने को बखत ही कहां है! सकुन्तला हमारी सोके उठने वाली होगी। चच्चा की कोठरी से तो खांसी की आवाज़ें आने लगीं। चच्ची उठें तो कहूं कि कहीं से गोबर का इन्तिज़ाम कर दे और कोई लीपने वाला या वाली मिल जाए तो मैं दो आने पैसे दे दूंगी। ये मेरी कोठरी और बाहर का दालान और चच्चा वाली कोठरी भी गोबरा दी जाए।' प्रबन्ध हो गया। घर झकाझक हो गया।

दिन में हस्बमामूल स्कूल भी लगा। निर्गुन दो दिन से गायब रही थी। इसलिये पड़ोस वाले कस्बे में अपनी मौसी के घर जाने का बात कही। शाम के समय वह ऋषिदेवी और वेदवती के साथ ही अपनी शकुन्तला को लेकर वेद मन्दिर चली गई। भय से बचाव के साधन बतलाकर मोहन ने निर्गुन के भय को और बढ़ा दिया था। वह बढ़ा हुआ भय अब अपने जी में पैठकर और भी बढ़ गया। मन बेहद भारी हो गया। लेकिन इस भारीपन के आसपास कहीं उसको घबराहट महसूस नहीं हो रही थी, बल्कि भय को नामेट करने के लिये उसका मन उपाय-चिन्तन के प्रति अधिक सजग हो चला था। पड़ोस के कस्बे में अपनी मौसी के घर जाने वाली बात जब उसने स्कूल में बतलाई तब तो वेदवती और ऋषिदेवी ने भी उसे प्रकट रूप से मान लिया

था, किन्तु रात में जब एकान्त हुआ तो ऋषि और वेद दोनों ही के भीतर वाला निर्गुण मदन-भाव सगुण हो गया। निर्गुण की काया छेड़-छेड़कर दोनों सहेलियां पूछने लगीं : "पति ने क्या खिलाया, क्या पिलाया, कैसे-कैसे प्यार किया..."

निर्गुन चट से बोली : "अरे बहिनजी, बेफजूल की बातें क्यों करती हो? मैं वहां गई नहीं।"

"तो यहां कौन-सी मौसी आके फट पड़ी निगोड़ी?"

"हां, ये बात ज़रूर मैंने झूठ कही थी। असल में, बहिनजी, मेरे नाना-नानी का दिया छैः हज़ार रुपया मेरे पास था। ब्याह के गई तो वहां भी मेरे साथ रहा। यहां तक बराबर ही रहा, और वह अपनी कमर में बांधे-बांधे कहां तक डोलूं! पास के शहर में उसे बंक में जमा कराने गई थी। धन मेरा तो है नहीं बहिनजी। इसी लड़की के काम आएगा। उस धन का तो मेरे ये जो अब पती हैं, उनको भी पता नहीं हैगा।"

रात में बहनों से तो बात बन गई, पर सवेरे पुलिस ने बनी इज़्ज़त बिगाड़कर रख दी। सवेरे महल्ले के आठ-दस लोग बैठे थे। दंगे पर दो-चार आर्यसमाजी जबानें लपलपा रही थीं। तभी पुलिस आ टपकी। यहां मोहना की औरत रहती है? कब से रहती है, क्यों रहती है? यहां की तलाशी ली जाएगी। तरह-तरह के नाटक हुए। तलाशी हुई। एक-एक कोना छान मारा गया। निर्गुन को मोहना की स्त्री होने के कारण पल-पल में अपमानित होना पड़ा। फिर पुलिस उसे मसीता के घर ले गई। वहां भी तलाशी, पूरे घर की तलाशी। मसीता की कोठरी में पैसे-रेज़गारी सब जोड़ मिलाकर एक सौ सत्ताइस रुपये और छह आने पैसे मिले। निर्गुनियां की कोठरी और दीवारें भी जगह-जगह से ठोक-खोदकर देखी गईं। निर्गुनियां की सांस तब तक सलाख की तरह से खड़ी रही। परन्तु पुलिस को उसके कमरे में कुछ न मिला। खीझकर निर्गुनियां को गालियां देना शुरू किया। उसके शरीर से निर्मम छेड़खानियां कीं। दो बार कान भी पकड़े गए। एक तमाचा भी पड़ा, मगर निर्गुन के मुंह से एक छोड़ दूसरी बात ही न निकली कि साहब के बंगले की वारदात होने के बाद मोहन जब से गए हैं तब से आज तक उन्होंने उसकी सुधि नहीं ली है।

"खाती कहां से है?"

"वेद मन्दिर से मिलता है। ये थोड़ी-बहुत सिलाई-बुनाई सिखा के चार-पांच रुपये महीने कमा लेती हूं। कभी पैसा जुड़ गया तो सिलाई मशीन लेके कपड़े सीने का काम भी शुरू कर दूंगी।"

निर्गुन ने ऐसे भोले और सटीक उत्तर दिए कि पुलिस हारकर चली गई। पुलिस के जाने के बाद निर्गुन के मन में अडिग धैर्य का पहाड़ डिगने लगा। बर्फ की सिल-सा घिसने लगा, गलने लगा। वह मोहना के प्रति कृतज्ञ थी। उसका मोहना कैसा सूझ-बूझ भरा है, सयाना है। कितना चाहता है उसे! निर्गुन के मन की तहों दर तहों से मोहन के मेहतर होने की ग्लानि अब तक भरी हुई थी, किन्तु साथ ही कितना प्यार, कितना भरोसा उमड़ रहा था उसे अपने मोहन के प्रति। कितना चाक-चौबन्द है उसका मोहना! दुनिया वालों के लिये बबरशेर-सा डरावना, मगर इस बार उसके सामने वह पालतू कुत्ते की तरह डोल रहा था। निर्गुन को वह दिन भी याद

है जब मोहन उसे सताने में भी मज़ा पाता था, मगर इस बार तो वह उसके लिये जैसे कुछ और ही हो गया हो। एक बार यह कह भी गया था कि अब तुम मेरी माशूका नहीं, मेरी बिटिया की अम्मां हो। तुम्हारी बदौलत मैं औलाद का बाप बन गया।

उस दिन स्कूल नहीं लगा। ऋषिदेवी, वेदवती न आईं। शाम को स्वामी वेद-प्रकाशानन्दजी की चिट्ठी लेकर एक लड़का आया। चिट्ठी मीठी होकर भी दो टूक थी : "मैं यदि गृहस्थ धर्म में होता तो ऐसे आपतकाल में तुम्हें अवश्य ही अपनी पुत्री की भांति अपने पास रखता। परन्तु मैं तो समाज सेवाव्रती संन्यासी हूं और स्थानीय लोगबाग आपत्ति करते हैं कि किसी ऐसी स्त्री को वेद मन्दिर में नहीं रहने देना चाहिए जिसका पुलिस बार-बार पीछा कर सकती हो। अतएव मेरा परामर्श यह है कि समाज की उन्नति के लिये और आपद् धर्म की रक्षा के हेतू से तुम्हें वेद मन्दिर में नहीं रहना चाहिए। और जो भाई मसीतारामजी के घर में पाठशाला हमने खोली है उसे तुम चलाना। समाज एक और पाठशाला खोल रहा है। अतः चिरंजीवी वेदवती और चिरंजीव ऋषिदेवी अब दो-दो पाठशालाएं चलावेंगी सो अधिक समय नहीं दे पाएंगी। बाकी सब हमारा आशीर्वाद है। आर्यधर्म की जय होवे।"

निर्गुन के सामने दुनिया के रंग खुलते जा रहे थे। शहर में भी दंगे पर काबू पा लिया गया था। आज दिन-भर कर्फ्यू भी हटा रहा, लेकिन शाम को कहीं छोटी-मोटी वारदात हुई थी, इसलिये शहर में कर्फ्यू फिर चल रहा है। निर्गुन के मन पर भी तरह-तरह के कर्फ्यू लगे हुए हैं। और वह उनके बंधन में अपने मन में सिमटी हुई बैठी दुनिया के रंग देख रही थी।

33

जब से गुल्लन चच्ची और नब्बू की बहू का आपस में झगड़ा हुआ था तब से चच्ची यों कहने को तो बेटे से अलग नहीं हुई थीं, पर उनका रहना-बसना अब मसीता के घर में ही होता था। साहब के हुकुम से जब से निर्गुन वेद मन्दिर में रहने लगी थी, तब से इस घर में गुल्लन का ही एकछत्र अधिकार हो गया था। बेटी होने पर या बीच-बीच में कभी-कभी निर्गुन का वहां रह जाना और बात थी। दिन में वहां स्कूल लगता है, यह भी और बात है। लेकिन शाम के समय जब से निर्गुन नियमित रूप से वेद मन्दिर चली गई तब से गुल्लन को जो स्वतन्त्रता मिलती थी वह छिन गई। हालांकि मसीताराम उसकी बात का समर्थन नहीं कर पाता था। एकाध बार रात में जब दबी ज़बान से गुल्लन ने शिकायत की तो मसीता चिढ़कर बोला : "कैसी बेफजूल की बातें करती हो गुल्लो, बहू के रहने से तुम्हें भला क्या तकलीफ है? अरे पहले भी हम लोग इसी कोठरिया में पड़े-पड़े गुटुरगूं किया करते थे, अब भी करते हैं। बहू भला कभी एतराज़ करती है। और तुम्हारे नब्बू की बहू जैसी बदजुबान, खुदगरज भी नहीं हैगी! इतनी इज़्ज़त करती हैगी तुम्हारी। मेरी समझ में नहीं आता

कि ये सब तुम क्या बकती हो?"

उस दिन बात आई-गई हो गई, लेकिन गुल्लन चच्ची बाहर इधर-उधर चार जगह खुसुर-फुसुर करके यह बात फैलाती ही रहीं कि 'पहले तो मोहना हर महीने खर्चा भेजता था! अब, जब से पुलिस की निगरानी बढ़ी है, तब से खर्चा-पानी भी नहीं भेजता। सुना कोतवाली से बहू के पास यह सन्देसा आया था कि अब कुछ महीनों तक मोहना इस तरफ न आ सकेगा। नये कुतवाल ने उस पर कड़ी निगरानी लगा दी है।'

धीरे-धीरे महल्ले में यह बात उठने लगी कि बेचारा मसीता इस बुढ़ापे में मशक्कत करते-करते पिसा जा रहा है। मोहना के यहां से पैसा न आने पर वही बेचारा सब खर्चा करता है। इसके अलावा यह बात भी फैली कि मोहना की बहू इस लालच में घर नहीं जाती कि बुड्ढा मरे तो उसका घर मैं हथिया लूं। निगोड़ी मास्टरनी बनकर चिकनी-चुपड़ी बनी बैठी रहती है। पढ़ाना-लिखाना खाक नहीं आता। जब से आरियासमाजी औरतों ने पढ़ाने आना छोड़ा तब से वही अकेली झूठी-मूठी मास्टरनी बनी है, आता-जाता कुछ नहीं। बुड्ढा बिचारा पिसा जा रहा है।

बातें फैलते-फैलते एक शिष्या के मुख से निर्गुनियां के कानों तक पहुंचीं। वह भीतर-ही-भीतर सुलग उठी। 'अब तक मैंने मसीता चच्चा का एक कच्चा अधेला भी अपने या शकुन्तला के ऊपर कभी खर्च नहीं करवाया। फिर गुल्लन चच्ची ऐसा क्यों कहती-फिरती हैं? मैंने कभी उनका अनादर भी नहीं किया। कभी उनकी मर्ज़ी के खिलाफ बात भी नहीं हुई, फिर क्यों यह सब कहती-फिरती हैं? पहले तो मुझसे वे अच्छी-अच्छी रहती थीं, अब भी घर में ठीक-ठीक ही बोलती हैं। तब क्या चच्चा ने ही बुढ़िया से कहा होगा? विश्वास नहीं होता। चच्चा मेरी शकुन्तला को देख-देख के जैसे मगन होते हैं, जैसे उसे गोद में लिये शाम को खिलाया-डुलाया करते हैं उसे देखकर तो चच्चा के मन में कोई बात दिखलाई नहीं देती।' जो भी हो, निर्गुनियां ने निश्चय किया कि वह चच्चा से बातें करेगी। उसे मौका मिल भी गया। तीसरे पहर जब खा-पी के चच्चा शकुन्तला को देखने के लिये उसकी कोठरिया में गए तो निर्गुनियां उनसे बोली : "बैठो चच्चा, तुमसे कुछ बातें करनी हैं।" चच्चा ने बैठ के निर्गुनियां की सारी बातें सुनीं। कुछ देर तक गुमसुम रहे, फिर कहा : "देखो बहू, अब मेरे कबर में लेटने के दिन नजीक आ गए हैं। मुझे झूठ बोलने से कोई फायदा नहीं। इसलिये मैं आज गुल्लो के आते ही इस बात की सफाई तुम्हारे सामने ही कर दूंगा।"

"नहीं चच्चा, आपको मेरी कसम, अपनी इस पोती की कसम, उनसे कुछ भी न कहिएगा। बात हमारे-आपके बीच है चच्चा।"

"लेकिन मेरे और गुल्लो के बीच में तो कोई बात ही नहीं। तेरी मर जाने वाली चच्ची इसकी सगी सहेली थी। इसके शौहर से मेरा भी याराना था। लेकिन ऊपर वाला गवाह है बहू, मेरे और गुल्लन के बीच कोई खराब रिश्ता नहीं रहा। हां, ये बात ज़रूर है कि ये मेरी सबसे बड़ी दोस्त है।...मैं समझ गया बहुरिया, हरामज़ादी के मन में ये बात बहुत दिनों से है कि मेरे मरने के बाद यह घर उसके लड़के के

कब्ज़े में आए। मैं उस साले नकटे को यह मकान हरगिज़-हरगिज़ नहीं दूंगा, बल्कि मैं तो यह बात कहूंगा कि तेरे ऊपर मुसीबत डालकर अल्ला ने मेरे ऊपर मेहरबानी कर दी। अपनी जैजाद मैं अपने रिश्तेदार की बहू को दूंगा। गुल्लन मेरी लाख दोस्त हो, लेकिन उसका बेटा तो गैर ही है।''

थोड़ी देर बाद गुल्लन चच्ची आ गईं। लेकिन मसीता ने कुछ न कहा। उसकी ज़बान निर्गुनियां की दी हुई कसमों से बंध गई थी। फिर भी बरसों की दोस्ती का यह पहला दिन था जबकि गुल्लन को देखकर मसीता का पोपला चेहरा न खिला। उसने कोई छेड़ की बात कहकर उसका स्वागत न किया। बस घर-घरकर ही चुप रह गया। निर्गुनियां ने बनावटी मिठास से वातावरण के भारीपन को कुछ हल्का करने का प्रयत्न किया। पर रोज़ की-सी सहजता न आ पाई।

चार दिन बाद अकेली पड़ के गुल्लन आप ही खिसिर-खिसिर करने लगी : ''मैंने अपनी तरफ से तो कोई बात ही नहीं की, फिर भी कोई बुरा-भला माने तो माना करे।'' गुल्लन चच्ची ऐसे ही अपनी तरफ से तरह-तरह से सफाइयां देने लगीं। उनकी अपनी मजबूरियां थीं। नब्बू की दुलहिन बड़ी तेज़ थी। एक बार जिस शान से घर से निकल आईं और जिस अधिकार से उन्होंने मसीता के घर में शरण ली थी वह शान और अधिकार अपने घर में—अपनी बहू के घर में—लौटते ही मिट्टी में मिल जाएगी। वह सियार की औलाद शेरनी बनकर दहाड़ेगी और इन्हें मुंह बन्द करके रहना पड़ेगा। लेकिन मसीता ने अब उनसे करीब-करीब बोलना ही छोड़ दिया था। किसी बात का जवाब हां-ना में दे दिया तो दे दिया, वरना तुम और तुम्हारी चारपाई अलग और मैं अलग! दोनों के बीच में अब गप्पों का पुल नहीं बंधता।

घर में भारीपन आ गया। निर्गुनियां और गुल्लन तो आपस में बोलती हैं, मसीता कम बोलता है। निर्गुनियां की बिटिया को खिलाने की उसकी वान तो नहीं छूटी पर अब वह उसे शाम को चुपचाप उठा के बाहर ले जाता है। अंधेरा होने पर घर लौटता है और खाना खाकर चुपचाप सो जाता है।

एक दिन ऋषिदेवी आईं। निर्गुनियां को मानो अपना खोया धन मिल गया। कस के गले लगा लिया।

''तुम तो हमें भूल ही गईं जीजी!''

''अरे नहीं बहन! मैं और वेदवती तो कई दिनों से आने-आने की सोच रहे थे। वो बिचारी आज भी न आ सकी। नई पाठशाला जो खुल गई है ना, औकाश नहीं मिल पाता। आज...वो ऐसा है कि स्वामीजी के पास एक पत्तर आया था।''

''किसका जीजी?''

''कोई बसन्तलाल हैं, पहले यहां दरोगा थे जो शायद तुम जानती हो और आगे की बात खुद ही पढ़ लोगी।''

बसन्तलाल का नाम सुनते ही निर्गुनियां का मन नया तनाव पा गया। पत्र मिला तो खोलकर बांचने लगी—

श्रीमान पूजनीय स्वामी वेदप्रकाशानन्दजी,

नमस्ते।

आपको एक समाचार भेज रहा हूं, जिसे इस युग की सर्वश्रेष्ठ छिनाल, भूतपूर्व ब्राह्मणी और अब गई-बीती मेहतरानी निर्गुनियां को पढ़वा दीजिएगा। आगे समाचार यह है कि कल रात निर्गुन छिनाल के यार ने पण्डित मसुरियादीन के घर में डाका डाला था। छिनाल के यार ने उसके पूज्य पती की हत्या कर डाली। सुना है कि एक लाख से ऊपर की सम्पत्ति लूटी है। मैंने सरकारी नौकरी छोड़कर प्राइवेट जासूसी का धन्धा आरम्भ कर दिया है और मैं उस डाकू को शायद एक या दो रोज़ में ही पकड़कर जेल भेजवा दूंगा। आप उस कुलटा, वेश्या, छिनाल, परम पतिता (और जब रांड भी) को यह बतला दीजिए कि वह अपने पति के नाम की चूड़ियां तोड़ डाले और खोपड़ी मुंड़वा ले। शायद दो ही चार दिनों में उस पर अपने यार के नाम का रंड़ापा भी चढ़ने ही वाला है! उससे कहिएगा कि तब और कहीं के बाल मुंड़वाने को भी प्रस्तुत रहे।

आपका
बसन्तलाल गुप्ता
भूतपूर्व सब-इन्स्पेक्टर पुलिस

पत्र के अक्षरों में बिंधी अनेक स्मृतियों की झलकियां उभर आईं। बसन्तू के साथ अम्मां के घर का सारा कलुष और बूढ़े आर्यपुत्र के प्रति उपजी समस्त घृणा और क्रोध, उसके घर में बिताये घुटन-भरे दिन एकाएक अनगिनत झलकियों में बंधकर उसके मन में सूनेपन का सैलाब आ गया। उसे लगा कि जैसे बसन्तू का यह पत्र उसके जीवन-नाटक का एक पटाक्षेप है। निर्गुनियां के ब्राह्म संस्कारों को एक बार यह भी लगा कि यह पत्र चूंकि उसे अपने शास्त्रोक्त रूप से विधिवत् पति की मृत्यु के दस दिनों के भीतर ही मिला है, इसलिये वह सूतक में है। वह ऋषिदेवी को अपनी लड़की के पास बिठलाकर आप ही सड़क के नल से पानी लाने के लिये गई और सिर धो के नहाई। ऋषिदेवी तब तक शकुन्तला को खिलाते-पिलाते उसके साथ-साथ आप भी सो गईं। उसने ऋषिदेवी को जगाया। कहा : "स्वामीजी से पूछना कि क्या मैं अब वेद मन्दिर में पांव भी नहीं धर सकती जीजी?"

"नहीं री, ऐसी कोई बात नहीं, बल्कि हम लोग तो रोज़ ही तुम्हारी बातें किया करते हैं। तुम जब चाहो आया करो। सरकार, पुलिस के डर से तुम्हारा वहां रहना रोका गया। तुम आना, तुम्हें हमारी सपथ है। बल्कि मैं स्वामीजी को भी तुम्हारे पास भेजूंगी।"

ऋषिदेवी चली गईं और निर्गुन के मन के लिये हज़ार-हज़ार हलचलें भी छोड़ गईं। वह विधवा है?—खाक है! खाली सात फेरे की रसम के कारण ही स्त्री क्या विधवा कहलाएगी! उस हरामी से मेरा नाता ही क्या था! अच्छा किया जो मेरे मोहन ने उसे मार डाला। अच्छा होता जो इस बसन्तू को भी मार डालते। मैं वहां होती तो उस हरजाई अम्मां और उसके दोनों बेटों को भी मरवा डालती। यही सब लोग हैं मेरा सत्यानाश करने वाले। खूब फैलाएं बदनामी मेरी। अब मुझे कौन ब्राह्मणों की

बस्ती में जाना है? कौन अब वहां कोई मेरी रिश्तेदारी है। यह झूठ-मूठ का नातेदार निगोड़ा आर्यपुत्र बचा था, नरकवासी हो गया। यमदूत उसे लाखों बरस दुःख देते रहें। मेरा बाप ज़िन्दा है या मर गया, पता नहीं। उसे तो कभी मैंने गिना ही नहीं। मेरे तो अब मोहन हैं। 'दूसरा न कोई'।...जब उन्होंने बूढ़े आर्यपुत्र को मारा होगा तो उन्हें मेरी याद ज़रूर आई होगी। वैधव्य से निर्गुनियां सुहाग की सीढ़ियों पर चढ़ गई। जैसा भी है अब मोहन ही उसका सुहाग है। वह अचल है। मैंने जो कुछ भी पाप किए हैं उसकी सज़ा रामजी मुझे दें, मेरे मोहन को नहीं।

उसी रात मसीताराम बीमार पड़े।

34

मसीताराम का ज्वर लम्बा खिंच गया। पहले तो गुल्लन कुछ काढ़े वगैरह बना के पिलाती रही, पर मसीताराम का बुखार टस-से-मस न हुआ। उनकी जिजमानी का काम एवजी पर मज्जू कर रहा था लेकिन अब वह घबरा रहा था। हल्के का जमादार दो-तीन बार टोक चुका है कि या तो एवजी की सारी कमाई मुझे दो, नहीं तो रिपोर्ट करता हूं, ऊपर से कालू जल्लाद और उसका मालिक टिपड़चन्द सताते हैं।

मज्जू की हालत योंही खस्ता है। छोटी उम्र में मां-बाप मर गए और वह दरिन्दों की दबोच में आ गया। बहन की शादी में लिये मटरू-बुलाकी की कोठी से सवा सौ रुपये उधार लिये थे, सो हर महीने की पूरी तनखा कोठी के कारिन्दे कालू जल्लाद को देते हुए सात बरस पूरे हो गए पर ऋण अभी नहीं चुका। अकेला दम, तीसरे-चौथे पहर जिजमानी के घरों से जो कुछ भी जूठन-कूठन मिल जाए उसी से पेट भर ले, कभी किसी से चिरौरी करने पर पैसे-दो पैसे मिल जाते तो जमा करता था और जब चार-छह आने जुड़ जाते तो अपने घर में ही ताड़ी और कलेजी लाकर घर का कुण्डा भीतर से बन्द करके अकेले बैठकर अपना मन प्रसन्न करता था। लेकिन अभी साल-सवा साल पहले ही गुल्लन और मसीते ने एक जनम की अन्धी और अनाथ, पर बड़ी सुन्दर-सलोनी लड़की को उसके घर बैठा दिया है। मसीता, वज्जू, कल्लू, गुल्लन आदि कई लोगों ने मिलकर अपने पैसों से बहू को पियरी उढ़वा दी, बस्ती-भर का कुछ खाना-पीना भी हो गया। लड़की अन्धी होने पर भी सुन्दर थी। टो-टोकर सब काम कर लेती थी। खाना बनाने से लेकर फटे या नये कपड़े सीने तक के काम में वह होशियार थी। बस कोई कपड़ा काटकर दे दे, फिर ऐसी सफाई से सीती थी कि देखने वाले दंग रह जाते थे। ऐसी औरत पाकर मज्जू की जनम-भर की उदासी के बादल छंट गए। खुशियों की उमंग में दस रुपये कालू जल्लाद के हाथ-पैर जोड़कर और मांग लाया था कि अपनी औरत के लिये लहंगा, ओढ़नी, चिमकी-टिमकी खरीदकर उसका कुछ लाड़ लड़ा दे। बस्ती में एक और नई औरत आने की खबर सुनकर कालू ने मूंछों पर ताव दिया और पैसे दे दिए थे। वे दस रुपये पिछले सवा

सौ में जुड़कर मूल की रकम बन गई, फिर अनन्त ब्याज का तो कोई हिसाब ही नहीं होता। मज्जू को करीब-करीब रोज कालू और उसके चेलों की मार सहनी पड़ती। मटरू-बुलाकी की कोठी भी छावनी वाली शाखा मसीता के हल्के में पड़ती है। मज्जू को वहां की बेगार बुरी तरह से सताती है। मार खाओ, वह भी साले जल्लाद की, जो मज्जू से भी गिरी कौम का है! इसकी-उसकी पचास बातें सुनो, ऊपर से मटरू-बुलाकी के साले का लड़का टिपड़चन्द पूरा जानवर है। अट्ठाइस-उन्तीस वर्ष की आयु के युवक मज्जू को भी अपनी हविस पूरी करने के लिये हाथ पकड़कर भीतर घसीटता है और यह बात मज्जू के स्वाभिमान को विद्रोही बना देती है।

इन्हीं सब बातों से मज्जू को मजबूर होकर मसीता के घर पर आकर गुल्लन चच्ची की अनुपस्थिति में निर्गुनियां भौजी से ही कहना पड़ा : "हमें अब छुट्टी दिलवाओ भौजी, वहां कालू जल्लाद के हाथ के रोज़-रोज़ की मार से तो अल्लाकसम मैं बेमौत ही मरा जा रहा हूं।"

निर्गुनियां घबरा गई, कहा : "फिर कैसे होगा मज्जू भैया, चच्चा तो चार दिन में ठीक ही हो जाएंगे और उनकी नौकरी अगर चली गई तो?"

"इसका एक ही इलाज है भौजी। तुम अपना नाम एवजी में चढ़वा लो। गुल्लन बुआ जमादार और दरोगाजी से मिलवा देंगी। सब काम आसानी से बन जाएगा। मुझे इस रोज़-रोज़ की मार से बचाओ भौजी। मैं चच्चा और चच्ची के अहसानों को कभी नहीं भूल सकता, पर ये मार भगवान जानता है अब सही नहीं जाती है।" जब से मेहतरों में धर्मों की हलचल बढ़ी है तब से जवानों के मुंह पर अल्ला के साथ-साथ भगवान और राम भी चढ़ गए हैं।

निर्गुन की ऊपर की सांस ऊपर और नीचे की सांस नीचे। चेहरा फक। मल का टोकरा कमर पर उठाए गली-गली डोलने का काम भी क्या उसे करना होगा? वह कर सकेगी?

उसका सिर तेज़ी से चक्कर खाने लगा। उस भंवर में केवल एक ही बिम्ब बार-बार प्रकट होता था—मोहन से अपनी पहली काम-याचना का। 'हाय मेरे पाप!' ...चक्कर-चक्कर!

तपते रेगिस्तान में दो पल के सुख-सन्तोष-से हरा भरा वह नखलिस्तान अपने साथ कभी न अन्त होने वाली एक नई मरुभूमि लेकर आया था। तपती हुई बालू के बड़े-बड़े बगूले उठ-उठकर तबसे उसे झुलसाते-दबाते चले ही आ रहे हैं। उसका पूरा जीवन ही मृत्युवत् हो गया है। मौत आती है पर नहीं आती।

तेज़ी से मन में विचार आया कि मिशन के गोरे डाक्टर को लाके चच्चा को दिखा दे। इनके जल्दी अच्छे होने की आस हो तो वह हवलदार जन्डैलसिंह से चिरौरी करके उसके सामने ही मज्जू का सारा कर्ज चुकवाकर फिर रुक्का अपने नाम से लिखवा ले। मज्जू दबाव में रहेगा। मुझे गली-गली डोलने की ज़रूरत नहीं रहेगी। मन को कतर-ब्योंत के फिर से संवारकर निर्गुनियां सहज हो गई। चच्ची नौ बजे की गई हुई हैं, कहीं बच्चा जनाना था। वो आएं तो उन्हें साथ ले के डाक्टर के यहां जाऊंगी। निर्गुनियां ने एक प्रकार से तो अपने मन को आश्वस्त कर लिया था, मगर

दूसरी ओर मन में एक अनबूझे भय की धुकधुकी भी समाई हुई थी।

दूसरे पहर जब गुल्लन चच्ची आईं तो उनसे अकेले में कहा : "मेरी राय में मिशन अस्पताल के डाक्टर को बुला के दिखला देना चाहिए। ये काढ़े-वाढ़े से काम चलता दिखलाई नहीं देता। मेरा जी अब बहुत घबराने लगा है चच्ची।"

"अरे बेटा, तुम्हारी जेब में भगवान ने दो पैसे डाल रखे हैं, नहीं तो मेहतरों की ज़िन्दगी भी क्या और मौत भी क्या! कुत्ते-बिल्ली भी हमसे जादा खातिर पा जाते हैं।"

"नईं चच्ची, जब तक मेरा बस चलेगा मैं अपने उपकार करने वाले को बचाऊंगी। उनके दिए रुपये मेरे पास अभी भी रखे हैं। मिशन का बड़ा डाक्टर सोला रुपये फीस भी लेगा तो दूंगी। तुम मुझे उसके बंगले पर ले चलो।"

"गोरे डाक्टर का बंगला भी मिशन अस्पताल से लगा हुआ ही होगा रानी। जगह तुम्हें भी मालूम है, चली जाओ न! मेरे पौरख अब थक गए हैं रानी। दिन-भर के बाद अब लौट के जो आई हूं तो कहीं जाने-आने की हिम्मत नहीं रही।"

गुल्लन के रूखेपन ने निर्गुनियां को बड़ा निराश किया। खैर गुल्लन न सही, निर्गुनियां तो जाएगी ही। बुढ़िया के मन में मेरे लिये न जाने इतनी दुश्मनी क्यों समा गई है! मैंने प्यार दिया, इज़्ज़त दी, हरामज़ादी के पैर भी छू लिये। मैं खुद ही चली जाऊंगी। गुल्लन के प्रति क्रोध की तह में स्वयं भंगिन बनकर गली-गली टोकरा लेकर डोलने का भय समाया हुआ था और इसी भय ने उसे फुर्ती दी। धोती बदली। पहले तो शकुन्तला को छोड़ जाने का विचार हुआ, फिर उसे भी उठा लिया और लेकर चली गई।

गली के नुक्कड़ पर संयोग से नब्बू बैठा मिल गया। लपक के पास आया : "कहां जा रही हो भौजी?"

"गोरे डाक्टर के यहां।"

"चलो मैं चलता हूं। लाओ बिटिया को मुझे दे दो।"

नब्बू की ज़बान पर बातों की रेल चल पड़ी : "यह डाक्टर अच्छा है, भौजी, पादरी है। है तो अभी जवान ही, हमारी-तुम्हारी उमरों का ही, मगर बड़े-बड़ों के कान काटता है, भौजी। अमरीका से आया है और साल ही भर के अन्दर इतना नाम कमा लिया कि मिलटरी अस्पताल के बड़े डाक्टर भी उसको कनसलट करते हैंगे।"

"ये बताओ, नब्बू भैया, इनकी फीस क्या होगी?"

"अब ये तो जानने की मैंने कभी कोशिश नहीं की, भौजी! अरे सोलह-बत्तीस रुपये होगी। या पादरी है, सायद न भी ले। कुछ कह नहीं सकता।"

"जो भी हो, चच्चा की जान बचानी है।"

बंगले पर डाक्टर के नाम की पट्टी लगी थी–'रेवरेंड डा० आर० एन्डरसन।' नब्बू को देखते ही देशी अर्दली ने मुंह घुमा लिया। निर्गुनियां को कभी देखा न था, इसलिये पहचान न पाया। और जब वह पहचान न पाया तो डाक्टर साहब भी नहीं मिल सकते थे। मगर निर्गुन ने मुस्कराकर अठन्नी पेश की तो डाक्टर साहब से मिलने की राह तुरन्त ही बन गई। उनकी फीस भी मालूम हो गई। घर में देखने

की फीस बत्तीस रुपया। निर्गुनियां का कलेजा एक बार तो ऊपर से नीचे धंस गया। फिर जी कड़ा करके सोचा, बत्तीस ही सही, अब जो होगा सो देखा जाएगा। इस निश्चय के पीछे भी मसीता को बचाने का भाव होकर भी उतना न था जितना कि स्वयं उसे गली-गली के टोकरे के दुर्गन्ध-भार को उठाकर डोलने का भय था, और यह भय ही उससे आग्रह भी करा रहा था।

फादर डाक्टर एन्डरसन सुन्दर और देखते ही देवता-सा लगने वाला सीधा आदमी था। डाक्टर से मिलने के लिये निर्गुन अकेली ही उसके कमरे में गई थी। नब्बू बरामदे में शकुन्तला को टहलाता रहा। निर्गुन ने अपनी टूटी-फूटी अंग्रेज़ी चालू की : "आई एम स्वीपर, सर; माई फादर-इन-ला, नो-नो, अंकिल-इन-ला वेरी-वेरी सिक, सर। वेरी ओल्ड मैन, सर–"

डाक्टर मुस्कराकर बोला : "आपका हिन्डुस्टानी बाट हाम बहोट आच्चा समजेगा। आपका मरीज़ को क्या होटा है?"

निर्गुन डाक्टर के स्वर और बात से आश्वस्त हुई। हिन्दी में मसीता की बीमारी का हाल सुना दिया। डाक्टर बोला : "मरीज़ को यहां लाया है?"

"नहीं सर, अभी तो आपसे रिकुएस्ट करने आई थी। आई विल पे सर फुल फीस।"

डाक्टर ने मुस्कराकर उसको देखा, एक क्षण के लिये उसकी नीली आंखों के चुम्बक से खिंचाव भी पाया, फिर झूमकर अपनी गर्दन हिलाते हुए खड़े होकर बोला : "डोंट वरी एबाउट माई फी, मैडम। मैं मरीज़ को डेखने का वास्टे चलूंगा।" डाक्टर ने अपनी फोर्ड कार निकाली। नब्बू के लिये पीछे की सीट का दरवाज़ा खोल दिया और निर्गुनियां को अपने पास बिठलाया। निर्गुनियां रास्ता बतलाती चली : "दिस वे सर, लेफ्ट सर, राइट सर।"

"आर यू क्रिस्चियेन!"

"नो सर, हिन्दू।"

"व्हेयर हैव यू लर्न्ट इंग्लिश मैडम?"

निर्गुनियां चुप! क्या बतलाए? नाहक ही मन-ही-मन लाजों गड़ गई। बहाना बना दिया। गली का नुक्कड़ आ गया। निर्गुन उतरी। ज़िन्दगी में पहली बार मोटर में बैठने वाला नब्बू भी शान से उतरा। गोरे डाक्टर को देखकर दुकानदारों की सलामें झुकने लगीं। निर्गुनियां को सब दुकानदार जानते हैं। मोहना डाकू की पत्नी को कौन न जानेगा!

बस्ती में यह पहला मौका था जब कोई अंगरेज़ वहां आया था। गुल्लन चच्ची अचरज से आंखें फाड़कर डाक्टर को देखती ही रह गईं। फिर सलामी झुकाई। डाक्टर ने देखा-भाला। बाहर आकर निर्गुनियां को अलग ले जाकर कहा कि तुम्हारे मरीज़ के बचने की आशा कम है।

निर्गुनियां के दिल में सुनकर अंधेरा हो गया। डाक्टर बोला कि चिन्ता न करो। ईश्वर पर भरोसा रखो और अपनी कोशिश अन्तिम क्षण तक करो। इन्सान को बचाना इन्सान का फर्ज है लेकिन उसका बचना-न बचना ईश्वर के आधीन है।

डाक्टर ने फीस न ली और यह आश्वासन भी दिया कि वह बीच में मौका मिलने पर एकाध बार आने की कोशिश ज़रूर करेंगे। नब्बू डाक्टर की गाड़ी में बैठकर ही फिर शान के साथ दवा लेने गया।

गुल्लन ने पूछा : "कितने रुपये लिये बहू?"

गद्गद होकर निर्गुन ने उत्तर दिया : "एक धेला भी नहीं, चच्ची। कह गए हैं कि मौका लगा तो एक-आध बार फिर देखने आएंगे। आदमी के भेस में मुझे तो देवता मिले।"

गुल्लन सुनकर चुप हो गई, फिर पूछा : "क्या कह गए हैं डाक्टर साहब? ठीक हो जाएंगे।"

अपनी विजय के गर्व और गुल्लन की अपने प्रति अकारण उत्पन्न होने वाली ईर्ष्या को निस्तेज करने के लिये मन संभालते-संभालते हुए भी निर्गुन के मुंह से तड़पकर निकला : "तुम्हारे काढ़ों ने तो चच्चा को मार डालने में कोई कसर ही बाकी नहीं छोड़ी। अब ईश्वर के हाथ ही लाज है।" कहकर वह फिर चच्चा की कोठरी में चली गई। गुल्लन खिसियाकर ज़ोर से बोली : "हां भई, अब तो मेरे काढ़ों में ऐब निकाला ही जाएगा। अंग्रेज़ को रिझा के ले आईं मेमसाहब, भला इनका क्या कहना! मसीता के लिये मेरे बीस-बाइस बरसों के सब किए-धरे पर पानी फेरने की हवस है, औ वह भी इसलिये कि मसीता से यह घर अपने नाम करवा ले। मैं सब जानती हूं। डाकू की रखैल दूसरों की जैजादों पर डाका न डालेगी तो आखिर क्या करेगी?"

'रखैल' शब्द नफरत के साथ ज़ोर देकर कहा। सुनकर निर्गुन फिर बाहर निकल आई और गुल्लन के पैरों पर गिरकर गिड़गिड़ाकर कहा : "तुम्हारे पैरों पड़ती हूं चच्ची, तुम इस वक्त नाराज़ न हो। मैं यह भी जानती हूं कि मेरे ऊपर तुम्हारी यह नाराज़गी दरअसल चच्चा की तरफ से चिन्ता होने के कारण है। मैंने इसीलिये बुरा भी नहीं माना। सुनो, फीस-दवाई के रुपये तो भगवान ने मेरे बचा ही लिये हैं। ये रुपया लो, थोड़ी-सी पी लोगी न, तो मन संभल जाएगा।"

बात से जी को तरावट तो मिली, मगर गुस्से का गुब्बारा पूरी तरह से अभी पिचक न पाया, स्वर रूखा ही रहा, कहा : "रहने दो अपने पैसे। मेरे पास भी हैं। पीना होगा तो पी आऊंगी।"

"नईं चच्ची। और देखो, तुमसे अपने जी की बात आज साफ-साफ कहती हूं। मुझे इस घर के हक से तुम्हारे और नब्बू भैया के दिलों का हक ज़्यादा कीमती लगता है। मैंने कभी नब्बू भैया का बुरा नहीं चाहा तो अब कैसे चाहूंगी?"

लेकिन गुल्लन का पारा अब भी न उतरा। कड़े-रूखे स्वर में यह कहती हुई बाहर निकल गईं : "बड़ा भला चाहा। मेरे हज़ारों में एक बेटे को बदसूरत बनवा के रख दिया और कहती है भला चाहा! हरामज़ादी कहीं की!

थोड़ी देर में नब्बू दवाई लेकर आ गया। दूध भी खरीद लाया। बड़े उत्साह से सब काम किया। ज़िन्दगी में पहली बार मोटरकार की मुलायम गद्दी पर बैठकर नब्बू को पूरी एक बोतल का नशा चढ़ रहा था। चच्चा को दवा वगैरा पिला के निर्गुन

नब्बू को दालान में ले गई। फिर गुल्लन के गुस्से का ज़िक्र किया। क्रोध का मूल कारण यह घर था, उसकी भी बात कही और यह भी सफाई दी कि उसने मोहना से कहकर नब्बू को अपरूप नहीं कराया था। इसके सम्बन्ध में वह अपनी बच्ची की कसम खा सकती है, भगवान की कसम खा सकती है।

नब्बू उसके पैर छूकर बोला : "भौजी, मेरी नाक कटी नहीं बल्कि और भी लम्बी हो गई है। तब तक मैं फकीर था, कोरमकोर करजे में डूबा हुआ और अब पैसे बचाता हूं और मनीआडर से महाजन के पास हर महीने भेजता हूं। सारा हिसाब-किताब मूंजबानी याद रखता हूं। महरशी बाल्मीकजी की दया से और तुम्हारे चरणों के परताप से मेरी बुद्धी जैसी अब खुली है वैसी पहले खुली होती तो आज यह नाक न कटती। अम्मां को बकने दो। जादा उछलेगी तो एक दिन ज़ोर से घुड़क दूंगा, चुप्पे होकर बैठ जाएगी।"

रात में ताड़ी से भभकती हुई गुल्लन चच्ची का हाथ टिकाकर मज्जू साथ आया। दुर्गन्ध-सी घर में प्रवेश करते ही गुल्लन बोली : "मज्जू अब काम करना नहीं चाहता बहू। उसकी सोलह रोज़ की एवजी का हिसाब कर दो। डाक्टर ने फीस नहीं ली। तुम्हारे पास रुपये हैंगे। इनकार नहीं कर सकतीं तुम।"

"मैंने कब इनकार किया है, चच्ची! लेकिन इनके रुपये तो चच्चा अच्छे हो जाएंगे और जब उनकी तनखा मिलेगी..."

"ये सब कुछ नईं। मेरी एक जुबान पर मज्जू ने एवजी संभाली, तुम उसका हिसाब-किताब कर दो। आगे नौकरी जाए तो जाए, रहे तो रहे–(मां की गाली) में जाए, मुझसे कोई मतलब नहीं। गांधी महातमा कहते हैं कि गरीब का पैसा मत रोको। टोडी-बच्चा हाय-हाय।"

मज्जू भी ताड़ की फुनगी पर किसी हद तक चढ़ा हुआ था। नशे में लहककर बोला : "वाह चच्ची, गांधी महातमा की जै और तुम्हारी भी जै और भौजी की भी जै! मैं तो कहता हूं सबकी जै। भौजी हमें पैसे दे दें। अब तो अपनी घरवाली के लिये टापटी का लहंगा ले आऊं। मेरी बड़ी तबियत है, बाकी इससे भी बड़ी मेहरबानी यही होगी कि अब ये कल से चच्चा की एवजी पर खुद ही जाएं। अरे दरोगाजी और जमादार से तुम इन्हें मिला देना। ये पैसा खरच कर सकती हैं। इन्हें नौकरी मिल जाएगी।"

निर्गुनियां हंसकर बोली : "मेरे पास पैसों का पेड़ तो लगा नहीं है भैया! हां रुपये-दो रुपये तक चाहो तो खुशी से यूं ही दे सकती हूं। बाकी तुम जानते ही हो कि मैं बाल-बच्चे वाली हूं और चच्चा बीमार हैं। तुम्हारे भाई छुपछुपा के भेज दिया करते थे, वह भी इस समै बन्द है। चच्ची तो जानती हैं, इनसे कुछ छिपा नहीं है। डाक्टर की फीस के लिये यों तैयार हो गई थी कि अपने उपकार करने वाले चच्चा की जान मुझे बहुत प्यारी है।"

"हां-हांऽऽऽ, अरे प्यारी है तो बचाओगी ही। तुम्हारे पास अब मुफत की लूट का पैसा नहीं आता तो मैं क्या करूं? नहीं है तो अपनी कमाई करो, घर चलाओ, जैसा सब चलाते हैं।" गुल्लन चच्ची की बातों से निर्गुन का दिल चुभन से छलनी

बन गया। बड़ी कठिनाई से उसने हंस-हंसकर यह जहर पचाया।

मज्जू रुपये लेकर ही टला। गुल्लन अपनी चरपइया पर गुड़मुड़ा के सो रही। निर्गुन ने टाट पर गद्दी बिछा के शकुन्तला को वहीं सुला दिया और आप मसीता की खाट से चिपकी पड़ी-पड़ी अपने घोर दुर्भाग्य पर आंसू बहाती रही। उसके पास रुपये हैं। चली जाए यहां से, कहीं और बस जाए। निर्गुनियां को दुनिया से अब पहले जैसा डर नहीं लगता।...पर 'वे' पता लगाएंगे तो अड़चन होगी, फिर झुंझलाएंगे। पता तो वह लगा ही लेंगे, पर डाकू का क्या ठिकाना! घड़ी में पानी, घड़ी में आग! मेरा यहां से जाना ठीक नहीं! तब? क्या गली-गली मल के टोकरे उठाना ही मेरे भाग में लिखा है? सिसकियां तक निकालने का साहस मुंह को न था, बस आंखें ही बरसती रहीं। बड़ी देर तक बरसीं। मन राम-ही-राम पुकारता रहा।

35

रात पूरी तरह नींद न आई थी; जब-तब चौंककर एकाएक उठ बैठती थी। भीतर का भय भूकम्प की तरह बार-बार उसके अस्तित्व की नींव को ही उखाड़-फेंकने के लिये धक्के पर धक्के देता था। पिछली रात बहुत आंसू आए, घबराहट भी हुई, प्रभु से मुक्ति की प्रार्थनाएं भी कीं। परन्तु अब मन में कोई हलचल नहीं होती। ऐसा लगता कि भय गाढ़ा होते-होते अब जम गया है और वह भरा-भरापन ही उसके शरीर को सुन्न बना रहा है।

रात के दो बजे से चिड़ियों का जागना और चहचहाना आरम्भ हो गया। चार बजे गली के मुर्गे बांग देने लगे और उस समय के आस ही पास कौवों की कांव-कांव भी हवा में इधर-उधर लहराने लगी। एक कौवा बहुत पास ही, शायद घर के मुंडेरे पर, बोल उठा; देर तक बोलता रहा। कांव-कांव की कर्कशता ने शरीर में अनचाही हलचल उत्पन्न की। पहली प्रतिक्रिया खीझ में जागी। होंठ फड़फड़ाए, मगर गाली मन ही में फूटी। पहली बार भद्दी गाली उभरी और उसके साथ ही उसका होश भी उभर आया। स्त्री-पुरुषों के अंग विशेष से जुड़ी हुई गालियां निर्गुनियां ने अपने गली-महल्ले में बचपन से ही सुनी थीं, पर कभी उन्हें मन में भी दोहराने का प्रयत्न उसे पाप-सा लगता था। घर के संस्कार ही ऐसे थे। अम्मां के घर पर भी उसके सब करम हुए, पर गालियों का अभ्यास न हुआ। बूढ़ा आर्यपुत्र गालियां बकता था। अपने लिप्सा-भरे कमज़ोर हाथों से उसकी काया को नोचते-घसोटते हुए वह उन शब्दों का रस में प्रयोग करता था जो भद्र समाज में प्रायः उच्चारित नहीं किए जाते। तब भी यह शब्द उसके मन के न बन सके थे। वितृष्णा बनी रही; घुटन में प्रबल कामोन्मादवश एकाध बार ज़ोर-ज़ोर से ऐसे शब्द मुंह से निकले थे, परन्तु निपट अकेले में ही। जब से मोहना के घर आई तब से महल्ले में केवल पुरुषों के मुख से ही नहीं वरन् स्त्रियों के मुख से भी उसने बार-बार सांसों की तरह चलते हुए यह शब्द सुने। इस बस्ती में भी बराबर सुनती है। छोटे-छोटे रेंदकपेंदी बच्चों से लेकर

स्त्रियों-पुरुषों, बूढ़े-जवानों, सभी को ऐसे शब्दों के प्रयोग की आदत है। हंसी-मज़ाक में, क्रोध में, सहज बोलचाल में, किसी भी रंग में उन शब्दों के बिना उनका काम ही नहीं चलता। सुनकर निर्गुनियां के कान अब चिरपिराते तो नहीं, पर उपेक्षा अवश्य कर जाते हैं। लेकिन आज कौवे के लिये खीझवश मन में ऐसे ही शब्द उमड़े। शरीर में सनसनाहट-सी दौड़ गई। कुछ आश्चर्य, कुछ पराजय के भाव से उठ बैठी; मन-ही-मन अपने ही ऊपर हंसकर कहा कि 'नीच कौम की हो गई हूं अब, गालियां दिए बिना काम कैसे चलेगा?'

मन ने काया को फिर निढाल करना आरम्भ कर दिया, पर वैसे ही एक सूझ की चमक से फिर फुर्ती आ गई। वह चटपट खटिया छोड़कर उठ बैठी। खटिया के हिलने से शकुन्तला जाग पड़ी। यों भी उसके जागने का समय हो ही चुका था। निर्गुनियां अपने मन में उठे विचार और शकुन्तला के जाग उठने की अड़चन के बीच में रस्से-सी खिंचने लगी : "पड़ी रह मरी! रुक, थोड़ी देर में आती हूं।" बच्ची को रोता छोड़कर वह तेज़ी से कोठरी के बाहर निकली। मसीता चच्चा और गुल्लन चच्ची सो रहे थे। उसने घर का दरवाज़ा खोला और बाहर जाकर नब्बू के द्वारे की कुण्डी खटखटाने लगी। भीतर जगार हो चुकी थी। नब्बू ने 'कौन है?' कहा। निर्गुनियां बोली नहीं, जवाब में दूसरी बार भी कुण्डी खड़खड़ाई। नब्बू की दुलहिन दरवाज़ा खोलने आई : "अरे तुम! सवेरे-सवेरे कैसे आईं?"

"भैया से काम है।"

पत्नी को किसी से बातें करते सुनकर नब्बू दालान से उठकर आ ही रहा था कि निर्गुनियां भीतर पहुंच गई।

"आऽरे तुम भौजी!"

"नब्बू भैया, मज्जू अब एवजी पर काम नहीं करेंगे। कल झगड़कर मुझसे हिसाब ले गए। चच्चा की तबियत जैसी खराब है सो तो तुम जानते ही हो। मेरी जान में महीने-के-महीने तो वो काम पर जा न पाएंगे।"

"हां-हां, वो तो खैर ठीक ही है, पर अपना काम ऐसा है भौजी कि एक दिन न जाएं तो दूसरे ही दिन बस्ती वाले जूते लेकर खड़े हो जाएंगे। बड़े लोग तुरत अंगरेजी में शिकैत लिखकर भेज देते हैं। लेकिन तुम घबराओ नहीं, मैं अभी जाकर मज्जू साले की...में डण्डा घुसेड़े देता हूं।..."

"नहीं भैया, वह मानेगा नहीं। असल में बात यह है कि लाला मटरू-बुलाकी की कोठी भी हमाए चच्चा की जिजमानी में है ना! सो वहां कालू जल्लाद के डर से अब वह नहीं जाना चाहता। दुसरे, राम जाने हमारी चच्ची को मुझसे क्यों बैर हो गया है! वही उसे भड़का के ले आईं।"

सुनते ही नब्बू की दुलहिन पट से बोल पड़ी : "उन्हें जब अपने बहू-बेटे से, पोते-पोतियों से जलन होती है तो तुमसे क्यों न होगी! मेरे खिलाफ भड़का-भड़का के सैकड़ों बार मुझे पिटवाया हैगा हरामज़ादी ने।"

"अच्छा-अच्छा होगा। तो मज्जू ने क्या कहा भौजी?"

निर्गुनियां ने कहा : "कल तो मज्जू एकदम से मेरे सिर पर सवार हो गए

थे कि मेरी मजूरी के पैसे लाओ। मैं कुछ नहीं जानता। बहुत अफरातफरी करने लगे तो मैंने पांच रुपये दे दिए और कहा कि लो भैया, तुम आड़े बखतों मेरे काम आए, बहोत-बहोत शुक्रिया। लेकिन इसके बाद से तो मेरी उलझन और परेशानियां बहुत बढ़ गई हैं। भगवान जानता नब्बू भैया, मैं रात में सो नहीं पाई, क्या करूं!"

नब्बू चुप बैठा रहा, फिर बोला : "एवजी के काम में तो सभी नाक-भौं सिकोड़ेंगे। जमादार-दरोगा ये सब साले एवजी के काम के लिये भी हमसे रुपये मांगते हैं ना!"

"पर भैया वो तो किसी-न-किसी को करनी ही पड़ेगी। चच्चा तो उठ-बैठ भी नहीं सकते।"

"चच्चा वैसे भी अब ज़्यादा दिन चलेंगे नहीं भौजी। डाक्टर साहब का कम्पोटर नुस्का देखकर बोला कि फेफड़ों में कफ जकड़ गया है। सायद ही बचें। किसी-न-किसी को तो काम करना ही होगा। मेरी समझ में तो चच्चा की जगह अब तुम अपना नाम चढ़वा लो।"

निर्गुनियां को ऐसे लगा जैसे नब्बू ने बात के बजाय उसके मुंह पर करारा थप्पड़ जड़ दिया है। उसकी ओर देखती रही, फिर बोली : "मज्जू भैया भी यही कहते थे। पर मेरी मुसीबत यह है नब्बू भैया कि मैंने ये काम कभी किया ही नहीं।...मुझसे ...मुझसे...कभी करवाया ही नहीं गया। बचपन में गांव में रहती थी, वहां कभी ज़रूरत ही नहीं पड़ी। पहले वाले मरद की नौकरी जज्ज साहब के यहां थी। उसने भी मुझसे कभी ये काम नहीं करवाया। छोटी-सी लड़की, बिमार मरीज का घर! क्या करूं, क्या न करूं, मेरी तो कुछ समझ में ही नहीं आता।" कहकर निर्गुनियां रोने लगी।

नब्बू विचार में पड़ गया, फिर बोला : "खैर, आज तो तुम फिकर न करो भौजी। आज तो मैं मज्जू साले की गर्दन पर सवार होकर उससे काम करवाऊंगा। क्या कहूं, एक तो मेरा हल्का बजार का है, दूसरे पक्के चौबीस घरों की जिजमानी और झाड़ू का काम ऊपर से। तुम तो देखती ही हो, अब का गया शाम के तीन-चार बजे ही घर लौट पाता हूं, नहीं तो मैं ही कर लेता। खैर, अभी तो तुम जाओ, मैं मज्जू को जाके पकड़ता हूं। पर खुदा-न खास्ता चच्चा जो रामजी को प्यारे हो गए तब तो मैं यही सलाह दूंगा कि तुम अपना नाम चढ़वा लो। अरे काम में क्या है, दो-चार दिन अड़चन लगेगी फिर सब आसान हो जाता है। जब किस्मत साली ने भंगी के घर जनम दिया है तब टोकरा तो उठाना ही पड़ेगा।"

मन में जो आशा का दीप टिमटिमाया था वह बुझ गया। घर लौट आई। बिटिया गुल्लन की गोद में थी। निर्गुनियां को देखके वो चिल्लाई : "अरे कहां चली गई थी सवेरे-सवेरे लड़की को छोड़ के? मार के रोते-रोते हलाकान हो गई बेचारी। लो इसे, मैं उनको कुल्ला कराके दवाई पिला दूं।"

शकुन्तला को गोद में लेकर निर्गुनियां दालान में ही बैठ गई, फिर उसे अपनी छाती से सटाकर पल्ला ढंक लिया। लड़की दूध पीती रही। 'क्या होगा अब? क्या सचमुच ही गली-गली मैला...' बड़ी ज़ोर से उबकाई उठी। खाली पेट कलेजे पर चढ़

गया। घबराकर झुक गई। लड़की दब गई, ज़ोर से सिर झटकाया, लातें चलाईं। निर्गुनियां अपनी से पराई जान के ध्यान में आई। संभल गई, लड़की फिर रोने लगी। उसे पुचकारकर फिर दूध पिलाने लगी। फिर अपना दर्द उमड़ा—वह कितने श्रेष्ठ कुल में जन्मी, पली और पनपी! जहां पाखाने के दरवाज़े को धोखे से छूने पर भी उसे नहाना पड़ता था और सारे कपड़े धोने पड़ते थे। ऐसी अस्पृश्य वस्तु को वह क्योंकर अपने हाथों से स्पर्श कर सकेगी? जवाब में कलेजा पत्थर! बड़ी देर तक गुमसुम रही...अरे शकुन्तला का मल उठाती है या नहीं? माई ने मार-मारकर अपना मैला उठवाया था कि नहीं।...वह बात और थी लेकिन अब?...कानों में मोहन की मां की आवाज़ एकाएक कहीं से गूंज उठी : "बहूजी पानी डाल जाइए।'—स्मृति की गूंज से मन और बुझा?—अब वह भी घर-घर यही कहेगी। निर्गुनियां उसे दूर से खाना-पानी देती थी। अब दूसरे भी उसके साथ ऐसा ही करेंगे। फिर उबकाई छूटी। उबकाइयों पर उबकाइयां छूटने लगीं। पेट उलटकर छाती पर चढ़ने-सा लगा।

लड़की को झट से धरती पर लिटाया और पेट दबाये 'औ-औ' करती मोरी की तरफ भागी। रात में चिन्ता के मारे कुछ खाया-पिया नहीं था। कोरे पित्त-ही-पित्त और कुछ अपच के भोजन का मलवा-सा ही मुंह से निकला। पर उबकाइयां नहीं बन्द होती थीं। शकुन्तला ज़ोर-ज़ोर से रो रही थी। उबकाइयां दम नहीं लेने देती थीं। ऐसा लगता था कि शरीर का सारा खून ही सिर और चेहरे वाले हिस्से में भर गया है। उकड़ू बैठे पैर सुन्न हो चले। लड़खड़ा कर गिरने को हुई, पर दीवार के कोने का टेका पाकर बच गई। निर्गुनियां आंखें मीचे बुरी तरह हांफ रही थी। शकुन्तला अब गला फाड़-फाड़कर रो रही थी।

गुल्लन कोठरी के अन्दर से ही बोली : "क्या हुआ बहू?"

बहू में दम हो तो बोले।

"अरे तुम्हें क्या हुआ? शकुन्तला क्यों रो रही है?"

हंफनी थोड़ी थमी थी, फिर गहरी उबकाई छूटी। दो-तीन बार खाली 'औ-औ' करके पीड़ावश ज़ोर से कराहकर 'हाय राम' करती रही फिर वहीं धरती पर गुड़मुड़ी मारकर पड़ गई। पैर दालान से बाहर नाली में ही पड़े थे। गुल्लन अब बाहर निकली।

"हाय क्या हुआ तुम्हें! उल्टियां कैसे लग गईं?" गुल्लन ने पूछा तो ज़रूर, पर उधर गई नहीं। रोती हुई शकुन्तला को उठाकर दोनों हाथों में झुलाने लगी। बच्ची को सहारा मिला तो रोना थमा। सुबकियां चलती रहीं। गुल्लन अब निर्गुनियां के पास पहुंची। पीड़ा उसके चेहरे पर छपी हुई थी। गुल्लन का मन कुछ पसीजा। लड़की को लेकर उसके पास बैठ गई। एक हाथ उसके सिर पर फेरते हुए उससे पूछा : "तबियत कैसी है बहू?"

गुल्लन के स्वर में तनिक-सी नेह की छांव मिली तो निर्गुनियां ने कराहकर धीरे-से कहा : "अच्छी नहीं। जाने क्या हुआ राम!" फिर होंठ मानो अपनी फड़फड़ाहट लिये राम-राम बड़बड़ाते-बड़बड़ाते चुप हो गए। गुल्लन उसके सिर पर फिर एक बार हाथ थपथपाकर उठने लगी, कहा : "घबराओ मत, थोड़ी देरे लेटे रहने से तबियत ठीक हो जाएगी। मैं अब दूध लेने जाती हूं। शकुन्तला को लिये जाती

हूं। तुम्हाए चच्चा घबराते हैंगे कि बहू को क्या हुआ, लड़की क्यों रोती है? उन्हें बतला के चली जाऊंगी। तुम्हारा जी संभले तो जाके खटोलिया पर लेट जाना। अच्छाऽ।''

उस दिन दिन-भर निर्गुनियां की आंखों के आगे अपने परम पवित्र नाना-नानी की सूरतें बार-बार आती रहीं। वेदपाठ की गूंज, ननिहाल के कस्बे में बने हुए मनकामेश्वर महादेव के मन्दिर के घण्टे उसकी बिन बुलाई यादों में गूंजने लगे। नाना-नानी की यादें आतीं तो आंखों से गंगा-जमुना बह चलतीं। दिन-भर आंसू थमते रहे, बहते रहे। गुल्लन ने पेट दबाकर देखा-परखा, कहा : ''कुछ नहीं है। पेट खाली होने की वजह से पित्ते चढ़ गये हैं, ठीक हो जाएंगे।'' कहकर चली गई। उस दिन इतनी दया ज़रूर की कि शकुन्तला को दिन-भर अपने ही पास रखा और मसीता की दवा-दारू की ड्यूटी भी बजाई। इससे भी बड़ा एहसान निर्गुनियां पर यह किया कि रोटियां भी खुद ही सेंक लीं।

निर्गुनियां से दिन में भी खाया न गया। आधी रोटी और झोल जैसी दाल लेकर बैठी थी, वह भी पूरी खाई न गई। ननिहाल में अम्मां और बूढे आर्यपुत्र के घर पर कितने-कितने स्वादिष्ट व्यंजन खाये थे, आज ये नसीब होता है! और पाप कर कुलटा! तुझे तो एड़ियां रगड़-रगड़ करके भूखे मरना चाहिए! तेरे तन के रोएं-रोएं में कीड़े पड़ना चाहिए! पापिन! पलभर के सुख के पीछे अपना सब सुख चौपट कर दिया!...गहन अवसाद के दौरे-से उरो पड़ते रहे। बीच-बीच में कभी 'राम' शब्द भी उसके मन में चाहे-अनचाहे रेंग जाता। यह आशा भी नन्हें कीड़े-सी रेंग जाती थी कि नब्बू शायद शाम तक कोई जोगाड़ बैठा दें जिससे कि वह सारी चिन्ता से उबर जाए।

शाम हुई, नब्बू आया, दुनिया-भर की बातें कीं। उसे आज बड़ी कोशिशों के बाद वाल्मीकि ऋषि की तिरंगी तस्वीर मिल गई। बाज़ार की जिजमानियों में एक साइनबोर्ड पेन्टर का भी है। नब्बू महीनों से उसकी चिरौरी कर रहा है। पाई-पाई जोड़ के उसने पांच रुपये देने का करार किया था। पेन्टर ने टीन पर एक पद्मासन लगाए ध्यानमग्न दाढ़ी-जटाधारी ऋषि की तस्वीर बनाकर दे दी। टीन पर चौखटा भी चढ़ा था। चवन्नी उसके लिये अलग से खर्च क़ी। टांगने के लिये दोनों तरफ हुक भी लगवाए। वह वाल्मीकि ऋषि का चित्र पाकर आज बहुत खुश था। बस उसी की बातें बड़े जोश में बड़ी देर कर करता रहा, फिर बोला : ''भौजी बालमीकजी की रमायन नागरी में छप चुकी है। वह शिउनाथ पेन्टर ही हमको बतलाता था। अरे किताब में रिशी महराज की फोटो भी दिखलाई थी उसने। हूबहू वैसी ही तस्वीर बनाई है इसमें। वाह क्या मूरत है! हमारे पुरखे कैसे-कैसे आलीसान रिशी थे कि दुनिया भर में नाम फैला गए और एक हम हैं—ऐसी करनी की कि सबका मैला ही उठाते फिरते हैं।''

पैर के अंगूठे से लेकर सिर की चोटी तक निर्गुनियां के मन के सातों पर्दे एक साथ कराहों से भर गए। आंखें छलछला उठीं, किसी तरह से अपने आपको रोककर उंगली से आंखों का पानी झटकारकर बड़ी ही मुश्किल से धीमे लड़खड़ाहट भरे स्वर

में पूछा : "मेरा क्या इन्तिज़ाम किया नब्बू भैया?"

"तुम्हारा? हांऽ। वो मैंने मज्जू से कह दिया है कि चार-पांच दिन साले और काम करता रह, इस बीच में मैं भौजी तुम्हें मुंसीजी से मिलवा दूंगा। वो बड़ा कारीगर आदमी हैगा। दरोगा-फरोगा, चीप-फीप सब सालों को पटा लेगा। सस्ते में काम भी करवा देगा तुम्हारा। ऐ अम्मां ऽऽ! ज़रा हियां तौ आव।"

अम्मां आईं, पूछा : "क्या है?"

नब्बू अपने मन के सतत उमड़ते जोश में तात्कालिक बात भूल गया : "ये देक्खो अम्मां!"

"ये क्या है रे?"

"अरे मत्था टेको, बालमीक रिशी भगवान की फोटू है। पांच रुपये में बनवा के लाया हूं अम्मां। अबकी मैं वालमीक जैन्ती ऐसी मनवाऊंगा, ऐसी मनवाऊंगा कि दुनिया बस देखती ही रह जाएगी।"

गुल्लन देखकर ऋषि को हाथ जोड़कर बोली : "इसे यहीं बाहर के दल्लान में टांग दे। इस्कूल चलता है हियां..."

"इस्कूल? हां-हां, पर अब तुम्हारा इस्कूल चलेगा कैसे भौजी?"

"क्यों? न चलने की क्या बात हुई?" गुल्लन ने प्रश्न किया।

निर्गुनियां एकाएक हड़बड़ाकर बोल पड़ी : "नईं-नईं, इस्कूल तो चलेगा नब्बू भैया।"

"चलेगा! पर कैसे, भौजी! तुम्हें अब एवजी पर कोई आदमी नहीं मिलेगा। ये मैं तुम्हें चिताए देता हूं।"

निर्गुनियां की जबान फिर बरफ हो गई। जीवन का नया यथार्थबोध फिर उभरकर होश में आया। नब्बू अपनी मां से कह रहा था : "तुम कल भौजी को लेके बाल्दे के मुंसीजी से मिला लाना। एक चेहरेशाही पहले नज़र कर देना, फिर सारी बात कहना।"

"कौन, वो हरामी की औलाद कामता परसाद! उसके पास मैं बहू को लेकर जाऊं! वो बेटी का...जनानी चमड़ी चबा-चबाकर खाने वाला भेड़िया है भेड़िया। उसे कौन नहीं जानता!"

नब्बू मुस्कराया, बोला : "अम्मां, मैं अपनी भौजी को तुमसे ज़्यादा जान गया हूं। इन्होंने अपनी बातों का शहद चटा-चटा के उस साले पुलिस वाले बड़े दरोगा को कुत्ता बना दिया। ये मुंसी साला क्या चीज़ है! भौजी हमारी खरी सती हैंगी। जो इनका बुरा चेतता है, खुद उसी का बुरा होता हैगा। मैंने दरोगा के मामले में देखा, अपने मामले में देखा, मुंसी के मामले में भी देख लेना। तुम ले जाके तो देखो!"

'सती!' शब्द अटका—किन्तु शब्द ने मन के सुसंस्कार फिर से उघाड़ दिए। किसकी सती? छोटे बबुआ, मंझले बबुआ, खड़गबहादुर, बसन्तलाल, निकम्मा आर्यपुत्र, मोहन—वह अपने आपको किसके प्रति मन से आबद्ध माने? किसको उसने अब तक मन से स्वीकार किया है? क्या वह मोहन की सती है? क्या मोहन उसके जीवन में मजबूरी के पुरुष की तरह नहीं आया? मोहन यदि सहज कुदरती

तौर से उसके मन को भाता और तब यदि निर्गुनियां अपना वर्ण, जाति, कुल, मान-मर्यादा-भरा जीवन त्यागकर उसके साथ आती तब वह निश्चय ही उसकी सती कहलाने का अधिकार रख सकती थी। कामक्षुधा की भयंकर मरुभूमि में मोहन हरियाली की पट्टी की तरह से मिला था। मसुरियादीन की चालाकी और आसक्त लिप्सा से घुटकर, ऊबकर ही उसने मोहन को बरबस अपनी ओर खींचा था। उसकी काया को इतनी तृप्ति मिली कि उसके लालच में वह सब कुछ भूलकर उसके साथ भाग खड़ी हुई। और भी सच बोलना पड़े तो यही कहा जाएगा कि स्वयं निर्गुनियां ही मोहन को भगा लाई। उसने भोलेपन से सोचा था कि किसी दूसरे शहर में मोहना को ले जाकर उसे बाबूसाहब बना दूंगी। वह कोई धन्धा करेगा, मैं इज़्ज़त-आबरू के साथ मोहनलाल की सती बन जाऊंगी। लेकिन मोहन के जातीय स्वाभिमान ने निर्गुन ब्राह्मणी की जन्मकुण्डली ही बदल दी। वह अब जो है, सो है। मोहन जैसा भी है अब उसका मनमोहन है। हां, वह अपने आपको मोहन की कह सकती है। मोहन के सिवा अब और किसी पुरुष का अंग-संग वह न कर सकेगी। नहीं—जान दे देगी, पर अब किसी और पुरुष के साथ उसका वैसा सम्बन्ध नहीं हो सकता। वह मोहन की है। मोहन की सन्तान की मां...।

'तब फिर तू मन से मेहतरानी क्यों नहीं बनती, अपने सतीत्व की परिभाषा को लेकर सात्विकता के गुदगुदे गद्दे पर सुहाग-भरी करवटें लेते हुए निर्गुनियां के मोहनरंजित मानस पर अपने ही भीतर के प्रश्न का वज्र-प्रहार हुआ। वह स्तब्ध रह गई, कुछ न सूझा। ब्राह्मणी ने द्राविड़ी प्राणायाम करके भी अन्त में मेहतरानी की नाक पकड़ी। ब्राह्मणी! ब्राह्मणी!! ब्राह्मणी!!! क्यों गूंजता है यह शब्द? उसे क्या अधिकार है? श्रेष्ठ कौन है, ब्राह्मणी या सती? मन ने मानो अपने ही गाल पर तड़ातड़ तमाचे मारे। मन मारता ही रहा। 'जबरा मारे रोने न दे।' आंसू उसकी नसों में दौड़ने वाले ब्राह्मण रक्त की तरह ही जमकर पत्थर हो गए थे। निर्गुनियां के देह और मन दोनों ही निर्जीव हो चले थे। तब भी जाने वह जी क्यों रही है?

रात गढ़ियाती गई। आज वह मसीता की कोठरी में बिल्कुल नहीं गई। शकुन्तला में भी उसका ध्यान कम-से-कम गया था और जब भी गया तो पहले पाप की घृणा जागी, फिर सतीत्व की पुण्यमयी कोमल मातृभावना। मन में अब केवल दो ही शब्द थे—मोहन की व्यभिचारिणी, रखैल—मोहन की सती, पत्नी, उसकी सन्तान की मां। रखैल, सती—यही दो शब्द मन के अखाड़े में लड़ते रहे। रात दुःख-सुख रहित, होश-बेहोशी में बीत गई। पिछले दिन जैसे सवेरे-सवेरे उठकर नब्बू के घर गई थी आज मज्जू के यहां चलने के लिये उठी। गुल्लन चच्ची जाग रही थीं। कोठरी में उनकी बीड़ी की चमक ने ध्यान खींचा। निर्गुनियां भीतर गई। दालान में निर्गुनियां को देखकर गुल्लन ने पुकारा : "बहू!"

बहू बिना कुछ सोचे मानो आवाज़ से बंधी-बंधी ही अन्दर चली आई, फिर मन में आने का बहाना बनाया : "चच्चा कैसे हैं चच्ची! मैं तो कल उठ ही न पाई।"

मसीता ने बहू की आवाज़ सुनकर मानो उसे अपने पास बुलाने के लिये ही कराह निकाली। निर्गुनियां लपककर मसीता की खटिया के पास गई। झुककर उसके

सिर पर हाथ रखा। धुंधलके में चार आंखों की रोशनी एक-दूसरे में मिली। पहला भाव आया उपकार का, मसीता का चेहरा देवता जैसा लगा। कलेजे पर मानो चन्दन का शीतल सुगन्ध भरा लेप-सा लग गया। करुणा, मातृत्व की भावना का संचार होने लगा, स्वर में अमृत-सा घोलकर पूछा : "अब कैसी तबियत है चच्चा?"

"अच्छी है। मेरे लिये तुम बड़ा खर्चा कर रही हो, बहू।"

"कोई किसी के लिये कुछ नहीं करता है चच्चा। सब राम कराते हैं।"

"गुल्लो कहती थी तुम्हें उल्टियां लगीं!"

"हां चच्चा, कल दिन में तबियत खराब हो गई थी, इसलिये तो कल तुम्हारे पास आ न सकी। इस बखत बुखार तो हल्का लगता है।"

"हां, अल्ला चाहेगा तो..."

लहक-भरे लहजे में हाथ बढ़ाकर गुल्लन बोली : "अरे अब अल्ला-अल्ला न किया कर बुड्ढे तोते! अब तो राम-राम करना सीख! मेरा नब्बू अब बहुत बिगड़ता है, कहता है हम लोग बालमेगी रिशी की औलादें हैं, जिन्होंने इत्ती बड़ी रामायन लिखी।"

अपने पोपले दाढ़ी-भरे रोगी चेहरे पर कमज़ोर हंसी की फुलवारी खिल उठी। निर्गुनियां के हाथ पर हाथ रखकर बोला : "मेरे तो नाम में ही मसीत भी है और राम भी है। मेरे लिये अल्ला-राम दोनों मिलकर एक हैं। हैं ना बहू?"

"हां चच्चा, राम के अनेक नाम हैं। मेरे लिये तो दुःख में तुम्हीं राम बनकर आए थे चच्चा। तुम्हारा उपकार कैसे भूलें?"

मसीता अपना दूसरा कमज़ोर हाथ और आंखें ऊपर उठाकर बोला : "जो वह चाहता है, वही करता है।"

'राम चाहते हैं कि मैं मेहतर का धर्म और कर्म पालन करूं। अपने पति की सती बनूं।' बिजली की फुर्ती से निर्गुनियां का सिर गुल्लन की ओर घूम गया : "कल नब्बू भैया बतलाते थे कि बाल्दे का मुंशी काम दिला देगा। भैया कहते थे कि मैं मिला दूंगा। मैंने सोचा पहले तुमसे ही सलाह करूं।" (वह झूठ बोली। सलाह करने के लिये वह मज्जू के यहां जा रही है। बात की रोब में फंसकर उसने अपनी कर्मठता का यान्त्रिक जोश-भरा प्रदर्शन अकस्मात् गुल्लन के सामने ही कर दिया।)

मसीता ने फिर अपना कमज़ोर हाथ उसके हाथ पर रखकर पूछा : "मुंसी से क्या काम है बहू?"

"अरे एवजी में अपना नाम चढ़वाएगी कि नहीं! मज्जू अब तुम्हारी जिजमानी नहीं संभालेगा।"

रोग-जर्जर वृद्ध में बात के विरोध का उत्ताप सहसा तीव्र हुआ। कमज़ोर स्वर को यथाशक्ति ऊंचा उठाकर बोला : "कोई ज़रूरत नहीं। मोहना की बहू नहीं डोलेगी गली-गली।"

"नहीं डोलेगी तो अच्छा होकर तू अपना झोझर कैसे मरेगा बुड्ढे हरामी?"

"इस चरपइया से उठकर मैं अब सीधा कबर में ही जाऊंगा।"

"अरे नहीं चच्चा।"

"तुम भले ही जाओ, जाना तो है ही एक दिन, पर ये जवान-जहान औरत बिचारी क्या करेगी! मोहना तो डाकू ठहरा, पुलिस जब पीछे लगी है तो एक-न-एक दिन उसे जेल जाना ही पड़ेगा और अल्ला न करे कुछ और..."

"चुप रहो चच्ची!" भयवश नकारने के आवेश में कहकर मन थोड़ी देर के लिये स्तब्ध हो गया। निर्गुनियां पत्थर से सख़्त किन्तु संयत स्वर में बोली : "तुम्हारी जगह मैंने अपना नाम चढ़वाने का तय कर लिया है चच्चा। चच्ची ठीक ही कहती हैं, चोर-डाकू की औरत का भला क्या ठिकाना, नसीबा जो न दिखाए सो थोड़ा है। मेरे आगे लड़की है। अपने लिये न सही तो उसके लिये मुझे जीना ही पड़ेगा।... तो बोलो, चच्ची, मुंशी से तुम मिलवा दोगी?"

"हां-हां। अरे मैं तुम्हें सीधे दरोगाजी के पास ले चलूंगी। उनसे मेरी जादा साहब-सलामत हैगी। कालू भी मुझे मानता हैगा।"

निर्गुनियां की कोठरी से शकुन्तला के रोने की आवाज़ आई।

"बिटिया जाग उठी है, बहू, तुम जाओ। मैं भी अब इन्हें कुल्ला कराके दवाई-दारू दे दूं तो दूध ले आऊं। दरोगाजी ग्यारा बजे तक अपने घर में ही रहते हैंगे। मैं तुम्हें वहीं मिला लाऊंगी।"

यन्त्र-सी निर्गुनियां उठकर अपनी कोठरी में चली गई। अपना जीवन पूरी तरह से बदलने की तैयारी में निर्गुनियां मनुष्य से यन्त्र बन गई।

जैसे सिंह के सामने आ जाने पर मनुष्य सहसा भय की सम्मोहिनी से बंधकर मृत्यु की निश्चयात्मकता के आगे सिर झुका लेता है, ठीक वैसे ही निर्गुनियां भी सम्मोहिनी से बंधी थी। अपनी वर्तमान परिस्थिति में निर्गुनियां के लिये भंगीकर्म निश्चित था और वह इस निश्चित स्थिति के लिये अपने आपको समर्पित भी कर चुकी थी। अपनी कल्पना में आने वाली सारी हिचकिचाहटों के बन्धन तोड़कर वह इस समर्पण को स्वीकार करके ही आगे बढ़ी थी। इस समर्पण की सम्मोहनी ने उसके रूढ़िग्रस्त संस्कारों को हठपूर्वक बलात् सात कोठरियों वाले तहखाने में बन्द करके ताले जड़ दिए थे। जो है, वही सच है; जो होता है, वही कल्याणकारी है। नब्बू ने आदरभाव से उसके लिये 'सती' शब्द क्या कह दिया कि वही अपनी सम्मोहनी शक्ति से उसे चलाने लगा—'दरोगा के यहां जाऊंगी। जहां तक बनेगा उसे पटाऊंगी। औरत के पास मरद को मारने के लिये बड़े-बड़े हथियार हैं। उस हरामी बसन्तुए को अफसर बेगम के यहां जैसा चूना लगाया था, वैसा ही।...मगर अभी से क्यों किसी को गलत-सलत पहचानूं! आदमी देख लूं तो आगे की बात सोचूं। वैसे जेब में पचासेक रुपये ले जाना अच्छा होगा। इक्कीस रुपओं से उसकी नज़र-भेंट करूंगी। थोड़े आंसू, थोड़ा धरम, थोड़ा पतुरियापना।' सम्मोहित मन ने अपनी जीत के लिये सारे मोर्चे बांध लिये। मन निश्चित कार्यक्रम से निश्चित कार्य तक पहुंचने के अन्तराल में खाली हो गया। सोचना तो बन्द हुआ, पर सोचने की सनसनाहट बनी रही। उसी सनसनाहट पर चढ़ी अपनी शकुन्तला, अपना यह स्कूल...'अकेली रहेगी बिचारी। इसी निगोड़ी बुढ़िया को पटाना होगा। पहले तो मैं समझी थी कि बड़ी भली है, पर एकाएक जाने क्या मक्खी छींक गई हरामज़ादी को कि मेरे खिलाफ

हो गई है। मैं तो पैसे-टके से, आदर-मान से, सब तरह से इसे खुश रखने के जतन करती हूं पर...छिनक बुद्धी है निगोड़ी।'—जैसे ऊंची-ऊंची पत्थर की मोटी दीवारों में बन्द कोई बन्दी अकस्मात अपनी अनजानी महाशक्ति से सब कुछ तोड़-फोड़ कर सहसा सामने आ जाए, वैसे ही मन के द्वारे पर एक विचार सहसा प्रकट हुआ... 'हाय जबसे नब्बू भैया की नाक कटी है तभी से यह अपने मन-ही-मन में मेरे लिये बैर रखने लगी है, और जो कहीं वह मेरी नाक काटने में जीत जाता तो? हरामज़ादी ऊपर से टिसुए बहाती और भीतर से मेरी नकटी सूरत पर हंसती निगोड़ी। मेरे मोहन ने बदला लिया, अच्छा किया। पर कुछ भी कहो, मां की मामता को बुरा तो लगेगा ही अपने बेटे का कुरूप हो जाना। खैर, इसको भी मैं पटाऊंगी। पटाना इसी को पड़ेगा, नहीं तो मेरी लड़की कौन पालेगा? चच्चा तो अब कुछ दिनों के मेहमान हैं! खैर। पटा लूंगी। खजूरे की दुलहिन अब भली-भांति पढ़ने-लिखने लगी है। उसी से कहूंगी, पढ़ाया करेगी। चार बजे तब नहा-धोकर निश्चिन्त होकर मैं भी पढ़ाऊंगी। पढ़ाऊंगी ज़रूर। यह हरगिज़ नहीं छोड़ूंगी। नब्बू भैया मेरा इस्कूल चला ले जाएंगे। वह सच्ची कहते हैं कि नाक कटने से उनकी असली नाक निकल आई है। मेरी भी असली नाक असली ही साबित होगी। गलत-सही जिसका भी हाथ पकड़ा है उसी की पूरी होकर दिखाऊंगी। पूरे तन-मन से मेहतरानी बनके अपने मोहन को न रिझाया तो मेरा नाम निर्गुनियां नहीं।'

निश्चय की सम्मोहिनी तनिक भी लड़खड़ाई नहीं, बल्कि उसका चंदोबा और भी मज़बूत खम्भों पर तनकर फैल गया।

36

बाबू श्याममनोहर लाल सेनेटरी इंस्पेक्टर लाला मटरूमल बुलाकीदास की आधी कोठी के किरायेदार थे। कोठी वालों के सालेनन्दन लाला टिपड़चन्द अपने नाम के अनुरूप ही पूरे त्रिपुरासुर थे। आधी कोठी किराये पर उठा दी। श्याममनोहर बाबू ने पिछवाड़े की चारदिवारी तुड़वाकर अपना फाटक अलग बनवाने को कहा तो टिपड़चन्द बोले : "अपने खर्चे से बनवाइए।" श्याममनोहर बाबू ने यही किया और हर महीने किराये की रकम से अपने दिए हुए पैसे काटने लगे। कालू जल्लाद भले ही इनका नौकर था, मगर उसके मां-बाप, चचा, भाई सब श्याममनोहर बाबू की ही प्रजा थे। उन्होंने कालू जल्लाद पर अंकुश लगाने के लिये अपनी कलम की जल्लादी तनिक-सी झलका भर दी। कालू कुत्ते की तरह उनका गुलाम हो गया। टिपड़चन्द मात खा गया। तब से ऊपरी व्यवहार में 'हें-हें' और मन के भीतर 'खों-खों' का खाता श्याममनोहर दरोगाजी के नाम से खुल गया था। टिपड़चन्द बहुत दिनों से घात में थे, मगर कोई बात पकड़ाई में नहीं आ रही थी। छोटी-मोटी हरकतें कीं तो चपत का जवाब घूंसे से पाकर बैठ गए। ऊपर से कोढ़ में खाज यह हुई कि कालू, जो कोठी का नौकर था, वही जमादारों से रिश्वत की कमाई में श्याममनोहर बाबू का

हिस्सा लाने के लिये अब उनका बिना वेतन का नौकर बन गया था। कोठी के कर्ज़दारों की दुनिया में अपनी तानाशाही जमाने वाले कालू के दिल में श्याममनोहर बाबू का ऐसा आतंक समा गया था कि वह उनका बिन कौड़ी का गुलाम बन गया था। इसके सम्बन्ध में भी गुपचुप अफवाहें तो बहुत हैं, पर असली कारण या तो वे दोनों जानते हैं या ऊपर वाला ही जानता होगा।

गुल्लन चच्ची निर्गुनियां को लेके पहले कालू के क्वार्टर में ही गईं। रास्ते-भर में निर्गुनियां ने नब्बू भैया की तारीफें कर-करके चच्ची की मातृत्व भावना को इतनी तरावट पहुंचा दी थी कि उनके मन की भावधारा तात्कालिक रूप से निर्गुनियां की ओर और अधिक तेज़ी से मुड़ गई थी। रास्ता चलते ही चच्ची को यह सूझ आई थी कि भोले बाबा से मिलने के लिये जैसे भैरोंजी कोतवाल का दरबार पहले सेना पड़ता है वैसे ही दरोगाजी से कालू की मार्फत मिलना ही अच्छा होगा। कालू चच्ची को मानता भी है। निर्गुनियां को इस सुझाव पर तनिक आपत्ति हुई थी, क्योंकि कालू औरतों के मामले में बहुत बदनाम था, मगर चच्ची की एक बात ने उसका मन फिर से कस दिया। चच्ची ने कहा था : "दुनिया का सामना करने निकली हो रानी! पहले बुरे का मुखड़ा देख लो तो मन का डर निकल जाएगा। और एक बात यह भी ध्यान रखना कि रानियों के पीछे कुत्ते और कुत्तों के पीछे राजा लोग कभी नहीं भागा करते। कालू तुम्हारी शकल से ही भांप जाएगा कि तुम उसका शिकार नहीं बन सकतीं। आखिर मोहना की बीबी हो न!"

'मोहना की बीबी'—निर्गुनियां का अभेद्य कवच। कल यही बुढ़िया उसे मोहना की रखैल कह रही थी। खैर। समय की बात है। गुल्लन निर्गुनियां को लेकर मटरू बुलाकी की कोठी में घुसी। टिपड़चन्द सामने ही बरामदे में मोटे मूंज से बनी हुई खटोलिया पर बैठा नागरी का अखबार पढ़ रहा था। दुबली-मंझोली काया, सांवला रंग, तिकोना चेहरा, माथे पर डबल लकीरी लाल तिलक, आंखों पर छोटे शीशे वाला सुनहरा चश्मा। टिपड़चन्द को देखते ही निर्गुनियां को लगा कि बूढ़े आर्यपुत्र का भूत सामने बैठा है। एक जगह दोनों की आकृतियों में साम्य था। खासतौर से टिपड़चन्द की बिज्जू जैसी आंखों और उस पर छोटे शीशे वाले सुनहरे चश्मे को देखकर निर्गुनियां को 'मसुरियादीन आर्यपुत्र' की बड़ी याद आई। साले को मेरे मोहना ने कतल कर डाला, हरामी का पिल्ला। नरक का...

"अरे कौन, दाईजी! दाईजी, तुम तो कभी आती ही नहीं हो हमारे हियां। आज कैसे भूल पड़ीं इधर?" बात गुल्लन दाई से और नज़र निर्गुनियां की गदराई देह पर।

"ऐ लाला, आपके यहां या तो अल्ला न करे कभी कर्जा लेने आती या आपकी घरवाली होती तो साल-दो साल में उनके बहाने यहां आने का मौका नसीब होता। अल्ला आपको जीता रखे मालिक। कोठी की दीवालों में थैलियों पर थैलियां चुनती चली जाएं। बढ़ोत्तरी हो सरकार की।"

"हें-हें-हें! ये तो सब तुम्हारी दुआ हैगी दाईजी! अरे हमीं को बच्चा समझ के बार-बार जनमाती रहो न। हें-हें-हें-हें!!!"

"मैं तुम्हें जनाऊंगी लाला तो अपना दूध भी पिलाऊंगी और भरे छावनी बजार

के चौराहे पर पिलाऊंगी। याद रखना! सबसे पुकार-पुकारकर कहूंगी कि ये लाला मेहतरानी की औलाद हैंगे।"

"हें-हें-हें-हें! सब तुम्हारी किरपा हैगी दाईजी! ये कौन है?"

"ये आपके यहां जो मसीता कमाने आता है उसी के यहां रहती हैं।"

"तो, तो ये बात है! अच्छा तो कह दो इससे कि जब तक मसीता बीमार है, हमारे यहां आके कमा जाया करे।"

"अब तो आया ही करूंगी बाबूजी, घबराते क्यों हो!" निर्गुनियां ने मुस्करा के अपनी नीली आंखों के तीर चला दिए। टिपड़चन्द खुशी के मारे अपनी 'हें-हें' के चहबच्चे में डूब गया।

लेकिन तभी गुल्लन की बात का फंदा पड़ा। मज़ाक के लहजे में थोड़ा बरामदे के पास बढ़कर तनिक धीरे-से आंख मारकर कहा : "बड़ी नमकीन है, दिलवाली भी है, मगर संभल के हुजूर, मोहना डाकू की बीबी है।"

लाला टिपड़चन्द को मोहना के नाम से मानो बिच्छू का डंक लग गया।

कालू अपने क्वार्टर के आगे कसरत से निबटकर खटोलिया पर बैठा था।

"सलाम चच्ची, आओ, आज कैसे रस्ता भूल गईं इधर का?" कालू जल्लाद गुल्लन चच्ची को मान देने के लिये उठ खड़ा हुआ और निर्गुनियां की ओर घूरने वाली तेज़ कनखियां डालीं। निर्गुन की नीली पुतलियां सीधी उसी को देख रही थीं—बेझिझक, बेलौस! कालू ने ही सहमकर उधर से रुख हटा लिया। गुल्लन ने कालू की चारपाई पर बैठते हुए कहा : "इसे जानते हो?"

"जानता तो नहीं चच्ची पर पहचान ज़रूर रहा हूं। ये मोहना की...?"

"ठीक कहा।"

"मोहना तो चच्ची कमाल कर रहा है आजकल! शहर के दंगे में तो बिल्कुल ही कमाल कर दिया था उसने! सुना परसों किसी पड़ोस के बड़े ताल्लुकेदार के यहां उसका डाका पड़ा था और ऐसी सफाई से पड़ा कि सैकड़ों नौकर-चाकर, गोली-बन्दूकें धरी रह गईं। उसने राजासाहब के हाथ-पैर औ मुंह बांधा, रानी को भी बांध दिया। मां-बाप के सामने ही उनकी दोनों लड़कियों को भी खराब किया, और मैंने सुना लाख-डेढ़ लाख के करीब माल भी लूट ले गया। कमाल करता है भाई! मेहतरों में चोर तो सैकड़ों हुए, पर डाकू बन के ऐसा नाम किसी ने नहीं कमाया।"

निर्गुनियां पति की प्रशंसा सुन रही है, पर कैसी प्रशंसा? हलाहल विष में अमृत की एक बूंद जैसी। गुल्लन ने मौका साधा, बात उठाई : "अरे बेटा, अल्ला उसे उमरहज़ारी दे, पर कभी-कभी सोचती हूं कि बकरे की मां आखिर कै दिन खैर गनाएगी! अंग्रेज़ सरकार की बाहें बड़ी लम्बी-लम्बी हैंगी, मेरे भैया। यही बिचारी इस बहू को भी आठो पहर का गम सताता हैगा। एक लड़की है। कल को अल्ला जाने क्या हो, क्या न हो? इसे अपना और उसका पेट तो पालना ही पड़ेगा, है ना! और मसीते तो, तुम जानो, उधर बीमार पड़े हैं। मज्जू बिचारा एवजी में उनकी भी कर जाता था सो..." तनिक हंसकर : "तुम्हारे डर के मारे तो उसकी फूंक सरकती है। तुमसे कौन नहीं डरता हैगा, मेर बचवा!"

'बचवा!' कालू हंसा। बड़ी-बड़ी काली मूछों पर हाथ चले गए, बोला : "बस्ती में एक मसीता चच्चा ही हैंगे औ एक तुम हौगी जो इस कोठी के करजदार नहीं हैं। बाकी अब क्या करें, चच्ची, जिसका नमक खाते हैं उसका फरज तो बजाना ही पड़ता है और कोई कहे कि कालू अपनी भाई-बिरादरी वाले लोगों पर जुलुम करता है—तो तुम समझो कि कालू थोड़े ही करता है, उसका पापी पेट करता हैगा।"

"अरे मैं सब समझती हूं बेटा। अल्ला तुझे जीता रखे। और इसी पापी पेट की खातिर इस बहू बिचारी ने कहा कि चच्ची मुझे चच्चा की एवजी में नौकरी लगवा दो। मैंने सोचा, मैं अपने कालू के पास क्यों न चलूं! घर का लड़का हूं। करीने से मेरा काम करवा देगा। कोई तरद्दुद परेशानी न होगी।"

बड़ी गम्भीरता से अपनी चौड़ी ठोढ़ी पर हाथ फेरते हुए कालू बोला : "बात तो तुम्हारी ठीक ही है, चच्ची, और फिर तुम्हारे इनके काम न आऊंगा तो भला किसके काम आऊंगा! मगर बात ये है कि दरोगाजी ज़रा पैसे के सखत हैंगे, औ फिर मोहना डाकू की बीबी का नाम सुनेंगे तो समझेंगे कि इसके पास बड़ा माल-खजाना होगा..."

"वो तो भैया दुनिया जानती हैगी, पुलिस वालों ने दो-दो बार मेरे मसीते का घर, एक-एक कोना खोद-खोद के छान मारा। कहीं एक छदाम भी न मिली। हां, पुराने दिनों के सौ-पचास दबे पड़े हैंगे इस बिचारी के पास, सो वह भी मुझसे खोल के कह दिया है और दिखला दिया। बहू हमारी सब लायक है। ऐसी शरीफ औरत ढूंढ़े नहीं मिलेगी कालू। और इसकी मदद का काम सबाब का काम होगा। ये जाने रखना। वैसे तो मैंने तुमसे कह भी दिया है कि नज़र भेंट से इनकार नहीं बहू को, बाकी आड़े वक्तों की पूंजी में से जो देगी सो ही देगी, इसका ध्यान रखना। कम-से-कम में मेरा काम करवा दो, मेरे भैया, तुम्हाए रोएं-रोएं से असीसूंगी।"

रूमाल में से दो चांदी के रुपये निकालकर चच्ची के साथ चारपाई पर बैठे हुए कालू जल्लाद के कदमों में रखकर निर्गुनियां मुस्कराकर बोली : "रस्ते में चच्ची ने कहा था कि बिशुनाथ बाबा की दर्शन-दया पाने के लिये भैरोंजी कोतवाल को दारू का भोग चढ़ाना पड़ता है, सो ये भौजाई की भैंरोजी को भेंट है।"

"नईं-नईं, नईं-नईं, कमाने के अल्ला ने हज़ार रस्ते दिए हैंगे। ये रुपये रखो अपने ही पास। मैं तुम्हें दरोगाजी से अभी चलके मिलाए देता हूं। बाकी बात हो जाने के बाद फिर वो जो मुझसे कहेंगे उसमें कम-से-कम करवा के मैं उनकी नज़र करवा दूंगा। अल्ला-अल्ला, खैरसल्ला। चलो।"

बाबू श्याममनोहर लाल दाढ़ी बनाने के बाद तौलिया से अपना मुंह पोंछ रहे थे। बरामदे में खड़े होकर कालू ने कहा : "बन्दगी हुजूर।"

"कहो कालू क्या बात है?"

"कुछ तकलीफ देनी थी हुजूर! मेरी जान-पहचान की एक हैगी हुजूर, आपसे कुछ अरज करना चाहती है।"

"ठहरो, मैं आता हूं।" श्याम बाबू ने फिर भीतर जाकर घर की ओर मुंह करके अपने नौकर को बरामदे में चाय फौरन लाने का आदेश दिया। एकाध मिनट गालों

पर फिटकरी घिसने में लगाया, फिर पाउडर का हाथ मला, फिर भौं वगैरा तौलिया से पोंछी, फिर शीशे में सूरत देखकर थोड़ी देर सीटी बजाई और अपना नाइट-सूट पहने हुए शाही शान से बरामदे में आए। बरामदे के नीचे खड़ी हुई गुल्लन और निर्गुनियां को देखा। नीली आंखों से अटके।

"ये कौन है?"

"इन्हीं के लिये हुजूर आपसे अरज किया था। चली आओ, भौजी, ऊपर आ जाओ! चच्ची, तुम भी आओ!" दोनों सलामें झुकाती हुई ऊपर आ गईं। श्याम बाबू की नज़रें नीली पुतलियों के चुम्बक से चिपक गई थीं। देखते-ही-देखते वे आंखें नीली झील बन गई थीं। आंसू की बूंदें बाहर तक आ टपकीं। आंसुओं ने पहेली-भरी सहानुभूति जगाई, पूछा : "क्या है?"

"हुजूर, दो मिनट का बखत अकेले में दें तो अपनी ज़रूरत बयान करूं!"

श्याम बाबू कुर्सी से उठ खड़े हुए। बरामदे में थोड़ा और पीछे की ओर चले गए। निर्गुनियां भी गई। निर्गुन ने बातों के लिये झूठ और सच दोनों ही साधे। बैण्ड-मास्टर की हत्या वाला पुराना किस्सा, वहीदा के साथ मोहना का भागना, डाकू होना, सब सुनाया। पति डाकू हो गया, सास-ससुर ने पति के डाकू होने के बाद उसे घर से निकाल दिया। बाद में दंगे में वे जल-फुंक गए। कोई सहारा नहीं। मसीता ने भगवान बनकर रक्षा की। अब जो स्थिति है उसमें 'आई एम हेल्पलेस।' एक बार मसीता चच्चा के रूप में भगवान मिले थे। अब आपकी कृपा ही भगवत्-कृपा-स्वरूप हो जाए। इसी कामना से दीन-हीन अभागी निर्गुनियां ने अपने मन की करुणा को कुछ रति-वेश भी पहनाया। अपना मेहतरपन सिद्ध करने के लिये ही निर्गुनियां ने पहली बार अल्ला की भी कसम खाकर यह कहा कि उसके पास पुराने जोड़े हुए फिफ्टी रूपीज़ हैं। काम तो करना ही है। ये-वो, छोटे-बड़े अमले, पैसों के लिये भेड़िए बन जाते हैं, खास तौर से औरत देखकर और भी अधिक लार टपकाते हैं। मैंने सोचा, सीधे बड़े दरबार में जाकर ही अपनी रिकुएस्ट करूं।

निर्गुनियां की अंग्रेज़ी ने, आंसुओं ने, बात में ईमानदारी की अभिनय-भरी छाप और साथ ही हल्की-फुल्की जनानी अदाओं ने श्याम बाबू के मन को खुशरंग बना दिया। निर्गुनियां की अंग्रेज़ी पर मुस्कराकर बोले : "ह्वेयर डिड यू लर्न इंग्लिश?"

शर्माई अदा से मुस्कराकर निर्गुनियां न कहा : "एक अंग्रेज़ जज साहब के यहां मेरे अब्बा नौकर थे। उनकी बराबर की लड़की थी, उसी से सीख लिया।"

श्याम बाबू बहुत चालाक थे। परन्तु निर्गुनियां ने उनकी चालाकी को भी मात दे दी। उसने एक अनकहा गुपचुप रंग देकर उनकी सहानुभूति को उभार दिया था। वह बोले : "ठीक है। मैं उस हल्के के जमादार को बुलाकर कह दूंगा। एप्लीकेशन लिखकर यहीं मुझे दे दो। कागज-कलम...(सामने बड़ी देर से चाय की ट्रे लिये खड़े हुए नौकर को देखा)...लोटन, अन्दर से मेरा कलम, और कागजों वाला पैड ले आओ। औ ये चाय की ट्रे के साथ छोटी मेज़ क्यों नहीं लाया बेवकूफ! जा जल्दी कर!—हां तो तुम्हारा नाम क्या है?"

"माई नेम इज़ सर निर्गुनबाला।"

"ए ब्यूटीफुल नेम। मेहतरानियों के तो ज़्यादा अनारो, कल्लो, मुल्लो जैसे नाम होते हैं।"

"जी, मेरे फादर आर्यासमाज में जाते थे। मुझे शिलोक भी याद हैं हुज़ूर। अभी कलक्टर साहब के हुकुम से भी यहीं छावनी वाले वेद मन्दिर में भी रह चुकी हूं। मैंने अपने घर में छोटा-मोटा स्कूल भी चला रखा है सरकार। अल्ला आपको जीता रखे।"

"अरे, तुम तो पढ़ी-लिखी हो, फिर ये काम करना क्यों चाहती हो?"

"पापी पेट को पालना ही पड़ेगा सरकार। जो हूं वही हो सकती हूं, जो होना चाहती थीं वह अपनी इस ज़िन्गानी में हो नहीं सकती, क्योंकि सरकार मैं खूब जानती हूं कि चाहे महात्मा गांधी कहें, चाहे आर्यासमाज वाले कोशिश करें, मगर अभी कम-से-कम सौ-दो सौ-पांसौ बरसों तक तो हिन्दुस्तान बदलेगा नहीं। मेहतर को मेहतर ही रहना होगा।"

निर्गुनियां ने श्याम बाबू को पूरी तरह से प्रभावित कर लिया—आदर, दया, (प्यार) जगा दिया था।

एक किला फजह करके निर्गुनियां जीत के नशे में जा रही थी—बड़े आत्मविश्वास के साथ जा रही थी। वह मोहन की 'सती' है। मोहन के कारण ही मेहतरानी बनी। बनी तो अब पूरी बनकर दिखला देगी। उसके मन में उस काम के प्रति घृणा नहीं, गन्ध नहीं, भार नहीं। सब कुछ हल्का है। और इसी हल्के मन की बहती गंगा में उसने काम की एक डुबकी और लगाई। शाम को मज्जू जब काम से अपने घर लौट के आएगा तो उसकी चिरौरी-खुशामद करके वह चच्चा की जिजमानी का एक-एक घर देख आएगी। बस्ती से मैला छोड़ने के स्थान तक की दौड़ भी उसकी कल्पना की नज़रों ने लगा ली। थकन का आभास होने-होने को हुआ, पर हठ-भरे मन की वर्तमान तनावविहीन मुद्रा ने उस भय को अपने पास तक न फटकने दिया। 'सती' के सत् के आगे भला कोई टिक सकता है?

37

श्रद्धानन्द विद्या-मन्दिर में छह-सात लड़कियां, युवतियां आती हैं। जब ऋषिदेवी और कभी-कभी वेदवती भी पढ़ाने आती थीं तब काम बड़ा हल्का था। अब अकेले निर्गुन ही पढ़ाती थी, लेकिन उसने अपनी तरकीब निकाल ली थी। अधिक पढ़ी लड़कियां अपने से कम पढ़ी लड़कियों को पढ़ाती थीं और अपना पाठ भी याद करती थीं, लेकिन अपने पाठ में अब रहा ही क्या था—अ ब अब, घ र घर, च ल चल। जोड़-जोड़कर पढ़ते-पढ़ते पाठशाला की तीन बड़ी लड़कियों को पढ़ने का अच्छा अभ्यास हो गया था। छोटी-मोटी किताबें थोड़ी-बहुत अटक के साथ अब मज़े में पढ़ लेती थीं। निर्गुन ने यह तय किया था कि अब आगे वह इन बड़ी लड़कियों को रामायण बांचना सिखा देगी। निर्गुन को सिलाई-बुनाई सीखने का मौका बहुत कम

मिला। जब सीखने की उमर थी तब भाग्य ने उसे क्रमशः वेश्या बनना सिखलाया। इसका उसे मलाल था, और बस्ती की जवान औरतों को भी यह शिकायत थी कि पढ़ के क्या होगा? बच्चों के कपड़े, चड्ढी, झबले, कुर्ते-पैजामे वगैरा सीख लें तो कभी काम भी आ जाएगा। खजूरी की बहू 'किस्सा गुलबकावली', 'किस्सा तोता-मैना', इत्यादि बढ़ी अच्छी तरह से पढ़ लेती थी। उसी से निर्गुनियां ने कहा : "बहन, अब कल से मैं भी काम पे जाऊंगी। आने में देर-सवेर होगी, लेकिन मेरा ये इस्कूल बन्द न होने पाए।"

"नहीं भौजी, अपनी भरसक तो बन्द होने नहीं दूंगी। हमें भी पढ़ने-पढ़ाने का चस्का पड़ गया है तुम्हारी किरपा से। हमाए वो भी तो अब बाल्मेगी रिशी के भगत..."

"बाल्मेगी नहीं बाल्मीकि कहो। मीकि-मीकि पांच बार बोलो।"

खजूरे की दुलहिन हंसकर मीकि-मीकि...बाल्मीकि रटने लगी।

निर्गुनियां ने सन्तुष्ट होकर कहा : "तुम, तुम्हारे पति और नब्बू भैया, जो सब मिलके इस बस्ती में इस्कूल चला ले गए तो याद रखना कि तुम्हारे बच्चे तुमको दुआएं देंगे। अब देखो, सब तरफ उन्नती का ज़माना आ चला है। महात्माजी एक दिन सुराज लेकर ही रहेंगे। तब हमारी बिरादरी के दिन भी पलटकर रहेंगे।"

खजूरी की बहू बहुत सुन्दर है, इसलिये खजूरी और खजूरी की समझदार मां ने भी उससे कभी मैला ढोने का काम नहीं करवाया। हमेशा घूंघट काढ़ के रहती है। उसके मन में शुरू से ही पढ़ने की चाह जाग उठी थी, क्योंकि उसके बाप एक स्कूल में सफाई काम के लिये नौकर थे। निर्गुनियां के श्रद्धानन्द स्कूल ने उसकी एक सुप्त इच्छा को पूरा किया था, इसलिये उसके प्रति उसमें लगाव और निष्ठा थी। निर्गुनियां ने दूसरी लड़कियों से भी कह दिया कि कल से खजूरे की दुलहिन ही उनकी देखभाल करेगी, सभी उसकी आज्ञा मानें। शाम को काम से लौटने के बाद वह उनको आर्यसमाज की सन्ध्या-उपासना और रामायण पढ़ाया करेगी।

निर्गुन ने अपना स्कूल वाला मोर्चा यों जीता।

अब चली मज्जू के यहां। ढाई-तीन बजे का समय था। वह काम से लौटकर, नहा-धोकर चौके में खाना खा रहा था और उसकी अन्धी पत्नी हाथ से रोटियां पो-पोकर तवे पर डालती, फिराती, घाई में फुलाकर पति के हाथ में रख देती थी। निर्गुन भौजी पहुंची तो मज्जू स्वागत में खाते-खाते खड़ा हो गया : "आओ भौजी, अरे आज तो बड़े नसीब के घर में कदमों की धूल पड़ी है। बैठो-बैठो!"

अन्धी दुलहिन के रोटी पोते हाथ तनिक धीमे पड़े, फिर तेज़ी से अपने काम में लग गए। निर्गुनियां बैठ गई और कहा : "तुम खाना खाते रहो मज्जू भैया, तभी बातें हो सकेंगी। ऐ वाह, क्या पतली-पतली रोटियां पो रही हैं बहूरानी हमारी!" निर्गुनियां फिर उसका रोटियां तवे पर डालना, घाई में डालकर फुलाना, पति को देना, देखती रही। मज्जू आलू के झोल में बड़े-बड़े कौर भिगो-भिगोकर जल्दी-जल्दी मुंह में ठूंसने लगा था। निर्गुनियां हंसी, कहा : "अरे भाई, कोई रेल नहीं छूटी जाती हैगी। आराम से खाओ। मैं तो सच्ची मानो, आज तुम्हारे घर आके और खास करके अपनी

बहूरानी का करीना देखके बड़ी ही खुश हुई हूं। बस्ती में कितने लोगों को ताज़ी रोटियां नसीब होती हैं भैया!"

"हां भौजी, ये तो तुम ठीक कहती हो। मैं चच्ची और मसीता चच्चा का बहुत एहसान मानता हूं। बाकी एक बात और भी है भौजी, मुश्किल से चार-पांच ही घर होंगे हमाए टोले में, यहां की औरतें काम पर नहीं जातीं, बाकी तो घर-घर मांगी हुई शाम की जूठन से ही सवेरे का कलेवा और लौट के आने के बाद का पानी-पिलाब होता है। अरे बसन्तू के यहां तो भौजी ये हाल है कि तीन-तीन चार-चार दिन की बासी पिरौठियां पानी में तर करके खाई जाती हैं। ऊपर से नमक की डली चाटते चलते हैंगे। ये तो कहो कि जब से तुम्हारी इस अन्धी-धुन्धी बहू का पैरा इस घर में पड़ा तब से इसी के इसरार से गरम-गरम खाने को मिली है मुझे बाकी अपने धुर होश से तो बासी ही खाता चला आया था। हा-हा-हा...।"

पति के हाथ में रोटी रखती हुई पहली बार अन्धी बोली : "ये अस्कूल वाली भौजी हैं ना?"

"हां।"

"अरे कैसे पहचान लिया तुमने बहू! न कभी पहले तुमने मेरी आवाज़ सुनी और देखने का तो खैर सवाल ही नहीं उठता!"

निर्गुनियां की बात सुनकर अन्धी हंसी, कहा : "रामजी ने तन की आंखें नहीं दीं पर मन की तो दी हैं भौजी! उन्हीं से देख लेती हूं।"

"कब से तुम्हारी आंखें नहीं हैं बहू?"

रोटी तवे पर डालती हुई बोली : "मैंने जनम ही बिना आखों के पाया था।"

"अरे भौजी, मैं अब तुमसे क्या तारीफ करूं—डलिया, पंखे, चटाई ये बनाए; कुर्ता काट के रख दो तो ये सीं देगी। खाली सिंएगी ही नहीं, बूटे भी काढ़ लेगी।"

"शाबास! कहां सीखा ये सब?"

"पंखे, चिटाइयां बनाना तो भौजी घर ही में आजी से सीखा और सिलाई का काम एक दर्जी मियां के घर—" कहते-कहते जैसे वह रुक-सी गई।

निर्गुनियां ने पूछा : "दर्जी तुम्हें अपने घर आने देता था बहू?"

"अरे साला हरामी की औलाद था मादर...इसको फुसलाकर ले गया था। घर में सब काम करवाता था हरामी, फिर उसी ने सीना सिखलाया, सो भी अपने मतलब से। साली मुफत की एक मजूरनी मिल गई, काम ज़्यादा लेने लगा। उसके महल्ले में कहीं से खबर लग गई कि ये मेहतरानी है तो दर्जी साले को मारा-पीटा गया। उसने भी मारपीट के इसे घर से निकाल दिया। गांव से बेसहारा भटकती यहां आई तो...(डकार) बस! अब नहीं खाऊंगा, पेट भर गया। इस साली की बदौलत दारू तो ज़रूर छूटी भौजी, पर घरवाली के हाथ की गरम-गरम खाने का नशा भी कुछ ऐसा भारी होता है कि बस फिर तान के घण्टे-दो घण्टे सो जाता हूं।"

निर्गुनियां ने ईर्ष्या-भरी दृष्टि से देखा, मुस्कराकर बोली : "राम करे ऐसे ही सुख की नींद तुम्हें सदा मिला करे। मैं इसलिये आई थी मज्जू भैया कि तुम शाम को रोटियां मांगने तो जाओगे ही। मैं भी तुम्हाए साथ चलूंगी, आज अपनी जजमानी

के घर देख आऊं।''

कुल्ला करके गीले हाथों को मुंह पर फेरते-फेरते मज्जू रुक गया। उसकी गर्दन शर्म से झुक गई। दयनीय स्वर में कहा : ''क्या कहूं भौजी, मैं तो ऐसा लहचार हो गया कि कुछ बयान नहीं कर सकता हूं। मतलब ये है कि जूते लात खाना तो खैर, जब मेहतर का चोला पाया है तो, एक तरह से हक ही है हमारा। बाकी कालू ने बहुत दुखी किया। और कालू से ज़्यादा वो साला हरामी की औलाद लाला का बच्चा। तन से, धन से कहां तक कर्जा पाटूं! मेरे भीतर वाली आतमा भी मेरी मर्दानगी पर लानतें भेजती है।'' गुस्से से लाल आखों में आंसू छलछला उठे।

देखकर निर्गुनियां के कलेजे में भाला भुंका–'जब ये मरद होकर ऐसा मजबूर है तो मुझ औरत को भला क्या-क्या देखना पड़ेगा इस काम को करते हुए?' भय ने पीड़ा को उकसाया। संकल्प का जादू टूटने-सा लगा। पर अब वो टूट नहीं सकता। बात बहुत आगे बढ़ चुकी है। निर्गुनियां अपने पूर्व-निश्चय के नशे में फिर आकर बोली : ''तुम बेकार दुखी होते हो मज्जू भैया। पेट भरने के लिये कुछ-न-कुछ तो आखिर करना ही था। डाकू की ज़िन्दगानी का ठिकाना क्या? पेट तो मेहनत-मजूरी से ही भरेगा। तुम मुझे ज़रा लोगों की पहचान करा दो–किस-किस घर के लोग कैसे हैं। भले-बुरे की समझ गांठ में बांध के चलूंगी तो दामन बचा रहेगा।''

खूंटी पर टंगे फटे पतलून की जेब से बीड़ी का बण्डल निकाल, उसमें से एक बीड़ी निकालते हुए मज्जू कहने लगा–''एक बात कहूं भौजी, मेरा छोटा भाई गुल्लू खाली है एकदम। उसे अपने साथ ले जाया करना। पिछले दस-बारह दिनों से मार-मार के साले को सूप-डले बेचने भेज देता हूं। उसमें से आधे पैसे साला खुद खरच कर डालता है। मगर मैं सोचता हूं, इस बहाने थोड़ा-बहुत लगा तो है। तुम्हारे साथ रहेगा तो काम के ढंग में पड़ जाएगा। सफाई-धुलाई ये करेगा, तुम बस देखती ही रहना। रोज़ पैसे-दो पैसे का कुछ चटाती रहोगी न, तो काबू में रहेगा भौजी।''

शौचालयों की धुलाई-सफाई की बात सुनकर संकल्प यज्ञ की ऊंची-ऊंची उठती लपटों पर घी के बजाय पानी की फुहार पड़ी। फिर सोचा–'ये अच्छा है। कुछ दिन देखते-देखते आदत पड़ जाएगी तो अपना हाथ भी आसानी से लग सकेगा। इकन्नी रोज़ हाथ पे रख दिया करूंगी। दो रुपया महीना कम नहीं है।' यही बात मज्जू के आगे कह दी : ''भैया मैं इकन्नी रोज़ दिया करूंगी तेरे भाई को, और ये सूप-डले की बात जो तुमने उठाई तो मैं समझती हूं कि नब्बू भैया अगर सबकी मदद करें तो सूप डले-डलियों और चटाइयों का बज़ार में किसी एक दुकान पर बिकने का इन्जिज़ाम किया जाए। ईमानदारी से सबकी मेहनत बांट के अपना कमीशन भी लें।''

''बात बुरी नहीं है भौजी।''

बिजली की कौंध-सा एक विचार निर्गुनियां के दिमाग में इतनी तेज़ी से दौड़ा कि बेसाख्ता मुंह पर आ गया। बड़प्पन के भाव से निर्गुनियां बोली : ''लाला का कित्ता कर्ज़ा है तुम्हारे ऊपर?''

''मूल-ब्याज करके जब-तब डेढ़ सौ बकता है साला। दस रुपये कालू के भी

हैं। वह ब्याज नहीं लेता है, खाली मार-पीट करता है।"

अब तक मन की लगाम कस गई थी। मन में आई बात लौट गई, फिर भी पुरानी रौ से नई बात बनाकर कहा : "मैंने इसलिये बात उठाई कि आजकल ये सहकारी संघों का बड़ा ज़ोर उठा है। हम लोग भी बस्ती में ऐसा ही संघ खोल लें। ये डलियों का काम बढ़ा लें और बैण्ड कम्पनी बना लें तो ये सारे अर्जे-कर्ज़े पट जाएंगे तुम लोगों के।"

"ये बड़ी ऊंची बात कही है तुमने भौजी। मास्टर की कम्पनी के दो लोग तो हमारे महल्ले में ही रहते हैं : फरगुसन और गंगाराम। एक बार मुझे अच्छी तरह से याद है कि मोहना ने भी कम्पनी की बात उठाई थी। मास्टर के यहां के बाजे-वाजे तो सब फरगुसन साला ही बाद में लूट लाया था और उसने कहीं गिरवी भी रख दिए हैं।"

"वो मैं छुड़वा लूंगी। तुम लोग मिल के कम्पनी तैयार करो। भगवान चाहेगा तो दिन पलट जाएगा बस्ती वालों का।"

मज्जू बहुत जोश में आ गया, बोला : "तो फिर ठीक है भौजी, मैं अभी तुम्हारे पास आध-पौन घण्टे में आ जाऊंगा। सबसे मेल-मुलाकात भी करा दूंगा।"

"औ बहू, तुम भी आना हमाए घर कभी!"

"तुम्हें पाकर आज तो मुझे जैसे आंखें ही मिल गईं भौजी!"

निर्गुनियां ने बड़े भाव से आगे बढ़कर मज्जू की बहू को चिपटाया और उसका गाल चूम लिया।

38

[श्रीमती निर्गुनियां के हाथ की लिखी एक नोट-बुक से उद्धृत]

तुलसी जैन्ती के सिलसिले में सुना है कि आज नगर में बड़ा भारी जलूस निकलेगा। सरकार ने मुसलमानों को बारावफ़ात और मीलाद शरीफ़ मनाने के लिये सुना है कि लाखों रुपया बांटा था। शहर के मुसलमानी मुहल्लों में पूरी दिवाली जगमगा उठी थी। इसी कारन से हिन्दू लोग बड़े-बड़े सेठ-साहूकार लोग भी इस बार मिल करके गुसाईंजी महाराज की जैन्ती धूमधाम से मना रहे हैं। सुना है इक्कीस हाथी, इक्यावन ऊंट और एक सौ एक घुड़सवार जलूस में चलेंगे। अखण्ड रमायन करने वाली इक्यावन टोलियां बड़े-बड़े ट्रकों में मण्डप-वण्डप बनाकर बिठलाई जाएंगी। बाजे-गाजे, धूम-धडक्के, आतिशबाजी का भी प्रोगाम है। वाह रे तुलसीदास महराज! कहां तो तुम्हारा रचा एक दोहा, जो हमारे नाना बार-बार सुनाते थे कि--

तीन गांठ कौपीन में बिन भानी बिन लौन।
तुलसी मन सन्तोष जो, इन्द्र बापुरो कौन॥

और कहां तुम्हारी ये शहंशाही जैन्ती! वाह-वाह! तुम दीनबन्धु हो इसलिये अमीरों ने तुम्हें भी अपना बंधुआ बना के तिजोरी में बन्द कर रखा है। जिन्होंने सरकारी

खर्चे से मुसलमान धरम की शान बढ़ाई और जिन्होंने बिलैक की लक्शमी से हिन्दू धरम की इज़्ज़त बढ़ाई। दोनों ही सचमुच बेधरम के पाखण्डी हैं और अपने-अपने धरमों का सत्यानाश कर रहे हैं। मेहतर बन के मुझे मुसलमानी मजहब की भी बहुत-सी बातें जो मालूम हुईं उनसे भी गुसाईं बाबा का सिधान्त मेल खाता है। त्याग, तपिश्या और सचाई, यही हर धरम का सिधान्त है। मगर आजकल तो सब तरफ झूठ का ही बोलबाला है। होगा जी, ये तो सब रामजी की ही माया है। रात का घटाटोप अंधेरा न आए, नसों में लहू जमा देने वाला जाड़ा न पड़े तो सूरजनरायन भगवान को भला कौन याद करे! हमारी कालोनी के पास वाली सड़क पे इस बखत बड़ी झय्यम-झय्यम हो रही है। गुसाईं बाबा का जलूस निकल रहा है। मुझे भी एक गजल याद आ रही है कि—

'आशिक का जनाज़ा है, ज़रा धूम से निकले।'

हाय राम! मेरे नसीब का जनाज़ा भी बड़ी धूम-धाम से निकला था। मुझे इस समै अपने उस दिन की याद बड़ी ज़ोरों से आ रही है जब मैं अपने जिजमानों के घर देखने के लिये मज्जू को साथ लेके पहली बार गई थी। ऐसा लगता था मानो वही दुनिया, वही बज़ार और वही घर—सब मेरे लिये नये हो गए थे। मन भारी भी था और साथ-ही-साथ हल्का भी। अपने मन की उस दिन की दसा सोचकर इस समै भी मेरे मन की हालत कुछ-कुछ वैसी ही हो रही है, पर मैं उसे बयान नहीं कर सकती। कुछ-कुछ ऐसा लगता था कि मानो मैं हूं भी और नहीं भी हूं, चल रही हूं और अंगद के पांव की तरह मेरे पांव एक ही जगह पर अडिग होकर टिके भी हैं। दरअसल नब्बू भैया के 'सती' शब्द कह देने से ही मैं सचमुच सती होने जा रही थी। मैं सचमुच नरक की आग में जलकर अपने आपको नया चोला देने के लिये ही जा रही थी। मैं यह साबित करना चाहती थी कि मैं जनम से सती थी और जब उस सतीपन को साबित करने का औसर आया है तो रामजी की दया से सती बनके भी दिखला दूंगी और दिखला भी दिया कि मैं दरअसल सती बनने के लिये ही पैदा हुई थी; सती बनी और सती ही मरूंगी।

छावनी बज़ार के पिछवाड़े बीस गलियों में बस्ती बसी थी। इनमें बज़ार के ठीक पिछवाड़े की लगभग आधी बस्ती तो अपने हिन्दुस्तानी चाल के मकानों की ही थी, फिर हिन्दुस्तानी चाल के मकान दाहिनी ओर तो ज़रूर बने थे पर बाईं तरफ जादेतर छोटी-छोटी खपरैल की बंगलियां ही थीं। उसी तरफ रेल की पटरी के किनारे-किनारे कुछ मकान नई चाल के गोल महराबदार बन रहे थे। लाला मटरू-बुलाकी की कोठी भी इधरवाल ही थी मगर मज्जू मुझे पुरानी बस्ती की तरफ पहले ले गए। पांचवें बंगले के बाद ज़रा से मैदान की पट्टी और फिर जो गली थी वह मेरे ही जिजमानों की थी। जब मज्जू और मैं मैदान पार करके गली में जाने लगे तो पहले ही दरवज्जे पर भीख मांगता हुआ एक सफेद दाढ़ी वाला दुबला-पतला फकीर मिला। वह भी अवाज़ लगा रहा था : "एक रोटी का सवाल है बाबा।" मैं अब ऐसा समझती हूं कि शैद फकीर को अवाज़ लगाते देखकर ही मज्जू को भी द्वारे पर गुहारने की चुल उठ आई थी, पुकारा : "बहूजी, भगवान बनाए रखे, चोले मगन रहें सबके। घर में सदा घी को

चिराग जलें बहूजी के। कुछ जूठा-कूठा मिल जाए हुजूर।" मैं मज्जू के पीछे खड़ी हुई थी। हाय, कल से मुझे भी ऐसे ही पुकारना पड़ेगा। केवल मेहतर ही नहीं, जूठनखोर, टुकड़खोर भी बनना पड़ेगा! हे राम! एक दिन था, अपने लिये हजूर-सरकार सुनती थी, आज दूसरों को यही कहके पुकारूंगी। बड़ी देर तक गोहारने के बाद एक औरत निकली। फकीर के कटोरे में उसने एक पैसा डाला और हमें दो रोटियां देने के लिये हाथ बढ़ाया। मज्जू सोचता था, भौजी लेंगी, निर्गुन वैसे ही खड़ी थीं। देने वाली घरैतिन ने सवाल पूछती हुई आंखों से पहले मज्जू को देखा, फिर मुझे। मैंने घबराकर अपना आंचल फैला दिया।

मुझे अब लगता है कि अपनी तरफ उस औरत के देखने से मैं एकाएक घबरा गई कि कहीं ये मेरी असलियत न भांप ले। अपने नये जनम की नयी आदत शैद उसी डर की बेहोशी में बेझिझक पड़ गई। ऐसे किसी के आगे पल्ला फैलाकर मैं मरतान मर जाती, पर भीख कभी न मांग पाती। मेरे फैले हुए पल्ले पर मेरे नये जनम की भीख दो जली-सी मोटी-मोटी रोटियों के रूप में पड़ी तब होश आया। मैं अपने भीतर की लाज से सिमट गई।

तभी फकीर की अवाज़ मेरे कानों में पड़ी : "अरे तुझे रोटी नहीं सिक्का चाहिए। आठ हाथ धरती खोदकर रोटियां थोड़े ही गाड़ेगी भला!"

बात सुनकर मेरे भीतर वाली दुनियां की मानो नींव ही उखड़ गई थी। मैंने चौंककर बाबा को देखा, कच्ची-पक्की दाढ़ी और आंखें तो ऐसी कि मानो बाहर निकली-निकली पड़ती थीं। अपनी तरफ मुझे देखते देखकर वह फकीर हंसा, बोला : "माई, ये पैसा ले, वो रोटी मुझे दे।"

घरैतिन बोली : "नईं-नईं बाबा, छूना मत, मेहतर है।"

"तो क्या हुआ माई! हम भी तो वही हैं, ये तन का मल धोती है, मैं मन का गैला साफ करता हूं। ला दे माई मेहतराइन!"

फकीर के हंस-हंसकर मेहतराइन कहने से मेरी आंखों में आंसू भर गए। मैं अपने को संभाल न सकी। झपटकर फकीर के पैरों पर गिर पड़ी और फूट-फूटकर रोने लगी। वह फकीर मेरे सिर को हाथ से थपथपाकर बोला : "शिवजी की पिण्डी के सिर और पैर नहीं होते माई . मेहतराइन और महराजिन एक ही है। जिधर से जैसा चाहो मान लो। शिवजी सबसे बड़े भंगी है। उठ-उठ, रोटियां मुझे दे। भूख लगी है।"

श्रीमती निर्गुनियां का लेख यहीं पर अधूरा छूट गया था। मेरा मन बड़ा तड़पा। मानो प्यासे के आगे पानी का ग्लास आया और फिर लौट गया। सहसा मन में विचार आया कि मनुष्य ने जब कभी घनी विवशतावश किसी का मल उठाया होगा तब एकाएक तो उसका मन यह काम खुशी और आसानी से न कर सका होगा। संस्कार बड़ी मुश्किल से पड़ते हैं और बड़ी मुश्किल से ही छूटते हैं। मुझे कितने ही प्रकार के भंगियों से यह सुनने को मिला कि उनके पूर्वज क्षत्रिय थे। एक व्यक्ति ने ग्यारहवीं शताब्दी में सैय्यद सालाद मसूद को मारकर मरने वाले भर राजा सुहैलदेव

को अपना पूर्वज बतलाया था। बहराइच के भर राजा सुहैलदेव के जैन मतावलम्बी होने का उल्लेख तो मैंने कहीं ज़रूर पढ़ा था, पर वह किसी मेहतर वंश के पूर्वज थे, यह नहीं जानता था। फिर एक दूसरे गोत्र के मेहतर मिले। उन्होंने अपने आपको एक ऐसी अल्ल से जोड़ा जो राजस्थान से लेकर गढ़वाल तक ब्राह्मणों और क्षत्रियों में समान रूप से पाई जाती है।

मुझे लगा कि विभिन्न वर्गों के इन मेहतर बन्धुओं ने मुझे अपनी वास्तविकता के सम्बन्ध में गलत सूचना नहीं दी थी। मेहतर मार-मार के ही बनाए गए हैं। आज भी पाकिस्तान में चित्राल प्रदेश का राजा मेहतर ही कहलाता है। जिन उच्च वर्णों का वर्णत्व शक्ति से भंग कर दिया, वे भंगी कहलाए। वैसे भंगी कोई जाति नहीं। किसी भी प्राचीन ग्रन्थ में भंगी जाति होने का प्रमाण बहुत ढूंढ़ने पर भी नहीं मिला। केवल नारदीय संहिता में पन्द्रह प्रकार के दासकर्मों में एक मल-मूत्र उठाने वाले दासों का भी हवाला दिया गया है। श्रीमती निर्गुनियां जैसे बात-बात में 'हाय-राम, हाय-राम' किया करती हैं वैसे ही इस समय बेशाक्ता मेरे मुंह से 'हाय-राम' निकल पड़ा। इस दास्ता ने मनुष्य को पुराने ज़माने से लेकर आज तक अपने शिकंजे में जकड़ रखा है। कोई मार-मारकर भंगी बनाया जाता है और कोई मार खाकर वेश्या बनती है। मारें खा-खाकर हीन-से-हीन कर्म करने को मजबूर दासों की कहानियों से इतिहास भरा पड़ा है। कहां तक इनकी कथाएं कही जाएं!

मैं निर्गुनियांजी से मिलने गया। आज मेरे पास एक पुरस्कार की अयाचित राशि के बारह सौ रुपये आ गए थे। मैंने सोचा कि घरवाली को ग्यारह सौ की रकम देना शुभ होगा। ये सौ रुपये अपनी घनघोर शराबी मित्र श्रीमती निर्गुनियां के लिये कुछ उपहार ले जाने में खर्च करूंगा। पहले बुढ़िया को ह्विस्की की बोतल देने की इच्छा हुई, फिर सोचा कि वे इस भेंट को स्वीकार नहीं करेंगी। फल ले लिये। पर यह तो केवल पन्द्रह सोलह रुपयों का खर्च ही हुआ था। किन्तु मैंने जब एक बार भेंट देने की इच्छा ही कर ली है तो फिर इस सौ रुपये में अब एक पैसे की राशि भी अपने पास नहीं रखूंगा। उनके घर की तरफ बढ़ते हुए रास्ते में मैंने वस्त्रों की एक दुकान से लखनवी चिकन की एक अच्छी-सी सफेद साड़ी अस्सी रुपये में खरीद ली। यह जानता हूं कि निर्गुनियांजी के शाम के एकान्तवास में मैं कभी बाधा बनकर नहीं पहुंचता। एक बार मैंने उनसे कहा था कि आपकी बातें आपसे पूछने के लिये मुझे शाम का समय ही उचित लगता है, इसलिये आपके एकान्तवास में विघ्न डालने चला आता हूं। उन्होंने भी मुझे आश्वासन भरा, मज़ेदार उत्तर दिया था कि मैं भी उनके एकान्त का एक अंश हूं। उनके मन को चूंकि उद्घाटित करने का बहाना बनकर जाता हूं इसीलिये वे भी शायद मुझे पसन्द करती हैं और मैं भी यह स्वीकार करता हूं कि हम दोनों के बीच में अब एक ऐसे प्यार का नाता जुड़ गया है जिसे मैं किसी भी प्रकार के रंग से रंगना नहीं चाहता। बहुत-से बहुत यही कह सकता हूं कि हम दोनों एक दूसरे के घने मित्र बन चले हैं। उनके दरवाज़े पर रिक्शा रुकवाकर उनके पिछवाड़े वाले कमरे की खिड़की के पास जाकर आवाज़ दी। निर्गुनियांजी की आवाज़ अभी बहुत डूबी हुई नहीं थी। उत्साह से कहा : "खोलती

हूं!" दर्जन-भर केले, एक किलो सेब, दो किलो अंगूर, अनार और अनन्नास आदि के कागजी थैले रिक्शे वाले ने उतारकर बरामदे में रखे और पैसे लेकर चला गया। निर्गुनियांजी कागजी थैलों की बरात देखकर बोलीं : "आप सचमुच ही सठिया गए हैं बाबूजी! ऐ घर में एक जान, कित्ता खाएगी भला सत्तर बरस की बुढ़िया?"

मैंने कहा : "आपके यहां फ्रिज है, फल खराब तो होंगे नहीं। मुझे आज पुरस्कार मिला है। खुशी में खाली हाथ कैसे आता भला?"

जब हम लोग भीतर वाले कमरे में व्यवस्थित होकर बैठ गए तब उन्होंने बड़े कागजी थैले पर दृष्टि डाली, पूछा : "यह क्या है?" मैंने साड़ी निकालकर उनके हाथों पर रख दी; कुछ कहा नहीं। निर्गुनियांजी ने मेरी ओर देखा। आंखें भर आईं, बोलीं : "मेरे मैके में कोई भाई होता, तो यह देने की रस्म भी पूरी करता। आपने साड़ी देकर मुझे मैके की याद दिला दी।"

मैंने कहा : "समझ लीजिए कि मैके की ही भेंट है आपकी।—मोरे-तोरे नाते अनेक, मानिये जो भावै।"

"कैसे मानूं बाबूजी, अब मैं बाम्हनी तो रही नहीं!"

"न सही, आपके सम्बन्ध में सतत चिन्तन और लेखन कार्य करते हुए मैं भी अब करीब-करीब मन से मेहतर बन चला हूं। शिव भंगी हैं और कल्याणकारी भी।" श्रीमती निर्गुनियां ने वह साड़ी अपने सिर पर लगा ली और कहा : "मुझे आज तलक किसी से ऐसी भेंट नहीं मिली बाबूजी। मेरा मन पुलका-पुलका पड़ता है। अच्छा, अब मतलब की बात हो जाए पहले। आपको इनाम मिला है, खुशी का दिन है, बिना खिलाये-पिलाये जाने नहीं दूंगी। ठहरो, मैं मंगरुआ को कहके अभी आती हूं।"

"आप क्या करने जा रही हैं निर्गुनियांजी?"

"यही कि साढ़े दस-ग्यारा बजे तब अपना रिक्शा लेकर आ जाए दरवज्जे पर।"

"अरे इतनी देर तक रोकोगी?"

निर्गुनियांजी की नीली आंखों में शरारत चमकी और मुस्कराकर कहा : "अब आपकी ऐसी उम्र आ गई है बाबूजी कि देर हो जाने पर आपकी बुढ़िया भी आपसे कोई सवाल-जवाब नहीं करेगी।"

हम दोनों ठहाका मार के हंस पड़े। लौट के आईं, बोलीं : "ठहरिए, पहले आटा-वाटा माड़ के रख लूं आपके लिये कि जिससे खाते समय तुरन्त गर्मागर्म पूड़ियां..."

"सुनिए निर्गुनियांजी! मैं आपको किसी भी शर्त पर आज इस चक्करबाजी में नहीं पड़ने दूंगा। इसीलिये इतने फल लेकर आया हूं।"

"ये नहीं हो सकता पण्डज्जी महराज। खाना तो मैं आपके लिये बनाऊंगी और आप मुझे रोक नहीं सकते। वो कमरे वाली कुर्सी यहीं खींच के ले आइए, बैठिए, बातें करती चलूंगी, आटा माड़ूंगी। सवेरे ही खेत से तोड़ी हुई भिण्डियां रखी हैं सो उसकी तरकारी बना के रख दूं आपके लिये, फिर बैठ के मज़े में पिएंगे और बातें करेंगे।"

धत्ती पियक्कड़ है, यह स्त्री! शाम को पीने-पिलाने के अलावा जैसे और कोई महत्त्वाकांक्षा ही नहीं रहती इनकी। वह आटा माड़ने लगीं। मैंने कहना शुरू किया : "आपका वो जिजमानी के घर देखने के लिये जाने वाला अंश पढ़कर मैं तिलमिला उठा। आपका विवरण पहले ही घर पर मिलने वाले फकीर की अधूरी बात के साथ ही ऐसी अटपटी जगह छूटा है कि मेरा मन न माना और चला आया।"

"हां वो! अरे, मैं कुछ लिखना-पढ़ना थोड़ी जानती हूं, बाबूजी। जब-जब अकेले में बैठकर मेरा मन बहुत उमड़ा-घुमड़ा, तब-तब मैंने अपने जी की बात कागज पे लिख डाली। जब तक मन में वही रौ चलती रही तब तक लिखा, बाकी छोड़ दिया।"

"वो फकीर आपको क्या और भी कभी मिला था निर्गुनियांजी?"

"अरे बहुत बार बाबूजी। वह फकीरा बाबा तो फिर मेरी सहेली ही बन गया। सच पूछिए तो जाने किस जनम के पुन्न-परताप से मुझ अभागी के भाग में वह आ गया था। मुझसे एक बार कहा कि पिछले जनम में तेरा और तेरे मरद का बहुत प्रेम था। तू जल्दी मर गई और जल्दी पैदा हुई। वह देर से मरा, देर से पैदा हुआ। उस जनम में तुम्हारा और उसका नाता बाकी रह गया सो इस जनम में पूरा हो रहा है। एक बार ऐसे ही मुझसे कहने लगा कि पाप-पुन्न कुछ नहीं होता भगतिन, मन से जब यह दोनों ही छूट जाते हैं तभी आदमी-आदमी बनता है। हां—एक बात और याद आई।" कहकर वह चुप हो गईं।

थोड़ी देर तक मैं यह सोचता रहा कि शायद एकाध काम निबटाकर वह अपनी बात आरम्भ करेंगी। उन्होंने आटे की थाली ढककर रखी। हाथ धोए। फ्रिज से भिण्डियां अपने आंचल में भरकर लाईं और फिर अपने चौके में पसरट्टा मारकर बैठ गईं और भिण्डियां काटने लगीं। मैंने पूछा : "हां तो क्या हुआ निर्गुनियांजी?"

"तरकारी छौंक लूं, बाबूजी, फिर जब इतमिनान से बैठ के पिएंगे तब सुनाऊंगी। और एक बात आपसे यह भी कहूं कि ये इकंत में बैठकर पीने की पूजा का मन्तर भी उसी बाबा ने मुझे दिया था। जब वो मरने लगा तो मुझसे कहाः "तेरे पास इतना पैसा है कि मेरी चिता की लकड़ियों के लिये तुझे किसी से भीख नहीं मांगनी पड़ेगी। ठेला करके मेरी लहाश ले जाना और फूंक देना। फिर कहा कि जहां इत्ते ऐब किए हैं वहां एक ऐब और नित्त कर—पिया कर। रोज़ शाम को पिया कर और इकन्त में अपने मोहन का ध्यान किया कर। जैसे तेरे मन में आवे वैसे ही उसका ध्यान किया कर। एक दिन तू देखेगी कि मल से कमल उपजेगा, हज़ार पंखुड़ियां वाला कमल।"

मुझे लगा कि इस स्त्री के पास अभी स्मृतियों का भण्डार भरा है। एक ही जीवन में मनुष्य को कितने प्रकार के अनुभव मिलते हैं! मनुष्य चढ़ता है, गिरता है, उसकी कुगति, सद्गति होती है। एक जान के पीछे कितने जंजाल लगे होते हैं। सच पूछो तो जीने का नाम ही जंजाल है।

तरकारी छौंकने के बाद हम लोग फिर कमरे में चले आए। बोतल में बन्द रंगीनी का नाच शुरू हुआ। बीच में इधर-उधर की ही बातें चलती रहीं। निर्गुनियां दो-एक बार अपने चौके में तरकारी की स्थिति देख आईं। अपनी तात्कालिक गृहस्थी

के कामों से छुट्टी पाकर जब वह बैठीं और दो पेग जल्दी-जल्दी अपने हलक के नीचे उतारकर वह 'नार्मल' हुईं तो कहने लगीं : "बाबा ने मुझे दो किहानियां बार-बार सुनाई थीं। एक जड़भरत की, दूसरी महाबीर स्वामी की।"

"क्या वो जैन साधु थे?"

"न जैनी, न सनातनी, न मुसलमान और न क्रिस्चेन। वो अपने मन को कमाते थे बाबूजी। मुझसे कहते थे कि मैंने दत्तातरे भगवान की तरह बहुत-से गुरु बनाए हैं। हर धरम से जोग सीखा। वो बड़े विकट थे बाबूजी। आठ-आठ दिन बिना खाए कहीं दूर पर एकटक आंखें गड़ाए अपनी फूस की झुपड़िया बन्द करके खड़े रहते थे। मैं बस बाहर फूस से झांककर देख आती और चली आती।"

"खैर, यह तो आपके आध्यात्मिक अनुभवों की बातें हैं। मैं इन्हें तनिक बाद में जानूंगा। यह बतलाइए कि दूसरे दिन आप अपने मेहतर-कर्म पर गई थीं? क्या-क्या अनुभव हुए थे आपको? कैसा लगा था?"

"ऐ बाबूजी, अरे क्या मैले की गन्ध सूंघोगे मेरी बातों से? कहां का पचड़ा लगाया! कह तो दिया कि जब इन्सान के आगे बस एक ही रस्ता रह जाता है, तब जिसे आप असंभौ कहते हैं, वह सहज संभौ हो जाता है। एक दिन, दो दिन, तीन दिन--दिन बीतते गए। मैं नये जनम की आदत में जादे-से-जादे ढलती गई। पुराने जनम की हिचक दूर होती गई। वो सब आपको नहीं सुनाऊंगी। न उसे सुनाने की मेरी इच्छा ही है। जिनदगी के सब मिला के अट्ठाइस-तीस बरस यही काम करके बिताए हैं बाबूजी। इधर पन्द्रह-सोलह बरसों से छूटा है तो अब मन से ही छूट गया। घिन का काम सदा घिन ही रहेगा। मेहतर काम करने वालों की मैला उठाने-ढोने में झिझक-भर खुल जाती है बाबूजी। बाकी दिल से कोई इस काम को नहीं करता। इस बस्ती में जो लड़के पढ़ने से जी चुराते हैं तो उनके मां-बाप अक्सर यही कहते हैं कि न पढ़ो सालो, पराई हगनी उठाओ और भंगी के भंगी बने रहो। जब भंगी अपने को बड़े तिरसकार से भंगी कहता है तो मेरा मन अब रो-रो पड़ता है बाबूजी। आपकी दुनिया में बड़े-बड़े गिरे हुए लोगों की तकदीरें पलट गईं। अफरीका के लोग जो कल तक गोरों के गुलाम थे, अब खुद मुखत्यार हो गए। दुनिया में इत्ता-इत्ता इनक्लाब जिन्दाबाद और आज़ादी के नारे लग गए पर हम मेहतरों को किसी ने आज तक आज़ाद नहीं किया बाबूजी।"

मेरा माथा लाज से झुक गया। वे बोलीं : "आप सब पढ़े-लिखे लोग देश की बात को अच्छी तरह से सोच सकने वाले लोग तो बस मन्तरी या ओहदेदार बनने के लिये दीवाने बने घूमते हैं। कोई देश की सोचे तो घर-घर में फलश लैटरिन बनवाने का इन्तिज़ाम करवाके हज़ारों इन्सानों को किसी नये और अच्छे काम के लिये आज़ाद किया जा सकता है।"

"काम तो हज़ारों पड़े हैं निर्गुनियांजी। सवाल यह है कि बकौल आपके हमें साक्षरों से पहले सत्ता हथियाने का लालच तो छूटे। सत्ताधारी सर्वोच्च वर्ण का होता है, उसके आगे ब्राह्मण और मेहतर समान रूप से हीन वर्ण के ही होते हैं।"

सेब का टुकड़ा उठाकर मुंह में डालते हुए निर्गुनियांजी बोलीं : "किसी चीज़

के मरने या जनमने में कष्ट तो होता ही है बाबूजी। आसानी से कुछ नहीं मिलता।'' कहकर निर्गुनियांजी नशे में जिस मुद्रा में बैठी थीं उसमें देर तक स्थिर रहीं। वह खोखला एकाग्र न था, एकाग्रता किसी विचार से भरी हुई थी। नशे की एकाग्रता या कहूं कि जड़ता को भी मैंने बहुत देखा है और विचारों की एकाग्रता को भी। आंख की पुतली के अन्दर चमकती हुई कनी सब कुछ बतला देती है। मैंने उन्हें छेड़ा नहीं, देखता रहा। जब उनका ध्यान भंग हुआ तो मेरी ओर एक ताज़ा नज़र से देखते हुए बोलीं : ''आप कहेंगे कि मैं फिर अध्यात्मिक बात पर आ टपकी, मगर अभी कही डालूं, बाद में शैद है दिमाक के उतर जाए।''

निर्गुनियांजी बोलीं : ''जिस दिन दुपहरिया में बाबा ने अपने प्रान तज़े हैं उस दिन सवेरे जब उन्हें देखने गई तो बोले कि, पास आ। मैं उनके पास बैठ गई, कहा कि और झुक। मैंने उनके मुख के पास ही अपना सिर झुका लिया। बस अपने अंगूठे और तीसरी उंगली से मेरी दोनों भौंहों के बीच में चुटकी काट ली और मेरी दोनों आंखों पर उंगलियां फेर दीं, कहा—तू मेरे पिछले जनम की लड़की थी, जितना तेरे भाग में था दिया, अब मैं जनम-जनम से मुकुत हूं।''

''उसके बाद में आप पर कुछ प्रभाव पड़ा निर्गुनियांजी?''

''क्या जानूं बाबूजी! और जो जानती भी हूं उसे बखानने लायक न तो मेरे पास बुधी है और न ही शबद।''

मैंने बात मोड़ी, पूछा : ''फिर मसीताराम कब्र तक...''

''अरे वो तो बड़ा संजोग रहा। जिस दिन मैं पहली बार गई, उस दिन शाम को जब घर लौटकर आई तो मसीता चच्चा जा चुके थे। चच्ची ज़ोर-ज़ोर से रो रही थीं। दो-चार पास-पड़ोस के लोग भी आ गए थे। मसीता चच्चा की लहाश से लिपटकर मैं खूब रोई बाबूजी। चच्चा न होते तो मेरे आड़े वक्त कौन काम आता? ...मैं अपने अनुभों से यह कह सकती हूं बाबूजी कि रोशनी चाहने वाले के पास भगवान अवश-अवश्श आते हैं। कभी सूरजनरायन बनकर कभी मिट्टी का दिया बनकर।''

''फिर मसीताराम की मृत्यु के बाद गुल्लन से आपकी कुछ कहा-सुनी हुई थी?''

''नहीं, मैंने उनसे कह दिया कि चच्ची तुम जैसे रहती थीं वैसे अब भी रहो। मेरी बिटिया को संभालो। मैं जो कमा के लाऊंगी तुम्हारे हाथों में लाके रख दूंगी। बड़ी-बूढ़ी की तरह बैठो। इस्कूल चलता रहे। नब्बू भैया इसी दल्लान में शाम के बखत अपनी बाल्मीकि सभा का काम करना चाहें तो करते रहें। हम-तुम्हारा क्या? रात में छत का साया मिलता रहे, बस इत्ता ही काफी है। गुल्लन चच्ची मुझसे लिपट गईं बाबूजी। उनकी एक बात मेरे मन से अभी तक नहीं निकलती। मुझसे कहने लगीं कि, तू किसी और तरह से न समझना बहू। मसीते के जाने से मुझे ऐसा लगता है कि मैं दूसरी बार बेवा हो गई। जबानी हंसी-मज़ाक के सिवा हममें कभी कुछ ऐसा-वैसा रिश्ता नहीं रहा, फिर भी नब्बू के बाप से जादा मुझे इसका जाना अखरा है।''

''और आपके मोहन?''

"हां, एक बार आए थे। मेरे मेहतरानी का काम संभाल लेने से तो वे मेरे ऊपर जी-जान से लुट गए। पादरी का चोंगा पहन के नकली दाढ़ी-ऊढ़ी लगा के आए थे। डेढ़ दिन रुके। चच्ची को दो हज़ार रुपये दे गए, कहा संभाल के रखना। चलते वक्त मुझसे कहा था कि सुना है बम्बई में बोलता बाइस्कोप बन गया है। जिस दिन तुम्हारे शहर में आएगा उस दिन तुम्हें दिखलाने के लिये आऊंगा।"

"आए थे?"

"हां।"

"आपके चलते समय कुछ रुपया दे गए थे?"

"हां ज़्यादा नहीं हज़ार रुपये, सो भी शकुन्तला के खर्चे-भर के लिये। हां, मेरे वास्ते आधा दर्जन ह्विस्की की बोतलें ज़रूर छोड़ गए। कहने लगे, जब गिलास भरो तो समझ लो कि मैं तुम्हारे बगल में बैठा तुम्हारे होठों से पी रहा हूं।"

"ये फिर कुछ-कुछ आपकी साधू जैसी बात हो गई।"

"हां बाबूजी, संजोग है, जो बात साधू बाबा ने मुझसे दो बरस बाद कही, वह मेरा मोहन प्यार में अपने तरीके से कह गया था।"

"मैं आपसे प्रार्थना करता हूं निर्गुनियांजी, अपने मेहतर जीवन में जो कड़वे-मीठे अनुभव आपको तरह-तरह के लोगों से हुए हैं, उन्हें कृपा करके एक बार ज़रूर लिख डालें।"

"अब लिखना-विखना तो होगा नहीं बाबूजी। हां, कल फिर आइए तो कुछ सुनाऊंगी। बड़े-बड़े रंग देखे हैं मैंने। सुन्दर, जवान औरत जब दुनिया में अकेली निकलती है तो दुनिया उसके मुंह का निवाला और वह दुनिया के मुंह का निवाला बन जाती है। अंगारों पर चलते हुए नटों को देखा है आपने? अंगारों पर चलते हैं पर पैर नहीं जलते। मैं भी ऐसी नटनी बनी थी बाबूजी। दो-एक फफोले तो ज़रूर पड़े पर उन अंगारों पर मैं साफ निकल गई। अच्छा, खैर अब होगा। भोजन कीजिए पण्डितजी महराज। मैं पूड़ियां उतारने के लिये कढ़ाई चढ़ाती हूं।"

मुझे लगा कि इस 'पण्डित' के सम्बोधन में श्रीमती निर्गुनियां का तपोपूत मेहतर 'अहं' बोल रहा था।

39

दूसरे दिन दोपहर में श्रीमती निर्गुनियां का फोन आया : "बाबूजी, मैं नन्हें के यहां आई हूं। उसकी गाड़ी पहुंची तो चली आई। बाबूजी! मेरा नन्हा कहता है कि अगर आपको बहुत कस्ट न हो तो वह गाड़ी भेज दे। चाय यहीं आके पीजिए। आपसे एक ज़रूरी सलाह भी लेनी है।"

मैंने कहा : "आप क्या शाम तक अपने घर लौट आएंगी?"

"हां-हां, रुकने के इरादे से नहीं आई हूं। बस यहीं से आप भी मेरे साथ-ही-साथ मेरे घर चलिएगा।" मैंने स्वीकार कर लिया। चलते समय कान्ता को अपना

प्रोग्राम बतलाया, तो बोली : "शराबिन से बातें करो, उसका मन टटोलो, मैं सब मानती हूं। पर बुढ़ापे में रोज़-रोज़ पीने की आदत न डाल लेना, नहीं तो इस महंगाई में मेरा भट्टा ही बैठ जाएगा।"

मैंने हंसकर कहा : "खर्चा तो मुझे ही लाके देना है बीबी। 'उम्र सारी तो कटी दर्दे महंगाई में, आखिरी वक्त में क्या खाक शराबी होंगे!'—देखो मैंने तुम्हारे लिये एक शेर भी तड़पड़ रच के सुना दिया, अब तो विश्वास मान जाओ मेरा।"

आयुवार्धक्य में दाम्पत्य जीवन का एक अनोखा ही पहलू उभरता है। हम प्रायः एक-दूसरे के शरीर की चाह नहीं करते, फिर भी मन एक-दूसरे को देखने-भर से ही गर्मा उठता है। दुःख-सुख, जवानी, प्रौढ़ावस्था और बुढ़ापे तक बहुत कुछ साथ-साथ एक ही सांस में हमने जिया है। ऐसी अनुभूति होती है कि हम दिन-भर में मन के विविध रंगों के साथ जब भी एक-दूसरे से मिलते हैं तो हमारा सम्पूर्ण जीवन उस मिलन के एक-एक क्षण में सिमटकर भर जाता है। मैं कल्पना नहीं कर पाता कि कल को कान्ता न रहे या मैं ही नहीं रहूं तो एक के बिना दूसरे के जीवन-क्षण कितने खोखले, अधूरे-अधूरे-से बीतेंगे। लेकिन छोड़ो ये बातें, जीवन का यथार्थ जो भोगना है उसकी अभी से चिन्ता क्यों करें?

घण्टे-भर बाद मैं श्री निर्गुणमोहन एम० ए० के घर पर था। 'एन० एम०' साहब का मिजाज कुछ इस तरह से था कि मानो पहाड़ी की नोक पर खड़े किसी आदमी को धक्का दे दिया गया हो और वह अपने लड़खड़ाते पांव फिर से ज़माने के लिये प्रयत्नशील हो। साहब के ड्रांइगरूम में ही पूरा गृहसमाज जुड़ा हुआ था। सास, बहू, बेटा और मनीप्लान्ट की तरह बाहर से लाकर सजाया गया चौथा मैं। भूमिका के छितराव-बिखराव के बाद श्रीमती नीलम निर्गुणमोहन अपना मुख और स्वर गम्भीर बनाकर मुझसे बोली : "वो देखिए अंकल, कि हमारे यहां एक बड़ी भारी प्रॉब्लम खड़ी हो गई है।"

एक तो मुझे नीलम का 'अंकल' सम्बोधन बड़ा राजनीतिक टाइप का लगा, दूसरे बात भी अस्पष्ट थी। मैं जानबूझ के बोला नहीं। चुपचाप देखता रहा, वह फिर कहने लगीं : "आप तो जानते हैं कि हमारे एन० एम० साहब में किसी तरह की कोई 'प्रेजूडिसेज़' नहीं है। हम लोग बड़े ही 'सेक्यूलर' ढंग से बात सोचते हैं, मगर आजकल के लोगों के दिमागों में ऐसी पॉलिटिक्स भर गई है शर्मा साहब...अंकलजी, कि मैं आपसे क्या कहूं!"

नीलम तनिक थमी, उसने शायद सोचा हो कि मैं कुछ पूछूंगा, मगर मैंने कुछ भी न पूछा। निर्गुणमोहन सोफा पर चिन्तित मुद्रा में अकड़कर बैठे हुए दम-दम पर सिगरेट के कश खींच रहे थे। श्रीमती निर्गुनियां दोनों पैर उठाए सोफा पर बैठी हुई इतमीनान से बीड़ी पी रही थीं। उन्होंने एक हाथ में ऐशट्रे भी उठा रखी थी। नीलम ने अपनी बात फिर आगे बढ़ाई, कहा : "आपको याद होगा, अभी पिछली चार तारीख को तुलसी जैन्ती पड़ी थी न, तो यहां के केन्द्रीय हिन्दी मण्डल की कमेटी ने यह पास किया कि तुलसी जैन्ती का फंक्शन इनके ऑफिस के हॉल में होगा।—"

"रिज़ोल्यूशन पास-वास कुछ भी नहीं हुआ शर्माजी। असल में मेरे यहां

चैनसिंह नाम का एक आदमी है। ठाकुर है। वह बड़ा हिन्दी फैनेटिक है साहब। एक बार हिन्दी दिवस पर उसने मेरे आफिस में ही फंक्शन आर्गनाइज़ करवाया था और हम लोगों को, बड़े-बड़े आफिसर्स को, बहुत ही लताड़ें सुनाई थीं। मैं अपने आफिस में यह इंडिसिप्लिन तो बर्दाश्त नहीं कर सकता, इसलिये मैंने यह कह दिया कि मैं ये तुलसी फंक्शन अपने यहां नहीं करने दूंगा। बस उसने लिखा-पढ़ी शुरू कर दी। मैंने भी साहब बहुत स्ट्रांग नोट लिखा। मैंने लिखा कि साहब हमारा आफिस सेक्यूलर है। इसमें सेक्यूलर किस्म के फंक्शन्स ही किए जा सकते हैं। बस साहब, वह मेरे पीछे पड़ गया। पूरे आफिस को और केन्द्रीय मण्डल की लोकल ब्रांच वालों को मिलाकर वह फूड सेक्रेटरी मि० लाल से मिला। वह एक हिन्दी फैनेटिक आइ० ए० एस० हैं, आप तो जानते ही होंगे। उन्होंने साहब रेवेन्यू मिनिस्टर को प्रिसाइड करने के लिये राज़ी कर लिया। कार्ड-वाईस भी छपवा लिये और मेरे आर्डर के अगेन्स्ट जाकर उसने मेरे ही आफिस के हाल में उस फंक्शन को करवाया। भाई साहब, उस समय तो मैं कुछ कर नहीं सकता था, मगर दूसरे दिन ही मैंने उससे यह इक्सप्लेनेशन काल किया कि मेरे आदेश के विरुद्ध यह काम कैसे हुआ? बस इसी बात पर आज दस दिनों से हमारे यहां कौरो-पाण्डौ युद्ध चल रहा है। परसों फूड सेक्रेटरी ने मुझे बुलाकर बहुत डांटा। उन्होंने यहां तक धमकी दी कि मैं यहां से तुम्हारा तबादला करवा दूंगा, डिग्रेड करवा दूंगा, वगैरा-वगैरा।—बड़ी ही ह्यूमिलियेटिंग बातें कहीं साहब, मुझसे। मैंने कल अपने सरपरस्त हरिजन मिनिस्टर माननीय दास साहब के सामने सब फैक्ट्स रख दिए और कहा कि हुजूर ये ऊंची जाति के बांभन-ठाकुर सब अपना साम्प्रदायिक कल्चर फैला रहे हैं, तब डिमोक्रेसी सेक्यूलर कहां रही? हिन्दुस्तान का सबसे बड़ा रिऐक्शनरी पोएट तुलसीदास डिमोक्रेटिक भारत की खोपड़ी पर लादा जा रहा है और हम लोग कह रहे हैं कि हमारा राष्ट्र धर्मनिरपेक्ष है!"

बहरहाल उनकी तमाम बातों का सार यह निकला कि निर्गुणमोहन अपने आदेश वापस लें और चैनसिंह से समझौता करें वरना उनका तबादला होना निश्चित है। सुना कि राजस्व मन्त्री भी निर्गुणमोहन के तुलसी-विरोध पर ताव खा गए हैं, इसलिये अगर यह माफी नहीं मांगेगे तो मालमन्त्री उनको अपने प्रदेश में नहीं रहने देंगे। दिल्ली के महलों में भी उनका असर है और महल का कुत्ता भी अगर भौंककर किसी विभाग के मन्त्री से कुछ कह दे तो वह काम हो जाता है। प्रदेश के हरिजन मन्त्री ने भी 'एन० एम०' साहब से कहा है कि चैनसिंह से समझौता कर लो।

मैंने कहा : "आपने चैनसिंह से समझौता कर लिया?"

"मैं उस ठाकुर के बच्चे से कभी माफी नहीं मांगूंगा। अगर वह अपने को महत् मानता है तो मैं भी महत्तर हूं। किसी से कम नहीं। मैं अपनी सर्विस से इस्तीफा दे दूंगा, मगर इन बांभन, ठाकुरों, बनियों, कायस्थ वगैरा कम्यूनल रिऐक्शनरीज़ को लिफ्ट नहीं दूंगा।"

सब ऊंची जाति वालों को प्रतिक्रियावादी, साम्प्रदायिक कहकर निर्गुणमोहन ने मुझे हंसा दिया। श्रीमती निर्गुनियां बोलीं : "देख नन्हा, मैं यह तो नहीं कहती

कि तू क्या करे और क्या न करे, पर ऊंच जात वालों के लिये ऐसी बातें कह के कोई अभी हिन्दुस्तान में फल-फूल नहीं सकता। जातों की जड़ इतनी गहरी गड़ी हुई है हमारे लोगों में..."

"होगी अम्मां। और मैं कहता हूं कि अगर जातों पर ही ऊंच-नीचपन का ढांचा खड़ा करना हो तो हमारे पुरखे महर्षि बाल्मीकजी सबसे ऊंचे जाति के थे। तुलसीदास हों या कोई दास हों, सब उसी ग्रेट जीनियस के प्रसाद की जूठन-कूठन ही हैं।"

मुझे अब कुछ-कुछ बुरा लगने लगा था। पढ़े-लिखे लोगों में यह सड़कछाप विद्रोह और जीवन-दर्शन मुझे चिढ़ा देता है। मैंने कहा : "रामकथा वाल्मीकिजी की भी बपौती नहीं है निर्गुणमोहनजी। उन्होंने भी किसी-न-किसी से रामकथा सुनी होगी। और इसके अलावा यह क्यों भूल जाते हैं आप कि वाल्मीकि भी ब्राह्मण ही थे।"

"अंकलजी, आप भी रिऐक्शनरी माइण्ड से सोचते हैं क्या?"

"नहीं बेटी, मुझे महान पुरुषों की बेतुकी आलोचनाएं चिढ़ा जाती हैं। वाल्मीकि हों या तुलसीदास या बुद्ध, मोहम्मद, ईसा हों, ये किसी जाति, किसी देश, किसी वर्ण के नहीं हैं। रामचरितमानस हो या बाइबिल, कुरान। ये सभी पवित्र ग्रन्थ 'सुरसरि सम सब कर हित' करने वाले हैं।"

"नहीं बाबूजी, ये नन्हा हमारा गुस्से में कभी-कभी बहक ज़रूर जाता है पर दरअसल में ऐसा है नहीं। इससे पूछिए कि इसके बचपन में मैं दोपहर में अपने काम से छुट्टी पाके, नहा-धोके पहले रमायन पढ़ती थी, रमायनजी की आरती उतारती थी, तब भोजन किया करती थी। गुसाईं बाबा की अटल भगती के संस्कार कम-से-कम मेरे नन्हा में तो पड़े ही हैं। हां, शकुन्तला मेरी क्रिस्चेन के घर में पली है सो उसकी और बात है। अब मेरी आपसे यह प्रार्थना है बाबूजी, कि कोई ऐसी तरकीब बता दीजिए कि जिससे इसकी इज़्ज़त भी बच जाए और ये मन्त्री-उन्त्री ऊपर के लोग नाखुश न हों।"

"लेकिन मैं क्या कर सकता हूं निर्गुनियांजी?"

"आप रजस्स मन्त्री शर्माजी को जानते हैं। आप चाहें तो मेरे नन्हा के लिये उनका मन बदल सकते हैं। मेरे ऊपर भी उपकार करिए बाबूजी। यह और नीलम यहां जब से आ गए हैं तब से मेरे बुढ़ापे में थोड़ा चैन तो आ ही गया है, ये तो शैद आप भी मानेंगे। मेरे ऊपरा बड़ा अहसान होगा बाबूजी।"

निर्गुनियांजी का आग्रह मैं न टाल सका। मन्त्रीजी के दफ्तर में फोन मिलाया। उनसे मिलने के लिये समय मांगा। वे बोले : "आधे घण्टे के भीतर चले आइए।" मैंने चलते समय श्रीमती निर्गुनियांजी को अपने साथ ले लिया। श्रीमती निर्गुनियां अतिप्रसिद्ध न होते हुए भी मेहतर वर्ग की जानी-मानी प्रतिष्ठित महिला हैं। मैंने सोचा कि उन्हें ले चलना ठीक ही होगा। यहां अपने मन की यह बात भी स्पष्ट कर देना उचित होगा कि मैं अपने मन-ही-मन में निर्गुनियांजी के बेटे की बद्तमीजियों के कारण चिढ़ उठा था। लेकिन इसके साथ-ही-साथ निर्गुनियांजी का आग्रह भी नहीं टाल सकता था। मैंने सोचा, जाऊं भी और अपने क्रोध के कारण ठीक तरह से

सिफारिश न कर सकूं तो वह बेईमानी होगी। मां अपने बेटे की बात भली प्रकार से कह लेगी, बीच-बीच में एक-दो सहानुभूति जगाने वाले वाक्य मैं भी कह दूंगा।

यही किया। राजस्व मन्त्री मेरा बहुत आदर करते हैं। उन्होंने अपने पी० ए० को पहले से यह आदेश दे रखा था कि आने पर मुझे तुरन्त उनके पास भेजा जाए। यही हुआ। मन्त्रीजी के कमरे में भी भीड़ थी। मेरे साथ एक महिला को देखकर वे कुर्सी से उठे और हमें भीतर वाले कमरे में ले गये। मैंने निर्गुनियांजी की प्रशंसा की। निर्गुनियांजी हाथ जोड़े खड़ी थीं। उन्होंने अपनी बात इन चौपाइयों से आरम्भ की :

कहि न जाए कछु हृदय गलानी, मन महुं रामहि सुमिरि सयानी।
जौ प्रभु दीनदयालु कहावा, आरति हरन बेद जसु गावा॥

उन्होंने बतलाया कि उनके बेटे को श्रीराम और रामचरितमानस के प्रति अगाध श्रद्धा है। यह तो आपस की कहा-सुनी और जवान खून के जोश में उसने गुसाईं बाबा की जयन्ती का विरोध किया था। उनके बेटे का विरोधी चैनसिंह अच्छा आदमी नहीं है। उसे एक हरिजन अफसर का मातहत होना बहुत खलता है। इसीलिये दुनिया-भर की बातें करता है। और मैं तो सरकार गांधीजी के आन्दोलन में जेल गई हूं, बल्कि मेरा यह लड़का जेल में ही पैदा हुआ था।

खैर, सब मिलाकर बात बन गई और हम लोग सन्तुष्ट होकर चले आए। इस सफलता में कुछ कमाल निर्गुनियांजी की नीली आंखों का भी है। मन्त्री, जो करीब-करीब 74-75 बरस के थे, बस उन आंखों से बंधे ही रह गए थे। 'एन० एम०' साहब को खुशखबरी देकर हम लोग जीप पर ही निर्गुनियांजी के घर के लिये चल दिये। रास्ते में निर्गुनियांजी मुझसे कहने लगीं : "जिद्दी बाप का जिद्दी बेटा है, अगर बात उसके मन-माफिक न बनती तो वह ज़रूर ही आज इस्तीफा दे देता बाबूजी! मगर आपसे सच्ची कहती हूं, मैंने उसका गुसाईं बाबा के खिलाफ विरोध बिलकुल-बिलकुल पसन्द नहीं किया। आजकल के लड़कों को जाने क्या हो गया है! धरम-भगवान के लिये उनके मन में शरधा ही नहीं रह गई है।"

"ये लड़कों का दोष नहीं है निर्गुनियांजी। हमारी श्रद्धा ही खोखली हो गई है। जिन लोगों से आपके वर्ग को सदा लांछन और अपमान ही मिला हो, उनके प्रति स्वाधिकार की चेतना जाग उठने के बाद अश्रद्धा और अविश्वास उत्पन्न होना स्वाभाविक ही है। आपको ताज्जुब होगा निर्गुनियांजी, ये आप लोगों के इण्टरव्यूज़ करते हुए मुझे जो कुछेक पढ़े-लिखे लड़के मिले, वह आमतौर से देवी-देवतों और गाड-खुदा वगैरा का नाम नहीं लेते। उन्होंने प्रायः मेरे सामने ईश्वर शब्द का ही उच्चारण किया। मुझे याद है, आपके बेटे-बहू ने ही एक बार मुझसे कहा था कि उन्हें केवल गाड पर फेथ है। वो राम, कृष्ण, खुदा-मसीहा को नहीं मानना चाहते, जिनके भक्तों ने उनको सदियों से दबाकर अपना दास बना रखा है, जिन्होंने उनकी पूजा का अधिकार भी उन्हें कभी नहीं दिया।"

"बाबूजी, आप क्या यह मानते हैं कि हमारे भारत में ये जात-बिरादरियां अब नहीं मानी जाएंगी? सब एकमेक हो जाएगा?"

"पिछले पचास वर्षों का जीवनक्रम देखते हुए तो मुझे लगता है कि आज से

सौ बरस बाद हिन्दुस्तान में शायद जाति-वर्ण-व्यवस्था बिल्कुल ही खत्म हो चुकी होगी। पहले ऊपर के वर्णों ने प्रेमविवाह करके पुराने जातिगत बन्धन तोड़े। उन्होंने इस विद्रोह के कारण बहुत कुछ कष्ट भी झेले, सैकड़ों आत्महत्याएं हुईं, और अब तो ऊपरी वर्गों में जाति-वर्ण-विहीन विवाहों की बाढ़ आ चली है। हिन्दुओं के आपसी वर्णों में, हिन्दू समाज के तीन प्रमुख वर्णों की बात तो छोड़िए, मैंने अब हिन्दू पति, मुस्लिम पत्नी या मुस्लिम पति और हिन्दू पत्नियों के भी जोड़े काफी देख डाले हैं। चूंकि इन जोड़ों का अब सामाजिक प्रतिरोध नहीं रहा, इसलिये दिनोंदिन बढ़ते ही जाएंगे।...हां, मगर यह अवश्य कहूंगा कि वर्णों और जातियों की यह कमज़ोर हो चुकने वाली जड़ भी फिलहाल दस-बीस-पच्चीस वर्षों में तो आसानी से उखाड़ी नहीं जा सकेगी।''

40

हम लोग भंगी कालोनी के पास वाली सड़क पर आ चुके थे। वहां से हमारी जीप को नाले के किनारे से मोड़ लेके निर्गुनियांजी के मकान तक जाना था। लेकिन सड़क घिरी हुई थी। मोहर्रम का कोई बड़ा जलूस निकलने वाला था, इसलिये आगे का रास्ता बन्द था। निर्गुनियांजी को गाड़ी में बैठे-बैठे जलूस निकल जाने का इन्तज़ार करने में अनख लगी। मुझसे बोलीं : ''गाड़ी छोड़ न दें, बाबूजी! यही गली-गली निकल के कालोनी में होते हुए अपने घर जल्दी से पहुंच जाएंगे।'' मुझे भला क्या आपत्ति हो सकती थी!

प्रवेश करते ही लम्बी गली को देखकर ध्यान आया कि हम लोग 'द' अक्षर की शिरोरेखा वाली गली से गुज़र रहे हैं। रिक्शे पर अक्सर आया हूं, पर आज पैदल चलते हुए उस गली में फैली हुई शाश्वत कीचड़ पर ध्यान गया। हम लोगों को काफी संभल-संभल कर उस कीच-वैतरणी को पार करना पड़ा। गली जहां से 'द' की कण्ठ रेखा वाली गली की ओर मुड़ती है वहीं एक मकान पर 'मोहन ब्रास बैण्ड कम्पनी' का नामपट लगा हुआ था। मोहन शब्द देखकर मैंने पूछा, ''क्या ये आपके मोहन का नाम है?''

निर्गुनियांजी हंस पड़ीं, कहा : ''हां, नाम तो मेरे मोहन का ही है, लेकिन वह अब जगमोहन हो गया है।''

''इस कम्पनी की मालिक आप ही हैं?''

''मालिक-वालिक कुछ नहीं, बाजे मैंने खरीद के पंचायत के सुपरद कर दिए और कहा कि जो पैसा मेरा लगा है वह आमदनी से वसूल होगा, ब्याज नहीं लगेगा। सो वसूल किया और पंचायत के नाम से ही बंक में एक खाता खुलवाके जमा भी करवा दिया। मेरा अब कोई मतलब नहीं-ना। हां, कभी-कभी हिसाब-किताब को लेके जब खींचा-तानी होने लगती है तो मैं ज़रूर बुलाई जाती हूं।''

कुछ दूर पर किसी घर से रोने-चीखने, चिल्लाने की आवाज़ें आ रही थीं। मेरे

कान खड़े हो गए। कीचड़ की एक धार से दूसरी धार के पार फलांगने के लिये पांव साधते हुए निर्गुनियांजी मेरी तरफ देख के मुस्कराईं, बोलीं : "अरे ये तो इन गलियों का चौबीसों घण्टों का तमाशा है बाबूजी। औरत साली यहां रोज़ ही मारी-पीटी जाती है। दुनिया-भर की नदामत झेलने के लिये कमज़ोर इन्सान को आखिर शराब का सहारा तो चाहिए ही। पैसों के लिये ही दुनिया-भर से दबोचा जाकर मेहतर बिचारी अपनी मेहतरानी की ही हड्डियां चिंचोड़ता है निगोड़ा। क्या करे बेचारा वह भी!" कहते हुए वह कीचड़ फलांग गईं। मैंने भी उनका अनुकरण किया। हम लोग उसी शोर-शराबे वाले घर की दिशा में बढ़ रहे थे।

"तुझे चलना पड़ेगा साली। नईं चलेगी तो यहीं माड्डालूंगा-माड्डालूंगा-माड्डालूंगा यहीं।"

निर्गुनियांजी के पैर तेज़ी से बढ़े। घर के आगे चार-पांच बच्चे खड़े तमाशा देख रहे थे। मेहतर अपनी पत्नी को गिराकर उसकी छाती पर सवार हो चुका था और शायद उसका गला घोंटने ही जा रहा था कि निर्गुनियांजी ने तेज़ी से आगे बढ़कर उसके गाल पर एक ज़ोरदार तमाचा मारा और फिर अपने दोनों हाथों से उसका कन्धा पकड़कर धकेल दिया। मेहतरानी बुरी तरह से हांफ रही थी।

"हरामज़ादे, इसे मार के फांसी पर चढ़ना चाहता था क्या? उल्लू के पट्ठे! कमीने!...ओ रे बेद! लोमड़ ऐसा खड़ा-खड़ा घूर क्या रहा है? घड़े से पानी लाके पिला अपनी मैया को, और इस हरामी को तो आप बाबूजी कुतवाली में टेलीफून करके इसी दम पकड़ा दें।"

निर्गुनियां की डांट-फटकार ने वातावरण को अपने वश में कर लिया। ज़मीन पर लुढ़के पड़े हुए मेहतर की एक टांग अपनी मेहतरानी की छाती पर पड़ी हुई थी। निर्गुनियांजी ने झटके से उसका पैर हटाया।

मेहतर फुक्का फाड़कर रो उठा : "पकड़ाती क्यों हो चच्ची? फांसी चढ़वा दो, फांसी। मैं तो आप ही फांसी पे चढ़ने के लिये इस साली और इसके बेटे साले को मार डालना चाहता हूं कि कोई मुझे फांसी दे दे। अब इस दुनिया में मेरी गुज़र नहीं होती। मैं मरना चाहता हूं, मरना चाहता हूं।" मेहतर दोनों हाथों से धरती पकड़कर बिलख-बिलखकर रो रहा था। सहानुभूति एक केन्द्र से दूसरे केन्द्र पर आ गई। समझाते-बुझाते यह पता चला कि 160 रुपये मेहतर की तनखा है, उसमें से सौ रुपये महाजन का कारिन्दा उसकी जेब में हाथ डालकर निकाल ले गया। पच्चीस रुपये जमादार की माहवारी दस्तूरी बंधी है और पच्चीस रुपये पुराने सरकारी उधार के हर महीने वेतन में से कट जाते हैं। पहली तारीख की कमाई से मन गर्म भी न हो पाया था कि यों ठण्डा हो गया। बचे-खुचे इन रुपयों में बेचारा मेहतर अपना महीना कैसे गुजारेगा? चिन्तात सिद्ध करने के लिये ताड़ीखाने से उम्दा और कोई जगह नहीं। वहीं उसे वेदान्त उपजा कि घर-गृहस्थी, माया-मोह, बीबी-बच्चे को मारकर मर जाऊंगा। इस धुन में वह घर आया और यह काण्ड हो गया।

निर्गुनियांजी ने आश्वासन दिया कि वह चिन्ता न करे। मेहतरानी से कहा कि उसे महीने भर तक रोज़ आटा और सब्जी मिलेगी। पति-पत्नी अब दोनों ही एक

थे। निर्गुनियां चच्ची के पांव पड़ रहे थे। वे चलने लगीं तो मेहतर का उखड़ा नशा एक मज़ेदार वाक्य कह गया। उसने कहा : "कब तक खिलाओगी चच्ची! मेहतर साला तो करज में ही जनमता है और करज में ही मरता हैगा। आज एक तो कल दूसरा महाजन नटई दबाएगा। मरना तो है ही।"

निर्गुनियांजी के घर पहुंचने तक मेरा मन बेहद मथ उठा था। चिन्ता, उधार और तंगहाली के दिन मैंने भी अपने जीवन में काफी भोगे हैं, मगर मेरे जीवन-श्रम ने सार्थक होकर मुझे अब आबरू से दो रोटियां कमाने का सहारा दे रखा है। मुसीबत के दिन आज के तनिक सुख-सन्तोष-भरे दिनों में मेरी यादों में रोमान घोलते हैं। मैंने भी कभी दुःख झेले थे। उस याद का 'हीरोपन' अब मुझे यह न्याययुक्त सन्तोष देता है। अपनी मुसीबत के दिनों में घबराकर पण्डितों को अपनी जन्मपत्री भी बार-बार दिखलाई थी कि मेरा अच्छा दिन कब आएगा। पर सोचता हूं कि वह बेचारे क्या करें कि जिनकी जन्मकुण्डली में एक भी अच्छा दिन नहीं लिखा होता। ऐसे निरीह कहां जाएं?

घर का ताला खोलने के लिये अपनी कमर में खुंसे बटुये से चाबी निकालते हुए मेरी ओर देखकर श्रीमती निर्गुनियां बोलीं : "इतने गम्भीर होके क्या सोच रहे हैं बाबूजी!"

ग़ालिब की एक पंक्ति याद आई, वही कह दी : "दिल ही तो है न संगोख़िश्त, दर्द से भर न आए क्यों?"

ताला खुल चुका था। द्वार उघाड़कर निर्गुनियांजी मेरी ओर देखकर हंसीं, कहा : "दर्द का हद से गुज़रना है दवा हो जाना।...और भी सुनिए : रंग लाती है हिना, पत्थर पे पिस जाने के बाद।"

दहलीज की लाइट जलाई। भीतर से दरवाज़े बन्द किए। फिर अन्दर जाने वाला द्वार खोला। मैं सोच रहा था कि सदियों से पत्थर पे पिसते हुए भी यह हिना आखिर अब तक क्या रंग लाई? कुछ ही दिन पहले मुन्नी बेगम के हाते वाली बस्ती में कुछ जवान मेहतर जमाने के गुनाहों से जोश खाकर मुझी से उलझ पड़े थे, कहने लगे : "हर्जन मूवमेंट, हर्जन मूवमेंट, बस पेपरों और नेताओं की जबानों पर ही ये सारा मूवमेंट होता है। किताबें महंगी, कापियां महंगी। दूसरे हर्जनों को तो तरह-तरह के लाभ भी मिले जाते हैं। हम मेहतरों को क्या मिलता है!"

मेहतरों को इस बात का भी घोर मानसिक कष्ट है कि हरिजनों में भी मेहतर वर्ग निकृष्ट कोटि का हरिजन है। उसकी आवाज़ अभी नक्कारखाने में तूती की आवाज़ की तरह ही बेसुनी रह जाती है। मेहतरों में अब अधिकांश लड़के छठी, सातवीं या आठवीं कक्षा तक पढ़े-लिखे मिल जाते हैं, फिर उन्हें नाना कारणों से पढ़ने की सुविधाएं नहीं मिलतीं और वे हताश होकर अपने वंशगत पेशे में लौट आते हैं। उनकी बोल-चाल की भाषा में अब कितने ही अंग्रेज़ी के शब्द घुल-मिल गए हैं। सवर्णों की कितनी ही पूंजीवादी घृणित आदतें भी अपना ली गई हैं, लेकिन सही विकास की तमाम राहें अब तक बन्द हैं। कुछ लड़के हाईस्कूल पास हैं; कुछ बी० ए० तक पहुंच गए। एक भंगी चिन्तामणिजी तो बनारस युनिवर्सिटी से एम० ए०

पास करके फिर मजिस्ट्रेटी की परीक्षा में बैठे—वह भी अनुसूचित जाति के रिज़र्व कोटे के अन्तर्गत नहीं बल्कि खुले और आम कम्पिटीशन में। परीक्षा में पास होके फर्स्ट क्लास मजिस्ट्रेट तक बन गए। एक सज्जन बी० ए०, एल० एल० बी० वकील बन गए। लेकिन जब कोई मुवक्किल ही उनके पास न आया तो झख मारकर उन्हें नौकरी करनी पड़ी। जो लोग ऊंची-से-ऊंची दीवारों को भी फलांग कर अपनी महत्त्वाकांक्षा की मंज़िलों पर जैसे-तैसे आगे बढ़ते भी हैं, उन्हें अन्त में जाकर प्रायः चूहा का चूहा ही बन जाना पड़ता है। यह गति क्या देवनिर्मित है? नहीं, यह सामाजिक कुव्यवस्था की देन है। इसे बदलना ही होगा।

निर्गुनियांजी अपना भीतर वाला कमरा खोल चुकी थीं, फिर अपने खेतों की तरफ वाली दोनों खिड़कियां भी खोल दीं। तब कहा : "लगता है इस मेहतरी चाल की गिरस्ती ने आपको बड़ी तकलीफ पहुंचाई है। अजी भूलिए भी उस बात को। वो लतीफा सुना है न आपने कि एक दिन एक मेहतरानी अपने एक जिजमान की सुहागिन के ठसकों को देखकर रो पड़ी। किसी ने पूछा कि क्यों रोती है। बोली कि आजकल मेरा मरद मुझे प्यार नहीं करता है, नहीं तो मैं भी अपने सुहाग की ठसक में होती। तब पूछा गया कि भई तुझे कैसे मालूम कि नहीं प्यार करता। मेहतरानी बोली कि पहले तो हजूर रोज़ वो मुझे लात-घूसों से मारता था और अब निगोड़ा मुझसे हंस-हंस के बात करता हैगा। इसी से अंदेशा है।" कहकर आप ही बड़ी ज़ोर से हंस पड़ीं।

फिर आल्मारी खोली, अपना ठर्रा निकाला। मेरे लिये ह्विस्की भी निकाली। मैंने कहा : "नहीं निर्गुनियांजी, आज न पिलाइए।"

ललचाने वाली मुस्कराहटें और रीझ वाली आंखों से देखकर धीरे-से बोलीं : "थोड़ी-सी!"

"जी नहीं। आप यह क्यों भूल जाती हैं निर्गुनियांजी कि मेरे भीतर एक जन्मजात नशा है। मैं अपने लिये कोई काम चुन लेता हूं और फिर वह काम मुझे अपने नशे की तरंगों में बहाने लगता है।"

"एक बार पहले ठीक यही बात बाबा ने भी मुझसे कही थी, लेकिन मैं अभागिन तो अपने भीतर ही नुच-नुचकर टुकड़े-टुकड़े हो गई हूं बाबूजी! शराब के पलस्तर से ही मेरे ये सारे टुकड़े जुड़कर एक होते हैं। शैद इसलिये बाद में बाबा ने मुझसे कहा था कि नशा किया करो।...आप सच्ची नहीं लेंगे बाबूजी?"

"जी नहीं। बीबी मारेगी निर्गुनियांजी। घर में घुसने नहीं देगी, और आज वैसे भी नशे-नशे की बात है। मैं अपने में रहूं और आप अपने नशे में, तब मज़ा आएगा।"

"चलिए यही सही, आपकी मर्जी—हाय राम! आज तो आपके लिये बज़ार से कुछ लाना भूल ही गई?"

"तो क्या हुआ? सच पूछिए तो मुझे इच्छा भी नहीं। आपके बहू-बेटे ने उस समय इतना हैवी और रिच नाश्ता करा दिया मुझे कि..."

"खैर, फल खाएंगे हम-दोनों। आज 'तुदीयम् वस्तु गोबिन्दम तुभ्यमेउ समर्पयेत'

ही रहेगा और गोबिन्द की जूठन से इस हकीर कमतरीन, जर्रे से भी ज़्यादे नाचीज़ मेहतरानी का पेट भी पलेगा और आकबत भी सुधरेगी।''

''यानी आप अपने लिये भी कुछ नहीं बनाएं-खाएंगी?''

''जो हाल आपका है, वही मेरा भी है। बेट्टी साली असल में अपनी शादी से पहले मुसलमान थी और किसी बड़े घर में पली थी, इसलिये खाना बहुत अच्छा बनाती है बाबूजी।'' खाने की बातें करते हुए निर्गुनियांजी फल तराशती चल रही थीं। मेरा मन उतावला हो रहा था कि निर्गुनियांजी अपनी बोतली घोड़ी पर सवार हों तो मैं दिल में आई एक बात पूछूं। तब तक के लिये एक चलता प्रश्न मन में उमंगा सो पूछ लिया : ''इस शहर में आप कब में रहने लगीं निर्गुनियांजी?''

''बस ये समझ लीजिए कि मोहन की डेथ हुई, उसके कोई दो ही तीन बरस बाद मैं यहां चली आई।''

''क्यों?''

निर्गुनियांजी मुस्कराईं, बोलीं : ''शर्माजी साहब, जब आशिकों की तरक्की होती है, तो माशूकों का भाग भी चमक जाता है। हमारे बड़े दरोगा सेनेटरी इंस्पिक्टर साहब बाबू श्याममनोहर लाल को किसी टिप्पस से यहां चीप सेनेट्री इंस्पिक्टर बनने का चानस हाथ लग गया। जब चलने लगे तो उनकी विदाई का जलसा-वलसा हुआ। मैं भी मिलने गई। मुझसे बोले : 'यू आलसो कम विद मी'।''

''तो क्या आपसे उनके सम्बन्ध हो गए थे निर्गुनियांजी?''

निर्गुनियांजी फिर हंसी। आंखें नचाकर कहा : ''भगवान आपको बनाए रखे हजूर शर्माजी साहब। औरत अगर चाहे तो बेशिया की चालें चलके भी अपना सत् अडिग, अटूट बनाए रख सकती है।''

यह बात दम्भ में भी नाटकीय ढंग से कही जा सकती है, पर क्या निर्गुनियांजी नाटक कर रही हैं? वे खुद ही बोलीं : ''लोग आग पे चलते हैं, देखा है आपने?''

मैंने कहा : ''जी हां।''

''मोहना के बाद मैं भी ऐसे ही जनम-भर आग पर चली हूं बाबूजी।''

''मैं आपको समझता हूं। हां तो फिर आगे की बात कहिए।''

''आगे की बात आगे होगी बाबूजी। पहले ये बोतल का पानी तो हलक के नीचे उतर जाए।''

उनका यथावत् बेताब ढंग से पीने का दौर चला। जब कुछ-कुछ 'हाल' में आईं तो कुर्सी पर दोनों पैर उठा लिये और बीड़ी का कश इतमीनान से खींचकर मर्दानी अदा से बोलीं : ''ये मेरा आशिक तो लिफाफिया था बाबूजी। मैं एक सरनाम डाकू की बीवी थी। इसीलिये मेरी ओर खिंचा हुआ था। मैं भी उसे अपने स्वारथ से थोड़ा बहुत समेटे रहती थी। साले ने आंखों-आंखों से सैकड़ों बार चाहा, पर मुंह से मुझे कुछ कहने की हिम्मत कभी नहीं पड़ी। अपनी बीवी से भी बेहद डरता था बाबूजी। खैर, उसी ने मुझे यहां आने के लिये कहा। मैं भी उस शहर से ऊब चुकी थी। मोहन, मसीता चच्चा, स्वामी वेदप्रकाशानन्द और फिर चलते-चलाते नरक की आग में लपटों के बीच में चलकर उनकी जलन से बचाने के लिये जो फकीर बाबा मेरी

किस्मत से मुझे उंगली पकड़कर ले चलने के लिये आ गया था, वह भी रामजी के घर चला गया। मुझे वहां सूनापन बहुत लगता था। दूसरे यह था कि शकुन्तला को डाक्टर अण्डरसन साहब अपने साथ लेके लाहौर चले गए थे। ये नन्हा मेरा तीन महीने का था।''

''मुझे थोड़ा क्रम से बतलाइए निर्गुनियांजी! मुझे याद पड़ता है आपने शायद किसी संस्मरण में लिखा भी था कि डाक्टर एण्डरसन से आपका या उनका आपसे प्रेम हो गया था।''

''हां बाबूजी, आग पर चलते हुए वही एक बड़ा फफोला पड़ा था मुझे। एकाध छोटे-मोटे भी पड़े। चाहेंगे तो बाद में बतलाऊंगी।''

''आज यही तो आपसे पूछने आया हूं।''

''अण्डरसन पादरी आदमी था बाबूजी। ऐसे फूल-सी महक-भरा दिल वाला आदमी मैंने दूसरा नहीं देखा। ऐसा फूल जो हाथ से उठाओ तो मन में बस जाए और मन में बसे तो इतना भारी लगे कि उसका बोझ संभाले न संभले। पहले मैं मसीता चच्चा को दिखाने के लिये उनसे मिली थी।''

''और आपने जो पाठशाला खोली थी, उसका क्या हुआ?''

''वो मज़े से चल रही थी बाबूजी। आखिर में मैंने चच्चा के मरते ही एक समझ-भरी टिरिक की। मैंने नब्बू को बुलाकर कहा कि चच्ची और मैं जब तक जिएंगे तब तक इसी घर में रहेंगे। चच्चा मेरे नाम मकान लिख गए हैं। उसके बाद यह बाल्मीकी मन्दिर की जैजाद हो जाएगी। जैसे वेद मन्दिर है वैसे ही यह बाल्मीकि मन्दिर कहाएगा और तुम इसके कर्ता-धर्ता, मनेजर होंगे। दिन में पाठशाला और शाम को तुम अपने कथा-बारता चलाओ और दो-एक इखबार लेके एक रायबरेली भी चलाओ। मैंने नब्बू भैया को पांच रुपै दिए। बाल्मीकी मन्दिर का सैनबोट बना। नेता वकील साहब को बुलाके सभा-कीर्तन कराया और फिर शरधानन्द विद्यामन्दिर भी और बाल्मीकी मन्दिर भी, दोनों चलने लगे। नब्बू बेहद खुश। नब्बू की मां भी शैद खुश ही थी।...और यह सब करते-धरते मन-बहलाव के लिये मुझे अण्डरसन साहब के यहां शाम को अंगरेज़ी पढ़ने के बहाने जाने की चाट लग गई थी। कभी चच्ची बिटिया को संभालतीं और अक्सर मैं उसे साहब के यहां ही ले जाती थी।

''एक दिन पढ़ाते-पढ़ाते वह एकाएक चुप होकर मुझे देखने लगे। उनकी आंखों से आंखें मिलीं। मुझे ऐसा लगता था कि उनकी आंखें मेरी आंखों में समाती ही चली जा रही हैं। मेरी भी उनसे टकटकी लग गई। मन का पाप बेहोशी का नशा बनकर मुझ पर छाने लगा। आज मैं आपसे अपने दिल की सच्ची बात कहती हूं बाबूजी कि अण्डरसन साहब उस बखत अगर मुझे हाथ पकड़कर अपने पास खींच लेते तो मैं बिल्कुल मना न कर पाती। तभी वे बोले कि 'निर्गुन, तुम्हारी आंखों में मुझे एक फरिश्ता नज़र आता है।' मैंने भी प्रेम के रस में सराबोर होकर उनके हाथ पर अपना हाथ रखकर कहा कि 'इस फरिश्ते को परछाईं ही नज़र आई होगी।' साहब ने अपना हाथ खींच लिया और बोले कि 'मैं नहीं, वह फरिश्ता तुम्हारे ही अन्दर है।' उनकी बात सुनते ही मेरे मन ने भी अपने कुचाली घोड़े की लगाम खींच ली।''

कहकर वे चुप हो गईं। गिलास हाथ में उठा लिया, पर आंखों की टकटकी जहां बंधी थी, वहीं स्थिर थी। यादों की मुस्कराहट उनके होठों पर अधखिली कली-सी सुहानी लग रही थी। कहने लगीं : "बस उस दिन से हमारी आपसी खींचतान बढ़ती गई। कभी उनकी नज़रें मुझे खींचकर अपनी जोत में लपेट लेतीं और कभी मैं अपनी मजबूरियों से बांधके उन्हें बेसुध बना डालती थी। मेरे कन्धे पर हाथ रखकर वे दीवाने से अंगरेज़ी में शेर-शैरी बोलने लगते थे। मैं उनकी ज़बान तो नहीं समझती थी, पर उनके प्यार को खूब पहचानती थी। थे बड़े शरीफ। कन्धे या हाथ पर हाथ तो वे रख देते थे, पर इससे जादे और कुछ नहीं। एक दिन मुझसे कहा कि 'निर्गुन, मेरे साथ अमरीका चलो। मैं तुम्हें पढ़ाऊंगा। तुमसे शादी करके तुम्हें और अपने को सुखी बनाऊंगा।'

"शादी के नाम पर मुझे मोहना की याद आई, जिसने मेरी सात भांवरों वाली शादी के शौहर को मारकर मुझे विधवा बना दिया और फिर भी मैं उसकी सुहागन थी। मोहना ने मुझे लाख दुःख दिए हों बाबूजी, पर सुख भी बहुत दिया, इज़्ज़त दी। वह इज़्ज़त अण्डरसन साहब ने और भी बढ़ाई। दूसरे देस में जहां बांभन-मेहतर का कोई सवाल ही नहीं होता वो मुझे एक नई हैसियत देने को कह रहे थे। मैं सोचूं कि हाय राम, इतना सुख-सुहाग मैं कैसे संभालूंगी? एक नशा-सा चढ़ता था, लेकिन मेरे मन में एक डर भी समाया रहता था। मैं अपने मोहन को जानती थी। वह कसाई मेरे पीछे-पीछे सात समन्दर पार भी पहुंच सकता था। मुझे और मेरे साहब को मार भी सकता था। उसने बूढ़े आर्यपुत्र को मारा, पर उससे मुझे तनिक-सा भी दुःख नहीं हुआ, लेकिन अगर साहब को मारा तो मैं कहीं की न रहूंगी। हो सकता है कि उसे मारकर आप भी मर जाऊं। पर हाय! उस हरामी को भी मैं क्योंकर मार सकूंगी! ..." बात पूरी होते-न-होते गिलास का नशा फिर एक ही झोंक में उनके हलक के नीचे उतर गया और वह थोड़ी देर तक अपने सिर को दोनों हाथों से दबा के बैठी रहीं।

मैंने कहा : "मैं आपके भीतर वाली पीड़ा को अब ठीक तरह से पहचान सकता हूं निर्गुनियांजी। सच पूछा जाए तो आप अपने भीतर प्रेम की परिभाषा ढूंढ़ रही थीं। आपके भीतर एक सती थी और एक कामपीड़िता नारी भी। दोनों ही आपस में टकराया करती थीं।"

"बिलकुल-बिलकुल, सच कहा आपने बाबूजी। मेरे मन की तसवीर खेंच के रख दी। सती का शबद मेरे मन में भी उन दिनों अकसर तरह-तरह से नाचता रहा था।...हां, याद आया, एक दिन मैंने साहब को एक सती और रिशी की कथा ऐसे ही जाने किस बात के बहाने से सुनाई थी। जिसे सुनके साहब पर मेरा गहरा असर पड़ा था।"

"मैं अनुमान तो कर रहा हूं कि आपने कौन-सी कथा सुनाई होगी, पर क्या यह अच्छा न होगा कि उसे फिर मुझे सुनाने की कृपा करें!"

वे कहने लगीं : "अरे नाना से सुनी थी कभी, वही याद आ गई कि एक रिशी थे। वह बड़ी कठोर तपश्या कर रहे थे। एक दिन वह पेड़ के नीचे समाधी लगाए

बैठे हुए थे कि डाल पे बैठी एक चिड़िया की बीट उनकी नाक पर पड़ी। रिशी का ध्यान भंग हो गया, जिससे उन्हें करोध आया। लाल, लाल आंखों से चिड़िया को देखा तो वह भसम होकर पेड़ से गिर गई। रिशी को लगा कि मैं अब सिद्ध हो गया, सो वह अपनी सिद्धी की खुशी में उठ खड़े हुए और सोचा कि बस्ती में जाकर कहीं से भिक्शा मांग लाऊं। एक गरीब औरत के द्वारे पहुंचे, अलख जगाई। औरत ने जवाब दिया कि ठहरो महराज! चबूतरे पर विराजो, मैं अभी आपकी सेवा में आती हूं। ख़ैर, रिशीजी को इन्तिज़ार करते-करते बड़ी देर हुई, अब उन्हें फिर करोध आने लगा। जब औरत भिक्शा लेकर बाहर आई तो उनकी त्यौरियां चढ़ी हुई थीं। औरत ने मुस्करा के कहा कि भिक्शा लीजिए महराज, लेकिन ये त्यौरियां मत चढ़ाइए। मैं कोई चिड़िया नहीं हूं जो इससे भसम हो जाऊंगी। यह सुनकर रिशी को बड़ा ताज्जुब हुआ कि मामूली गरीब औरत कोसों दूर हुई बात को आखिर कैसे जान गई। औरत ने कहा कि महराज मैं सती हूं। अपने पति की सेवा कर रही थी; इसलिये आपके बरमकरोध का कोई असर नहीं पड़ेगा। मेरे लिये पति की सेवा पहले है और सब बाद में।...

"आपसे सच्ची कहती हूं बाबूजी कि अपने ज्ञान, घमण्ड और जोश में साहब को वह कहानी सुनाकर खुद मेरी ही आंखें खुल गईं। मैं उस दिन से कुछ महीनों तलक साहब के सामने अपने मन की रसधार को बाढ़ की नदी बनने से भरसक रोकती रही। सचमुच मेरा जी चाहता था कि मैं सती बनूं और यह भी सच है कि काम की अगन ने मेरे कलेजे को भट्टी भी बना रखा था।"

"मेरे कठोर प्रश्न को माफ कीजिएगा निर्गुनियांजी, यह बतलाइए कि आपका पुरुष-संग कब से नहीं हुआ था?"

"बस ये समझ लीजिए कि दंगे के दौर में जब मोहन ने मुझे ठाकुर की गढ़ी में बुलाया था तभी मिली थी। उस बात को भी तब तक सात-आठ महीने बीत चुके थे। इसी बीच में मसीता चच्चा मरे, मैं गली-गली की मेहतरानी बनी, बड़ी-बड़ी बातें हो गईं।"

"अपने नये काम पर जाते हुए आपको भी और मेहतरानियों की तरह से कामी-लम्पटों की चालों ने घेरा होगा?"

निर्गुनियांजी हंसी, कहने लगीं : "वो तो होना ही था बाबूजी, और सच्ची पूछिए तो बाहर जब ऐसी घेर-घार, छेड़-छाड़ होती तो मेरे मन की भूख भी सहारे के लिये अण्डरसन साहब की देउता जैसी सूरत का ध्यान करने लगती थी और मैं उस पर मन-ही-मन निछावर हो-हो उठती थी। दिन का ध्यान रात में इश्क बन जाता था और उस इश्क की खींचतान मुझे अपने तान-बाने में कस लेती। साहब कहते, निर्गुनियां क्रिस्चेन बनो। मेरे मन में फट से मोहन की बात उभर आए जो उसके मामू ने बतलाई थी। पराए धरम की मौत भयावनी होती है। उससे तो अपने धरम की मौत लाख दर्जे अच्छी होती है। नाना की बात भी याद आए। गीता का शिलोक सुनाते थे—सुधरमे निधनं सरेयह, परधरमो भयावहा। आपसे क्या कहूं बाबूजी, उस पुरानी बात को याद कर-करके मेरा मन खराब हो जाता है।"

"तो क्या एण्डरसन साहब से आपका प्रेम-सम्बन्ध जल्द ही समाप्त हो गया था?"

"नाऽऽही, क्रिस्चेन बनने की बात अपनी जगह पर थी पर पिरेम भी साला पिरेम ही होता है बाबूजी। लागी नाहीं छूटे, चाहे जिया जाय।"

मैं हंस पड़ा, बोला : "और दूसरी तरफ यह भी होता होगा कि मोहन नाही छूटे, चाहे जिया जाय!"

निर्गुनियांजी खिलखिलाकर हंस पड़ीं, बोलीं : "खूब कहा आपने। मोहना साला मेरे जी का जंजाल बन गया था। मैं अपने मन से उसे हटाना चाहती थी तो वह और भी जादे मन के पास आता चला जाता था। काम-अगन की लपटों से मन डावांडोल होता तो न ये चाहती थी, न वो चाहती थी। बस जो चाहती थी, वह चाहना घुटन के कोल्हू में पिस-पिसकर हरदम मेरा तेल ही निकालती रहती थी। मेरी मन अनत कहां सुख पावै, जैसे उड़ि जहाज़ को पंछी फिर जहाज़ पर आवै।"

कहते-कहते लगा कि निर्गुनियांजी अपने द्वारा बोले गए शब्दों की गूंज में आप ही समा गई हैं। झरने का पानी मानो नीचे गिरते-गिरते एकाएक ऊपर को चढ़ रहा था। एक शराबिन की आंखें ध्यानलीन योगी की तरह लगने लगें, यह मेरे लिये एकाएक अविश्वसनीय बात थी। प्रत्यक्ष देखकर भी मुझे विश्वास नहीं हो रहा था। फिर मन ने भीतर से झटका दिया। सोचने लगा, अपने जन्मजात शुद्धतावादी संस्कारों को संकुचित नज़र से क्यों देख रहा हूं! ध्यान एक यान्त्रिक स्थिति-सा ही होता है। यन्त्र सध जाए तो वह काम करने लगता है! निर्गुनियां शराबिन हैं तो क्या हुआ, वह अपने मोहन के रंग राती हैं। यही उनकी शक्ति है।

वह ध्यान लोक से उतरीं। ऐसा लगता था कि बाहरी दुनिया में उनकी दृष्टि एकाएक सध नहीं पा रही थी। फिर मुझे देखा, मुस्कराईं, अपना गिलास उठाकर एक चुस्की ली, बीड़ी जलाई और कहने लगीं : "हां, तो बात असल में अण्डरसन साहब की चल रही थी। मसीता चच्चा की बीमारी में उनसे जान-पहचान हो ही चुकी थी।"

कुछ मिनट मौन के बीते। शराब की बोतल और खाली हुई। मैं देख रहा था कि उनके हाथ बोतल उठाते हुए कांपने लगे, मगर दिमाग एकदम चुस्त-दुरुस्त है। बोलीं : "गुलाम औरत और वो औरत, जिसे मरदों से भरी दुनिया के बीचोबीच होकर हरदम आना-जाना पड़ता है, अपने-आपको बत्तीस दांतों से घिरी हुई जबान की तरह ही चलाती है बाबूजी!...ऐसे ही कुछ छोटे-मोटे फफोलों की याद बाकी है अभी... एक बांभन थे। आपकी ही तरह से ही खादी पहनते थे और आप ही की तरह लिखंत-पढ़ंत का काम भी किया करते थे। जेल हो आए थे। मशहूर डाकू मोहना की औरत का अछूत उधार करना चाहते थे। उल्लू का पट्ठा साला।"

"तो आपने क्या किया?"

"मैंने?" आनन्द से उनकी आंखें चमक उठीं : "मैंने वो काम किया जो एक ऐसी खास गाली में ही बयान किया जा सकता है और जिसे नशे की हालत में भी मैं आपके सामने नहीं निकाल सकती हूं। हा-हा-हा, हरामी का पिल्ला, याद करता होगा मुझे। मैंने उसको बड़ी मिठास से भड़ी पे चढ़ाया। मैंने कहा, देखो बाबू मैं तो

अपने मोहन के रंग राती हूं। 'सूरदास की काली कमरी, चढ़ै न दूजो रंग', बाकी अछूतोधार आप ज़रूर करें। फिर गली में चार लोगों के आगे उसकी तारीफ कर दी कि 'बाबूजी समाज-सुधारक हैं, अछूत-उधार करना चाहते हैं।' पण्डितजी लोगों के छेड़खानियों-भरे सवालों से तप-तप के एक दिन उजागर में कह बैठे : "मैं गांधीजी का असली चेला हूं, ब्याह किसी अछूत से ही करूंगा।' मैं रोज़ ही उनकी झूठी तारीफ करके, आंख-बांख मार करके उनके इशक की आग को जादे-से-जादे भड़का दिया करती थी। नतीजा यह हुआ कि वे एक लड़की से फंस ही गए। उसके हमल रह गया। मुसीबत में पड़ गया था बिचारा। सारी बिरादरी उस बाम्हन के दरवाज़े पर गालियां सुनाने आई। बड़ी थुक्का-फजीहत हुई। फिर फिसल पड़े तो हरगंगा। आर्या समाज में जाके शादी की। सातों बिरादरी ने थुड़ी-थुड़ी की। महल्ला छूटा, शहर छूटा, सातों करम हो गए। फिर बाम्हनराम ने किसी मेहतरानी और नौकरानी से इशक नहीं किया होगा। वह बिचारा पूरा चड्डा गुलखैरू ही बन गया। हा-हा-हा!!!"

"बड़े मज़ेदार अनुभव हैं आपके।"

"और सुनाऊं?—एक झाउलालजी हमको मिले थे। आप यों समझ लीजिए कि मोहना मरा है उसके शायद साल-सवा साल बाद। वैसे जानती तो तभी से थी जब ये जिजमानी का काम शुरू किया, मगर गहरी जान-पहचान तभी हुई थी।"

"तो क्या हुआ झाउलालजी को?"

"वो झाउलाल भैया बड़ा मज़ेदार था, लेकिन एक बात यह थी बाबूजी कि वैसे किरैक्टर उसका बुरा नहीं था। आर्या समाज का बड़ा जोश था उसे। अपना नाम भी उसने झाउलाल से बदलकर सुदेशलाल आर्य रख लिया था। घड़ीसाजी करता था। उसकी बीवी भरी जवानी ही में मर गई थी, पर ब्याह नहीं किया। चूंकि स्वामीजी के वेद मन्दिर में भी उसने दो-एक बार मुझे देखा था, इसलिये मेहतर बन के जब उसके यहां कमाने गई तो पहचान लिया। मोहना डाकू की बीबी होने की वजह से मेरा बड़ा रौब पड़ता था; यह बात मैंने अक्सर आजमाई थी। मुझसे बड़ी अच्छी तरह से बातें करता, मैं भी अच्छी तरह से बातें करती। काम के इलावे उसे दो शौक थे। एक नो नित्त नेम से रायबरेली में बैठकर पेपर बांचता था या किताबें पढ़ता। दूसरे बाइस्कोप देखने का बड़ा शौकीन था। जो भी खेल देखता उसके बखान मुझसे किया करता। वह अपने ज्ञान का रौब मुझ पर जमा देना चाहता था। एक नामी डाकू की बेसहारा पतनी से उसकी दिलचस्पी धीरे-धीरे बेहद बढ़ गई थी और मैं आपसे झूठ नहीं बोलूंगी कि मेरे मन में यह स्वारथ आ गया था कि मरद को दूर-दूर से ललचा-रिझाकर कुछ दो-चार पैसे ज्यादे ही घसीट लेती। आपसे झूठ नहीं बोलती, उस समै मुझे लगता था कि कहां से कितना पैसा खींच के आड़े वक्तों के लिये जमा करूं। अब चूंकि काम करने लगी थी न, इसलिये मुझे पेट पालने की फिकर तो नहीं थी, फिर भी यह तो था ही कि डाकू की जोरू कब तक खैर मनाएगी। एक-न-एक दिन उसके आगे बुरा बखत आने वाला ही है। यह भीतर का डर मुझे पैसों के मामले में सयाना बना रहा था..."

"मैं आपसे एक बहुत ही स्पष्ट प्रश्न पूछना चाहता हूं निर्गुनियांजी।"

"पूछें।"

"ऐसे प्रेमियों को आपने अपने आलिंगन-चुम्बन तो ऐसी लालच में कभी-न-कभी दिए ही होंगे?..."

"जादेतर नहीं। हां, कभी-कभी इन चालों का इस्तेमाल भी किया है मैंने।"

"लेकिन जैसी कामवृत्ति आपमें रही है उसे देखते हुए क्या खुद आप अपनी चली हुई चालों में नहीं फंसती होंगी?"

"यही बात तो मन की कसौटी बन गई थी बाबूजी। मेरे सामने छप्पनभोग हैं, जो चाहूं सो चखूं। मगर एक बात ध्यान में रखिएगा कि जब नीयत ठीक होती है तो बड़ी-से-बड़ी लालच भी इन्सान को डिगा नहीं पाती। जब-जब मन की कमजोरियां जागीं तब-तब एक सूरत, एक मूरत, मेरे मन बसी सूरत, मुझे अपने में रमा लेती थी, फिर दूसरे पर ध्यान नहीं जाता—

जागति जोत जपै निश-बासर,
एक बिना मन, एक न मानै॥"

मैंने शराबिन बुढ़िया को समाधि मुद्रा में देखा। सामने बैठी हुई निर्गुनियां मुझसे कोसों दूर-कोसों दूर थी।

रीझी हुई दृष्टि कितनी चमकभरी, आनन्दमग्न और ध्यानलीन होती है कि उसे देखने वाला स्वयं भी उससे प्रभावित हुए बिना बच नहीं पाता। मुझे ऐसा लगा कि जो मैं सामने देख रहा हूं वह मेरे ही अन्तर ही प्रतिच्छवि है। भाव में कोई दूसरापन नहीं होता। जहां देखो एक लगता है। गाढ़ी होते-होते भावुकता खरा यथार्थ बन जाती है।

कुछ देर बाद उनका ध्यान भंग हुआ। मेरी ओर देखकर मुस्कराईं, फिर अपना गिलास हाथ में उठाया, कहा : "सत्तर-बहत्तर की उमर हुई, अपना होश संभाले हुए भी मुझे अब साठ-पैंसठ बरस हो गए बाबूजी। न जाने कित्ती मूरतें हैं, कित्ती बातें हैं। अपनी एक पूरी जिन्गानी में आदमी कितना कुछ देख डालता है। कित्ती-कित्ती चाहतें हैं, कैसे-कैसे अरमान उसे अपने साथ लपेटते हैं! मैंने यह चाहा, वह चाहा, इससे घिरना हुई, उस पर करोध आया, इससे दुःख हुआ, उससे सुख हुआ—एक पूरी चकरघिन्नी है। लट्टू फेंकिए, थोड़ी देर आगे-पीछे एक दायरा बनाकर नाचता है, नाचता है और नाचते-नाचते थककर लुढ़क पड़ता है कि अब मैं नाच्यो बहुत गुपाल। काम क्रोध को पहिर चोलना कण्ठ विषै की माल। अब मैं नाच्यौ बहुत गुपाल।..."

"हां! अब हौं नाच्यौ बहुत गोपाल! मैंने भी अपनी ज़िन्दगी में तरह-तरह के पापड़ बेले हैं निर्गुनियांजी, फिर भी यह मानता हूं कि आपकी जीवनकथा ने मुझे हिमालय के गौरीशंकर शिखर से लेकर समुद्रतल की धरती तक के दर्शन करा दिए। अद्‌भुत लगता है मुझे आपके मुख से संस्कृत के श्लोक, सूर, तुलसी, नानक आदि सन्तों की पंक्तियां और उसके साथ-ही-साथ बेखटक, बेझिझक मुंह से निकलने वाली अश्लील गालियां..."

"हा! हा!! हा!!!" निर्गुनियांजी बड़ी ज़ोर से ठहाका मारकर हंस पड़ीं, फिर

कहा : "आपने बड़ी उम्दा बात कही बाबूजी! लेकिन इस बात में चमतकार-ही-चमतकार भर है। अरे कमल और कीचड़ साथ-ही-साथ तो रहते हैं। सवेरा रात के ही गरभ से पैदा होता है और रात सवेरे के गरभ से। बोलिए, भला किसको किसकी मां कहें और किसको किसका बेटा? दही मथिए तो मक्खन बन जाएगा। दूध से घी तक एक ही तो शकल है बाबूजी। एक ही मोहन है, वही साला हम सबको तरह-तरह से नचाता है। बड़ा हरामी है मेरा मोहन।" आंखें फिर टकटकी में लटक गईं।

उनके ध्यान को गति देने के लिये मैंने अपनी बात मोड़ दी, पूछा : "मगर वो डा० एण्डरसन की बात तो अधूरी ही छूट गई निर्गुनियांजी..."

"अरे वो मेरा साहब!...कुछ नहीं। वह तो मेरे मोहन की ही मुरली था बाबू। मैं उसकी सुरीली तान में बंध गई थी। नादान उमर, तन की तलब—थोड़ी देर के लिये यही मान बैठी कि मोहन का सारा जादू मोहन की मुरली में है। उनकी बातें, उनकी महब्बत, उनकी एक-एक अदा मेरे मन को यों मानिए कि नरक से उठाके सीधे बैकुण्ठ में पहुंचा देती थी।...कुछ नहीं बाबूजी, साहब मेरे मन का एक भरम-भर था। लेकिन कैसे प्यार का भरम! अल्ला कसम! आज भी उसके नाम पर चुम्मा उछालती हूं।" कहकर उन्होंने सचमुच ही अपनी उंगलियां चूमकर हवा में उछाल दीं, फिर उठ खड़ी हुईं, बोलीं : "अब इस वक्त ठर्रा नहीं पिऊंगी, साली मेरे पास तीस-पैंतीस बरस पुरानी खरीदी जानीवाकर भिक्सी है। मोहना के मरने के बाद एक बार जी चाहा तो खरीद ली। बिलैती माल है। अंग्रेज़ी ज़माने में खरीदी थी तेरा रुपये की बोतल। अब तीन सौ में भी नसीब न हो। क्या ज़माना आ लगा है! थोड़ी-सी आप भी चखेंगे बाबूजी? चख लीजिए, पण्डतानीजी कुछ बुरा-भला कहें तो आज मेरी खातिर सुन लीजिएगा। आपको मेरी कसम!"

थोड़ी देर पहले की वह ध्यानलीन मोहन-मुग्धा योगिनी इस समय अपने स्वर-मुख की भावभंगिमाओं और नज़रों की रंगीन आब में सरापा वेश्या लग रही थी। लग भर रही थी, वस्तुतः थी नहीं। जो चीज़ जैसी दिखलाई देती है, कभी-कभी वैसी होती नहीं—द्रौपदी के महल में जैसे दुर्योधन को थल की जगह जल और जल की जगह थल का भ्रम हो जाता था। जो भी हो, ऐसी पियक्कड़ जोगिन का दिया हुआ यह लालच मुझे लुभा गया, बोला : "लाइए, आपकी बातों ने मुझे भी एक अजीब नशा दे दिया है। यह बाहरी नशा शायद उसे कुछ हल्का कर सके।"

"तब फिर भाई ये कोरी-कोरी 'तुदीयम् वस्तु गोविन्दम्' से काम नहीं चलेगा। आपके लिये पराठे बनाऊंगी।"

"नईं-नईं, इस तमाशे में न पड़िए। सच कहता हूं मेरा पेट भरा है।"

"तो भी क्या हुआ! थोड़ा और भर लीजिएगा। मेरा मन हल्का हो जाएगा।"

"देखिए निर्गुनियांजी मुझे आपसे बातें करना जितना सुखद और ज्ञानप्रद लग रहा है कि अपने उस रस में यह आघात नहीं पहुंचाना चाहता हूं।"

"घात-वात कुछ नहीं। थोड़ी देर किचन में मेरे साथ बैठिए। अरे चार-पांच परांठे बनाने में देर ही कित्ती लगती है!"

"निर्गुनियांजी, मान भी जाइए। ये देसी दारू की करीब-करीब तीन-चौथाई से

ज़्यादा बोतल आप पी चुकी हैं। इसके ऊपर इतनी पुरानी ह्विस्की पीने जा रही हैं..."

"तो क्या हुआ? क्या मैं बहक जाऊंगी? अरे जो ताव दिलाओगे बाबू तो इसी नशे में, कहो तो पूरी एक गली का मैला उठा आऊं। वो औरत क्या जो कम्मखत अपनी डियुटी न बजा सके!"

वो चलीं। मैंने उनका रस्ता रोक लिया, कहा : "मैं आपसे उम्र में छोटा अवश्य हूं, परन्तु इस समय आपको मेरी आज्ञा माननी ही पड़ेगी।"

निर्गुनियांजी रुककर मुझे देखने लगीं, फिर मुस्कराकर बोलीं : "उमर में तो मेरा मोहन भी छोटा था। अब तो ध्यान में और भी छोटा हो गया है हरामी। पूरा बालमकुन्दा बन गया है। उसी छोटे से मोहन का हुकुम मानती हूं। खैर, ये फल ही खाइए, लेकिन भिस्की तो पीनी ही पड़ेगी। आज उस बोतल पर मेरी लहर आ गई है। आपके साथ आज उसकी नथनी उतारूंगी।"

निर्गुनियांजी हवा के झोंकों की तरह लहराती हुई अपनी अल्मारी की तरफ चलीं। उनकी अल्मारी पूरी शराब की दुकान थी। पुरानी से पुरानी और नई से नई बोतलों से भरी हुई थी, मैंने उसे पहचान लिया। वह मोहना लाया था और उस बोतल की बची हुई ह्विस्की का कुछ हिस्सा उन्होंने उस दिन भी पिया था जब वे मेरे आगे अपने जीवन का कटु यथार्थ उद्‌घाटित करते समय मेरे प्रश्नों और खुद अपने से भी मजबूर हुई थीं। मैंने देखा कि उन्होंने उसके बाद वाली अधखाली बोतल को छोड़कर तीसरे नम्बर की बोतल उठाई। उसकी सील भी नहीं टूटी थी। मैंने पूछा : "आप लाईं भी और पी नहीं, क्यों?"

"हां बाबूजी, बोतल लेके चली तो ऐसा लगा कि हाय बिना अपने मोहन के बिलैती में भला वह सवाद कहां मिलेगा! फिर जाके देसी दारू वाले के यहां से दो बोतलें ठर्रे की खरीद लीं और इसे भूल गई। आज, सच मानिएगा, आपके बहाने से ही इसकी याद आई। मोहन के साथ न सही, एक देउता के साथ बैठके इसे पी लूंगी तो फिर ये आपका परसाद बन जाएगी।"

श्रीमती निर्गुनियां से अपने सुने हुए प्रशंसात्मक शब्द मुझे संकुचित कर गए। 'देवता' शब्द से मेरे दिमाग में निर्गुनियांजी के अमरीकी डाक्टर एण्डरसन जुड़े। वह बोतल की सील और कार्क खोलने में लगीं। मैंने अपनी बात छेड़ दी, कहा : "एण्डरसन साहब का आपसे सम्बन्ध मोहन से पहले ही छूट गया था या मोहन के बाद?"

"मोहन के मरने के लगभग आठ-दस महीने बाद साहब मेरी शकुन्तला को लेके लहौर चल गए, फिर वहां से अमरीका।"

निर्गुनियांजी गिलासों में ढाल रही थीं। मैंने एकाएक एक मुंहफट प्रश्न पूछा : "एण्डरसन साहब के साथ आपने कभी सेजसुख नहीं लिया?"

"नहीं।"

"आलिंगन, चुम्बन?"

"कुछ नहीं। बस हम लोग नज़रों का खेल ही खेलते रहे। बड़ा शरीफ था मेरा

साहब। सच पूछिए तो उसकी याद से ही लिपटकर मेरा मोहना मेरा बालमुकुन्दा बन गया। ये लीजिए। विश यू आल लक!"

हमारे गिलास टकराए। जाम पिए गए। बात फिर डाक्टर एण्डरसन से ही शुरू हुई। छेड़ने से वह सुनाने लगीं : "एक दिन हमारे महल्ले में शादी थी। मैं रोज़ के टेम से पहले बंगले पर गई और साहब से कहा कि आज पढ़ने नहीं आऊंगी। महल्ले में शादी है। वे बच्चे की तरह से मचल पड़े कि हम भी शादी देखेंगे। मैंने भी कहा कि आपको ठीक समै पर बुलवा लूंगी।"

"फिर उन्होंने आप लोगों के विवाह की रस्म देखी थी?"

"हां, आए थे। बिल्कुल शंकर-पारवती जैसा ब्याह होता है हमारे यहां। लाल अंगिया, पीली चुनरी, और सारे गहने फूलों के बनते हैं। आपकी अमीरी और बड़े लोगों के हीरे-जवाहिरात हमारे उन फूलों के आगे अपनी कीमत खो बैठते हैं बाबूजी। ऐसा निखार आता है कि बस क्या कहूं! मेरे साहब देख के बहुत खुश हुए थे। उन्होंने अपनी तरफ से सौ रुपै भी दिए। इसकी पिरजेन्ट ले लेना। लौटने लगे तो मैं उन्हें उनकी गाड़ी तक छोड़ने आई। मुझसे बोले : 'मैडम निर्गुन! तुम हमारे साथ शादी करने को राज़ी हो जाओ तो मैं अमरीका में इसी डिरेस में और इन्हीं गहनों में तुम्हें लेकर चर्च जाऊंगा। बिराइड की इतनी लौली डिरेस देखके मेरे देस के औरत-मरद भी ललचा उठेंगे।' उनकी बातें सुनकर बाबूजी मेरा भी ऐसा मन होने लगा कि मैं अमरीका जाकर अपनी इसी देसी डिरेस में उनसे ब्याह रचाऊं। मैंने बड़े अरमान, बड़े प्यार से उनकी बांह थामकर उनका हाथ दबाया था।"

"फिर?"

"फिर अल्ला मियां का करिश्मा हुआ। ब्याह के घर में नब्बू भैया ने आकर आवाज़ दी, मुझे पुकारा और निराले में ले जाकर धीरे-से कहा : 'मोहना भैया आए हैं। रात के शो में तुम्हें बोलता बाइस्कोप दिखलाएंगे। जल्दी चलो।' हाय, सुनते ही मेरे पांवों में मानो पंख लग गए बाबूजी! फिर कहां का ब्याह और कहां का भभ्भड़! मैं शकुन्तला को लिये दौड़ी-दौड़ी घर आई और अपनी कोठरी में अपनी चरपइया पर बैठे हुए एक काबली वाले पठान को देखा तो धक् रह गई। वो हंसा, कहा : 'जानेमन, पहचाना नहीं मुझे?—' अरे मैं निहाल हो गई। साल-डेढ़ साल के बाद उनकी सूरत देखी। मैं कह नहीं सकती कि मेरा क्या हाल हो गया था। आप सच्ची मानिएगा बाबूजी, अपने मोहन को देखा तो मैं सारा जग भूल गई। अण्डरसन साहब तक की याद न आई। मुझसे बोले : 'चच्ची को बुला लो। लौंडिया को संभाल लेंगी। बैसकोप का टेम हो चला है। ये साला अंगरेज़ी जादू देखने के लिये ही आज अपनी जान हथेली पे रख के तेरे शहर में आया हूं।'

"मैंने कहा—'क्या पुलिस पीछे है?' वे बोले कि, पांच हज़ार का इनाम है मेरे ऊपर जानेमन! मुझे पुलिस को पकड़ा दो और पांच हज़ार ले लो।

"मैं उनसे कस के लिपट गई, कहा—'असगुन न बोलो, मैं ऐसे में तुम्हें लेके कही नहीं जाऊंगी।' वे बोले कि वह जादू का खेल—और अपनी जादूगरनी के साथ न देखा तो मोहन सरदार का कमाल ही क्या हुआ? झटपट चच्ची को बुला लाओ।

वहां मेरे आदमी टिकट-विकट लेके मेरा इन्तज़ार कर रहे होंगे।''

''फिर आप गईं?''

''हां बाबूजी, गई थी। वहां गई और वो अचम्भे-सा जादू बोलता बैसकोप भी देखा। भला-सा नाम था उसका?—''

''आलमआरा।'' मैंने कहा।

''हां, आलमआरा। मास्टर पिरथीराज थे उसमें। मिस जुबेदा और जिल्लो भी थी शैद। अरे बड़ी पुरानी बात हो गई। पचास बरसें तो हुई होंगी।''

''फिर बाइस्कोप देखकर आप चली आई थीं?''

''हां...नहीं, बल्कि यों कहूं कि बोलता बैसकोप दिखाकर मोहना मुझे एक शानदार होटल में ले गया। दो दिन उस कमरे से हम लोग निकले ही नहीं। जी भर के खाया-पिया, ऐश की। तीसरे दिन सवेरे मुंह-अंधेरे ही मोहना ने मुझे जगाया, कहा—'जल्दी से तैयार हो जाओ। ठीक छह बजे अंगरेज़ी टेम से हम यहां से चल देंगे।'

'' 'कहां?' मैंने पूछा।

''मोहना मुस्कराके बोला—'तुम अपनी जागीर में, जो मसीता चच्चा ने तुम्हें दी है और मैं अल्ला मियां की जागीर में, ऐसी जगह जहां बिरटिश गौरमेंट की आंखों में धूल झोंक सकूं।'

'' 'अब कब मिलोगे?'

'' 'अरे पहले निपटो, नहाओ, तैयार हो। रात-भर तो मिलते रहे हैं।'

'' 'न जाने क्यों मेरा मन अपने आप ही बुझ-सा गया। बेजान सी काया लेकर पलंग से उठी। मोहन ने फिर घड़ी देखी और कहा : 'दस मिनट में इंग्लैण्ड से आपको वापिस आ जाना चाहिए...'

'' 'कहां से?'

'' 'इंग्लैण्ड। इंग्लैण्ड माने पैखाना, जिससे हमारी बिरादरी की कमाई चलती है। देखा यहां का इंग्लैण्ड! जंजीर खेंची और पानी से सब कुछ बहा दिया। जो ये सब जगह हो जाए तो फिर हमारे लोगों को ये ज़माने-भर की गन्दगी नाक में पट्टी लपेटकर क्यों ढोनी पड़े? अच्छा जाओ-जाओ, टेम साधना।'

''बिलकुल जन्डैली मिलेटरी हुकुम बाबूजी! सुनते ही डर के मारे मेरे बदन में फुरती आ गई और सब काम उनके दिए हुए मिनटों से पहले ही कर लिये। उन्होंने बैहरे को शैद पिछले दिन ही अडर दे दिया था। ठीक साढ़े पांच बजे हमारे वास्ते नाश्ता और चाय लेके आ गया।''

मैंने टोका : ''सन् तीस-इकतीस तक चाय इतनी प्रचलित तो नहीं हुई थी निर्गुनियांजी?''

''ठीक है, बाबूजी, पर शहरों में नहीं, पर जो परजा अंगरेज़ों के खिजमत में रहती थी उसमें बहुतों को चाट पड़ गई थी। हमारे मोहना तो सिकन्दर के कलबघर से ही चाय पीने लगे थे। अरे हमारी बस्ती में ही कई घरों में रोज़ चाय बनती थी।''

''हां तो फिर क्या हुआ निर्गुनियांजी?''

"क्या होता बाबूजी! बस ये समझ लीजिए कि हम लोगों का वो आखिरी मिलन था और जाने दोनों के दिल इस बात को महसूस करते थे। चलने से पहले हम एक-दूसरे से ऐसे चिपटे हैं कि जैसे हमारी छातियां ही हमारी जबान बन गई हों। दिल की धड़कनों ने ही एक-दूसरे से एक-एक धड़कन में करोड़ों बातें कह-सुन लीं। इत्ती बरसें हो गईं, आज भी उस चिपटने की, उस बोसे की गरमी मुझमें इतनी भरी हुई है कि जब चाहती हूं उस पल को ज़िन्दा कर लेती हूं। उसी आखिरी आलिंगन की गरमी के सहारे रामजी की दया से इत्ते बरस बेदाग कट गए। खैर, चलते बखत मोहना ने मुझसे एक बात कही कि निर्गुनियां तुमने मेरी ज़िन्दगी में आकर मुझे जो एक तरह का बड़प्पन दे दिया वह मेरी बदकिस्मती से इस रूप में फूटा और पनपा। ज़िन्दगी की खैर रही तो छै महीने में यह गुनाहों की दुकान समेट के तेरे और बिटिया के साथ कहीं दूर देश भाग जाऊंगा—चीन में या अरब में। गांजा और अफीम का गैर-कानूनी धन्धा करते-करते अब मेरे बाहर के कुछ लोग भी दोस्त हो गए हैं। यह सुनके बाबूजी मैं खुशी के मारे उससे चिपट गई थी। सोचती थी, वह दिन जल्दी से जल्दी आ जाए। लेकिन आ न सका।"

"क्यों?"

"क्या कहूं, बस ये समझ लीजिए कि मेरे मन कुछ और है कर्ता के कुछ और। खैर, मोहना चलते बखत मुझको काफी रुपया दे गए थे। दो हज़ार मेरी बिटिया के लिये, एक हज़ार मेरे कहने से बाल्मीकी मन्दिर के लिये भी दिए और पान सौ मुझे इस वास्ते दिए कि दस-बीस, दस-बीस करके हर महीने गुल्लन चच्ची को देती रहूं। जिजमानी के काम पर जाने की बात सुनके वे खुश तो बहुत हुए थे, पर फिर कहने लगे—'निर्गुनियां तेरा काम पे जाना मुझे अच्छा नहीं लगता। चार भले-बुरे लोग मिलेंगे। जिस मरद ने औरों की इज़्ज़त लूटी हो वह भी अपनी औरत की इज़्ज़त को लूटे जाने के खतरे को बर्दाश्त नहीं करता।' मैंने भी कहा—ऐसे ही तू-तड़ाक से कहा, 'देख रे मोहना! तेरे मोह में मैं मेहतरानी तो बन गई हूं, पर रंडी नहीं बनूंगी। रंडी किसी कीमत पर नहीं बनूंगी।' मेहतरानी की अपनी मरजाद होती है बाबूजी। वह ईमानदारी का धन्धा करके अपना पेट पालती है। रंडी, भड़ए जैसे करमों-विचारों वाले लोग-लोगाइयों में अपनी आबरू की वो कीमत नहीं होती जो हमारे मनों में हैं। हम अपने तन की मालिक हैं। बिकाऊ या लुटाऊ माल नहीं हैं। मन का यह अहसास क्या कुछ कम होता है बाबूजी?"

नारी का सहज दर्प देखकर मेरा मन कमल-सा खिल उठा। भोजन कराते समय मां, कार्य में मन्त्रणा देते समय मन्त्री, जीवन-गति में साथ देने वाली सखी और सेज पर रम्भा जैसी लुभावनी, मनमोहनी नारी अपने एक व्यक्तित्व में सिमटकर यही सहज दर्प पाती है। यह दर्प, यह तेज स्वयं अपनी पत्नी से लेकर किसी भी ऐसी ही तेजस्विनी नारी के प्रति मेरा मस्तक श्रद्धा से नत कर देता है। मेरा मन जब इस प्रकार से श्रद्धाभिभूत हुआ तभी श्रीमती निर्गुनियां बोलीं : "आपको एक घटना सुनाऊं। इस बखत ध्यान में आ गई तो सुनाए देती हूं। मोहना के मरने के बाद ही मैं जेल गई थी।"

"क्यों?"

"अरे वो महात्मा गांधीजी का अछूत अन्दोलन चल रहा था न, तो दक्खिन में किसी मन्दिर की बात चली थी। हमारे नब्बू भैया ने कहा कि भौजी बाल्मीकी मन्दिर की तरफ से हम लोग भी कहैं कि छावनी के बड़े ठाकुरद्वारे में हम लोग भी दर्शन करने जाएंगे। हमने कहा, ठीक है कह दो। फिर बड़ी दौड़-धूप हुई। वो हमारे पुराने जाने-पहचाने कांग्रेसी वकील साहिब भी सब कांग्रेसीमैनों के साथ शामिल हुए। कुछ मेहतरों को धमकियां दी गईं। वो डर के भाग आए। मुझे खबर लगी तो मैं भी जोश में चली गई, हालांकि मेरा नवां महीना चल रहा था। तभी मुझे जेल भी हुई थी।"

मैंने कहा : "निर्गुनियांजी आपके जेल वाले अनुभव को सुनने से पहले मैं इस आन्दोलन के विषय में कुछ सुनना चाहता हूं। अगर आपको कुछ आपत्ति..."

"नहीं आफत-वाफत कुछ नहीं। वो बात यों हुई कि दक्खिन में अछूतों ने कृशन भगवान के एक मन्दिर में दर्शन के लिये जलूस निकाला। वो रोका-राका गया। सतियागिरह हुआ। सब तमाशे हुए तो हम लोगों ने भी यही किया। छावनी में बड़ा ठाकुरद्वारा है, लक्ष्मीनरायन की मूरत है। हम लोगों ने तै किया कि बड़ी दिवाली के दिन वहां सब लोग दर्शन करने जाएंगे। खैर, साहब, हम लोग गए। शहर से भी कुछ लोग आ गए थे। मगर एक बात थी, इस जलूस में भंगी-भंगी ही थे, दूसरा हरिजन कम था और बाकी सब कंग्रेसिये थे। वो हमाए नेता वकील साहब ने हमारी बस्ती के लोगों के बच्चों को एक कविता रटा दी थी। उस ज़माने में पटना के एक हीरा डोम थे, उनकी ये कविता थी। उसके शुरू के दो-चार बोल मुझे आज भी याद हैं।" कहकर निर्गुनियांजी धीरे-धीरे गुनगुनाने लगीं, फिर बड़े करुण स्वर में गाया :

"हमनी के राति दिन दुखवा भोगत बानी,
हमनी के सहेबे से मिनती सुनाइबि।
हमनी के दुख भगवनओ न देखता जे,
हमनी के कबले कलेसिया उठाइबि॥

"अरे बाबूजी, आपसे क्या कहूं? बहुत-से लोगों की आंखों से आंसू बह चले। ऐसी दर्द-भरी कविता थी। मगर भैया, पुजारियों और मन्दिर में खड़े बड़े-बड़े लोगों के कानों में जूं तक न रेंगी। नेता-वकील ने हमसे धीरे-से कहा—'घण्टा-दो घण्टा भीड़ खड़ी रहेगी, फिर ये भी बिखर जाएगी तब ये लोग बचे-खुचे मेहतरों पर ढेलेबाजी शुरू करेंगे। ये मैं आपसे पहले ही चिताए देता हूं।' मैंने कहा—तब फिर क्या हो बाबूजी?

" 'मै सोच रहा हूं कि अनशन करने बैठ जाऊं। तब एक भी भंगी भाई यहां से हटकर नहीं जाएगा और कुछ हमारे बल्लमटेर भी अंगद के पांव से जम जाएंगे। किसी के टाले नहीं टलेंगे। मगर कुछ होना चाहिए निर्गुनियांजी! बिना तमाशे के भीड़ जम नहीं पाती है।'

"मैंने कहा : 'तब फिर मैं अनशन पर बैठूंगी। आखिर हमारे वास्ते ही तो ये

आन्दोलन हो रहा है। हममें से ही किसी को अनशन पे बैठना चाहिए। वो भी ऐसा आदमी हो जो अडिग हो। मुझे अपने ऊपर पूरा भरोसा है।' नेता-वकील खुश हो गए। उन्होंने ज़ोर से ऐलान कर दिया : 'हमारी निर्गुन बहनजी ऐसे भाव में आ गई हैं कि जब तक उन्हें भगवान के चरनों में भेंट करने का मौका नहीं दिया जाएगा, तब तक वह यहीं पर अनशन करेंगी।' उसके बाद भी उन्होंने बहुत-सी गर्म-गर्म बातें कहीं। भीड़ महात्मा गांधी, भारतमाता और मेरी जय-जयकार करने लगी। उन दिनों गांधी महात्माजी के कुछ दिनों पहले हुए अनशन से देश में बड़ी हलचल मची हुई थी और अनशनों का बड़ा असर था। मैं दिन-भर, रात-भर वहीं बैठी रही। पहले तो पानी भी नहीं पी रही थी, पर लोगों ने समझाया कि नींबू-पानी तो गांधीजी भी पीते हैं, तब पी लिया। नेता-वकील की बात बिलकुल सच्ची निकली। मेरे अनशन में बैठ जाने से उस सड़क पर भीड़ बराबर ही बनी रही। भीड़ में तरह-तरह की बातें होती थीं। कुछ हम लोगों को, महात्माजी को, सबको गालियां दे रहे थे और कुछ धरम के ढोंगियों को खरी-खरी सुना रहे थे। कभी-कभी तो बहसबाजी होते-होते गर्मागर्मी की नौबत तक आ जाती थी। स्वामी वेदप्रकाशानन्दजी भी मेरे अनशन की बात सुनकर दूसरे दिन आए। बड़ा लिक्चर-विक्चर भी झाड़ा। तीसरे दिन कुछ कालिजों के लड़के भी शहर से आ गए और उन्होंने मन्दिर के अन्दर बैठके अनशन करना शुरू किया। शैद तीन-चार लड़कों ने एक साथ मिलकर अनशन करना शुरू किया। अब हमारे नब्बू भैया भी ताव खा गए। वे भी कई भंगियों के साथ बैठ गए। और मोहना तो मारा ही जा चुका था। इसलिये मेरी चिन्ता शहर-भर की चिन्ता बन गई। सब कहें कि बहनजी दो जीवों के साथ खिलवाड़ न कीजिए, अनशन तोड़ दीजिए, और मैं कहूं कि नहीं। तीसरे दिन इस गर्मागर्मी के कारन पुलिस आ गई और हम लोगों को पकड़ ले गई।

"वहां एक साला वार्डन था। पक्का हरामी था। आदमी था कि राक्शस। जनानी जेल के बाहर खड़ा मोटल्ली से बातें कर रहा था। मैं लाई गई तो देख के मुस्कराया और मेरा हाथ पकड़ के खींच लिया। उसने बहुत ज़ोरों से मेरा गाल काटा और साथ ही उसका हाथ मेरी छाती भी उमेठने लगा। तीन दिन से भूखी थी बाबूजी। ऊपर से तपी हुई, पर ताकत के आगे बेबस। मुझे कसके दबाए हुए मेरे गरभ पर हाथ फेरकर मोटल्ली से बोला : 'आज रात के लिये मुझे ये औरत दे देना। सलोनी है, और मुझे हामला औरतें पसन्द भी हैं।' कहकर हंसा। राम जाने कहां से मेरे अन्दर शक्ती पैदा हो गई कि मैंने अपना एक हाथ छुड़ाते हुए उसे भरपूर शक्ती से उसकी नाक और मुंह पर एक मुक्का जमाया। वह लड़खड़कर पीछे हटा और मैं अपना पूरा ज़ोर लगाकर 'बचाओ-बचाओ' चीख उठी।"

सुनकर मेरा कलेजा हिल उठा। मनुष्य में इतनी पशुता की कल्पना तक कर पाना मेरे लिये सम्भव नहीं था। इन दिनों इमरजेंसी में भी जेलों में तरह-तरह के अत्याचारों की अफवाहें मुझे अक्सर सुनने को मिलती रही हैं। कभी-कभी मैं सोचता था कि इन अफवाहों में अतिशयोक्ति ही अधिक होगी, परन्तु निर्गुनियांजी की बातों से लगा कि अबुद्धि और कुबुद्धि दोनों ही में शक्ति सदा पशुव्यक्तित्वधारिणी बनकर

ही प्रकट होती है। जो इमरजेंसी में हुआ वह पहले भी होता रहा था और यदि ढील दी जाए तो आगे भी होता रहेगा। दमन और दासता का अन्त नहीं है। मैंने कहा : "फिर आपको और क्या-क्या भोगना पड़ा निर्गुनियांजी?"

एक घूंट हलक के नीचे और गया। वह हंसीं, कहा : "कभी-कभी संजोग से ऐसा चमत्कार हो जाता है कि हम उसे भगवान की दया मान लेते हैं। जेलर साहब उस तरफ से किसी काम से अचानक ही आ पहुंचे। उनका आना था कि भगवान आ गए। लेकिन इस घटना से हुआ यह कि मेरे दर्द बढ़ गए। मेरे नन्हा का जनम जेल में ही हुआ।"

"फिर मुक्ति कब मिली?"

"मन्दिर का समझौता तो दूसरे-तीसरे दिन ही शैद हो गया था। मैं जेल के अस्पताल से छठें-सातवें दिन नन्हा को गोदी में लेके बाहर आई।"

"अपने मोहन की मृत्यु के सम्बन्ध में..."

"अब कल बताऊंगी बाबूजी! ज़रा अपनी घड़ी की ओर देखिए तो सही कितना बजा है!"

"ओह! पौने ग्यारह बज रहे हैं। बातों में समय का होश ही न रहा।"

एक पतिता की आत्मकथा में मुझे भागवती कथा के दर्शन मिल रहे थे। भगवान रामकृष्ण परमहंस ने कहा था कि मां ही हर रूप में मुझे मिलती है। मन में आया कि इन्सान की मां से कर जोड़कर पूंछूं कि जगदम्बा, तुम्हारी बेटियां और मेहतर काम करने वाले जन-समुदाय दोनों ही सदियों से धरती पर दासानुदास हैं। इनके शुभ दिन कब आएंगे?

41

दूसरे दिन जो कथा सुनी वह इस प्रकार है—

बोलता बायस्कोप 'आलमआरा' दिखलाकर मोहना ने श्रीमती निर्गुनियां को दो दिन होटल में ऐश कराया और फिर लापता हो गया। उसके लगभग महीने-डेढ़ महीने के बाद मोहना गुल्लन दाई को एक दिन अचानक शहर में ही मिल गया। दाढ़ी-मूंछ मुड़ाए साहबी पोशाक में मोहना ने गुल्लन के कन्धे पे धीरे-से हाथ रखा और कहा : "चच्ची! मेरा नाम मत लेना। इधर आओ।"

मोहन गुल्लन को एक किनारे पर ले गया, पूछा : "निर्गुनियां ठीक है?"

"हां भैया! मैं वारी जाऊं खूब मिले। घर नहीं चलोगे?"

"इस गर्दन पर पांच हज़ार का इनाम सरकार ने ऐलान कर रखा है चच्ची। एक ज़रूरी काम से आना पड़ा। घण्टे-भर में लौट जाऊंगा।"

"हाय, बहू से मिल लेते, अपनी बिटिया से मिल लेते! अरे बड़ी शितान हो गई है। ऐसी पटापट बोलती है कि मैं तुमसे क्या कहूं?"

मोहन को मोह ने सताया, बोला : "अच्छा तो सुनो, शाम को चार-पांच बजे

तक उन्हें लेकर बेगम की सराय में चली आओ। बेगम की सराय जानती हो कहां है?''

गुल्लन ने कहा : "मालम है।"

"किसी को कानों-कान खबर न पड़े चच्ची! पुलिस ज़ोरों से मेरे पीछे लगी है। मैं आज तुम्हें खुश कर दूंगा चच्ची।"

चच्ची शहर से इक्के पे बैठके छावनी की ओर चली। 'मोहन इनाम देगा, ज़्यादा-से-ज़्यादा दो-चार सौ दे देगा। जो सरकार को खबर कर दूं तो सरकार मुझे पांच हज़ार इनाम देगी।' यह पांच हज़ार का इनाम गुल्लन के बूढ़े दिल को जवानी के जोश से गुदगुदाने लगा। मन की 'हां-ना' चली। मसीते का रिश्तेदार है, हुआ करे, मेरे बेटे को तो बदसूरत बना दिया। बेटे की नाक कटने के बाद से गुल्लन चच्ची का मन कभी एक करवट थिर नहीं बैठ पाया था। उसका मन एक जगह मोहन और निर्गुनियां से फट गया था। यह बात और थी कि नाक कट जाने के बाद नब्बू के व्यक्तित्व में बहुत बड़ा अन्तर आ गया था और वह विशेष रूप से श्रीमती निर्गुनियां का परम भक्त बन गया था। जब-तब पैसे-रुपये मिलते रहने के कारण गुल्लन के मन की कोर भी मोहन-निर्गुनियां के एहसान से दबी हुई थी। लेकिन न वह एहसान, न मानवता, न बिरादरी का नाता, गुल्लन के मन को इस समय कुछ भी न सुहाया। केवल पांच हज़ार का इनाम ही उसे ईश्वर की तरह सर्वत्र दिखलाई पड़ रहा था।

छावनी में बड़े दरोगा, मुंशीजी आदि थाने के बहुत से लोगों को वह जानती थी, इसलिये दरोगाजी के पास ही पहुच गई।

बसन्तलाल के बाद सब-इंस्पेक्टर रिपुदमनसिंह चौहान आए थे। बड़े ही जी-हुजूर टाइप के आदमी थे। सवेरे-शाम कप्तान साहब की ड्योढ़ी पर सलाम बजाना उनकी सबसे बड़ी ड्यूटी थी। रिपुदमनसिंह को अपनी पत्नी की मारफत जब गुल्लन से यह समाचार मिला तो वे फड़क उठे। शहर की बात थी इसलिये सीधे कप्तान साहब की कोठी पर पहुंच गए। तीन बजते न बजते बेगम की सराय पुलिस से घिर गई। मोहना दस आदमियों के साथ वहां टिका था। उसमें से भी चार जने काम से गए हुए थे। दोनों ओर से दनादन गोलियां चलीं। मोहना मारा गया। उसके दो-तीन साथी भी हलाक हुए। शहर भर में शोर मच गया कि मोहना मारा गया।

दरोगा को खबर देने के बाद गुल्लन अपने घर आ गई थी। पाठशाला उस समय चल रही थी। निर्गुन थोड़ी ही देर पहले अपने काम से लौटी थी। नहा रही थी। गुल्लन बड़ी पाक-साफ बनी शकुन्तला को गोदी में उठाकर मसीते वाली कोठरी में चली गई। निर्गुन नहा-धो के आई और रामायण लेकर बैठ गई। आज उसका जी नहीं लग रहा था। जाने क्या बात थी। रामायण पढ़ के उठी तो गुल्लन ने कहा : "खाना बना रखा है बहू, खा लो।"

"हां, चच्ची खा लूंगी।"

"अरे दो कौर मुंह में डाल ले, ना! हलाकान होके आती है। मैं न होऊं तो तुझसे कोई पूछने वाला भी नहीं कि बेटा भूखी है कि खा लिया।"

निर्गुनियां कुछ न बोली। गुल्लन दाई के सिखाने से शकुन्तला बोली : "अम्मी खाना खा लो। हम पलोछने आएं!" सुनकर निर्गुन के मन को सुख हुआ। वह बोली : "नहीं बिटिया हम परोस लेंगे।"

ये बातें चल ही रही थीं कि नब्बू और उसके पीछे-पीछे पांच-छह लोग एकाएक घर में आ गए। लोगों के चेहरे उतरे हुए थे। खास तौर से नब्बू का। निर्गुन ने पूछा : "कहो नब्बू भैया! बड़े उदास हो?"

नब्बू फुक्का फाड़कर रो पड़ा : "हां भौजी! मोहना भैया मारे गए।"

खबर बेहोशी के बम-सी फूटी। सब-के-सब दो क्षणों के लिये चेतनाशून्य से होकर नब्बू की ओर देखने लगे। निर्गुन को लगा कि यह खबर पाने की आशंका वह बहुत पहले से कर रही थी। मोहन नहीं है! मोहन नहीं रहा!—उसके दिमाग की नसों में बस यही झनझनाहट बनी हुई थी, बाकी दिल सूना और दुनिया भी रात के मसान जैसी सुनसान थी। उसके लिये उस समय मानो घर में कोई भी न था। सब चेहरे दिखलाई पड़के भी अदृश्य थे। आंखें एकदम सूनी फटी-फटी!

गुल्लन चच्ची अपनी दोनों छातियां पीट-पीट के रोने लगी। देखने वालों को यही लगे कि सबसे अधिक शोक इसी बुढ़िया को हुआ है। थोड़ी ही देर में उसका घर बस्ती की भीड़ से भर गया। स्वामी वेदप्रकाशानन्द अपनी दोनों चेलियों वेदवती और ऋषिदेवी के साथ वहां आए थे। घर में महल्ले की बुड्ढी-ठुड्डियों के जुड़ जाने से अच्छी-खासी रुदन प्रतियोगिता छिड़ गई थी। हर स्त्री और पुरुष इस शोक में अपने हिस्से को सबसे अधिक महत्त्व देकर पेश करने के लिये आतुर था। चुन्नी-मुन्नी शकुन्तला तब घबराकर रो पड़ी थी। लेकिन निर्गुनियां की आंखें सूखा रेगिस्तान ही बनी रहीं। रात में मोहना की लाश उसके रिश्तेदारों को सौंपी गई। मोहना की लाश देखकर निर्गुन की आंखों में पहली बार आंसू आए। वह लाश से चिपटकर बेसुध हो गई।

दूसरे या तीसरे दिन गुल्लन की दगाबाज़ी का भांडा फूट गया। किसी ने नब्बू से कहा कि तेरी अम्मां को इनाम मिलेगा। उसी ने मोहना का अता-पता दरोगाजी को बताया था। छावनी के थाने पर मोहन से पैसा और गांजा-शराब पाने वाले कई लोग थे। उन्हें स्वाभाविक रूप से कुछ खिन्नता थी। इनाम और तरक्की रिपुदमनसिंह को मिलेगी, इससे भी बहुतों के दिलों में कम-व-वेश तकलीफ हो रही थी। उन्होंने ही अपने किसी चाटुकार के सामने अपनी विजय-गाथा सुनाते हुए गुल्लन की बात कह दी और फिर यह बात किसी भी आम-खास से छिपी न रह सकी। बाज़ार में सिकन्दर मसीह का छोटा भाई मिला तो ताना देकर नब्बू से बोला : "मुबारक हो यार, तुम्हारे यहां तो पांच हज़ार रुपया आ रहा है। दावत तो दोगे ही?"

"पांच हज़ार! अमा भंग तो नहीं खा आए हो! मेरे यहां इत्ती बड़ी रकम भला कहां से आएगी?"

"आएगी तो नहीं, बड़े लोग पहले ही उसे पचा जाएंगे, मगर उसी की लालच में तुम्हारी अम्मां ने हमारे मोहना को मरवा डाला।"

"अमा जबान संभाल के बोलो। कैसी बातें कर रहे हो!"

"मैं क्या कह रहा हूं, दुनिया कह रही है मियां! तुम्हारी अम्मां ने ही यह खबर दी थी कि मोहना बेगम की सराय में ठहरा है।"

"कौन साला कहता है?"

"थाने में तुम्हारे सभी साले-सुसरे कहते हैं। झूठ थोड़े कह रहा हूं।"

नब्बू का खून खौलने लगा। वहीं से सीधा निर्गुन के घर आया। चच्ची बैठी पान लगा रही थीं। नब्बू उसके सामने खड़ा हो गया और दांत पीसकर बोला : "क्यों री हरामज़ादी! मोहना भैया की खबर थाने में तूने ही दी थी?"

सुनकर गुल्लन का चेहरा बर्फ-सा सफेद हो गया। उसने हकलाकर कुछ बात बनानी चाही, मगर तब तक बेटे के लात-घूसों की बौछारों ने पैंसठ-सत्तर बरस की बुढ़िया का कचूमर ही निकाल के रख दिया। निर्गुनियां इस समय अपने घर में न थी। वह बिटिया को लेके फकीर बाबा के यहां चली गई थी। नब्बू की दुलहिन और भी पास-पड़ोस की औरतें चीख-गुहार सुन के दौड़ी हुई मसीते के घर में आईं। लेकिन नब्बू किसी के काबू में ही नहीं आ रहा था। मां की अच्छी-खासी कुटम्मस करके नब्बू ने उससे सब कुछ कबुलवा लिया। 'मोहन या उसके इशारे पर नब्बू का चेहरा बदसूरत बनाया गया। इसी की खौलन में बदला लिया।' सुनकर बस्ती में किसी को भी गुल्लन के प्रति सहानुभूति न रही। सभी उस बुढ़िया को कोस रहे थे, उसके नाम पर थूक रहे थे।

घर आने पर जब निर्गुन ने यह सब हाल सुना तो धक् से रह गई। चच्ची मसीते की कोठरी में पड़ी थी। वह उससे मिलने न गई। नब्बू उसके पैर पकड़कर बहुत-बहुत रोया। निर्गुन कुछ न बोली, अन्त में कहा : "मैं अब यहां नहीं रहूंगी नब्बू भैया।"

"कहां जाओगी भौजी?"

"कहीं भी, जहन्नम में। अब मेरा जी यहां पर नहीं लगता।"

"तुम नहीं रहोगी भौजी तो महर्श बालमीकीजी की कसम खाकर कहता हूं कि आज ही फांसी लगा कि अपनी जान दे दूंगा। एक तो अम्मां हरामज़ादी ने मेरा मुंह काला कर दिया, दूसरे तुम न रहोगी तो मेरी आतमा दिन-रात मुझे शरापने लगेगी।"

नब्बू की दुलहिन भी समझाने लगी, और भी दस-पांच लोगों ने उसकी खुशामद की। फिर स्वयं निर्गुन ने भी सोचा कि कहां जाऊंगी? एक दुनिया मोहन के लिये आप ही छोड़ आई। एक अब मोहन के अन्त के साथ छूटी। बीच में बहाने से वेद मन्दिर के नये जीवन का सपने-सा सहारा मिला था, मगर उस दुनिया का खिलौना निर्गुन के नसीबे ने बनते-बनते ही तोड़ डाला। अब कहां नयी दुनिया बसेगी! अब यदि जा सकती है तो केवल डाक्टर एण्डरसन के साथ।

दो दिनों से वह काम पर नहीं गई थी। सच पूछो तो पिछले दो दिनों से वह कहीं घर से बाहर ही नहीं गई थी। आज सवेरे स्वामी वेदप्रकाशानन्द आए थे, कहने लगे : "परोपकारी आत्मा की शान्ति के लिये यज्ञ करना चाहता हूं।"

अस्पताल से उठकर लंच पर जाने से पहले डाक्टर एण्डरसन भी दूसरे दिन दूसरी बार मातमपुर्सी करने के लिये आए थे। दो बरस की नन्हीं शकुन्तला ने कल

आने पर तो डाक्टर को देखा नहीं था, कोई उसे गोद में बहलाके ले गया होगा। लेकिन आज डाक्टर एण्डरसन को देखते ही शकुन्तला 'फादल-फादल' कहती हुई उनकी ओर दौड़ी। दो दिन से इस कोहराम-भरी घर की दुनिया में नन्हीं शकुन्तला को फादर एण्डरसन का चेहरा परम शान्तिदायक लगा। वह डाक्टर के पास बैठी बार-बार उनके गाल चूम रही थी। निर्गुनियां ने भी यह दृश्य एक झलक देखा था। डाक्टर ने उससे यही केवल एक ही वाक्य कहा : "तुम्हें और मेरी को (डा० एण्डरसन शकुन्तला को मेरी ही कहते थे) सुख देना मेरे लिये प्रभु के भजन के समान ही सदा सुखदाई लगेगा। अच्छा अब जाता हूं फिर आऊंगा।"

निर्गुनियां ने आंख उठाकर एक बार देवता एण्डरसन का मुख निहारा। चेहरा वही था, वही दिव्य शान्ति, मन को छूने वाली सरलता। वही सुन्दर छवि, पर निर्गुन को ऐसा लगा कि जैसे टूटे हुए तारों का सितार उसके सामने हो। निर्गुन के मन में इतने महीनों में पनपे हुए डाक्टर एण्डरसन के प्रति कोमल रंगीन नाते की कोमलता तो अब भी निर्गुनियां के मन को स्पर्श कर रही थी, लेकिन रंग एकदम बिखरकर तिरोहित हो चुके थे।

डाक्टर चलने लगे तो शकुन्तला उनके साथ ही जाने के लिये मचल उठी। डाक्टर बोले : "मैं मेरी को लिये जाता हूं। शाम को भेज दूंगा।"

लगभग साढ़े तीन-चार बजे निर्गुनियां एकाएक उठी। गुल्लन चच्ची से कहा : "मैं अपने फकीर बाबा के यहां जा रही हूं, वहां से शकुन्तला को लेके दिया जले तक लौटूंगी।"

कलेजे के गहरे घाव पर बाबा की बातें न जाने क्यों ठण्डक-भरे मरहम-सी लगीं। चैन मिला पर बातों का अर्थ उसे उस समय न मिल पाया। लौटते हुए एण्डरसन की कोठी पर गई। साहब शकुन्तला के साथ गेंद खेल रहे थे। फकीर बाबा की बात चट से निर्गुनियां के मन में आई : 'लड़की का मुकद्दर खुल चुका है'—शायद यही खुला है। साहब के आग्रह से उसने चाय पी एकाध बिस्कुट भी खाया, लेकिन आज जब-जब वह साहब के चेहरे को देखती थी तब-तब उसे लगता था कि साहब के चेहरे पर वह पहले वाले मोहन की मुरली नज़र नहीं आती थी। जब फूल ही मुरझा गया तो उसकी खुशबू भला कैसे बचे! खुद ही कहा : "इस लड़की को आप अपने साथ अमरीका ले जाइए। यहां रहेगी तो कम्बखत मेहतरानी ही बनेगी।"

"नोऽऽ!" डाक्टर करीब-करीब चीख-से पड़े, बोले : "मेरी का भविष्य सुखद है। मैं खुद यही सोच रहा हूं कि इसे अपने साथ ही ले जाऊंगा और तुम्हारे वास्ते मैडम! खैर अभी तो समय है।..."

"साहब आपके घर में भिस्की तो होगी ही?"

"हां।"

"एकाध बोतल हो तो दे दीजिए मुझे। पीके बेहोश हो जाना चाहती हूं।" साहब ने खुशी से एक बोतल दी, लेकिन साथ ही में यह नसीहत दी : "शराब बहुत ज़्यादा नहीं पीना चाहिए मैडम! लोगों का यह ख्याल झूठा है कि शराब गम गलत करती है। इसी धोखे से लोग बहुत शराबी बन जाते हैं। अगर तुम मेरे साथ अमेरिका

चलोगी, निर्गुन, तो तुम्हें शराब पीकर बेहोश होने की कामना कभी सपने में भी नहीं सताएगी।...सोचना। अभी तो घाव हरा है, धीरे-धीरे शायद यह बात तुम्हारी समझ में आ जाए कि मेरे मन में तुम्हें देखकर जो सुख व्याप्त हो जाता है वैसा केवल बाइबिल पढ़ने और प्रभु का ध्यान करने या निर्मल परोपकार के कामों में ही मुझे मिलता है। मैं नहीं जानता कि ऐसा क्यों होता है, पर तुम्हें देखकर मेरे मन में जो एकात्म बोध होता है, वह कभी किसी स्त्री या पुरुष से मुझे नहीं हो सका। तुम मेरे साथ चलोगी तो मेरा जीवन धरती पर ही स्वर्ग-सुख बन जाएगा।''

निर्गुन बोली : ''ऐसी नसीबों जली हूं साहब कि जिस सुख की बस्ती बसाती हूं, वही मेरे जले-नसीबे से बियाबान जंगल बन जाती है। अब कहां जाऊं इस जंगल को छोड़कर?''

शकुन्तला उस दिन डाक्टर एण्डरसन के यहां रुक गई। घर आकर गुल्लन चच्ची की तरफ से गहरी चोट लगी। इन्सानियत पर से भरोसा ही उठ गया। तभी बहुत घबराकर उसने कहा था कि यहां से चली जाऊंगी। फिर नब्बू की चिरौरियों पर डाक्टर से कही गई खुद अपनी ही बात याद आई : 'इस जंगल को छोड़कर कहां जाऊंगी?'

सारी मारपीट, शोर-शराबे, प्रेम और घृणा से दूर होकर निर्गुनियां अपनी कोठरी में चली गई। द्वार बन्द किए। बोतल खोली, पीना शुरू किया और मोहन की सैकड़ों यादों में खो गई! तस्वीरें-सी आतीं, गायब हो जातीं। स्मृतियों की सुगन्धियां महक-महक उठतीं, फिर आसुंओं में भाप बनकर उड़-उड़ जातीं। जीवन में इतना प्यारा और कोई नहीं था। मोहन की सती मोहन की स्मृतियों में डूबकर अपने सारे पापों को पुण्य में बदल देती थी। जाने कौन था वह फकीर बाबा जो इस मसान की आग-सी निरन्तर जलती रहने वाली नारी को शराब पीकर ध्यानयोग साधने का मार्ग सुझा गया।

फकीरी लटके की एक पुरानी कहानी में एक मछेरा था। वह मछलियां पकड़ने गया तो तूफान आ गया। बादल ऐसे टूटकर बरसे कि मानो प्रलय आ गई हो। मछेरे ने किनारे पर अपनी नाव उलटकर एक धनी व्यक्ति के बगीचे की चहारदीवारी से टिकाकर उसकी आड़ में आधा दिन और सांझ तो जस-तस गुजार ली पर रात कैसे कटे? बगीचे के माली से जाके अरदास की। माली दयालु था। उसने गीले कपड़े बदलवाए, खाना खिलाया और एक चारपाई बिछाकर उसे सुला दिया। पर मछेरे को नींद न आए। वह उठ-उठ बैठे! माली ने पूछा, क्या बात है? मछेरा बोला, यहां बदबू के मारे सोया नहीं जाता। माली को आश्चर्य हुआ। खिड़कियों से हवा के झोंकों के साथ फूलों की मस्त महक कमरे में भरी हुई थी। पर माली बुद्धिमान था। वह दयालु व्यक्ति उस आंधी-पानी में भी बाहर गया और उसकी उल्टी नाव से उसका जाल उठा लाया। उस मछलियों की गन्ध-भरे जाल को मछेरे के मुंह पर हालते हुए कहा कि लो, इसके ओढ़ लेने से तुम्हें फूलों की 'दुर्गन्ध' नहीं सताएगी।

फकीर बाबा ने निर्गुनियां का भी यही उपचार किया।

कल दोपहर में निर्गुनियांजी स्वयं ही मेरे घर आ गई थीं। तीन-चार घण्टे रहीं। मुझे ये सब बातें सुनाईं। अन्त में कहने लगीं : "आज ऐसा लगता है कि जैसे मैं अपना सब कुछ ज्यों का त्यों धरती पे धर के खाली हो चुकी हूं।"

"खाली यानी खोखली?"

श्रीमती निर्गुनियां हल्के से हंसीं, कहा : "खोखलेपन में बहुत कुछ भरा होता है बाबूजी! इस खोखलेपन के जर्रे-जर्रे में मैं और मोहन नाच रहे हैं। दोनों ही एक-दूसरे के ज़ोर में नाच रहे हैं। दोनों ही एक-दूसरे से कहते हैं अब बहुत नाच चुके यार! अब तो साथ छोड़, लेकिन कैसे ये छूटे साथ! अब दो तो रहे नहीं। शराब के जिन्दा सपनों की ऐसी-तैसी, अब तो साला दिन के काम-काज में भी मुझसे पल-पल पे अटकता हैगा। आप ही बतलाएं कि अपनी दुनियादारी संभालूं कि उस हरामी के पिल्ले की सेज ही सजाती रहूं दिन भर? दो काम एक साथ अब मुझसे न होंगे। बहुत थक गई हूं। अब जी-भर के सोना चाहती हूं—अल्ला कसम, मोहन कसम!..."

नीली झील में दो मोती उभर आए। सत्तर-बहत्तर वर्ष की वृद्धा की हल्की झुर्रियों-पड़ी आकर्षक आंखों से ढलके हुए वे आंसू देखकर लगता कि साक्षात् करुण रस की आखिरी बूंदें ढुलक गईं।

मैंने कहा : "आपकी थकन सहानुभूति नहीं आदर की पात्री है। बड़े-बड़े आस्थावान पुरुष भी ऐसी कठिन लड़ाई में टूट जाते हैं, फिर नारियों की तो बात ही क्या है। एक चाह के पीछे जिसका सारा जीवन ही एक आह बनकर रह जाए उसकी करुणा के दर्शन आपके बहाने ही कर सका। राम हर रूप में मिलते हैं। अच्छा, एक प्रश्न और पूछूं?"

"पूछिए।"

"आप श्रेष्ठतम वर्ण से वर्ण-जाति-विहीन समाज तक के जीवन को देख चुकी हैं। बतलाइए, कौन वर्ण श्रेष्ठ है?"

"आज़ादी-सुतन्त्रता का वरण ही उत्तम है। मैंने तो नसीब की मार से मेहतरानी बनके ये सीखा बाबूजी कि दुनिया में दो पुराने-से-पुराने गुलाम हैं—एक भंगी और दूसरी औरत। जब तक ये गुलाम हैं आपकी आज़ादी रुपये में पूरे सौ के सौ नये पैसे भर झूठी है।" श्रीमती निर्गुनियां में बिना पिए हुए भी दो बोतलों वाला तेवर आ गया। वे कुरसी से उठ खड़ी हुईं।

"अभी से निर्गुनियांजी? अरे बैठिए भी। आपके बहाने में आठ वर्ष की आयु में शिष्य बना, गुरु-ज्ञान की दो-चार अमृत बूंदें..."

"छोड़िए-छोड़िए ये अपनी पढ़ी-लिखी लफ्फाजी!" निर्गुनियांजी हंसते हुए फिर बैठ गईं और कहा : "अच्छा बाबूजी, आप तो बहुत कुछ पूछ चुके अब एक सवाल मैं करूं?"

"शौक से।"

"समाचारपत्रों में रोज़ ये लिखा जाता है कि हरिजन-उधार के लिये ये किया गया और वो किया जा रहा है, पर असली काम क्यों नहीं किया जाता?"

"कौन-सा?"

"पाखानों का फ्लश-सिसटम लागू कर दें। इन्सान को इन्सान का मैला ढोने के काम से मुकुत करें।"

मेहतरों के जीवन के सम्बन्ध में मैंने इधर थोड़ा-बहुत अध्ययन किया है। मेहतर कोई जाति नहीं। विजेता ने विजितों को दास बनाकर उनसे ज़बरदस्ती मल-मूत्र उठवाना आरम्भ किया। श्वपच-चाण्डाल आदि जातियां सवर्ण नारियों के अपने से नीचे वर्णों से सम्भोग करने से उत्पन्न सन्तानों की श्रेणियों में आती हैं। आभिजात्य भाषा में 'पाप-दर-पाप-दर-पाप' तक की श्रेणियां विभाजित हैं। बिखरे हुए कबीले के कुछ कमज़ोर लोग भी दास-दासीवत् समझे जाते थे। जिनका खानपान प्रचलित समाज के खानपान से अलग होता था ऐसे लोगों को नैतिक और सामाजिक दृष्टि से बाद में अस्पृश्य माना जाने लगा और मुगलों-तुर्कों के समय में यह विजित-विजेता दम्भ-संघर्ष की पुरानी परम्परा में तेज़ी से बढ़ोत्तरी हुई। पहले शहरी घरों में अधिकांश संडासें ही बनी थीं। किलों में ऐसे शौचालय बनते थे जो पानी से ही स्वच्छ किए जाते थे, उन्हें कमाना नहीं पड़ता था। शहरों में कमाने वाले पाखाने गुलामों की बढ़ोत्तरी के अनुपात में बढ़े। भंगी समाज में बहुत-से छोटे-मोटे पराजित राजकुलों के वंशधर भी मौजूद थे। विजेता के दम्भ ने विजितों के दम्भ को कुचलकर किस मानसिक गति में नाली के कीड़े की तरह बहा दिया है। तरह-तरह के जातिवर्णों से आए हुए कमज़ोर व्यक्ति दास बनकर एक-से अत्याचार भोगने पर बाध्य हुए। श्रीमती निर्गुनियां सदियों पहले सामन्ती दम्भ की क्रूरतावश बनाए गए लोगों की दासता का प्रमुख प्रतीक पुराने शौचालय नष्ट करने को कह रही हैं। मुझे सोच में देखकर बोलीं : "क्या बेजा मांग की है मैंने?"

"नहीं निर्गुनियांजी। आपकी मांग बहुत सच्ची है। सेठ, नेता और नौकरशाह अपनी जेबें भरने के काम से अगर बाज आएं तो इस काम के लिये धन की समस्या न रहेगी। नगर सुन्दर हो जाएंगे, हमारी चेतना सुन्दर हो जाएगी। मगर मैं ज.नता हूं कि यह काम आसानी से हो न पाएगा। वह समाज जो हर समय अपने मनोव्यक्तित्व के बौनेपन से पीड़ित और कुण्ठित रहता है वह बड़ी चालाकी से ऊंचे-से-ऊंचे सुझावों को भी या तो साधारण बतलाकर टाल देता है और या बात का महत्त्व मानने पर यदि मजबूर ही हुआ तो तारीफों के बेहद और बेतुके ढोल पीटकर बात को खूबसूरती से दबा देता है।"

"जैसे मैं शराब पी-पी के अपने मोहन के ध्यान से मोहन में रम गई वैसे ही ये हरामी भी अपनी चालों में आप ही फंस जाएंगे। निर्गुन और मोहन दो नहीं रह सकते। फंसाने वाला आप ही फंसता है बाबूजी, ज़माना बदलकर रहेगा।"

चलते समय निर्गुनियांजी ने मेरी पत्नी के लिये पूछा। उनसे विदा लेने गईं तो एकाएक कहा : "एक बार आपके ठाकुरघर में और दर्शन कर लूं।"

मेरी पत्नी को अब भला क्या आपत्ति होती! उन्होंने हाथ-पैर धोए, दर्शन किए। इस बार श्लोक-पाठ न किया, केवल ध्यानलीन रहीं। कितनी सन्तोषमग्न लग रही थीं वह!

दूसरे दिन सवेरे दस बजे के लगभग मुझे फोन से सूचना मिली कि श्रीमती निर्गुनियां रात में किसी समय गत हो गईं। सुनकर धक् से रह गया, दौड़ा हुआ उनके घर गया। मिस्टर और मिसेज़ निर्गुणमोहन, उनके कुछ सरकारी मुलाज़िम और बस्ती के मेहतरों की भीड़ उस घर को घेरे हुए थी। सभी करीब-करीब उदास और दिवंगत जीव की प्रशंसाओं से भरे-भरे बातें कर रहे थे। एन० एम० साहब ने अपनी बहन को ट्रंककाल से सूचना भेजी है। शहर की दूसरी भंगी बस्तियों के लोगों को भी यह खबर पहुंचाई गई थी। एन० एम० ने अपनी बातों की व्यस्तता से शायद कुछ क्षणों के लिये ऊबकर एक लिफाफा मुझको दिया। श्रीमती निर्गुनियां के हाथ की लिखत से मेरा नाम अंकित था। अन्दर दो पंक्तियों का एक पत्र :

"कल आपसे सब कुछ कहकर अपना मन खाली ज़रूर किया था, पर एक बात की चोरी कर गई थी। सिलीपिंग पिल्स बरसों से खाती थी। इधर एक हफ्ते से मोहन मुझसे ज़बरदस्ती कर रहा है : 'जो गोलियां हैं, सब-की-सब खा लो और मेरे पास आओ।' कल आपसे अपने इस जनम का हिसाब चुकाकर घर आई तो सोचा कि अब सोने की टिकियों का हिसाब भी चुका लूं। आप इस जीवन में चलते-चलाते खूब मिले! जैरामजी की!"

निर्गुणमोहन और उनकी मिसेज़ साथ-साथ सटे खड़े थे, मानो एक की उदासी में दूसरा अपनी सहानुभूति से बराबरी का साझा बंटा रहा हो। मैंने कहा : "एक बार आपकी माताजी के दर्शन करना चाहता हूं।"

भीतर के कमरे में जहां बहुत बार उनसे मिला था, वहीं अन्तिम दर्शन के लिये भी गया। उनकी पुत्रवधू और पुत्र मेरे साथ ही थे। पुत्र ने बिलखकर कहा : "यह क्या किया मम्मी ने—क्या किया?..."

होठों पर हल्की मुस्कान लिये शान्त, सोई हुई!

एक शेर याद आया :

'फना का होश आना ज़िन्दगी का दर्देसर जाना।
अजल क्या है, खुमारे बाद-ए-हस्ती उतर जाना॥'

पुत्रवधू ने तब तक रोते हुए निर्गुनियांजी के हाथों में पड़ी सोने की चूड़ियां और उनके गले में पड़ा लॉकेट उतार लिया था। लॉकेट का ढकना उठाकर पति को दिखला रही थी। पति चित्र देखकर मुग्ध खड़ा था। उसकी आंखों से आंसू ढुलक रहे थे। मैं भी पास आकर देखने लगा। मीने से बनी रंगीन तस्वीर थी। बंसी बजाते हुए मोहन का मुख उनके अपने मोहन का ही बनाया गया था।

□□□